Nomos Universitätsschriften

Recht

Band 1012

Sabrina Balz

Die Erschießung des Separatistenführers Heinz-Orbis als Akt der Staatsnothilfe?

Ein Beitrag zum Verständnis eines politisch geprägten Rechtfertigungsgrundes

Nomos

Onlineversion
Nomos eLibrary

Die Deutsche Nationalbibliothek verzeichnet diese Publikation in der Deutschen Nationalbibliografie; detaillierte bibliografische Daten sind im Internet über http://dnb.d-nb.de abrufbar.

Zugl.: Saarbrücken, Universität des Saarland, Diss., 2022

ISBN 978-3-7560-0575-8 (Print)
ISBN 978-3-7489-3929-0 (ePDF)

1. Auflage 2023

Vorwort

Diese Arbeit wurde im Mai 2022 vom Promotionsausschuss der rechtswissenschaftlichen Fakultät der Universität des Saarlandes als Dissertation angenommen. Die Disputation fand am 15.7.2022 statt.

An dieser Stelle möchte ich allen Menschen meinen großen Dank aussprechen, die mich bei der Anfertigung meiner Dissertation unterstützt haben.

Besonderer Dank gilt meinem Doktorvater, Prof. Dr. Ludyga, welcher mir in der Wahl meines eher ungewöhnlichen Dissertationsthemas und während des Schreibprozesses einerseits die notwendigen Freiheiten gelassen, mir andererseits jedoch stets mit einem förderlichen Rat zur Seite gestanden und mich insbesondere auch in der Zeit vor meiner Disputation hervorragend betreut hat.

Auch bei Frau Prof. Dr. Guckelberger, an deren Lehrstuhl ich während meiner Promotion gearbeitet habe, möchte ich mich bedanken. Durch die Arbeit am Lehrstuhl wurde nicht nur ein Rahmen geschaffen, der mir das Promovieren ermöglichte; für mich war es auch eine Zeit, auf die ich gerne zurückblicke und in der ich vieles gelernt habe, was auch in meiner Doktorarbeit ihren Niederschlag gefunden hat.

Weiterhin danke ich meinem Verlobten Fabian, der mir während meiner Dissertation stets eine liebevolle Stütze in vielerlei Hinsicht war und hierdurch im Wesentlichen zum Gelingen der Arbeit beigetragen hat.

Bei meiner Familie möchte ich mich ganz herzlich bedanken für die uneingeschränkte und vielseitige Unterstützung während des Studiums, ohne die diese Arbeit so nicht möglich gewesen wäre sowie für das Korrekturlesen der Arbeit.

Weiterhin gilt mein Dank meinem ehemaligen Kommilitonen und Freund Martin Neu für die mühevolle Arbeit des Korrekturlesens und die Bereicherung meiner Arbeit durch zahlreiche wertvolle und gut durchdachte Anmerkungen.

Zweibrücken, im März 2023

Inhaltsverzeichnis

Abkürzungsverzeichnis

a. A.	andere Ansicht
AcP	Archiv für die civilistische Praxis
AKP	Adalet ve Kalkınma Partisi
AöR	Archiv des öffentlichen Rechts
Arch. d. Criminalrechts	Archiv des Criminalrechts
AAU	Allgemeine Arbeiter-Union
BASF	BASF SE, ehemals Badische Anilin & Soda Fabrik
BayHStA	Bayerisches Hauptstaatsarchiv
Bay OLG	Bayerisches Oberlandesgericht
Bay VGH	Bayerischer Verwaltungsgerichtshof
BGHSt	Entscheidungen des Bundesgerichtshofs in Strafsachen
BVerfGE	Entscheidungen des Bundesverfassungsgerichts
BVerwG	Bundesverwaltungsgericht
BVP	Bayerische Volkspartei
CCC	Constitutio Carolina Criminalis
DJZ	Deutsche Juristen-Zeitung
GA	Goltdammer's Archiv für Strafrecht
GM	Goldmark
GS	Der Gerichtssaal
Entsch.	Entscheidung
Fn.	Fußnote
DDP	Deutsche Demokratische Partei
ders.	derselbe
dies.	dieselbe(n)
DJZ	Deutsche Juristen-Zeitung
DNVP	Deutschnationale Volkspartei
DVP	Deutsche Volkspartei
FAZ	Frankfurter Allgemeine Zeitung

HCITR	Haute Commission International des Territoires Rhenans
HIRK	Hohe Interalliiert Rheinlandkommission
JA	Juristische Ausbildung
JR	Juristische Rundschau
JuS	Juristische Schulung
JW	Juristische Wochenschrift
KAPD	Kommunistische Arbeiterpartei Deutschlands
KPD	Kommunistische Partei Deutschlands
krit.	kritisch
LA	Landesarchiv
NJW	Neue Juristische Wochenschrift
Neustadt a. d. W.	Neustadt an der Weinstraße
NStZ	Neue Zeitschrift für Strafrecht
NSU	Nationalsozialistischer Untergrund
MStGB	Militärstrafgesetzbuch
NSZ Rheinfront	Nationalsozialistische Zeitung Rheinfront
O. C.	Organisation Consul
PostG	Postgesetz
PreußMBl.	Ministerialblatt für die Preußische innere Verwaltung
RG	Reichsgericht
RGBl.	Reichsgesetzblatt
RGSt	Entscheidungen des Reichsgerichts in Strafsachen
RGZ	Entscheidungen des Reichsgerichts in Zivilsachen
Rn.	Randnummer
RRVP	Rheinisch-Republikanische Volkspartei
RStGB	Reichsstrafgesetzbuch
RVV	Rheinische Volksvereinigung
StrandO	Strandungsordnung
StV	Der Strafverteidiger
SZ	Süddeutsche Zeitung
TAZ	Die Tageszeitung
TierschG	Tierschutzgesetz

USPD	Unabhängige Sozialdemokratische Partei Deutschlands
VDStrL	Vereinigung der Deutschen Staatsrechtslehrer
WRV	Weimarer Reichsverfassung
WüVR	Württembergische Zeitschrift für Verwaltung und Verwaltungsrechtspflege
ZRP	Zeitschrift für Rechtspolitik
ZStW	Zeitschrift für die gesamte Strafrechtswissenschaft

§ 1 Hinführung zur Thematik und Umgrenzung des Untersuchungsgegenstandes

Die Weimarer Republik war von gewaltsamen Umsturzversuchen und politischem Radikalismus geprägt.[1] In diesen unsicheren Zeiten riss eine Gruppe von Separatisten die Macht in der besetzten Pfalz an sich und gründete die sogenannte Autonome Pfalz. Sie regierte etwa zwei Monate mit den ihr zur Verfügung stehenden, limitierten Mitteln, als eine Gruppe von Männern den Präsidenten der Autonomen Regierung am 9. Januar 1924 in einem Restaurant erschoss. Primär werden dieses punktuelle Ereignis und seine rechtliche Würdigung untersucht. Um dieses besser zu verstehen, muss jedoch die separatistische Herrschaft, welche am 9. November 1923 begann, mit in die Betrachtung einbezogen werden. Auch die Konsequenzen der Erschießung sind für die rechtliche Bewertung von Bedeutung, sodass sich der Untersuchungszeitraum bis zum Ende der Autonomen Republik am 17. Februar 1924 erstreckt. Einige Entwicklungen vor der Proklamation der Autonomen Pfalz, wie beispielsweise der passive Widerstand, können bei der Betrachtung ebenfalls nicht vernachlässigt werden.

Eine gerichtliche Untersuchung des Attentats fand nie statt; es wurde jedoch immer wieder von verschiedenen Stellen geäußert, dass die Taten durch Staatsnothilfe gerechtfertigt seien. Das Rechtsinstitut der Staatsnothilfe ist der juristische Ansatzpunkt der Arbeit. Hierbei handelt es sich um eine Thematik, die in der Weimarer Republik Gegenstand von Kontroversen wurde. Die diesbezüglichen Diskussionspunkte reichten von der generellen Daseinsberechtigung dieses Rechtsinstituts über dessen Rechtsgrundlage bis hin zur Ausgestaltung einzelner Voraussetzungen. Der vorliegende Fall, der oftmals apodiktisch als historisches Beispiel für die Staatsnothilfe angeführt wurde, soll als Grundlage dazu dienen, die einzelnen Voraussetzungen des Rechtfertigungsgrundes durchzuprüfen und hierdurch letzten Endes Erkenntnisse über dessen Handhabbarkeit und Daseinsberechtigung zu gewinnen. In einem Ausblick soll schließlich angerissen werden, weshalb diese Rechtsfigur heute nicht mehr anzuerkennen ist.

---

1 *Ludyga*, Jahrbuch der Juristischen Zeitgeschichte 9 (2007/2008), 221 (221).

A. Relevanz

Da es erstrebenswert ist, Wissenschaft nicht nur um ihrer selbst willen zu betreiben und ein Verharren „im elfenbeinernen Turm einer sich selbst genügenden Wissenschaftlichkeit“ für das Aufgreifen eines Themas nicht genügen kann, so stellt sich auch hier – wie bei jeder historisch geprägten Arbeit – die Frage der Relevanz.[2] Im Besonderen bei Themen der juristischen Zeitgeschichte sind gesteigerte Nützlichkeitsanforderungen zu stellen.[3] Die Frage, warum zur rechtlichen Behandlung der Attentäter geforscht werden soll, lässt sich in zwei Teilfragen aufspalten. Einmal kann man sich damit beschäftigen, wieso die Forschung zur Weimarer Republik heute im Allgemeinen noch wichtig ist. Der Bewältigungsbedarf in den Bereichen Nationalsozialismus und DDR-Regime hatte schließlich ein sinkendes Interesse an der Weimarer Republik zur Folge.[4] Überdies wurde die Beschäftigung mit der neueren und neuesten Geschichte in der Zeit nach dem Zweiten Weltkrieg von vielen Historikern als Last empfunden, sodass diese sich Themen zuwandten, die zeitlich weiter zurücklagen, was sich erst nach der Wiedervereinigung geändert zu haben scheint.[5] Abgesehen von kulturgeschichtlichen Untersuchungen wurde der Weimarer Republik allerdings im Vergleich zu anderen Epochen noch bei weitem nicht die Aufmerksamkeit zuteil, die ihr als Erinnerungsort für die erste deutsche Demokratie mit all ihren Stärken und Schwächen gebührt, wobei speziell in der rechtswissenschaftlichen Forschung noch Verbesserungspotentiale auszumachen sind.[6] Bis August 2016 gab es noch nicht einmal ein zentrales Forschungszentrum für diese Epoche.[7] Im Besonderen das 100jährige

---

2 *Nipperdey,* Über Relevanz, in: Kunze (Hrsg.), Aus Theorie und Praxis der Geschichtswissenschaft. Festschrift für Hans Herzfeld zum 80. Geburtstag, S. 1 (9); in diese Richtung auch *Rüsen,* Historische Orientierung. Über die Arbeit des Geschichtsbewusstseins, sich in der Zeit zurechtzufinden, S. 42.

3 *Schröder,* Juristische Zeitgeschichte: Zur Konzeption von Lehre und Forschung eines neu einzurichtenden Lehrstuhls, in: Stolleis (Hrsg.), Juristische Zeitgeschichte – Ein neues Fach?, S. 43 (44).

4 *Gessner,* Die Weimarer Republik, S. 4.

5 *Rückert,* Juristische Zeitgeschichte, in: Stolleis (Hrsg.), Juristische Zeitgeschichte – Ein neues Fach?, S. 23 (23).

6 *Dreyer/Braune,* Die Weimarer Republik und die Demokratie im 21. Jahrhundert, S. 7.

7 Ein solches wurde zu diesem Zeitpunkt vom Weimarer Republik e. V. gegründet. S. dazu die Broschüre 100 Jahre Weimarer Republik. Deutschlands erste Demokratie, S. 10, abrufbar unter: https://www.weimarer-republik.net/files/broschuere_weimarer_republik_e.v..pdf, zuletzt abgerufen am 1.11.2022.

Gründungsjubiläum der Weimarer Republik und die damit verbundene mediale Aufmerksamkeit sowie diverse damit in Verbindung stehende Aktionen, wie beispielsweise Wanderausstellungen zur Thematik[8], haben jedoch zu einem Kurswechsel in der historischen Wahrnehmung geführt. Die momentane geradezu „surreale Aktualität" der historischen Begebenheiten entstand indes nicht nur durch das besagte Jubiläum. Auch die aktuellen politischen Ereignisse, wie beispielsweise rechtspopulistische Tendenzen in Europa und den USA, rücken die Ereignisse der damaligen Zeit in beunruhigender Weise in das Bewusstsein der Bevölkerung.[9]

Auch die konkrete Thematik weist einen unmittelbaren Gegenwartsbezug auf. So könnten die damaligen Ereignisse als Vorgeschichte für gegenwärtig aufkommende Phänomene, wie neu aufkommende Separationsbewegungen, aber auch Tendenzen zur Ausweitung der Notwehr über den Menschen hinaus, beispielsweise auf Tiere[10] oder aber auch die Staatsnotwehrgesetzgebung in der Türkei,[11] herangezogen werden und nicht zuletzt einen Beitrag zur historischen Orientierung in der Gegenwart liefern.[12] Im Rahmen einer exemplarisch-historischen Sinnbildung[13] soll auch ein Beitrag zum Strafrecht der Gegenwart und der Sinnhaftigkeit des Rechtsinstituts der Staatsnothilfe in der modernen Zeit geleistet werden. Hierbei stellt sich insbesondere die Frage, ob der Staatsnothilfe auch in der modernen Gesellschaft eine Raison d'être zukommen kann. Ziel der Arbeit ist keine bloße „Vergangenheitsbewältigung", sondern auch immer ein Erkenntnisgewinn für das heutige Recht. Insofern soll eine „Gelenkstelle" zwischen der Vergangenheit und der Gegenwart geschaffen werden.[14] Der juristischen Zeitgeschichte kommt demzufolge eine lückenschließende

8 S. hierzu https://www.weimarer-republik.net/325-0-Wanderausstellung.html, zuletzt abgerufen am 1.11.2022.

9 *Dreyer/Braune*, Die Weimarer Republik und die Demokratie im 21. Jahrhundert, S. 8.

10 S. hierzu S. 464 f.

11 S. hierzu S. 462 f.

12 *Nipperdey*, Über Relevanz, in: Kunze (Hrsg.), Aus Theorie und Praxis der Geschichtswissenschaft. Festschrift für Hans Herzfeld zum 80. Geburtstag, S. 1 (9 f.).

13 Vgl. hierzu *Rüsen*, Historische Orientierung. Über die Arbeit des Geschichtsbewusstseins, sich in der Zeit zurechtzufinden, S. 26; *ders.*, Rekonstruktion der Vergangenheit. Grundzüge einer Historik II: Die Prinzipien historischer Forschung, S. 45 ff.

14 Vgl. auch *Stolleis*, Juristische Zeitgeschichte. Einleitung, in: ders. (Hrsg.), Juristische Zeitgeschichte – Ein neues Fach?, S. 7 (12).

Funktion zu, durch die es ermöglicht wird, den Gegenwartsbezug in der Rechtsgeschichte wiederherzustellen.[15]

Durch eine Beschäftigung mit der Thematik könne überdies ein Beitrag zum allgemeinen Politik-Verständnis in der Bundesrepublik geleistet und ein tiefergehendes Verständnis bezüglich deutsch-französischen Beziehungen sowie damit verbundener eventueller Ressentiments und unterbewusster Ängste vermittelt werden.[16] Schließlich spiegeln sich im pfälzischen Separatismus diverse politische Konflikte des 20. Jahrhunderts wider.[17] Nicht zuletzt kommt dem Separatismus und den ihm entgegenstehenden, rechtsgerichteten gewaltsamen Tendenzen auch heute noch Relevanz in einer spezifischen und wissenschaftsdifferenzierenden Weise zu. Das Verständnis der damaligen Geschehnisse kann in dem hiesigen Kontext durchaus Bedeutung für die gegenwärtige Gesellschaft haben.[18]

So sind separatistische Bestrebungen auch heute, im vereinten Europa, noch ein aktuelles Thema. Die Ereignisse in Katalonien zeigen, dass der Problematik nicht nur historische Relevanz zukommt. Als weitere Beispiele für Loslösungsbestrebungen in der jüngsten Geschichte seien beispielsweise der Versuch Schottlands, sich im Jahre 2014 von Großbritannien abzuspalten und der separatistische Terrorismus der ETA im Baskenland genannt. Sogar der Brexit kann im weitesten Sinne als separatistischer Akt verstanden werden, auch wenn es nicht um eine Loslösung von einem Nationalstaat, sondern um den Austritt aus einem supranationalen Gebilde geht.[19] Auch in Bezug auf die Korsen, die Bretonen und die Iren gab es in der neueren Zeit Separationsbestrebungen.[20] Auch in postkolonialen

---

15 *Schulze*, Juristische Zeitgeschichte, in: Stolleis (Hrsg.), Juristische Zeitgeschichte – Ein neues Fach?, S. 53 (53).

16 *Moersch*, Die Rheinpfalz (alle Regionalausgaben) v. 17.10.1992.

17 *Leszinski*, Separatismus in der Pfalz nach den beiden Weltkriegen – Ein Vergleich, S. 2.

18 S. zu diesem Aspekt auch *Nipperdey*, Über Relevanz, in: Kunze (Hrsg.), Aus Theorie und Praxis der Geschichtswissenschaft. Festschrift für Hans Herzfeld zum 80. Geburtstag, S. 1 (3).

19 *Gehring* in: ders./Schweiger/Lenk/Schrader/Laaser/Maaß (Hrsg.), Zur Diskussion gestellt. Am besten allein? Separatismus in Europa. Welche Kräfte treiben die Unabhängigkeitsbewegungen an?, S. 3. S. auch weiterführend *Köster*, Die Dialektik des Regionalen im europäischen Integrationsprozeß – Baskischer Separatismus und Autonomiebewegung in Katalonien, in: Bellers/Günder (Hrsg.) Regionen und Regionalismus, S. 109 ff.

20 *Gräber*, Separatismus und kollektive Mentalität. Eine Fallstudie am Beispiel des Pfälzischen Separatismus nach dem Ersten Weltkrieg, in: Blomert/Kuzmics/Treibel (Hrsg.), Transformation des Wir-Gefühls. Studien zum nationalen Habitus, S. 279

Staaten kommt es immer wieder zu Abspaltungsbewegungen. Während die Region Somaliland bereits 1991 ihre Unabhängigkeit vom restlichen Somalia erklärte, aber bis heute nicht international anerkannt wird, war der Südsudan 2011 mit einer Abspaltung vom restlichen Sudan erfolgreich und stellt momentan den jüngsten durch Sezession neu entstandenen Staat dar.[21]

In der aktuellen Diskussion kann damit einhergehend auch die Debatte um regionale Autonomien einen Bedeutungszuwachs verzeichnen.[22] Oftmals wird in europäischen Kontext in diesem Zusammenhang der Begriff des „Europas der Regionen" angeführt.[23] Hiermit verbunden ist die Idee einer Autonomie der Regionen auf administrativer Ebene sowie Kompetenzgewinne der regionalen Gebietskörperschaften in Bezug auf Wirtschaft, Kultur und Soziales.[24] Des Weiteren sollen die einzelnen Regionen nach den Verfechtern dieses Konzepts ein Recht auf Sezession erhalten.[25] Auch in der Zukunft ist mit einer wachsenden Bedeutung regionaler Gebietskörperschaften innerhalb Europas zu rechnen.[26] Durch die zunehmende Lockerung zentralistischer Strukturen zugunsten föderaler Gebilde wird zudem insbesondere in den neuen Beitrittsländern die Angst vor separatistischen Bestrebungen geschürt.[27]

(279). Momentan ist im Zusammenhang mit Irland wieder vermehrt von der „Neuen IRA" die Rede, die ein vereinigtes Irland anstrebt und sich im April 2019 zur Erschießung einer Journalistin bekannt hat. S. hierzu *Stöhr*, Spiegel Online v. 23.4.2019; *Kahlweit*, Süddeutsche v. 23.4.2019; *Stäuber*, Zeit Online v. 23.4.2019; *Roch/Kubny*, FAZ v. 23.4.2019.

21 *Oldenbourg*, Wer ist das Volk?, S. 11.

22 *Schlemmer*, „Los von Berlin". Die Rheinstaatbestrebungen nach dem Ersten Weltkrieg, S. 16.

23 *Schlemmer*, „Los von Berlin". Die Rheinstaatbestrebungen nach dem Ersten Weltkrieg, S. 16 f.; *Ruge*, Die Erfindung des „Europa der Regionen". Kritische Ideengeschichte eines konservativen Konzepts, S. 13; s. auch weiterführend *Tharun*, Einführungen zum Symposium am 17. November 1999. „Rhein-Main" im Europa der Regionen, in: Wolf/dies. (Hrsg.), „Rhein-Main" im Europa der Regionen. Vorträge eines Symposiums in Frankfurt am Main 2000, S. 7 ff.

24 S. exemplarisch zu den französisch-regionalistischen Bewegungen *Ruge*, Die Erfindung des „Europa der Regionen". Kritische Ideengeschichte eines konservativen Konzepts, S. 282 f.

25 *Ruge*, Die Erfindung des „Europa der Regionen". Kritische Ideengeschichte eines konservativen Konzepts, S. 283.

26 Zur wesentlichen Rolle der Regionen auch *Renzsch*, FAZ v. 11.6.2003.

27 *Ruge*, Die Erfindung des „Europa der Regionen". Kritische Ideengeschichte eines konservativen Konzepts, S. 313 f.

Auch die Diskussion, ob die Nothilfe nur auf den Menschen beschränkt sein soll, hat in jüngster Zeit wieder neue Impulse erfahren. Während es früher darum ging, die Nothilfe zugunsten des Staates auszudehnen, so diskutiert man heute, ob eine Nothilfe zugunsten von Tieren möglich sein soll.[28] Diese Entwicklung bietet Anlass, sich über den Grund der Nothilfe und den persönlichen Anwendungsbereich des Rechtsinstituts erneut Gedanken zu machen.

B. Heutige Wahrnehmung der Ereignisse

Konträr hierzu gehen die Vorstellungen in Bezug auf die Geschehnisse der damaligen Zeit, soweit sie überhaupt noch im Bewusstsein der Menschen verankert sind, über vage und verschwommene Vorstellungen kaum noch hinaus.[29] In der heutigen Geschichtsschreibung wird der pfälzische Separatismus oftmals als „unbedeutendes und peripheres Phänomen episodischen Charakters" wahrgenommen.[30] Dies liegt wohl zum einen daran, dass der rheinische Separatismus deutlich bekannter als der pfälzische ist[31] und die Autonome Pfalz in vielen überregionalen Standardwerken zur Weimarer Republik daher eher als Annex zur rheinischen Republik behandelt wird,[32] obwohl die Autonome Pfalz länger bestand.[33] In vielen Werken wird die Thematik entweder sogar gar nicht aufgegriffen oder aber binnen weniger Zeilen oberflächlich abgehandelt.[34] Die geringe Aufmerksamkeit, die dem Speyerer Putsch zukam, mag wohl auch dadurch erklärbar sein, dass dieser

28 S. hierzu S. 464 f.

29 *Oberhauser,* Heimatkalender für das Pirmasenser und Zweibrücker Land 1974, 136 (136).

30 *Gräber,* Separatismus und kollektive Mentalität. Eine Fallstudie am Beispiel des Pfälzischen Separatismus nach dem Ersten Weltkrieg, in. Blomert/Kuzmics/Treibel (Hrsg.), Transformation des Wir-Gefühls. Studien zum nationalen Habitus, S. 279 (280).

31 *Zerfass,* Der Separatismus in der Pfalz. Einführung in die Problematik, in: ders. (Hrsg.), Die Pfalz unter französischer Besatzung von 1918 bis 1930. Kalendarische Darstellung der Ereignisse vom Einmarsch im November 1918 bis zur Räumung am 1. Juli 1930, S. 3 (3).

32 *Gräber,* Damals 9/93, 32 (32); *Leszinski,* Separatismus in der Pfalz nach den beiden Weltkriegen – Ein Vergleich, S. 2.

33 *Leszinski,* Separatismus in der Pfalz nach den beiden Weltkriegen – Ein Vergleich, S. 2.

34 *Spindler,* Die Rheinpfalz (Rockenhausen) v. 5.11.1983.

sich am selben Tag der Hitler-Putsch[35] ereignete, welcher aufgrund seiner Relevanz für das nachfolgende NS-Regime die Speyerer Ereignisse in den Hintergrund drängte. Ziel der Arbeit soll es nicht zuletzt sein, der Thematik wieder einen festen Platz im Geschichtsbewusstsein der Bevölkerung zu geben.[36] Der – zugegebenermaßen verblasste – Erfahrungsbezug soll durch Deutungsgesichtspunkte erweitert werden,[37] wobei hierdurch Orientierungsbedürfnisse befriedigt und ein Beitrag zur historischen Identität geleistet werden könnten.[38]

Ein weiterer Faktor, der wohl zu einer weitestgehenden Verdrängung dieser Episode in der pfälzischen Geschichte geführt haben mag, ist, dass die Separatistenzeit für einen Großteil der Bevölkerung ein traumatisierendes Moment gewesen ist.[39] Auch aus heutiger Sicht stellt die Besatzung noch eine schmerzhafte Epoche der deutsch-französischen Beziehungen dar.[40] Teils wurden die Ereignisse im Jahr 1923 als „größte Existenzkrise“ in der Geschichte der Pfalz beschrieben[41] und auch noch Jahrzehnte danach als fast schon peinlich empfunden.[42] Noch bis in die jüngste Zeit hinein, wurde ein Familienmitglied, das Separatist war, von vielen Pfälzern als schlimmer bewertet als ein Vorfahr, welcher der SS angehörte.[43]

---

35 S. zu diesem weiterführend *Dahm,* NSDAP, Drittes Reich und Zweiter Weltkrieg (1919/1933–1945), in: Möller/Wengst (Hrsg.), Einführung in die Zeitgeschichte, S. 100 (109).

36 Vgl. *Rüsen,* Historische Orientierung, S. 14.

37 Vgl. zu diesen Komponenten auch *Rüsen,* Historische Orientierung, S. 16.

38 S. zu diesen Aspekten auch *Rüsen,* Historische Orientierung, S. 93.

39 *Moersch,* Erinnerungen an die Separatistenzeit in der Pfalz, ein Lehrstück aus der Weimarer Republik, in: Jäger/ Mühleisen/Veen (Hrsg.), Republik und Dritte Welt. Festschrift für Dieter Oberndörfer zum 65. Geburtstag, S. 243 (243). S. zur prägenden Wirkung über Generationen hinweg auch *Leszinski,* Separatismus in der Pfalz nach den beiden Weltkriegen – Ein Vergleich, S. 2. S. zu den Schwierigkeiten in Bezug auf die Aufarbeitung auch *Schneider,* Historischer Verein Pirmasens, Jahrbuch 2004, S. 97 (99). S. zur fast schon tabuisierenden Zurückhaltung in Bezug auf die Thematik auch *Silbermann,* Der Separatismus 1923/24 in der Nordpfalz, in: Forster (Hrsg.), Studienbuch Donnersbergkreis, Teil 1, S. 264 (264).

40 *Schlegel,* L’occupation militäre française en Rhénanie et en Saar: Une guerre froide franco-allemande (1918–1935), in: Engelhausen/Muschalek/Zimmermann (Hrsg.), Deutsch-Französische Besatzungsbeziehungen im 20. Jahrhundert, S. 49 (49).

41 *Oberhauser,* Vor fünfzig Jahren. Der Kampf gegen den Separatismus, Heimatkalender für das Pirmasenser und Zweibrücker Land 1974, 136 (136).

42 *Spindler,* Die Rheinpfalz (Bad Dürkheimer Zeitung), v. 24.8.1993; *ders.,* Die Rheinpfalz (Rockenhausen) v. 5.11.1983 bezeichnet dies euphemistisch als „gelinde ausgedrückt, gemischte […] Gefühle“.

43 *Gräber,* Damals 9/93, 32 (32).

Durch diese Traumata sind Legenden gebildet worden, welche die realen Begebenheiten verzerrten und überlagerten. Insofern ist eine Aufarbeitung von größter Wichtigkeit.[44] Die Meinungen über den Separatismus sind in der Pfalz schon seit Jahrzehnten verfestigt.[45] Auch als es noch lebende Zeitzeugen gab, waren Menschen, die in der Abwehr tätig waren, leicht aufzufinden, diejenigen hingegen, die sich den Separatisten angeschlossen hatten, traten im Nachhinein nicht mehr offen in Erscheinung. Nicht zuletzt hat die Geschichtsschreibung ultimativ über die Sonderbündler der damaligen Zeit geurteilt.[46] Die aus den meisten Quellen hervorgehenden eindeutigen Schuldzuweisungen muten jedoch mehr als verdächtig an und ein Misstrauen gegen sie ist in der historischen Betrachtung durchaus geboten.[47] „Warum also nicht versuchen, nachzuprüfen [..] ob es wirklich so eindeutig gewesen, wie uns die Überlieferung, nicht ganz frei von der nationalistisch überhitzten Völkerkampf-Mentalität jener Tage, glauben macht?“[48]

Auch wenn es sich bei der Thematik um eine durchaus emotional konnotierte handelt, so lässt auch das allgemeine Rechtsempfinden prima facie kein Schwarz-Weiß-Denken zu. So könnte man die Separatisten als Revolutionäre ansehen. Solche sind zwar in ihrem Handeln nicht gerechtfertigt, die von ihnen angewandte Gewalt kann jedoch späterhin zur Basis des Rechts werden, soweit eine sich selbst legitimierende Rechtsordnung entsteht. Im Vorfeld der Revolution und während ihres Vonstattengehens befinden sich die Revolutionäre zwar im Unrecht. Sobald die Revolution jedoch geglückt ist und wieder geordnete Herrschaftsverhältnisse bestehen, liegt es allerdings im Bereich des Möglichen, dass die neuen Herrscher durch ihre Selbstbeschränkung einen legitimen Zustand herstellen. Die Rechtmäßigkeit der Situation ist mithin von einer gewissen Erfolgsabhängigkeit geprägt.[49]

---

44 *Moersch,* Erinnerungen an die Separatistenzeit in der Pfalz, ein Lehrstück aus der Weimarer Republik, in: Jäger/ Mühleisen/ Veen (Hrsg.), Republik und Dritte Welt. Festschrift für Dieter Oberndörfer zum 65. Geburtstag, S. 243 (248).

45 *Moersch,* Die Rheinpfalz/alle Regionalausgaben v. 17.10.1992.

46 *Spindler,* Die Rheinpfalz (Rockenhausen) v. 5.11.1983.

47 *Spindler,* Die Rheinpfalz (Rockenhausen) v. 5.11.1983.

48 *Spindler,* Die Rheinpfalz (Rockenhausen) v. 5.11.1983; in diese Richtung auch *Moersch,* Die Rheinpfalz (alle Regionalausgaben) v. 17.10.1992, der eine durch Neugierde geleitete Beschäftigung mit der Thematik ohne Voreingenommenheit oder Befangenheit fordert.

49 *Luhmann,* Ausdifferenzierung des Rechts. Beiträge zur Rechtssoziologie und Rechtstheorie, S. 75 f. S. dazu später ausführlich S. 412 ff.

C. Forschungsstand und Quellenlage

I. Bezüglich des regionalhistorischen Teils der Arbeit

Lange Zeit fristete die französische Besetzung der Pfalz nach dem Ersten Weltkrieg ein historisches Schattendasein. Geändert wurde dies erst durch eine gemeinsame Tagung, welche durch das Deutsche Historische Institut Paris, das Institut für pfälzische Geschichte und Volkskunde und das Historische Institut Mannheim 1994 in der Pfalzakademie Lambrecht veranstaltet wurde.[50] Unter Zuhilfenahme sowohl ausländischen als auch regionalen Quellenmaterials konnte eine erste Forschungsbilanz gezogen werden.[51] Einzelne Fragekomplexe, wie beispielsweise die Rolle der freien Bauernschaft[52] oder die Finanzierung der Abwehr[53] wurden untersucht. Insbesondere in Bezug auf den Brand auf das Pirmasenser Bezirksamt gibt es für ein regionalgeschichtliches Thema vergleichsweise viel Literatur.[54]

Die bereits erzielten Forschungsergebnisse können dennoch nicht darüber hinwegtäuschen, dass viele Teilaspekte noch unerschlossen geblieben sind.[55] Während der pfälzische Separatismus in ereignisgeschichtlicher Form wissenschaftlich Behandlung erfahren hat, wurde die rechtliche Seite

---

50 *Schneider*, Stimme der Pfalz 52 (2001), 8 (9).

51 *Schneider*, Stimme der Pfalz 52 (2001), 8 (9). S. dazu, dass die ausländischen, insbesondere die französischen Archive erst in den 1970er Jahren geöffnet wurden und hierdurch ein neuer Forschungsimpuls entstand *Silbermann*, Der Separatismus 1923/24 in der Nordpfalz, in: Forster (Hrsg.), Studienbuch Donnersbergkreis, Teil 1, S. 264 (264).

52 *Osmond*, Die „Freie Bauernschaft" und der Separatismus: Bauernpolitik, bürgerliche Parteien und französische Besatzung in der Pfalz, in: Kreutz /Scherer (Hrsg.), Die Pfalz unter französischer Besetzung (1918/19–1930), S. 123 ff.; *ders.*, Freie Bauernschaft 1919–1929/33, in: Historisches Lexikon Bayerns, abrufbar unter: https://www.historisches-lexikon-bayerns.de/Lexikon/Freie_Bauernschaft,_1919-1929/33, zuletzt abgerufen am 1.11.2022; *ders.*, Rural Protest in the Weimar Republic. The Free Peasantry in the Rhineland and Bavaria; *ders.*, The Free Peasantry. Agrarian Protest in the Bavarian Palatinate 1893–1933.

53 *Bräunche*, Die Pfalz muß deutsch bleiben, Finanzierung und Organisation der Abwehr gegen separatistische Bestrebungen in der Rheinpfalz 1918–1924, in: Pfälzische Hypothekenbank Aktiengesellschaft Ludwigshafen/Pfälzische Gesellschaft zur Förderung der Wissenschaft (Hrsg.), Festschrift zum 100jährigen Bestehen der Pfälzischen Hypothekenbank 1886–1986, Teil 2, S. 227 ff.

54 *Wagner*, Die Rheinpfalz (Pirmasenser Rundschau) v. 11.2. 2004; *Schiel*, Die Separatistenherrschaft in Pirmasens 1923/24; *Schäfer*, Die Pirmasenser Separatistenzeit 1923/1924; *Steigner*, Pfälzischer Merkur (Zweibrücker Zeitung) v. 12.2.1974; *Starck*, Die Rheinpfalz (Pirmasenser Rundschau) v. 24.9.2013.

55 *Schneider*, Stimme der Pfalz 52 (2001), 8 (9).

des Attentats noch nicht aus einer dem aktuellen tatsächlichen Kenntnisstand entsprechenden Sicht untersucht. In den Arbeiten, in denen der Fall in unmittelbarer Nähe zum Attentat juristisch beleuchtet wurde, war die Verbindung der Attentäter zum bayerischen Staat der breiten Öffentlichkeit noch nicht bekannt und konnte deshalb nicht in die juristische Bewertung einfließen. In den wenigen Arbeiten, die sich nach der Befreiung der Pfalz von der Besatzungsmacht noch in juristischer Weise mit der Thematik befassen, wird das Attentat in unreflektierter Weise als Beispiel für Staatsnothilfe aus älteren Arbeiten übernommen. Daher stellt sich die Frage nach der Abgrenzung zwischen Staatsnotwehr und Staatsnothilfe und die daraus resultierenden Konsequenzen für die Rechtfertigung der Attentäter in bislang unbeantworteter Weise.

Viele Werke gehen zudem vornehmlich auf die Entstehungsgründe der separatistischen Bewegung und die Herrschaft der Separatisten ein. Besonders deutlich wird dies an den von *Gräber* und *Spindler* verfassten Standardwerken zur Thematik. Während die Ereignisse bezüglich der Machterlangung und -ausübung der Separatisten in einem sehr ausführlichen Band geschildert werden,[56] ist die Monographie über den weiteren Verlauf von deutlich geringerem Umfang.[57] Dass die rechtliche Behandlung des Attentats eine vergleichsweise geringe Beachtung findet, hat mehrere Gründe. Einerseits stammen die bisher angefertigten Arbeiten zur Thematik von Historikern und nicht von Juristen. Diese haben oftmals ein divergierendes Erkenntnisinteresse. Um eine juristische Aufarbeitung der Thematik vorzunehmen, müssen einzelne Aspekte, die dem reinen Historiker unter Umständen nicht wichtig erschienen, näher beleuchtet werden, beispielsweise sind die Alternativen, die zur Begehung des Attentates bestanden hätten für den Historiker nicht von Relevanz, weil er sich primär damit beschäftigt, was geschehen ist und nicht damit, was hätte geschehen können. Für den Juristen hingegen sind alternative Handlungsverläufe im Rahmen der Subsidiarität der Verteidigungshandlung und der Erforderlichkeit von Relevanz. Andere Teile, die für die juristische Bewertung des Falles von geringerer Bedeutung sind, wie beispielsweise die Rolle der Franzosen, werden in der hiesigen Arbeit allerdings nur in marginaler Weise behandelt.

Außerdem stellt die Strafrechtsgeschichte verglichen mit der Privatrechtsgeschichte ein Randgebiet dar, welches sich bisher eher auf die

56 *Gräber/Spindler*, Revolverrepublik am Rhein.

57 *Gräber/Spindler*, Die Pfalzbefreier. Volkes Zorn und Staatsgewalt im bewaffneten Kampf gegen den pfälzischen Separatismus 1923/24.

Rechtsprechungspraxis vergangener Zeiten und aufgrund des erhöhten Bewältigungsbedarfs schwerpunktmäßig auf die Epoche des Nationalsozialismus beschränkt. Erschwerend kommt hinzu, dass viele historische Darstellungen gleich einer Tragödie am Höhepunkt abbrechen.[58] Dieser liegt in der Erschießung des Separatistenführers. Die rechtliche Würdigung des Falles ist hingegen eine nachgelagerte Frage. Für einen guten Historiker sollten auch solche postklimatischen Aspekte als Untersuchungsgegenstände dienlich gemacht werden, um eine problematische Verengung der Vergangenheits- und Zukunftsbetrachtung zu vermeiden.[59]

Obschon die Quellenlage insgesamt sehr umfangreich ist, bestehen teilweise Lücken, entscheidende Dokumente wurden nicht überliefert und andere wichtige Geschehnisse niemals in Akten festgehalten.[60] In Bezug auf mentalitätsgeschichtliche Aspekte, die beim Verteidigungswillen der Attentäter, aber auch bei der Haltung der Bevölkerung gegenüber den Separatisten zum Tragen kommen, ist der Forschungs- und Kenntnisstand bezüglich der Weimarer Republik noch eher dürftig.[61] Auch hinsichtlich der Tatmotive der Attentäter wären umfangreiche prosophographische Studien notwendig. Schließlich kann sich der Historiker immer nur mit dem nach außen Erkennbaren, sozusagen mit der „Spitze des Eisbergs" beschäftigen.[62] Der Mensch erscheint gerade nach einem solchen langen Zeitraum als Blackbox.[63] In Bezug auf die Motivation der Attentäter und der Separatisten ist dennoch ein intentionales Erklärungsmodell basierend auf den später getätigten Äußerungen der Beteiligten erfolgsversprechend.[64] In vielen Fällen kann jedoch nur der Versuch unternommen werden, sich in die

58 *White*, The Content of Form. Narrative Discourse and Historical Representation, S. 26; *Rublack*, Der Status des historischen Wissens, in: dies. (Hrsg.), Die neue Geschichte, Eine Einführung in 16 Kapiteln, S. 95 (121).

59 *Rublack*, Der Status des historischen Wissens, in: dies. (Hrsg.), Die neue Geschichte, Eine Einführung in 16 Kapiteln, S. 95 (121).

60 *Gräber/Spindler*, 100 Tage „Autonome Pfalz" (1923/24). Einige Thesen zu Legenden und Wirklichkeit, in: Kreutz /Scherer (Hrsg.), Die Pfalz unter französischer Besetzung (1918/19–1930), S. 187 (187).

61 *Gessner*, Die Weimarer Republik, S. 107.

62 *Schlemmer*, „Los von Berlin", Die Rheinstaatbestrebungen nach dem Ersten Weltkrieg, S. 49.

63 Ähnlich *Schlemmer*, „Los von Berlin", Die Rheinstaatbestrebungen nach dem Ersten Weltkrieg, S. 49. Zu dem Phänomen des Menschen als Blackbox auch *Guckelberger*, Öffentliche Verwaltung im Zeitalter der Digitalisierung. Analysen und Strategien zur Verbesserung des E-Governments aus rechtlicher Sicht, Rn. 521 m. w. N.

64 S. hierzu auch *Rüsen*, Rekonstruktion der Vergangenheit. Grundzüge einer Historik II: Die Prinzipien historischer Forschung, S. 30 ff.

Leute von damals einzufühlen[65] oder die vorliegenden, indirekten Berichte ausgewertet werden.[66] Das Schriftgut der Separatisten selbst, vor allen Dingen solche Quellen, die sich mit ihrer Verwaltungstätigkeit befassen, ist nach dem heutigen Stand der Forschung bei der Auseinandersetzung mit den Gegnern weitestgehend untergegangen und die Quellenlage ist äußerst ungünstig, sodass die Rekonstruktion hauptsächlich anhand von Quellen erfolgen muss, welche der Abwehr zuzuordnen sind und die von einem „heute nur noch schwer nachvollziehbaren, oft ins Unerträgliche übersteigerten Nationalismus" geprägt sind.[67] Von der Autonomen Regierung selbst sind primär deren amtliche Veröffentlichungen überliefert.

Die älteren Sekundärquellen können nur bedingt herangezogen werden. In den 1930er Jahren gab es zwar relativ viele Werke zur Thematik. Das Erlebte war jedoch noch zu nah und die Ereignisse waren noch zu emotional geprägt für eine sachliche Aufarbeitung.[68] Vor allem bei den Berichten von *Jolas* bzw. *Wappes*[69], den jeweils zuständigen Staatskommissaren für die Pfalz, ging es primär um die politische Aufarbeitung des Themas, sodass es

65 *Gräber/Spindler,* Revolverrepublik am Rhein, S. 165.

66 *Gräber/Spindler,* 100 Tage „Autonome Pfalz" (1923/24). Einige Thesen zu Legenden und Wirklichkeit, in: Kreutz /Scherer (Hrsg.), Die Pfalz unter französischer Besetzung (1918/19–1930), S. 187 (188).

67 *Kermann/Krüger,* 1923/24. Separatismus im rheinisch-pfälzischen Raum. Eine Ausstellung der Landesarchivverwaltung Rheinland-Pfalz auf dem Hambacher Schloß 1989, S. 9 f.; *Leszinski,* Separatismus in der Pfalz nach den beiden Weltkriegen – Ein Vergleich, S. 2; *Spindler* und *Graß,* in: Diskussion in der Sendereihe „Nahaufnahme" vom Kurpfalz-Radio des Süddeutschen Rundfunks am 7. April 1989, 10:04 bis 11 Uhr, Abschrift von Mitschnitt, S. 14; dass es sich lediglich um nationalistische Darstellungen handelt, wird jedoch mitunter bezweifelt. Insbesondere die Zeitungsanalyse zeige, dass alle Zeitungen unabhängig von der parteipolitischen Ausrichtung antiseparatistisch eingestellt gewesen seien, dazu *Collofong,* Die Rheinpfalz (Rockenhausen) v. 12.12.1983. Die Autoren meinten hiermit jedoch wohl kaum, dass es sich bei den Autoren der entsprechenden Beiträge um Mitglieder der nationalistischen Parteien, wie beispielsweise der DNVP gehandelt habe. Vielmehr wollen sie auf einen parteiübergreifenden Zeitgeist hinaus, der im besetzten Gebiet besonders deutlich zu Tage trat. Die Bezirksämter waren nach der Räumung durch die Separatisten weitestgehend verwüstet und die Akten lagen, soweit sie nicht verbrannt waren oder mitgenommen worden sind, wild durcheinander. S. hierzu die Fotografien der Bezirksämter, LA Speyer, R 12/20.

68 *Schneider,* Historischer Verein Pirmasens, Jahrbuch 2004, S. 97 (99).

69 *Lorenz Wappes* war ein bekannter Forstwissenschaftler, der bei der Gründung des Pfälzerwaldvereines 1921 beteiligt gewesen war. Er wurde Nachfolger *v. Wintersteins,* nachdem dieser zum Regierungspräsidenten für die Oberpfalz ernannt wurde und später dann Staatskommissar für die Pfalz, vgl. hierzu *Gräber/Spindler,* Revolverrepublik am Rhein, S. 75.

an einer kritischen Distanz mangelt.[70] Eine solche ist allerdings nötig, um Sachlichkeit durch eine Entlastung vom Druck historischer Orientierungsbedürfnisse zu erreichen.[71] Durch diese emotionalem Darstellungen wurde das Separatistenbild aber für Jahrzehnte geprägt.[72] Viele neuere Quellen orientieren sich sogar an dem Wortlaut dieser Ausführungen. Deshalb vertritt *Gräber* die These, dass diese Stellen besonders kritisch zu hinterfragen seien, da eventuell etwas beschworen wurde, was nicht den Tatsachen entsprach.[73] Die Thematik ist zweifelsohne „in hohem Maße durch Legendenbildung und durch das Verdikt einer typischen Siegergeschichtenbeschreibung verstellt",[74] weswegen die Quellen besonders kritisch zu würdigen sind. Hinzu kam, dass die Abwehr gegen den Separatismus und die auf dieser Seite gefallenen Opfer von den Nationalsozialisten zu Propagandazwecken eingesetzt wurden.[75] Auch nach 1945 fand erst einmal kein kritischer Diskurs über die Problematik statt, sodass die althergebrachten Erkenntnisse auch in überregionalen Handbüchern und Standardwerken

---

70 *Gräber/Spindler,* 100 Tage „Autonome Pfalz" (1923/24). Einige Thesen zu Legenden und Wirklichkeit, in: Kreutz /Scherer (Hrsg.), Die Pfalz unter französischer Besetzung (1918/19–1930), S. 187 (188 f.); *Gräber*, Pfälzischer Separatismus, in Historisches Lexikon Bayerns, abrufbar unter: https://www.historisches-lexikon-bayerns.de/Lexikon/Pf%C3%A4lzischer_Separatismus, zuletzt abgerufen am 1.11.2022; a. A. *Collofong,* Die Rheinpfalz (Rockenhausen) v. 12.12.1983, der die „auf jegliche Wertung verzichtende, nüchtern exakte Dokumentation" lobt. Es darf hier nicht unberücksichtigt bleiben, dass die getroffenen Aussagen zwar zutreffend und durch entsprechende Zeitungsartikel und teilweise auch durch Archivalien zu belegen sind, diese aber dennoch durchaus selektiv ausgewählt wurden und ein mehr oder minder einseitiges Bild der damaligen Geschehnisse darstellen. Dies ist in Anbetracht der Interessen eines vom bayerischen Staat herausgegebenen Werkes auf der Hand liegend. Wenn man die Motivationslagen der nationalistischen Texte berücksichtigt, so lassen sich hieraus nichtsdestotrotz brauchbare Informationen entnehmen. Ähnlich *Diehl*, Die Rheinpfalz (Rockenhausen) v. 12.12.1983; *Leszinski,* Separatismus in der Pfalz nach den beiden Weltkriegen – Ein Vergleich, S. 3.

71 *Rüsen,* Historik. Theorie der Geschichtswissenschaft, S. 168.

72 *Gräber,* Pfälzischer Separatismus, in Historisches Lexikon Bayerns, abrufbar unter: https://www.historisches-lexikon-bayerns.de/Lexikon/Pfälzischer_Separatismus, zuletzt abgerufen am 1.11.2022.

73 *Gräber,* Separatismus und kollektive Mentalität. Eine Fallstudie am Beispiel des Pfälzischen Separatismus nach dem Ersten Weltkrieg, in: Blomert/Kuzmics/Treibel (Hrsg.), Transformation des Wir-Gefühls. Studien zum nationalen Habitus, S. 279 (281).

74 *Gräber/Spindler,* 100 Tage „Autonome Pfalz" (1923/24). Einige Thesen zu Legenden und Wirklichkeit, in: Kreutz /Scherer (Hrsg.), Die Pfalz unter französischer Besetzung (1918/19–1930), S. 187 (187).

75 *Schneider,* Historischer Verein Pirmasens, Jahrbuch 2004, S. 97 (99).

Eingang fanden,[76] soweit sie überhaupt Erwähnung fanden. Sogar in pfälzischen Schulbüchern wird die Thematik kaum ausführlicher als in einer Fußnote behandelt.[77] Selbst in vielen Werken über den prominentesten Attentäter, *Edgar Julius Jung*, wird das Attentat entweder nur angedeutet[78] oder in rudimentärer Weise erwähnt.[79] Insgesamt sind daher die kritische Quellenauswertung und ein Verständnis der Texte im Kontext des Gesamtgeschehens von herausragender Wichtigkeit, um die damaligen Wirren aufzuklären.[80] Objektivität findet man in der Darstellung im Zusammenhang mit dem Separatismus selten. So sind „viele Bücher über den Separatismus aus einer - bei der politischen Brisanz des Themas verständlichen - stark engagierten Haltung der Anklage oder Verteidigung heraus geschrieben worden".[81] Insgesamt sind die Quellen daher mit Vorsicht zu genießen. Im Besonderen die „Dokumentensammlung zur Geschichte des pfälzischen Separatismus"[82] sowie die Sammlung „Niemals! Dokumente aus dem Befreiungskampf der Pfalz"[83] vermitteln entgegen dem Anschein von Objektivität ein sehr einseitiges, antifranzösisches und antiseparatistisches Bild der Geschehnisse.[84]

---

76 *Gräber/Spindler,* 100 Tage „Autonome Pfalz" (1923/24). Einige Thesen zu Legenden und Wirklichkeit, in: Kreutz /Scherer (Hrsg.), Die Pfalz unter französischer Besetzung (1918/19–1930), S. 187 (189).

77 *Leszinski,* Separatismus in der Pfalz nach den beiden Weltkriegen – Ein Vergleich, S. 2; *Schneider,* Historischer Verein Pirmasens, Jahrbuch 2004, 97 (99 f.).

78 So bei *Ziegler,* Edgar Julius Jung. Denkmal und Vermächtnis, S. 12.

79 So bei *Jahnke,* Edgar Julius Jung. Ein konservativer revolutionär zwischen Tradition und Moderne, S. 19, der sich im gesamten Werk weniger mit dem Verlauf von *Jungs* Leben sondern vielmehr mit dessen Einstellung und Ideologie beschäftigt.

80 *Moersch,* Die Rheinpfalz (alle Regionalausgaben) v. 17.10.1992. S. zur herausragenden Bedeutung der Text-Kontext-Beziehung auch *White,* The Content of Form. Narrative Discourse and Historical Representation, S. 186.

81 *Bischof,* Rheinischer Separatismus 1918–1924. Hans Adam Dortens Rheinstaatbestrebungen, S. 11.

82 Haupthilfsstelle für die Pfalz (Hrsg.), Dokumentensammlung zur Geschichte des pfälzischen Separatismus. Bd. 1–3, 1924.

83 Verlag und Redaktion der Pfälzischen Rundschau (Hrsg.), Niemals! Dokumente aus dem Befreiungskampf der Pfalz.

84 So auch *Leszinski,* Separatismus in der Pfalz nach den beiden Weltkriegen – Ein Vergleich, S. 8.

II. Quellenlage Bezüglich des strafrechtsdogmatischen Teils der Arbeit

Auch wenn *Knoch* bemängelt, dass die Literatur zur Staatsnothilfe nicht allzu zahlreich sei, gibt es dennoch einige Dissertationen, die sich monographisch mit dem Problem befassen[85] und auch im Zusammenhang mit den Fememorden gibt es mehrere Veröffentlichungen in juristischen Fachzeitschriften, die sich dem Thema widmen.[86] *Schubert* ist allerdings zuzustimmen, wenn er anmerkt, dass die vorhandene Literatur hinterfragt werden müsse, denn „[d]ie Gefahr, ins Politische abzugleiten ist groß; nur wenige Autoren haben ihr widerstanden".[87] Die erwähnte Verbindung zum Politischen ergibt sich aus zweierlei Gesichtspunkten: Einerseits kam die Diskussion der Staatsnothilfe oft anlässlich politischer Ereignisse auf, beispielsweise in Verbindung mit den so genannten Fememorden oder dem Kapp-Lüttwitz-Putsch,[88] und andererseits verfolgten die Vertreter der jeweiligen Meinungen damit einhergehend oft politische Interessen.[89] *Grosshut* sieht in der Problematik einen Ausdruck des Dualismus zwischen dem Staat als rechtliches und politisches Gebilde. Bei dem Versuch, der vertretenen rechtlichen Strömung zum Durchbruch zu verhelfen, hätten viele der Verlockung nicht widerstanden, Vorschläge, die allenfalls *de lege ferenda* umgesetzt werden könnten, in gekünstelter Weise aus positivem Recht herzuleiten. Insgesamt hätte dies zu einem „verhängnisvolle[n] Überhandnehmen des teleologischen Schlusses vom Zweck aufs Mittel" geführt. Folge seien „[n]ach Belieben gehäufte und vertauschte Umkehrschlüsse und Analogiefolgerungen" gewesen.[90] Die hier bemängelte Gefahr sei der Thematik immanent, denn „wo politische Wertungen mit im Spiele sind, kann niemand, auch der beste Jurist nicht, abstrakt argumentieren, ohne

---

85 Beispielsweise *Baron*, Notwehr, Staatsnotwehr und Staatsnotstand; *Labin*, Staatsnotwehr und Staatsnotstand; *Kraegeloh*, Beiträge zur Lehre von der Notwehr im geltenden Strafrecht; *Casparius*, Staatsnotwehr. Eine Strafrechtsstudie zu dem Generalstreik im März 1920; *Weinberg*, Staatsnotwehr.

86 So zum Beispiel *Grimm*, Staatsnotstand, Staatsnotwehr und Fememord, Justiz V (1929/1930), 332 ff.; *Sinzheimer*, Legalisierung des politischen Mordes, Justiz V (1929/1930), 65 ff.; *ders.*, Justiz V (1929/1930), 268 ff.; *Radbruch*, Staatsnotstand, Staatsnotwehr und Fememord, Justiz V (1929/1930), 125 ff.

87 *Schubert*, Staatsnothilfe, Strafrechtliche Abhandlungen, S. 4 f.; so auch *Knoch*, Die Nothilfe zugunsten des Staates (Staatsnothilfe), S. 3.

88 S. zu diesem S. 317 ff.

89 *Kurzweg*, Über ein Notwehrrecht zur Verteidigung der öffentlichen Ordnung, GA 70 (1926), 72 (72).

90 *Grosshut*, Staatsnot und Staatsnotrecht, WüVR 1932, 177 (178).

selbst, zumindest unbewu[ss]t zu werten".[91] Somit gestaltet sich die abschließende Lösung des Rechtsproblems mangels sachlichen Meinungsaustausches schwierig, weil die Diskussion ein Tummelplatz für aufgewühlte, politische Meinungen geworden war.[92] Der Einfluss der Politik auf die Justiz wird in der Weimarer Republik im Allgemeinen bemängelt.[93] In diesem Zusammenhang wird auch von einer Vertrauenskrise in der Justiz gesprochen.[94] Mit den Worten *v. d. Brelies* kann man nicht umhin, etwas überspitzt „ein Versagen der formalen Rechtswissenschaft angesichts der politischen Dimension des Problemkomplexes Staatsnothilfe zu konstatieren".[95]

Eine gänzlich neutrale Bewertung des Rechtsinstituts erscheint vor den Hintergründen der damaligen Zeit bei einer solchen am Staatswohl orientierten Thematik kaum möglich. Der Ausgleich zwischen Kollektiv- und Individualinteressen, der auch ein zentrales Problem der Staatsnothilfe darstellt, ist schließlich originäre Aufgabe der Politik.[96] Schließlich legitimiert sich ein Rechtfertigungsgrund auch immer aus dem gesellschaftlichen Konsens heraus,[97] weswegen die vielfältigen Weltanschauungen dieser Zeit nicht gänzlich unbeachtet bleiben dürfen.

Auch wenn es in vielen Fällen zu einer signifikanten Beachtung der Staatsnothilfe in politischen Kreisen kam und sich das Anwendungsgebiet dieses Rechtsinstituts auch auf den Bereich der politischen Morde erstreckte, deren Liste in der Weimarer Republik eine traurige Länge erreicht hatte, gab es nur wenige diesbezügliche Entscheidungen des Reichsgerichts und die vorhandene Rechtsprechung kann in der Tat als nicht allzu ergiebig charakterisiert werden. So wurde die Staatsnothilfe hauptsächlich in *obiter dicta* erwähnt, da es in den meisten Fällen schon an einer anderen Nothilfevoraussetzung fehlte, sodass sich das Gericht gar nicht in entscheidungserheblicher Weise mit der umstrittenen Rechtsfrage beschäftigen musste.[98]

---

91 *v. d. Brelie*, Staatsnothilfe und Widerstandsrecht, S. 1 f.

92 *Lowack*, Die Rechtswidrigkeit und Handeln im Interesse der Allgemeinheit als Rechtfertigungsgrund, S. 23.

93 In diese Richtung auch *Radbruch*, Der Innere Weg. Aufriß meines Lebens, 1. Aufl., S. 163.

94 Vgl. beispielsweise *Kuhn*, Die Vertrauenskrise der Justiz (1926–1928). Der Kampf um die „Republikanisierung" der Rechtspflege in der Weimarer Republik, S. 1 ff.

95 *v. d. Brelie*, Staatsnothilfe und Widerstandsrecht, S. 13 f.

96 *Lowack*, Die Rechtswidrigkeit und Handeln im Interesse der Allgemeinheit als Rechtfertigungsgrund, S. 23.

97 *v. d. Brelie*, Staatsnothilfe und Widerstandsrecht, S. 64.

98 So auch *Knoch*, Die Nothilfe zugunsten des Staates, S. 21 und 16.

Dadurch, dass sich die tragenden Urteilsgründe nie auf dieses Rechtsinstitut stützten, muss kritisch hinterfragt werden, inwieweit das Gericht dazu eine allgemeingültige Aussage treffen wollte.

In der Literatur trat bei der Behandlung des Themas oftmals eine gewisse Schaukelstuhl-Mentalität zu Tage. Zu Beginn der 1920er Jahre bejahte die linksgerichtete Literatur beispielsweise das Staatsnothilferecht, weil sich auch die SPD-Regierung beim Kapp-Lüttwitz-Putsch darauf berufen hatte.[99] Es kam jedoch im Laufe der Zeit zu einem Umschwung, sodass linke Kreise das Staatsnothilferecht entweder vollends ablehnten oder zumindest unter restriktive Voraussetzungen stellten.[100] Aufgrund der Fememorde trat demgegenüber die rechtsgerichtete Presse gegen Ende der Weimarer Republik zunehmend für die Existenz eines Staatsnothilferechts ein.[101] *Stock* bezeichnet dies als Ironie des Schicksals und als „Spiel des Kämmerchen-Vermietens mit den eigenen Rechtsansichten", das lediglich durch politische Sympathien und Antipathien bedingt war, weswegen dieser Wechsel der Haltung aus rechtlichen Gründen abzulehnen sei.[102] Wenn man die Staatsnothilfe anerkenne, so müsse diese für alle Seiten unterschiedslos gelten.[103] Insofern müsse sich die Rechtswissenschaft bemühen, bei der Beantwortung der Frage nach Unparteilichkeit bemühen. Durch die Beeinflussung durch die sehr politisch geprägte Tagespresse sei dies eine schwierige Aufgabe. Empfehlenswert bei der rechtlichen Betrachtung sei es daher, politisch konnotierte Themen wie den Kapp-Lüttwitz-Putsch und die Fememorde bei der Betrachtung auszuklammern.[104] Viele der Arbeiten im Zusammenhang mit der Femenordthematik dienten nämlich lediglich dazu, die Taten als legal darzustellen, sie zu verharmlosen oder die Zusammenhänge zu verschleiern, um den inhaftierten Tätern den Weg in die Freiheit zu ermöglichen.[105] In Bezug auf diese Themen waren nämlich

99 *v. d. Brelie*, Staatsnothilfe und Widerstandsrecht, S. 13; ebenso *Stock*, GS 101 (1932), 148 (155).

100 *v. d. Brelie*, Staatsnothilfe und Widerstandsrecht, S. 13; ebenso *Stock*, GS 101 (1932), 148 (155).

101 *v. d. Brelie*, Staatsnothilfe und Widerstandsrecht, S. 13.

102 *Stock*, GS 101 (1932), 148 (155).

103 *Stock*, GS 101 (1932), 148 (155).

104 *Stock*, GS 101 (1932), 148 (155).

105 *Gumbel*, Die Justiz IV (1928/1929), 532 (532). Zu diesen Werken zählen beispielsweise *Luetgebrune*, Wahrheit & Recht für Feme, Schwarze Reichswehr und Oberleutnant Schulz; *Grimm*, Oberleutnant Schulz, Femeprozesse und Schwarze Reichswehr, sowie *ders.*, Das Rechtsgutachten des Rechtsanwalts Professor Dr. Grimm Essen-Münster in der Strafsache des Oberleutnants a. D. Paul Schulz aus Berlin.

auch die rechtswissenschaftlichen Beiträge von einem „leidenschaftlichen Ton nicht frei gewesen". Die politische Vorbelastung des Themas habe verhindert, dass es einer adäquaten, sachlich richtigen Lösung zugeführt werden konnte.[106] Im hiesigen Kontext werden die Fememorde und der Kapp-Lüttwitz-Putsch zwar behandelt; dies erscheint in Bezug auf die Rechtsprechung notwendig, da es sonst keine erwähnenswerten Urteile zu der Thematik gibt. Die zugrundeliegende politische Wertentscheidung soll bei der Betrachtungsweise kritisch mit einbezogen werden. Ansonsten soll sich die diesbezügliche Darstellung jedoch auf die Grundzüge beschränken.

Insgesamt soll ein Überblick über die verschiedenen Meinungsstände in der Literatur und der Rechtsprechung erstellt werden, der sich von den Anfängen Mitte des 19. Jahrhunderts bis in die neueste Zeit erstreckt. Der Fokus soll jedoch primär auf der Weimarer Republik liegen. Eine solche rechtshistorische Aufbereitung der Staatsnothilfe gibt es noch nicht in monographischer Form. Zwar befassten sich auch nach dem Zweiten Weltkrieg vereinzelte Arbeiten mit der Thematik und verwiesen dabei auf historische Argumente. Hierbei stand jedoch immer die juristische Frage der aktuellen Daseinsberechtigung der Staatsnothilfe im Vordergrund. Als Forschungsdesiderata sollen in dieser Arbeit hingegen primär die Gemeinsamkeiten und Unterschiede der juristischen Bewertung des Rechtsinstituts in der Weimarer Republik, im Nationalsozialismus und in der Bundesrepublik herausgearbeitet werden. Das Erarbeiten der zugrundeliegenden Entwicklung ist von herausragender Wichtigkeit für die historische Beurteilung des Falles. Schlussendlich ist jeder Jurist in dem Sinne vorbelastet, dass er seiner juristischen Betrachtung im Zweifelsfalle unbewusst die Wertung der freiheitlich demokratischen Grundordnung als prägendes Element des juristischen Grundverständnisses der heutigen Zeit zugrunde legen wird. Wenn er die Unterschiede im Verständnis des Rechtsinstituts durch die Epochen kennt, kann er in sensibilisierter Weise mit dieser natürlichen Voreingenommenheit umgehen.

D. Methode

Bei der rechtshistorischen Arbeit wird nicht nur die geschichtliche Sicht beleuchtet. Vielmehr steht die Arbeit auch immer in einem Spannungsfeld

106 *Stock*, GS 101 (1932), 148 (156).

zur applikativen Rechtswissenschaft, wobei bei Arbeiten zur juristischen Zeitgeschichte auch immer juristische Gedanken einfließen.[107] Die Arbeit soll sich daher nicht in einer reinen Rekonstruktion oder einer Wiedergabe der Ereignisse erschöpfen. Vielmehr ist eine rechtliche Interpretation der Geschehnisse das Ziel.[108] Durch die juristische Komponente der Arbeit empfiehlt sich getreu der Annales-Bewegung das Heranziehen eines interdisziplinären Ansatzes aus der Sozialgeschichte, der sich auch anderen theoretischen Ansätzen öffnet und alle Aspekte des menschlichen Lebens in die Forschung einbezieht.[109] Auch wenn die Methoden durchaus in der rechtshistorischen Wissenschaft ihre Daseinsberechtigung haben, so ist bezüglich der verwendeten soziologischen Begrifflichkeiten Vorsicht geboten. Der Kreis der sich überschneidenden Begriffe in Soziologie und Rechtswissenschaft ist marginal. Deshalb besteht umso mehr die Gefahr unbemerkter Sinnverschiebungen durch eine Scheinidentität der Begriffe.[110] Da es sich bei der vorliegenden Arbeit primär um eine juristische handelt, sollen die Begriffe in einer juristischen Weise verstanden werden.

Die Arbeit soll sich zumindest im rein regionalhistorischen Teil neben vereinzelter Anwendung soziologischer Methoden an dem klassischen Dreiklang historischer Forschung - Heuristik, Kritik und Interpretation - orientieren.[111] Da der Rechtswissenschaft eine eigene Methodik zugrunde liegt, sollen im theoretischen Teil über die Staatsnothilfe maßgeblich die *canones* der Auslegung herangezogen werden, um herauszuarbeiten, ob die Staatsnothilfe unter § 53 StGB fallen kann. Bei der juristischen Wertung des konkreten Falles soll ein kombiniertes Vorgehen bemüht werden. Bezüglich der rechtlichen Würdigung sollen juristische Argumentationsmuster angewandt werden. Dabei wird teils auch auf historische Begebenheiten Bezug

107 *Schulze,* Juristische Zeitgeschichte, in: Stolleis (Hrsg.), Juristische Zeitgeschichte – Ein neues Fach?, S. 53 (53).

108 *White,* The Content of Form. Narrative Discourse and Historical Representation, S. 188.

109 Diese Linie verfolgen auch *Schlemmer,* „Los von Berlin", Die Rheinstaatbestrebungen nach dem Ersten Weltkrieg, S. 48; *Rublack,* Der Status des historischen Wissens, in: dies. (Hrsg.), Die neue Geschichte, Eine Einführung in 16 Kapiteln, S. 95 (110) und *Kroll,* Sozialgeschichte, in: Cornelißen (Hrsg.), Geschichtswissenschaften, S. 149 (150).

110 *Luhmann,* Ausdifferenzierung des Rechts. Beiträge zur Rechtssoziologie und Rechtstheorie, S. 273.

111 Hierzu auch *Rüsen,* Historische Orientierung. Über die Arbeit des Geschichtsbewusstseins, sich in der Zeit zurechtzufinden, S. 119.

genommen. Bei deren Auslegung wird, soweit es dem Erkenntnisgewinn dienlich ist, auch auf historische Argumentationsmuster zurückgegriffen.

Nicht alle Methoden der neueren Sozialforschung können für die vorliegende Arbeit fruchtbar gemacht werden. Die quantitative Quellenauswertung erscheint an dieser Stelle nicht empfehlenswert. Nach dieser in der Wirtschaftshistorik schon früh angewandten Methode wird versucht, Geschichte anhand von Zahlen und Statistiken zu rekonstruieren und im Wege einer seriellen Geschichtsbetrachtung verständlich zu machen.[112] Auch wenn die dadurch erlangten Erkenntnismöglichkeiten unbestritten sind, so soll im vorliegenden Fall, dennoch eine qualitative Quellenauswertung vorgenommen werden. Einmal ist der Erkenntnisgewinn durch die quantitative nur bedingt besser als die der qualitativen Quellenauswertung, da die Güte der erlangten Informationen auch immer vom Programm des Historikers abhängig ist. Zudem läuft man bei quantitativen Ansätzen Gefahr, nicht quantifizierbare Aspekte zu vernachlässigen. Diese können bei einer solch eng umrissenen Forschungsmaterie indes von entscheidender Relevanz sein.[113] Die vorliegenden Quellen wurden demnach qualitativ ausgewertet, um eine möglichst detaillierte Darstellung zu garantieren und auf die Besonderheiten der einzelnen Autoren optimal eingehen zu können. Außerdem wird die Literatur in der Rechtswissenschaft ebenfalls in qualitativer Weise ausgewertet.

Der Zugang zur Materie wird durch ein verändertes Verhältnis zur eigenen Nation erschwert. Aus heutiger Sicht erscheinen die damaligen Ereignisse, die politisch überhitzte Situation sowie die offen zu Tage tretende Gewaltbereitschaft von allen Seiten vor dem Hintergrund eines geeinten und friedlichen Europas nur schwer verständlich.[114] In der heutigen Generation, in der die Beziehung zum Nachbarstaat durch eine Völkerfreundschaft geprägt ist, ist die zur damaligen Zeit herrschende „Erbfeindschaft" zwischen Deutschland und Frankreich nur schwer nachvollziehbar.[115] Insbesondere durch den am 22. Januar 2019 unterzeichneten Vertrag von Aachen, der als Fortführung des Elysée-Vertrages die deutsch-französische

---

112 *Le Goff,* Neue Geschichtswissenschaft, in: ders./Chartier/Revel (Hrsg.), Die Rückeroberung des historischen Denkens, S. 11 (44).

113 *Le Goff,* Neue Geschichtswissenschaft, in: ders./Chartier/Revel (Hrsg.), Die Rückeroberung des historischen Denkens, S. 11 (44 f.)

114 *Oberhauser,* Heimatkalender für das Pirmasenser und Zweibrücker Land 1974, 136 (136); *Himmler,* Talpost v. 5.11.1998.

115 *Sieber,* Heimatkalender für das Pirmasenser und Zweibrücker Land 2006, 225 (225); *Ullmann,* Donnerbergjahrbuch 1979, 154 (157).

Freundschaft auf eine neue Stufe stellt, wird deutlich, dass diesbezügliche Ressentiments der Vergangenheit angehören.[116]

Die Arbeit behandelt die neuere juristische Zeitgeschichte, welche nach dem hiesigen Verständnis nach dem Ende des Ersten Weltkrieges beginnt.[117] Es geht somit um „Vergangenheit, mit der die Gegenwart noch ringt".[118] Der Umgang mit dieser noch nicht allzu lange zurückliegenden Materie birgt diverse Schwierigkeiten. Die Identitätsbildung und die Orientierung fallen bei solchen Themen, bei denen sich die Fragen überstürzen, schwer, weil die erforderliche Wertklarheit und Gelassenheit fehlen.[119] Besonders problematisch, wenn die zeitliche Distanz fehlt, ist die Objektivität der Arbeit. Eine vollkommene Objektivität dergestalt, dass der Erfahrungshorizont, die Interessen und die Vorstellungen des Betrachters vollkommen unberücksichtigt bleiben, ist bei diesen Themen kaum zu erreichen.[120] Gänzliche Objektivität stellt ohnehin eine Utopie in der historischen Forschung dar und wird durch zweierlei Faktoren begrenzt. Einerseits kann man anhand der Quellen nie mit absoluter Gewissheit sagen, ob sich die Begebenheiten tatsächlich auf die dargestellte Weise ereignet haben. Man kann lediglich einen Grad an Wahrscheinlichkeit herausarbeiten. Auch in Bezug auf die Darstellung der Zusammenhänge zwischen den einzelnen Quellen ist der Historiker nie vollumfänglich objektiv.[121] So besteht die Gefahr, dass die Verhaltens- und Wahrnehmungsweisen der heutigen Welt vorschnell der damaligen Zeit zugeordnet werden, vornehmlich in Bezug auf die rechtliche Beurteilung des Falles.[122]

---

116 *Özfirat,* NJOZ 2019, 689 ff.

117 *Majer,* Überlegungen zum Begriff „Juristische Zeitgeschichte", in: Stolleis (Hrsg.), Juristische Zeitgeschichte – Ein neues Fach?, S. 15 (16); a. A. *Schulze,* Juristische Zeitgeschichte, in: Stolleis (Hrsg.), Juristische Zeitgeschichte – Ein neues Fach?, S. 53 (54), der einen Schnitt nach dem Zweiten Weltkrieg bevorzugt.

118 *Werle,* Zur Konzeption von Forschung und Lehre im Fach „Juristische Zeitgeschichte, in: Stolleis (Hrsg.), Juristische Zeitgeschichte – Ein neues Fach?, S. 63 (63).

119 *Rückert,* Juristische Zeitgeschichte, in: Stolleis (Hrsg.), Juristische Zeitgeschichte – Ein neues Fach?, S. 23 (24).

120 *Rublack,* Der Status des historischen Wissens, in: dies. (Hrsg.), Die neue Geschichte. Eine Einführung in 16 Kapiteln, S. 95 (111).

121 *Rüsen,* Historische Orientierung. Über die Arbeit des Geschichtsbewusstseins, sich in der Zeit zurechtzufinden, S. 126.

122 *Schlemmer,* „Los von Berlin", Die Rheinstaatbestrebungen nach dem Ersten Weltkrieg, S. 55; *Kortüm,* Menschen und Mentalitäten. Einführung in Vorstellungswelten des Mittelalters, S. 26 f., der gleichfalls die Gefahr sieht, die Veränderung überzubetonen.

Sowohl der reine Objektivismus als auch das gegenteilige Extremum, der Subjektivismus, bei dem das gegebene Quellenmaterial dazu verwendet wird, das eigene Vorverständnis zu belegen, können für den Rechtshistoriker nicht richtungsweisend sein.[123] Hier stellt sich dann die Frage, inwiefern diese unvollkommene Objektivität für den Historiker kompensierungsbedürftig und kompensierbar ist. Wenn man ursprünglich von dem Leitbild des objektiven, dolosen Wissenschaftlers ausging, so wurde dieses in der modernen Historik durch die „unendliche Relativität des Maßes" ersetzt, wodurch die Interpretation einer viel größeren Flexibilität zugeführt wurde.[124] Das Forschen und die Recherche rückte somit in den Mittelpunkt der wissenschaftlichen Forschung.[125] Aufgrund der Kontextabhängigkeit der Geschichte, sei es vorzugswürdig, das ohnehin nicht vollständig umsetzbare Leitbild der Objektivität durch das Leitbild des Vertrauens zu ersetzen. Dieses erfüllt der Historiker dadurch, dass er die Quellen sorgfältig belegt, offenlegt und kritisch überprüft.[126] Letzteres bezieht sich bei einem rechtshistorischen Zugang auch immer auch das eigene Quellenverständnis. Hier richtet sich das kritische Hinterfragen primär darauf, ob die tatsächliche Quellenaussage erfasst wurde, oder ob das eigene Wirklichkeitsverständnis – welches gerade bei Juristen durch die aktuelle Rechts- und Gesetzeslage geprägt ist – diese Aussage verzerrt.[127] Die aufgezeigten Schwierigkeiten sollten jedoch kein Hemmnis darstellen, sich mit der juristischen Zeitgeschichte zu befassen. Schließlich gehört die Fähigkeit, die eigene emotionale Identifikation mit den Handelnden der damaligen Zeit kritisch zu hinterfragen, zu den Kernkompetenzen des (Rechts)historikers.[128]

Weil im Rahmen der juristischen Zeitgeschichte eine Fülle von Themen und Fragestellungen aufkommen, ist eine induktive Vorgehensweise von

123 *Schulze,* Juristische Zeitgeschichte, in: Stolleis (Hrsg.), Juristische Zeitgeschichte – Ein neues Fach?, S. 53 (54).

124 *Rublack,* Der Status des historischen Wissens, in: dies. (Hrsg.), Die neue Geschichte. Eine Einführung in 16 Kapiteln, S. 95 (111); *Bloch,* Apologie der Geschichte, S. 32.

125 *Rublack,* Der Status des historischen Wissens, in: dies. (Hrsg.), Die neue Geschichte. Eine Einführung in 16 Kapiteln, S. 95 (112).

126 *Rublack,* Der Status des historischen Wissens, in: dies. (Hrsg.), Die neue Geschichte. Eine Einführung in 16 Kapiteln, S. 95 (113); *Jordanova,* History in Practice, 2. Aufl., S. 89 f.

127 S. zu dieser Problematik auch *Rüsen,* Historische Orientierung, S. 124 f.

128 *Rublack,* Der Status des historischen Wissens, in: dies. (Hrsg.), Die neue Geschichte, Eine Einführung in 16 Kapiteln, S. 95 (115).

Nutzen, bevor man sich übergreifender Themen bedient.[129] Auch wenn die Strukturgeschichte der Ereignisgeschichte in der modernen Geschichtswissenschaft von vielen Autoren vorgezogen wird,[130] empfiehlt sich daher die Betrachtung eines punktuellen Ereignisses, um die ohnehin schon abstrakte Rechtsfigur zu illustrieren und einen konkreten Zugang zu eröffnen.

Auch wenn es ein besonderes Charakteristikum der juristischen Zeitgeschichte darstellt, dass überaus viele Quellen auszuwerten sind,[131] macht dies noch keine neue Methode erforderlich, sondern lediglich besondere Mühen sowie eine gesteigerte Um- und Vorsicht.[132] Deshalb soll bezüglich des historischen Teils auf die klassische Methodik der Geschichtswissenschaft zurückgegriffen werden. Darunter versteht man die Heuristik, die Kritik und die Interpretation.[133] Die Heuristik beschäftigt sich mit dem Aufstellen von Fragen und dem Finden von dementsprechenden Antworten.[134] Zu Beginn der Arbeit sollen einige Fragen aufgeworfen werden.[135] Die korrespondierenden Antworten sollen sich aus der historischen Betrachtung ergeben.[136] Schließlich ist Geschichte nie etwas nur gegebenes, sondern ein Produkt des Historikers, was sich unter anderem auch auf Hypothesen und Vermutungen stützt.[137] Hierdurch soll ein analytisch differenzierter

---

129 *Majer*, Überlegungen zum Begriff „Juristische Zeitgeschichte", in: Stolleis (Hrsg.), Juristische Zeitgeschichte – Ein neues Fach?, S. 15 (19).

130 Vgl. hierzu auch *Burguière*, Historische Anthropologie, in: Le Goff/Chartier/Revel (Hrsg.), Die Rückeroberung des historischen Denkens, S. 62 (63); vgl. zur diesbezüglichen Differenzierung auch *Kocka*, Zurück zur Erzählung? Plädoyer für historische Argumentation, in: ders. (Hrsg.), Geschichte und Aufklärung. Aufsätze, S. 8 (12). Die Arbeit beschränkt sich jedoch ohnehin nicht auf eine von den Gegnern des Historismus kritisierte narrative Darstellung, sondern bezieht vielmehr rechtliche Wertungen dogmatischer Natur mit ein, sodass sie über die bloße Ereignisgeschichte hinausgeht.

131 *Rückert*, Juristische Zeitgeschichte, in: Stolleis (Hrsg.), Juristische Zeitgeschichte – Ein neues Fach?, S. 23 (23).

132 *Rückert*, Juristische Zeitgeschichte, in: Stolleis (Hrsg.), Juristische Zeitgeschichte – Ein neues Fach?, S. 23 (25).

133 *Rüsen*, Historik. Theorie der Geschichtswissenschaft, S. 171; vgl. auch *ders.*, Historische Orientierung. Über die Arbeit des Geschichtsbewusstseins, sich in der Zeit zurechtzufinden, S. 116 ff.; *ders*, Rekonstruktion der Vergangenheit, Grundzüge einer Historik II. Die Prinzipien der Historischen Forschung, S. 102 ff.

134 *Rüsen*, Historik. Theorie der Geschichtswissenschaft, S. 173.

135 Vgl. zu diesem Vorgehen auch *Rüsen*, Historische Orientierung. Über die Arbeit des Geschichtsbewusstseins, sich in der Zeit zurechtzufinden, S. 111.

136 *Rüsen*, Historik. Theorie der Geschichtswissenschaft, S. 171.

137 *Le Goff*, Neue Geschichtswissenschaft, in: Le Goff/Chartier/Revel (Hrsg.), Die Rückeroberung des historischen Denkens, S. 11 (21).

Zugang zu den Quellen erreicht werden.[138] Im Zentrum des steht folgender Fragenkomplex: Wie kam es dazu, dass die Täter nie verurteilt wurden, sondern vielmehr als Helden gefeiert und als ohne weitere Begründung gerechtfertigt angesehen wurden? Waren die Taten etwa wirklich gerechtfertigt? Wäre ein Richter in der damaligen Zeit zu einem Freispruch der Täter gelangt? Daran schließen sich dann Fragen bezüglich der Lage in der besetzten Pfalz und deren Verhältnis zu Frankreich sowie zum allgemeinen Verständnis des Rechtsinstituts der Staatsnothilfe an. Die primäre Frage bei der rechtlichen Beurteilung des Falles liegt dann darin, welche Alternativen die Täter beziehungsweise der Staat gehabt hätten, um eine Befreiung der Pfalz von den Separatisten zu erwirken. Außerdem wird darauf einzugehen sein, wie lange ein Angriff einer revolutionären Macht noch als gegenwärtig angesehen werden kann und wann ein solcher in einen rechtmäßigen Zustand umschlägt.

Dadurch, dass die juristische Rechtfertigung auch immer diverse normative Entscheidungen enthält, lässt sich weiter fragen, wie das Gerechtigkeitsempfinden der Bevölkerung und der juristischen Wissenschaft in Bezug auf das Attentat zu bewerten gewesen ist. Auch wenn die Gerechtigkeit in der modernen Gesellschaft ihre operative Bedeutung zunehmend verloren hat und der Differenzierung zwischen Recht und Unrecht in der heutigen Rechtswissenschaft kaum noch eine eigenständige Bedeutung als Entscheidungskriterium zukommt,[139] soll dennoch das Gerechtigkeitsempfinden in Bezug auf das Attentat in den Zeitungen sowie in der Belletristik und in Zeitzeugenberichten untersucht werden. Auch wenn sich darin nicht zwangsweise juristische Wertungen widerspiegeln, so lassen diese Aussagen dennoch Rückschlüsse auf den vorherrschenden Zeitgeist zu und können insofern Informationen in Bezug auf die allgemeine Stimmungslage liefern. Zwar vermag die belletristischen Aufarbeitungen der Thematik, die ereignisgeschichtliche Darstellung nicht vollkommen zutreffend wiedergeben. Dennoch erscheinen sie in besonderem Maße geeignet, das „mentale Klima"[140] der damaligen Zeit nachzuempfinden. Die Divergenzen

138 Vgl. zu diesem Vorgehen auch *Rüsen*, Historische Orientierung, S. 111.

139 So zumindest *Luhmann*, Ausdifferenzierung des Rechts. Beiträge zur Rechtssoziologie und Rechtstheorie, S. 377.

140 Vgl. hierzu *White*, The Content of Form. Narrative Discourse and Historical Representation, S. 187. S. zu der Möglichkeit des Erkenntnisgewinns aus der Literatur insbesondere in Bezug auf die Mentalitätsgeschichte und die damit einhergehende Chance, Tiefenschichten auszuleuchten, die bei rein faktografischem Zugang verborgen geblieben wären *Cepl-Kaumfann*, Zwischen „Ruhrbesetzung" und „Ruhr-

zwischen belletristischer Aufarbeitung und Realität können sodann Aufschluss über das Gerechtigkeitsempfinden des Autors sowie die Aspekte des Attentats geben, die in idealisierender Weise verdrängt wurden.

Berücksichtigung fanden primär Archivalien des Landesarchivs in Speyer und des Hauptstaatsarchivs in München, Quellensammlungen und Zeitungsartikel zum Separatismus sowie wissenschaftliche Texte und Urteile zur Staatsnothilfe. Besonders hilfreich für das Nachvollziehen der Entwicklung war die Presseberichterstattung, deren Auswertung nicht nur anhand mehrerer pfälzischer, sondern auch anhand rechtsrheinischer Zeitungen erfolgte. Die Zuhilfenahme von Zeitungen aus dem unbesetzten Gebiet ist deshalb von herausragender Wichtigkeit, weil die linksrheinischen Zeitungen oftmals zensiert wurden. In den linkrheinischen Gebieten wurden hingegen auch Verlautbarungen der Autonomen Pfalz verkündet, sodass durch die Zeitungsauswertung in den Archivalien bestehende Lücken geschlossen werden können. Auch die rechtsrheinischen Nachrichtenblätter müssen aufgrund der propagandistischen Tätigkeit der Abwehrstelle kritisch auf ihr Wahrheitsgehalt hinterfragt werden.

Um die Thematik nicht nur einseitig zu beleuchten, wurde teils auch englische und französische Literatur zur Separatismus-Problematik in der Pfalz herangezogen. Ganz getreu dem Forschungsansatz der Ranke-Tradition und dem diesem innewohnenden Objektivitätsanspruch, sollen die Wahrnehmungsperspektiven aller am Geschehen Beteiligter berücksichtigt werden und insofern eine eingehende Prüfung der Überlieferungsgeschichte bewirkt werden.[141] Dennoch konnte die englische und französische Literatur nicht vollumfänglich ausgewertet werden und auf das diesbezügliche Archivmaterial wurde nicht zurückgegriffen. Zwar wären Vorstudien im internationalen Rahmen durchaus angebracht,[142] dies würde den Umfang der Arbeit, deren Schwerpunkt auf einer juristischen Betrachtung liegen soll, bei Weitem übersteigen. Die Arbeit des Historikers zeichnet sich schließlich nicht nur durch reine Darstellung, sondern auch durch das Treffen einer Auswahl aus. Während die Realität verworren erscheint, soll durch

---

kampf". Schriftsteller im Spannungsfeld der Politik, in: Krumeich/Schröder (Hrsg.), Der Schatten des Weltkrieges. Die Ruhrbesetzung 1923, S. 47 (47).

141 *Rüsen*, Historische Orientierung. Über die Arbeit des Geschichtsbewusstseins, sich in der Zeit zurechtzufinden, S. 133 f.

142 *Kermann/Krüger*, 1923/24 Separatismus im rheinisch-pfälzischen Raum. Eine Ausstellung der Landesarchivverwaltung Rheinland-Pfalz auf dem Hambacher Schloß 1989, S. 9.

diese Filterung eine Erklärung des Vergangenen ermöglicht werden.[143] Dadurch dass die Rechtsfigur der Staatsnothilfe ein deutsches Spezifikum ist, dass – wie noch zu zeigen ist – im französischen Recht gar keine und im Common Law keine adäquate Entsprechung hat, soll daher nur soweit dies tatsächlich von Relevanz ist auf ausländische Quellen zurückgegriffen werden. Unerlässlich ist es, nicht lediglich eindimensional aus der Sicht der Abwehr zu berichten, wozu aufgrund des Ungleichgewichts im Quellenmaterial die Gefahr besteht, sondern auch die Sichtweise der Separatisten in nachvollziehender Weise in die Betrachtung einzubeziehen. Schlussendlich ergibt sich der Gang des geschichtlichen Wandels nicht nur aus dem Agieren einer Seite, sondern immer auch durch Verflechtung und Interdependenz.[144]

Im dogmatischen Teil der Arbeit werden naturgemäß ausgehend vom Gesetzestext des Strafgesetzbuchs[145] wissenschaftliche Texte ausgewertet, die sich an das juristische Fachpublikum richten. Darunter befinden sich zum größten Teil eine Reihe von Dissertationen, bei denen die unterschiedlichen juristischen Kenntnisstände der Verfasser, die größtenteils vorher noch keine juristische Arbeit verfasst haben, recht deutlich werden. Das wissenschaftliche Niveau dieser Arbeiten divergiert sehr stark. Daneben werden auch Zeitschriftenaufsätze bekannter Juristen, wie beispielsweise *Radbruch*[146] oder *Sinzheimer*[147] zur Thematik untersucht, die demgegenüber auch rhetorisch hervorstechen, wenngleich eine objektive Behandlung des Problems, wie der öffentliche Diskurs der beiden Autoren mit dem Strafverteidiger *Grimm*[148] in Bezug auf die Fememordproblematik zeigen wird, auch in juristisch prominenten Kreisen nicht ohne weiteres möglich war. Dies mag auch dadurch begründet sein, dass viele der prominenteren Autoren politische Hintergründe haben. Der Rechtsanwalt *Grimm* beispielsweise war auf die Verteidigung in politischen Prozessen spezialisiert

---

143 *Le Goff*, Neue Geschichtswissenschaft, in: Le Goff/Chartier/Revel (Hrsg.), Die Rückeroberung des historischen Denkens, S. 11 (20).

144 *Elias*, Über den Prozeß der Zivilisation. Soziogenetische und psychogene Untersuchungen, Band 1: Wandlungen des Verhaltens in den weltlichen Oberschichten des Abendlandes, S. 324 f.

145 Hier wurden die Normen, die im Jahr 1923 galten zu Grunde gelegt und soweit dies von Belang ist, wurden sie auch in den Fußnoten abgedruckt.

146 *Radbruch*, Justiz V (1929/1930), 125 ff.

147 *Sinzheimer*, Justiz V (1929/1930), 65 ff.

148 *Grimm*, Justiz V (1929/1930), 332 ff; *Radbruch*, Justiz V, 333; *Sinzheimer*, Justiz V (1929/1930), 268 ff.

und verteidigte unter anderem Deutsche vor den Militärgerichten der Besatzungsmacht. Unverhohlen zeigte er seine Sympathie zu nationalen Aktivisten und nahm auch zahlreiche Mandate der Schwarzen Reichswehr, im Speziellen von Fememördern, an.[149] Die anderen Autoren, die nicht über die Thematik promovierten, waren teils auch selbst als Politiker tätig[150] oder zumindest Mitglieder in Parteien.[151]

Dennoch wurden die allzu polemischen Arbeiten zur Fememordproblematik wie beispielsweise das Werk von *Luetgebrune*[152] und eine weitere Arbeit von *Grimm*[153] von der Betrachtung ausgeklammert. Einerseits wurden bei vielen dieser Arbeiten juristische Begriffe lediglich im alltagssprachlichen Sinne gebraucht. Andererseits waren diese Arbeiten davon geprägt, ein schon vollzogenes Delikt in jedem Fall zu rechtfertigen, sodass das Ergebnis den Gang der Prüfung determinierte. Darüber hinaus wurde die Fememordproblematik schon in anderen Monographien hinreichend behandelt, weswegen der Versuch unternommen wurde, sich auf allgemeine Ausführungen zu beschränken und die Fememorde in der gebotenen Kürze darzustellen. Ergänzend werden die Gesetzgebungsmaterialien und die Protokolle des Reichstages sowie der Verfassungsgebenden Nationalversammlung herangezogen.

Die Tätigkeit des Historikers beschränkt sich nicht nur darauf, die Vergangenheit darzustellen, sondern diese zu deuten und zu neuem Leben zu erwecken.[154] Durch das Zusammenführen von juristischen Quellen und Tatsachenquellen soll etwas erreicht werden, was sich aus der isolierten Quellenanalyse nicht ergeben hätte, nämlich die rechtliche Wertung des Falles, die bis dato weder judiziell noch in der Literatur in einer über die

---

149 *Gräber/Spindler,* Revolverrepublik am Rhein, S. 138 f.

150 *Gustav Radbruch* war Reichsjustizminister, s. hierzu *Spendel,* Gustav Radbruch, in: Deutsche Biographie, abrufbar unter: https://www.deutsche-biographie.de/sfz97652.html, zuletzt abgerufen am 1.11.2022.

151 *v. Oetker* beispielsweise war seit 1918 Mitglied der DNVP und wechselte dann 1933 in die NSDAP, s. hierzu *Spendel,* Friedrich August Heinrich Oetker, Deutsche Biographie, abrufbar unter: https://www.deutsche-biographie.de/sfz73150.html, zuletzt abgerufen am 1.11.2022.

152 *Luetgebrune,* Wahrheit & Recht für Feme, Schwarze Reichswehr und Oberleutnant Schulz.

153 *Grimm.* Rechtsgutachten des Rechtsanwalts Professor Dr. Grimm Essen-Münster in der Strafsache des Oberleutnants a. D. Paul Schulz aus Berlin.

154 *Rublack,* Der Status des historischen Wissens, in: dies. (Hrsg.), Die neue Geschichte. Eine Einführung in 16 Kapiteln, S. 95 (123).

bloße Bejahung hinausgehenden Weise erfolgt ist.[155] Zugegebenermaßen ist es nicht möglich, die Frage nach der Rechtmäßigkeit der Handlungen der Attentäter so zu formulieren, dass ihre Antwort aus dem reinen Quellenmaterial hervorgeht. Schließlich hat eine Gerichtsverhandlung zu der Thematik nie stattgefunden und auch in der Literatur haben die Autoren, die sich auf die Geschehnisse bezogen, zu den einzelnen Tatbestandsmerkmalen im konkreten Fall nie dezidiert Stellung bezogen. Nichtsdestotrotz bieten die tatsächlichen Erzählungen, welche aus den Quellen ersichtlich werden, Anhaltspunkte für das Vorliegen – beziehungsweise Nichtvorliegen – einzelner Tatbestandsmerkmale. Während bei der Geschichte durch die Quellenanalyse und den damit im Zusammenhang stehenden Deutungsmustern[156] idealerweise höher aggregierte Tatsachen[157] herausgearbeitet werden sollen, ist das Ziel der vorliegenden Arbeit die Rekonstruktion einer rechtlichen Bewertung, wie sie ein Richter der damaligen Zeit wohl vorgenommen hätte. Insofern verfolgt die Arbeit auch einen mentalitätsgeschichtlichen Ansatz. Die bis heute weitestgehend einheitliche juristische Darstellung des Attentates muss im Wege eines kritisch-historischen Sinnbildungsprozesses[158] hinterfragt werden. Hier ist von herausragender Wichtigkeit, das auf der falschen Tatsachengrundlage, dass die Attentäter selbständig und ohne staatliche Beauftragung gehandelt hatten, beruhende Deutungsmuster der juristischen Wertung zu beseitigen und dadurch Raum für eine neue historische Perspektive zu schaffen.[159]

Die historischen Gegebenheiten werden in mehr oder minder narrativer Form wiedergegeben. Auch wenn der Ausdruck in einem alltagssprachli-

155 *Gräber/Spindler*, „Wer dabei mitmacht, muss damit rechnen, den Kopf zu verlieren“. Kriminalität, Kriminalisierung und Strafverfolgung im Zusammenhang des linksrheinischen Separatismus nach dem 1. Weltkrieg, in: „Unrecht und Recht. Kriminalität und Gesellschaft im Wandel von 1500–2000“, S. 412 (423); vgl. zu diesem Vorgehen auch *Rüsen*, Historische Orientierung. Über die Arbeit des Geschichtsbewusstseins, sich in der Zeit zurechtzufinden, S. 111.

156 *Rüsen,* Rekonstruktion der Vergangenheit. Grundzüge einer Historik II: Die Prinzipien historischer Forschung, S. 21.

157 *Rüsen,* Historische Orientierung. Über die Arbeit des Geschichtsbewusstseins, sich in der Zeit zurechtzufinden, S. 125.

158 Vgl. hierzu *Rüsen*, Historische Orientierung. Über die Arbeit des Geschichtsbewusstseins, sich in der Zeit zurechtzufinden, S. 27; *ders.:* Rekonstruktion der Vergangenheit. Grundzüge einer Historik II: Die Prinzipien historischer Forschung S. 49 ff.

159 S. zu diesem Vorteil der kritisch historischen Sinnbildung auch *Rüsen,* Historische Orientierung, Über die Arbeit des Geschichtsbewusstseins, sich in der Zeit zurechtzufinden, S. 27.

chen Sinn eine Auseinandersetzung mit einer Thematik auf einer niedereren wissenschaftlichen Ebene bedeutet, so ist der Begriff im historischen Sinn gemeint. Keinesfalls soll darauf verzichtet werden, analytische Methoden für die Argumentation fruchtbar zu machen. Auch soll durch die Verwendung historischer Theorien und das Arbeiten mit festgelegten Begrifflichkeiten nicht hinter dem Stand der Wissenschaft zurückgeblieben werden.[160] In diesem Teil steht dennoch primär die ereignisgeschichtliche Darstellung der Geschehensabläufe im Vordergrund. Der juristisch-theoretische Teil der Arbeit soll dann als Problemgeschichte dargestellt werden. Selbiges gilt für die juristische Bewertung des konkreten Falles.

---

160 *Rüsen*, Historische Orientierung. Über die Arbeit des Geschichtsbewusstseins, sich in der Zeit zurechtzufinden, S. 38 und 48 f.; s. zum Begriff des Narrativen, der eine ereignisgeschichtliche Darstellung in chronologischer Form meint auch *Stone*, Past and Present 85 (1979), 3 (3).

§ 2 Das Attentat auf Franz Josef Heinz

A. *Einleitung*

I. Hinführung zum Thema

Ein Beispiel, das als Staatsnotwehr beziehungsweise Staatsnothilfe in die Geschichte eingehen sollte, war die Erschießung des Separatistenführers *Franz Josef Heinz* am 9. Januar 1924, der im Volksmund auch *Heinz-Orbis* genannt wurde. Die separatistische Herrschaft in der Pfalz erstreckte sich um die Jahreswende 1923/1924. Im Jahr 1923 befand sich das Reich in einer allgemeinen Krise, die sich durch den Ruhreinfall, die kommunistischen Aufstände in Nord- und Mitteldeutschland, die desolate wirtschaftliche Lage, im Speziellen den raschen Wertverlust des Geldes, und die unsicheren Grenzen zu Polen und Frankreich zuspitzte.[161] Auch wegen des Hitler-Putsches und der separatistischen Umsturzversuche kann das Jahr als Krisenjahr bezeichnet werden.[162] Zwar sind technische und kulturelle Fortschritte während der Weimarer Republik nicht von der Hand zu weisen;[163] dennoch nehmen die politischen, sozialen und wirtschaftlichen Probleme eine überragende Stellung ein, weswegen der Begriff der Krise durchaus passend ist.[164] Auch die schlechte politische Lage nach dem Krieg trug zum allgemeinen Unmut bei. Durch die so genannte Erfüllungspolitik versuchte die Reichsregierung die Unerfüllbarkeit der Reparationsforderungen deutlich zu machen, was zu innenpolitischen Auseinandersetzungen führte. Abgesehen davon gab es zu Beginn der Weimarer Republik vermehrt kommunistische Aufstände und rechte Putschversuche.[165] Ein Großteil der Bevölkerung lehnte die parlamentarische Demokratie ab und schloss sich antide-

161 *Schück*, Notwehr Privater zugunsten des Staates, S. 7; *Heiliger*, Der Staatsnotstand als Beispiel politischer Strafrechtswissenschaft, S. 9.

162 *Kroeschell*, Deutsche Rechtsgeschichte. Bd. 3: Seit 1650, 5. Aufl., S. 235.

163 Vgl. zu den Errungenschaften des Jahres 1923 *Rohfleisch*, Rheinbreitbacher Heimathefte 2003, 6 (6).

164 *Ludyga*, Jahrbuch der Juristischen Zeitgeschichte 12 (2011), 71 (72).

165 *Kroeschell*, Deutsche Rechtsgeschichte. Bd. 3: Seit 1650, 5. Aufl., S. 235; *Eisenhardt*, Deutsche Rechtsgeschichte, 7. Aufl., Rn. 601.

mokratischen Strömungen an.[166] Gemeint sind damit solche Strömungen, die auf Ablösung der Weimarer Republik durch andere politische Gestaltungsformen abzielen.[167] Der Übergang zwischen Monarchie und Republik fand zu einem ungünstigen Zeitpunkt statt, für welchen Kriegswirren und ein militärischer sowie politischer Kollaps und die damit einhergehenden wirtschaftlich-sozialen Folgen prägend waren.[168]

Auf Reichsebene hatte Reichskanzler *Stresemann* im September 1923 den passiven Widerstand aufgrund der desaströsen Finanzsituation abgebrochen, was zu großem Unmut führte und den allgemeinen Wunsch nach einer starken Führung hervorrief. In dieser Zeit kam es auch zu Konflikten zwischen SPD und DVP. Daraufhin trat *Stresemann* am 3. Oktober von seinem Amt zurück. Als er sein Kabinett neubildete, hatte er durch sein Ermächtigungsgesetz mehr Macht denn je.[169] Dennoch änderte dies nichts an der politischen Instabilität gerade in den besetzten Gebieten am Rande des Deutschen Reiches. Beispielsweise gab es in Sachsen und Thüringen Auseinandersetzungen mit Kommunisten.[170] Überdies war bei der großen Koalition auf Reichsebene die nächste Regierungskrise schon absehbar und bereits Ende November 1923 kam es wieder zu Neuwahlen.[171]

Im rein historischen Teil der Arbeit sollen erst die Umstände des Attentats sowie die allgemeine Lage in der Pfalz beschrieben werden. Hierbei ist zu untersuchen, ob diese „nicht zu ignorierende [...] politische[...] Erscheinung, [..] die Bevölkerung [tatsächlich] in eine Minderheit der Befürworter und eine Mehrheit der Gegner spaltete“.[172] Diese Darstellung soll die Grundlage für die rechtliche Bewertung des Falles liefern und das Attentat in den historischen Kontext setzen. Letzteres kann nur in groben Zügen erfolgen, da ein „ungemein kompliziertes Geflecht divergierender

166 *Eisenhardt,* Deutsche Rechtsgeschichte, 7. Aufl., Rn. 601.

167 *Eisenhardt,* Deutsche Rechtsgeschichte, 7. Aufl.,Rn. 625.

168 *Eisenhardt,* Deutsche Rechtsgeschichte, 7. Aufl., Rn. 602.

169 *Fendler,* Die Pfalz in der Weimarer Republik), in: Geiger/Preuß/Rothenberger (Hrsg.), Pfälzische Landeskunde, S. 319 (330).

170 *Gräber/Spindler,* Revolverrepublik am Rhein, S. 282.

171 *Gräber/Spindler,* Revolverrepublik am Rhein, S. 282 f.

172 *Schaupp,* „Un allemand irréductible“. Friedrich Profit und die pfälzische Sozialdemokratie im Kampf gegen den Separatismus im Jahr 1919, in: Nestler/ders. (Hrsg.), Zwischen Revolution und Demokratie. Studien zur Geschichte der Pfalz vom späten 18. bis Mitte des 20. Jahrhunderts, S. 119 (123).

Interessen“ zu Grunde liegt, welches bei einer detaillierteren Darstellung den Rahmen der Arbeit sprengen würde.[173]

II. Begriffsbestimmung

Zuerst einmal muss der Begriff des Separatismus für den hiesigen Fall umrissen werden. Dabei soll von folgender Definition *Gräbers* ausgegangen werden: „Der Begriff des politischen Separatismus wird üblicherweise für Loslösungsbestrebungen von Teilgebieten eines Staates verwendet, deren Bevölkerung sich aufgrund eines ethnischen oder kulturellen Identitätsgefühls dem übergeordneten Staatsgebilde nicht zugehörig erachtet oder von diesem nicht respektiert sieht und deshalb eine Form der Autonomie oder die Zugehörigkeit zu einem anderen Staat anstrebt.“[174] Separatismus beschreibt also primär eine Bewegung gerichtet auf Absonderung oder Abtrennung und wurde in der Nachkriegszeit zu einem feststehenden Begriff[175] für eine Bestrebung, „ein Territorium von einem bestehenden Staat abzuspalten“.[176] Diese Begrifflichkeit ist dem Sonderbund der katholischen Kantone der Schweizer Eidgenossenschaft, der im 19. Jahrhundert bestan-

173 *Köhler*, Französische Besatzungspolitik 1918–1923, in: Molitor/Hüttenberger (Hrsg.), Franzosen und Deutsche am Rhein 1789–1918–1945, S. 113 (113).

174 *Gräber*, Pfälzischer Separatismus, in Historisches Lexikon Bayerns, abrufbar unter: https://www.historisches-lexikon-bayerns.de/Lexikon/Pf%C3%A4lzischer_Separatismus, zuletzt abgerufen am 1.11.2022. Ähnlich die Definition des Dudens, die jedoch die Möglichkeit zur Zugehörigkeit zu einem anderen Staat nicht erwähnt. Ähnlich auch die Begriffsbestimmung *Silbermanns*, Der Separatismus 1923/24 in der Nordpfalz, in: Forster (Hrsg.), Studienbuch Donnersbergkreis Teil 1, S. 264 (264), der den mentalitätsbezogenen Hintergrund vernachlässigt und *Leszinski*, Separatismus in der Pfalz nach den beiden Weltkriegen – Ein Vergleich, S. 10.

175 *Jacob*, Das Ende des Separatismus in Deutschland. Dargestellt am Abwehrkampf der deutschen Publizistik in der Pfalz und an der Saar 1919 bis 1935, S. 21.

176 *Zerfass*, Der Separatismus in der Pfalz. Einführung in die Problematik, in: ders. (Hrsg.), Die Pfalz unter französischer Besatzung von 1918 bis 1930. Kalendarische Darstellung der Ereignisse vom Einmarsch im November 1918 bis zur Räumung am 1. Juli 1930, S. 3 (4); eine ähnliche Begriffsbestimmung findet sich auch bei *Gräber*, Separatismus und kollektive Mentalität. Eine Fallstudie am Beispiel des Pfälzischen Separatismus nach dem Ersten Weltkrieg, in: Blomert/Kuzmics/Treibel (Hrsg.), Transformation des Wir-Gefühls. Studien zum nationalen Habitus, S. 279 (279); ähnlich auch schon *Fuchs*, Separatismus, in: Sacher (Hrsg.), Staatslexikon im Auftrag der Görres-Gesellschaft unter Mitwirkung zahlreicher Fachleute, Bd. 4: Papiergeld bis Staatsschulden, S. 1494 (1494), der den Separatismus allerdings auf die Geschehnisse am Mittel- und Niederrhein beschränkt.

den hat, entlehnt, war ursprünglich religiös konnotiert[177] und fand primär im Zusammenhang mit Glaubensspaltungen Verwendung.[178] Darüber hinaus wurde er auch im Güterrecht gebraucht, wo er die gesonderte Befriedigung bestimmter Gläubiger im Konkursfall beschrieb.[179] Seit der irischen Unabhängigkeitsbewegung im 19. Jahrhundert wurde er hauptsächlich im staatsrechtlich-politischen Sinn verstanden.[180] Der schon seit Beginn des 17. Jahrhunderts in der englischen Sprache verwendete Begriff[181] fand zu dieser Zeit auch in den deutschen Sprachraum Eingang.[182] Die Separatisten wurden hier zuerst gebräuchlicher als Sonderbündler bezeichnet.[183] Der Begriff Separatisten wurde dann von der französischen Besatzungsmacht eingeführt und von den Separatisten selbst übernommen. Er war daher ursprünglich positiv geprägt und wurde mit dem Selbstbestimmungsrecht der Völker und der Volkssouveränität in Verbindung gebracht.[184] Einmal

177 *Fuchs,* Separatismus, in: Sacher (Hrsg.), Staatslexikon im Auftrag der Görres-Gesellschaft unter Mitwirkung zahlreicher Fachleute, Bd. 4: Papiergeld bis Staatsschulden, S. 1494 (1494); *Zerfass,* Der Separatismus in der Pfalz. Einführung in die Problematik, in: ders. (Hrsg.), Die Pfalz unter französischer Besatzung von 1918 bis 1930. Kalendarische Darstellung der Ereignisse vom Einmarsch im November 1918 bis zur Räumung am 1. Juli 1930, S. 3 (4); *Leszinski,* Separatismus in der Pfalz nach den beiden Weltkriegen – Ein Vergleich, S. 10; *Köhler,* Autonomiebewegung oder Separatismus? Die Politik der Kölnischen Volkszeitung 1918/1919, S. 7, der darauf hinweist, dass der Begriff originär den „Absonderungsgeist in Glaubenssachen" umschrieb.

178 *Gräber,* Separatismus und kollektive Mentalität. Eine Fallstudie am Beispiel des Pfälzischen Separatismus nach dem Ersten Weltkrieg, in: Blomert/Kuzmics/Treibel (Hrsg.), Transformation des Wir-Gefühls. Studien zum nationalen Habitus, S. 279 (279).

179 *Köhler,* Autonomiebewegung oder Separatismus? Die Politik der Kölnischen Volkszeitung 1918/1919, S. 7.

180 *Leszinski,* Separatismus in der Pfalz nach den beiden Weltkriegen – Ein Vergleich, S. 10.

181 *Leszinski,* Separatismus in der Pfalz nach den beiden Weltkriegen – Ein Vergleich, S. 10.

182 *Leszinski,* Separatismus in der Pfalz nach den beiden Weltkriegen – Ein Vergleich, S. 10.

183 *Zerfass,* Der Separatismus in der Pfalz. Einführung in die Problematik, in: ders. (Hrsg.), Die Pfalz unter französischer Besatzung von 1918 bis 1930. Kalendarische Darstellung der Ereignisse vom Einmarsch im November 1918 bis zur Räumung am 1. Juli 1930, S. 3 (4); *Fuchs,* Separatismus, in: Sacher (Hrsg.), Staatslexikon im Auftrag der Görres-Gesellschaft unter Mitwirkung zahlreicher Fachleute, Bd. 4: Papiergeld bis Staatsschulden, S. 1494 (1494).

184 *Zerfass,* Der Separatismus in der Pfalz. Einführung in die Problematik, in: ders. (Hrsg.), Die Pfalz unter französischer Besatzung von 1918 bis 1930. Kalendarische

in den allgemeinen Sprachgebrauch eingeflossen, wurde der Begriff allerdings zunehmend negativ aufgefasst und in die Nähe des Hoch- und Landesverrats gerückt. Aufgrund dieser negativen Besetzung fand er für Abspaltungsbewegungen nach dem zweiten Weltkrieg kaum noch Verwendung.[185] Aus demselben Grund wird er auch in der Geschichtsschreibung teils als problematisch angesehen.[186] Mangels besserer Alternativen und seiner allgemeinen Gebräuchlichkeit für die damalige Epoche erscheint seine Verwendung dennoch adäquat,[187] zumal er auch im heutigen Sprachgebrauch wieder in neutralerer Weise verwendet wird.

Von seinem Bedeutungsgehalt reicht der uneinheitlich verwendete Begriff von der regionalen Verselbständigung bis hin zum vollständigen Ausscheiden aus dem Reichsverband.[188] Gerade die Differenzierung zwischen Separatismus und Autonomiebestrebung, wie sie teils vorgenommen wurde, verdeutlicht die Bandbreite der in diesem Zusammenhang stehenden Möglichkeiten.[189]

Eine tradierte Art des Separatismus, die auf verschiedene Mentalitäten zurückgeht, findet man in der Pfalz indes nicht. Die separatistischen Erscheinungen nach dem Ersten Weltkrieg sind vielmehr aus dem politischen, wirtschaftlichen und sozialen Kontext dieser Zeit erklärbar[190] und es wurden keine ethnischen beziehungsweise historisch-kulturellen Gründe, territoriale Eigenheiten oder sprachlichen Besonderheiten geltend ge-

---

Darstellung der Ereignisse vom Einmarsch im November 1918 bis zur Räumung am 1. Juli 1930, S. 3 (4).

185 *Zerfass,* Der Separatismus in der Pfalz. Einführung in die Problematik, in: ders. (Hrsg.), Die Pfalz unter französischer Besatzung von 1918 bis 1930. Kalendarische Darstellung der Ereignisse vom Einmarsch im November 1918 bis zur Räumung am 1. Juli 1930, S. 3 (4).

186 *Zerfass,* Der Separatismus in der Pfalz. Einführung in die Problematik, in: ders. (Hrsg.), Die Pfalz unter französischer Besatzung von 1918 bis 1930. Kalendarische Darstellung der Ereignisse vom Einmarsch im November 1918 bis zur Räumung am 1. Juli 1930, S. 3 (4).

187 *Leszinski,* Separatismus in der Pfalz nach den beiden Weltkriegen – Ein Vergleich, S. 10.

188 *Köhler,* Autonomiebewegung oder Separatismus? Die Politik der Kölnischen Volkszeitung 1918/1919, S. 7.

189 *Köhler,* Autonomiebewegung oder Separatismus? Die Politik der Kölnischen Volkszeitung 1918/1919, S. 7.

190 *Gräber,* Pfälzischer Separatismus, in Historisches Lexikon Bayerns, abrufbar unter: https://www.historisches-lexikon-bayerns.de/Lexikon/Pf%C3%A4lzischer_Separatismus, zuletzt abgerufen am 1.11.2022.

macht, sondern die Bestrebung zur Sezession rechtfertigt sich lediglich aus opportunistischen, geopolitischen und ökonomischen Faktoren heraus.[191]

Dies zeigt auch die Entwicklung nach dem Zweiten Weltkrieg. Im linksrheinischen Gebiet wurden zwei Länder, Nordrhein-Westphalen und Rheinland-Pfalz, gegründet, die von der Bevölkerung akzeptiert wurden, obwohl es sich um eine oktroyierte Entscheidung der Siegermächte handelte.[192] Ob heterogene Präferenzen, also kulturelle Faktoren, monokausal ursächlich für den Separatismus sein können, wird in der neueren Forschung ohnehin angezweifelt, wenngleich ein starkes Regionalgefühl neben ökonomische Faktoren durchaus fördernd wirken kann.[193] Nichtsdestotrotz fühlten sich die Pfälzer in der Weimarer Republik aufgrund der Situation, die einer Sonderexistenz gleichkam, anders als die Bürger in den rechtsrheinischen Gebieten. Dies wird durch die vermehrt aufkommenden Fälle deutlich, in denen sich die Pfälzer auf die Ungültigkeit der bayerischen Gesetze für das linksrheinische Gebiet beriefen.[194] Sowohl im Rheinland als auch in der Pfalz waren die Bestimmungen des Versailler Vertrages ausschlaggebend für die separatistischen Bestrebungen,[195] wobei im Rheinland auch ein religiöser Aspekt, nämlich die Aversion der katholisch geprägten Bevölkerung gegen das protestantische Preußen, hinzukam.[196] Im Besonderen durch den Kulturkampfgesetzgebung *Bismarcks* und die preußische Beamtenpolitik waren die Katholiken, auch wenn sie mitunter nicht sonderlich religiös waren, stark benachteiligt, was von den Separatisten propagandistisch ausgenutzt wurde.[197]

Dass es in der Pfalz nicht primär um unterschiedliche Mentalitäten geht, wird auch an dem Verhalten der Pfälzer im Zusammenhang mit der

---

191 *Rusconi,* Neue Hefte für Philosophie 34 (1993), 42 (46 f.).

192 *Kermann/Krüger,* 1923/24 Separatismus im rheinisch-pfälzischen Raum. Eine Ausstellung der Landesarchivverwaltung Rheinland-Pfalz auf dem Hambacher Schloß, S. 9.

193 *Gehring,* in: Gehring/ Schweiger/ Lenk/Schrader/Laaser/ Maaß (Hrsg.), Zur Diskussion gestellt. Am besten allein? Separatismus in Europa: Welche Kräfte treiben die Unabhängigkeitsbewegungen an? S. 4.

194 *Gräber/Spindler,* Revolverrepublik am Rhein, S. 279 f.

195 *Jacob,* Das Ende des Separatismus in Deutschland. Dargestellt am Abwehrkampf der deutschen Publizistik in der Pfalz und an der Saar 1919 bis 1935, S. 21.

196 *Fuchs*, Separatismus, in: Sacher (Hrsg.), Staatslexikon im Auftrag der Görres-Gesellschaft unter Mitwirkung zahlreicher Fachleute, Bd. 4: Papiergeld bis Staatsschulden, S. 1494 (1495); hierzu auch *Schmitt,* Jahrbuch für den Kreis Bernkastel-Wittlich 1994, 174 (175 f.).

197 *Altmeier,* Die Weltbühne 1924, 96 (96 f.).

Reichsgründung deutlich. Während des Hambacher Festes und der Märzrevolution trat die pfälzische Bevölkerung aktiv für eine Reichsgründung ein und formierte 1849 sogar eine provisorische Regierung in Kaiserslautern. Selbst als die Pfalz 1870 als Aufmarschgebiet gegen Frankreich genutzt wurde, waren die Pfälzer für die Pläne *Bismarcks* zu begeistern, während ein Großteil des restlichen Bayerns gegen einen Eintritt ins Reich war.[198] Die Pfälzer fühlten sich allerdings von jeher dem Reich eher zugehörig als Bayern und dieses Primat der Reichszugehörigkeit artikulierten sie auch deutlich, was mitunter zu Konflikten führte.[199] Weil es beim pfälzischen Separatismus letzten Endes nicht um das Problem einer Minderheit geht, die sich nicht zu einem Staat zugehörig fühlt, sondern andere, insbesondere wirtschaftliche Aspekte im Vordergrund stehen, könnte dies nach der Ansicht *Gräbers* dennoch dafür sprechen, dass kein nationales Wir-Gefühl besteht, sondern die partikulare kollektive Mentalität überwiegt.[200] Aufgrund von wirtschaftlichen und politischen Krisensituationen könnte

198 *Gräber*, Pfälzischer Separatismus, in: Historisches Lexikon Bayerns, abrufbar unter https://www.historisches-lexikon-bayerns.de/Lexikon/Pf%C3%A4lzischer_Separatismus, zuletzt abgerufen am 1.11.2022; *Bräunche*, Die Pfalz muß deutsch bleiben. Finanzierung und Organisation der Abwehr gegen Separatistische Bestrebungen in der Rheinpfalz, in: Pfälzische Hypothekenbank Aktiengesellschaft (Hrsg.), Festschrift zum 100jährigen Bestehen der Pfälzischen Hypothekenbank, Teil 2, S. 227 (228). S. zur nationalliberalen Stimmung in der Pfalz auch *Baumann*, Die Pfalz und die Reichsgründung von 1871, in: Andermann (Hrsg.), Von Geschichte und Menschen in der Pfalz, Ausgewählte Aufsätze von K. Baumann, S. 349 (364); *Schlegel*, Die Pfalz und die deutsche Einigung von 1870/71, in: Geiger/Preuß/Rothenberger (Hrsg.), Pfälzische Landeskunde. Beiträge zur Geographie, Biologie, Volkskunde und Geschichte, Bd. 3, S. 209 (209 ff.). Zu der die Zugehörigkeit zu Bayern und zum Reich befürwortenden Stellung der Pfalz auch Speyerer Zeitung vom 10.4.1888, wo als Grund für die Loyalität aufgeführt wurde, dass die Zugehörigkeit zu Bayern einen Schutz gegenüber Frankreich darstelle, was im linksrheinischen Gebiet von besonderer Wichtigkeit sei. Nur dank dem Zusammenwirken der gebündelten Heeresstärke des ganzen Reiches sei die Pfalz während des Deutsch-Französischen Krieges im Jahr 1870/71 zum Binnenland geworden.

199 *Bräunche*, Die Pfalz muß deutsch bleiben. Finanzierung und Organisation der Abwehr gegen Separatistische Bestrebungen in der Rheinpfalz 1918–1924, in: Festschrift zum 100jährigen Bestehen der Pfälzischen Hypothekenbank, Teil 2, 1986, S. 227 (229); *ders.*, Parteien und Reichstagswahlen in der Rheinpfalz von der Reichsgründung bis zum Ausbruch des Ersten Weltkrieges 1914. Eine regionale Partei- und wahlhistorische Untersuchung im Vorfeld der Demokratie, S. 25 ff.

200 *Gräber*, Separatismus und kollektive Mentalität. Eine Fallstudie am Beispiel des Pfälzischen Separatismus nach dem Ersten Weltkrieg, in: Blomert/Kuzmics/Treibel (Hrsg.), Transformation des Wir-Gefühls. Studien zum nationalen Habitus, S. 279 (279).

dann die nationale Bindung zu schwach gewesen sein.[201] Zeitgenössische Autoren führen den Separatismus teilweise auch auf die pazifistische Bestrebung der Völkerverständigung mit Frankreich zurück und sehen die Gründung eines Rheinstaates als Versuch an, eine Brücke zu bilden, um die Sicherheitsinteressen der Franzosen zu befriedigen und so zur Entspannung der Gesamtsituation beizutragen.[202] Auf die näheren Beweggründe der einzelnen Akteure wird nachstehend noch näher einzugehen sein.[203] Es kann allerdings vorweggenommen werden, dass es keine monokausal bedingte Motivationslage gab, sodass solche generellen Aussagen nicht zielführend sein werden. Nach der hier gewonnenen Einschätzung bestand ein Wir-Gefühl in der pfälzischen Bevölkerung. Sie fühlten sich als Schicksalsgemeinschaft in der Not. Diese endete allerdings mit der Besatzungszone. Während sich die Pfälzer mit den Rheinländern solidarisch fühlten, fühlten sie sich in ihrer Not vom unbesetzten Deutschland nicht verstanden.[204]

Dass die Begriffe des Separatismus und der Autonomie in der Pfalz nur schwer abgrenzbar sind, hat seine Ursache auch darin, dass die Unterstützung durch die Entsandten des französischen Militärs in der Pfalz mangels klarer Direktiven oft von unterschiedlicher Intensität war.[205] Darüber hinaus konnten die Separatistenführer keine durchdachten Zielsetzungen vorweisen. Es sind mehrere Modi von der bloßen Autonomie bis hin zur vollständigen Sezession denkbar, beispielsweise die Trennung von Bayern, aber der Verbleib im Reich, die weitestgehende Verselbständigung gleich einem englischen Dominion oder die vollkommene Loslösung vom Reich.[206] Schon der Begriff „Autonome Pfalz“ zeigt die Unentschlossenheit

---

201 *Gräber,* Separatismus und kollektive Mentalität. Eine Fallstudie am Beispiel des Pfälzischen Separatismus nach dem Ersten Weltkrieg, in. Blomert/Kuzmics/Treibel (Hrsg.), Transformation des Wir-Gefühls. Studien zum nationalen Habitus, S. 279 (279).

202 *Fuchs,* Separatismus, in: Sacher (Hrsg.), Staatslexikon im Auftrag der Görres-Gesellschaft unter Mitwirkung zahlreicher Fachleute, Bd. 4: Papiergeld bis Staatsschulden, 1931, S. 1494 (1495). S. zu den von *Bley* angegebenen Motiven der Völkerverständigung und des Weltfriedens auch Speyerer Zeitung v. 17.11.1923.

203 S. hierzu die Ausführungen zur Zusammensetzung der Bewegung auf S. 84 ff.

204 S. zum diesbezüglichen Gefühl des *Johannes Hoffmann* S. 75.

205 *Gembries,* Die Pfalz und Bayern in der Weimarer Zeit, in: Fenske (Hrsg.), Die Pfalz und Bayern 1816 – 1956, S. 189 (202); vgl. zur Unschärfe des Begriffs auch *Schlemmer,* „Los von Berlin“. Die Rheinstaatbestrebungen nach dem Ersten Weltkrieg, S. 20.

206 *Gembries,* Die Pfalz und Bayern in der Weimarer Zeit, in: Fenske (Hrsg.), Die Pfalz und Bayern 1816 – 1956, S. 189 (202), vgl. hierzu schon *Jacob,* Das Ende des Separa-

der Separatisten bezüglich ihrer staatsrechtlichen Ziele. Oft werden die Begriffe „Separatismus“ und „Autonomie“ zwar synonym verwendet,[207] dennoch sind sie nicht bedeutungsgleich. Während ersteres eine Abtrennung vom Reich bedeutete, bedeutete letzteres lediglich eine Abspaltung von der untergeordneten Ebene.[208] Die Autonomie kann sich auch auf legale Neugliederungsmöglichkeiten beziehen, beispielsweise auf Abstimmungen gemäß Art. 18 WRV.[209] In dieser Arbeit soll der Begriff des Separatismus dahingehend verstanden werden, dass von ihm nur die illegalen Loslösungsbestrebungen, die sich nicht im Rahmen der Verfassung bewegen, erfasst werden. Weiter soll nur eine vollständige Separation vom Reich darunter fallen und nicht diejenigen Bestrebungen, die lediglich eine größere Autonomie im Rahmen des Reiches anstreben.[210]

B. Die Lage in der Pfalz nach dem Ersten Weltkrieg

I. Allgemeine Folgen der Kriegsniederlage

Nach dem Ersten Weltkrieg wurde die außenpolitische Lage des Reiches als sehr gravierend empfunden. Der Verlust der Stellung zwischen den anderen Völkern und die politische Isolation Deutschlands wurden als Belastung wahrgenommen. Durch den Versailler Vertrag hatte Deutschland seine Kolonien verloren, territoriale Verluste verbüßen und eine Demilitarisierung hinnehmen müssen. In den Grenzregionen kam es zudem immer

---

tismus in Deutschland. Dargestellt am Abwehrkampf der deutschen Publizistik in der Pfalz und an der Saar 1919 bis 1935, S. 21.

207 *Schlemmer*, „Los von Berlin“, Die Rheinstaatbestrebungen nach dem Ersten Weltkrieg, S. 21. So beispielsweise *Gienow*, Leben und Werk von Fritz Stier-Somlo, S. 117. Gegen eine Trennung zwischen legalen und illegalen Separatisten wegen Art. 167 WRV *Klein*, Separatisten an Rhein und Ruhr, S. 151 f.

208 *Fuchs*, Separatismus, in: Sacher (Hrsg.), Staatslexikon der Görres-Gesellschaft, Bd. 4: Papiergeld bis Staatsschulden, 5. Aufl. 1931, Sp. 1493 (1494); *Rothenberger*, Die elsaß-lothringische Heimat- und Autonomiebewegung zwischen den beiden Weltkriegen, S. 14.

209 So auch schon *Fuchs*, Separatismus, in: Sacher (Hrsg.), Staatslexikon im Auftrag der Görres-Gesellschaft unter Mitwirkung zahlreicher Fachleute, Bd. 4: Papiergeld bis Staatsschulden, 1931, S. 1494 (1494), der den Separatismus jedoch unzutreffender Weise auf solche Bestrebungen beschränkt, die auf der Hilfe ausländischer Mächte basieren.

210 *Leszinski*, Separatismus in der Pfalz nach den beiden Weltkriegen – Ein Vergleich, S. 10.

wieder zu gewaltsamen Auseinandersetzungen bezüglich der Grenzverläufe.[211] Hinzu kam die psychologische Härte des Kriegsverlustes, die dadurch verstärkt wurde, dass ein Großteil der Deutschen noch bis kurz vor der Kapitulation von einem Sieg ausgingen.[212] Insbesondere die Bestimmungen des Versailler Vertrages führten zu Unmut. In erster Linie die alleinige Zuweisung der Kriegsschuldfrage durch Art. 231 des Versailler Vertrages lastete schwer auf den Schultern der Bevölkerung. Während in früheren Friedensverträgen durch eine Oblivionsklausel die Möglichkeit eines Neuanfangs gewährt werden sollte, wurde durch diesen Artikel, der ursprünglich nur die juristische Haftung regeln sollte, ein moralisierendes Element in den Friedensvertrag aufgenommen, was zu vehementen, deutschen Protesten führte.[213] Durch die sogenannte Dolchstoßlegende, welche besagte, dass das deutsche Heer im Felde zwar unbesiegt sei, aber von der Zivilbevölkerung beziehungsweise durch einzelne Gruppen ebendieser im metaphorischen Sinn von hinten erdolcht wurde, entstand zusätzliches Misstrauen in der Bevölkerung.[214] Auch die territorialen Veränderungen waren einschneidender Natur. Durch Art. 51 des Versailler Vertrages wurde Elsass-Lothringen wieder ein Teil Frankreichs und die Pfalz seit 1871 zum ersten Mal wieder zur Grenzregion.[215] Auch wirtschaftliche Verluste musste die Pfalz hin-

211 *Herold*, Die Pfalz in Not. Persönliche Erlebnisse in den Jahren 1923/1924, S. 9. S. zur zeitgenössischen Wahrnehmung der Situation nach dem 1. Weltkrieg auf *v. Winterstein*, Der 18. Mai 1919. Ein Gedenktag der pfälzischen Geschichte, in: Verlag und Redaktion der „Pfälzischen Rundschau" (Hrsg.), Dokumente aus dem Befreiungskampf der Pfalz, S. 5 ff.

212 *Bräunche*, Die Pfalz muß deutsch bleiben. Finanzierung und Organisation der Abwehr gegen Separatistische Bestrebungen in der Rheinpfalz 1918–1924, in: Festschrift zum 100jährigen Bestehen der Pfälzischen Hypothekenbank, Teil 2, S. 227 (230). Dazu, dass das Trauma des Krieges 1923 noch lange nicht überwunden war *Krumeich/Schröder*, Vorwort, in: dies. (Hrsg.), Der Schatten des Weltkrieges. Die Ruhrbesetzung 1923, S. 7 (8).

213 *Knittel*, Zwischenkriegszeit und Weimarer Republik (1918–1933/39), in: Möller/Wengst (Hrsg.), Einführung in die Zeitgeschichte, S. 52 (62).

214 S. weiterführend zur Dolchstoßlegende *Krumeich*, in: François/Schulze (Hrsg.), Deutsche Erinnerungsorte, Bd. 1, S. 585 ff.; insbes. 592; *Sammet*, Dolchstoßlegende, in: Historisches Lexikon Bayerns, abrufbar unter: https://www.historisches-lexikon-bayerns.de/Lexikon/Dolchstoßlegende, zuletzt abgerufen am 1.11.2022.

215 *Gräber/Spindler*, Revolverrepublik am Rhein, S. 56; *Schaupp*, „Un allemand irréductible". Friedrich Profit und die pfälzische Sozialdemokratie im Kampf gegen den Separatismus im Jahr 1919, in: Nestler/ders. (Hrsg.), Zwischen Revolution und Demokratie. Studien zur Geschichte der Pfalz vom späten 18. bis Mitte des 20. Jahrhunderts, 119 (121); *Fendler*, Die Pfalz in der Weimarer Republik, in: Geiger/Preuß/Rothenberger (Hrsg.), Pfälzische Landeskunde S. 319 (319 f.). S. hierzu auch *Bräun-*

nehmen. Dadurch, dass gemäß Art. 45 in Verbindung mit Art. 50 des Friedensvertrages Gebietsteile, beispielsweise St Ingbert sowie Teile von Zweibrücken und Homburg, an das Saarland abgetreten werden mussten, verlor die Pfalz ihre einzigen Bergwerke.[216] Aufgrund der Angewiesenheit der Pfalz auf die Kohlezufuhr aus dem Saargebiet, war die Versorgung mit Energie daher in einem katastrophalen Zustand.[217]

Im gesamten besetzten Gebiet kam es zu dieser Zeit zu Abspaltungsbewegungen. Bereits Ende Mai 1923 formierten sich separatistischer Gruppen im Rheinland. Zu ihnen gehörte auch die „Partei Frei Rheinland" unter der Führung *Leo Deckers*, welcher am 21. Oktober 1923 die Rheinische Republik in Aachen ausrief. Am darauffolgenden Tag putschte *Hans Adam Dorten* in Wiesbaden und proklamierte anschließend in Koblenz die „vorläufige Regierung der Rheinischen Republik". Anfang November erreichte die Bewegung die Pfalz.[218] Während die belgische Besatzungsmacht die Unterstützung der Separatisten im nordrheinischen Raum bereits am 31. Oktober 1923 eingestellt hatte und auch Frankreich von der Unterstützung *Dortens* auf britischen Druck hin abrückte,[219] sollte der pfälzische Separatismus von längerer Dauer sein.

II. Besatzung

Die gravierendste Auswirkung des Ersten Weltkrieges stellte für die pfälzische Bevölkerung wohl die Besatzung dar, durch welche ihr die Kriegsniederlage allzeit präsent vor Augen geführt wurde. Seit dem Wiener Kongress war die Pfalz ein Kreis Bayerns, also eine mittlere Verwaltungseinheit des

---

che, Die Pfalz muß deutsch bleiben. Finanzierung und Organisation der Abwehr gegen Separatistische Bestrebungen in der Rheinpfalz 1918–1924, in: Festschrift zum 100jährigen Bestehen der Pfälzischen Hypothekenbank, Teil 2, S. 227 (230); *v. Winterstein*, Pfälzische Presse v. 30.6.1930.

216 *Gräber/Spindler*, Revolverrepublik am Rhein, S. 56; *Fendler*, Die Pfalz in der Weimarer Republik, in: Geiger/Preuß/Rothenberger (Hrsg.), Pfälzische Landeskunde, S. 319 (326).

217 *Fendler*, Die Pfalz in der Weimarer Republik, in: Geiger/Preuß/Rothenberger (Hrsg.), Pfälzische Landeskunde, S. 319 (324).

218 *Leszinski*, Separatismus in der Pfalz nach den beiden Weltkriegen – Ein Vergleich, S. 15; Speyerer Zeitung v. 22.10.1923 und v. 23.10.1923.

219 *Leszinski*, Separatismus in der Pfalz nach den beiden Weltkriegen – Ein Vergleich, S. 16.

Freistaates.[220] Nach dem Ersten Weltkrieg kam es diesbezüglich trotz der Besatzung der linksrheinischen Gebiete durch die Alliierten zu keinen Veränderungen. Während die Besatzung des Rheinlandes durch britische, belgische und amerikanische Truppen erfolgte, wurde die Pfalz gemäß Art. 5 des Waffenstillstandsvertrages vom 11. November 1918 ab dem 1. Dezember 1918 unter französischer Besatzung gestellt. Auch wenn die Verwaltung in den besetzten Gebieten grundsätzlich wie zuvor von Deutschen nach nationalem Recht ausgeführt werden sollte, hatten die Besatzungsmächte Kontroll- und Eingriffsbefugnisse, welche die Hohe Interalliierte Rheinlandkommission (im Folgenden HIRK) durch den Erlass von Verordnungen mit Gesetzeskraft gemäß Art. 3 lit. a des Rheinlandabkommens, den so genannten Ordonnanzen, wahrnahm. Darüber hinaus gab es neben der deutschen Gerichtsbarkeit auch eine Militärgerichtsbarkeit der Besatzungsmächte, die sich gemäß Art. 3 lit. d und e des Rheinlandabkommens mit Vergehen von Mitgliedern oder gegen Angehörige der Besatzungsarmeen befasste. Durch die Besatzung sollten die Friedensbestimmungen des Versailler Vertrages gewährleistet und ihre Einhaltung überwacht werden. Darüber hinaus sollte die besetzten Gebiete als Faustpfand für die Reparationszahlungen dienen.[221] Andere hingegen interpretieren die Zielsetzung der französischen Besatzungsmacht dahingehend, dass die Sicherung der Reparationen lediglich als Vorwand genommen wurde, um die Besatzung so lange wie möglich aufrecht zu erhalten. Dadurch, dass der Abzug der Besatzungsmacht gemäß Art. 431 des Versailler Vertrages unter die Bedingung der Reparationszahlungen und der Erfüllung des Versailler Vertrages gestellt wurde, konnte die Besatzung zumindest in unabsehbarer Weise in die

---

220 *Wünschel*, Der pfälzische Separatismus, in: ders. (Hrsg.), Rheinland-Pfalz. Beiträge zur Geschichte eines neuen Landes, S. 113; *Gräber/Spindler*, Die Pfalzbefreier, S. 14; *Kreutz*, Unter französischer Besatzung, in: Schwarzmüller/Garthe (Hrsg.), Die Pfalz im 20. Jahrhundert, S. 57 (57).

221 *Gräber/Spindler*, Die Pfalzbefreier, S. 14; *dies.*, Revolverrepublik am Rhein, S. 59; *Warmbrunn*, Französische Besatzung und Separatistenbewegung in: Glück/Baus (Hrsg.), Recht. Gesetz. Freiheit. 200 Jahre Pfälzisches Oberlandesgericht Zweibrücken, S. 215 (215); *Fenske*, in: Diskussion in der Sendereihe „Nahaufnahme" vom Kurpfalz-Radio des Süddeutschen Rundfunks am 7. April 1989, 10:04 bis 11 Uhr, Abschrift von Mitschnitt, S. 3. S. zu diesem Aspekt auch *Schneider*, Historischer Verein Pirmasens, Jahrbuch 2004, 97 (98). S. zur Verwaltungsorganisation auch *Silbermann*, Der Separatismus 1923/24 in der Nordpfalz, in: Forster (Hrsg.), Studienbuch Donnersbergkreis Teil 1, S. 264 (266). S. auch *Gembries*, Rheinlandkommission, in: Historisches Lexikon Bayerns, abrufbar unter: https://www.historisches-lexikon-bayerns.de/Lexikon/Rheinlandkommission, zuletzt abgerufen am 1.11.2022.

Länge gezogen werden.[222] Das besetzte Gebiet war gemäß Art. 429 des Versailler Vertrages in drei Zonen unterteilt. Während die nördliche Zone binnen fünf Jahren geräumt werden sollte (Art. 429 Nr. 1 des Versailler Vertrages), war in der mittleren Zone eine zehnjährige Besatzungszeit vorgesehen (Art. 429 Nr. 2 des Versailler Vertrages) und die südliche Zone, die Pfalz, sollte gemäß Art. 429 Nr. 3 des Versailler Vertrages 15 Jahre besetzt werden. Diese Aussicht war in Anbetracht der Tatsache, dass die Höhe der Reparationen noch ungewiss war, sehr entmutigend für die pfälzische Bevölkerung.[223] Durch den Versailler Vertrag wurde auch die rechtliche Grundlage der Besatzung neu geregelt. Während diese zuvor nach Art. 42 ff. der Haager Landkriegsordnung erfolgte, galt nun gemäß Art. 432 des Versailler Vertrages das Rheinlandabkommen, ein ergänzendes Besatzungsstatut zum Versailler Vertrag.[224] Die Besatzung basierte nunmehr auf einer Trennung zwischen militärischer und ziviler Besatzungsmacht, wobei beide Teile durch Militärs wahrgenommen wurden.[225] Die oberste zivile Besatzungsbehörde mit Sitz in Koblenz war die HIRK (vgl. Art. 2 des Rheinlandabkommens), deren Präsident *Paul Tirard* war. In dieser Kommission nahmen die Siegermächte Frankreich, Belgien, England und die Vereinigten Staaten von Amerika ihre Befugnisse in gleichberechtigter Weise wahr,[226] wobei der Präsident bei Stimmenparität eine zusätzliche Stimme hatte und es kein Veto gab, weswegen Frankreich auch bei scheinbarer Gleichberechtigung ein gewisses Übergewicht zu seinen Gunsten verzeichnen konnte.[227] Die HIRK stellte nach ihrem Selbstverständnis eine Regierung *sui generis* dar, welche von den Regierungen der Siegermächten eine größtmögliche Unabhängigkeit erlangen sollte.[228] Kreisdelegierte für die Pfalz wurden erst General *Gérard* und später dann *Adalbert de Metz*, denen die Bezirksdelegierten unterstanden. Die Besatzungstruppen waren hingegen aufgrund der

---

222 *Köhler*, Französische Besatzungspolitik 1918–1923, in: Molitor/Hüttenberger (Hrsg.), Franzosen und Deutsche am Rhein 1789–1918–1945, S. 113 (114).

223 *Gräber/Spindler*, Revolverrepublik am Rhein, S. 56. S. hierzu auch *Oberhauser*, Heimatkalender für das Pirmasenser und Zweibrücker Land 1974, 136 (137).

224 *Gräber/Spindler*, Revolverrepublik am Rhein, S. 56. S. auch *Silbermann*, Der Separatismus 1923/24 in der Nordpfalz, in: Forster (Hrsg.), Studienbuch Donnersbergkreis, Teil 1, S. 264 (266).

225 *Gräber/Spindler*, Revolverrepublik am Rhein, S. 59.

226 *Gräber/Spindler*, Revolverrepublik am Rhein, S. 59.

227 *Köhler*, Französische Besatzungspolitik 1918–1923, in: Molitor/Hüttenberger (Hrsg.), Franzosen und Deutsche am Rhein 178–1918–1945, S. 113 (122).

228 *Köhler*, Französische Besatzungspolitik 1918–1923, in: Molitor/Hüttenberger (Hrsg.), Franzosen und Deutsche am Rhein 1789–1918–1945, S. 113 (122).

Trennung zwischen Zivil- und Militärbehörden nicht der HIRK, sondern den jeweiligen Platzkommandanten unterstellt.[229]

Auch für die Bevölkerung änderte sich durch die Besatzung einiges. So mussten viele Familien ihre Häuser und Wohnungen französischen Offizieren überlassen.[230] Hinzu kamen erhebliche Einschränkungen im Post-, Telefon- und Warenverkehr, der persönlichen Freizügigkeit der Bevölkerung sowie zahlreicher weiterer Grundrechte, wie beispielsweise der Pressefreiheit.[231] Dennoch standen die Pfälzer den Franzosen zum Teil zwar reserviert, aber nicht feindlich gegenüber. Trotz der mit der Besatzung verbundenen Nachteile sahen die Pfälzer auch einige Vorteile, beispielsweise die Garantie der öffentlichen Sicherheit und Ordnung in Anbetracht der revolutionären Wirren, die im restlichen Deutschland herrschten, sowie eine Abwendung der bevorstehenden Trennung von Kirche und Staat, die von dem USPD-Kultusminister *Hoffmann* forciert wurde.[232] Andere hingegen empfanden den Franzosen gegenüber wegen des nur kurz zurück liegenden Krieges noch Hass und Misstrauen.[233]

Schon in dieser Phase versuchte die französische Besatzungsmacht die Bevölkerung durch eine Propagandaarbeit, die sich auf die enge kulturelle und politische Verbundenheit der Pfalz mit Frankreich in der Geschichte berief, zur Annäherung zu bewegen.[234]

III. Die Beziehungen zwischen dem Deutschen Reich und Frankreich

Zu Zeiten des Rheinbundes Anfang des 19. Jahrhunderts war das Verhältnis zwischen Frankreich und den linksrheinischen Gebieten recht gut. Aus

229 *Gräber/Spindler*, Revolverrepublik am Rhein, S. 59.

230 *Schneider*, Stimme der Pfalz 52 (2001), 8 (8); *ders.*, Historischer Verein Pirmasens, Jahrbuch 2004, 97 (97).

231 *Schneider*, Historischer Verein Pirmasens, Jahrbuch 2004, 97 (97). S. zur Lage der Post während der Besatzung weiterführend *Feineis*, Die Post in der Pfalz während der Besetzung, in: Redaktion und Verlag der „Pfälzischen Rundschau“ (Hrsg.), Dokumente aus dem Befreiungskampf, S. 35 ff.

232 *Köhler*, Französische Besatzungspolitik 1918–1923, in: Molitor/Hüttenberger (Hrsg.), Franzosen und Deutsche am Rhein 1789–1918–1945, S. 113 (117). *Adolf Hoffmann* (* 22.3.1858, † 1.12.1930), war deutscher Politiker und Reichstagsmitglied. S. zu seinem Leben *Hofmann*, Adolf Hoffmann, Neue Deutsche Biographie 9 (1972), S. 402 f.

233 *Schneider*, Historischer Verein Pirmasens, Jahrbuch 2004, 97 (97).

234 *Hüttenberger*, Blätter für deutsche Landesgeschichte 1972, 105 (106).

dieser Zeit stammten viele Errungenschaften, die in den rechtsrheinischen Gebieten erst deutlich später erreicht wurden. Diese gingen auf den *Code Civil* zurück, der als moderne Naturrechtskodifikation eine administrative Neuordnung sowie eine Abschaffung der Zehntpflicht und Adelsprivilegien vorsah.[235] Aufgrund dieser Besserstellung gegenüber den rechtsrheinischen Gebieten gab es zu Zeiten *Napoleons I.* keinen deutschen Patriotismus wie er anderenorts zu verzeichnen war. Die linksrheinischen Bürger konnten vielmehr als loyale Untertanen *Napoleons I* angesehen werden.[236] Die Stimmung schlug erst um, als sich die Beziehung zum deutschen Reich im Laufe des 19. Jahrhunderts stabilisiert hatte.[237] Das Verhältnis zu Frankreich verschlechterte sich demgegenüber zu dieser Zeit drastisch bis hin zur Etablierung Frankreichs als Erbfeind.[238] Insbesondere der Deutsch-Französische Krieg in den Jahren 1870/71 stellte ein einschneidendes Ereignis dar, durch welches Frankreich als führende Nation abgelöst und das Deutsche Reich

---

235 *Bräunche,* Die Pfalz muß deutsch bleiben. Finanzierung und Organisation der Abwehr gegen Separatistische Bestrebungen in der Rheinpfalz 1918–1924, in: Festschrift zum 100jährigen Bestehen der Pfälzischen Hypothekenbank, Teil 2, S. 227 (227).

236 *Bräunche,* Die Pfalz muß deutsch bleiben. Finanzierung und Organisation der Abwehr gegen Separatistische Bestrebungen in der Rheinpfalz 1918–1924, in: Pfälzische Hypothekenbank Aktiengesellschaft Ludwigshafen/Pfälzische Gesellschaft zur Förderung der Wissenschaft (Hrsg.), Festschrift zum 100jährigen Bestehen der Pfälzischen Hypothekenbank, Teil 2, S. 227 (227); *Thalmann,* Die Pfalz in der Zeit der Französischen Revolution und unter Napoleon, in: Geiger/ Preuß/ Rothenberger (Hrsg.), Pfälzische Landeskunde. Beiträge zu Geographie, Biologie, Volkskunde und Geschichte Bd. 3, S. 153 (177); deutlich zurückhaltender *Baumann*, Die Pfalz und die Französische Revolution, in: Andermann (Hrsg.), Von Geschichte und Menschen der Pfalz. Ausgewählte Aufsätze von K. Baumann, S. 179 (195) „ohne Begeisterung, aber auch ohne Widerstand oder große innere Bewegung"; anders tendenziöse Arbeiten aus früherer Zeit, beispielsweise *Springer*, Die Franzosenherrschaft in der Pfalz 1792–1814, S. 410.

237 *Bräunche,* Die Pfalz muß deutsch bleiben. Finanzierung und Organisation der Abwehr gegen Separatistische Bestrebungen in der Rheinpfalz 1918–1924, in: Pfälzische Hypothekenbank Aktiengesellschaft Ludwigshafen/Pfälzische Gesellschaft zur Förderung der Wissenschaft (Hrsg.), Festschrift zum 100jährigen Bestehen der Pfälzischen Hypothekenbank, Teil 2, S. 227 (228).

238 *Bräunche,* Die Pfalz muß deutsch bleiben. Finanzierung und Organisation der Abwehr gegen Separatistische Bestrebungen in der Rheinpfalz 1918–1924, in: Pfälzische Hypothekenbank Aktiengesellschaft Ludwigshafen/Pfälzische Gesellschaft zur Förderung der Wissenschaft (Hrsg.), Festschrift zum 100jährigen Bestehen der Pfälzischen Hypothekenbank, Teil 2, S. 227 (229 f.); vgl. auch Pfälzer Zeitung v. 10.10.1903.

gegründet wurde. Hauptsächlich die territorialen Veränderungen bezüglich Elsass-Lothringen waren Anlass für zahlreiche Konflikte[239].

Auch nach dem Ersten Weltkrieg spitzte sich die Beziehung der Nachbarländer weiter zu. Frankreich war einer der Staaten, der trotz des Sieges am härtesten durch den Krieg getroffen worden war. Es verzeichnete vor allem eine besonders hohe Zahl an Kriegsopfern. Auch die Industrieregionen wurden während des Krieges weitestgehend zerstört. Deutschland hingegen galt trotz des Kriegsverlustes immer noch als wirtschaftlich starke Nation,[240] was von vielen Franzosen als ungerecht empfunden wurde. Daher wollte man einen Ausgleich, der auch im Versailler Vertrag seinen Ausdruck finden sollte.

IV. Französische Interessen in Bezug auf das besetzte Gebiet

Vor dem Hintergrund dieser Situation kam es nach dem Ersten Weltkrieg in Frankreich zu regen Diskussionen über das weitere Vorgehen in Bezug auf den Kriegsverlierer. Vor allem das linke Rheinufer tangierte die Sicherheitsinteressen der Siegermacht.[241] Die Menschen im Grenzgebiet, das während des gesamten Krieges Schauplatz von Gefechten war, fühlten sich durch den Nachbarstaat bedroht.[242] Während die Rückeingliederung Elsass-Lothringens einhellig gefordert wurde, war der Umgang mit den linksrheinischen Gebieten allerdings Gegenstand kontroverser Diskussionen.[243]

Es kristallisierten sich mehrere Lösungsansätze heraus. Dabei wurde die Frage einer natürlichen Rheingrenze aufgeworfen. Die diesbezüglich angestrebten Umsetzungsmodi divergierten indes und reichten von einem autonomen Rheinstaat bis hin zu einer Annexion der linksrheinischen Ge-

239 *Schwarzkopf*, Der Deutsch Französische Krieg 1870/71, S. 3.

240 *Gräber/Spindler*, Revolverrepublik am Rhein, S. 92.

241 *Bischof*, Rheinischer Separatismus 1918–1924. Hans Adam Dortens Rheinstaatbestrebungen, S. 21; vgl. hierzu auch *Grimm*, Vom Ruhrkrieg zur Rheinlandräumung, 1930, S. 12.

242 *Gräber/Spindler*, Revolverrepublik am Rhein, S. 91.

243 *Hüttenberger*, Blätter für deutsche Landesgeschichte 1972, 105 (105). Schon Punkt 8 das Vierzehn-Punkte-Programm von US-Präsident Woodrow Wilson v. 8.1.1918 sah den Verzicht des Reichs auf Elsass-Lothringen vor. Siehe hierzu auch *Fendler*, Die Pfalz in der Weimarer Republik, in: Geiger/Preuß/Rothenberger (Hrsg.), Pfälzische Landeskunde. Beiträge zu Geographie, Biologie, Volkskunde und Geschichte, S. 319 (319 f.).

biete.[244] Einerseits entsprachen die annektorischen Ziele historisch gewachsenen Vorstellungen. Immerhin standen die linksrheinischen Gebiete als napoleonische Rheinbundstaaten in einer besonderen Beziehung zu Frankreich;[245] andererseits wurden die Befürworter solcher Ziele neben dem Sicherheitsaspekt auch durch wirtschaftliche Zielsetzungen geleitet. So war die Kohle des Rheinlandes notwendig, um das in Lothringen vorhandene Eisenerz, das nunmehr Frankreich zufallen sollte, zu verhütten.[246]

Letzten Endes wollten die Franzosen in ihrer Mehrheit keine Annexion, sondern einen rheinischen Pufferstaat.[247] Schon *Marschall Foch* verlangte im Jahre 1919 die Bildung eines autonomen Staates, welcher frei von politischem oder militärischem Einfluss des Reiches, vor allen Dingen der Hegemonialmacht Preußens, gegebenenfalls zur militärisch neutralisierten Zone werden sollte.[248] Es war damit nicht zwangsweise ein neutraler Pufferstaat im Sinne eines eigenständigen Staates gemeint, sondern vielmehr sollten die linksrheinischen Gebiete mit Sonderrechten, beispielsweise in puncto Haushaltsrecht, Zoll, Außenpolitik sowie Kultur, ausgestattete Teile des

---

244 *Bischof,* Rheinischer Separatismus 1918–1924. Hans Adam Dortens Rheinstaatbestrebungen, S. 16; vgl. zur Bestrebung Frankreichs in Bezug auf den Rhein als natürliche Grenze auch *Zerfass,* Der Separatismus in der Pfalz. Einführung in die Problematik, in: ders. (Hrsg.), Die Pfalz unter französischer Besatzung von 1918 bis 1930. Kalendarische Darstellung der Ereignisse vom Einmarsch im November 1918 bis zur Räumung am 1. Juli 1930, S. 3 (3); *Köhler,* Französische Besatzungspolitik 1918–1923, in: Molitor/Hüttenberger (Hrsg.), Franzosen und Deutsche am Rhein 1789–1918–1945, S. 113 (115). S. zu den Annexionsbestrebungen auch *Jacob,* Das Ende des Separatismus in Deutschland. Dargestellt am Abwehrkampf der deutschen Publizistik in der Pfalz und an der Saar 1919 bis 1935, S. 17; *Fenske,* in: Diskussion in der Sendereihe „Nahaufnahme" vom Kurpfalz-Radio des Süddeutschen Rundfunks am 7. April 1989, 10:04 bis 11 Uhr, Abschrift von Mitschnitt, S. 3.

245 *Bischof,* Rheinischer Separatismus 1918–1924. Hans Adam Dortens Rheinstaatbestrebungen, S. 16.

246 *Bischof,* Rheinischer Separatismus 1918–1924. Hans Adam Dortens Rheinstaatbestrebungen, S. 16.

247 *Schaupp,* „Un allemand irréductible". Friedrich Profit und die pfälzische Sozialdemokratie im Kampf gegen den Separatismus im Jahr 1919, in: Nestler/Schaupp (Hrsg.), Zwischen Revolution und Demokratie. Studien zur Geschichte der Pfalz vom späten 18. bis Mitte des 20. Jahrhunderts, S. 119 (122); *Köhler,* Französische Besatzungspolitik 1918–1923, in: Hüttenberger/ Molitor (Hrsg.) Franzosen und Deutsche am Rhein 1789–1918–1945, S. 112 (115).

248 *Recouly,* Marschall Foch. Erinnerungen von der Marneschlacht bis zur Ruhr. Niedergeschrieben unter persönlicher Redaktion des Marschalls, S. 161; *Oberhauser,* Heimatkalender für das Pirmasenser und Zweibrücker Land 1974, 136 (136); hierzu auch *Sieber,* Heimatkalender für das Pirmasenser und Zweibrücker Land 2006, 225 (225).

deutschen Reichs bleiben.[249] Die Verfechter dieser Idee spekulierten darauf, dass die Gebiete sich dann aufgrund der früheren Zughörigkeit zu Frankreich eher an den westlichen Nachbarn annähern würden als an das preußisch geprägte Reich.[250] Dass solche Maximalforderungen auf Widerstand der anderen Siegermächte stoßen würden, machte die Anfang Januar 1918 durch Großbritannien verkündeten Kriegsziele deutlich, die Frankreich zwar Elsass-Lothringen zugestanden, aber das Saarland und die linksrheinischen Gebiete unerwähnt ließen.[251] Vor allem Großbritannien fürchtete nämlich die Beeinträchtigung des Mächtegleichgewichts in Europa und damit auch um die intereuropäische Stabilität.[252] Aufgrund der ablehnenden Haltung der anderen Siegermächte, blieb Frankreich während der Friedensverhandlungen in seinen Zielen deutlich bescheidener, forderte aber dennoch eine Verlegung der deutschen Westgrenze an den Rhein, auch wenn damit keinerlei Gebietserwerb für eine Siegermacht verbunden sein sollte. Insofern wollte Frankreich die Autonomie des linken Rheinufers von Deutschland. Die Gründung eines von Bayern unabhängigen Freistaates im Rahmen des Reiches genügte ihm nicht. Das Gebiet sollte zwar formell weiter zu Deutschland gehören, Frankreich sollte aber die Möglichkeit der Einflussnahme erhalten.[253] Eine solche Abtrennung des linken Rheinufers von den deutschen Gebieten vermochten die Franzosen auf der Friedenskonferenz jedoch nicht durchzusetzen.[254] Stattdessen einigte sich der damalige Regierungschef *Clemenceau* mit den anderen Siegermächten auf eine gemäßigte Lösung, bei welcher den Sicherheitsinteressen Frankreichs durch ein Bündnis mit den USA und England, einer Räumung des linken

---

249 *Fenske*, in: Diskussion in der Sendereihe „Nahaufnahme" vom Kurpfalz-Radio des Süddeutschen Rundfunks am 7. April 1989, 10:04 bis 11 Uhr, Abschrift von Mitschnitt, S. 3; hierzu auch *Poincaré* im August 1917. S. hierzu *Bischof*, Rheinischer Separatismus 1918–1924. Hans Adam Dortens Rheinstaatbestrebungen, S. 17.

250 *Gräber/Spindler*, Die Pfalzbefreier, S. 14.

251 *Bischof*, Rheinischer Separatismus 1918–1924. Hans Adam Dortens Rheinstaatbestrebungen, S. 19.

252 *Bischof*, Rheinischer Separatismus 1918–1924. Hans Adam Dortens Rheinstaatbestrebungen, S. 23; *Leszinski*, Separatismus in der Pfalz nach den beiden Weltkriegen – Ein Vergleich, S. 96 f.

253 *Bischof*, Rheinischer Separatismus 1918–1924. Hans Adam Dortens Rheinstaatbestrebungen, S. 21; hierzu auch *Fenske*, in: Diskussion in der Sendereihe „Nahaufnahme" vom Kurpfalz-Radio des Süddeutschen Rundfunks am 7. April 1989, 10:04 bis 11 Uhr, Abschrift von Mitschnitt, S. 3.

254 *Bischof*, Rheinischer Separatismus 1918–1924. Hans Adam Dortens Rheinstaatbestrebungen, S. 22.

Rheinufers gemäß Art. 42–44 des Versailler Vertrages sowie einer Demilitarisierung Deutschlands bis auf eine Heeresstärke von 100.000 Mann gemäß Art. 3 des Waffenstillstandsvertrages Rechnung getragen werden sollten.[255] Aufgrund eines Regierungswechsels in Amerika kam es allerdings nur zu einem entsprechenden Bündnis mit Belgien, denn England war die Bündnisverpflichtung gegenüber Frankreich nur unter der Bedingung eingegangen, dass auch Amerika sich einem solchen anschließen würde.[256]

Durch die Besatzung sollte die Wahrung der Vertragsbestimmungen sichergestellt werden (Art. 428 Rheinlandabkommen),[257] wobei die Bedingungen für die schrittweise Räumung in Art. 428–431 des Versailler Vertrages geregelt wurden.[258]

Auch nach Verabschiedung des Versailler Vertrages verfolgte die französische Besatzungsmacht eigennützige Ziele im besetzten Gebiet. Darauf soll an dieser Stelle nur in der gebotenen Kürze eingegangen werde, um die entsprechenden Aspekte später kontextbezogen erörtern zu können. *Tirard* wollte vorrangig die Sicherheit Frankreichs garantieren, die er durch das geeinte Reich unter der Hegemonie Preußens als gefährdet ansah.[259] Er präferierte die Bildung eines föderalstaatlichen Reichs, wogegen sein Interesse an etwaigen Separationsbestrebungen zweitrangig war.[260] *De Metz*, der selbst Soldat war, beschäftigte sich ebenfalls mit den militärischen Gefahren, die vom Reich ausgingen. Er strebte eine politische Lösung der Problematik und wollte die Vormachtstellung Preußens durch seine Aufteilung schwächen, strebte mithin ebenfalls ein föderalistisches Gestaltungsmodell an. So sollten das linke Rheinufer und das Ruhrarsenal von Preußen abgetrennt werden, wodurch das Land einen signifikanten Anteil seiner militärischen Ressourcen und ein gegen Frankreich gerichtetes Aufmarschgebiet verlieren würde. Eine Bildung eines vollständig autonomen Rheinlandstaates war für *de Metz* keine zwingende Voraussetzung. Wegen der

---

255 *Gräber/Spindler*, Revolverrepublik am Rhein, S. 93 f.; *Fendler*, Die Pfalz in der Weimarer Republik, in: Geiger/Preuß/Rothenberger (Hrsg.), Pfälzische Landeskunde, S. 319 (320).

256 *Gräber/Spindler*, Revolverrepublik am Rhein, S. 94.

257 *Bischof*, Rheinischer Separatismus 1918–1924. Hans Adam Dortens Rheinstaatbestrebungen, S. 24.

258 *Bischof*, Rheinischer Separatismus 1918–1924. Hans Adam Dortens Rheinstaatbestrebungen, S. 23.

259 *Jardin*, Tirard, de Metz und die Pfalz, in: Kreutz/Scherer (Hrsg.), Die Pfalz unter französischer Besetzung (1918–1930), S. 145 (146).

260 *Jardin*, Tirard, de Metz und die Pfalz, in: Kreutz/Scherer (Hrsg.), Die Pfalz unter französischer Besetzung (1918–1930), S. 145 (146).

Besetzung des Gebiets erachtete er einen geringeren Grad an Autonomie für ausreichend. Für die Pfalz strebte er damit einhergehend eine Sezession von Bayern und eine Eingliederung in das rheinischen Staatsgebilde an.[261]

Im Krisenjahr 1923 rückten die Sicherheitsaspekte in der französischen Wahrnehmung weiter in den Vordergrund und die Bildung eines rheinischen Staates wurde ernsthaft in Erwägung gezogen, obgleich kritische Stimmen die Möglichkeit einer Sezession wegen der kulturstaatlichen Verwurzelung der Rheinländer im deutschen Reich und auch wegen einem erwarteten Widerstand Großbritanniens für unwahrscheinlich hielten.[262] Auch *Tirard* stand dem Separatismus in der Pfalz letzten Endes eher skeptisch gegenüber. Er befürchtete durch die Anerkennung der Autonomen Pfalz eine internationale, diplomatische Krise heraufzubeschwören. Deswegen wollte er die Separatisten durch eine Zusammenarbeit mit etablierten Kräften in gemäßigtere Bahnen lenken.[263] Die Franzosen förderten die Separatisten keinesfalls, um ihnen nachhaltig die Macht zu verschaffen. Vielmehr waren sie Mittel zum Zweck, um Druck auf die gemäßigten Parteien auszuüben, wodurch diese zur Zusammenarbeit gezwungen werden sollten.[264]

Dennoch haben sie die Separatisten „nicht nur wohlwollend geduldet, sondern auch tatkräftig protegiert".[265] Die Pfalz erschien für eine Separation auch aus französischer Sicht besonders geeignet. Zum einen war sie als Randgebiet isoliert vom restlichen Reich und für das Ausland schwer einsehbar.[266] Im Gegensatz zum Rheinland fehlte es hier an der ständigen

261 *Jardin*, Tirard, de Metz und die Pfalz, in: Kreutz/Scherer (Hrsg.), Die Pfalz unter französischer Besetzung (1918–1930), S. 145 (146 f.).

262 *Jardin*, Tirard, de Metz und die Pfalz, in: Kreutz/Scherer (Hrsg.), Die Pfalz unter französischer Besetzung (1918–1930), S. 145 (152).

263 *Jardin*, Tirard, de Metz und die Pfalz, in: Kreutz/Scherer (Hrsg.), Die Pfalz unter französischer Besetzung (1918–1930), S. 145 (166).

264 *Gräber/Spindler*, Revolverrepublik am Rhein, S. 324. Dass es sich hierbei lediglich um ein Druckmittel handelte, wird dadurch belegt, dass *de Metz* zuvor dafür sorgte, dass die Pfalz nicht durch Separatisten besetzt wurde, weil hierdurch die Verhandlungsbereitschaft der Pfälzer verbessert werden sollte. S. hierzu auch *dies.*, Die Pfalzbefreier, S. 20. Zum funktionalen Verhältnis der Franzosen zu den Separatisten auch schon Münchener Neueste Nachrichten v. 19.2.28.

265 *Wein*, Deutschlands Strom – Frankreichs Grenze, S. 33, allerdings in Bezug auf das Rheinland.

266 *Grimm*, Frankreich am Rhein. Rheinlandbesetzung und Separatismus im Lichte der historischen französischen Rheinlandpolitik, S. 113.

Kontrolle durch die belgische und englische Besatzungsmacht.[267] Zum anderen war die Region auch schon früher französisch besetzt gewesen.[268]

Die französische Besatzungspolitik kann in drei Epochen unterteilt werden: Einerseits die Epoche der Besetzung, andererseits diejenige der friedlichen Durchdringung und schließlich die Rheinlandkrise mitsamt der Ruhrbesetzung.[269] Auf die Rheinlandkrise und die Ruhrbesetzung soll anschließend näher eingegangen werden. Obschon die Methode der friedlichen Durchdringung zeitlich vorgelagert ist, wird diese aufgrund der engen Verwobenheit mit der Freien Pfalz-Bewegung an späterer Stelle behandelt.

C. Der passive Widerstand

I. Rheinlandkrise und Ruhrbesetzung

Am 11. Januar 1923 marschierten die Franzosen und Belgier als Strafaktion für rückständige Reparationslieferungen ins Ruhrgebiet ein.[270] Daraufhin rief die Reichsregierung am 19. Januar den passiven Widerstand aus. Dies bedeutete, dass das Deutsche Reich die Befehle der Besatzungsmacht gegenüber ihren Beamten als unwirksam erklärte. Es war verboten, den Anordnungen der Besatzungsmacht Folge zu leisten. Die einzigen wirksamen Befehle sollten von der deutschen Regierung erteilt werden. Begründet wurde dieses Handeln damit, dass die Besetzung des Ruhrgebiets sowohl völkerrechtswidrig sei als auch gegen den Versailler Vertrag verstoße.[271]

---

267 *Grimm*, Frankreich am Rhein. Rheinlandbesetzung und Separatismus im Lichte der historischen französischen Rheinlandpolitik, S. 113.

268 *Grimm*, Frankreich am Rhein. Rheinlandbesetzung und Separatismus im Lichte der historischen französischen Rheinlandpolitik, S. 113.

269 *Hüttenberger*, Blätter für deutsche Landesgeschichte 1972, 105 (105).

270 *Aretin*, Süddeutsche Monatshefte, Januar 1925, 34; *Gräber/Spindler*, Die Pfalzbefreier, S. 17; *Schneider*, Stimme der Pfalz 52 (2001), 8 (8); hierzu auch *Schmitt*, Jahrbuch für den Kreis Bernkastel-Wittlich 1994, 174 (174).

271 *Aretin*, Süddeutsche Monatshefte, Januar 1925, 34; *Gräber/Spindler*, Die Pfalzbefreier, S. 17. Auch die amerikanische Besatzungsmacht protestierte gegen den Ruhreinmarsch, indem sie ihre Soldaten aus ihrer Besatzungszone zurückzog. S. hierzu *Kermann/Krüger*, 1923/24. Separatismus im rheinisch-pfälzischen Raum. Eine Ausstellung der Landesarchivverwaltung Rheinland-Pfalz auf dem Hambacher Schloß, S. 72. Daraufhin wurden die Gebiete französisch besetzt, vgl. *dies.*, ebd.

Es wurde im Speziellen den Reichsbahnmitarbeitern verboten, Kohle nach Frankreich und Belgien zu befördern.[272] Auch die Reichstagsverordnung vom 16. März 1923, in der es den Bürgern verboten wird, Steuern, Zölle und andere Abgaben an die Franzosen zu zahlen, ging auf den passiven Widerstand zurück.[273] Durch ein Hilfsprogramm außerhalb der herkömmlichen Erwerbslosenfürsorge, der Rhein-Ruhr-Hilfe, wurden Entschädigungen und Löhne gezahlt und Kredithilfen für die Betriebe bereitgestellt, um die entstehenden finanziellen Einbußen auszugleichen.[274]

Wenn die Deutschen sich gut mit den Franzosen stellten, hatten sie neben staatlicher Repression weiterhin mit einer sozialen Ächtung im eigenen Land zu rechnen.[275] Solche Bürger wurden in so genannten „Schandtafeln" desavouiert, die zur Abschreckung in tendenziösen Zeitungen veröffentlicht wurden.[276]

II. Auswirkungen des passiven Widerstands

1. Auswirkungen auf die Eisenbahn

Infolge der Arbeitsverweigerung der Eisenbahner übernahmen die Franzosen die Herrschaft über das Schienennetz und es kam zu zahlreichen Ausweisungen von querulatorischen Eisenbahnangestellten.[277] Im März 1923 wurde eine französisch-belgische Eisenbahnverwaltung für das besetzte Gebiet errichtet, die sogenannte Regie. Nachdem sich die verbleibenden

---

272 *Jolas*, Die Pfalz unter Französischer Besatzung von 1918 bis 1930, S. 127.

273 Verordnung auf Grund des Notgesetzes (Schutz der Finanzen und der Währung) v. 16.3.1923, RGBl. 1923, S. 188 ff.; *Wappes*, Die Pfalz unter Französischer Besatzung von 1918–1930, S. 136.

274 *Gräber/Spindler*, Revolverrepublik am Rhein, S. 125 m. W. n.

275 Vgl. hierzu beispielhaft die Schandtafel, Südwestdeutsches Nachrichtenblatt, Nr. 1 (März 1923), S. 4. Diese gehässige Darstellung wurde jedoch auch von vielen Deutschen im unbesetzten Gebiet als geschmacklos empfunden und deshalb kritisiert. S. hierzu *Kermann/Krüger*, 1923/24. Separatismus im rheinisch-pfälzischen Raum. Eine Ausstellung der Landesarchivverwaltung Rheinland-Pfalz auf dem Hambacher Schloß 1989, S. 36.

276 *Gräber/Spindler*, Revolverrepublik am Rhein, S. 104.

277 *Gräber/Spindler*, Die Pfalzbefreier, S. 17. S. zur Einführung der Regiebahn auch *Leiling*, Speyer in den Jahren 1919–1939. Ein Tagebuch, Bd. 2, S. 128. S. weiteführend auch *Lieberich*, Besatzung und Eisenbahn, in: Verlag und Redaktion der „Pfälzischen Rundschau" (Hrsg.), Dokumente aus dem Befreiungskampf, S. 41 ff.

Eisenbahner weigerten, in deren Dienst zu treten, wurden auch sie massenhaft der Pfalz verwiesen.[278]

Die Angestellten der Eisenbahn befanden sich in einer besonderen Zwickmühle. Wenn sie nicht für die Franzosen arbeiteten, drohte ihnen die Ausweisung. Wenn sie hingegen die Arbeit für die Besatzungsmacht aufnahmen, so hatten sie mit einer gerichtlichen Verfolgung durch das Reich zu rechnen.[279] Die Deutschen wurden aufgerufen, die Regiebahnen zu boykottieren und stattdessen zu Fuß zu gehen. Anfänglich nahmen sie noch stundenlange Fußmärsche in Kauf. Der passive Widerstand äußerte sich mit der Zeit allerdings als äußerst kräftezehrend und ermüdend für die Bevölkerung, sodass die Pfälzer die Züge ab Mai zunehmend wieder nutzten, vor allen Dingen, um industrielle und landwirtschaftliche Güter zu transportieren. Daraufhin verübten Angehörige der Schwarzen Reichswehr Bombenanschläge auf den Personenzugverkehr, bei denen zwar niemand verletzt, aber die Bevölkerung terrorisiert wurde. Der passive Widerstand wurde zur materiellen und psychologischen Katastrophe für das besetzte Gebiet.[280] Die Sabotageakte stießen in allen Lagern auf Entrüstung und wurden als Zeichen des Unverständnisses der rechtsrheinischen Gebiete in Bezug auf die Lage in der Pfalz gedeutet.[281] Es ist nicht verwunderlich, dass diese Taktik, die doch eher die pfälzische Bevölkerung als die Besatzungsmacht traf, im linksrheinischen Gebiet für großen Unmut sorgte. Überdies wurde die Nutzung der Regiebahn von deutscher Seite streng überwacht und dokumentiert,[282] wodurch die Bevölkerung unter Druck gesetzt werden sollte. Nicht zuletzt wirkte sich der Boykott der Eisenbahnen äußerst negativ auf die Erwerbslosenzahlen aus.[283]

---

278 *Gräber/Spindler,* Revolverrepublik am Rhein, S. 111. S. auch *Happ,* Pfälzische Presse v. 30. Juni 1930.

279 *Gräber/Spindler,* Revolverrepublik am Rhein, S. 111.

280 *Gräber,* Separatismus und kollektive Mentalität. Eine Fallstudie am Beispiel des Pfälzischen Separatismus nach dem Ersten Weltkrieg, in: Blomert/Kuzmics/Treibel (Hrsg.), Transformation des Wir-Gefühls. Studien zum nationalen Habitus, S. 279 (283); vgl. zu den Sabotageakten auch *Gräber/Spindler,* Revolverrepublik am Rhein, S. 114, 132.

281 *Gräber/Spindler,* Revolverrepublik am Rhein, S. 146.

282 *Gräber/Spindler,* Revolverrepublik am Rhein, S. 113.

283 *Gräber/Spindler,* Revolverrepublik am Rhein, S. 113.

2. Wirtschaftliche Auswirkung

Schon während des Krieges spitzte sich die wirtschaftliche Lage im Reich zu. Die Regierung hatte zur Kriegsfinanzierung Anleihen bei der Bevölkerung aufgenommen, diese aber nach der Niederlage nie zurückgezahlt, wodurch viele Menschen ihrer Ersparnisse beraubt wurden. Durch den Friedensvertrag wurden Reparationsverbindlichkeiten von 260 Milliarden Goldmark begründet, welche sich im späteren Verlauf zwar auf 132 Milliarden Goldmark reduzierten, Deutschland aber dennoch an den Rande des finanziellen Ruins trieben.[284] Ursprünglich gab es viele Fabriken im pfälzischen Raum. Die Schuhindustrie in Pirmasens, der Maschinenbau in Kaiserslautern, die Zigarrenfabriken am Rhein und die Zuckerraffinerie in Frankenthal florierte vor dem Krieg. Der größte Arbeitgeber der Vorderpfalz war die Badische Anilin und Soda-Fabrik (im Folgenden BASF).[285] Durch den passiven Widerstand war die zuvor gut aufgestellte pfälzische Industrie jedoch ins Hintertreffen geraten und im Vergleich zu den rechtsrheinischen Gebieten kaum noch konkurrenzfähig. Aufgrund des Verbotes durch die deutsche Regierung, den französischen Zoll zu zahlen, war ein Export der Güter aus der Pfalz heraus kaum möglich.[286] Dieser Umstand sowie die Tatsache, dass auch die Nutzung der von den Franzosen übernommenen Regiebahn untersagt war, führte dazu, dass die Betriebe im besetzten Gebiet zur Arbeitsniederlegung gezwungen waren. Die dadurch entstandenen Kosten erstattete das Reich während des passiven Widerstandes inklusive der zu zahlenden Löhne. Um diese immensen Verbindlichkeiten begleichen zu können, druckten die staatlichen Notenbanken immer mehr Geld, was zur Hyperinflation führte.[287] Im Herbst 1923 war die Währung so instabil, dass sie vielerorts nicht mehr akzeptiert wurde, sodass der Franc ab dem 3. Oktober 1923 im Westen der Pfalz zum gängigen Zah-

284 *Vollmer*, Rheinbreitbacher Heimathefte 2003, 7 (7 f.).

285 *Osmond*, Die „Freie Bauernschaft" und der Separatismus: Bauernpolitik, bürgerliche Parteien und französische Besatzung in der Pfalz, in: Kreutz/Scherer (Hrsg.), Die Pfalz unter französischer Besetzung (1918/19–1930), S. 123 (123); *Mang/Zink*, Das Wirtschafsleben der Pfalz in Vergangenheit und Gegenwart, S. 227 ff. S. zu den einzelnen Industriezweigen auch *Wysocki*, Die pfälzische Wirtschaft von den Gründerjahren bis zum Ausbruch des Ersten Weltkrieges, in: Die Industrie- und Handelskammer für die Pfalz (Hrsg.), Beiträge zur pfälzischen Wirtschaftsgeschichte, S. 211 (243 ff.).

286 *Gräber/Spindler*, Revolverrepublik am Rhein, S. 114.

287 *Gräber/Spindler*, Die Pfalzbefreier, S. 18.

lungsmittel wurde.[288] Auch mit dem Regie-Franken, dem offiziellen Währungsmittel der Regiebahn, konnte gezahlt werden.[289]

Aufgrund der Tatsache, dass die Bauern für ihre Produkte Devisen verlangten, weil sie eine Geldentwertung befürchteten, stand die Pfalz unmittelbar vor einem Hungerwinter.[290] Neben dem Devisen- kam in der Pfalz auch wieder der Tauschhandel auf.[291] An der Haardt fiel darüber hinaus die Weinlese aufgrund des schlechten Wetters und starken Wurmbefalls dürftig aus.[292]

3. Sonstige Auswirkungen

Im Rahmen des passiven Widerstandes kam es neben diesen Nachteilen für die Bevölkerung weiterhin zu zahlreichen Sanktionen durch die Besatzungsmacht.[293] Im Speziellen die mit dem Personen- und Warenverkehr verbundenen Einschränkungen, durch die die französische Besatzungsmacht den Nichtgebrauch der Regiebahn pönalisieren wollte, waren für die Bevölkerung sehr gravierend.[294] So wurde der Binnenmarkt dadurch geschwächt, dass ab dem 12. Februar 1923 eine Genehmigung erforderlich war, um Waren vom besetzten in das unbesetzte Gebiet zu verbringen.[295] Verschlimmert wurde die Lage noch, als ab April der Last-, Paket- und der gewerbliche Personenverkehr unter einen Genehmigungsvorbehalt gestellt

288 *Jolas,* Die Pfalz unter Französischer Besatzung von 1918 bis 1930, S. 156; *Gräber/Spindler,* Die Pfalzbefreier, S. 18; *Grimm,* Frankreich am Rhein. Rheinlandbesetzung und Separatismus im Lichte der historischen französischen Rheinlandpolitik, S. 114. Hierzu auch der Bericht über die Lage in der Pfalz v. 15.10.1923, BayHStA, MA 107716, wo sogar beschrieben wird, dass sich die Stadt Ludwigshafen ihre neuausgestellten Pässe in Francs bezahlen ließ.

289 *Jolas,* Die Pfalz unter Französischer Besatzung von 1918 bis 1930, S. 156; *Gräber/Spindler,* Die Pfalzbefreier, S. 18.

290 *Gräber,* Pfälzischer Separatismus, in: Historisches Lexikon Bayerns, abrufbar unter https://www.historisches-lexikon-bayerns.de/Lexikon/Pf%C3%A4lzischer_Separatismus, zuletzt abgerufen am 1.11.2022; *ders./Spindler,* Revolverrepublik am Rhein, S. 170.

291 *Gräber/Spindler,* Revolverrepublik am Rhein, S. 171.

292 *Gräber/Spindler,* Revolverrepublik am Rhein, S. 169.

293 S. hierzu zusammenfassend *Schneider,* Stimme der Pfalz 52 (2001), 8 (8).

294 *Gräber/Spindler,* Revolverrepublik am Rhein, S. 112; *Weiß,* Ludwigshafen während der Besetzung, in: Redaktion und Verlag der „Pfälzischen Rundschau" (Hrsg.), Dokumente aus dem Befreiungskampf, S. 19 (22).

295 *Jolas,* Die Pfalz unter Französischer Besatzung von 1918 bis 1930, S. 132; *Gräber/Spindler,* Revolverrepublik am Rhein, S. 110.

wurden.[296] Ab dem 12. Juni 1923 war auch eine Bewilligung notwendig, wenn Waren aus dem unbesetzten Gebiet ins besetzte Gebiet verbracht wurden.[297] Vom 17. Februar an gab es in Ludwigshafen ein unter französischem Regiment stehendes Ein- und Ausfuhramt, welches Zölle in Höhe von 10 % erhob, wenn Waren die Grenze zwischen dem besetzten und dem unbesetzten Gebiet passierten.[298] Ab dem 4. März wurden für Fahrzeuge, welche die Rheinbrücke in Ludwigshafen passierten, eine Kautionssumme von 10 % erhoben. Darüber hinaus kam es zu zahlreichen Verkehrssperren.[299] Hinzu kam eine Visumpflicht, wenn man den Rhein überqueren wollte.[300] Sämtliche Brücken und Führübergänge standen unter strengster französischer Überwachung.[301] Auch die Schifffahrt auf dem Rhein war weitestgehend eingestellt worden.[302]

Die vermehrt vorgenommenen Ausweisungen trafen vor allem die Beamten. Dieses Schicksal ereilte beispielsweise Regierungsdirektor *Morgens*, den Vorstand des Landesfinanzamts Würzburg, Regierungsdirektor *Mathéus*, den stellvertretenden Regierungspräsidenten, und der Regierungspräsident *von Chlingensperg*. Auch ein Großteil der Forstverwaltung, der Judikativen und der Eisenbahner mussten die Pfalz verlassen. Daneben kam es zu zahlreichen Verhaftungen.[303] Diese Maßnahmen sollten dazu dienen, die Beamten gefügig zu machen und den passiven Widerstand zu brechen.[304] Auch nach Ende des passiven Widerstandes wurde die Ausweisungspraxis

---

296 *Gräber/Spindler*, Revolverrepublik am Rhein, S. 113, S. hierzu zusammenfassend *Schneider*, Stimme der Pfalz 52 (2001), 8 (8).

297 *Jolas*, Die Pfalz unter Französischer Besatzung von 1918 bis 1930, S. 143.

298 *Jolas*, Die Pfalz unter Französischer Besatzung von 1918 bis 1930, S. 133.

299 *Jolas*, Die Pfalz unter Französischer Besatzung von 1918 bis 1930, S, 133 f., 138 und 148.

300 *Gräber/Spindler*, Revolverrepublik am Rhein, S. 114.

301 S. hierzu zusammenfassend *Schneider*, Stimme der Pfalz 52 (2001), 8 (8).

302 S. hierzu zusammenfassend *Schneider*, Stimme der Pfalz 52 (2001), 8 (8).

303 *Jolas*, Die Pfalz unter Französischer Besatzung von 1918 bis 1930, 127 ff.; *Aretin*, Süddeutsche Monatshefte, Januar 1925, 34; vgl. zu den Verhaftungen beispielhaft die des Oberbürgermeisters *Strobel* aus Pirmasens, dargestellt in *Jolas*, Die Pfalz unter Französischer Besatzung von 1918 bis 1930, S. 132; *Aretin*, Süddeutsche Monatshefte, Januar 1925, 35 und zur Verhaftung des stellvertretenden Regierungspräsidenten Oberregierungsrat *Stähler* ebd. S. auch *Warmbrunn*, Französische Besatzung und Separatistenbewegung, in: Glück/Baus (Hrsg.), Recht. Gesetz. Freiheit. 200 Jahre Pfälzisches Oberlandesgericht Zweibrücken, S. 215 (215).

304 *Aretin*, Süddeutsche Monatshefte, Januar 1925, 35.

nicht aufgegeben, sodass im November 1923 20.992 Pfälzer und damit 2,5 % der Bevölkerung im Exil leben mussten.[305]

Auch in weiteren grundrechtsrelevanten Lebensbereichen kam es zu einem repressiven Vorgehen der Besatzungsmacht. Beispielsweise wurden in Landau und Speyer Postsperren verhängt. Sowohl das Postamt in Speyer als auch in Pirmasens wurden von Franzosen besetzt.[306] Auch die Telegraphen- und Telefonverbindungen ins rechtsrheinische Gebiet wurden weitestgehend eingestellt.[307] Die linksrheinische Presse wurde zensiert und rechtsrheinische Zeitungen gänzlich untersagt.[308] Darüber hinaus wurden die deutsche Freiheitspartei und die nationalsozialistische Partei verboten.[309] Zudem wurden auch soziale Ereignisse teilweise unterbunden, beispielsweise das Abhalten von Maifeiern[310] oder die Teilnahme der pfälzischen Turner am Münchner Turnfest.[311]

Über viele Städte musste der Belagerungszustand verhängt werden, so beispielsweise über Pirmasens, nachdem es infolge der Verhaftung des Oberbürgermeisters zu Unruhen kam.[312]

III. Abbruch des passiven Widerstands

Die steigenden Arbeitslosenzahlen und das Elend in der Bevölkerung stellten den passiven Widerstand vor eine Zerreißprobe und drohten die einst geschlossene Front zu entzweien. Wirtschaftliche Aspekte rückten gegenüber den ideologischen Gesichtspunkten in den Vordergrund.[313] Vor allem Bauern und Geschäftsleute waren bezüglich des passiven Widerstandes zunehmend indifferent eingestellt.[314]

---

305 *Aretin*, Süddeutsche Monatshefte, Januar 1925, 39.

306 *Jolas*, Die Pfalz unter Französischer Besatzung von 1918 bis 1930, S. 148 ff. S. auch *Besold*, Pfälzische Presse v. 30.6.1930.

307 S. hierzu zusammenfassend *Schneider*, Stimme der Pfalz 52 (2001), S. 8 (8).

308 S. hierzu zusammenfassend *Schneider*, Stimme der Pfalz 52 (2001), S. 8 (8).

309 *Jolas*, Die Pfalz unter Französischer Besatzung von 1918 bis 1930, S. 150.

310 *Jolas*, Die Pfalz unter Französischer Besatzung von 1918 bis 1930, S. 142.

311 *Jolas*, Die Pfalz unter Französischer Besatzung von 1918 bis 1930, S. 148.

312 *Jolas*, Die Pfalz unter Französischer Besatzung von 1918 bis 1930, S. 132.

313 *Gräber/Spindler*, Revolverrepublik am Rhein, S. 125.

314 *Gräber/Spindler*, Revolverrepublik am Rhein, S. 134.

Am 26. September erklärte Reichskanzler *Stresemann* den Abbruch des passiven Widerstands.[315] In der Bevölkerung machte sich das Gefühl breit, dass die Bemühungen mangels sichtbarer Erfolge völlig umsonst gewesen seien.[316] Besonders demütigend und frustrierend war im Nachhinein, dass der Abbruch des passiven Widerstandes bedingungslos erfolgte, obwohl *Stresemann* bis zuletzt versucht hatte, mit Frankreich zu verhandeln und Verbesserungen zu erstreiten.[317]

Belastend war weiterhin die Lage für das Beamtentum. Während die Restriktionen für die Bevölkerung im September aufgehoben waren, galten die Bestimmungen des passiven Widerstands für die Beamten fort, wodurch sich *Stresemann* ein Druckmittel für künftige Verhandlungen vorbehalten wollte. Ab Oktober durften die Eisenbahner dann wieder eine Arbeit bei der Regiebahn aufnehmen, wo ihre Löhne allerdings deutlich geringer waren und das Reich sich weigerte, die Differenz zu begleichen.[318]

IV. Nachwirkungen des passiven Widerstands

1. Die Versackungslösung

In den besetzten Gebieten machte sich Enttäuschung über die allgemeine Situation breit, da die Reichsregierung keine Perspektiven zur Verbesserung der Lage bot. Insgeheim hatten viele Mitglieder der Reichsregierung die Pfalz schon lange aufgegeben, als einige Abgeordneten des Reichstages im Oktober 1923 die sogenannte Versackungsüberlegung anstellten. Dabei betonten sie, dass das besetzte Gebiet nichts zur Konsolidierung

---

315 *Jolas,* Die Pfalz unter Französischer Besatzung von 1918 bis 1930, S. 155; *Aretin,* Süddeutsche Monatshefte, Januar 1925, 37. Hierzu auch *Oberhauser*, Der Kampf um die Rheinpfalz, S. 103. S. auch *Leiling*, Speyer in den Jahren 1919–1939. Ein Tagebuch, Bd. 2, S. 147.

316 *Gräber,* Separatismus und kollektive Mentalität. Eine Fallstudie am Beispiel des Pfälzischen Separatismus nach dem Ersten Weltkrieg, in: Blomert/Kuzmics/Treibel (Hrsg.), Transformation des Wir-Gefühls. Studien zum nationalen Habitus, S. 279 (283); *Leszinski,* Separatismus in der Pfalz nach den beiden Weltkriegen – Ein Vergleich, S. 14. Dazu, dass sich die Verbesserungen für die Bevölkerung auch nach Beendigung des passiven Widerstands nur zögerlich einstellten *Mathéus,* Auf Wache in Heidelberg, in: Verlag und Redaktion der „Pfälzischen Rundschau" (Hrsg.), Dokumente aus dem Befreiungskampf, S. 58 (91).

317 *Gräber/Spindler,* Revolverrepublik am Rhein, S. 160 und 164 f.

318 *Gräber/Spindler,* Revolverrepublik am Rhein, S. 227 f.

des Staatshaushaltes beitrug, da es keine Steuern leistete und wirtschaftlich schlecht gestellt war. Es wurde daher lediglich als Last wahrgenommen. Daher wurde erwogen, das Gebiet staatsrechtlich beim deutschen Reich zu belassen, aber ansonsten in jedweder anderen Hinsicht vorübergehend den Besatzern zu überlassen und die Zahlungen einzustellen.[319] Den politischen Repräsentanten der Gebiete sollten die Befugnis erhalten, über das eigene Schicksal zu verhandeln, wobei das Reich die Verantwortung für daraus hervorgehende staatsrechtliche Konsequenzen nicht übernehmen wollte.[320] *Stresemann* lehnte die Pläne ab, während namhafte Vertreter der Regierung, beispielsweise Reichsfinanzminister *Luther*, ihnen zugeneigt waren. Dennoch sollten diese Pläne vorerst nicht öffentlich artikuliert werden, um den Unmut der Bevölkerung in den besetzten Gebieten nicht noch weiter zu schüren. Nichtsdestotrotz waren entsprechende Befürchtungen in einem Artikel der Parteipresse der pfälzischen Sozialdemokraten erkennbar, welcher von *Johannes Hoffmann* verfasst worden war.[321] Zu späteren Zeitpunkten wussten die Bürger sehr wohl über die entsprechenden Erwägungen Bescheid und fanden diese auch in den Zeitungen wieder. Darüber hinaus dürfte die Bevölkerung auch zuvor Einiges geahnt haben.[322] Teilweise wird daher sogar davon ausgegangen, dass die Versackungstheorie zu staatsbedrohenden Zuständen geführt habe.[323] Darüber hinaus war den Pfälzern selbst noch nicht einmal klar, ob die Loslösung des besetzten Gebietes

---

319 *Gräber/Spindler,* Die Pfalzbefreier, S. 19; *dies.,* Revolverrepublik am Rhein, S. 289 f.; *Gräber,* Separatismus und kollektive Mentalität. Eine Fallstudie am Beispiel des Pfälzischen Separatismus nach dem Ersten Weltkrieg, in: Blomert/Kuzmics/Treibel (Hrsg.), Transformation des Wir-Gefühls. Studien zum nationalen Habitus, S. 279 (284). Das damit einhergehende Gefühl, von den übergeordneten Stellen im Stich gelassen worden zu sein, nutzten die Separatisten zu propagandistischen Zwecken aus, vgl. hierzu das Flugblatt „Verbrecherisches Treiben“, LA Speyer R 12/22, allerdings in Bezug auf Bayern.

320 *Gräber,* Pfälzischer Separatismus, in: Historisches Lexikon Bayerns, abrufbar unter: https://www.historisches-lexikon-bayerns.de/Lexikon/Pf%C3%A4lzischer_Separatismus, zuletzt abgerufen am 1.11.2022.

321 *Gräber/Spindler,* Die Pfalzbefreier, S. 19.

322 *Spindler,* in: Diskussion in der Sendereihe „Nahaufnahme“ vom Kurpfalz-Radio des Süddeutschen Rundfunks am 7. April 1989, 10:04 bis 11 Uhr, Abschrift von Mitschnitt, S. 10. Zur demoralisierenden Wirkung der Versackungslösung in Bezug auf die Separatismusabwehr auch *Leszinski,* Separatismus in der Pfalz nach den beiden Weltkriegen – Ein Vergleich, S. 52 f.

323 *Fendler,* Die Pfalz in der Weimarer Republik, in: Geiger/Preuß/Rothenberger (Hrsg.), Pfälzische Landeskunde, S. 319 (330).

für das Reich tatsächlich nachteilig war, was Separationsbestrebungen gefördert hat.[324]

2. Weitere Folgen des passiven Widerstands

Nach Abbruch des passiven Widerstandes perpetuierte sich die desolate wirtschaftliche Lage. Die günstigen Papiermark-Kredite für die Fabriken wurden eingestellt und es konnte höchstens mit der Vergabe wertbeständiger Kredite gerechnet werden. Ab dem 20. Oktober 1923 sollten gar keine Darlehen mehr vergeben werden, woraufhin es zu Massenentlassungen kam.[325] Diese Finanzpolitik konterkarierte die schnelle Wiederinbetriebnahme der Fabriken. Auch wenn die Entwöhnung der Arbeiter an die Arbeit ein überbewerteter Hemmnisfaktor darstellt, haben sich Rohstoffengpässe und der lückenhaft betriebene Regiebahnverkehr negativ auf die Entwicklung ausgewirkt.[326] Der Schienenverkehr zum rechtsrheinischen Gebiet war unterbrochen, sodass für den Übergang auf Lastkraftwagen ausgewichen werden musste.[327] Obendrein bestand die Kraftwagen-Verkehrssperre im Oktober 1923 ausgenommen Fahrzeuge französischen Fabrikats noch fort.[328] Auch die Zollgrenze minderte die Wettbewerbsfähigkeit der pfälzischen Waren und die alten Handelspartner hatten längst neue Geschäftskontakte geknüpft.[329] *Summa summarum* ist demnach festzuhalten, dass im Speziellen aufgrund der schwierigen und teuren Transportverhältnisse das Handelshemmnis auch nach Abbruch des passiven Widerstands andauerte und es infolgedessen zu weiteren Teuerungen kam.[330]

---

324 *Gräber/Spindler,* Revolverrepublik am Rhein, S. 286.

325 *Gräber/Spindler,* Revolverrepublik am Rhein, S. 222 ff.; *Gräber,* Separatismus und kollektive Mentalität. Eine Fallstudie am Beispiel des Pfälzischen Separatismus nach dem Ersten Weltkrieg, in: Blomert/Kuzmics/Treibel (Hrsg.), Transformation des Wir-Gefühls. Studien zum nationalen Habitus, S. 279 (284); Bericht über die Lage in der Pfalz v. 15.10.1923, BayHStA, MA 107716.

326 *Gräber/Spindler,* Revolverrepublik am Rhein, S. 224; *Gräber,* Separatismus und kollektive Mentalität. Eine Fallstudie am Beispiel des Pfälzischen Separatismus nach dem Ersten Weltkrieg, in: Blomert/Kuzmics/Treibel (Hrsg.), Transformation des Wir-Gefühls. Studien zum nationalen Habitus, S. 279 (284).

327 *Gräber/Spindler,* Revolverrepublik am Rhein, S. 225.

328 Bericht über die Lage in der Pfalz v. 15.10.1923, BayHStA, MA 107716.

329 *Gräber/Spindler,* Revolverrepublik am Rhein, S. 225; hierzu auch *Albrecht,* Pirmasens – Vom Werden einer Industriestadt, in: Stadt Pirmasens (Hrsg.), 200 Jahre Stadt Pirmasens 1763–1963, S. 101 (126).

330 Bericht über die Lage in der Pfalz v. 15.10.1923, BayHStA, MA 107716.

Die Arbeitslosenzahlen entwickelten sich im Jahre 1923 exponentiell. Während es am 11. Januar lediglich 2.207 Erwerbslose gab, stieg die Zahl im November auf 118.895, was in Relation zur Gesamteinwohneranzahl von 900.000 einen Anteil von über 10 % ausmachte.[331] Die Arbeitslosen wurden besonders hart getroffen, da es noch keine Arbeitslosenversicherung gab.[332] Vielmehr waren sie auf die Erwerbslosenfürsorge der jeweiligen Heimatgemeinde angewiesen. Darüber hinaus wurden die Fürsorgesätze durch die Reichsregierung nach Abbruch des passiven Widerstandes gekürzt.[333] Viele Bürger hatten im November 1923 mit der Halbierung ihres Einkommens zu kämpfen und an die Bedürftigkeit wurden, um eine Fürsorge zu erhalten, nun strengere Maßstäbe angesetzt, soweit der Antragsteller über Vermögen verfügte.[334] Während die Fürsorgesätze in den Kampfmonaten recht großzügig bemessen waren, lagen sie nach Aufgabe des passiven Widerstands am Existenzminimum und sanken aufgrund der rasch verlaufenden Inflation oftmals darunter.[335] Da die Bürger nun nicht mehr zur Aufrechterhaltung des passiven Widerstands motiviert werden mussten, legte das Reich nun seinen Fokus auf die wirtschaftliche Konsolidierung des Staatshaushaltes.[336]

3. Auswirkungen auf den Separatismus

Passiver Widerstand und Inflation schufen günstige Bedingungen für politische Abenteurer.[337] Die damalige Situation wurde aufgrund der diversen nachteiligen Auswirkungen als Zustand der „allertiefsten Not" und als existenzieller Kampf wahrgenommen.[338] Weil die Menschen durch den Krieg und den darauffolgenden passiven Widerstand über Jahre hinweg

331 *Jolas*, Die Pfalz unter Französischer Besatzung von 1918 bis 1930, S. 126 und S. 161; *Gräber/Spindler*, Die Pfalzbefreier, S. 18; *dies.*, Revolverrepublik am Rhein, S. 223.

332 Eine solche gab es erst ab 1927, s. hierzu *Scriba*, Die Arbeitslosenversicherung, abrufbar unter: https://www.dhm.de/lemo/kapitel/weimarer-republik/innenpolitik/arbeitslosenversicherung-1927.html, zuletzt abgerufen am 1.11.2022.

333 *Gräber/Spindler*, Die Pfalzbefreier, S. 19.

334 *Gräber/Spindler*, Revolverrepublik am Rhein, S. 223.

335 *Gräber*, Separatismus und kollektive Mentalität. Eine Fallstudie am Beispiel des Pfälzischen Separatismus nach dem Ersten Weltkrieg, in: Blomert/Kuzmics/Treibel (Hrsg.), Transformation des Wir-Gefühls. Studien zum nationalen Habitus, S. 279 (283).

336 *Gräber/Spindler*, Revolverrepublik am Rhein, S. 223.

337 *Oberhauser*, Der Kampf um die Rheinpfalz, S. 128.

338 *Herold*, Die Pfalz in Not. Persönliche Erlebnisse in den Jahren 1923/1924, S. 9.

nicht zur Ruhe gekommen waren, entstand ein zermürbender Druck,[339] der die Bevölkerung und die Wirtschaft – man denke nur an die zahlreichen Ausweisungen, die Rohstoffengpässe aufgrund von Beschlagnahmen und Transportsperren sowie Zölle für Exporte ins unbesetzte Gebiet – hart traf.[340] Zutreffend fasst *Altmeyer* die Stimmung in der Bevölkerung zusammen: „Abgeschnitten von jeglichem Eisenbahnbetrieb lebten die Bewohner monatelang ohne Verkehr mit der Umwelt, ohne Zeitungen, ohne Nachrichten. Nur an den Grenzen, im unbesetzten Gebiet saßen zu Hauf die amtlichen Propagandisten und fabrizierten Lügenmeldungen, Schwindelnotizen und Flugblätter, die drüben jeden ihrer Verbreiter ins Zuchthaus bringen mußten."[341] Neben Zermürbung, Demoralisierung und Resignation breitete sich in der pfälzischen Bevölkerung gegen Ende des passiven Widerstandes auch Hysterie aus.[342] Man fürchtete eine Loslösung von Bayern oder dem Reich, da separatistische Strömungen wieder an Zulauf gewannen.[343] Eine tabuisierte Grenze hin zum Separatismus gab es bei der Bevölkerung insgesamt nicht mehr.[344] Wenngleich sich der Hass gegen Frankreich durch das repressive Vorgehen der Besatzungsmacht bei einem gewissen Teil der Bevölkerung noch verstärkt haben dürfte, so war der passive Widerstand mit all seinen Folgen der eigentliche Nährboden für den Separatismus.[345]

D. Das Verhältnis zu Bayern

Die Pfalz in den Grenzen, wie sie zur Weimarer Republik existierte, gab es in dieser Form seit 1816. Nach der napoleonischen Herrschaft kam es auf dem Wiener Kongress zu einer territorialen Neuordnung, bei der die Pfalz,

339 *Gräber/Spindler,* Revolverrepublik am Rhein, S. 284.

340 *Gräber,* Pfälzischer Separatismus, in Historisches Lexikon Bayerns, abrufbar unter: https://www.historisches-lexikon-bayerns.de/Lexikon/Pf%C3%A4lzischer_Separatismus, zuletzt abgerufen am 1.11.2022; *ders.,* Die schöne Literatur und die hässliche Geschichte. Die Darstellung des pfälzischen Separatismus nach dem 1. Weltkrieg in der zeitgenössischen Belletristik, in: Nestler/Schaupp (Hrsg.), Zwischen Revolution und Demokratie. Studien zur Geschichte der Pfalz vom späten 18. bis Mitte des 20. Jahrhunderts, S. 173 (174 f.).

341 *Altmeier,* Die Weltbühne 1924, 96 (97).

342 *Gräber/Spindler,* Revolverrepublik am Rhein, S. 153.

343 *Gräber/Spindler,* Revolverrepublik am Rhein, S. 153.

344 *Gräber/Spindler,* Revolverrepublik am Rhein, S. 285.

345 *Gräber/Spindler,* Revolverrepublik am Rhein, S. 288.

welche aus Gebieten der linksrheinischen Kurpfalz, aus dem Bistum Speyer und aus 42 weiteren kleinen Territorien bestand, ein Teil Bayerns wurde.[346]

Das Verhältnis zwischen Bayern und dem Reich war von Anfang an geprägt von Uneinigkeiten. Die Spannungen erreichten ihren Höhepunkt, als *Gustav Ritter von Kahr* Generalstaatskommissar wurde,[347] nachdem *Johannes Hoffmann*[348] während des Kapp-Lüttwitz-Putsches gestürzt worden war und *Knilling* Ministerpräsident wurde. Unter diesem schwachen Landeschef wurde er zum Usurpator der bayerischen Staatsgewalt.[349] Nunmehr wurde München zum Sammelbecken rechtsradikaler Gruppierungen und nach dem Selbstverständnis der bayerischen Konservativen zur „Ordnungszelle des Reichs".[350] *Ehrhardts* rechtsradikale Organisation Consul (im Folgenden: O. C.)[351] fand dort nach dem gescheiterten Kapp-Lüttwitz-Putsch[352] nicht nur Unterschlupf, sondern auch wohlwollende Duldung und auf den Straßen waren die Mitglieder der NSDAP und anderer völkischer Gruppierungen omnipräsent.[353] Schon früh zeigte sich, dass eine friedliche Koexistenz von Reichs- und Landesgewalt in einem von *Kahr* geführten Bayern illusorisch war.[354] Es kam zu einem Verfassungskonflikt über die Entwaffnungsforderungen des Versailler Vertrages. Als *Kahr* sich weigerte, diesen nachzukommen, stellten ihm die Siegermächte ein Ultimatum bis zum Juni 1921, woraufhin er die Einwohnerwehren letzten Endes auflösen und entwaffnen musste.[355]

346 *Gräber*, Pfälzischer Separatismus, in: Historisches Lexikon Bayerns, abrufbar unter: https://www.historisches-lexikon-bayerns.de/Lexikon/Pf%C3%A4lzischer_Separatismus, zuletzt abgerufen am 1.11.2022.

347 *Gräber/Spindler*, Die Pfalzbefreier, S. 19.

348 S. zu seiner Person und seiner Politik weiterführend S. 107 ff.

349 *Moersch*, Erinnerungen an die Separatistenzeit in der Pfalz. Ein Lehrstück aus der Weimarer Republik, in: Jäger/Mühleisen/Veen (Hrsg.), Republik und Dritte Welt. Festschrift für Dieter Oberndörfer zum 65. Geburtstag, S. 243 (244).

350 *Gräber*, Separatismus und kollektive Mentalität. Eine Fallstudie am Beispiel des Pfälzischen Separatismus nach dem Ersten Weltkrieg, in: Blomert/Kuzmics/Treibel (Hrsg.), Transformation des Wir-Gefühls. Studien zum nationalen Habitus, S. 279 (282); *ders./Spindler*, Revolverrepublik am Rhein, S. 62.

351 S. zu dieser weiterführend S. 350 f.

352 S. zu diesem weiterführend S. 241 ff.

353 *Gräber/Spindler*, Die Pfalzbefreier, S. 19; *dies.*, Revolverrepublik am Rhein, S. 65.

354 *Gräber/Spindler*, Revolverrepublik am Rhein, S. 198.

355 *Gräber/Spindler*, Revolverrepublik am Rhein, S. 63.

In der Pfalz spürte man den Einfluss *Kahrs* wegen der stabilisierenden Wirkung der Besatzung allerdings nicht in dieser Deutlichkeit.[356] In dieser Region war die Sozialdemokratie stärker vertreten als im restlichen Teil Bayerns. Allen voran in linken Kreisen wurden Loslösungsbestrebungen von Bayern laut. Anlässlich des Verfassungskonflikts zwischen Bayern und dem Reich sowie der politischen Morde an *Erzberger*[357] und *Rathenau*[358] gab es sogar dementsprechende Demonstrationen.[359]

Dass die Pfalz sich ideologisch nicht mehr mit dem rechtsrheinischen Bayern identifizieren konnte, zeigen im besonderen Maße antibayerische Revolten,[360] beispielsweise der Speyerer Bildersturm.[361] Bei diesem wurde das Speyerer Regierungsgebäude von Arbeitern gestürmt, welche die dort hängenden Portraits der Wittelsbacher aus den Fenstern warfen. Auch in anderen Städten kam es zu Unruhen, beispielsweise in Ludwigshafen und Frankenthal.[362] Während die Bildnisse in Räumen mit regem Publikumsverkehr nach dem Ersten Weltkrieg wegen der Abschaffung der Adelsprivilegien gemäß Art. 109 Abs. 3 WRV zwar entfernt worden waren, wurden sie

---

356 *Fendler,* Die Pfalz in der Weimarer Republik, in: Geiger/Preuß/Rothenberger (Hrsg.), Pfälzische Landeskunde, S. 319 (327).

357 Am 26.8.1921 wurde der ehemalige Reichsfinanzminister *Matthias Erzberger* durch Mitglieder der Organisation Consul ermordet, s. hierzu *Hofmann,* Politische Morde (Weimarer Republik), in: Historisches Lexikon Bayerns, abrufbar unter: https://www.historisches-lexikon-bayerns.de/Lexikon/Politische_Morde_(Weimarer_Republik)#Anschl.C3.A4ge_auf_Repr.C3.A4sentanten_der_Republik, zuletzt abgerufen am 1.11.2022.

358 Der deutsche Außenminister *Walther Rathenau* wurde am 24.6.1922 ermordet. S. hierzu *Sabrow,* Der Rathenaumord. Rekonstruktion einer Verschwörung gegen die Republik von Weimar, 1994, S. 6.

359 *Gräber,* Separatismus und kollektive Mentalität. Eine Fallstudie am Beispiel des Pfälzischen Separatismus nach dem Ersten Weltkrieg, in: Blomert/Kuzmics/Treibel (Hrsg.), Transformation des Wir-Gefühls. Studien zum nationalen Habitus, S. 279 (282); *ders.,* Pfälzischer Separatismus, in: Historisches Lexikon Bayerns, abrufbar unter: https://www.historisches-lexikon-bayerns.de/Lexikon/Pf%C3%A4lzischer_Separatismus, zuletzt abgerufen am 1.11.2022.

360 *Gräber/Spindler,* Revolverrepublik am Rhein, S. 63 f.

361 *Gräber/Spindler,* Revolverrepublik am Rhein, S. 64. S. hierzu weiterführend: *Oberhauser,* Der Kampf um die Rheinpfalz, S. 88.

362 *Osmond,* Die „Freie Bauernschaft" und der Separatismus. Bauernpolitik, bürgerliche Parteien und französische Besatzung in der Pfalz, in: Kreutz/Scherer (Hrsg.), Die Pfalz unter französischer Besetzung (1918/19–1930), S. 123 (130); *Kermann/Krüger,* 1923/24. Separatismus im rheinisch-pfälzischen Raum. Eine Ausstellung der Landesarchivverwaltung Rheinland-Pfalz auf dem Hambacher Schloß 1989, S. 57 f.; *Gräber/Spindler,* Revolverrepublik am Rhein, S. 64. S. weiterführend zum Bildersturm *Leiling,* Speyer in den Jahren 1919–1939. Ein Tagebuch, Bd. 2, S. 94 ff.

in den übrigen Amtszimmern belassen, unter anderem mit der Begründung, dass ansonsten jeglicher Bildschmuck in den Räumen fehle.[363] Wahrscheinlicher ist es jedoch, dass hierin ein Akt der Republikfeindschaft und Monarchietreue zu sehen ist. Um weiteren Unruhen vorzubeugen, sollten die verbleibenden Porträts nach den Ereignissen aus den Dienstzimmern entfernt werden.[364] Nachdem vier der „Bilderstürmer" von der Polizei inhaftiert wurden, kam es zu erneuten Aufständen, woraufhin die Inhaftierten wieder freigelassen wurden, um eine weitere Eskalation zu verhindern.[365]

Insgesamt bestand eine große Angst, dass Bayern sich vom Reich lösen und die Pfalz mit sich reißen würde, weswegen die pfälzische SPD für diesen Fall eine Trennung der Pfalz von Bayern ankündigte.[366] Darüber hinaus wurde die Unsicherheit in Bezug auf Bayern noch dadurch verstärkt, dass *Kahr* beabsichtigte, mit allen rechtsgesinnten Kräften zusammenzuarbeiten. Man befürchtete teils sogar einen Bürgerkrieg.[367] Dies wurde durch die in Bayern herrschenden, monarchistischen Tendenzen, denen auch *Kahr*, der sich als Platzhalter der Wittelsbacher verstand, folgte, verstärkt.[368] Als *Kahr* am 11. September 1921 von seinem Ministeramt abgezogen wurde, entspannte sich die Lage.[369]

Im Oktober kam es dann allerdings zur Lossow-Krise, als sich der bayerische Landeskommandant General *von Lossow* weigerte, den „Völkischen Beobachter", das Parteiblatt der Nationalsozialisten, zu verbieten, obwohl dies vom Reichswehrminister *Geßler* angeordnet worden war. Daraufhin wurde er am 20. Oktober 1923 von der Reichsregierung entlassen, aber von der bayerischen Regierung wiedereingesetzt. Infolgedessen wurde die Reichswehr auf die bayerische Staatsregierung vereidigt. Dadurch hatte die Staatregierung die bayerischen Truppen der Befehlsgewalt des Reiches entzogen und auf sich selbst verpflichtet.[370] Die Wehrverbände postierten sich

363 *Kermann/Krüger*, 1923/24. Separatismus im rheinisch-pfälzischen Raum. Eine Ausstellung der Landesarchivverwaltung Rheinland-Pfalz auf dem Hambacher Schloß 1989, S. 57.

364 Erlass des Präsidiums der Regierung der Pfalz an die untergeordneten staatlichen und kommunalen Dienststellen, BayHStA, MA 107645.

365 *Gräber/Spindler*, Revolverrepublik am Rhein, S. 64.

366 *Gräber/Spindler*, Revolverrepublik am Rhein, S. 65.

367 *Gräber/Spindler*, Revolverrepublik am Rhein, S. 202.

368 *Gräber/Spindler*, Revolverrepublik am Rhein, S. 200.

369 *Gräber/Spindler*, Revolverrepublik am Rhein, S. 65.

370 *Gräber*, Separatismus und kollektive Mentalität. Eine Fallstudie am Beispiel des Pfälzischen Separatismus nach dem Ersten Weltkrieg, in: Blomert/Kuzmics/Treibel

dann unter dem Vorwand, Bayern vor kommunistischen Putschversuchen schützen zu wollen, an der Nordgrenze des Freistaates. Der Chef der Obersten Heeresleitung, *v. Seeckt*, weigerte sich daraufhin, mit dem Argument, dass Reichswehr nicht auf Reichswehr schieße, gegen das bayerische Militär einzuschreiten. Letzten Endes wurde den bayerischen Truppen dann, ohne dass eine Reichsexekution nötig war, dadurch den Wind aus den Segeln genommen, dass die Reichswehr präventiv-militärisch gegen die Kommunisten in Sachsen und Thüringen vorging und dadurch den Ängsten der Bayern begegnete, wodurch der Bewegung der Nährboden entzogen wurde.[371]

Es kann resümiert werden, dass die Bindung der Pfälzer zu Bayern weder mentalitäts- und kulturgeschichtlich gewachsen noch aufgrund politischer Überzeugung entstanden war. Auch diese schwache Bindung begünstigte die aufkommenden Separationsbestrebungen.

E. Weitere begünstigende Faktoren

Die pfälzische Bevölkerung spürte die Auswirkungen der Kriegsniederlage in voller Härte. Einerseits nahmen sie den außenpolitischen Druck, der durch die Besatzung auf dem Reich lastete, am eigenen Leib wahr; andererseits lastete auch der innenpolitische Druck, der durch den Konflikt zwischen Bayern und dem Reich entstand, auf ihren Schultern.[372] Die mit einem solchen verlorenen Krieg eingehergehenden Konsequenzen wirken sich begünstigend auf separatistische Bestrebungen aus, was daran deutlich wird, dass solche Loslösungsbestrebungen auch nach dem Zweiten Weltkrieg aufkamen.[373] Insbesondere in Anbetracht der bestehenden Isolation wurde das Gefühl der Zugehörigkeit zum Reich geschwächt.[374]

(Hrsg.), Transformation des Wir-Gefühls. Studien zum nationalen Habitus, S. 279 (284); *ders.*, Die schöne Literatur und die hässliche Geschichte, Die Darstellung des pfälzischen Separatismus nach dem 1. Weltkrieg in der zeitgenössischen Belletristik, in: Nestler/Schaupp (Hrsg.), Zwischen Revolution und Demokratie. Studien zur Geschichte der Pfalz vom späten 18. bis Mitte des 20. Jahrhunderts, S. 173 (175).

371 *Lutteroth*, Spiegel v. 25.9.2013.

372 *Gräber*, Pfälzischer Separatismus, in: Historisches Lexikon Bayerns, abrufbar unter: https://www.historisches-lexikon-bayerns.de/Lexikon/Pf%C3%A4lzischer_Separatismus, zuletzt abgerufen am 1.11.2022.

373 Vgl. hierzu beispielsweise *Heringer*, Heimatkalender für das Pirmasenser und Zweibrücker Land 1997, 157 ff.

374 S. zu diesem Aspekt auch *Kamper*, Die Rheinlandkrise des Herbstes 1923, S. 68 f.

Der passive Widerstand und die Hyperinflation hatten das wirtschaftsschwache Randgebiet des Reiches ebenfalls besonders hart getroffen.[375] Ob wirtschaftliche Faktoren wirklich den Hauptgrund für separatistische Bestrebungen darstellen, wird in der neueren Forschung bisweilen angezweifelt. Schließlich könne eine wirtschaftliche Notlage auch ein gestärktes Bedürfnis nach einer starken Zentralmacht hervorrufen.[376] Umgekehrt könnten auch reiche Regionen zum Separatismus verleitet werden, wenn sie nicht über genügend politische Macht verfügen, um über die Umverteilung der erwirtschafteten Gelder mitzuentscheiden.[377]

Auch wenn die Einwände durchaus berechtigt sind, so tritt doch der pekuniäre Aspekt bei den separatistischen Bestrebungen nach dem Ersten Weltkrieg deutlich hervor und darf auch trotz entgegenstehender Stimmen nicht vernachlässigt werden. Das Vordringen des Franken verdeutlicht die ökonomischen Gründe, die für eine Annäherung an Frankreich sprechen konnten.[378] *Stresemann* führte zwar durch die Währungsreform vom 15. November 1923 die Rentenmark ein;[379] ob diese stabil bleiben würde, war indes noch ungewiss[380] und die Entspannung, die durch ihre Einführung im Reich zu spüren war, vermochte nicht auf die besetzte Pfalz durchzuschlagen, wo die wirtschaftliche Situation weiterhin angespannt blieb.[381]

Die damit einhergehende Ungewissheit über die politische Zukunft und die damit verbundene Angst wirkte sich begünstigend auf die sepa-

375 *Grimm,* Frankreich am Rhein. Rheinlandbesetzung und Separatismus im Lichte der historischen französischen Rheinlandpolitik, S. 113.

376 *Riedel,* Föderalismus statt Separatismus. Politische Instrumente zur Lösung von Sezessionskonflikten in Europa, S. 13, abrufbar unter: https://www.swp-berlin.org/file admin/contents/products/studien/2016S05_rds.pdf, zuletzt abgerufen am 1.11.2022.

377 *Gehring,* in: *ders.*/Schweiger/ Lenk/ Schrader/ Laaser/ Maaß (Hrsg.), Zur Diskussion gestellt. Am besten allein? Separatismus in Europa: Welche Kräfte treiben die Unabhängigkeitsbewegungen an? S. 3; dazu, dass Separatismus in der modernen Zeit eher von reichen Regionen betrieben wird *Ladurner,* Die Zeit Online v. 3.1.2018.

378 *Gräber/Spindler,* Revolverrepublik am Rhein, S. 280; *Gräber,* Pfälzischer Separatismus, in: Historisches Lexikon Bayerns, abrufbar unter: https://www.historisches-le xikon-bayerns.de/Lexikon/Pf%C3%A4lzischer_Separatismus, zuletzt abgerufen am 1.11.2022.

379 *Vollmer,* Rheinbreitbacher Heimathefte 2003, 7 (10). S. hierzu ausführlich *Braun,* Währungsreform 1923/24, in: Historisches Lexikon Bayerns, abrufbar unter: https:/ /www.historisches-lexikon-bayerns.de/Lexikon/W%C3%A4hrungsreform,_1923/24, zuletzt abgerufen am 1.11.2022.

380 *Gräber/Spindler,* Revolverrepublik am Rhein, S. 282.

381 *Fendler,* Die Pfalz in der Weimarer Republik, in: Geiger/Preuß/Rothenberger (Hrsg.), Pfälzische Landeskunde, S. 319 (332).

ratistische Bewegung aus.[382] So sahen viele Separatisten die Lage eher pragmatisch und handelten getreu dem Motto „lieber französisch sterben als deutsch verderben“.[383] Den Grund für die separatistischen Umsturzversuche wurde zudem teilweise darin gesehen, dass die deutsche Polizei aufgrund ihrer Demilitarisierung keine Handhabe gegen die Putschisten hatte.[384]

I. Die Rolle Frankreichs

Durch die Ausweisungspraxis der Franzosen war die Abwehrfront geschwächt, was sich begünstigend auf die Putschversuche auswirkte. Große Teile der Bevölkerung wurden aufgrund dieser Ausweisungen ihrer Führer, beispielsweise der politischen Parteivorstände oder der Gewerkschaftsführer, beraubt.[385] Insofern entstand ein Vakuum, was den separatistischen Putsch begünstigte.[386] Dadurch entstand in der Bevölkerung eine Orientierungslosigkeit, die sich in einem Streben nach einer starken Führungspersönlichkeit äußerte. Eine solche konnte in *Franz Josef Heinz* gesehen werden. Überdies hatte er durch diese Situation auch keine starken politischen Gegenspieler mehr. Mangels echter Autoritäten herrschten von Kommune zu Kommune gravierende Unterschiede, weil überall nach eigenem Ermessen verwaltet wurde.[387] Auch die gezielt eingesetzten Eingriffe in die Presse- und Versammlungsfreiheit stabilisierte die Macht der Separatisten.[388] Zu-

382 *Schneider,* Stimme der Pfalz 52 (2001), 8 (8).

383 *Schneider,* Stimme der Pfalz 52 (2001), 8 (9).

384 *Hiery,* Die Pfalzfrage in britischer Sicht, in: Kreutz/Scherer (Hrsg.), Die Pfalz unter französischer Besetzung (1918–1930), S. 169 (170).

385 *Rhenanus (Heinz Gorrenz),* Die Drahtzieher. Ein Blick hinter die Kulissen des separatistischen Theaters am Rhein, S. 170, allerdings für das Rheinland. Hierzu auch *Leiling,* Speyer in den Jahren 1919–1939. Ein Tagebuch, Bd. 2, S. 119; *Leszinski,* Separatismus in der Pfalz nach den beiden Weltkriegen – Ein Vergleich, S. 16. S. zur Ausweisung des Oberregierungsrates *Riederer,* der in Abwesenheit von *Chlingensperg* dessen Geschäfte weitergeführt hatte durch die Separatisten, ebd., S. 71.

386 *Graß,* in: Diskussion in der Sendereihe „Nahaufnahme“ vom Kurpfalz-Radio des Süddeutschen Rundfunks am 7. April 1989, 10:04 bis 11 Uhr, Abschrift von Mitschnitt, S. 6. Dazu, dass sich der Verwaltungsstab in Bezug auf Personen mit juristischer Vorbildung besonders stark dezimiert hat, *Breitenstein,* Die Rheinpfalz (Speyerer Rundschau) v. 9.1.1974.

387 *Altmeier,* Die Weltbühne 1924, 96 (97).

388 *Rhenanus (Heinz Gorrenz),* Die Drahtzieher. Ein Blick hinter die Kulissen des separatistischen Theaters am Rhein, S. 170, allerdings für das Rheinland.

dem halfen die Franzosen den Separatisten mit Verpflegung, Ausstattung[389] und durch Verkehrssperren.[390]

Teilweise wird kritisiert, dass der französischen Regierung die Alleinschuld für die Geschehnisse in Speyer zugeschrieben und insofern eine einseitige Betrachtung, insbesondere durch die sozialdemokratische Presse, vorgenommen werde.[391] Zumindest ein gleich schwerwiegendes Verschulden komme der deutschen Regierung und dem deutschen Reichstag zu.[392] Die Verschuldensfrage erscheint nach heutiger Ansicht antiquiert. Es geht nicht darum, wem ein solches zukommt; vielmehr sollte auf die Ursache abgestellt werden. Diese lag in einer durch diverse Umständen bedingten Gesamtsituation und nicht in einem konkreten Einzelverhalten Die maßgebliche Ursache lag dabei in der wirtschaftlichen und sozialen Not.[393] Aus heutiger Sicht kann das Bild des französischen Drahtziehers nicht mehr aufrechterhalten werden. Die Bewegung entstand primär aus innenpolitischen Gründen. Die Rolle Frankreichs war lediglich begünstigender Natur. Auch nicht alle Waffen der Separatisten wurden – wie teilweise propagiert[394] – von Franzosen zur Verfügung gestellt. Bei Kanalisationsarbeiten am Amtsgerichtsgebäude in Landstuhl wurden nämlich im Nachhinein alte bayerische Militärgewehre gefunden, die noch aus der Zeit vor dem Ersten Weltkrieg stammten und aller Wahrscheinlichkeit nach von den Separatisten, die das Gebäude einst besetzten, bei deren fluchtartigem

389 Schreiben des Separatisten *Kuhn* in Ludwigshafen an dem dortigen französischen Delegierten vom 29. November 1923 über Lieferung von Verpflegung, abgedruckt in: Urkunden zum Separatistenputsch im Rheinland im Herbst 1923, S. 24; Schreiben des separatistischen Bezirkskommissars *Müller* in Ludwigshafen an den dortigen französischen Ortsdelegierten vom 11. Dezember 1923 über Lieferung von Verpflegung, abgedruckt ebd. S. 24; Schreiben des separatistischen Bezirkskommissars in Ludwigshafen an den dortigen französischen Delegierten vom 14. Dezember 1923 über Lieferung von Verpflegung, abgedruckt ebd. S. 25; Aufstellung über Lebensmittel, welche die Separatisten in Ludwigshafen von den Franzosen erhalten haben, abgedruckt ebd. S. 25.

390 Verkehrsverbot, erlassen von französischen Delegierten in Ludwigshafen am Tage des dortigen Separatistenputsches (26. November 1923) durch welches eine Vertreibung der Separatisten unmöglich gemacht werden sollte, abgedruckt in: Urkunden zum Separatistenputsch im Rheinland im Herbst 1923, S. 28.

391 *Altmeier,* Die Weltbühne 1924, 96 (96).

392 *Altmeier,* Die Weltbühne 1924, 96 (96).

393 *Altmeier,* Die Weltbühne 1924, 96 (96).

394 S. beispielhaft *Jolas,* Die Pfalz unter Französischer Besatzung von 1918 bis 1930, S. 167; *Aretin,* Süddeutsche Monatshefte, Januar 1925, 41.

Abzug zurückgelassen wurden.[395] Die Verstrickung der Franzosen in die innenpolitischen Geschehnisse war ein Ausdruck der damals häufig auftretenden Dialektik von nationaler und internationaler Krisenanfälligkeit. In den 1920er Jahren waren bei jeder nationalen Krise internationale Bedingungsfaktoren zu verzeichnen. Demgegenüber hatten auch außenpolitische Krisen zwingend innenpolitische Konsequenzen.[396]

II. Die Rolle des Rheinischen Separatismus

Auch wenn im Gegensatz zum rheinischen Separatismus in der Pfalz keine religiöse Komponente zu verzeichnen war,[397] so ist dennoch eine gewisse reziproke „Beeinflussung und Fühlungnahme" zwischen rheinischem und pfälzischem Separatismus zu verzeichnen.[398] Der Separatismus im Rheinland setzte früher ein als in der Pfalz und deshalb kam diesem eine Vorreiterrolle zu. Eine Gemeinsamkeit beider Bewegungen war die Unterstützung durch die französische Besatzungsmacht.[399] In den preußischen Teilen der besetzten Gebiete war die separatistische Bewegung konstanter geblieben als in der Pfalz, wo diese sich auf zwei Höhepunkte in den Jahren 1919 und 1923 beschränkte.[400]

Als Nächstes soll die rheinische Bewegung anhand der zwei wichtigsten Strömungen, die dann auch Einfluss auf die Pfalz entwickelt haben, grob skizziert werden. Von Düsseldorf aus wurde *Josef Friedrich Matthes* tätig.[401] Um Wiesbaden war *Hans Adam Dorten* über die Jahre hinweg das führen-

---

395 Abdruck des Fernrufs 160 des Oberstaatsanwalts beim Oberlandesgericht an den Kommandierenden General 32. A. K. v. 5.11.1928, LA Speyer, R 12/728. Dazu, dass die Separatisten sich im Amtsgerichtsgebäude niedergelassen hatten, Brief der Beamten des Bezirksamtes und der Gerichtsbeamten an den Herrn Delegierten der Hohen Rheinlandkommission, Landstuhl den 16.11.1923, LA Speyer, R 12/21.

396 *Knittel,* Zwischenkriegszeit und Weimarer Republik (1918–1933/39), in: Möller/Wengst (Hrsg.), Einführung in die Zeitgeschichte, S. 52 (54).

397 *Schlemmer,* „Los von Berlin". Die Rheinstaatbestrebungen nach dem Ersten Weltkrieg, S. 598. Im Rheinland hingegen ging es auch um den Religionskonflikt zwischen dem katholischen Rheinland und dem protestantischen Rest Preußens, S. hierzu ebd. S. 598.

398 *Schlemmer,* „Los von Berlin". Die Rheinstaatbestrebungen nach dem Ersten Weltkrieg, S. 598.

399 *Schlemmer,* „Los von Berlin". Die Rheinstaatbestrebungen nach dem Ersten Weltkrieg, S. 598.

400 *Gräber/Spindler,* Die Pfalzbefreier, S. 20.

401 *Gräber/Spindler,* Die Pfalzbefreier, S. 20.

de Gesicht des Separatismus geblieben.[402] *Dortens* Partei nannte sich „Rheinische Volksvereinigung" (RVV).[403] Zu Beginn verfolgte sie nicht das Ziel einer Separation, sondern das eines autonomen Staates im Rahmen des Reiches durch föderale Neuordnung. Die Bewegung richtete sich primär gegen Preußen und dessen hegemoniale Stellung im Reich.[404]

Daneben gab es noch eine weitere separatistische Gruppierung die später auch in die Pfalz vordrang, die „Rheinisch-republikanische Volkspartei" (RRVP), welche von *Franz Josef Smeets* angeführt wurde.[405] Im Sommer 1923 schlossen sich die drei Männer kurzzeitig zusammen, um das Rheinland einzunehmen und gründeten eine bewaffnete Einheit, die Rheinland-Miliz.[406]

Am 21. Oktober proklamierten eine davon unabhängige separatistische Gruppierung unter *Leo Deckers* in Aachen die Rheinische Republik. Am darauffolgenden Tag wurden verschiedene Städte durch die unter Zugzwang geratenen Separatisten der Rheinland-Miliz besetzt, beispielsweise Wiesbaden, Trier und Düren. In Mainz und Koblenz kam es zu Kämpfen zwischen den Separatisten und der Bevölkerung.[407] Am 23. Oktober unter-

---

402 *Gräber/Spindler,* Die Pfalzbefreier, S. 20. In der Region um Köln versuchte *Konrad Adenauer* ebenfalls, seine Autonomiebestrebungen durchzusetzen. Der Zentrumspolitiker stand in regem Kontakt mit *Tirard;* seine Bestrebungen scheiterten jedoch an der mangelnden Kompromissbereitschaft der französischen Besatzungsmacht, dem Gegenwind der anderen Parteien und der fehlenden Ermächtigung durch die Reichsregierung, was die Handelnden der Gefahr aussetzte, sich wegen Hoch- oder Landesverrats strafbar zu machen, s. hierzu ebd. S. 21 f.

403 *Schwarz,* Der Separatismus in der Pfalz nach dem 1. Weltkrieg, S. 255; *Gräber/Spindler,* Revolverrepublik am Rhein, S. 235; s. zu dieser Bewegung, die langsam auch auf die Pfalz übergriff Neue Pfälzische Landeszeitung v. 31. August 1923. S. weiterführend zu dieser Partei *Morsey,* Rheinische Volksvereinigung, 1920–1923/24, in: Historisches Lexikon Bayerns, abrufbar unter: https://www.historisches-lexikon-bayerns.de/Lexikon/Rheinische_Volksvereinigung,_1920-1923/24, zuletzt abgerufen am 1.11.2022.

404 *Gräber/Spindler,* Revolverrepublik am Rhein, S. 235.

405 *Schwarz,* Der Separatismus in der Pfalz nach dem 1. Weltkrieg, S. 255; *Gräber/Spindler,* Revolverrepublik am Rhein, S. 587.

406 *Gräber/Spindler,* Die Pfalzbefreier, S. 20; Akten der Reichskanzlei, Bericht des Reichspostministers über Lage und Aussichten der separatistischen Bewegung in Düsseldorf v. 28.9.1923, R 43 I/215, Bl. 251/252, abrufbar unter: http://www.bundesarchiv.de/aktenreichskanzlei/1919-1933/vpa/str/str1p/kap1_2/para2_89.html?highlight=true&search=&stemming=true&pnd=&start=398&end=398&field=all#highlightedTerm, zuletzt abgerufen am 1.11.2022.

407 *Jolas,* Die Pfalz unter französischer Besatzung von 1918 bis 1930, 158; *Gräber/Spindler,* Die Pfalzbefreier, S. 20; *Gräber,* Rheinische Republik, in: Historisches Lexikon Bayerns, abrufbar unter: https://www.historisches-lexikon-bayerns.de/Lexikon/Rhe

richtete *Tirard* den französischen Präsidenten der HIRK davon, dass die Rheinische Republik mit Sitz im Koblenzer Schloss eine autonome Regierung gebildet habe.[408] Mangels Rückhalt in der Bevölkerung und aufgrund von Machtkämpfen unter den drei Führern scheiterte die Bewegung indes sehr schnell.[409] Während *Dorten* noch versuchte, am 18. November ein eigenständiges Machtzentrum in Bad Ems zu etablieren, kapitulierte *Matthes* in Koblenz in Anbetracht der Meuterei seiner eigenen Truppen und erklärte die vorläufige Regierung der Rheinischen Republik am 29. November 1923 offiziell für aufgelöst.[410]

In der Pfalz stand die Partei *Smeets* anfangs in Konkurrenz zur *Dorten*-Partei. An der Spitze der pfälzischen *Smeets*-Bewegung stand der 26-Jährige *Oskar Bischoff*. Die Bewegung erfuhr allerdings nur eine geringe Resonanz, weswegen sie sich im Oktober 1923 immer mehr der *Dorten*-Bewegung annäherte. Im November 1923 entzweiten sich die beiden Bewegungen allerdings schon in den ersten Tagen nach dem Putsch.[411] Den größten Zulauf fand die Bewegung in Kaiserslautern, wo die Ortsgruppe fünfzig Mitglieder hatte. Im Vergleich zur 900 Mitglieder starken Ortsgruppe der RVV war die Bedeutung der RRVP damit dennoch eher gering.[412] Im Gegensatz zur Dorten-Bewegung erfuhr die RRVP nichtsdestoweniger eine herausragende Beachtung durch die Abwehrstelle für die Pfalz, da *Eberlein* sich über die Stärke der Gruppierung irrte. So ging er davon aus, dass die RRVP allein in Ludwigshafen über 8000 Mitglieder verfüge und insgesamt zwischen 31.000 und 32.000 Anhänger habe.[413]

---

inische_Republik#Bestrebungen_f.C3.BCr_eine_Rheinische_Republik_1923, zuletzt abgerufen am1.11.2022.

408 *Gräber/Spindler*, Die Pfalzbefreier, S. 20.

409 *Gräber*, Rheinische Republik, in: Historisches Lexikon Bayerns, abrufbar unter: https://www.historisches-lexikon-bayerns.de/Lexikon/Rheinische_Republik#Bestre bungen_f.C3.BCr_eine_Rheinische_Republik_1923, zuletzt abgerufen am 1.11.2022.

410 *Gräber*, Rheinische Republik, in: Historisches Lexikon Bayerns, abrufbar unter: https://www.historisches-lexikon-bayerns.de/Lexikon/Rheinische_Republik#Bestre bungen_f.C3.BCr_eine_Rheinische_Republik_1923, zuletzt abgerufen am 1.11.2022.

411 *Schwarz*, Der Separatismus in der Pfalz nach dem 1. Weltkrieg, S. 255; *Gräber*, Rheinisch-Republikanische Volkspartei, in: Historisches Lexikon Bayerns, abrufbar unter: https://www.historisches-lexikon-bayerns.de/Lexikon/Rheinisch-republikanisc he_Volkspartei_(RRVP), zuletzt abgerufen am 1.11.2022. S. zu den Anhängern *Smeets* ausführlich *Gräber/Spindler*, Revolverrepublik am Rhein, S. 587 ff.

412 *Schwarz*, Der Separatismus in der Pfalz nach dem 1. Weltkrieg, S. 255; Bericht *Eberleins* an *Wappes* v. 2. November 1923, BayHStA Haupthilfestelle für die Pfalz 15.

413 *Schwarz*, Der Separatismus in der Pfalz nach dem 1. Weltkrieg, S. 255 f.; Bericht *Eberleins* an *Wappes* v. 2. November 1923, BayHStA Haupthilfsstelle für die Pfalz 15.

Durch die Etablierung der rheinischen Parteien in der Pfalz wurde die Einflussnahme des rheinischen Separatismus deutlich. Am Anfang der Separatistenbewegung half *Dorten* zudem in der Pfalz noch nach, während die pfälzische Bewegung späterhin zunehmend an Eigenständigkeit gewann.[414] Andere hingegen gehen davon aus, dass der Separatismus in der Pfalz auch entstanden wäre, wenn es keine entsprechende Bewegung im Rheinland gegeben hätte.[415] Diesem Standpunkt ist insofern zuzustimmen, dass die separatistische Bewegung aus Impulsen entstanden ist, die sowohl in der Pfalz als auch im Rheinland vorhanden waren. In beiden Fällen waren die Ursachen des Separatismus, wie beispielsweise die wirtschaftliche Not, auf den passiven Widerstand und die Besatzung zurückzuführen. Auch die Grenzlage begünstigte sowohl in der Pfalz auch als auch im Rheinland die Bewegung. Nichtsdestotrotz kam dem rheinischen Separatismus eine Vorreiterrolle zu. Durch diesen Vorbildcharakter wurde der pfälzische Separatismus zumindest beschleunigt.

F. Die Entwicklung des Separatismus in der Pfalz bis zum November 1923

Schon seit dem 19. Jahrhungert gab es erste Ideen zur Gründung einer autonomen Pfalz.[416] Nach dem Ersten Weltkrieg kam es dann verstärkt zu Stimmen, die sich über eine Neuordnung der staatsrechtlichen Situation der Pfalz Gedanken machten. Die Lösungsansätze bewegten sich zu Beginn tendenziell hin zu einer Neuordnung im Rahmen des Reiches. Am Anfang der Entwicklung stand eine Bewegung des Zweibrücker Rechtsanwalts *Ludwig Zöller,* die nach Kriegsende eine Loslösung von Bayern propagierte.[417] Eine weiterer Vorläufer, die so genannte „Schwarze Republik"-Bewegung, die bei der Ortsgruppe der Bayerischen Volkspartei in Kaiserslautern anzusiedeln war und unter der Führung des Rechtsanwalts *Wattlinger, Dr. Wolfs* vom Pfälzer Volksboten und Prälat *Walters* stand, wollte ebenfalls eine Loslösung vom sozialdemokratisch regierten Bayern. Dann gab es noch eine weitere, monarchistisch geprägte Gruppierung, die eine „Abriegelung

414 *Gräber/Spindler,* Die Pfalzbefreier, S. 21. S. hierzu weiterführend S. 89 f.

415 *Jacob,* Das Ende des Separatismus in Deutschland. Dargestellt am Abwehrkampf der deutschen Publizistik in der Pfalz und an der Saar 1919 bis 1935, S. 21.

416 *Kreutz,* Unter französischer Besatzung, in: Schwarzmüller/Garthe (Hrsg.), Die Pfalz im 20. Jahrhundert, S. 57 (58).

417 *Jacob,* Das Ende des Separatismus in Deutschland. Dargestellt am Abwehrkampf der deutschen Publizistik in der Pfalz und an der Saar 1919 bis 1935, S. 22.

gegen den roten Norden" propagierte und einen Zusammenschluss Bayerns und damit auch der Pfalz mit Österreich forderte.[418] Die Bedeutung dieser Gruppen kann indes als gering angesehen werden.

I. Die Freie Pfalz-Bewegung und Methode der friedlichen Durchdringung

1. Freie Pfalz-Bewegung

a. Erste Ansätze

Eine bedeutsamere Strömung war die von *Eberhard Haas* begründete Freien Pfalz-Bewegung. Diese kam im Jahre 1919 auf und kann nur vor dem Hintergrunde des Kriegsendes und der damit einhergehenden Unsicherheit verstanden werden. Obgleich ihre Resonanz vorerst ebenfalls gering war,[419] sahen die Angehörigen vermögender Schichten darin vereinzelt eine Möglichkeit, ihr Eigentum unter französischem Protektorat auch in Zeiten des Aufruhrs zu erhalten. Überdies war der Ausgang der Friedensverhandlungen mit Frankreich noch ungewiss. Wenn die Alliierten ohnehin eine Separation der Pfalz anordnen würden, erschien es taktisch klüger, den Siegermächten diesbezüglich zuvorzukommen. Auch in Anbetracht der zahlreichen Krisen, die das Reich damals durchlebte, hoffte man, so einer sozialistischen Herrschaft zu entgehen[420] und das Überschwappen gewaltsamer Revolten aus München und Berlin auf die Pfalz zu verhindern.[421] Die bestehende Ungewissheit, auch in Bezug auf die Verfassung, den Friedensvertrag und das Gelingen einer parlamentarischen Demokratie waren es, die eher konservativ-bürgerliche Kräfte bis hinein in die katholische Zentrumspartei zur Freien-Pfalz-Bewegung trieben, die sich dadurch Ruhe

418 *Jacob,* Das Ende des Separatismus in Deutschland. Dargestellt am Abwehrkampf der deutschen Publizistik in der Pfalz und an der Saar 1919 bis 1935, S. 23.

419 *Leszinski,* Separatismus in der Pfalz nach den beiden Weltkriegen – Ein Vergleich, S. 12.

420 *Gräber,* Pfälzischer Separatismus, in Historisches Lexikon Bayerns, abrufbar unter: https://www.historisches-lexikon-bayerns.de/Lexikon/Pf%C3%A4lzischer_Separatismus, zuletzt abgerufen am 1.11.2022.

421 *Gräber/Spindler,* Revolverrepublik am Rhein, S. 40.

und Ordnung in der Pfalz erhofften.[422] Auch wirtschaftliche Ängste und Sorgen waren der Nährboden dieser Bewegung.[423]

Während zu Beginn des Jahres sogar zwei Reichstagsabgeordnete, *Hermann Hofmann*[424] und *Johann Sophian Richter*[425], eine Fürsprecherrolle zugunsten der Freien Pfalz einnahmen, wandelte sich die politische Stimmung im Laufe des Jahres. Nur zwei Wochen nach einer Versammlung am 22. Februar 1919 im Hotel Schwan in Landau, auf dem die Reichstagsabgeordneten entsprechende Thesen vertreten hatten und *Gérard* daraufhin eine Resolution der Anwesenden an Marschall *Foch* übergab, derzufolge eine große Zahl der Pfälzer eine Autonome Pfalz wünschten, mussten sie von ihren Positionen Abstand nehmen, nachdem sie mit dem Regierungspräsidenten über die Zukunftsaussichten der Pfalz gesprochen hatten. Durch die Niederschlagung der Spartakistenaufstände und der Münchener Räterepublik und die Gründung der Weimarer Republik trat vorerst wieder Stabilität ein, sodass der Bewegung die Substanz entzogen wurde.[426]

---

422 *Gräber/Spindler,* Revolverrepublik am Rhein, S. 40 f.; *Gräber,* Pfälzischer Separatismus, in Historische Lexikon Bayerns, abrufbar unter: https://www.historisches-lexikon-bayerns.de/Lexikon/Pf%C3%A4lzischer_Separatismus, zuletzt abgerufen am 1.11.2022.

423 Vgl. hierzu Flugblatt „Lest! Lest! Pfälzer, Pfälzerinnen!“, LA Speyer, Y 24/5376.

424 *Hermann Hofmann* (geb. am 9.9.1880, gest. am 30.5.1941) war als BVP-Politiker von 1919 bis 1920 Mitglied des Bayerischen Landtags und der Weimarer Nationalversammlung und anschließend bis 1933 Mitglied des deutschen Reichstages, S. hierzu Parlamentsdatenbank beim Haus der Bayerischen Geschichte, abrufbar unter: https://www.hdbg.de/parlament/content/persDetail.php?id=939, zuletzt abgerufen am 1.11.2022.

425 *Johann Sophian Christian Richter* (16.1.1875 – 17.2.1951) war Zentrumspolitiker und von 1912 bis 1918 Mitglied des Reichstages, s. hierzu den Eintrag zu seiner Person, in: Reichstags-Bureau (Hrsg.), Handbuch der verfassungsgebenden deutschen Nationalversammlung, 1919, S. 241.

426 *Gräber/Spindler,* Die Pfalzbefreier, S. 15; *dies.,* Revolverrepublik am Rhein, S. 40 ff.; *Leszinski,* Separatismus in der Pfalz nach den beiden Weltkriegen – Ein Vergleich, S. 11; *Fendler,* Die Pfalz in der Weimarer Republik, in: Geiger/Preuß/Rothenberger (Hrsg.); Pfälzische Landeskunde, S. 319 (324 f.); *Gräber,* Freie-Pfalz-Bewegung, 1918/1919, in: Historisches Lexikon Bayerns, abrufbar unter: https://www.historisches-lexikon-bayerns.de/Lexikon/Freie-Pfalz-Bewegung,_1918/19, zuletzt abgerufen am 1.11.2022.

b. Der Notabelnrat

Den Ansatzpunkt zur Einflussnahme sah *Gérard* primär im wirtschaftlichen Bereich. Aufgrund dessen rief er im März 1919 einen „Notabelnrat" genannten Wirtschaftsausschuss ins Leben, mit dessen Hilfe er Informationen sammeln, die Bindung zu Frankreich fördern sowie ein politisches Gegengewicht zur Verwaltung in Speyer konstituieren wollte. Der Rat selbst betonte indes seine ausschließlich wirtschaftliche Funktion und weigerte sich, zu politischen Themen Stellung zu beziehen.[427]

Parallel unterstützte *Gérard* auch die freie Pfalzbewegung, indem er ihr beispielsweise zu einer überproportionalen Repräsentanz im Notabelnrat verhalf sowie zu ihren Gunsten in das Pressewesen und die Versammlungsfreiheit ihrer Gegner eingriff. Dennoch war die Bewegung, nachdem der erste Aufschwung separatistische Bestrebungen im Februar längst abgeebbt war, eine sehr kleine, politisch unerfahrene Gruppierung.[428] Ihr gehörten der Weinchemiker *Dr. Eberhard Haas*, ein Holzhändler, ein Zahnarzt, zwei Kleinfabrikanten, diverse Weinhändler, zwei Journalisten und weitere Angehörige des bürgerlichen Spektrums an.[429]

c. Der sogenannte Haas-Putsch

Nachdem die Bedingungen des Friedensvertrages veröffentlich worden waren, ergriff die Bewegung die Offensive, um durch die Schaffung eines neutralen Staates der wirtschaftlichen Isolation der Pfalz entgegenzuwirken und mithilfe der Befriedigung französischer Sicherheitsinteressen die Senkung der Reparationen zu bewirken.[430] *Haas* sah die Notwendigkeit, die

---

427 *Osmond*, Die „Freie Bauernschaft" und der Separatismus: Bauernpolitik, bürgerliche Parteien und französische Besatzung in der Pfalz, in: Kreutz/Scherer (Hrsg.), Die Pfalz unter französischer Besetzung (1918/19–1930), S. 123 (128); *Gräber/Spindler*, Revolverrepublik am Rhein, S. 42; *Leszinski*, Separatismus in der Pfalz nach den beiden Weltkriegen – Ein Vergleich, S. 12.

428 *Osmond*, Die „Freie Bauernschaft" und der Separatismus: Bauernpolitik, bürgerliche Parteien und französische Besatzung in der Pfalz, in: Kreutz/Scherer (Hrsg.), Die Pfalz unter französischer Besetzung (1918/19–1930), S. 123 (128); *Gräber/Spindler*, Revolverrepublik am Rhein, S. 42; *dies.*, Die Pfalzbefreier, S. 15.

429 *Gräber/Spindler*, Revolverrepublik am Rhein, S. 42.

430 *Gräber/Spindler*, Revolverrepublik am Rhein, S. 43. S. zu den französischen Sicherheitsbestrebungen auch General *Allen*, My Rhineland Journal, S. 504; *Jolas*, Die Pfalz unter Französischer Besatzung von 1918 bis 1930, S. 126.

Pfalz vom Reich zu lösen und einen autonomen Staat zu gründen, der eine wirtschaftliche Einheit mit dem Saargebiet bilden sollte.[431] Am 1. Juni 1919 ereignete sich ein von ihm organisierter „Putsch".[432] Die Mitglieder der Freien-Pfalz-Bewegung hatten versucht, den Amtsnachfolger *von Wintersteins*[433] zu überzeugen, einer Separation zuzustimmen.[434] Nachdem dies gescheitert war, wurden *Haas* und drei weitere Separatisten von der Landauer Staatsanwaltschaft unter anderem wegen Hochverrats gemäß § 81 I Nr. 4 RStGB[435] inhaftiert. Die Franzosen bewirkten ihre Freilassung sowie die Ausweisung der beteiligten Beamten, unter anderem auch diejenige *von Wintersteins.*[436] Am Tag darauf strebten die Separatisten erneut ohne Erfolg die Proklamation der Autonomen Pfalz an. Auch von *Wintersteins* Amts-

431 *Osmond,* Die „Freie Bauernschaft" und der Separatismus: Bauernpolitik, bürgerliche Parteien und französische Besatzung in der Pfalz, in: Kreutz/Scherer (Hrsg.), Die Pfalz unter französischer Besetzung (1918/19–1930), S. 123 (129); *McDougall,* France's Rhineland Diplomacy 1914–1924, S. 71; *Gräber/Spindler,* Die Pfalzbefreier, S. 15; *dies.,* Revolverrepublik am Rhein, S. 46; *Fendler,* Die Pfalz in der Weimarer Republik, in: Geiger/Preuß/Rothenberger (Hrsg.), Pfälzische Landeskunde, S. 319 (325); *Leszinski,* Separatismus in der Pfalz nach den beiden Weltkriegen – Ein Vergleich, S. 12 f. Ob der Terminus „Putsch" in Zusammenhang mit der Haas-Aktion überhaupt angebracht ist, wird von kritischen Stimmen bezweifelt. Schließlich habe es sich nicht um einen gewaltsamen Handstreich gehandelt und für die Absicht der Handelnden, sich die Macht notfalls mit Gewalt zu verschaffen, gab es keinerlei Anhaltspunkte. Lediglich die Gegendemonstranten übten Gewalt, s. hierzu ebd. S. weiterführend zum Haas-Putsch auch *Leiling,* Speyer in den Jahren 1919–1939. Ein Tagebuch, Bd. 2, S. 27 ff., insbesondere S. 44 ff.

432 *Osmond,* Die „Freie Bauernschaft" und der Separatismus: Bauernpolitik, bürgerliche Parteien und französische Besatzung in der Pfalz, in: Kreutz/Scherer (Hrsg.), Die Pfalz unter französischer Besetzung (1918/19–1930), S. 123 (129); *Gräber/Spindler,* Die Pfalzbefreier, S. 15.

433 *Theodor von Winterstein* (21.12.1861 – 12.12.1945) war von 11918 bis 1919 Regierungspräsident der Pfalz und von 1919 bis 1921 Staatskommissar für die Pfalz bei dem Staatsministerium des Äußern, seit 1920 war er Generalstaatskommissar für Bayern rechts des Rheins und seit 1921 Regierungspräsident der Oberpfalz; vgl. *Lilla,* Winterstein, Theodor Ritter v., in: ders. (Hrsg.), Leitende Verwaltungsbeamte und (NS)-Funktionsträger in Bayern 1918 bis 1945, abrufbar unter: https://verwaltungshandbuch.bayerische-landesbibliothek-online.de/winterstein-theodor, zuletzt abgerufen am 1.11.2022.

434 *Gräber/Spindler,* Die Pfalzbefreier, S. 15; *Leszinski,* Separatismus in der Pfalz nach den beiden Weltkriegen – Ein Vergleich, S. 12.

435 S. zum Wortlaut der Norm Fn. 1576.

436 *Gräber/Spindler,* Revolverrepublik am Rhein, S. 46; *Fendler,* Die Pfalz in der Weimarer Republik, in: Geiger/Preuß/Rothenberger (Hrsg.), Pfälzische Landeskunde, S. 319 (325); *Leszinski,* Separatismus in der Pfalz nach den beiden Weltkriegen – Ein Vergleich, S. 12 f.

nachfolger *von Chlingensperg auf Berg*[437] lehnte die Freie Pfalz ab.[438] Die Separatisten wurden gewaltsam von Arbeitern vertrieben, woraufhin es in vielen Städten zu antiseparatistischen Massendemonstrationen kam[439] und *Haas* die Aktion abbrechen musste.[440]

Deren Scheitern lässt sich auf verschiedene Gründe zurückführen. Einerseits war eine Annäherung an den Erbfeind Frankreich so kurz nach dem Kriegsende für viele Pfälzer unvorstellbar[441] und insgesamt fehlte es daher an der Unterstützung in den tragenden Schichten der Bevölkerung.[442] Zudem fühlten sich die Mitglieder und Sympathisanten der pfälzischen SPD dem bayerischen sozialdemokratischen Ministerpräsidenten, *Johannes Hoffmann*, einem gebürtigen Kaiserslauterer, verpflichtet.[443] Die pfälzische Bevölkerung dürfte in Anbetracht der Tatsache, dass zu dieser Zeit ein Landeskind den wichtigsten Posten in Bayern bekleidete, stolz gewesen sein. Auch konnten sie sich sicher sein, dass pfälzische Interessen in der bayerischen Regierung gut repräsentiert wurden. Als sich die Lage nach der Verabschiedung des Versailler Vertrages und des Rheinlandabkommens entspannte, war der Bewegung die Substanz entzogen worden. Letztlich scheiterte die insgesamt eher schwache Strömung auch wegen der Aktionen der Abwehrstelle. Die gewählten Maßnahmen der Freien Pfalz-Bewegung

---

437 *Friedrich von Chlingensperg* (10.2.1860 – 13.3.1944) wurde nach der Ausweisung *von Wintersteins* Regierungspräsident der Pfalz und wurde selbst am 22.1.1923 ausgewiesen. S. hierzu und weiterführend zu seinem Leben, *Liebler*, Geschichte der Regierung von Niederbayern, S. 107 ff.

438 *Leszinski*, Separatismus in der Pfalz nach den beiden Weltkriegen – Ein Vergleich, S. 13.

439 *Osmond*, Die „Freie Bauernschaft“ und der Separatismus: Bauernpolitik, bürgerliche Parteien und französische Besatzung in der Pfalz„ in: Kreutz/Scherer (Hrsg.), Die Pfalz unter französischer Besetzung (1918/19–1930), S. 123 (129); *Leszinski*, Separatismus in der Pfalz nach den beiden Weltkriegen – Ein Vergleich, S. 13; *McDougall*, France's Rhineland Diplomacy 1914–1924, S. 71; *Gräber/Spindler*, Die Pfalzbefreier, S. 15; vgl. hierzu die zeitgenössische Fotografie, welche in Verlag und Redaktion der Pfälzischen Rundschau (Hrsg.), Dokumente aus dem Befreiungskampf der Pfalz, S. 6 abgedruckt ist. S. zum Scheitern des Putsches auch *Grünewald*, Palatina, Heimatblatt der „Pfälzer Zeitung“ und des „Rheinischen Volksblattes“ v. 4. Juni 1931.

440 *Leszinski*, Separatismus in der Pfalz nach den beiden Weltkriegen – Ein Vergleich, S. 13.

441 *Gräber/Spindler*, Revolverrepublik am Rhein, S. 50.

442 Vgl. hierzu beispielhaft die Entschließung der politischen und wirtschaftlichen Führer der Pfalz v. 18. Mai 1919, BayHStA, MA 107644.

443 *Gräber/Spindler*, Revolverrepublik am Rhein, S. 50.

waren in ihrer Gesamtschau von vorne herein wenig überlegt und zeugten von der politischen Unerfahrenheit der Akteure.[444]

Auch nach dem gescheiterten Unterfangen bestand die Freie-Pfalz-Bewegung noch fort und konnte im Sommer 1919 sogar einen sprunghaften Mitgliederanstieg verzeichnen, hatte zwei Schreibkräfte sowie drei bis vier weitere Mitarbeiter beschäftigt und gab eine Zeitung heraus. Zudem hielt sie Mitgliederversammlungen und öffentliche Veranstaltungen im Kreis Landau ab.[445] Es wurden aber auch überwiegend sozialdemokratische V-Leute in die Organisation eingeschleust, sodass manch eine Veranstaltung einen ungewollten Verlauf nahm. Nach der Annahme des Friedensvertrages am 11. November 1918, der Verabschiedung der Weimarer Verfassung am 24. August 1919 sowie der Pensionierung General *Gérards* bestand keine Möglichkeit mehr, die Freie Pfalz zu realisieren, weshalb weitere politische Aktionen größeren Ausmaßes ausblieben.[446] Insgesamt scheiterte die Freie Pfalz am vehementen Widerstand der Bevölkerung[447] und der Naivität ihrer Akteure. Es kann *Hüttenberger* nur zugestimmt werden, wenn er resümiert: „Die gesamte Aktion [...] trug die Züge eines primitiven Handstreichs ohne Rücksicht auf die politische Lage und öffentliche Meinung."[448]

De Metz, der Nachfolger General *Gérards*, geworden war, zeigte seine Absichten nicht so offensichtlich wie sein Vorgänger, sondern versuchte, diplomatischer zu handeln. Während er sich öffentlich gegen die Freie Pfalz aussprach, forcierte er insgeheim eine Separation der Pfalz vom Reich. Mit dieser Motivation trat er in diplomatische Gespräche mit Industriellen- und Landwirtschaftsvertretern sowie Politikern ein, um eine Informationsgrundlage für sein weiteres Vorgehen sowie einen ersten Einblick in die öffentliche Meinung bezüglich einer potenziellen Separation zu erhalten.[449]

444 *Gräber/Spindler*, Die Pfalzbefreier, S. 15.

445 *Gräber/Spindler*, Revolverrepublik am Rhein, S. 50; *Leszinski*, Separatismus in der Pfalz nach den beiden Weltkriegen – Ein Vergleich, S. 13.

446 *Gräber/Spindler*, Revolverrepublik am Rhein, S. 50; *Leszinski*, Separatismus in der Pfalz nach den beiden Weltkriegen – Ein Vergleich, S. 13 f.

447 *Schneider*, Stimme der Pfalz 52 (2001), 8 (8).

448 *Hüttenberger*, Blätter für deutsche Landesgeschichte 1972, 105 (106).

449 *Osmond*, Die „Freie Bauernschaft" und der Separatismus: Bauernpolitik, bürgerliche Parteien und französische Besatzung in der Pfalz, in: Kreutz/Scherer (Hrsg.), Die Pfalz unter französischer Besetzung (1918/19–1930), S. 123 (129).

2. Methode der friedlichen Durchdringung

Eine weitere Methode, um nicht erreichte Kriegsziele doch noch zu verwirklichen, war die *pénétration pacifique,* die Methode der friedlichen Durchdringung.[450] Auf diese Strategie schwenkten die Franzosen um, nachdem sie feststellten, dass die Separatisten bei der Bevölkerung auf vehementen Widerstand stießen.[451] Ausgangspunkt war die Idee der unvollkommenen deutschen Nation. Weil Deutschland im Gegensatz zu Frankreich föderalistisch strukturiert war, erschien dem westlichen, zentralistisch organisierten Nachbarn das deutsche Nationalgefühl oberflächlicher.[452] Hinzu kam, dass das Deutsche Reich im Vergleich zum französischen Staat relativ jung war und gerade erst eine Änderung der Staatsform hinter sich hatte. Auch die Sprachbarriere war nicht allzu groß, da die Franzosen in der Grenzregion aufgrund ihrer ehemaligen Zugehörigkeit zum Deutschen Reich bis zum Versailler Vertrag einen deutschen Dialekt sprachen. Außerdem wurden auch die frankophilen historischen Wurzeln, zuvörderst im Rheinland, aber auch in der Pfalz hervorgehoben, die aus französischer Sicht die Möglichkeit der Transkulturation begünstigten. Die gemeinsame kelto-romanische Abstimmung sowie die Zugehörigkeit der

---

450 *Brunn,* Französische Kulturpolitik in den Rheinlanden nach 1918 und die Wiesbadener Kunstausstellung des Jahres 1921, in: Hüttenberger/Molitor (Hrsg.), Franzosen und Deutsche am Rhein 1789–1918–1945, S. 219 (219); *Leszinski,* Separatismus in der Pfalz nach den beiden Weltkriegen – Ein Vergleich, S. 14. Dieser Begriff stammt ursprünglich aus der Epoche der französischen Besetzung Marokkos. Die Verwendung im hiesigen Kontext wird teilweise durchaus kritisch gesehen, weil im Rhein nicht wirklich von einer „friedlichen" Vorgehensweise gesprochen werden könne, da die Konfrontation voll erhalten bleibe. Vgl. hierzu *Köhler,* Französische Besatzungspolitik 1918–1923, in: Molitor/Hüttenberger (Hrsg.), Franzosen und Deutsche am Rhein 1789–1918–1945, S. 113 (122). Dennoch wird die Verwendung des im Übrigen allgemein gebräuchlichen Begriffes durchaus als zutreffend empfunden, um das Vorgehen Frankreichs zu diesem Zeitpunkt in einen Kontrast zum repressiven Vorgehen während des passiven Widerstands zu setzen. S. zur Methode der friedlichen Durchdringung auch *Reitz,* Pfälzische Presse v. 30.6.1930.

451 *Leszinski,* Separatismus in der Pfalz nach den beiden Weltkriegen – Ein Vergleich, S. 14.

452 *Brunn,* Französische Kulturpolitik in den Rheinlanden nach 1918 und die Wiesbadener Kunstausstellung des Jahres 1921, in: Hüttenberger/Molitor (Hrsg.), Franzosen und Deutsche am Rhein 1789–1918–1945, S. 219 (220). Die Franzosen erachteten das Deutsche Reich nicht als Nation, sondern aufgrund der föderalistischen Struktur lediglich als „peuples allemands". S. hierzu *Köhler,* Französische Besatzungspolitik 1918–1923, in: Molitor/Hüttenberger (Hrsg.), Franzosen und Deutsche am Rhein 1789–1918–1945, S. 113 (118).

linksrheinischen Gebiete zu Frankreich bis zum Wiener Kongress 1815 wurden als Argumente dafür ins Feld geführt, dass eine Annäherung an Frankreich durchaus denkbar sei.[453] Um eine solche zu bewirken, wollte die Besatzungsmacht der pfälzischen Bevölkerung die französische Kultur näherbringen, indem sie beispielsweise französischen Sprachunterricht anbot, kostenlose Exemplare von französischen Zeitschriften verteilte und die *Comédie Francaise*, eines der fünf französischen Nationaltheater, ein Gastspiel in Kaiserslautern abhielt.[454] Zudem wurden diverse Schulen und sogar eine Universitätsinstitut in Mainz gegründet[455] und Lebensmittel an Bedürftige verteilt.[456] Dem konnte die Abwehrstelle wenig entgegensetzen. Zwar versuchte sie die französische Besatzungsmacht durch eine Propagandaoffensive unter dem Stichwort „Die Schmach am Rhein", die sich auf die Diffamierung dunkelhäutiger französischer Soldaten aus den Kolonien konzentrierte, zu verunglimpfen,[457] was jedoch nicht gelang. Trotz aller Anstrengungen führte die „Kulturpolitik mit Samthandschuhen" allerdings nur zu geringfügigen Erfolgen.[458] Die Bindung zum Reich war stärker als die Besatzungsmacht erwartet hatte.

---

453 *Brunn,* Französische Kulturpolitik in den Rheinlanden nach 1918 und die Wiesbadener Kunstausstellung des Jahres 1921, in: Hüttenberger/Molitor (Hrsg.), Franzosen und Deutsche am Rhein 1789–1918–1945, S. 219 (220); *Fendler,* Die Pfalz in der Weimarer Republik, in: Geiger/Preuß/Rothenberger (Hrsg.), Pfälzische Landeskunde, S. 319 (325); vgl. zu den kulturellen Angeboten auch *Leszinski,* Separatismus in der Pfalz nach den beiden Weltkriegen – Ein Vergleich, S. 14.

454 *Osmond,* Die „Freie Bauernschaft" und der Separatismus: Bauernpolitik, bürgerliche Parteien und französische Besatzung in der Pfalz, in: Kreutz/Scherer (Hrsg.), Die Pfalz unter französischer Besetzung (1918/19–1930), S. 123 (129 f.); *Gräber/Spindler,* Die Pfalzbefreier, S. 16; *Gedye,* The Revolver Republic, S. 65 ff. S. als Beispiel einer solchen Zeitschrift La Revue Rhénane, Rheinische Blätter, Speyer Landesarchiv, Bibliothek F 79. Auch wurden entsprechende Bücher über die französische Kultur in deutscher Sprache gedruckt. Beispielhaft sei hier das Werk *Burguets,* Streifzüge durch die Französische Kultur. Band 1, Teil 1, genannt.

455 *Hüttenberger,* Blätter für deutsche Landesgeschichte 1972, 105 (109).

456 *Hüttenberger,* Blätter für deutsche Landesgeschichte 1972, 105 (109).

457 *Gräber/Spindler,* Die Pfalzbefreier, S. 16.

458 *Sieber,* Heimatkalender für das Pirmasenser und Zweibrücker Land 2006, 225 (226).

II. Die Autonomiebestrebungen im Jahr 1923

1. Die Entwicklung bis zum Oktober 1923

Ab dem Höhepunkt des passiven Widerstands kam es sowohl in der Pfalz als auch im Rheinland zu einer Neuformierung der separatistischen Bewegung,[459] welche die französische Besatzungsmacht nun entschiedener unterstützen wollte, als sie es bei der Freien-Pfalz-Bewegung getan hatte.[460] Allerdings erhielten die französischen Machthaber vor Ort keine klaren Direktiven, sondern es stand in ihrem Belieben, wie weit sie bei dieser Unterstützung gehen wollten, wodurch eine Konkurrenzsituation entstand.[461]

Am 27. Juli 1923 fand in Kaiserslautern eine separatistische Versammlung statt, zu welcher *Eugen Nickles* geladen hatte. Es ist äußerst wahrscheinlich, dass es bei diesem Anlass zur Gründung einer der Dorten-Bewegung nahestehenden separatistischen Ortsgruppe kam.[462] Die Resonanz der Bevölkerung auf die separatistische Propagandatätigkeit wurde als positiv empfunden. Dies wurde auf die Nähe zum Saarland zurückgeführt, wo aufgrund des Franken Währungsstabilität herrschte. So sah die pfälzische Bevölkerung durch den Separatismus die Möglichkeit der Annäherung an Frankreich und der Einführung der französischen Währung, was die wirtschaftlichen Verhältnisse in der Pfalz stark verbessert hätte. Kritische Beobachter sahen das Ziel der Separatisten in der Schaffung eines autonomen linksrheinischen Staates, welche neben der Pfalz auch das Rheinland, das Saargebiet und Luxemburg, unter Umständen sogar das Elsass umfassen solle. Alternativ sollen die Separatisten auch die Möglichkeit einer Rückkehr zum Reich in den Raum gestellt haben, sobald die Verhältnisse in diesem wieder besser wären.[463]

Im August 1923 reiste der Wiesbadener Separatistenführer *Dorten* in die Pfalz, wo er nach regionalen Anhängern für einen separatistischen

459 *Gembries,* Die Pfalz und Bayern in der Weimarer Zeit, in: Fenske (Hrsg.), Die Pfalz und Bayern 1816 – 1956, S. 189 (202).

460 *Gembries,* Die Pfalz und Bayern in der Weimarer Zeit, in: Fenske (Hrsg.), Die Pfalz und Bayern 1816 – 1956, S. 189 (202).

461 *Gembries,* Die Pfalz und Bayern in der Weimarer Zeit, in: Fenske (Hrsg.), Die Pfalz und Bayern 1816 – 1956, S. 189 (202).

462 *Schwarz,* Der Separatismus in der Pfalz nach dem 1. Weltkrieg, S. 257; *Scherer,* Kaiserslautern – Bürger, Besatzer und Separatisten, in: Kreutz/ders. (Hrsg.), Die Pfalz unter französischer Besatzung (1918/19–1930), S. 349 (382).

463 *Schwarz,* Der Separatismus in der Pfalz nach dem 1. Weltkrieg, S. 257.

Umbruch suchte. Er zielte primär auf bürgerliche Kreise ab, da er sich des Rückhalts der Bauern durch die Unterstützung des Gesamtvorsitzenden der Freien Bauernschaft, *Franz Josef Heinz*,[464] sicher sein konnte. Die Freie Bauernschaft vertrat aber nur die Interessen eines Bruchteils der Bevölkerung. Insofern war vorhersehbar, dass es *Heinz* nicht schaffen würde, die gesamte pfälzische Bevölkerung hinter seiner Autonomen Regierung zu vereinen.[465]

Der Kontakt zum Bürgertum sollte daher über ehemalige Mitglieder der Freien Pfalz hergestellt werden.[466] Er erfolgte hauptsächlich zu Angehörigen des bürgerlichen Milieus, die schon vor den Gesprächen dem Separatismus zugeneigt waren. Im Besonderen erhoffte sich der Separatistenführer das Wiederauffrischen alter Kanäle aus Zeiten der Freien-Pfalz-Bewegung und sprach deshalb bevorzugt mit solchen Bürgern, die der Zentrumspartei nahe standen.[467] Die Reise *Dortens* erstreckte sich über die gesamte Pfalz, wobei er einen Großteil seiner Zeit in der Vorderpfalz im Delta zwischen Landau, Speyer und Neustadt a. d. W. verbrachte, da dort die größte Bevölkerungsdichte herrschte und die Menschen wirtschaftlich stärker gestellt waren als in der übrigen Pfalz.[468] Ende des Monats rief der Separatistenführer ein Propagandabüro in Neustadt an der Haardt ins Leben, mit dessen Hilfe er das Netzwerk von Sympathisanten koordinierte.[469] Wenngleich das Handeln zu diesem Zeitpunkt bereits von der bayerischen Abwehrstelle zur Kenntnis genommen wurde, sah man noch keinen akuten Handlungsbedarf. So empfahl *Knoch*[470] dem Staatskommissar in München, nichts gegen die Separatisten zu unternehmen, da sich diese ohnehin

---

464 S. zu seiner Person im Speziellen S. 85 ff.

465 Erklärung des Bellheimer Bürgermeisters *Sauer* an Generalkonsul *Clive* v. 30.7.1929, LA Speyer R12/728.

466 *Schwarz,* Der Separatismus in der Pfalz nach dem 1. Weltkrieg, S. 253; *Leszinski,* Separatismus in der Pfalz nach den beiden Weltkriegen – Ein Vergleich, S. 30; *Gräber/Spindler,* Revolverrepublik am Rhein, S. 578.

467 *Schwarz,* Der Separatismus in der Pfalz nach dem 1. Weltkrieg, S. 253; *Gräber/Spindler,* Revolverrepublik am Rhein, 576 f.

468 *Schwarz,* Der Separatismus in der Pfalz nach dem 1. Weltkrieg, S. 253.

469 *Schwarz,* Der Separatismus in der Pfalz nach dem 1. Weltkrieg, S. 253; *Hüttenberger,* Blätter für deutsche Landesgeschichte 1972, 105 (116).

470 *Sigmund Knoch* (1881–1945) war promovierter Jurist und politischer Referent der Kreisregierung in Speyer. S. zu seinem Leben *Lilla,* Knoch, Sigmund, in: ders. (Hrsg.), Staatsminister, leitende Verwaltungsbeamte und (NS)-Funktionsträger in Bayern 1918 bis 1945, abrufbar unter: https://verwaltungshandbuch.bayerische-landesbibliothek-online.de/knoch-sigmund, zuletzt abgerufen am 1.11.2022.

in „ihrer Jämmerlichkeit und nichtswürdigen Erbärmlichkeit“ offenbaren würden. Nichtsdestoweniger sah er auch die Gefahr, dass die Separatisten aufgrund der zunehmenden Verelendung der Bevölkerung raschen Zulauf finden könnten.[471] Nach seiner Ansicht lag die Verantwortlichkeit aber primär bei den Parteien, weswegen er sie zum Tätigwerden aufforderte, woraufhin diese in parteinahen Zeitungen antiseparatistische Aufrufe publizierten.[472] Die Presse berichtete zusätzlich aus eigenem Antrieb von der Reise, wobei die pejorative Haltung deutlich artikuliert wurde. Um den Separatisten nicht in die Hände zu spielen, wurden neben dem groben Verlauf der Reiseroute keine weiteren Angaben über die einzelnen Reiseziele gemacht.[473] Die französische Besatzungsmacht stand der Dorten-Bewegung trotz der für sie positiven Zielsetzung kritisch gegenüber. Sie sah sie noch in ihrer Anfangsphase und bemängelte die politische Qualifikation und Befähigung der federführenden Akteure und den fehlenden Rückhalt der Bewegung in gewerkschaftlichen und politischen Kreisen.[474]

2. Entwicklung im Oktober 1923

a. Generelle Entwicklung

aa. Anstieg der Zahl der Separatisten

Im Oktober stieg die Zahl der Separatisten im Rahmen eines Organisationsschubes rapide an. Flächendeckend kam es zur Bildung von Ortsgruppen und der Separatismus in der Pfalz erhielt „klassischen Bewegungscharakter“.[475]

---

471 Bericht *Knochs* an *Wappes* v. 20. August 1923, LA Speyer R 12/306.

472 *Schwarz,* Der Separatismus in der Pfalz nach dem 1. Weltkrieg, S. 254; *Gräber/Spindler*, Revolverrepublik am Rhein, S. 573 f. S. z. B. Neue Pfälzische Landeszeitung vom 8.9.1923.

473 *Schwarz,* Der Separatismus in der Pfalz nach dem 1. Weltkrieg, S. 253 *Gräber/Spindler,* Revolverrepublik am Rhein, S. 574.; vgl. beispielsweise Pfälzische Presse v. 25.8.1923, Neue Pfälzische Landeszeitung v. 31.8.1923.

474 *Schwarz,* Der Separatismus in der Pfalz nach dem 1. Weltkrieg, S. 254; *Gräber/Spindler,* Revolverrepublik am Rhein, 576.

475 *Gräber/Spindler,* Revolverrepublik am Rhein, S. 611 und 593 ff.; *Leszinski,* Separatismus in der Pfalz nach den beiden Weltkriegen – Ein Vergleich, S. 30; *Schwarz,* Der Separatismus in der Pfalz nach dem 1. Weltkrieg, S. 257.

Dies mag unter anderem damit erklärbar sein, dass sich *Franz Josef Heinz*, eine gesellschaftlich geschätzte regionale Persönlichkeit, nun langsam als Kopf der Bewegung etablierte.[476] Parallel zu dieser Entwicklung verstärkten die Separatisten im Oktober auch ihre Werbetätigkeit im Kaiserslauterer Raum, wozu ein stadteigenes Anwerbebüro eingerichtet wurde, welches der Bildhauer *Karl Gern* leitete. Teilweise wurden auch schon zum damaligen Zeitpunkt Bürger, primär Mitglieder der Eisenbahn, unter Drohungen gezwungen, sich den Separatisten anzuschließen.[477]

Auch in Speyer war Ende Oktober bis Anfang November ein vergleichbarer Zulauf zu verzeichnen. Besonders hervorzuheben ist, dass es sich nicht um klandestine Treffen handelte, sondern diese öffentlich im Hotel Gambrinus abgehalten wurden. Dem Ort kam als ehemaliger Treffpunkt der Freien Pfalz auch symbolische Bedeutung zu.[478]

Ein weiterer separatistischer Knotenpunkt war Schifferstadt. Protagonisten der Bewegung waren hier der Arzt *Dr. Noel*, der Regiebahnangestellte *Otto Mayer* sowie der Weinhändler *Georg May*.[479] Diese Anführer sammelten ab August 1923 Unterschriften für die Gründung eines autonomen Staates. Um diese zu erlangen, wurden die Bürger teils unter Androhung von Repressalien massiv unter Druck gesetzt. Nebstdem wird von Historikern in Erwägung gezogen, dass die Unterschriften durch Täuschung zustande gekommen seien. So wird beispielsweise die Möglichkeit erwogen, dass vorgegeben wurde, dass die Liste lediglich dazu diene, eine Volksabstimmung über die staatsrechtliche Zukunft der Pfalz herbeizuführen.[480]

---

476 *Schwarz,* Der Separatismus in der Pfalz nach dem 1. Weltkrieg, S. 262; *Gräber/Spindler,* Revolverrepublik am Rhein, 618 f.

477 *Schwarz,* Der Separatismus in der Pfalz nach dem 1. Weltkrieg, S. 258 (260); *Scherer,* Kaiserslautern – Bürger, Besatzer und Separatisten, in: Kreutz/ders. (Hrsg.), Die Pfalz unter französischer Besatzung (1918/19–1930), S. 349 (384 f).

478 *Schwarz,* Der Separatismus in der Pfalz nach dem 1. Weltkrieg, S. 259; *Gräber/Spindler,* Revolverrepublik am Rhein, S. 599 ff.

479 S. zu seiner Person S. 144 f.

480 *Schwarz,* Der Separatismus in der Pfalz nach dem 1. Weltkrieg, S. 258 f. Ein weiterer Augenzeuge berichtet, die Unterschriften seien unter dem Vorwand, dass die Freie Bauernschaft sie für die Kartoffelabgabe benötige, erwirkt worden. S. hierzu *Grogro,* Nordpfälzer Geschichtsverein 70 (1990) 21 (21); *Gräber/Spindler,* Revolverrepublik am Rhein, S. 609 konstatieren zurecht, dass die Unterzeichner im Falle einer vorgeschobenen Volksabstimmung dennoch ihre Sympathie für die separatistische Idee ausdrückten, auch wenn sie nicht von einer gewaltsamen Umsetzung ausgingen. Dazu, dass fast kein Unterzeichner zu einer gewaltsamen Umsetzung bereit war *Spindler,* Einer fiel aus dem Separatistennest, in: Kukatzki (Hrsg.) Schifferstadt. Geschichte und Geschichten, S. 215 (218).

Ab Oktober 1923 kam es zu einer Radikalisierung und *Meyer* warb gemeinsam mit *May* öffentlich für einen gewaltsamen Putsch.[481]

bb. Währungsfrage

Schon früh versuchte Frankreich eine Annäherung an die Pfalz durch die Schaffung einer eigenen Währung zu erreichen und die bestehende wirtschaftliche Not für seine Zwecke zu instrumentalisieren. Zu Zeiten des Ruhrkampfes besetzten die Franzosen zeitweise die Reichsbankstellen, wodurch der Geldverkehr vorübergehend unterbunden wurde[482] und auch das Notgeld verschiedener Druckereien, also Urkunden, durch die sich der Aussteller dazu bereiterklärte, die Scheine in reguläre Reichsmark umzuwechseln, sobald ein günstiger Zeitpunkt gekommen war, wurde beschlagnahmt.[483] Auch die Reichsgelder für Erwerbslose und die Arbeitslöhne wurden teilweise konfisziert. Nachdem am 1. Juni 1923 im Saarland der Franken als Währungsmittel eingeführt wurde, sollte durch diese Praktiken Druck auf die Pfalz ausgeübt werden.[484] *De Metz* forcierte darüber hinausgehend seit Mitte Oktober die Schaffung einer eigenen Währung.[485] Am 19. Oktober 1923 kam es im Kreisausschuss der Pfalz zu einer Sitzung, die sich mit der Währungspolitik beschäftigte. Bei dieser wurde ein Antrag von *Franz Josef Heinz* verlesen, den Franken als offizielle Währung einzuführen. Diesbezüglich verweigerte der Kreisausschuss allerdings eine Stellungnahme.[486]

---

481 *Gräber/Spindler,* Die Pfalzbefreier, S. 22.

482 *Jolas,* Die Pfalz unter Französischer Besatzung von 1918 bis 1930, S. 127; *Aretin,* Süddeutsche Monatshefte, Januar 1925, 34.

483 *Jolas,* Die Pfalz unter Französischer Besatzung von 1918 bis 1930, S. 152; *Gräber/Spindler,* Revolverrepublik am Rhein, S. 174.

484 *Grimm,* Frankreich am Rhein. Rheinlandbesetzung und Separatismus im Lichte der historischen französischen Rheinlandpolitik, S. 113 f.

485 *Grimm,* Frankreich am Rhein. Rheinlandbesetzung und Separatismus im Lichte der historischen französischen Rheinlandpolitik, S. 114.

486 *Jolas,* Die Pfalz unter Französischer Besatzung von 1918 bis 1930, S. 158.

b. Die Hoffmann-Aktion

Ein weiterer Meilenstein auf dem Weg hin zum Separatismus war die so genannte Hoffmann-Aktion. Der gebürtige Kaiserslauterer Sozialdemokrat *Johannes Hoffmann*, der nach der Ermordung *Kurt Eisners*[487] bayerischer Ministerpräsident gewesen war,[488] sah sich im Oktober 1923 ebenfalls zum Handeln herausgefordert. Auch wenn er früh begann, die Versammlungen der Demokratischen Volkspartei zu besuchen, wo er sich mit der antipreußischen Haltung des linksliberalen *Ludwig Quiddes*[489] beschäftige und er aufgrund dessen und wegen seiner Einstufung als Nichtgeeignet für den Wehrdienst im Jahre 1890 eine antimilitaristische Haltung einnahm,[490] war er grundsätzlich kein Gegner des Reiches unter der Hegemonie des militärisch geprägten Preußens oder der Zugehörigkeit der Pfalz zu Bayern. Schon in seiner Antrittsrede als bayerischer Ministerpräsident im Jahre 1919 legte er einen besonderen Fokus auf die besetzte Pfalz und bekannte sich in Anbetracht der Entwicklungen bezüglich der Freien-Pfalz-Bewegung zu einer zu Bayern und dem Reich gehörigen Pfalz.[491] Die politische Haltung *Hoffmanns* war gemäßigt. Er verwehrte sich sowohl dem Links- als auch dem Rechtsradikalismus. Das Rätesystem lehnte er daher ab und war

---

487 Am 21.2.1919 wurde der bayerische Ministerpräsident durch den 22-jährigen Infanterieleutnant und Jurastudenten Anton Graf *Arco auf Valley* erschossen. S. hierzu weiterführend *Ullrich*, Die Zeit v. 19.2.2009.

488 *Hennig*, Johannes Hoffmann (1867–1930) – Vom Volksschullehrer zum Ministerpräsidenten, in: Geis/Nestler (Hrsg.), Die pfälzische Sozialdemokratie, Beiträge zu ihrer Geschichte von den Anfängen bis 1948/1949, S. 351 und 363 f. S. zu seiner Rolle als Ministerpräsident weiterführend *Hennig*, Johannes Hoffmann, Sozialdemokrat und Bayerischer Ministerpräsident, S. 217 ff.

489 *Ludwig Quidde* (1858–1941) war ein deutscher Historiker, Pazifist, Politiker und Friedensnobelpreisträger. S. zu seinem Leben weiterführend *Holl*, Ludwig Quidde, in: Neue deutsche Biographie, abrufbar unter: https://www.deutsche-biographie.de/sfz103989.html#ndbcontent, zuletzt abgerufen am 1.11.2022.

490 *Hennig*, Johannes Hoffmann (1867–1930) – Vom Volksschullehrer zum Ministerpräsidenten, in: Geis/Nestler (Hrsg.), Die pfälzische Sozialdemokratie, Beiträge zu ihrer Geschichte von den Anfängen bis 1948/1949, S. 351 ff.

491 *Hennig*, Johannes Hoffmann (1867–1930) – Vom Volksschullehrer zum Ministerpräsidenten, in: Geis/Nestler (Hrsg.), Die pfälzische Sozialdemokratie, Beiträge zu ihrer Geschichte von den Anfängen bis 1948/1949, S. 364 f.; Bayerischer Landtag, Stenographischer Bericht der Sitzungsperiode 1919–1920, Bd. 1, S. 17. Protestkundgebung des Ministerpräsidenten *Hoffmann*, Bayerischer Landtag, Stenographischer Bericht der Sitzungsperiode 1919–1920, Bd. 1, S. 86.

ein strikter Verfechter der parlamentarischen Idee.[492] Unitarische ziele verfolgend, wollte er Bayern bei der Neugestaltung Deutschlands keine Sonderrolle zugestehen.[493] Seine Treue zu Bayern und dem Reich trat auch in der unter seiner Federführung geschaffenen Bamberger Verfassung[494] zutage, die von einer bewussten Unterordnung unter die Weimarer Verfassung geprägt wird. Schon Art. 1 S. 1 der Verfassungsurkunde macht deutlich, dass Bayern Mitglied des deutschen Reiches ist. Besonders zu erwähnen ist die Unterordnung der bayerischen Truppen unter den Befehl der Wehrmacht gemäß Art. 87 der Bayerischen Verfassung. Auch nach einer Pfalzreise im März 1920 sprach sich *Hoffmann* klar gegen den Separatismus aus.[495]

Im Zuge der Geschehnisse um den Kapp-Lüttwitz-Putsch in Berlin musste er jedoch feststellen, dass die Macht des Militärs in Bayern immer weiter zugenommen hatte und ihm in seiner eigenen Regierung der Rückhalt fehlte. Aufgrund dessen zog er sich aus der Landespolitik zurück, war jedoch weiterhin im Reichstag aktiv. Er begab sich zu dieser Zeit auch wieder in die Pfalz.[496]

Vor diesem Hintergrund kam es im Oktober 1923 zu einem Ereignis, welches als „Hoffmann-Aktion" in die Geschichte eingehen sollte, bei welchem der Sozialdemokrat versuchte, die Pfalz von Bayern zu lösen und als autonome Pfalz „im Rahmen des Reiches" zu etablieren.[497] Am 20. Oktober

---

492 *Hennig*, Johannes Hoffmann (1867–1930) – Vom Volksschullehrer zum Ministerpräsidenten, in: Geis/Nestler (Hrsg.), Die pfälzische Sozialdemokratie, Beiträge zu ihrer Geschichte von den Anfängen bis 1948/1949, S. 365; Bayerischer Landtag, Stenographischer Bericht der Sitzungsperiode 1919–1920, Bd. 1, S. 17.

493 *Fendler*, Die Pfalz in der Weimarer Republik, in: Geiger/Preuß/Rothenberger (Hrsg.), Pfälzische Landeskunde, S. 319 (321).

494 Vorläufiges Staatsgrundgesetz des Freistaates Bayern, Gesetz- und Verordnungsblatt für den Volksstaat Bayern, v. 2.4.1919, S. 24 ff.

495 *Hennig*, Johannes Hoffmann (1867–1930) – Vom Volksschullehrer zum Ministerpräsidenten, in: Geis/Nestler (Hrsg.), Die pfälzische Sozialdemokratie, Beiträge zu ihrer Geschichte von den Anfängen bis 1948/1949, S. 368 f.

496 *Hennig*, Johannes Hoffmann (1867–1930) – Vom Volksschullehrer zum Ministerpräsidenten, in: Geis/Nestler (Hrsg.), Die pfälzische Sozialdemokratie. Beiträge zu ihrer Geschichte von den Anfängen bis 1948/1949, S. 370.

497 *Hennig*, Johannes Hoffmann (1867–1930) – Vom Volksschullehrer zum Ministerpräsidenten, in: Geis/Nestler (Hrsg.), Die pfälzische Sozialdemokratie. Beiträge zu ihrer Geschichte von den Anfängen bis 1948/1949, S. 370. *Hoffmann* war durchaus nicht der einzige Politiker, der eine solche Autonomie von Bayern in Erwägung zog. Auch der DDP-Politiker *Dr. Friedrich Rasching* hatte ähnliche Ideen, vgl. hierzu *Moersch*, Erinnerungen an die Separatistenzeit in der Pfalz. Ein Lehrstück aus der Weimarer Republik, in: Jäger/Mühleisen/Veen (Hrsg.), Republik und Dritte Welt. Festschrift für Dieter Oberndörfer zum 65. Geburtstag, S. 243 (244); *Fendler*, Die

1923 traf *Hoffmann* sich mit *de Metz* und mit dem Sozialdemokraten *Paul Kleefoot*[498], dem zweiten Bürgermeister der Stadt Ludwigshafen. Bei diesem Treffen ging es von französischer Seite aus um eine Währungsreform mit dem Ziel einer eigenständigen Währung für die Pfalz, um der Inflation entgegenzuwirken. Den von *de Metz* gemachten Vorschlag lehnten die deutschen Politiker allerdings ab, da sie eine eigenständige Währung für eine so kleine Region wie die Pfalz nicht für sinnvoll erachteten.[499]

Zwei Tage darauf traf sich der erweiterte Bezirksvorstand der SPD in Ludwigshafen. Dort besprach man, dass aufgrund der Ausrufung des Notstandes in Bayern und der dadurch entstandenen de-facto Diktatur *v. Kahrs* ein Exempel statuiert werden müsse. Überdies sah man die Notwendigkeit, einem drohenden separatistischen Umsturz zuvorzukommen. Aufgrund dessen sei die Gründung eines pfälzischen Staates im Reichsverband unumgänglich, was gleichzeitig eine Loslösung von Bayern bedeuten würde. Dafür wurde es mehrheitlich für nötig gehalten, sich vorher mit der französischen Besatzungsmacht zu verständigen, da nicht sicher war, ob die HIRK dieser Politik zustimmen würde. *Hoffman* selbst war gegen eine solche Verständigung. Eine vollständige Loslösung der Pfalz vom Reich wurde thematisiert, allerdings einstimmig abgelehnt. Aufgrund der Dringlichkeit des Unterfangens wegen des drohenden separatistischen Umschwungs wurde die Reichsregierung erst im Nachhinein informiert.[500] Dies bedeutete einen Verstoß gegen Art. 18 S. 2 WRV, wonach für innerdeutsche Gebietsreformen ein Reichsgesetz nötig war.[501] Am darauffolgenden Tag, dem 23. Oktober 1923, fuhren *Hoffmann, Kleefoot* und der Ludwigshafener Rechtsanwalt *Friedrich Wilhelm Wagner*[502] nach Speyer zu General *de Metz*, um ihn von dem Plan zu unterrichten. Obschon dieser grundsätzlich wohl-

---

Pfalz in der Weimarer Republik, in: Geiger/Preuß/Rothenberger (Hrsg.), Pfälzische Landeskunde, S. 319 (330).

498 *Paul Kleefoot* (14.2.1870–25.4.1938) war Sozialdemokrat und von 1919 bis 1920 Mitglied des Bayerischen Landtages. S. hierzu https://www.hdbg.de/parlament/content/persDetail.php?id=1098, zuletzt abgerufen am 1.11.2022.

499 *Schaupp,* Das Verhältnis der Sozialdemokraten zum Separatismus in der Pfalz von 1919–1923, S. 79.

500 *Schaupp,* Das Verhältnis der Sozialdemokraten zum Separatismus in der Pfalz von 1919–1923, S. 79 f. S. zum Verfassungsbruch auch *Leszinski,* Separatismus in der Pfalz nach den beiden Weltkriegen – Ein Vergleich, S. 28; *Lutteroth,* Spiegel v. 25.9.2013.

501 *Schaupp,* Das Verhältnis der Sozialdemokraten zum Separatismus in der Pfalz von 1919–1923, S. 98.

502 *Friedrich-Wilhelm Wagner* (28.2.1894 – 17.3.1971), war Rechtsanwalt und sozialdemokratischer Politiker, seit 1930 war er Mitglied des Reichstages, S. hierzu Eintrag

wollend war, konnte er bezüglich einer Genehmigung der Rheinland-Kommission noch keine definitive Antwort geben. Bei einem weiteren Treffen der Beteiligten schlug er vor, auf den Zusatz „im Rahmen des Reiches“ zu verzichten, was ein vollständiges Ausscheiden aus dem Reichsverband zur Folge gehabt hätte. Dies wurde allerdings von den deutschen Politikern abgelehnt. *De Metz* forderte von den SPD-Politikern weiterhin die Kontaktaufnahme mit den bürgerlichen Parteien, allen voran *Michael Bayerdörfer*[503], um den Plan zu besprechen. Der BVP-Politiker teilte die Ansicht der Sozialdemokraten indessen nicht, da er einen Bruch zwischen Bayern und dem Reich befürchtete und die separatistische Gefahr als nicht allzu gravierend bewertete.[504] Zwischenzeitlich hatte *de Metz* mit *Tirard* Rücksprache gehalten. Dieser ordnete an, dass eine Pfalz „im Rahmen des Reiches“ nicht akzeptiert würde. Daraufhin schlug *de Metz* erneut vor, den Zusatz zu streichen, auf welchen die Sozialdemokraten aber auch weiterhin insistierten. Am 22. Oktober verlas *Major Louis*, der Vertreter der Kreisdelegierten, ohne Rücksprache mit *Hoffmann* eine Erklärung zur Staatsgründung, bei der der umstrittene Passus nicht enthalten war. Stattdessen enthielt die Erklärung eine Verpflichtung der Pfalz, weiterhin Reparationen zu leisten und die sicherheitspolitischen Interessen Frankreichs zu wahren.[505] Eine Anhörung *Hoffmanns* zur Thematik wurde abgelehnt. Stattdessen erklärte *Bayersdörfer*, dass sich der Kreistag nicht für zuständig halte und dass die

---

zu seiner Person, in: Reichstags-Bureau (Hrsg.), Reichstagshandbuch, VI. Wahlperiode 1932, S. 248.

503 *Michael Bayersdörfer* (10.7.1867 – 20.3.1940) war ein deutscher Arzt und Politiker. Ursprünglich war er Zentrumspolitiker und wechselte dann nach der Gründung der BVP zu dieser und wurde Vorsitzender für die Pfalz. Seit Beginn des Jahres 1920 war er stellvertretender Vorsitzender des pfälzischen Kreistages. Seit 1924 saß er im Reichstag. S. hierzu *Jung*, Bayersdörfer, Michael, in: Historische Kommission bei der bayerischen Akademie der Wissenschaften (Hrsg.), Neue Deutsche Biographie Bd. 1, S. 679 f.

504 *Schaupp*, Das Verhältnis der Sozialdemokraten zum Separatismus in der Pfalz von 1919–1923, S. 80 f.; *Leszinski*, Separatismus in der Pfalz nach den beiden Weltkriegen – Ein Vergleich, S. 50. Diese ablehnende Haltung zog sich durch sämtliche bürgerliche Parteien und war auch bei der DVP und DDP zu verzeichnen. Vgl. hierzu *Leszinski*, Separatismus in der Pfalz nach den beiden Weltkriegen – Ein Vergleich, S. 50 f.; *Zerfass*, Die Pfalz unter französischer Besatzung von 1918 bis 1930, S. 158 f. Auch die KPD verfolgte in Bezug auf den Separatismus einen unitarisch-nationalistischen Kurs, hierzu *Leszinski*, Separatismus in der Pfalz nach den beiden Weltkriegen – Ein Vergleich, S. 51.

505 *Schaupp*, Das Verhältnis der Sozialdemokraten zum Separatismus in der Pfalz von 1919–1923, S. 81.

Reichsregierung und der Bayerische Landtag gegen die Separation der Pfalz seien.[506] Durch den Wunsch, auf den Passus im Rahmen des Reichs zu verzichten, hatte Frankreich den Bogen überspannt,[507] was letztlich zum Scheitern der Aktion führte.

Am 24. Oktober 1923 kam es zu einer Notabeln-Versammlung. Bei dieser wollte *de Metz* primär die Einführung einer neuen Währung diskutieren, für welche Frankreich ein Drittel der erforderlichen Sicherheiten gewähren sollte.[508] Die pfälzische Politiker waren einverstanden und wollten die Verpflichtungserklärung unter der Bedingung unterschreiben, dass die Reichsregierung eine Einwilligungserklärung abgab.[509] Daraufhin wurde die Staatsgründung nochmals angesprochen. Schon zum damaligen Zeitpunkt wurde dieser Versuch von den meisten als gescheitert erachtet. *De Metz* ruderte daher zurück und erklärte, dass es sich bei der zuvor gewählten Modalität um ein Missverständnis handele, dessen Folgen er gerne rückgängig machen würde.[510] Er zeigte sich nunmehr bezüglich des Zusatzes „im Rahmen des Reiches" kompromissbereit. Nachdem der SPD-Politiker *Karl Fischer* sich zunächst positiv zu einer Staatsgründung unter diesem Titel äußerte, wurde *Hoffmann* hinzugeholt, welcher eine „fanatische" Rede hielt. Bei der anschließenden Abstimmung ließ sich keine Mehrheit für eine Separation der Pfalz von Bayern unter den neuen Bedingungen finden. Darüber war *de Metz* verärgert und forderte *Bayersdörfer* auf, seinen Platz für *Hoffmann*, den neuen Präsidenten der Pfalz, zu räumen, da die alte Regierung abgesetzt sei. Dieser fügte sich jedoch nicht.[511]

---

506 *Schaupp,* Das Verhältnis der Sozialdemokraten zum Separatismus in der Pfalz von 1919–1923, S. 81; *Leszinski,* Separatismus in der Pfalz nach den beiden Weltkriegen – Ein Vergleich, S. 15.

507 *Gräber,* Die schöne Literatur und die hässliche Geschichte. Die Darstellung des pfälzischen Separatismus nach dem 1. Weltkrieg in der zeitgenössischen Belletristik, in: Nestler/Schaupp (Hrsg.), Zwischen Revolution und Demokratie. Studien zur Geschichte der Pfalz vom späten 18. bis Mitte des 20. Jahrhunderts, S. 173 (176).

508 *Schaupp,* Das Verhältnis der Sozialdemokraten zum Separatismus in der Pfalz von 1919–1923, S. 109; *Gräber/Spindler,* Revolverrepublik am Rhein, S. 478.

509 *Schaupp,* Das Verhältnis der Sozialdemokraten zum Separatismus in der Pfalz von 1919–1923, S. 110; *Gräber/Spindler,* Revolverrepublik am Rhein, S. 479.

510 *Schaupp,* Das Verhältnis der Sozialdemokraten zum Separatismus in der Pfalz von 1919–1923, S. 111; *Leszinski,* Separatismus in der Pfalz nach den beiden Weltkriegen – Ein Vergleich, S. 52; *Gräber/Spindler,* Revolverrepublik am Rhein, S. 479 f.

511 *Schaupp,* Das Verhältnis der Sozialdemokraten zum Separatismus in der Pfalz von 1919–1923, S. 111; *Gräber/Spindler,* Revolverrepublik am Rhein, S. 480 f. Hierzu gibt es auch Berichte, aus denen hervorgeht, dass die SPD daraufhin betonte, dass sie an ihrem Antrag auf Gründung einer autonomen Pfalz auch ohne die Unterstützung

Während die anderen SPD-Politiker die politischen Ziele daraufhin verwarfen, was sie offiziell am 26. Oktober 1923 bekanntgaben,[512] versuchte *Hoffmann* weiterhin, eine Pfalz im Rahmen des Reiches zu etablieren. Aufgrund dessen besuchte er am 25. Oktober zusammen mit *de Metz Tirard* in Koblenz. Die Lage hatte sich für die Franzosen allerdings dadurch verändert, dass im Rheinland viele Gebiete durch Separatisten besetzt wurden. Wenn nun auch die Pfalz durch Separatisten vom Reich gelöst werden würde, worauf Frankreich spekulierte, war der umständlichere Weg über eine parlamentarisch legitimierte Sezession nicht mehr nötig. Aufgrund dessen war die Reaktion *Tirards* eher verhalten. So erklärte er, dass sich die Pfalz für einen autonomen Staat aufgrund ihrer Größe nicht anböte und dass diese in eine Rheinische Republik integriert werden müsse. Nach diesem von französischer Seite ablehnenden Gespräch gab *Hoffmann* seine politischen Ziele auf.[513] Grund für die ablehnende Haltung *Tirards* war auch, dass Frankreich an einer zwar von Bayern losgelösten, aber im Reich verbleibenden Pfalz kein Interesse hatte, weil diese nach Meinung der Franzosen nur die Reichstreue der Pfalz zur Schau gestellt und die Stellung *Stresemanns* gestärkt hätte.[514] Tags darauf brach *Hoffmann* die Aktion ab. Daraufhin fragte *de Metz* im Kreistag, ob es keinen anderen Politiker gäbe, welcher die Aktion fortführen wolle, ohne dass sich dazu jemand bereit erklärte, weswegen er die Aktion ebenfalls als beendet empfand[515] und frustriert drohte, dass er alle Teufel der Welt auf die Pfalz loslassen würde.[516]

---

der bürgerlichen Parteien festhalten werde, woraufhin die Vertreter ebendieser Parteien um eine zweitägige Bedenkzeit baten. S. hierzu *Schaupp,* Das Verhältnis der Sozialdemokraten zum Separatismus in der Pfalz von 1919–1923, S. 111.

512 *Schaupp,* Das Verhältnis der Sozialdemokraten zum Separatismus in der Pfalz von 1919–1923, S. 109.

513 *Schaupp,* Das Verhältnis der Sozialdemokraten zum Separatismus in der Pfalz von 1919- 1923, S. 81 f.

514 *Schaupp,* Das Verhältnis der Sozialdemokraten zum Separatismus in der Pfalz von 1919–1923, S. 112 f.

515 *Schaupp,* Das Verhältnis der Sozialdemokraten zum Separatismus in der Pfalz von 1919–1923, S. 82.

516 *Gembries,* Die Pfalz und Bayern in der Weimarer Zeit, in: Fenske (Hrsg.), Die Pfalz und Bayern 1816 – 1956, S. 189 (202). In diese Richtung auch *Jacob,* Das Ende des Separatismus in Deutschland. Dargestellt am Abwehrkampf der deutschen Publizistik in der Pfalz und an der Saar 1919 bis 1935, S. 19. Eine ähnliche Wendung findet sich auch in: Haupthilfsstelle für die Pfalz (Hrsg.), Urkundenmaterial über die Unterstützung der Pfälzer Separatistenbewegung durch die französischen Militär- und Zivilbehörden, Heft 1, S. 2.

Hoffmann erklärt später in einem Zeitungsartikel, dass der Konflikt zwischen Bayern und dem Reich für sich alleine genommen wohl nie zu einer solchen Aktion geführt hätte. Entscheidend sei neben der separatistischen Gefahr die angespannten wirtschaftlichen Verhältnisse gewesen. Gerade im besetzten Gebiet wirkte sich die Inflation besonders gravierend aus, weswegen die Schaffung einer neuen, stabilen Währung notwendig gewesen sei.[517] Dennoch war die innenpolitische Lage durch den Konflikt Bayerns mit dem Reich, der Hyperinflation und den Nachwirkungen des passiven Widerstands und der Ruhrbesetzung sehr instabil,[518] weswegen der Pfalz-Aktion auch eine wirtschaftliche Bedeutung zukam.[519] Die Hintergründe der Aktion sind generell sehr vielschichtig und komplex, sodass sich eine eindimensionale Betrachtung verbietet.[520] *Hoffmann* selbst sah darüber hinaus eine Gefahr durch den bayerischen Generalstaatskommissar *Gustav von Kahr*. Er befürchtete, dass dieser versuchen würde, Bayern vom Reich zu separieren und die Pfalz mitreißen würde.[521] *Hoffmann* wird als Person beschrieben, die der Machtausübung durch Politiker mit Misstrauen be-

517 *Schaupp*, Das Verhältnis der Sozialdemokraten zum Separatismus in der Pfalz von 1919–1923, S. 85 f.; Pfälzische Freie Presse v. 29. Oktober 1923. S. jedoch zur Wichtigkeit des Konflikts zwischen Bayern und dem Reich in Bezug auf die Hoffmann-Aktion *Gräber*, Die schöne Literatur und die hässliche Geschichte, Die Darstellung des pfälzischen Separatismus nach dem 1. Weltkrieg in der zeitgenössischen Belletristik, in: Nestler/Schaupp (Hrsg.), Zwischen Revolution und Demokratie, Studien zur Geschichte der Pfalz vom späten 18. bis Mitte des 20. Jahrhunderts, S. 173 (175). Auch wenn *Leszinski*, Separatismus in der Pfalz nach den beiden Weltkriegen – Ein Vergleich, S. 27, einwirft, dass eine solche Verbesserung wohl nur mit einer Annäherung an Frankreich möglich gewesen wäre, so darf man hier nicht in eine Ex-Post-Betrachtung verfallen.

518 *Schaupp*, Das Verhältnis der Sozialdemokraten zum Separatismus in der Pfalz von 1919–1923, S. 79.

519 *Schaupp*, Das Verhältnis der Sozialdemokraten zum Separatismus in der Pfalz von 1919–1923, S. 84 f.; Pfälzische Freie Presse vom 25. und v. 26.10.1923.

520 *Leszinski*, Separatismus in der Pfalz nach den beiden Weltkriegen – Ein Vergleich, S. 26.

521 *Schaupp*, Das Verhältnis der Sozialdemokraten zum Separatismus in der Pfalz von 1919–1923, S. 83. S. zur maßgeblichen Rolle des Konflikts zwischen Bayern und dem Reich auch *Leszinski*, Separatismus in der Pfalz nach den beiden Weltkriegen – Ein Vergleich, S. 15 und S. 27; *Fenske*, Johannes Hoffmann, in: Baumann (Hrsg.) Pfälzische Lebensbilder, Bd. 3, S. 267 (293).

gegnete. Er hegte mittlerweile eine starke Antipathie gegen den Freistaat, an deren Spitze er einst stand.[522]

Im Übrigen wird die Hoffmann-Aktion auch als Reaktion auf den zunehmenden Separatismus im Rheinland bewertet. Die Gewichtung dieser Gründe fällt bei verschiedenen Autoren unterschiedlich aus.[523] Zudem fühlte sich *Hoffmann* in puncto Pfalz auch vom Reich im Stich gelassen. So versuchte er im Oktober in Berlin Gespräche über die gravierende wirtschaftliche Lage und die Isolation in den besetzten Gebieten mit besonderem Augenmerk auf die Infrastruktur zu führen, stieß in Berlin aber auf Desinteresse. *Hoffmann* fühlte sich dort unwillkommen und nicht verstanden.[524]

In der älteren Forschung wird der Einfluss Frankreichs auf *Hoffmann* betont und die Besatzungsmacht als eigentlicher Drahtzieher der Aktion ausgemacht.[525] In Anbetracht der Tatsache, dass *Hoffmann* selbst gegen eine Einbeziehung Frankreichs war, ist diese Annahme historisch nicht haltbar.[526] Auch wenn zumindest *de Metz* die Bestrebungen *Hoffmanns* unterstützte, so erfolgte der Verstoß dennoch auf Initiative des SPD-Politikers, was nicht zuletzt durch die Differenzen zwischen diesem und der französischen Besatzungsmacht deutlich wird. Alles in allem lässt sich festhalten, dass es sich bei der Hoffmann-Aktion nicht um eine klassische Abspaltungsbewegung oder gar eine Annäherung an Frankreich, sondern

522 *Moersch,* Erinnerungen an die Separatistenzeit in der Pfalz. Ein Lehrstück aus der Weimarer Republik, in: Jäger/Mühleisen/Veen (Hrsg.), Republik und Dritte Welt. Festschrift für Dieter Oberndörfer zum 65. Geburtstag, S. 243 (244).

523 *Schaupp,* Das Verhältnis der Sozialdemokraten zum Separatismus in der Pfalz von 1919–1923, S. 83. Hierzu auch *Hüttenberger,* Blätter für deutsche Landesgeschichte 1972, 105 (110). S. auch *Fenske,* Johannes Hoffmann, in: Baumann (Hrsg.) Pfälzische Lebensbilder, Bd. 3, S. 267 (293 f.).

524 *Moersch,* Erinnerungen an die Separatistenzeit in der Pfalz. Ein Lehrstück aus der Weimarer Republik, in: Jäger/Mühleisen/Veen (Hrsg.), Republik und Dritte Welt. Festschrift für Dieter Oberndörfer zum 65. Geburtstag, S. 243 (245); *Schaupp,* Das Verhältnis der Sozialdemokraten zum Separatismus in der Pfalz von 1919–1923, S. 87; Pfälzische Freie Presse vom 15. Oktober 1923.

525 *Schaupp,* Das Verhältnis der Sozialdemokraten zum Separatismus in der Pfalz von 1919–1923, S. 83; *Zimmermann,* Frankreichs Ruhrpolitik von Versailles bis zum Dawes-Plan, S. 234.

526 *Schaupp,* Das Verhältnis der Sozialdemokraten zum Separatismus in der Pfalz von 1919–1923, S. 79 und 84.

vielmehr um eine auf multikausale Ursachen rückführbare innenpolitische Angelegenheit handelte.[527]

Hoffmann wurde nach dem Scheitern der Aktion vorgeworfen, Hoch- und Landesverrat begangen zu haben und die SPD wandte sich von ihm ab.[528] Es ergingen sogar Haftbefehle gegen ihn und gegen zwei weitere SPD-Politiker. Der Oberreichsanwalt leitete ein Ermittlungsverfahren ein,[529] das jedoch im Jahre 1924 aufgrund der Londoner Amnestie eingestellt wurde.[530] Auf nationaler Parteiebene fand *Hoffmanns* Aktion keine Akzeptanz. Der an der Parteispitze stehende *Otto Wels*[531] verurteilte die Pläne. Auch der sozialdemokratische Innenminister *Wilhelm Sollmann*[532] äußerte sich pejorativ und stufte das Vorhaben sogar als „Verbrechen" ein, insbesondere aufgrund des Kontakts, den *Hoffmann* mit der französischen Besatzungsmacht unterhalten hatte. Die Aversion der SPD auf Bundesebene gegen die Neugliederung der linksrheinischen Gebiete hatte verschiedene Gründe. Einerseits war die SPD in Preußen an der Regierung und war daher an einer Verschiebung der Machtverhältnisse im Reich nicht interessiert. Einen starken Zentralstaat anstrebend, lehnte die SPD einen solche Partikularismus ab. Wenngleich *Bismarck* die SPD einst durch seine Sozialistengesetze bekämpft hatte, sah sich die SPD mittlerweile als Fortführer

---

527 *Bariety,* Les Relations Franco-Allemandes après la Première Guerre Mondiale. 10 Novembre 1918–10 Janvier 1925 de l'Exécution à la Negation, S. 282.

528 *Hennig,* Johannes Hoffmann (1867–1930) – Vom Volksschullehrer zum Ministerpräsidenten, in: Geis/Nestler (Hrsg.), Die pfälzische Sozialdemokratie. Beiträge zu ihrer Geschichte von den Anfängen bis 1948/1949, S. 370; s. auch *Jacob,* Das Ende des Separatismus in Deutschland. Dargestellt am Abwehrkampf der deutschen Publizistik in der Pfalz und an der Saar 1919 bis 1935, S. 24.

529 *Gräber/Spindler,* Die Pfalzbefreier, S. 29; *Fendler,* Die Pfalz in der Weimarer Republik, in: Geiger/Preuß/Rothenberger (Hrsg.), Pfälzische Landeskunde S. 319 (331).

530 *Gräber,* Pfälzischer Separatismus, abrufbar unter: https://www.historisches-lexikon-bayerns.de/Lexikon/Pf%C3%A4lzischer_Separatismus, zuletzt abgerufen am 1.11.2022; *Fendler,* Die Pfalz in der Weimarer Republik, in: Geiger/Preuß/Rothenberger (Hrsg.), Pfälzische Landeskunde, S. 319 (331).

531 *Otto Wels* (15.9.1873 - 16.9.1939) war seit 1919 Mitglied des Reichstages und Parteivorsitzender der SPD. Nach der Machtübernahme der Nationalsozialisten wurde der nach Prag emigrierte Vorsitzender der Exil-SPD (SOPADE). S. hierzu seine Kurzbiographie auf der Seite Gedenkstätte Deutscher Widerstand, abrufbar unter: https://www.gdw-berlin.de/vertiefung/biografien/personenverzeichnis/biografie/view-bio/otto-wels/, zuletzt abgerufen am 1.11.2022.

532 Der Sozialdemokrat *Wilhelm Sollmann* (1881–1951) war in zwei Kabinetten *Stresemanns* deutscher Reichsinnnenminister. S. hierzu und zu seiner Biographie *Osterroth,* Biographisches Lexikon des Sozialismus, Bd. 1: Verstorbene Persönlichkeiten, S. 293 f.

des Bismarckreiches.[533] Andererseits spielte auch die Ablehnung von föderalistischen Alleingängen, die dem einheitlichen Auftreten der Partei schaden könnten, sicherlich eine Rolle. Trotz dieser parteiinternen Unstimmigkeiten wurde *Hoffmann* am 10. Februar 1924 mit nur einer Gegenstimme durch den Bezirksverband auf die pfälzische Liste für die Reichstagswahlen gesetzt; die der Aktion zugrunde liegenden Motive wurden gebilligt und ihm wurde das Vertrauen ausgesprochen.[534]

Die Rolle der Hoffmann-Aktion für den späteren separatistischen Umsturz ist umstritten. Während *Schwend* die Aktion als ersten Schritt zur Separation einstuft[535], sieht *Schaupp* die Kausalität zwischen der Hoffmann-Aktion und Separatismus als nicht zwingend an. Vielmehr geht er davon aus, dass die Hoffmann-Aktion den separatistischen Umbruch sogar hinausgezögert habe.[536] Dadurch, dass die Aktion nur wenige Tage andauerte und die Separatisten knapp zwei Wochen später schon in die Pfalz einfielen, dürfte die Verzögerung jedoch kaum ins Gewicht gefallen sein.

Zumindest dürfte die Hoffmann-Aktion ein enthemmendes Moment für den Separatismus dargestellt[537] und ihn als Thema auch in gemäßigteren Kreisen wieder auf die Tagesordnung gebracht haben.[538] Teile der Bevölkerung sahen die gescheiterte Hoffmann-Aktion auch als Anlass, sich den Separatisten anzuschließen, da sie das Gefühl hatten, dass die etablierten Parteien keine Lösungsansätze bereitstellten.[539] Auch der geringe Widerstand, der den Separatisten entgegengebracht wurde, könnte seinen Ursprung zumindest partiell in der gescheiterten Hoffmann-Aktion gehabt haben, da die Menschen nach deren Scheitern resigniert waren und nicht

---

533 *Moersch,* Erinnerungen an die Separatistenzeit in der Pfalz. Ein Lehrstück aus der Weimarer Republik, in: Jäger/Mühleisen/Veen (Hrsg.), Republik und Dritte Welt. Festschrift für Dieter Oberndörfer zum 65. Geburtstag, S. 243 (246).

534 *Leszinski,* Separatismus in der Pfalz nach den beiden Weltkriegen – Ein Vergleich, S. 49 f.; vgl. zur Stimmung auf Reichsebene auch Akten der Reichskanzlei, Kabinett Stresemann, S. 806 ff.

535 *Schwend,* Bayern zwischen Monarchie und Diktatur, S. 120.

536 *Schaupp,* Das Verhältnis der Sozialdemokraten zum Separatismus in der Pfalz von 1919–1923, S. 84.

537 *Gräber,* in: Diskussion in der Sendereihe „Nahaufnahme" vom Kurpfalz-Radio des Süddeutschen Rundfunks am 7. April 1989, 10:04 bis 11 Uhr, Abschrift von Mitschnitt, S. 10.

538 *Leszinski,* Separatismus in der Pfalz nach den beiden Weltkriegen – Ein Vergleich, S. 49.

539 *Schwarz,* Der Separatismus in der Pfalz nach dem 1. Weltkrieg, S. 276; *Gräber/Spindler,* Revolverrepublik am Rhein, S. 627.

mehr daran glaubten, dass ein autonomer Staat im Rahmen des Reiches entstehen konnte.[540] Von manchen wird daher schon die Hoffmann-Aktion als Wendepunkt gesehen und deren herausragende Bedeutung betont.[541]

Teilweise wird auch spekuliert, dass sich *Heinz* nach dem Misslingen der Aktion definitiv dem Separatismus zuwandte, da die bürgerlichen Parteien für ihn keine hinnehmbare Perspektiven mehr boten.[542] Nachdem seine Partei sich gegenüber der Hoffmann-Aktion ablehnend und kompromisslos zeigte, trat *Heinz* nämlich aus der DVP aus.[543] Spätestens nach dem Scheitern der Pfalz-Aktion entschied sich zudem Frankreich für eine Unterstützung der Separatisten, da es keine Möglichkeit mehr sah, seine Ziele mithilfe der eigentlich bevorzugten, etablierten Parteien zu erreichen.[544]

G. Die Machtübernahme durch die Separatisten

I. Die Planungsphase

Am 5. Oktober kam es zu einer Konferenz in Neustadt, an welcher *Dortens* Mitstreiter *Liebig* sowie diverse Separatisten teilnahmen und bei welcher zum einen die Erstellung einer Liste mit politischen Gegnern beschlossen wurde, die von den Franzosen ausgewiesen werden sollten. Zum anderen stand die Gründung eines Organs auf der Agenda, welches sich aus einem Präsidenten, nämlich dem Edenkobener Winzer *Ludwig Schäfer,* einem Vize- und einem dritten Präsidenten sowie einem siebenköpfigen Beirat zusammensetzen sollte. In diesem sollten Repräsentanten der Pfalz vertreten sein, welche propagandistisch für die Separatisten tätig werden sollten. Viele der Benannten waren bei der Sitzung überhaupt nicht anwesend.[545] Weitere Bedeutung kam dem Gremium während der separatistischen Herrschaft nicht zu. Einzig *Schäfer* leitete die vierte Kompanie des Pfälzischen

540 *Schwarz,* Der Separatismus in der Pfalz nach dem 1. Weltkrieg, S. 275. S. auch *Gräber/Spindler,* Revolverrepublik am Rhein, S. 627.

541 Pfälzische Presse v. 24.10.1928.

542 *Schwarz,* Der Separatismus in der Pfalz nach dem 1. Weltkrieg, S. 258.

543 *Gräber/Spindler,* Die Pfalzbefreier, S. 21.

544 *Leszinski,* Separatismus in der Pfalz nach den beiden Weltkriegen – Ein Vergleich, S. 98 f.

545 *Gräber/Spindler,* Revolverrepublik am Rhein, S. 593 f.; *Schwarz,* Der Separatismus in der Pfalz nach dem 1. Weltkrieg, S. 256; *Leszinski,* Separatismus in der Pfalz nach den beiden Weltkriegen – Ein Vergleich, S. 30; *Hüttenberger,* Blätter für Deutsche Landesgeschichte 1972, 105 (116).

Corps;[546] ansonsten traten weder er noch die anderen Mitglieder des Gremiums politisch in Erscheinung.[547] Darüber hinaus wurde die Schaffung eines Selbstschutzes nach rheinländischem Vorbild beschlossen.[548]

Eine weitere Konferenz, bei der auch der Putschplan besprochen wurde, fand am 2. November 1923 in Neustadt a. d. W. statt. An dieser nahmen auch die späteren führenden Köpfe der Autonomen Regierung, *Franz Josef Heinz, Eugen Nickles,* der schon bei der Freien Pfalz Bewegung in Erscheinung getreten war,[549] sowie die Schifferstadter *Otto Mayer* und *Georg May* teil. Kaiserslautern wurde aus strategischen Gründen aufgrund der zentralen Lage und der guten Verkehrsanbindungen als Ausgangspunkt für den separatistischen Umsturz gewählt. Außerdem lag dort der Sitz der Hauptgeschäftsstelle der Freien Bauernschaft. Dadurch, dass *Heinz-Orbis* als deren ehemaliger Präsident bei den Mitgliedern über eine sehr gute Reputation verfügte, rechneten die Separatisten in besonderem Maße mit dem Rückhalt der Bauern. Zudem war die separatistische Ortsgruppe in Kaiserslautern vergleichsweise groß.[550] Die Stadt stellte sozusagen die Hochburg der Bewegung dar.[551] Anfang November 1923 gründete *Heinz,* wie in der Sitzung vom 2. November beschlossen, das Pfälzische Corps zur militärischen Unterstützung seiner Putschpläne. Dieses war in drei Gruppen untergliedert, welche im Raum Ludwigshafen-Speyer-Neustadt, in der Südpfalz um Landau und in der Westpfalz um Kaiserslautern und Pirmasens angesiedelt waren.[552] Durch die vornehmliche Rekrutierung der Söldner

546 S. zur Gründung des Pfälzischen Corps weiterführend S. 118 und zu dessen Zusammensetzung S. 145 f.

547 *Gräber/Spindler,* Revolverrepublik am Rhein, S. 595; Zusammenstellung der Soldaten und Offiziere der Vierten Kompanie, Landesarchiv Speyer, Bestand R 12 Nr. 576.

548 *Schwarz,* Der Separatismus in der Pfalz nach dem 1. Weltkrieg, S. 256; *Hüttenberger,* Blätter für Deutsche Landesgeschichte 1972, 105 (116).

549 S. hierzu S. 102.

550 *Schwarz,* Der Separatismus in der Pfalz nach dem 1. Weltkrieg, S. 263; *Leszinski,* Separatismus in der Pfalz nach den beiden Weltkriegen – Ein Vergleich, S. 31; *Jolas,* die Pfalz unter Französischer Besatzung von 1918 bis 1930, S. 161; *Grimm,* Frankreich am Rhein. Rheinlandbesetzung und Separatismus im Lichte der historischen französischen Rheinlandpolitik, S. 117; *Gräber/Spindler,* Revolverrepublik am Rhein, S. 594.

551 *Gräber/Spindler,* Revolverrepublik am Rhein, S. 595. S. zur Einnahme Kaiserlauterns den Bericht der Regierung der Pfalz Kammer des Innern an Herrn General de Metz v. 6. November 1923, LA Speyer, R 12/21.

552 *Gembries,* Pfälzische Corps, in: Historisches Lexikon Bayerns, abrufbar unter: https://www.historisches-lexikon-bayerns.de/Lexikon/Pf%C3%A4lzisches_Corps, zuletzt abgerufen am 1.11.2022; *Kermann/Krüger,* 1923/24. Separatismus im rheinisch-pfälzi-

aus der Pfalz erhoffte sich *Heinz* die Unabhängigkeit vom Rheinlandschutz und dadurch auch von *Dorten*.[553] Die Zielgruppe waren Männer im Alter von 20 bis 35 Jahren, denen neben der Verpflegung ein Sold versprochen wurde. Sie verpflichteten sich zu einem militärischen Dienst und dazu, Plünderungen zu unterlassen und abzuwenden.[554]

II. Unterstützung durch die Französische Besatzungsmacht

Die militärische Bedeutung des Corps war indes gering, insbesondere weil ein Großteil der Männer unbewaffnet war. Primärer Gelingensfaktor der Aktion war hingegen die taktische und logistische Unterstützung der Putschisten durch die Franzosen.[555] So stellten sie die deutsche Polizei unter ihren Befehl, um ein Vorgehen gegen die Separatisten zu verhindern,

schen Raum. Eine Ausstellung der Landesarchivverwaltung Rheinland-Pfalz auf dem Hambacher Schloß 1989, S. 113.

553 *Gembries,* Pfälzische Corps, in: Historisches Lexikon Bayerns, abrufbar unter: https://www.historisches-lexikon-bayerns.de/Lexikon/Pf%C3%A4lzisches_Corps, zuletzt abgerufen am 1.11.2022; *ders.*, Autonome Pfalz, 1923/24, in: Historisches Lexikon Bayerns, abrufbar unter https://www.historisches-lexikon-bayerns.de/Lexikon/Autonome_Pfalz,_1923/24, zuletzt abgerufen am 1.11.2022.

554 Ausweis des *Georg Rinsche,* LA Speyer, Best. H 91, Nr. 13709; *Gembries,* Pfälzische Corps, in: Historisches Lexikon Bayerns, abrufbar unter: https://www.historisches-lexikon-bayerns.de/Lexikon/Pf%C3%A4lzisches_Corps, zuletzt abgerufen am 1.11.2022; vgl. den Rekrutierungsaufruf, abgedruckt in: Urkunden zum Separatistenputsch im Rheinland im Herbst 1923, S. 4; vgl. auch den Rekrutierungsaufruf abgedruckt in: Verlag und Redaktion der Pfälzischen Rundschau (Hrsg.), Dokumente aus dem Befreiungskampf der Pfalz, S. 48. S. bezüglich des Alters auch die Fotografie „Uniformierte Separatistengruppe in Neustadt an der Weinstraße", LA Speyer H 91/100076, die bei der separatistischen Miliz Männer jüngeren Alters zeigt, ebenfalls vorhanden in LA Speyer, H 91/14677. Trotz entgegengesetzter Anweisung kam es jedoch auch durch das Corps zu Requirierungen und gewaltsamen Ausschreitungen, vgl. *Gembries,* Pfälzische Corps, in: Historisches Lexikon Bayerns, abrufbar unter: https://www.historisches-lexikon-bayerns.de/Lexikon/Pf%C3%A4lzisches_Corps, zuletzt abgerufen am 1.11.2022; *Kermann/Krüger,* 1923/24 Separatismus im rheinisch-pfälzischen Raum. Eine Ausstellung der Landesarchivverwaltung Rheinland-Pfalz auf dem Hambacher Schloß 1989, S. 113; *Bohley,* Die Pfalz am Rhein 16 (1933), 623 (623). S. zur Zusammensetzung des Pfälzischen Corps auch S. 100 f.

555 *Gembries,* Pfälzische Corps, in: Historisches Lexikon Bayerns, abrufbar unter: https://www.historisches-lexikon-bayerns.de/Lexikon/Pf%C3%A4lzisches_Corps, zuletzt abgerufen am 1.11.2022; *Kermann/Krüger,* 1923/24. Separatismus im rheinisch-pfälzischen Raum. Eine Ausstellung der Landesarchivverwaltung Rheinland-Pfalz auf dem Hambacher Schloß 1989, S. 113; Ausweis des *Georg Rinsche,* LA Speyer H 91/13709.

verboten antiseparatistische Selbstschutzeinheiten und verhafteten *Emmerling*,[556] der in Kaiserslautern eine solche Ortsgruppe leitete.[557] Des Weiteren ordneten sie die Entfernung von Schutzvorrichtungen von Gebäuden an, welche die Separatisten einnehmen wollten.[558] Bei der Besetzung des Kaiserslauterer Stadthauses untersagte der französische Bezirksdelegierte ebenfalls den Gebrauch von Hieb- und Schusswaffen zur Abwehr der Separatisten. Infolgedessen konnten die Separatisten das Bezirksamt und das Landgericht ohne ernstzunehmende Gegenwehr besetzen.[559] Sobald die Separatisten ein Gebäude eingenommen hatten, sperrten die Franzosen das umliegende Gebiet ab, sodass es nicht wieder zurückerobert werden konnte.[560] Die deutschen Gendarmen waren hingegen nicht bereit, für die Abwehr der Separatisten ihr Leben zu riskieren.[561]

III. Einnahme der pfälzischen Städte

Für die Besetzung der ersten wichtigen Städte waren infolgedessen nur einige hundert Separatisten notwendig, die anfangs noch durch externe Hilfstruppen unter Führung *Hans Adam Dortens* unterstützt wurden.[562] In Kirchheimbolanden, das ursprünglich als künftiges Hauptquartier geplant

---

556 S. zu seiner Person S. 188.

557 *Gräber/Spindler*, Die Pfalzbefreier, S. 22. S. zur Verhaftung des Kaiserslauterer und Frankenthaler Selbstschutzes *Aretin*, Süddeutsche Monatshefte, Januar 1925, 39 f. und zur Verhaftung des Germersheimer Selbstschutzes ebd. 41. S. zur Hilfe durch die französische Besatzungsmacht auch *Leszinski*, Separatismus in der Pfalz nach den beiden Weltkriegen – Ein Vergleich, S. 71. S. zur Organisation Jung-Emmerling weiterführend S. 143 f.

558 Am 4. November ordneten die Franzosen beispielsweise an, dass die Drahtverhaue und Barrikaden am Regierungsgebäude in Speyer entfernt werden mussten. Hierzu *Jolas*, Die Pfalz unter Französischer Besatzung von 1918 bis 1930, S. 162; *Gräber/Spindler*, Die Pfalzbefreier, S. 22; *Aretin*, Süddeutsche Monatshefte, Januar 1925, 39. S. zu dem begünstigenden Eingreifen der Besatzungsmacht im Rahmen der Einnahme von Kaiserslautern auch Brief der Regierung der Pfalz, Kammer des Innern an General *de Metz* v. 6.11.1923, LA Speyer, R 12/21.

559 *Aretin*, Süddeutsche Monatshefte, Januar 1925, 40. S. zur Besetzung Kaiserslauterns auch Speyerer Zeitung v. 6.11.1923.

560 *Gräber/Spindler*, Die Pfalzbefreier, S. 22.

561 *Leszinski*, Separatismus in der Pfalz nach den beiden Weltkriegen – Ein Vergleich, S. 71.

562 *Jolas*, Die Pfalz unter Französischer Besatzung von 1918 bis 1930, S. 162; *Gräber/Spindler*, Die Pfalzbefreier, S. 22; *Grimm*, Frankreich am Rhein. Rheinlandbesetzung und Separatismus im Lichte der historischen französischen Rheinlandpolitik, S. 117.

war, leistete die Bevölkerung allerdings Widerstand. Bei dem Versuch, am 6. November 1923 das Bezirksamt zu stürmen, kamen zwei Bürger zu Tode.[563] Durch die gewaltsamen Auseinandersetzungen drohte das Entstehen eines schlechten Eindrucks in der Bevölkerung, weswegen die Einnahme der Stadt von *de Metz* abgebrochen wurde.[564]

In den Folgetagen drangen die Separatisten immer weiter in die Vorderpfalz vor. Ihre Ziele waren primär die Bezirksämter, welche nach heutigem Verständnis mit Kreisverwaltungen vergleichbar sind.[565] Nach ihrer Besetzung wurde dem Amt ein separatistischer Bezirkskommissar zugeteilt, welcher die dort tätigen Beamten überwachte, die ihre Stellen im Sinne der Separatisten weiterführen sollten. Als symbolische Geste wurde die grün-weiß-rote Separatistenflagge an dem Gebäude angebracht, um die Hoheitsmacht der Separatisten zur Schau zu stellen. Auch Rathäuser, Landgerichte und Finanzämter wurden besetzt.[566]

IV. Die Proklamation der Autonomen Pfalz

Am 12. November 1923 wurde in Speyer in der Annahme, dass sich die Rheinische Republik stabilisieren würde[567] die „Autonome Regierung der Pfälzischen Republik“[568] im Verbande der Rheinischen Republik[569] prokla-

563 *Lehna,* Die Pfalz am Rhein, Heft 3, August 1991, 28 (28 f.). S. zur Besetzung Kirchheimbolandens auch Speyerer Zeitung v. 6.11.1923. S zu den Auseinandersetzungen, die über die Anbringung der Separatistenflagge entstanden waren Bezirksamt Kirchheimbolanden v. 29.1.1924 betreffend der Einlieferung des Oberstadtinspektors *Otto Marz,* LA Speyer, R 12/592. S. zu den Ereignissen auch Brief der Regierung der Pfalz, Kammer des Innern an Herrn General *de Metz* v. 8.11.1923, LA Speyer, R 12/21.

564 *Hüttenberger,* Blätter für deutsche Landesgeschichte 1972, 105 (117).

565 S. zur Geschichte der Bezirksämter auch Fn. 976.

566 *Gräber/Spindler,* Die Pfalzbefreier, S. 22 f.

567 *Leszinski,* Separatismus in der Pfalz nach den beiden Weltkriegen – Ein Vergleich, S. 34.

568 *Fendler,* Die Pfalz in der Weimarer Republik, in: Geiger/Preuß/Rothenberger (Hrsg.), Pfälzische Landeskunde, S. 319 (331); *Starck,* Donnersbergjahrbuch 1985, 196 (198); *Wünschel,* Donnersbergjahrbuch 2000, 197 (198); *Jolas,* Die Pfalz unter Französischer Besatzung von 1918 bis 1930, S. 167 f.; *Aretin,* Süddeutsche Monatshefte, Januar 1925, 41; *Oberhauser,* Der Kampf um die Rheinpfalz, S. 126.

569 *Starck,* Donnersbergjahrbuch 1985, 196 (198); *Wünschel,* Donnersbergjahrbuch 2000, 197 (198); *Jolas,* Die Pfalz unter Französischer Besatzung von 1918 bis 1930, S. 167 f.; *Aretin,* Süddeutsche Monatshefte, Januar 1925, 41.

miert, wodurch die Pfalz Teil eines reichsunabhängigen Staatsgebildes werden sollte.[570] Die Proklamation fand statt, obwohl einige pfälzische Städte, nämlich Frankenthal, Altrip, Kusel, Ludwigshafen, Pirmasens und Zweibrücken noch gar nicht unter separatistischer Herrschaft standen. Noch am selben Tag wiesen die Separatisten den stellvertretenden Regierungspräsidenten, Oberregierungsrat *Riederer*, aus und die reguläre Speyerer Regierung zog nach Ludwigshafen.[571]

V. Gewaltsame Auseinandersetzungen

1. Auseinandersetzungen im Allgemeinen

Auch die ausstehenden Städte wurden im weiteren Verlauf besetzt. Die Eroberungen verliefen jedoch nicht in allen Fällen friedlich. Daher sollen einige der gewaltsamen Auseinandersetzungen exemplarisch dargestellt werden.

In Altrip kam es zu Auseinandersetzungen zwischen der Bevölkerung und den Separatisten. Nachdem die Separatisten ihre Flagge hissten und wieder abzogen, protestierten die Bürger am nächsten Tag gegen die Besatzung, woraufhin die Separatisten zurückkamen, das Rathaus stürmten und fünfzehn Männer als Wachen dort ließen. Diese begannen am 1. Dezember 1923 zu plündern, woraufhin die Altriper die Flagge entfernten. Dadurch provoziert, forderten die Separatisten die Herausgabe des Banners unter der Drohung anderenfalls die Stadt niederzubrennen. Als die Bürger nunmehr Mordbravaden gegen die Separatisten aussprachen, schlugen die Separatisten den Bürgeraufstand gewaltsam nieder und es kam zu Verhaftungen und Beschlagnahmen.[572] Als sich der Gemeinderat am darauffolgenden

570 *Leszinski*, Separatismus in der Pfalz nach den beiden Weltkriegen – Ein Vergleich, S. 34.

571 Flugblatt der Separatisten zur Proklamation der Autonomen Pfalz, LA Speyer R 12/165; *Starck*, Donnersbergjahrbuch 1985, 196 (198); *Wünschel*, Donnersbergjahrbuch 2000, 197 (198); *Jolas*, Die Pfalz unter Französischer Besatzung von 1918 bis 1930, S. 167 f.; *Aretin*, Süddeutsche Monatshefte, Januar 1925, 41. S. zur Verkündung des Standrechts auch *Oberhauser*, Der Kampf um die Rheinpfalz, S. 126. S. zum Umzug der Regierung nach Ludwigshafen. Bericht betreffend die Separatisten in der Pfalz, München, 20.11.1923, LA Speyer, R 12/21.

572 *Schwarz*, Der Separatismus in der Pfalz nach dem 1. Weltkrieg, S. 265 f.; *Schneider*, Separatisten in Altrip, in: Jugenheimer (Red.), Jubiläumsschrift 1625 Jahre Altrip, 369–1994, S. 82 (82 f.) S. zu den Ereignissen in Altrip auch Bericht des Bürgermeis-

Tag über die Plünderungen beschwerte, sind die entwendeten Gegenstände teils wieder zurückgebracht worden.[573]

Als die Separatisten am 6. November 1923 versuchten, Lambrecht einzunehmen, kam es ebenfalls zu gewaltsamen Zusammenstößen, bei denen die Bürger den angeblich stark alkoholisierten Separatisten erfolgreich den Weg von Kaiserslautern nach Neustadt versperrten. Infolgedessen verloren auf Seiten der Bürger drei Männer ihr Leben und bei den Separatisten wurden sechs Kämpfer tödlich getroffen sowie vier weitere lebensgefährlich verwundet, sodass sie späterhin ihren Verletzungen erlagen. Zwei Tage später versuchten die Separatisten erneut erfolglos, den Ort einzunehmen. Daraufhin zogen sie ab und kehrten nicht mehr zurück.[574]

In Bad Bergzabern wurden ebenfalls zwei Separatisten bei Unruhen schwer verletzt.[575]

Am 10. November 1923 stürmten etwa zweihundert Separatisten, die mit Sonderzügen der Regiebahn nach Speyer verbracht worden waren, morgens um 6:15 Uhr das dortige Regierungsgebäude. Der Angriff missglückte vorerst und es kam zu einer blutigen Auseinandersetzung, bei der das Bauwerk von zwei Seiten beschossen wurde. Es wurde weiträumig durch die Franzosen abgesperrt und den Speyerern wurde der Zugang verwehrt, während die Separatisten eintreten konnten. Hinter den Separatisten sollen französische Soldaten gestanden haben, sodass die Deutschen nichtauf die Umstürzler schießen konnten. Am Abend konnte das Regierungsgebäude schließlich eingenommen werden. Die französische Besatzungsmacht entwaffnete die städtischen Gendarmen, deren Waffen wenige Tage später bei Separatisten gefunden wurden.[576] Mit den Separatisten zogen auch vier

---

teramtes Altrip v. 8.12.1923, LA Speyer, R 12/21. S. zur Besetzung von Germersheim und Kusel Rheinisches Volksblatt v. 17.11.1923.

573 *Schneider*, Separatisten in Altrip, in: Jugenheimer (Red.) Jubiläumsschrift 1625 Jahre Altrip, 369–1994, S. 82 (83).

574 *Schwarz*, Der Separatismus in der Pfalz nach dem 1. Weltkrieg, S. 264. Hierzu sehr ausführlich *Himmler*, Heimat-Jahrbuch des Landkreises Bad Dürkheim, Bd. 16 (1998), 132 (132 f.); *Oberhauser*, Der Kampf um die Rheinpfalz, S. 128 ff.; *Gräber/Spindler*, Die Pfalzbefreier, S. 23. S. hierzu weiterführend *Lembach*, Talpost v. 1.11.1983.

575 *Aretin*, Süddeutsche Monatshefte, Januar 1925, 41; vgl. hierzu auch *Grimm*, Frankreich am Rhein. Rheinlandbesetzung und Separatismus im Lichte der historischen französischen Rheinlandpolitik, S. 118.

576 *Jolas*, Die Pfalz unter Französischer Besatzung von 1918 bis 1930, S. 167; *Aretin*, Süddeutsche Monatshefte, Januar 1925, 41; *Leszinski*, Separatismus in der Pfalz nach den beiden Weltkriegen – Ein Vergleich, S. 16; *Starck*, Donnerbergjahrbuch 1985,

Kompanien an Milizsoldaten zum Schutz der Regierung mit in das Gebäude ein. Auch in den anderen Bezirksämtern und weiteren strategisch wichtigen Stützpunkten wurden Posten mit Soldaten besetzt.[577]

2. Gewaltsame Auseinandersetzungen in Hanhofen und Odenbach

Als ein Lastkraftwagen mit Separatisten am 10. November 1923 von Neustadt nach Speyer geschickt wurde, um die dortigen Kämpfer zu unterstützen, wurde dieser von den Bürgern Hanhofens abgefangen und bei den diesbezüglichen Kämpfen wurden zwei Separatisten getötet.[578]

Auf weiteren Widerstand stießen die Separatisten in Odenbach, wo die von den Separatisten gehisste Flagge verbrannt wurde. Die daraufhin erneut aufgezogene Flagge wurde von einem Trupp von vier Separatisten bewacht. Am 16. November 1923 überwältigten die Bürger der Stadt die Wachen und verbrannten die Flagge wiederum. In Anbetracht der erwarteten Racheaktion formierten die Bürger einen Selbstschutz, der sich zwei Tage darauf blutige Kämpfe mit den Separatisten um das Rathaus lieferte. Als die Bevölkerung sich geschlagen gab und den Rückzug antrat, schossen die Se-

---

196 (199). Am 10. November 1923 ging auch Germersheim in die separatistische Herrschaft über. S. hierzu auch *Schwarz*, Der Separatismus in der Pfalz nach dem 1. Weltkrieg, S. 265; *Schwarzmüller*, Pfälzische Chronik des 20. Jahrhunderts, in: ders./ Garthe (Hrsg.), Die Pfalz im 20. Jahrhundert, 1999, S. 205 (226). S. zur Eroberung Speyers auch *Leiling*, Speyer in den Jahren 1919–1939. Ein Tagebuch, Bd. 2, S. 159 ff. Abweichend Brief des Präsidiums der Regierung der Pfalz an die Bezirksverwaltungsbehörden v. 13.11.1923, LA Speyer R 12/576, der von einer Besetzung am 11. November ausgeht. S. zu den Geschehnissen auch Speyerer Zeitung v. 10.11.1923; Niederschrift über die Ereignisseim Regierungsgebäude zu Speyer am 9. und 10. November 1923, LA Speyer, R 12/21.

577 *Gräber/Spindler*, Die Pfalzbefreier, S. 23.

578 *Schwarz*, Der Separatismus in der Pfalz nach dem 1. Weltkrieg, S. 265; *Gräber/ Spindler*, die Pfalzbefreier, S. 23; vgl. hierzu auch *Grimm*, Frankreich am Rhein. Rheinlandbesetzung und Separatismus im Lichte der historischen französischen Rheinlandpolitik, S. 118. In einer anderen Quelle wurde davon ausgegangen, dass insgesamt acht Separatisten zu Tode kamen, vgl. *Aretin*, Süddeutsche Monatshefte, Januar 1925, 41. S. weiterführend *Horbach*, Hanhofen, in: Verlag und Redaktion der „Pfälzischen Rundschau" (Hrsg.), Dokumente aus dem Befreiungskampf, S. 49 ff.; *Lohrbächer*, Landkreis Ludwigshafen Heimat-Jahrbuch 17 (2001), 137 ff. S. zur Heroisierung der Ereignisse in Hanhofen auch Rheinisches Volksblatt v. 13.11.28.

paratisten in die Menge, wobei der Anführer des Selbstschutzes getötet wurde.[579]

H. Die Zusammensetzung der separatistischen Bewegung

Wenn man sich die Zusammensetzung der separatistischen Bewegung ansieht, kann man diese in drei Kategorien einteilen, nämlich in die Führung, die separatistischen Soldaten und die Sympathisanten. Eine solche Einteilung ist aufgrund der divergierenden Motivationslagen sinnvoll.[580]

I. Die Separatistische Regierung

Die Regierung der autonomen Pfalz war als „Zweckbündnis der Extreme" heterogen aufgestellt[581] und ihr Mitgliederspektrum reichte vom Konservatismus über das linkssozialistisch-pazifistische Spektrum bis hin zu linksradikal-revolutionären Kreisen.[582] An die Stelle politischer Ideologien rückte als pragmatische Zielsetzung der Kampf gegen die wirtschaftliche Not, welcher als homogenisierendes Bindeglied fungierte.[583] Deshalb waren auch solche Menschen an der Bewegung beteiligt, deren Haltung tendenziell apolitisch war, die einen autonomen Staat aber aus Abenteuerlust oder eigennützigen Zielen befürworteten.[584]

579 *Schwarz,* Der Separatismus in der Pfalz nach dem 1. Weltkrieg, S. 265; *Gräber/Spindler,* Die Pfalzbefreier S. 24; *Zerfass,* die Pfalz unter französischer Besatzung von 1918 bis 1930, S. 170. S. zu den Ereignissen in Odenbach auch den Bericht „Der Separatisten-Überfall auf Odenbach a. d. Glan" v. 12.12.1923, BayHStA, MA 107716.

580 *Spindler,* in: Diskussion in der Sendereihe „Nahaufnahme" vom Kurpfalz-Radio des Süddeutschen Rundfunks am 7. April 1989, 10:04 bis 11 Uhr, Abschrift von Mitschnitt, S. 4.

581 *Gräber,* Pfälzischer Separatismus, in: Historisches Lexikon Bayerns, abrufbar unter: https://www.historisches-lexikon-bayerns.de/Lexikon/Pf%C3%A4lzischer_Separatismus, zuletzt abgerufen am 1.11.2022; vgl. zur Zusammensetzung der Regierung die Fotografie, die *Heinz* mit seinem Kabinett zeigt, entnommen aus: *Leiling,* Speyer in den Jahren 1919–1939, ein Tagebuch, Bd. 2, Bild Nr. 14.

582 *Schwarz,* Der Separatismus in der Pfalz nach dem 1. Weltkrieg, S. 280; *Gräber/Spindler,* Die Pfalzbefreier, S. 21.

583 *Leszinski,* Separatismus in der Pfalz nach den beiden Weltkriegen – Ein Vergleich, S. 31 f.; *Schwarz,* Der Separatismus in der Pfalz nach dem 1. Weltkrieg, S. 280; *Gräber/Spindler,* Revolverrepublik am Rhein, S. 624.

584 *Gräber/Spindler,* Die Pfalzbefreier, S. 21.

Im Anschluss sollen die führenden Köpfe der Separatisten exemplarisch charakterisiert werden.

1. Franz Josef Heinz

a. Die frühen Jahre

Franz Josef Heinz wurde am 24. Februar 1884 in Orbis in der Nordpfalz als Sohn des aus Mörsfeld stammenden Landwirts *Adam Heinz* geboren.[585] Seine Herkunft verlieh ihm auch den Namen *Heinz-Orbis.* Er wuchs in einer mittelständischen, katholisch und monarchistisch geprägten Bauernfamilie auf. Nachdem er im Alter von vier Jahren seine Mutter verloren hatte, kümmerte sich seine zwölf Jahre ältere Schwester *Barbara*, eines von drei älteren Geschwisterkindern, um ihn. Nach dem Besuch der örtlichen Volksschule, wo er sehr gute Noten erzielt hatte, ging er vier Jahre lang in Kirchheimbolanden aufs Progymnasium[586], wo sich seine Leistungen verschlechtert haben. Seine edukativen Defizite glich *Heinz* durch autodidaktische Studien aus, beispielsweise durch eingehende Lektüren zur Französischen Revolution.[587]

1912 übernahm er den 12,5 Hektar großen Familienbetrieb. Wegen eines misslungenen Expansionsversuches verschuldete er sich stark, was jedoch aufgrund der Inflation ohne Konsequenzen blieb. Die eigentliche landwirtschaftliche Arbeit verrichtete seine Schwester *Barbara*, der *Heinz*

585 Brief des Bürgermeisters *Neber* an das Bezirksamt in Kirchheimbolanden v. 3.2.1930, LA Speyer H 91/1145; *Starck*, Donnersbergjahrbuch 1985, 196 (196); *Wünschel*, Donnersberg Jahrbuch 2000, 197 (197); *Jolas*, Die Pfalz unter Französischer Besatzung von 1918 bis 1930, S. 186; ein anderes Datum findet sich auf dem von der Gestapo angelegten Personalbogen, auf dem der 25.8.1884 als Geburtsdatum vermerkt ist, LA Speyer H 91/1145.

586 Darunter versteht man ein meist sechsklassiges Gymnasium ohne Oberstufe. S. hierzu Duden online, abrufbar unter: https://www.duden.de/rechtschreibung/Progymnasium, zuletzt abgerufen am 1.11.2022.

587 Brief des Bürgermeisters *Neber* an das Bezirksamt in Kirchheimbolanden v. 3.2.1930, LA Speyer H 91/1145; *Starck*, Donnersbergjahrbuch 1985, 196 (196); *Wünschel*, Donnersberg Jahrbuch 2000, 197 (197); *Jolas*, Die Pfalz unter Französischer Besatzung von 1918 bis 1930, S. 186; *Victor*, Lexikon Pfälzer Persönlichkeiten, 3. Aufl., S. 341; *Hamm*, Freie Bauernschaft, Heinz Orbis und Separatismus, S. 30. S. zu seiner Konfession auch Personalbogen der Gestapo, LA Speyer, H 91/1145. S. zu seiner Vita auch den Bericht „Heinz Fr. Joseph“ ebd., dort ebenfalls zu seinem Interesse für die französischen Revolution.

die väterliche Erbschaft überließ. Dank ihrer finanziellen Unterstützung musste *Heinz* keiner geregelten Arbeit nachgehen.[588] Ruhige, systematische Arbeiten und geregelte Tätigkeit lagen ihm ohnehin nicht.[589] Auch als Pferdezüchter hatte *Heinz* sein Glück versucht, war aber aus finanziellen Gründen gescheitert.[590] Zur Schwester hatte er ein Verhältnis, dass sowohl von Konflikten als auch von Zuneigung geprägt war, was durch die konträren Charaktere der frommen Barbara und des abenteuerlustigen Separatistenführers bedingt war.[591] Die Schwester selbst wird als nervöse Person beschrieben, deren antipreußischer Einfluss sich negativ auf den Bruder ausgewirkt hat. Aufgrund dieses Hasses war sie auch dem Deutschen Reich gegenüber, das unter der Federführung Preußens gegründet worden war und in dem das Land immer noch eine Vormachtstellung einnahm, negativ eingestellt. Sie präferierte stattdessen einen süddeutsch-österreichischen Staatenbund. Aufgrund ihres Einflusses hatte sich auch der Bruder dem Deutschen Reich nie gänzlich zugehörig gefühlt.[592]

Heinz wird als Mann mit rötlichem Spitzbart und kalten Augen[593] von mittelgroßer und schlanker Statur beschrieben.[594] Seine Bewegungen waren lebhaft und mitunter sogar schon fast zappelig. Wenn er sich in Rage redete, begannen seine Gesichtsmuskeln zu zucken.[595] Er sei „Herr und Bauer zugleich, von stattlicher, gepflegter Erscheinung, der typische Man-

588 *Starck,* Donnersbergjahrbuch 1985, 196 (196); *Wünschel,* Donnersberg Jahrbuch 2000, 197 (197); *Jolas,* Die Pfalz unter Französischer Besatzung von 1918 bis 1930, S. 186; Brief des Bürgermeisters *Neber* an das Bezirksamt in Kirchheimbolanden v. 3.2.1930, LA Speyer H 91/1145; *Victor,* Lexikon Pfälzer Persönlichkeiten, 3. Aufl., S. 341. S. zu dem positiven Aspekt der Hyperinflation, insbesondere für Landwirte *Braun,* Inflation 1914–1923, in: Historisches Lexikon Bayerns, abrufbar unter: https://www.historisches-lexikon-bayerns.de/Lexikon/Inflation,_1914-1923#Hyperinflation_in_Bayern, zuletzt abgerufen am 1.11.2022.

589 Brief des Bürgermeisters *Neber* an das Bezirksamt in Kirchheimbolanden v. 3.2.1930, LA Speyer H 91/1145.

590 *Starck,* Donnersbergjahrbuch 1985, 196 (196).

591 *Hamm,* Freie Bauernschaft, Heinz Orbis und Separatismus, S. 31.

592 Brief des Bürgermeisters *Neber* an das Bezirksamt in Kirchheimbolanden v. 3.2.1930, LA Speyer H 91/1145.

593 *Betsch,* Ballade am Strom, S. 511; auf der Fotografie, die Heinz bei einer Bauernversammlung zu Rohrbach zeigt, weist er zumindest einen Spitzbart auf. Die kalten Augen dürften eher dramaturgischer Natur gewesen sein, LA Speyer, H 91/1145.

594 *Jolas,* Berufliche Erlebnisse eines Pfalz-Bayerischen Verwaltungsbeamten, Bd. 2, unveröffentlichtes Typoskript, LA Speyer, Bibliothek, Signatur C 1381, S. 262 a.

595 *Jolas,* Berufliche Erlebnisse eines Pfalz-Bayerischen Verwaltungsbeamten, Bd. 2, unveröffentlichtes Typoskript, LA Speyer, Bibliothek, Signatur C 1381, S. 262 a.

schettenbauer der Nordpfalz"[596] gewesen und glich insofern eher einem Großgrundbesitzer als einem mittleren Bauern.[597] *Heinz* kleidete sich oftmals nicht standesgemäß. So zeigte er sich bei Kundgebungen gerne in schwarzen Gehröcken, wie sie damals üblicherweise Diplomaten trugen.[598] Er liebte die Selbstdarstellung und neigte zum Narzissmus. Gerne trug er auch eine Bärenfellmütze[599] oder eine Offizierspellerine und ließ sich bei Pferderennen durch seinen Knecht als Baron anreden.[600] Auch *Schmitz-Epper* soll er als deutschen Leutnant und türkischen Oberleutnant vorgestellt haben, obwohl dies nicht der Wahrheit entsprach.[601] Er pflegte einen gehobenen Lebensstil und wollte auch in seiner Freizeit als Person höheren Standes wahrgenommen werden. *Heinz* soll ein guter Jäger und Reiter gewesen sein,[602] ging also solchen Aktivitäten nach, die eher in Aristokratenkreisen verbreitet waren. Hierin zeigt sich das ambivalente Verhältnis, das *Heinz* zu seiner bäuerlichen Herkunft hatte. Einerseits versuchte er diese zu verschleiern; andererseits nutzte er sie jedoch auch aktiv, um gesellschaftliches Ansehen und Macht zu erlangen. Im Krieg war er nach eigener Aussage als Artillerieunteroffizier in Serbien stationiert gewesen.[603]

b. Seine Rolle in der Freien Bauernschaft

Franz Josef Heinz war seit 1921 Gesamtvorsitzender der Freien Bauernschaft, einem apolitischen, überkonfessionellen Interessenverband der Bauern.[604] Somit war er für die Organisation in der Pfalz, in Bayern, im Saarge-

---

596 *Hamm*, Freie Bauernschaft, Heinz-Orbis und Separatismus, S. 30.

597 *Oberhauser*, Der Kampf um die Rheinpfalz, S. 110.

598 *Starck*, Donnersbergjahrbuch 1985, 196 (197).

599 *Starck*, Donnersbergjahrbuch 1985, 196 (196).

600 *Jolas*, Die Pfalz unter Französischer Besatzung von 1918 bis 1930, S. 186; zu ersterem auch *Schlickel*, Aktiv Dabei 3/2008, 40 (40). Hierzu auch Brief des Pensionsinhabers *Authenrieth* an den Oberregierungsrat *Luttweiler*, LA Speyer H 91/1145.

601 Brief des Bürgermeisters *Neber* an das Bezirksamt in Kirchheimbolanden v. 3.2.1930, LA Speyer H 91/1145.

602 *Hartmann*, Landauer Anzeiger v. 28.6.1930.

603 *Jolas*, Berufliche Erlebnisse eines Pfalz-Bayerischen Verwaltungsbeamten, Bd. 2, unveröffentlichtes Typoskript, LA Speyer, Bibliothek, Signatur C 1381, S. 262 b; Brief des Bürgermeisters Neber an das Bezirksamt in Kirchheimbolanden v. 3.2.1930, LA Speyer H 91/1145.

604 *Starck*, Donnerbergjahrbuch 1985, 196 (197); *Wünschel*, Donnersbergjahrbuch 2000, 197 (198); *Jolas*, Die Pfalz unter Französischer Besatzung von 1918 bis 1930, S. 186; *Grimm*, Frankreich am Rhein. Rheinlandbesetzung und Separatismus im Lichte der

biet und in Rheinhessen verantwortlich. Dem Verband gehörten allein in der Pfalz 60.000 hauptberufliche Bauern[605] und damit im Jahre 1923 etwa ein Viertel der Vollerwerbsbauern an, womit die Freie Bauernschaft die größte Bauernorganisation in der Pfalz war.[606] Die gesellschaftliche Bedeutung der Organisation war sehr groß. Abgesehen von der Arbeiterschicht entstammten die meisten Pfälzer klein- und mittelbäuerlichen Familien. Ihre Lebensgrundlage bildete der Anbau von Getreide und Kartoffeln sowie die Vieh- und Milchwirtschaft. In der Vorderpfalz gab es aufgrund des milden Klimas auch Tabak- und Weinbauern.[607] Nach dem ersten Weltkrieg kam es zu einem Organisationsschub in der bäuerlichen Bewegung.[608] Während im Jahr 1914 lediglich jeder zehnte Bauer Mitglied in einer Bauernorganisation war, so waren es in der Nachkriegszeit etwa 70 %.[609] Gründe für diesen Zuwachs waren die Unzufriedenheit der Bauern mit der Honoratiorenpolitik in der Vorkriegszeit und die wirtschaftlichen Probleme

historischen französischen Rheinlandpolitik, S. 117. Hierzu auch *Sieber,* Heimatkalender für das Pirmasenser und Zweibrücker Land 2006, 225 (226); *Schlickel,* Aktiv Dabei 3/2008, 40 (40); *Osmond,* Freie Bauernschaft 1919–1929/33, in: Historisches Lexikon Bayerns, abrufbar unter: https://www.historisches-lexikon-bayerns.de/Lexikon/Freie_Bauernschaft,_1919-1929/33, zuletzt abgerufen am 1.11.2022.

605 *Wünschel,* Donnersbergjahrbuch 2000, 197 (198); *Leszinski,* Separatismus in der Pfalz nach den beiden Weltkriegen – Ein Vergleich, S. 31.

606 *Schwarz,* Der Separatismus in der Pfalz nach dem 1. Weltkrieg, S. 278; *Leszinski,* Separatismus in der Pfalz nach den beiden Weltkriegen – Ein Vergleich, S. 55 f.; *Gembries,* Verwaltung und Politik in der besetzten Pfalz zur Zeit der Weimarer Republik, S. 266.

607 *Osmond,* Die „Freie Bauernschaft" und der Separatismus. Bauernpolitik, bürgerliche Parteien und französische Besatzung in der Pfalz, in: Kreutz/Scherer (Hrsg.), Die Pfalz unter französischer Besetzung (1918/19–1930), S. 123 (123 f.); *Mang/Zink,* Das Wirtschatsleben der Pfalz in Vergangenheit und Gegenwart, S. 116 f.; *Wambsganß,* Die pfälzische Landwirtschaft in ihren Grundlagen, S. 17 f., S. 24 ff. und S. 38 ff.

608 *Osmond,* Die „Freie Bauernschaft" und der Separatismus. Bauernpolitik, bürgerliche Parteien und französische Besatzung in der Pfalz, in: Kreutz/Scherer (Hrsg.), Die Pfalz unter französischer Besetzung (1918/19–1930), S. 123 (124); *ders.,* A Second Agrarian Mobilization? Peasant Associations in South and West German 1918–1924, in: Moeller (Hrsg.) Peasants and Lords in Modern Germany: Recent Studies in Agricultural History, S. 168 (168 f.).

609 *Osmond,* Die „Freie Bauernschaft" und der Separatismus. Bauernpolitik, bürgerliche Parteien und französische Besatzung in der Pfalz, in: Kreutz/Scherer (Hrsg.), Die Pfalz unter französischer Besetzung (1918/19–1930), S. 123 (124); *ders.,* Rural Protests in the Weimar Republic, S. 37.

während des Krieges[610] sowie der in der Nachkriegszeit thematisierten Klassenkonflikt. Die Freie Bauernschaft hob sich insofern von den übrigen Bauernverbänden ab, als dass sie sich als Pendent zu den Gewerkschaften der Industriellen sah und daher offen gegen Klassenunterschiede eintrat.[611]

Nach dem Frieden von Versailles spitzte sich die Situation für die Bauern durch den Verlust der Kohlebergwerke des Saargebiets und der wirtschaftlichen Isolation weiter zu.[612] Dies führte dazu, dass die schon bestehenden Vereine in ihrer Größe wuchsen und immer mehr neue Bauernverbände hinzukamen. Einer dieser neuen Verbände war die „Freie Bauernschaft". Diese hatte ihren Ursprung im Rheinland an der niederländischen Grenze in der Region um Kleve.[613] Am stärksten war die apolitische und parteilose Vereinigung in Verhältnis zur Bevölkerungsstärke im rheinisch-pfälzischen Raum und im Saarland vertreten.[614] Die Ziele der freien Bauernschaft lagen darin, die Schollenbindung aufzuheben sowie den Verdienst der Bauern, ihren politischen Einfluss und ihr Ansehen zu steigern.[615] Die Vereinigung war bekannt dafür, auch rabiate Kampfmethoden einzusetzen.[616] Teilweise

610 *Osmond,* Die „Freie Bauernschaft" und der Separatismus. Bauernpolitik, bürgerliche Parteien und französische Besatzung in der Pfalz, in: Kreutz/Scherer (Hrsg.), Die Pfalz unter französischer Besetzung (1918/19–1930), S. 123 (125).

611 *Osmond,* Die „Freie Bauernschaft" und der Separatismus. Bauernpolitik, bürgerliche Parteien und französische Besatzung in der Pfalz, in: Kreutz/Scherer (Hrsg.), Die Pfalz unter französischer Besetzung (1918/19–1930), S. 123 (125).

612 *Osmond,* Die „Freie Bauernschaft" und der Separatismus. Bauernpolitik, bürgerliche Parteien und französische Besatzung in der Pfalz, in: Kreutz/Scherer (Hrsg.), Die Pfalz unter französischer Besetzung (1918/19–1930), S. 123 (127).

613 *Osmond,* Die „Freie Bauernschaft" und der Separatismus. Bauernpolitik, bürgerliche Parteien und französische Besatzung in der Pfalz, in: Kreutz/Scherer (Hrsg.), Die Pfalz unter französischer Besetzung (1918/19–1930), S. 123 (124).

614 *Osmond,* Die „Freie Bauernschaft" und der Separatismus. Bauernpolitik, bürgerliche Parteien und französische Besatzung in der Pfalz, in: Kreutz/Scherer (Hrsg.), Die Pfalz unter französischer Besetzung (1918/19–1930), S. 123 (124); *ders.,* Rural Protests in the Weimar Republic. The Free Peasantry in the Rhineland and Bavaria, S. 38 und 163, der auch eine starke Strömung der Freien Bauernschaft in Hessen auflistet. Auch im Bayern gab es 12.000 Freie Bauern; der prozentuale Anteil war jedoch gegenüber 141.000 in Vereinen organisierten Landwirten relativ gering; s. auch *Schwarz,* Der Separatismus in der Pfalz nach dem 1. Weltkrieg, S. 278; *Gembries,* Verwaltung und Politik in der besetzten Pfalz zur Zeit der Weimarer Republik, S. 266.

615 *Osmond,* Die „Freie Bauernschaft" und der Separatismus. Bauernpolitik, bürgerliche Parteien und französische Besatzung in der Pfalz, in: Kreutz/Scherer (Hrsg.), Die Pfalz unter französischer Besetzung (1918/19–1930), S. 123 (123 f.).

616 *Schwarz,* Der Separatismus in der Pfalz nach dem 1. Weltkrieg, S. 278; beispielsweise Streik, Boykott, Schutzzölle und die Kontingentierung der Erzeugnisse, hierzu *Gem-*

wurde sie daher auch kritisch gesehen. *Jacob* beispielsweise beschrieb sie als „Interessengemeinschaft und Kampforganisation, die alle verurteilte, die nicht das Programm dieses egoistischen Kreises vertraten".[617]

Heinz' Aufgabe als Gesamtvorsitzender war es, die berufsständischen Interessen der Bauern zu wahren, wodurch er zuweilen in Konflikte mit der Regierung in München geriet. Durch sein Agieren als skrupelloser, radikaler und gefährlicher Gegner der Regierung und im Speziellen durch die Erfolge, die er in Bezug auf die Abschaffung der Zwangswirtschaft erstritt, konnte er sich dagegen bei den Bauern Vertrauen und Respekt sowie eine treu ergebene Anhängerschaft verschaffen.[618] Die Politik von *Heinz* war auch geprägt durch Opportunismus. So hat er im Jahr 1922 die Bauern zuerst zu einem Milchstreik angestiftet, diesen aber sogleich abgesagt, nachdem ein Abgeordneter ihm ein Kreisratsmandat versprochen hatte. Daraufhin wurde er von seinem Amt als Vorsitzender der Freien Bauernschaft Pfalz abgesetzt und schwenkte kurzzeitig mit seinem Bezirk zum Pfälzer Bauernbund über. Nachdem ein anderer dort die führende Rolle übernahm, kehrte er wieder zu den Freien Bauern zurück.[619] Schon hier zeigte sich *Heinz*' Streben nach politischer Macht, demgegenüber die Durchsetzung politischer Ideen in den Hintergrund rückte. Auch hinsichtlich der Besatzungsmacht war sein Verhalten geprägt von Zweckmäßigkeitserwägungen. So erklärte er gegenüber den Franzosen, die Bauern

bries, Verwaltung und Politik in der besetzten Pfalz zur Zeit der Weimarer Republik, S. 266. S. auch *Osmond*, Die Freie Bauernschaft und der Separatismus, in: Kreutz/Scherer (Hrsg.), Die Pfalz unter französischer Besatzung (1918/19–1930), S. 123 (128).

617 *Jacob*, Das Ende des Separatismus in Deutschland, Dargestellt am Abwehrkampf der deutschen Publizistik in der Pfalz und an der Saar 1919 bis 1935, S. 23.

618 *Starck*, Donnersbergjahrbuch 1985, 196 (197); *Wünschel*, Donnersbergjahrbuch 2000, 197 (198); *Jolas*, Die Pfalz unter Französischer Besatzung von 1918 bis 1930, S. 186; *Leszinski*, Separatismus in der Pfalz nach den beiden Weltkriegen – Ein Vergleich, S. 31. S. hierzu und zur Beobachtung der Organisation durch die Abwehrstelle sowie zu deren Propaganda, die die Freie Bauernschaft in Verbindung mit der Freien Pfalz-Bewegung brachte auch *Schwarz*, Der Separatismus in der Pfalz nach dem 1. Weltkrieg, S. 278; *Oberhauser*, Der Kampf um die Rheinpfalz, S. 110 f. S. zum Kampf der Freien Bauern gegen die staatliche Zwangswirtschaft auch *Gembries*, Verwaltung und Politik in der besetzten Pfalz zur Zeit der Weimarer Republik, S. 267; *Osmond*, Die Freie Bauernschaft und der Separatismus, in: Kreutz/Scherer (Hrsg.), Die Pfalz unter französischer Besatzung (1918/19–1930), S. 123 (127). Zu den Erfolgen der Freien Bauernschaft in Bezug auf die Abschaffung der Zwangswirtschaft auch *Hamm*, Freie Bauernschaft, Heinz Orbis und Separatismus, S. 32; *Oberhauser*, Heimatkalender für das Pirmasenser und Zweibrücker Land 1974, 136 (137).

619 Bericht „Heinz Fr. Joseph", LA Speyer H 91/1145; hierzu auch *Oberhauser*, Der Kampf um die Rheinpfalz, S. 111.

würden ihre Kartoffeln auch gegen Franken verkaufen.[620] Das Wohl der Bauern war ihm wichtiger als nationalistische Ressentiments.

c. Politische Grundeinstellung

Ursprünglich soll *Heinz* bei der Zentrumspartei gewesen sein.[621] Neben seiner Tätigkeit in der Freien Bauernschaft, war er dann Abgeordneter der DVP im Speyerer Kreistag.[622] Die Partei, die unter den Bauern regen Zulauf fand, war in der Pfalz weiter rechts angesiedelt als auf Reichsebene und hatte eine stärkere konservativ-nationalistische Prägung als im restlichen Reich. Sie bildete ein Sammelbecken der nationalen Rechten, in welchem neben alten Nationalliberalen, Alldeutsche und Männer, die sich eigentlich der in der Pfalz nicht vertretenen DNVP zugehörig fühlten, ihren Platz fanden.[623]

Zeitgleich kandidierte *Heinz* ebenfalls für die Liste der DVP im Bayerischen Landtag, wobei er den Einzug knapp verfehlte.[624] Politisch durchlebte *Heinz* eine Entwicklung vom Monarchismus hinein ins rechte Spektrum, sodass der Bewunderer der jungen Hitlerbewegung teils sogar als rechtsradikal eingeschätzt wurde. Noch ungeklärt ist, ob er tatsächlich mit *Hitler* in Kontakt stand, wofür sprechen könnte, dass dieser im Jahre 1934 das Heinz'sche Anwesen nach Schriftstücken durchsuchen ließ.[625] Auch in sei-

---

620 *Hamm*, Freie Bauernschaft, Heinz Orbis und Separatismus, S. 29; *Oberhauser*, Der Kampf um die Rheinpfalz, S. 105.

621 Bericht „Heinz Fr. Joseph", LA Speyer, R 91/1145.

622 *Starck*, Donnersbergjahrbuch 1985, 196 (197); *Wünschel*, Donnersbergjahrbuch 2000, 197 (198); *Jolas*, Die Pfalz unter Französischer Besatzung von 1918 bis 1930, S. 186; *Leszinski*, Separatismus in der Pfalz nach den beiden Weltkriegen – Ein Vergleich, S. 31.

623 *Grass*, Edgar Julius Jung (1894–1934), in: Baumann (Hrsg.), Pfälzer Lebensbilder, Bd. 1, S. 320 (323); *Kreutz*, Unter französischer Besatzung, in: Schwarzmüller/Garthe (Hrsg.), Die Pfalz im 20. Jahrhundert, S. 57 (61); *Osmond*, Die „Freie Bauernschaft" und der Separatismus. Bauernpolitik, bürgerliche Parteien und französische Besatzung in der Pfalz, S. 125.

624 *Gräber/Spindler*, Die Pfalzbefreier, S. 21.

625 *Starck*, Donnersbergjahrbuch 1985, 196 (197); *Gräber*, Separatismus und kollektive Mentalität. Eine Fallstudie am Beispiel des Pfälzischen Separatismus nach dem Ersten Weltkrieg, in: Blomert/Kuzmics/Treibel (Hrsg.), Transformation des Wir-Gefühls. Studien zum nationalen Habitus, S. 279 (287). Zu seiner Zugehörigkeit „zur ganz Rechten Seite des Spektrums" auch *Spindler*, in: Diskussion in der Sendereihe „Nahaufnahme" vom Kurpfalz-Radio des Süddeutschen Rundfunks am 7. April

nen Gestapo-Akten taucht ein Hinweis auf, dass er 1923 der völkischen Bewegung angehört und mit *Hitler* in Verbindung gestanden habe. Er habe sich dann der Rheinischen Bewegung zugewandt, weil er befürchtete, im Nationalsozialismus keine führende Rolle übernehmen zu können.[626] Zuvor habe er aber auch die völkische Einstellung bei den Freien Bauern in Bayern gefördert und sogar in Erwägung gezogen, seinen Wohnsitz ins rechtsrheinische Bayern zu verlagern. Die Skrupellosigkeit der Völkischen imponierte dem Bauernführer.[627]

d. Weitere politische Laufbahn

Schon früh entflammte ein Konflikt zwischen *Heinz* und der Abwehrstelle, weil der damalige Bauernführer Holz bei den Franzosen gekauft hatte und infolgedessen von *Eberlein* öffentlich angegriffen wurde. In der publizierten Antwort von *Heinz* wird deutlich, dass er erbost über das Unverständnis der Pfalzzentrale in Bezug auf die Lage der Pfalz und der diesbezüglichen Priorisierung des passiven Widerstandes war.[628] Dass er den Anschuldigungen öffentlich entgegentrat, spricht einerseits für sein selbstbewusstes Auftreten, andererseits aber auch für seinen Geltungsdrang.[629] Gegen eine Schlechterstellung sowohl durch das Deutsche Reich als auch durch die Besatzungsbehörde und die daraus resultierende Zwickmühle protestierte *Heinz* auch im Falle eines Mitglieds der Freie Bauernschaft, das wegen Widerstands gegen die Staatsgewalt festgenommen wurde.[630]

1989, 10:04 bis 11 Uhr, Abschrift von Mitschnitt, S. 4, der ebenfalls vermutet, dass *Heinz* mit *Hitler* in Kontakt stand. Vgl. auch *Leszinski,* Separatismus in der Pfalz nach den beiden Weltkriegen – Ein Vergleich, S. 31 f.

626 Bericht „Heinz Fr. Joseph", LA Speyer H 91/1145; *Gembries,* Autonome Pfalz, 1923/24, in: Historisches Lexikon Bayerns, abrufbar unter: https://www.historisches-lexikon-bayerns.de/Lexikon/Autonome_Pfalz,_1923/24, zuletzt abgerufen am 1.11.2022.

627 *Hamm,* Freie Bauernschaft, Heinz Orbis und Separatismus, S. 35.

628 *Gräber/Spindler,* Revolverrepublik am Rhein, S. 120.

629 *Gräber/Spindler,* Revolverrepublik am Rhein, S. 121; *dies.* ebd. gehen jedoch aufgrund einer Stilanalyse davon aus, dass nicht *Heinz* selbst, sondern der Chefredakteur der Freien Bauern, *Bremauer,* den entsprechenden Artikel verfasst hat. Dies kann jedoch dahinstehen, da *Heinz* zumindest mit seiner Veröffentlichung einverstanden gewesen sein muss und diese mit hoher Wahrscheinlichkeit auch angeregt hat.

630 *Gräber/Spindler,* Revolverrepublik am Rhein, S. 121.

Bereits im Sommer 1923 soll sich der Bauernführer aus Orbis entfernt haben, um auf politische Reisen zu gehen. Auf diesen ist er Gerüchten zufolge eine Liaison mit einer Adeligen auf einem herrschaftlichen Gut in der Nähe von Bad Kreuznach eingegangen, wo er auch politische Kontakte zur Rheinischen Republik geknüpft haben soll. In dieser Zeit hat das Verkehren in adeligen Kreisen *Heinz*' Ehrgeiz beflügelt und seinen Geltungsdrang verstärkt.[631]

Wann er sich vollkommen der separatistischen Bewegung zuwandte und an deren Spitze trat, ist nicht abschließend geklärt. Teils wird behauptet, dass *Heinz* schon an der Freien Pfalz Bewegung beteiligt gewesen sein soll,[632] wofür sich indes keine Belege finden lassen. Im Oktober 1923 saß *Heinz* zumindest auch noch im Kreistag und war Präsident der freien Bauernschaft. Zeitgleich engagierte er sich aber auch schon im separatistischen Milieu,[633] was anhand verschiedener Indizien belegbar ist. So war er bei der Kreistagsversammlung, bei der *Hoffmann* seine Pfalz-Aktion zur Sprache brachte, ebenfalls zugegen und stimmte als einziger Nicht-Sozialdemokrat für dessen Ideen.[634] In einem Geheimpapier vom 26. Oktober 1923 versprach *Heinz de Metz* überdies seine Mitwirkung an der Gründung einer rheinländischen Notenbank. Zur selben Zeit fand sich sein Name auch schon auf einer Kabinettsliste der Rheinischen Republik.[635] Er wurde von *Dorten* zum Generalkommissar für die Pfalz ernannt[636] und saß seit dem 23. Oktober 1923 offiziell als Pfalzbevollmächtigter in der Regierung der Rheinischen Republik.[637] Auch unterschrieb *Heinz* schon frühzeitig eine

631 *Gräber/Spindler*, Revolverrepublik am Rhein, S. 578; *Oberhauser*, Der Kampf um die Rheinpfalz, S. 114. Solche Affären des kategorischen Junggesellen werden des Öfteren erwähnt. Vgl. hierzu nur *Starck*, Donnersbergjahrbuch 1985, 196 (196); *Hamm*, Freie Bauernschaft, Heinz Orbis und Separatismus, S. 36.

632 Protokoll v. 29.10.1923, LA Speyer R 583/12; in diese Richtung auch Vernehmung des Angeschuldigten *Kästner*, Leipzig, den 1. April 1924, der berichtet, dass Heinz nach eigener Aussage schon 1919 separatistische Ideen vertreten hätte, LA Speyer R12/588.

633 *Schwarz*, Der Separatismus in der Pfalz nach dem 1. Weltkrieg, S. 262.

634 Pfälzische Presse v. 24.10.1928.

635 *Gembries*, Autonome Pfalz, 1923/24, in: Historisches Lexikon Bayerns, abrufbar unter: https://www.historisches-lexikon-bayerns.de/Lexikon/Autonome_Pfalz,_1923/24, zuletzt abgerufen am 1.11.2022.

636 *Grimm*, Frankreich am Rhein. Rheinlandbesetzung und Separatismus im Lichte der historischen französischen Rheinlandpolitik, S. 117. S. zu dieser Bezeichnung auch *Bohley*, Die Pfalz am Rhein 16 (1933), 598 (599). S. zu dieser Stellung auch Speyerer Zeitung v. 8.11.1923.

637 *Gräber/Spindler*, Revolverrepublik am Rhein, S. 572; *Leszinski*, Separatismus in der Pfalz nach den beiden Weltkriegen – Ein Vergleich, S. 30 f. Auch von *Dorten* wurde

Notiz mit „der Generalbevollmächtigte", was belegt, dass er sich selbst als Anführer der pfälzischen Bewegung wahrnahm.[638]

An einer Separatistenkonferenz in Neustadt am 31. Oktober hat *Heinz* nicht teilgenommen, da er aufgrund eines Treffens mit *Dorten* in Wiesbaden verhindert gewesen war.[639] Dies deutete schon damals auf seine herausragende Stellung hin. An der Neustadter Konferenz am 2. November war *Heinz-Orbis* wieder anwesend und berichtete von seinem Treffen mit *Dorten.* Noch am selben Abend wollte er sich nochmals mit ebendiesem treffen, um weitere Details des Putschplanes zu besprechen.[640] Weitere Quellen dafür, dass *Heinz* schon zum damaligen Zeitpunkt an separatistischen Treffen teilnahm, gibt es nicht. Aufgrund seiner engen Beziehung zu *Dorten* ist allerdings davon auszugehen.[641]

Seit November 1923 stand er offiziell an der Spitze der Separatisten[642] und gab am 12. November 1923 seine Präsidentschaft bezüglich der Autonomen Pfalz bekannt.[643]

Heinz wollte nichtsdestotrotz keine Annäherung der Pfalz an Frankreich. Ursprünglich ging er davon aus, dass die Pfalz deutsch bleiben sollte, was auch zu seinem Umgang in völkisch-nationalen Kreisen passte. Weshalb er sich dem Separatismus zuwandte, ist umstritten.[644] Auch wenn *Heinz* sich nie explizit zu seiner Motivation geäußert hat und diese daher nur nachempfunden werden kann, so haben wohl sein Geltungsdrang sowie die langjährigen Auseinandersetzungen mit der deutschen Obrigkeit zu sei-

---

Heinz als Generalbevollmächtigter für die Pfalz angesehen, Flugblatt der Rheinischen Republik. Generalbevollmächtigter Süd, LA Speyer, R 12/814.

638 *Schwarz,* Der Separatismus in der Pfalz nach dem 1. Weltkrieg, S. 262.

639 *Schwarz,* Der Separatismus in der Pfalz nach dem 1. Weltkrieg, S. 260.

640 *Schwarz,* Der Separatismus in der Pfalz nach dem 1. Weltkrieg, S. 262; *Gräber/Spindler,* Revolverrepublik am Rhein, S. 614; *Hüttenberger* Blätter für Deutsche Landesgeschichte 1972, 105 (116), geht jedoch von einem Treffen am 3. November aus.

641 *Schwarz,* Der Separatismus in der Pfalz nach dem 1. Weltkrieg, S. 262.

642 *Gembries,* Autonome Pfalz, 1923/24, in: Historisches Lexikon Bayerns, abrufbar unter: https://www.historisches-lexikon-bayerns.de/Lexikon/Autonome_Pfalz,_1923/24, zuletzt abgerufen am 1.11.2022.

643 *Starck,* Donnersberg-Jahrbuch 1985, 196 (197).

644 *Wünschel,* Donnersbergjahrbuch 2000, 197 (198); *Oberhauser,* Der Kampf um die Rheinpfalz, S. 112. Die anderslautenden Quellen, nach denen *Heinz* versuchte, sich mit den Franzosen gut zu stellen, indem er ihnen Wein und Zigaretten schenkte, dürften insbesondere in Anbetracht ihres Urhebers als propagandistisch zu werten sein. An anderer Stelle wird erwähnt, dass Heinz eine vollständige Lösung vom Reich wollte, jedoch ein französisches Protektorat ablehnte, Vernehmung des Angeschuldigten *Kästner* v. 1.04.1924, LA Speyer, R 12/588.

nem Entschluss, einen autonomen Staat zu etablieren, beigetragen.[645] Die Zuwendung zu einer prosperierenden Bewegung entsprach seiner Natur und war Ausdruck seiner Tendenzpolitik.

e. Zeitgenössische Charakterisierung des Franz Josef Heinz in Literatur und Realität

Heinz wurde von der Öffentlichkeit in ambivalenter Weise wahrgenommen. Auch in der zeitgenössischen belletristischen Aufarbeitung der Thematik wird sein Verhalten einerseits als Verrat verurteilt, er wurde aber andererseits auch als Respektsperson dargestellt.[646] *Springer* bezeichnet ihn als einzige Persönlichkeit, die die Autonome Regierung überhaupt hatte.[647] *Hartmann* charakterisierte ihn trotz aller Abneigung als eine „nicht zu unterschätzende Erscheinung" und „Führer mit Format".[648] Es wurden ihm trotz allem zahlreiche positive Eigenschaften zugeschrieben. So charakterisierten ihn seine Nachbarn als freundlich und hilfsbereit. Nicht zuletzt sei er ein sehr eloquenter und charismatischer Redner gewesen,[649] der als eine der schillerndsten Persönlichkeiten der politischen Öffentlichkeit in der Pfalz[650] durch seine Intelligenz, seinen Einfallsreichtum und seine

645 *Leszinski*, Separatismus in der Pfalz nach den beiden Weltkriegen – Ein Vergleich, S. 33; *Oberhauser*, Der Kampf um die Rheinpfalz, S. 112; *Jolas*, Die Pfalz unter Französischer Besatzung von 1918 bis 1930, S. 186; Bericht „Heinz Fr. Joseph", LA Speyer H 91, Nr. 1145, zu ersterem jedoch auch *Schlickel*, Aktiv Dabei 3/2008, 40 (40).

646 *Gräber*, Die schöne Literatur und die hässliche Geschichte. Die Darstellung des pfälzischen Separatismus nach dem 1. Weltkrieg in der zeitgenössischen Belletristik, in: Nestler/Schaupp (Hrsg.), Zwischen Revolution und Demokratie, Studien zur Geschichte der Pfalz vom späten 18. bis Mitte des 20. Jahrhunderts, S. 173 (188).

647 *Springer*, Loslösungsbestrebungen am Rhein, S. 126.

648 *Hartmann*, Landauer Anzeiger v. 28.6.1930.

649 *Starck*, Donnersbergjahrbuch 1985, 196 (196); Bericht „Heinz Fr. Joseph", LA Speyer H 91/1145; vgl. zu seiner Eigenschaft als „temperamentvoller Redner" auch *Jacob*, Das Ende des Separatismus in Deutschland. Dargestellt am Abwehrkampf der deutschen Publizistik in der Pfalz und an der Saar 1919 bis 1935, S. 23; *Gräber*, Die Pfalz 56 (2010), 10 (10),

650 *Gembries*, Autonome Pfalz, 1923/24, in: Historisches Lexikon Bayerns, abrufbar unter: https://www.historisches-lexikon-bayerns.de/Lexikon/Autonome_Pfalz,_1923/24, zuletzt abgerufen am 1.11.2022; *ders.*, Die Pfalz und Bayern in der Weimarer Zeit, in: Fenske (Hrsg.), Die Pfalz und Bayern 1816–1956, S. 189 (202); *Leszinski*, Separatismus in der Pfalz nach den beiden Weltkriegen – Ein Vergleich, S. 31.

Schlagfertigkeit glänzen konnte.[651] Er sei ein sicherer, souveräner und gewandter Führer gewesen,[652] dessen Verhalten gemessen und würdevoll war.[653] Sogar ein mit seiner Strafverfolgung betrauter Staatsanwalt kam nicht umhin, *Heinz* als „sittlich hochstehenden Mann, der für seine Überzeugung kämpf[t]“, zu beschreiben.[654]

Allerdings wurden auch seine negativen Eigenschaften thematisiert. So konnte sein ungewöhnliches Temperament schnell in einen glühenden Fanatismus umschlagen.[655] *Jacob* beschreibt ihn als „gefährliche(n) bedenkenlose(n) Streber“.[656] Er wurde als eitel, geltungsbedürftig, prahl- und herrschsüchtig sowie krankhaft ehrgeizig dargestellt.[657] Nach einem Eintrag in seiner Gestapo-Akte soll er die Gewohnheiten eines Abenteurers und Hochstaplers angenommen haben.[658] Auch *Gedye* nennt ihn einen „pothouse politician“, also einen politischen Wichtigtuer.[659] Abwertend wird er auch „Banditenpräsident“ geschimpft.[660] Sehr negativ sieht ihn *Poldi* als einen „Mann von ganz minderwertigen Eigenschaften, ein[en] Herostrat[en][661] und üble[n] Schwätzer, ein[en] Landwirt[en] mit Großstadt-

651 *Starck*, Donnersbergjahrbuch 1985, 196 (197); *Jolas*, Die Pfalz unter Französischer Besatzung von 1918 bis 1930, S. 186.

652 *Hamm*, Freie Bauernschaft, Heinz Orbis und Separatismus, S. 30.

653 *Gräber/Spindler*, Revolverrepublik am Rhein, S. 122.

654 Zitiert nach *Gräber/Spindler*, Revolverrepublik am Rhein, S. 122.

655 *Oberhauser*, Der Kampf um die Rheinpfalz, S. 110.

656 *Jacob*, Das Ende des Separatismus in Deutschland. Dargestellt am Abwehrkampf der deutschen Publizistik in der Pfalz und an der Saar 1919 bis 1935, S. 23.

657 *Grimm*, Frankreich am Rhein. Rheinlandbesetzung und Separatismus im Lichte der historischen französischen Rheinlandpolitik, S. 117; *Jolas*, Berufliche Erlebnisse eines Pfalz-Bayerischen Verwaltungsbeamten, Bd. 2, unveröffentlichtes Typoskript, LA Speyer, Bibliothek, Signatur C 1381, S. 262 a. S. zu seinem Ehrgeiz *Starck*, Donnersbergjahrbuch 1985, 196 (197). S.. zu seiner Charakterisierung als herrschsüchtig auch Brief des Bürgermeisters *Neber* an das Bezirksamt Kirchheimbolanden v. 3.2.1930, LA Speyer H 91/1145.

658 Bericht „Heinz Fr. Joseph“, LA Speyer H 91/1145.

659 *Gedye*, The Revolver Republic, S. 216. *Gedye* war ein Times-Journalist, der bei dem Attentat anwesend gewesen war, s. hierzu *Wünschel*, Donnersbergjahrbuch 2000, 197 (197); *Jolas*, Die Pfalz unter Französischer Besatzung von 1918 bis 1930, S. 186; *Grimm*, Frankreich am Rhein. Rheinlandbesetzung und Separatismus im Lichte der historischen französischen Rheinlandpolitik, S. 119; *Jung*, Pfälzische Presse v. 30.6.1930.

660 *Betsch*, Ballade am Strom, S. 511.

661 *Herostratos* war eine Gestalt der griechischen Mythologie. Im Jahre 356 v. Chr. soll er den Tempel der Artemis in Ephesos in Brand gesteckt haben, um seinen Namen unsterblich zu machen. S. hierzu *Plaumann*, in: Pauly (Hrsg.), Paulys Realencyclopädie der classischen Altertumswissenschaft, Sp. 1145 f.

allüren, ein[en] Verbrecher mit dem Gehaben eines Aristokraten, dessen Ahnen zurückgehen bis zu Karl dem Großen."[662]

Auch wenn viele seine Taten nicht billigten und ihn als Vaterlandsverräter ansahen,[663] so versuchten sie dennoch, den Separatistenführer im Nachhinein zu rechtfertigen. Dies rührt wohl daher, dass er als charismatischer Führer wahrgenommen wurde, der, auch wenn er sich auf Abwegen befand,[664] eher Narr als Schurke gewesen war[665] und mitunter als Werkzeug der Franzosen eingeschätzt wurde.[666] Der Einfluss seiner Schwester sowie deren Hass gegenüber Preußen soll sich negativ auf *Heinz* ausgewirkt haben.[667] Auch in dem von *Bremauer* verfassten Nachruf treten rechtfertige Elemente zu Tage. Dort heißt es: „Je mehr Angriffe gegen *Heinz,* desto mehr Abscheu gegen seine Angreifer und ihr Wesen empfand er. So wurde aus einem Bismarckianer ein Separatist! So wurde er ein Märtyrer seiner Sache [...] Wir begriffen, wie alles über ihn gekommen ist und wir verstanden es, daß er Wege ging, die wir mit ihm nicht gehen durften und konnten... *Heinz* war Idealist vom reinsten Wasser [...]"[668]

Diese Aussagen befassen sich mit den Gründen, weshalb sich *Heinz* dem Separatismus zuwandte. Neben der damit erzielten Rechtfertigungswirkung waren sie auch davon getrieben, eine rationale Erklärung für das Verhalten des ehemaligen Bauernführers zu finden.

Auch der Geltungsdrang des *Heinz* wurde teils relativiert. *Braun* stellt *Heinz* als tragische Figur dar, die „über sich hinaus wollte und wie alle Bauernführer vor ihm daran verblutete."[669] In der Bauernschaft sieht er ein Entlastungsargument.[670] Letztendlich sei er durch die komplizierten

662 *De Poldi,* Der Separatist. Roman aus dem entrechteten Deutschland, S. 8.

663 *Gedye,* The Revolver Republic, S. 216.

664 *Gräber,* Die schöne Literatur und die hässliche Geschichte. Die Darstellung des pfälzischen Separatismus nach dem 1. Weltkrieg in der zeitgenössischen Belletristik, in: Nestler/Schaupp (Hrsg.), Zwischen Revolution und Demokratie. Studien zur Geschichte der Pfalz vom späten 18. bis Mitte des 20. Jahrhunderts, S. 173 (188).

665 *Gedye,* The Revolver Republic, S. 216.

666 Brief des Bürgermeisters *Neber* an das Bezirksamt Kirchheimbolanden v. 3.2.1930, LA Speyer H 91/1145.

667 Brief des Bürgermeisters *Neber* an das Bezirksamt Kirchheimbolanden v. 3.2.1930, LA Speyer H 91/1145.

668 Nachruf *Bremauers* auf Heinz-Orbis, im Freien Bauer v. 12. Januar 1924 zitiert nach *Oberhauser,* Der Kampf um die Rheinpfalz, S. 146.

669 *Braun,* Nibelungenland, S. 438.

670 *Gräber,* Die schöne Literatur und die hässliche Geschichte. Die Darstellung des pfälzischen Separatismus nach dem 1. Weltkrieg in der zeitgenössischen Belletristik,

politischen Verhältnisse in die Irre geführt[671] und von falschem Ehrgeiz getrieben worden.[672] Nichtsdestoweniger beschreibt er ihn allerdings auch als herz- und ehrlose Persönlichkeit[673] mit einer Charakterschwäche.[674] Seine Rednerkunst wurde ihm auch teilweise negativ ausgelegt und er selbst als Demagoge dargestellt.[675]

Heinz vermochte zu beeindrucken und zumindest zu faszinieren. Wenngleich seine Handlungen verurteilt wurde, so galt dies nicht für seine Person. Diese wurde in ambivalenter Weise wahrgenommen.

2. Schmitz-Epper

Pressechef der Regierung war *Josef Schmitz*.[676] Gebürtig kam der 1897 Geborene aus Rommersheim bei Prüm in der Eifel. Wie er in die Pfalz kam, ist unbekannt.[677] Genau wie *Heinz* kam er aus einer Bauernfamilie, wollte aber den väterlichen Hof nicht übernehmen. Stattdessen begann er erst eine Handwerkslehre und wechselte dann während des Ersten Weltkrieges in eine Präparandenklasse des Lehrerseminars,[678] wo er die ersten beiden Jahre überspringen durfte. Sowohl ein ehemalagier Klassenkamerad als auch sein jüngerer Bruder lobten seine herausragende Intelligenz und intellektuelle Überlegenheit.[679] Sein Auftreten war selbstbewusst, selbständig und zeichnete sich durch Führungskompetenzen aus, die er schon früh als Klassensprecher in der Präparandenklasse wahrnahm.[680] Er wirkte in seinem Auftreten sicher und bestimmt.[681] Noch vor dem Hauptseminar verließ er

in: Nestler/Schaupp (Hrsg.), Zwischen Revolution und Demokratie. Studien zur Geschichte der Pfalz vom späten 18. bis Mitte des 20. Jahrhunderts, S. 173 (188).

671 *Braun*, Nibelungenland, S. 442.

672 *Braun*, Nibelungenland, S. 450.

673 *Betsch*, Ballade am Strom, S. 469.

674 *Betsch*, Ballade am Strom, S. 470.

675 *Hartmann*, Landauer Anzeiger v. 28.6.1930; *Jolas*, Berufliche Erlebnisse eines Pfalz-Bayerischen Verwaltungsbeamten, Bd. 2, unveröffentlichtes Typoskript, LA Speyer, Bibliothek, Signatur C 1381, S. 262 a.

676 *Gembries*, Autonome Pfalz 1923/24, in: Historisches Lexikon Bayerns, abrufbar unter: https://www.historisches-lexikon-bayerns.de/Lexikon/Autonome_Pfalz,_1923/24#Die_.22Regierung.22_Heinz zuletzt abgerufen am 1.11.2022.

677 *Schwarz*, Der Separatismus in der Pfalz nach dem 1. Weltkrieg, S. 254; *Gräber/Spindler*, Die Pfalzbefreier, S. 21, *dies.*, Revolverrepublik am Rhein, S. 579.

678 *Gräber/Spindler*, Revolverrepublik am Rhein, S. 579.

679 *Gräber/Spindler*, Revolverrepublik am Rhein, S. 579.

680 *Gräber/Spindler*, Revolverrepublik am Rhein, S. 579.

681 *Hartmann*, Landauer Anzeiger v. 28.6.1930.

die Schule für Lehrer, um Sekretär der Freien Bauernschaft zu werden.[682] Der im Volksmund auch *Schmitz-Epper* Genannte war schon 1919 Sympathisant der Rheinlandbewegung gewesen.[683] Der seit 1921 im Fokus der Abwehrstelle Stehende[684] war seit 1921 Geschäftsführer der rheinhessischen Freien Bauernschaft sowie Herausgeber des „Freien Hessen Bauer"[685] und besuchte auch Sitzungen der RVV.[686] Er verlor diese Positionen jedoch Ende Oktober 1923, nachdem unter seiner Leitung eine Horde Separatisten eine Mainzer Druckerei stürmten, um Notgeld mitzunehmen. Nachdem er in der rheinischen Bewegung keinen Fuß fassen konnte, in Streitereien geriet und letzten Endes sogar von Anhängern der Mattes-Bewegung festgenommen wurde, wandte er sich dem pfälzischen Separatismus zu.[687] Zum ersten Mal trat er bei der Einnahme Frankenthals am 27. November 1923 in der pfälzischen Bewegung öffentlich in Erscheinung.[688] Ideologisch stand der Katholik der antipreußischen Bewegung nahe. Besondere Ressentiments hegte er gegen Preußen, weil seiner Großmutter aufgrund der Kulturgesetze das kirchliche Begräbnis verwehrt worden war.[689] Er fungierte zudem als „Bindeglied" und Kontaktmann zwischen *Dorten* und *Heinz-Orbis*, den er spätestens seit 1921 kannte, einerseits und zwischen den Separatisten und den Franzosen andererseits.[690] *Heinz* fühlte er sich auch politisch Nahe, denn auch er gehörte dem rechtskonservativen Spektrum an, was dadurch deutlich wird, dass er in seiner Zeit in Frankreich nach dem Ende der Separatistenherrschaft für eine reaktionäre Zeitung schrieb.[691]

---

682 *Gräber/Spindler*, Revolverrepublik am Rhein, S. 579.

683 *Schwarz*, Der Separatismus in der Pfalz nach dem 1. Weltkrieg, S. 254; *Gräber/Spindler*, Die Pfalzbefreier, S. 21; *dies.*, Revolverrepublik am Rhein, S. 579.

684 *Gräber/Spindler*, Revolverrepublik am Rhein, S. 578 f.

685 *Gräber/Spindler*, Revolverrepublik am Rhein, S. 579.

686 *Gräber/Spindler*, Revolverrepublik am Rhein, S. 579.

687 *Spindler*, Die Rheinpfalz (Bad Dürkheimer Zeitung), v. 24.8.1993.

688 *Spindler*, Die Rheinpfalz (Bad Dürkheimer Zeitung), v. 24.8.1993.

689 *Spindler*, Die Rheinpfalz (Bad Dürkheimer Zeitung), v. 24.8.1993.

690 *Schwarz*, Der Separatismus in der Pfalz nach dem 1. Weltkrieg, S. 254 f.; *Gräber/Spindler*, Revolverrepublik am Rhein, S. 579; *Leszinski*, Separatismus in der Pfalz nach den beiden Weltkriegen – Ein Vergleich, S. 31; *Gräber/Spindler*, Revolverrepublik am Rhein, S. 578 ff.; *Oberhauser*, Der Kampf um die Rheinpfalz, S. 114; *Dorten*, Die rheinische Tragödie, 2. Aufl., S. 126 f. *Gräber/Spindler*, Revolverrepublik am Rhein, S. 579 f., stellen die Hypothese auf, dass er den Separatistenführer eventuell auch schon im Krieg kennengelernt haben könnte, weil *Epper* behauptet Soldat im Ersten Weltkrieg gewesen zu sein, wo er *Heinz*, der in Kämpfen auf dem Balkan eingesetzt worden war, kennengelernt haben könnte.

691 *Spindler*, Die Rheinpfalz (Bad Dürkheimer Zeitung), v. 24.8.1993.

Mit *Bley* teilte er idealistisch-pazifistische Ziele und strebte ebenfalls einen zur Versöhnung zwischen Deutschland und Frankreich beitragenden Pufferstaat an.[692]

3. Adolf Bley

Der am 6. Dezember 1874 geborene *Adolf Bley* stammte aus dem schlesischen Festenbert. Nach der Aufgabe seines Mainzer Papiergeschäftes begab er sich im Jahre 1909 nach Kirchheimbolanden, wo er 1913 eine gut laufende Papierverarbeitungsfabrik mit hundert Beschäftigten gründete, die bald um ein Sägewerk erweitert werden konnte.[693] Bereits vor dem ersten Weltkrieg war der pazifistisch orientierte *Bley* Mitglied in der Liga der Menschenrechte gewesen.[694] Aus der Kirche war er während des Krieges aus Protest gegen die Segnung von Kriegswaffen ausgetreten und verweigerte als Chef der Papierverarbeitungsfabrik die Zahlung von Kriegsanleihen, weswegen er sowohl von französischer als auch von deutscher Seite unter Beobachtung gestellt wurde. 1920 trat er für die USPD in den Stadtrat von Kirchheimbolanden ein. Er veröffentlichte diverse politische Schriften und stand in Kontakt mit den linken Politikern *Kurt Eisner, Eduard Bernstein*[695] und *Karl Kautsky*.[696] Die Witwe *Eisners* fand sogar nach der Erschießung

692 *Spindler,* Die Rheinpfalz (Bad Dürkheimer Zeitung), v. 24.8.1993.

693 *Ziegler,* Die Verfolgung ehemaliger Separatisten durch die Gestapo, in: Nestler/*ders.* (Hrsg.), Braune Jahre in der Pfalz. Neue Beiträge zur Geschichte einer deutschen Region in der NS-Zeit, S. 254; *Gräber/Spindler,* Revolverrepublik am Rhein, S. 581 f.

694 *Ziegler,* Die Verfolgung ehemaliger Separatisten durch die Gestapo, in: Nestler/*ders.* (Hrsg.), Braune Jahre in der Pfalz. Neue Beiträge zur Geschichte einer deutschen Region in der NS-Zeit, S. 254; *Spindler,* in: Diskussion in der Sendereihe „Nahaufnahme" vom Kurpfalz-Radio des Süddeutschen Rundfunks am 7. April 1989, 10:04 bis 11 Uhr, Abschrift von Mitschnitt, S. 4; *Gräber/Spindler,* Revolverrepublik am Rhein, S. 582.

695 *Eduard Bernstein* (1850–1932) war ein deutscher Sozialdemokrat, Reichstagsabgeordneter und Autor diverser politischer Schriften. S. hierzu und zu seiner Biographie *Osterroth,* Biographisches Lexikon des Sozialismus, Bd. 1: Verstorbene Persönlichkeiten, S. 21 f.

696 *Ziegler,* Die Verfolgung ehemaliger Separatisten durch die Gestapo, in: Nestler/*ders.* (Hrsg.), Braune Jahre in der Pfalz. Neue Beiträge zur Geschichte einer deutschen Region in der NS-Zeit, S. 254; *Gräber/Spindler,* Revolverrepublik am Rhein, S. 582 f. S. zu seiner Rolle als USPD-Mitglied im Stadtrat auch *Spindler,* in: Diskussion in der Sendereihe „Nahaufnahme" vom Kurpfalz-Radio des Süddeutschen Rundfunks am 7. April 1989, 10:04 bis 11 Uhr, Abschrift von Mitschnitt, S. 4. Eventuell werden die Gebrüder *Bley* auch wegen dieser Abwehrhaltung während des Krieges vom Be-

ihres Mannes im Februar 1919 Schutz in seinem Haus.[697] Für einen Angehörigen des linken Spektrums waren die von ihm angeschlagenen Töne gemäßigt und versöhnlich.[698]

Auch wenn *Bley* und *Heinz* in politischer Hinsicht daher als konträre Charaktere beschrieben werden können, verband sie ihre geographische und soziale Herkunft sowie die Freundschaft ihrer Schwestern. Die beiden Männer, die sich schon vor Beginn der separatistischen Bewegung kannten, waren ebenfalls freundschaftlich miteinander verbunden und besuchten sich des Öfteren im privaten Rahmen.[699] Beide wurden während des passiven Widerstandes kritisiert – *Heinz*, weil er wie dargestellt Holz von den Franzosen gekauft hatte,[700] und *Bley*, weil er für die Ausfuhr von Notizblöcken ins rechtsrheinische Gebiet Zoll entrichtet hatte.[701] Daher ist ein gewisser Groll der beiden gegen das Deutsche Reich durchaus nachvollziehbar.

Adolf Bley schloss sich nach dem passiven Widerstand und aufgrund der negativen Folgen, den dieser auf seinen Betrieb hatte, dem Separatismus an,[702] vor allem auch, weil er das Entstehen einer Rechtsdiktatur fürchtete.[703] Durch den Separatismus versprach er sich einen Ansatz, der über eine Aussöhnung mit Frankreich, zu einem geeinten, friedlichen und freien Europa führen konnte. Ersteres sei bei einem autonomen Staat viel leichter zu bewerkstelligen als bei einem aus französischer Sicht mit einer Erbfeindschaft negativ belasteten Deutschen Reich.[704]

---

zirksamt in Kirchheimbolanden als querulatorische Revolutionäre charakterisiert, vgl. hierzu auch *Gräber/Spindler*, Revolverrepublik am Rhein, S. 579. *Karl Kautsky* (1854–1938) war ein sozialdemokratischer Schriftsteller und Lehrmeister vieler Sozialdemokraten. S. zu ihm und seinem Lebenswerk *Osterroth*, Biographisches Lexikon des Sozialismus, Bd. 1: Verstorbene Persönlichkeiten, S. 156 ff.

697 *Gräber/Spindler*, Revolverrepublik am Rhein, S. 583.

698 *Gräber/Spindler*, Revolverrepublik am Rhein, S. 581.

699 *Gräber/Spindler*, Revolverrepublik am Rhein, S. 583; *Spindler*, in: Diskussion in der Sendereihe „Nahaufnahme“ vom Kurpfalz-Radio des Süddeutschen Rundfunks am 7. April 1989, 10:04 bis 11 Uhr, Abschrift von Mitschnitt, S. 4.

700 S. hierzu S. 133.

701 *Gräber/Spindler*, Revolverrepublik am Rhein, S. 583 f.

702 *Schwarz*, Der Separatismus in der Pfalz nach dem 1. Weltkrieg, S. 255; *Gräber/Spindler*, Revolverrepublik am Rhein, S. 583 f.

703 *Gräber/Spindler*, Revolverrepublik am Rhein, S. 585.

704 *Leszinski*, Separatismus in der Pfalz nach den beiden Weltkriegen – Ein Vergleich, S. 32.

Im Kabinett der Autonomen Regierung war er als Wirtschaftsminister und stellvertretender Präsident tätig.[705] Sein Bruder *Georg Bley*, welcher am 10. November 1872 geboren wurde, hatte das Amt des Bezirksamtsvorstandes in Kirchheimbolanden inne. Nach der Erschießung von *Franz Josef Heinz* wurde *Adolf Bley* Präsident der autonomen Regierung.[706]

4. Georg Kunz

Ein weiteres Mitglied der Regierung war *Georg Kunz*, der 1888 in Marseille als unehelicher Sohn des Generalkonsuls *Georg Baron von Oertzen* und dessen Hausdame geboren wurde.[707] Nachdem er die ersten Jahre seines Lebens in Findelheim verbracht hatte und vom Baron nach Zahlung einer Geldsumme aus Frankreich geschafft wurde, um die Existenz des unehelichen Kindes zu verheimlichen, wurde er mit gefälschten Papieren unter dem Namen *Georg Goss* nach Heidelberg geschickt, wo er bei seiner Großmutter lebte.[708] Er wird als intelligenter Schüler mit philologischer Neigung beschrieben.[709] Obwohl er gerne Maschinenbau studiert hätte, lernte er nur den Beruf des Stockmachers und trat früh in die sozialistische Arbeiterjugend ein.[710] Im Jahre 1910 heiratete er *Alma Anna Hey*. Das Paar, das drei Kinder hatte, lebte in ärmlichen Verhältnissen und zog von Heidelberg zuerst nach Stuttgart und dann 1914 nach Kassel.[711] Der linksra-

705 *Gräber/Spindler*, Die Pfalzbefreier, S. 23.

706 *Ziegler*, Die Verfolgung ehemaliger Separatisten durch die Gestapo, in: Nestler/*ders.* (Hrsg.), Braune Jahre in der Pfalz. Neue Beiträge zur Geschichte einer deutschen Region in der NS-Zeit, S. 254 f. S. hierzu auch S. 216.

707 *Gräber/Spindler*, Revolverrepublik am Rhein, S. 126; *Eckhardt*, Viktors Kopf. Vom Umgang mit einem NS-Unrechtsurteil, abrufbar unter: https://www.deutschlandfunkkultur.de/viktors-kopf-pdf.media.1ccc80928a344402b385021680662e7f.pdf, zuletzt abgerufen am 1.11.2022, S. 4.

708 *Eckhardt*, Viktors Kopf. Vom Umgang mit einem NS-Unrechtsurteil, abrufbar unter: https://www.deutschlandfunkkultur.de/viktors-kopf-pdf.media.1ccc80928a344402b385021680662e7f.pdf, zuletzt abgerufen am 1.11.2022, S. 4 f.

709 *Eckhardt*, Viktors Kopf. Vom Umgang mit einem NS-Unrechtsurteil, abrufbar unter: https://www.deutschlandfunkkultur.de/viktors-kopf-pdf.media.1ccc80928a344402b385021680662e7f.pdf, zuletzt abgerufen am 1.11.2022, S. 5.

710 *Eckhardt*, Viktors Kopf. Vom Umgang mit einem NS-Unrechtsurteil, abrufbar unter: https://www.deutschlandfunkkultur.de/viktors-kopf-pdf.media.1ccc80928a344402b385021680662e7f.pdf, zuletzt abgerufen am 1.11.2022, S. 5.

711 *Eckhardt*, Viktors Kopf. Vom Umgang mit einem NS-Unrechtsurteil, abrufbar unter: https://www.deutschlandfunkkultur.de/viktors-kopf-pdf.media.1ccc80928a344402b385021680662e7f.pdf, zuletzt abgerufen am 1.11.2022, S. 5.

dikale Berufsrevolutionär, der in seiner politischen Überzeugung links der KPD anzusiedeln war, trat in der Nachkriegszeit in Berlin als Funktionär der KAPD als Erwerbslosenführer in Erscheinung. Dort pflegte er Kontakt mit *Karl Liebknecht* und wurde Sprecher des Spandauer Soldatenrates und Leiter der Allgemeinen Arbeiter Union, die als anarchosyndikalistische Gewerkschaftsorganisation der KAPD beschrieben werden kann. Auch in Ludwigshafen agierte er im Herbst 1922 als Fürsprecher der Arbeitslosen für die AAU.[712] Wenngleich er Kommunist war, lehnte er die Parteiendiktatur nach sowjetischem Vorbild ab und präferierte eine Räterepublik mit kollektiver Selbstverwaltung.[713] Auch er war ein mitreißender politischer Redner.[714]

5. Georg May

Ein weiteres Regierungsmitglied aus Schifferstadt wurde als „Bären-May" beschrieben, der sich während der Revolution im Jahr 1918 aus dem Gefängnis befreit haben soll, nachdem er wegen seiner Teilnahme am Matrosenaufstand am Ende des Ersten Weltkrieges zuvor inhaftiert worden war.[715] Gemeint war ein 37 Jahre alter Mann namens *Georg May* aus Schifferstadt,[716] der nach damaligen Maßstäben ein abenteuerliches Leben geführt hat. Auf der Waltz hatte er im Alter von 16 Jahren schon einen Großteil Europas erkundet und mit 18 Jahren war er als Kohletrimmer auf einem Truppentransporter nach Japan gefahren.[717] Der Weinhandel,

712 *Gräber/Spindler*, Revolverrepublik am Rhein, S. 126 f.; *ders.*, Die Pfalzbefreier, S. 21; *Spindler*, in: Diskussion in der Sendereihe „Nahaufnahme" vom Kurpfalz-Radio des Süddeutschen Rundfunks am 7. April 1989, 10:04 bis 11 Uhr, Abschrift von Mitschnitt, S. 5; *Eckhardt*, Viktors Kopf. Vom Umgang mit einem NS-Unrechtsurteil, abrufbar unter: https://www.deutschlandfunkkultur.de/viktors-kopf-pdf.media.1ccc80928a344402b385021680662e7f.pdf, zuletzt abgerufen am 1.11.2022, S. 5.

713 *Eckhardt*, Viktors Kopf. Vom Umgang mit einem NS-Unrechtsurteil, abrufbar unter: https://www.deutschlandfunkkultur.de/viktors-kopf-pdf.media.1ccc80928a344402b385021680662e7f.pdf, zuletzt abgerufen am 1.11.2022, S. 5.

714 *Gräber/Spindler*, Revolverrepublik am Rhein, S. 126.

715 *Grimm*, Frankreich am Rhein. Rheinlandbesetzung und Separatismus im Lichte der historischen französischen Rheinlandpolitik, S. 117; *Oberhauser*, Der Kampf um die Rheinpfalz, S. 125.

716 *Spindler*, Einer fiel aus dem Separatistennest, in: Stadt Schifferstadt (Hrsg.), Schifferstadt, Geschichte und Geschichten, S. 215 (220).

717 *Spindler*, Einer fiel aus dem Separatistennest, in: Stadt Schifferstadt (Hrsg.), Schifferstadt, Geschichte und Geschichten, S. 215 (220 f.)

denn er danach eröffnet hatte, war Bankrott gegangen, sodass er 1913 in Hamburg wieder als Stewart anheuerte.[718] Der leicht erregbare Mann wurde zu einer dreijährigen Haftstrafe verurteilt, weil er gegenüber einem Vorgesetzten handgreiflich geworden war. Im Rahmen der Novemberrevolution wurde er aus dem Gefängnis befreit.[719] In die Heimat zurückgekehrt konnte er sich einen solide Existenz mit einem gut laufenden Weinhandel aufbauen und verfügte daher auch über gesellschaftliches Ansehen.[720] In der separatistischen Regierung hatte er zuerst den Oberbefehl über die gesamten pfälzischen Putschtruppen. Im Dezember wechselte er dann in die separatistische Zivilverwaltung und wurde Aufseher über das Bezirksamt in Speyer.[721]

II. Die separatistische Miliz

Eine weitere wichtige Säule der Bewegung stellten die Söldner der Autonomen Regierung dar. Die teilweise vorhandenen Rekrutierungslisten sind unvollständig und eine Rekonstruktion der Truppenstruktur daher nur fragmentarisch möglich. Insgesamt setzte sich die Gruppierung soweit dies ersichtlich ist, aus Pfälzern zusammen, wobei Erwerbslose, ungelernte und angelernte Arbeiter sowie Tagelöhner etwa die Hälfte des Corps ausmachen.[722] Besonders oft waren bei den Putschisten junge Erwerbslose vertreten.[723] Neben der Verpflegung erhielten die Milizangehörigen auch einen Sold, was für diejenigen, die am wirtschaftlichen Existenzminimum

718 *Spindler*, Einer fiel aus dem Separatistennest, in: Stadt Schifferstadt (Hrsg.), Schifferstadt, Geschichte und Geschichten, S. 215 (221).

719 *Spindler*, Einer fiel aus dem Separatistennest, in: Stadt Schifferstadt (Hrsg.), Schifferstadt, Geschichte und Geschichten, S. 215 (221).

720 *Spindler*, Einer fiel aus dem Separatistennest, in: Stadt Schifferstadt (Hrsg.), Schifferstadt, Geschichte und Geschichten, S. 215 (221).

721 *Spindler*, Einer fiel aus dem Separatistennest, in: Stadt Schifferstadt (Hrsg.), Schifferstadt, Geschichte und Geschichten, S. 215 (224).

722 *Gembries*, Pfälzische Corps, in: Historisches Lexikon Bayerns, abrufbar unter: https://www.historisches-lexikon-bayerns.de/Lexikon/Pf%C3%A4lzisches_Corps, zuletzt abgerufen am 1.11.2022.

723 *Gräber*, Separatismus und kollektive Mentalität. Eine Fallstudie am Beispiel des Pfälzischen Separatismus nach dem Ersten Weltkrieg, in: Blomert/Kuzmics/Treibel (Hrsg.), Transformation des Wir-Gefühls. Studien zum nationalen Habitus, S. 279 (285). Beim Pfälzischen Corps sollen die Leute im Schnitt zwischen 16 und 30 Jahren alt gewesen sein., s. hierzu Bericht von Rockenhausen v. 7.11.1923, LA Speyer, R 12/21.

beziehungsweise darunter lebten, besonders verlockend war.[724] Auch bei der Uniformierung des Pfälzischen Corps trat die finanzielle Mittellosigkeit der Autonomen Regierung deutlich zu Tage. Anstelle von einer Einheitlichen Dienstkleidung, trugen die Söldner nämlich lediglich grün-weiß-rote Armbinden.[725]

III. Die separatistischen Sympathisanten

1. Zusammensetzung in Bezug auf berufliche Schichten

Die Heterogenität, welche anhand der separatistischen Führungspersönlichkeiten aufgezeigt wurde, lässt sich spiegelbildlich auch bei der Anhängerschaft der Separatisten wiederfinden.[726] Damit sind primär solche Menschen gemeint, die sich offen zum Separatismus bekannt hatten. Über die stillen Bewunderer der Bewegung, die es ebenfalls gegeben haben muss, kann hier keine Aussage getroffen werden. Die offen zu Tage tretenden Sympathisanten setzten sich aus allen Bevölkerungsschichten zusammen.[727] Rückschlüsse über die Zusammensetzung geben so genannte Separatistenlisten, welche allerdings nur die offen in Erscheinung tretenden Separatisten erfassen.[728] Wenn man sich die Pirmasenser Separatistenliste ansieht so waren dort 48 % Fabrikarbeiter und sonstige Arbeiter, 8 % Handwerker

724 Ausweis des *Georg Rinsche*, LA Sp, Best. H 91/13709; *Gembries,* Pfälzische Corps, in: Historisches Lexikon Bayerns, abrufbar unter: https://www.historisches-lexikon-bayerns.de/Lexikon/Pf%C3%A4lzisches_Corps, zuletzt abgerufen am 1.11.2022; vgl. den Rekrutierungsaufruf, abgedruckt in Urkunden zum Separatistenputsch im Rheinland im Herbst 1923, 1925, S. 4.

725 Bericht von Speyer v. 7.11.1923, LA Speyer R 12/21. S. zum Erscheinungsbild der Miliz auch S. 106.

726 *Schwarz,* Der Separatismus in der Pfalz nach dem 1. Weltkrieg, S. 280; *Gräber/Spindler,* Revolverrepublik am Rhein, S. 624.

727 *Schwarz,* Der Separatismus in der Pfalz nach dem 1. Weltkrieg, S. 276.

728 *Gräber/Spindler,* Die Pfalzbefreier, S. 21. Dazu, dass insbesondere auf der Liste Kaiserslauterns viele Namen durchgestrichen waren, weil die Betroffenen ihre Mitgliedsausweise wieder zurückschickten und dazu, dass auf der Liste auch V-Männer enthalten waren, welche von der Abwehr in die Reihen der Separatisten geschleust wurden und dazu, dass bei der Speyerer Liste ebenfalls Ungenauigkeiten vorliegen, weil nicht zwischen Mitgliedern des Rheinlandschutzes und den Mitgliedern der RVV differenziert wurde, sondern nur erstere gelistet sind und darüber hinaus eine Gesamtschau auf die Entwicklung des Separatismus dadurch erschwert wird, dass die Separatisten teilweise in der RVV und teilweise in der RRVP organisiert waren *Schwarz,* Der Separatismus in der Pfalz nach dem 1. Weltkrieg, S. 258; s. beispielhaft

und Handwerksmeister und 16 % Selbständige aufgelistet. Außerdem gab es einen kleinen Anteil von Rheinlandschutzsoldaten und Angestellten. 23 % hatten ihren Beruf nicht angegeben. Ins Auge springt, dass keine Beamten auf der Liste verzeichnet waren. Diese enthielt ebenfalls keine Frauen und Schüler.[729]

In Kaiserslautern war ein Großteil der Separatisten Handwerker gefolgt von Tagelöhnern, Angestellten und kleinen Beamten, Facharbeitern, Freiberuflern, Händlern, Kaufleuten und Regiebahnangehörigen sowie Bergmännern. Hauptstütze der Separatisten in Kaiserslautern war das Kleinbürgertum, während verhältnismäßig wenige Arbeiter vertreten waren. Dies war hauptsächlich darauf zurückzuführen, dass die Kaiserslauterer Arbeiter in der SPD und der USPD organisiert waren, welche der separatistischen Idee eher ablehnend gegenüberstanden.[730]

In Frankenthal hingegen waren etwa 8 % der Separatisten Fabrikarbeiter. Dies lässt sich hauptsächlich mit der Bevölkerungszusammensetzung der Fabrik-Stadt erklären. Dort war ein Smeets-Anhänger federführend, der seine Anhänger im Gegensatz zu der Dorten-Bewegung primär aus Arbeiterkreisen generierte. Aufgrund der wirtschaftlichen Situation in der Pfalz ist davon auszugehen, dass viele dieser Arbeiter zum damaligen Zeitpunkt erwerbslos gewesen sein müssten, sodass der Wunsch nach Veränderung bei ihnen besonders stark ausgeprägt war.[731]

In Schifferstadt hingegen fanden sich auch viele bessergestellte Bürger, vor allen Dingen Geschäftsleute, auf der Separatistenliste.[732] Bei einer separatistischen Versammlung am 28. Oktober 1923 in Edesheim waren aber hauptsächlich Arbeiter und Bauern vertreten. Eine gemeinsame separatistische Bewegung scheiterte allerdings am gegenseitigen Misstrauen beider Gruppen. Erfolgreicher verlief ein ähnliches Treffen am 1. November 1923

---

die Separatistenlisten von Frankenthal und Kaiserslautern, BayHStA Haupthilfsstelle für die Pfalz 55.

729 *Schwarz,* Der Separatismus in der Pfalz nach dem 1. Weltkrieg, S. 281; *Schiel,* Die Separatistenherrschaft in Pirmasens 1923/24, S. 31.

730 Separatistenliste für Kaiserslautern, BayHStA Haupthilfsstelle für die Pfalz 55; *Schwarz,* Der Separatismus in der Pfalz nach dem 1. Weltkrieg, S. 281; *Gräber/Spindler,* Revolverrepublik am Rhein, S. 621, *dies.*, Die Pfalzbefreier, S. 22.

731 Separatistenliste für Frankenthal, BayHStA Haupthilfsstelle für die Pfalz 55; *Schwarz,* Der Separatismus in der Pfalz nach dem 1. Weltkrieg, S. 281; *Gräber/Spindler,* Die Pfalzbefreier, S. 22; *dies.*, Revolverrepublik am Rhein, S. 621.

732 *Gräber/Spindler,* Die Pfalzbefreier, S. 22.

in Maikammer, wo sich etwa hundert Männer dazu entschlossen, am bevorstehenden Putsch teilzunehmen.[733]

Demnach war also auch die berufliche Zusammensetzung der Separatisten heterogen, wobei eine leichte Dominanz der Arbeiter und Kleinbürger, der beiden Klassen, die am härtesten von der angespannten wirtschaftlichen Situation getroffen wurden, erkennbar war.[734]

2. Parteipolitische Zusammensetzung

In der separatistischen Bewegung gab es fast keine Sozialdemokraten. Dies lässt sich hauptsächlich damit begründen, dass die Parteispitze der SPD eine Separation der Pfalz vom Reich strikt ablehnte.[735] Diese Meinung teilten die pfälzischen Sozialdemokraten nach dem Scheitern der Hoffmann-Aktion.[736] Schon während dieser wurde deutlich, dass die SPD zwar einer Separation von Bayern zugeneigt gegenüberstand, es ihr jedoch wichtig war, dass die Pfalz ein Teil des Reiches blieb. Nach dem Scheitern der Hoffmann-Aktion hatte sich die Stimmung innerhalb der SPD dahingehend verändert, dass deren Mitglieder eine Separation von Bayern nunmehr gänzlich verwarfen. Ansonsten waren die Separatisten bezüglich ihrer politischen Haltung eher heterogen zusammengesetzt.[737] Aufgrund der Unzufriedenheit der pfälzischen Bevölkerung mit der Politik des Reiches, wurde die Idee einer Autonomen Regierung in allen Wirtschafts- und sonstigen Verbänden vertreten.[738] Die Bewegung beruhte schließlich nicht auf einer ausgeklügelten politischen Ideologie, sondern zielte auf die Verbesserung der wirtschaftlichen Verhältnisse ab. Die wirtschaftliche Not betraf die Bürger unabhängig von ihrer Parteizugehörigkeit.

733 *Gräber/Spindler,* Die Pfalzbefreier, S. 22.

734 *Schwarz,* Der Separatismus in der Pfalz nach dem 1. Weltkrieg, S. 282; *Gräber/Spindler,* Revolverrepublik am Rhein, S. 622.

735 S. hierzu bereits S. 115 f.

736 *Schwarz,* Der Separatismus in der Pfalz nach dem 1. Weltkrieg, S. 277; *Nestler,* Zur Geschichte der pfälzischen SPD in der Weimarer Republik vom 1918 bis 1929, in: Geis/ders. (Hrsg.), Die pfälzische Sozialdemokratie. Beiträge zu ihrer Geschichte von den Anfängen bis 1948/49, S. 288 (312 f.).

737 *Schwarz,* Der Separatismus in der Pfalz nach dem 1. Weltkrieg, S. 280.

738 Erklärung des Bellheimer Bürgermeisters *Sauer* an Generalkonsul *Clive* v. 30.7.1929, LA Speyer R12/728.

3. Die Geographische Zusammensetzung

Bezüglich der geographischen Herkunft der Separatisten wurde in der früheren Forschung oftmals die These vertreten, dass diese „landfremd" gewesen seien. Wenn man sich hingegen die Separatistenliste von Pirmasens ansieht, sind auf dieser von 86 Separatisten 66 aus Pirmasens und die restlichen Separatisten hatten entweder den Wohnort nicht angegeben oder kamen aus der näheren Umgebung. Lediglich ein Separatist kam aus dem Elsass und einer aus Mannheim.[739] Ähnliche Resultate erhält man, wenn man sich die Separatistenlisten von Frankenthal und von Kaiserslautern ansieht.[740] Insofern waren die Separatisten und auch die führenden Köpfe der Bewegung mehrheitlich Pfälzer.[741]

Fraglich bleibt, weswegen dennoch gerade in den 1920er-Jahren vertreten wurde, dass es sich bei den Separatisten um landfremdes Gesindel gehandelt habe. Dies lässt sich einerseits damit erklären, dass die Separatisten bei ihrem Putsch durch Milizsoldaten des Rheinlandschutzes unterstützt wurden.[742] Die „Fliegende Ems" war z. B. an den Eroberungszügen in Kaiserslautern, Neustadt und Kirchheimbolanden beteiligt.[743] Diese These

---

739 *Schwarz,* Der Separatismus in der Pfalz nach dem 1. Weltkrieg, 280; Pirmasenser Separatistenliste StA Pirmasens F 2/11, Bd. I Mappe 5; *Schiel,* Die Separatistenherrschaft in Pirmasens 1923/24, S. 29.

740 *Schwarz,* Der Separatismus in der Pfalz nach dem 1. Weltkrieg, S. 281; Frankenthaler und Kaiserslauterer Separatistenliste BayHStA Haupthilfsstelle für die Pfalz 55.

741 *Gräber,* Separatismus und kollektive Mentalität. Eine Fallstudie am Beispiel des Pfälzischen Separatismus nach dem Ersten Weltkrieg, in: Blomert/Kuzmics/Treibel (Hrsg.), Transformation des Wir-Gefühls. Studien zum nationalen Habitus, S. 279 (285). Dies musste schon *Oberhauser,* Der Kampf um die Rheinpfalz, S. 128 zugeben, der jedoch insbesondere bei den Soldaten der Autonomen Pfalz betont, dass diese größtenteils aus dem Rheinland stammten und die Pfälzer Bevölkerung ein erbitterter Gegner des Separatismus gewesen sein.

742 *Schwarz,* Der Separatismus in der Pfalz nach dem 1. Weltkrieg, 281; *Gräber/Spindler,* 100 Tage autonome Pfalz (1923/1924), in: Kreutz/Scherer (Hrsg.), Die Pfalz unter französischer Besetzung (1918/19–1930), S. 187 (191 f.). Hierzu auch *Bariety,* Les Relations Franco-Allemandes après la Première Guerre Mondiale. 10 Novembre 1918–10 Janvier 1925 de l'Exécution à la Negation, S. 283. S. zu diesem Aspekt auch *Oberhauser,* Der Kampf um die Rheinpfalz, S. 121. Dies wird insbesondere bei *Jacob,* Das Ende des Separatismus in Deutschland. Dargestellt am Abwehrkampf der deutschen Publizistik in der Pfalz und an der Saar 1919 bis 1935, S. 26, deutlich, der jedoch irrigerweise davon ausgeht, dass ein Großteil der separatistischen Miliz aus dem Rheinland gekommen sei.

743 *Oberhauser,* Heimatkalender für das Pirmasenser und Zweibrücker Land, 136 (136). S. zur berüchtigten Fliegenden Ems auch Bericht *Poincares* „Harmlose Manifestanten", LA Speyer, R 12/20.

passt auch zum damals propagierten Bild, nach welchem die Pfälzer sich erbittert gegen die Separatisten zu Wehr gesetzt hatten. Die damit verbundene Legendenbildung ist Ausfluss des Bewältigungsdrucks, den einerseits die Bevölkerung und andererseits aber auch die führenden politischen Stellen in Anbetracht der traumatischen Erlebnisse verspürten.[744]

Dieses Bild kann dennoch nicht aufrechterhalten werden. So wurde die Miliz, die aus dem Rheinland kam, von den pfälzischen Separatisten recht zügig wieder weggeschickt[745] und *Heinz-Orbis* bemühte sich durch den Aufbau des Pfälzischen Corps unabhängig von der Rheinlandbewegung zu werden.[746] Die Legende des Gesindels teils fremder Nationalität tauchte nicht nur im Rahmen des pfälzischen Separatismus auf. Auch in Bezug auf das Rheinland wurde sie vertreten,[747] was dafür spricht, dass die eigene Verantwortlichkeit verdrängt werden soll.

4. Demographische Zusammensetzung

Die meisten Separatisten auf der Kaiserslauterer, Frankenthaler und Pirmasenser Liste lagen in einer Altersgruppe zwischen 19 und 25 Jahren. Es gab fast keine Separatisten, die über 40 Jahre alt waren. In Pirmasens, wo mehr Kleinbürger als Arbeiter zu den Separatisten gehörten, lag das Durchschnittsalter geringfügig höher, da das Bürgertum generell eher ältere Menschen umfasst als die Arbeiterklasse,[748] da dieser soziale Status erst einmal erarbeitet werden musste.

744 S. hierzu bereits S. 33.

745 *Müller,* Die Pfalz am Rhein, Heft 3 August 1988, 38 (39); *Sieber,* Heimatkalender für das Pirmasenser und Zweibrücker Land 2006, 225 (226 f.)

746 *Gembries,* Pfälzische Corps, in: Historisches Lexikon Bayerns, abrufbar unter: https://www.historisches-lexikon-bayerns.de/Lexikon/Pf%C3%A4lzisches_Corps, zuletzt abgerufen am 1.11.2022; *ders.,* Autonome Pfalz, 1923/24, in: Historisches Lexikon Bayerns, abrufbar unter: https://www.historisches-lexikon-bayerns.de/Lexikon/Autonome_Pfalz,_1923/24, zuletzt abgerufen am 1.11.2022. S. hierzu auch S. 118.

747 *Rhenanus (Heinz Gorrenz),* Die Drahtzieher. Ein Blick hinter die Kulissen des separatistischen Theaters am Rhein, S. 171; vgl. hierzu auch *Schlemmer,* „Los von Berlin", Die Rheinstaatbestrebungen nach dem Ersten Weltkrieg, S. 25 f.

748 *Schwarz,* Der Separatismus in der Pfalz nach dem 1. Weltkrieg, S. 282; Frankenthaler und Kaiserslauterer Separatistenliste, BayHStA Haupthilfsstelle für die Pfalz 55; Pirmasenser Separatistenliste, StA Pirmasens F2/11 Bd. I Mappe 5; *Gräber/Spindler,* Revolverrepublik am Rhein, S. 623.

5. Separatismus und Kriminalität

In der Literatur ist die Annahme weit verbreitet, dass die Separatisten größtenteils Kriminelle gewesen seien.[749] Dass es sich bei den Separatisten um vorbestrafte Kriminelle gehandelt haben soll, lässt sich nicht im Allgemeinen bejahen. Zwar ist es zutreffend, dass auch von Separatisten Verbrechen begangen wurden. Sieht man sich eine zeitgenössische Liste an, in der die Gesetzesüberschreitungen der Separatisten festgehalten wurden, so findet man hauptsächlich Vermögensdelikte, vor allen Dingen Diebstähle. Die Menschen, die sich dem Separatismus anschlossen, waren durch ihre wirtschaftliche Not motiviert. Diese Not hat sie auch zur Begehung von Beschaffungsdelikten verleitet. Roheitsdelikte findet man in der Auflistung hingegen nur vereinzelt und auch ein Tötungsdelikt wird lediglich an einer Stelle erwähnt.[750] Darüber hinaus war die Kleinkriminalität in der Nachkriegszeit im besetzten Gebiet aufgrund der chronischen Unterversorgung generell erhöht.[751] Zu beachten ist indes, dass sich die Liste auf Verurteilungen ab März 1924 bezieht und nur ein Teil der den Separatisten zur Last gelegten Taten umfasst werden, da nach dem Londoner Abkommen alle Taten abgesehen von Verbrechen ohne politischen Bezug und Tötungsdelikte unter Amnestie gestellt wurden und diese Liste insofern kein umfassendes Bild über die Kriminalität unter den Separatisten zu bieten vermag.[752] Allerdings wurden die Separatisten nach dem Ende ihrer Herrschaft besonders kritisch beäugt, sodass hier eine Strafverfolgung wohl konsequenter durchgeführt wurde als bei anderen Bürgern.

In Ludwigshafen gab es ebenfalls eine Liste, auf der die Verbrechen der Separatisten festgehalten wurden. Dort waren 20 % der Separatisten vorbestraft gewesen. Wenn man sich die Delikte anschaut, handelt es sich indessen um Bagatelldelikte wie Beleidigung, Hausfriedensbruch, Bettelei und Diebstahl. Vor allen Dingen in dieser Stadt stammten die Separatisten aus

---

749 *Schwarz,* Der Separatismus in der Pfalz nach dem 1. Weltkrieg, S. 282;so beispielsweise *Schäfer,* Die Pirmasenser Separatistenzeit 1923/1924, S. 33; *Baumann,* Die Rheinpfalz (alle Regionalausgaben) v. 8.1.1954. Dazu, dass es sich teilweise um entlassene Sträflinge gehandelt habe, *Oberhauser,* Der Kampf um die Rheinpfalz, S. 121.

750 Verzeichnis über Verurteilungen amtsbekannter ehemaliger Separatisten wegen Verbrechen und Vergehen seit dem 1. März 1924, LA Speyer, R 12/688.

751 *Fischer,* Soziale Verwerfungen im Ruhrkampf durch Hunger und Evakuierung, in: Krumeich/Schröder (Hrsg.), Der Schatten des Weltkrieges. Die Ruhrbesetzung 1923, S. 149 (149).

752 *Schwarz,* Der Separatismus in der Pfalz nach dem 1. Weltkrieg, S. 283; *Gräber/Spindler,* Revolverrepublik am Rhein, S. 631 f.

einem eher sozial schwachen Milieu, sodass die Straftaten auch durch die wirtschaftliche Not begründet waren.[753] In Pirmasens kam es während der Zeit bis zum Ende der Separatistenherrschaft zur Straffälligkeit von zehn Separatisten. Auf der Liste sind indes auch Delikte aufgeführt, die noch während des Kaiserreiches verübt wurden, weshalb die Zahl nochmals nach unten korrigiert werden muss. Dies ist ein durchschnittlicher Wert für die damalige Zeit.[754]

Die These, dass es sich bei den Separatisten um Kriminelle handelt, ist demnach nicht belegbar.

Dennoch wurden die Separatisten oft als „Gesindel" wahrgenommen, was auch darauf rückführbar ist, dass die separatistischen Söldner teils „schräge Figuren" und nicht „die edelsten Vertreter" waren.[755] Schließlich waren die Motive, sich dem Separatismus anzuschließen, Erwerbslosigkeit und wirtschaftliche Not. Die Separatisten hoben sich schon äußerlich zumindest in der Miliz durch ihr Erscheinungsbild ab. Statt einheitlicher Uniformen trugen sie Kleidung, die fremd und verschiedenartig war. Auch die Bewaffnung war mangels finanzieller Ressourcen sehr uneinheitlich und provisorisch.[756] Anstatt an Halftern befestigten sie ihre Gewehre beispielsweise an Bindfäden.[757]

6. Motive

Warum sich die Menschen den Separatisten anschlossen, kann nicht monokausal erklärt werden. Einerseits trieb sie die desolate wirtschaftliche Lage und die damit einhergehende Verzweiflung in diese Richtung.[758] Deshalb finden sich unter den Separatisten in erster Linie solche Bevölkerungs-

---

753 *Schwarz,* Der Separatismus in der Pfalz nach dem 1. Weltkrieg, S. 283; *Gräber/Spindler,* Revolverrepublik am Rhein, S. 631 f.

754 *Schwarz,* Der Separatismus in der Pfalz nach dem 1. Weltkrieg, S. 283; *Gräber/Spindler,* Revolverrepublik am Rhein, S. 632; *Schäfer,* Die Pirmasenser Separatistenzeit 1923/1924, 42 ff.

755 *Kaps,* in: Diskussion in der Sendereihe „Nahaufnahme" vom Kurpfalz-Radio des Süddeutschen Rundfunks am 7. April 1989, 10:04 bis 11 Uhr, Abschrift von Mitschnitt, S. 8; vgl. hierzu auch die belletristische Darstellung *v. Knecht,* Eine Handvoll Männer und ein Mann, S. 182.

756 *Oberhauser,* Der Kampf um die Rheinpfalz, S. 121.

757 *Muthmann,* Der Tod von Speyer. Das Strafgericht an den separatistischen Verrätern, in: Salomon (Hrsg.), Das Buch von deutschen Freikorpskämpfer, S. 459 (461).

758 *Schwarz,* Der Separatismus in der Pfalz nach dem 1. Weltkrieg, S. 275; *Gräber/Spindler,* Die Pfalzbefreier, S. 21; *dies.,* Revolverrepublik am Rhein, S. 624. S. zu der damit

gruppen, die von der wirtschaftlichen Situation besonders hart getroffen wurden, nämlich das Kleinbürgertum, die Erwerbslosen und in ländlichen Regionen auch die Bauern.[759] Oft wurde es in der älteren Forschung so dargestellt, dass die finanzielle Motivation alleine ausschlaggebend gewesen sei, sich den Separatisten anzuschließen.[760] Diese Erklärung greift deutlich zu kurz. Auch die Wut und das Unverständnis über den passiven Widerstand sowie das Gefühl, vom Reich und der bayerischen Regierung im Stich gelassen zu werden, waren prägende Faktoren.[761] Dieses Gefühl resultierte daraus, dass die Regierungsmaßnahmen im Hinblick auf das Ende des passiven Widerstands ungewiss und unsicher waren, die Situation der Ausgewiesenen als prekär empfunden wurde, neue Ausweisungen bevorstanden und die Regierung den Maßnahmen der Besatzungsmacht machtlos gegenüberstand. Hinzu kam die Uneinigkeit zwischen den Parteien und die allgemeine Lage im Reich.[762] Nicht zu vernachlässigen ist, dass viele sich auch aus Abenteuerlust heraus zur Bewegung hingezogen fühlten.[763] Auch die Angst unter den Pfälzern, bei einer Ausweisung die eigenen Liegenschaften zu verlieren, motivierte einige, sich den Separatisten anzuschließen.[764]

I. Die Regierungspraxis der Autonomen Pfalz

I. Maßgebliche Zielsetzungen und Problempunkte

In der Regierungserklärung der Autonomen Pfalz Ende Januar 1923 trat deutlich die Handschrift *Bleys* zutage. So erklärt er den Frieden nach außen neben der wirtschaftlichen Stabilität nach innen zum primären Ziel der Au-

---

einhergehenden Vielgestaltigkeit auch *Silbermann*, Der Separatismus 1923/24 in der Nordpfalz, in: Forster (Hrsg.), Studienbuch Donnersbergkreis, Teil 1, S. 264 (275).

759 *Gräber*, in: Diskussion in der Sendereihe „Nahaufnahme" vom Kurpfalz-Radio des Süddeutschen Rundfunks am 7. April 1989, 10:04 bis 11 Uhr, Abschrift von Mitschnitt, S. 4 f.; vgl. zum wirtschaftlichen Faktor auch *Lehna*, Die Pfalz am Rhein, Heft 3 August 1991, 28 (29).

760 Vgl. die belletristische Darstellung v. *Knecht*, Eine Handvoll Männer und ein Mann, S. 192.

761 *Lehna*, Die Pfalz am Rhein, Heft 3 August 1991, 28 (29). S. zu dieser allgemeinen Gefühlslage in der Pfalz auch Brief des Bürgermeisteramtes Edenkoben an die Regierung der Pfalz v. 22.1.1924, LA Speyer, R 12/22.

762 Bericht über die Lage in der Pfalz v. 15.10.1923 BayHStA, MA 107716.

763 *Schwarz*, Der Separatismus in der Pfalz nach dem 1. Weltkrieg, S. 275.

764 Protokoll, Betreff Verhalten des *Julius Heintz*, LA Speyer, R 12/588.

tonomen Pfalz. Die Pfalz solle ausweislich der Erklärung deutsch bleiben. Sie könne entweder als eigener Staat oder als Teil der Rheinischen Republik dem Reich angehören. Maßgebliche Bedingung sei, dass sie nicht gegen ihren Willen gezwungen werden könne, an einem Krieg teilzunehmen.[765] Im weiteren Verlauf rückte die staatsrechtliche Frage allerdings weiter in den Hintergrund, da sich die Autonome Regierung primär mit alltäglichen Herausforderungen beschäftigen musste. Wenngleich die Regierung sich selbst „autonom" nannte, so gingen ihre Forderungen und Gesetzesentwürfe weit über solche Rechte hinaus, die im Rahmen einer Autonomie üblicherweise zugestanden werden. Beispielsweise erließ die Autonome Pfalz im Bereich des Strafrechts, welches gemäß Art. 7 Nr. 2 WRV in die Gesetzgebungskompetenz des Reiches fiel sowie in den Bereichen Passwesen (Reichskompetenz gemäß Art. 7 Nr. 4 WRV) und gerichtliches Verfahren (Reichskompetenz gemäß Art. 7 Nr. 3 WRV) eigene Gesetze.[766] Aller Wahrscheinlichkeit nach, sollte die Beteuerung, dass die Pfalz deutsch bleiben werde, zur Beruhigung in der Bevölkerung beitragen. Über die staatsrechtliche Zukunft hatte sich die Regierung, soweit ersichtlich noch keine tiefergreifenden Gedanken gemacht.

Bezüglich ihrer Wirtschaftspolitik verfolgte die Autonome Regierung fast schon sozialdemokratische beziehungsweise kommunistische Ziele, die mitunter von naivem Idealismus zeugten. Beispielsweise wollten sie einen Ausgleich zwischen den Ständen und eine damit einhergehende Gleichberechtigung, Arbeitsplätze und geordnete Verhältnisse schaffen.[767] *Kunz* verfolgte als Arbeitsminister Ziele, die seiner kommunistischen Grundeinstellung entsprachen. Er plante beispielsweise, dass vermögende Bürger 10 % ihres Besitzes in einen Fonds abgeben sollten, durch den er die Erwerbslosenfürsorge zu finanzieren erhoffte. Darüber hinaus wollte er den Acht-Stundentag beibehalten. Zudem sollte die landwirtschaftliche Produktion erhöht werden. Dennoch wurde in dem Protokoll erwähnt, dass seine Forderungen bei der Arbeiterschaft nicht auf Zustimmung stießen. Auch wenn diese grundsätzlich dem Kommunismus zugeneigt waren, so lehnte der

765 Regierungserklärung v. 23.1.1924, wiedergegeben in: Chronologische Geschichte über die Separatistenzeit von November 1923 bis 16. Februar 1924 aus Weidenthal, Pfalz, LA Speyer, R 12/688.

766 S. hierzu S. 158 f.

767 *Gräber/Spindler,* Die Pfalzbefreier, S. 26 f.; vgl. zu den Zielen auch Proklamation, LA Speyer Y 24/4897.

KPD-Hauptredner sowie das Gros des Publikums die Autonome Regierung ab.[768]

Zudem sollte auch der Frieden in der Pfalz, im Besonderen im Hinblick auf Frankreich, gewahrt bleiben.[769] Deshalb wollten die Separatisten die Bestimmungen des Versailler Vertrages, vor allem die Reparationsverpflichtungen, strikt erfüllen.[770] Auch wenn die Separatisten ursprünglich eine eigene Währung versprachen, rückten sie von diesem Vorhaben schnell ab, da die Pfalz sich dafür als zu klein herausstellte. Eine gesamtrheinische Währung kam ebenfalls aufgrund der losen Beziehung zum Rheinland und mangels gemeinsamen Rheinstaats nicht in Betracht.[771]

Trotz der ehrgeizigen Ziele kamen die Separatisten aufgrund der fehlenden politischen, personellen und finanziellen Ressourcen und des mangelnden Rückhalts in der Bevölkerung zu keiner politischen Gestaltungstätigkeit.[772] Auf die Ursachen für das politische Scheitern der Regierung soll nachstehend näher eingegangen werden.

---

768 Protokoll „Öffentliche Versammlung der „Neuen separatistischen Regierung" im Stadtsaale zu Speyer am 6. Januar 1924, LA Speyer, R 12/588. S. zur Beibehaltung des Acht-Stunden-Tages auch Speyerer Zeitung v. 14.11.1923, wo jedoch Ausnahmen vom Grundsatz vorgesehen sind.
Gräber/Spindler, Die Pfalzbefreier, S. 26.

769 *Gräber/Spindler,* Die Pfalzbefreier, S. 26 f.; vgl. zu den Zielen auch Proklamation, LA Speyer Y 24/4897.

770 *Gräber/Spindler,* Die Pfalzbefreier, S. 26.

771 *Gräber/Spindler,* Die Pfalzbefreier, S. 26 f.; Speyerer Zeitung v. 14.11.1923.

772 *Gräber*, Pfälzischer Separatismus, in: Historisches Lexikon Bayerns, abrufbar unter: https://www.historisches-lexikon-bayerns.de/Lexikon/Pf%C3%A4lzischer_Separatismus, zuletzt abgerufen am 1.11.2022; *Gembries,* Die Pfalz und Bayern in der Weimarer Zeit, in: Fenske (Hrsg.), Die Pfalz und Bayern 1816 – 1956, S. 189 (202). S. zu den Requisitionen auch *Spindler*, in: Diskussion in der Sendereihe „Nahaufnahme" vom Kurpfalz-Radio des Süddeutschen Rundfunks am 7. April 1989, 10:04 bis 11 Uhr, Abschrift von Mitschnitt, S. 13 f. S. zu dieser Praxis auch *Schneider*, Separatisten in Altrip, Jubiläumsschrift 1625 Jahre Altrip, 369–1994, S. 82 (82 ff.); *ders.* Stimme der Pfalz 52 (2001), 8 (9); *Schwarz,* Der Separatismus in der Pfalz nach dem 1. Weltkrieg, 295 f.; Bericht des Oberstleutnant *Richier* inhaltlich wiedergegeben bei *Hüttenberger,* Blätter für deutsche Landesgeschichte 1972, 105 (119). In letzterem Zusammenhang wird auch von einer „Regierung ohne Volk" gesprochen. S. hierzu *Schlickel,* Aktiv Dabei 3/2008, 40 (40).

1. Das Verhältnis zur Beamtenschaft

Oberstleutnant *Richier* berichtete von seiner vom 29. November bis zum 1. Dezember 1923 unternommenen Pfalzreise, dass die bayerischen Beamten, Parteien und Politiker des alten Regimes mit den Separatisten überhaupt nicht in Kontakt stünden.[773] Diese Einschätzung spiegelt die Problematik in realistischer Weise wider. Der Aufbau eines funktionierenden Verwaltungsapparats gestaltete sich schwierig, da die Beamten nicht gewillt waren, ihre Tätigkeit unverändert fortzuführen. Sie fühlten sich nach wie vor durch den gegenüber der bayerischen Regierung abgeleisteten Diensteid verpflichtet.[774]

Durch dieses Pflichtbewusstsein gerieten die Beamten in ein persönliches Dilemma. Wenn sie ihre Amtshandlungen für das Deutsche Reich weiter ausführten, so mussten sie mit Repressalien seitens der Separatisten rechnen. Ein Beamter berichtete beispielsweise, dass er von den Separatisten verfolgt wurde und auch verhaftet werden sollte, weil er die Erwerbslosengelder ausgezahlt hatte.[775] Zudem mussten die Beamten mit Ausweisungen und der Beschlagnahmung ihres Vermögens rechnen.[776] Trotzdem blieben die meisten von ihnen standhaft. Der Widerstand war bei den höheren Beamten sogar ausgeprägter, weil diese aufgrund ihrer finanziellen Lage von einer Ausweisung weniger hart getroffen wurden.[777] Neben einem allgemeinen Pflichtgefühl und dem schnellen Niedergang der Rheinischen Republik spielte diesbezüglich die weiterhin geleistete finanzielle Unterstützung durch den bayerischen Staat eine wichtige Rolle.[778]

---

773 Inhaltlich wiedergegeben bei *Schwarz,* Nils, Der Separatismus in der Pfalz nach dem 1. Weltkrieg, S. 295 f. und *Hüttenberger,* Blätter für deutsche Landesgeschichte 1972, 105 (119).

774 *Gräber/Spindler,* Die Pfalzbefreier, S. 25 f.; *Leszinski,* Separatismus in der Pfalz nach den beiden Weltkriegen – Ein Vergleich, S. 72; *Gembries,* Verwaltung und Politik in der besetzten Pfalz zur Zeit der Weimarer Republik, S. 288; vgl. zur Argumentation der Separatisten in Bezug auf den Diensteid, Flugblatt Speyer, Landesarchiv Bestand R 12/20.

775 Protokoll „Separatisten in Dudenhofen=Speyer“, LA Speyer, R 12/588.

776 Text „Abdruck. Begleitschreiben.“ LA Speyer, R 12/183.

777 *Leszinski,* Separatismus in der Pfalz nach den beiden Weltkriegen – Ein Vergleich, S. 72. S. zu der Androhung von Ausweisungen Rheinisches Volksblatt v. 14.11.1923. S. zur Haltung der Beamten auch *Mang,* Pfälzische Presse v. 30.6.1930.

778 *Leszinski,* Separatismus in der Pfalz nach den beiden Weltkriegen – Ein Vergleich, S. 72. S. zur Zusicherung wirtschaftlicher Unterstützung auch Brief der Regierung an die Herrn Referenten v. 19.11.1923, LA Speyer, R 12/21.

Aus Kaiserslautern hingegen wurde berichtet, dass die Beamten zermürbt seien und in Kusel war sogar die Sprache davon, dass sich die Arbeiter geschlagen gegeben hatten.[779] Die Haupthilfsstelle musste selbst zugeben, dass es der Moral der Beamten geschadet hatte, dass die Separatisten auf die Ausführung von Befehlen der alten Regierung eine Geldstrafe bis zu 10.000 Franken angesetzt hatten und zudem mit Dienstentlassungen drohten.[780]

Die Separatisten hatten daher immense Schwierigkeiten, geschultes Personal zu finden. Ihre Bezirkskommissare setzten sich hauptsächlich aus Kaufleuten, Kleinhändlern und anderen Menschen ohne administrative Kenntnisse zusammen.[781] Aus diesen Schichten gab es durchaus Menschen, die sich auch noch in der Endphase der Autonomen Pfalz auf einschlägige Stelleninserate bewarben.[782] Dafür dürfte in vielen Fällen nicht die politische Überzeugung, sondern die durch Arbeitslosigkeit bedingte wirtschaftliche Not der ausschlaggebende Faktor gewesen sein.[783]

Das Personal war im Wesentlichen damit beschäftigt, die Versuche der Beamten, die bayerntreue Verwaltung fortzuführen, gewaltsam zu unterbinden und querulatorische Beamten auszuweisen beziehungsweise zu verhaften.[784] Die Autonome Regierung versuchte überdies erfolglos, Einfluss auf den Beamtenapparat zu gewinnen, indem sie die Neueinstellung und Beförderung von Beamten von ihrer Genehmigung abhängig machte.[785] Wenn die Beamten nicht aufgrund ihrer Arbeitsverweigerung ausgewiesen worden waren, erledigten viele von ihnen Teile ihrer Arbeit heimlich von

779 Lagebericht aus Kaiserslautern v. 28.11.1923, BayHSTA MA 107761.

780 Brief der Haupthilfsstelle für die Pfalz an den Herrn Staatskommissar für die Pfalz v. 18.12.1923, BayHStA, MA 107716.

781 *Gembries*, Autonome Pfalz, 1923/24, in: Historisches Lexikon Bayerns, abrufbar unter: https://www.historisches-lexikon-bayerns.de/Lexikon/Autonome_Pfalz,_1923/24, zuletzt abgerufen am 1.11.2022; *Gräber/Spindler*, Die Pfalzbefreier, S. 26.

782 Brief des *Lutz Landmann* an die Autonome Regierung der Pfalz v. 8.1.1924, LA Speyer, R12/893.

783 Brief des *Lutz Landmann* an die Autonome Regierung der Pfalz v. 8.1.1924, LA Speyer, R12/893; Brief des *Heinrich Schwehm* an die Autonome Regierung der Pfalz v. 7.1.1924, LA Speyer, R 12/583; Brief des *Rudolf Giehl* an die Autonome Regierung v. 8.1.1924, LA Speyer R 12/583. Siehe zur maßgeblichen Motivation aus wirtschaftlicher Not, um eine Stelle bei der Autonomen Pfalz anzunehmen: Abschrift an den Oberstaatsanwalt in Würzburg in Bezug auf *Max Schnebel* v. 16. Januar 1924, LA Speyer, R 12/588.

784 *Gembries*, Die Pfalz und Bayern in der Weimarer Zeit, in: Fenske (Hrsg.), Die Pfalz und Bayern 1816–1956, S. 189 (202).

785 Verordnung der Autonomen Regierung vom 19.12.1923, LA Speyer R 12/183.

zu Hause aus, beispielsweise die Auszahlung von Rentenzuschüssen.[786] Die Stadträte stellten ihre Tätigkeiten ebenfalls nicht vollständig ein, sondern führten diese im Rahmen ihrer Möglichkeiten fort, worauf die Autonome Regierung mit Androhung der zwangsweisen Entfernung der jeweiligen Stadträte reagierte.[787] Ähnlich war die Lage in den Gemeinden. Teilweise missachteten die Gemeinderäte die Autonome Regierung zwar, handelten dieser aber nicht zuwider und führten ihre Geschäfte weiter, um die Ruhe und Ordnung in der Hoffnung zu wahren, dass die Autonome Regierung ihnen ihre Selbstverwaltungsrechte belassen würde.[788]

2. Die Wirtschaftspolitik

Schon in ihrer Antrittsproklamation machte die Autonome Pfalz die herausragende Bedeutung ihrer wirtschaftlichen Ziele und den sozialen Aspekt ihrer Politik deutlich.[789] Fundamentale wirtschaftliche Veränderungen fanden hingegen in Ermangelung finanzieller Ressourcen nicht statt. Die Zuschüsse durch die französische Besatzungsmacht reichten nicht aus, um den vorhandenen Bedarf zu decken.[790] Ein ehemaliger Mitarbeiter der Separatisten berichtete, dass alle Gelder, die die Regierung beispielsweise zur Zahlung der Löhne benötigte, von französischer Hand zur Verfügung gestellt wurden und diese auch materielle Leistungen, wie zum Beispiel die

786 *Gräber/Spindler*, Die Pfalzbefreier, S. 26; *Gembries*, Autonome Pfalz, 1923/24, in Historisches Lexikon Bayerns, abrufbar unter: https://www.historisches-lexikon-bayerns.de/Lexikon/Autonome_Pfalz,_1923/24, zuletzt abgerufen am 1.11.2022; *ders.*, Die Pfalz und Bayern in der Weimarer Zeit, in: Fenske (Hrsg.), Die Pfalz und Bayern 1816 – 1956, S. 189 (202).Vgl. in Bezug auf die Auszahlung der Renten *Spindler*, Einer fiel aus dem Separatistennest, in: Stadt Schifferstadt (Hrsg.), Schifferstadt, Geschichte und Geschichten, S. 215 (233).

787 Pfälzischer Merkur v. 2.1.1924.

788 Auszug aus dem Protokollbuche des Gemeinderates Frankenecken, Sitzung v. 4.12.1923, LA Speyer, R 12/688.

789 Proklamation der Autonomen Regierung, wiedergegeben in: Chronologische Geschichte über die Separatistenzeit von November 1923 bis 16. Februar 1924 aus Weidenthal, LA Speyer, R 12/688. S. zu dem Ziel eine stabile Währung zu schaffen auch Aufruf der Regierung der autonomen Pfalz, abgedruckt in: Speyerer Zeitung v. 14.11.1923. Hier beteuerten die Separatisten auch, dass sie deutsch bleiben wollten, bezogen sich hierbei jedoch primär auf „Sprache, Eigenart" und „Lebensgewohnheiten". Hiermit ist also nicht die Staatsorganisation gemeint.

790 *Gräber/Spindler*, Die Pfalzbefreier, S. 27. S. zur desolaten finanziellen Lage der Separatisten auch Brief der Haupthilfsstelle für die Pfalz an den Herrn Staatskommissar für die Pfalz v. 18.12.1923, BayHStA, MA 107716.

Verpflegung, zur Verfügung stellte. Zu beachten ist bei dieser Aussage allerdings, dass der betreffende Mitarbeiter selbst angeklagt war und sich durch seine Aussage bezüglich der Rolle der Franzosen augenscheinlich eine Strafmilderung oder einen -erlass erhoffte.[791] Die finanzielle Lage war katastrophal.[792] Wohl auch deshalb wurden im Dezember 1923 Teile des pfälzischen Rheinlandschutzes entlassen.[793] Die Arbeit der Separatisten war daher von dem Versuch geprägt, selbst an finanzielle Mittel zu gelangen. Im Dezember brachten sie deshalb die Finanzämter unter ihre Kontrolle.[794] Zuerst ordneten sie erfolglos an, dass diese 10 % ihrer Einnahmen an das zuständige Bezirkskommissariat der Autonomen Regierung abführen sollten. Daraufhin ließen sie die Ämter schließen und gaben ein Rundschreiben heraus, nach welchem die Steuern zukünftig beim Bezirksamt zu zahlen seien.[795]

Außerdem wurden neue Nummernschilder für Kraftfahrzeuge durch das Bezirksamt vergeben,[796] wodurch sich die separatistische Regierung ebenfalls die Generierung von Einnahmen erhoffte. Zudem versuchte die Autonome Regierung die finanzielle Lage durch den Druck von Notgeld zu entschärfen.[797] Ein weiteres Mittel zur Verbesserung des Finanzhaushaltes waren die so genannten Standgerichte.[798] Das aus drei Richtern bestehende „Standgericht der Regierung der Autonomen Pfalz“ in Speyer tagte am

---

791 Brief an das Auswärtige Amt in Berlin vom 10.2.1924, Abschrift eines Schreibens von *Max Schnebel*, LA Speyer, R 12/588; daraufhin wurde das Verfahren gegen *Schnebel* auch eingestellt. Vgl. hierzu Brief des ersten Staatsanwalts von Würzburg an die Haupthilfsstelle Heidelberg v. 24.03.1924, LA Speyer, R 12/588.

792 *Schneider*, Stimme der Pfalz 52 (2001), 8 (9); *ders.*, Historischer Verein Pirmasens, Jahrbuch 2004, 97 (98).

793 *Müller*, Die Pfalz am Rhein, Heft 3 August 1988, 38 (39).

794 *Hüttenberger*, Blätter für deutsche Landesgeschichte 1972, 105 (119). S. auch Brief der Regierung der Autonomen Pfalz an die Finanzämter im Gebiete der Autonomen Pfalz v. 10.12.1923, LA Speyer, R 12/592.

795 Brief der Autonomen Regierung an das Bezirkskommissariat in Rockenhausen v. 18.12.1923, LA Speyer R 12/183.

796 Schreiben der Regierung der Autonomen Pfalz in Speyer an die Direktion der Badischen Annilin- und Soda-Fabrik in Ludwigshafen am Rhein v. 11.12.1923, LA Speyer, R 12/22.

797 Gutschein über fünf Billionen Mark, LA Speyer, R 12/814; Geldschein über 5 Rappen der Rheinischen Republik gefertigt von dem Lithografen *Klein* der Speyerer Zeitung, der nebenberuflich Chef der Separatistischen Druckerei war, Autonome Pfalz, LA Speyer, R 12/814, Verordnung der Rheinischen Republik, Autonome Pfalz, der Kommissar für die Pfalz, *Novak*, LA Speyer, R 12/814.

798 Die Begrifflichkeit ist aus dem Wehrrecht entlehnt. S. hierzu https://www.duden.de/rechtschreibung/Standgericht, zuletzt abgerufen am 1.11.2022.

3. Dezember 1923 zum ersten Mal. Ein Staatsanwalt oder ein Verteidiger gab es dort nicht.[799] Neben diesem gab es in Pirmasens das „Bezirksstandgericht der Autonomen Pfalz".[800] Parallel bestand die Gerichtsbarkeit der ordentlichen Gerichte fort. Ohne eine ausdrückliche Anordnung der Autonomen Regierung sollten die Bezirksämter nicht in die Rechtspflege eingreifen.[801]

Juristen waren bei diesen Gerichten nicht beschäftigt. Dies zeigt sich auch bei den Urteilen. Diese wiesen nicht die herkömmliche Form auf, sondern glichen eher einem Aktenvermerk. Der Umfang war mit einer Seite sehr gering und diese Seite wurde fast vollständig für die verschiedenen, verhängten Geldstrafen benötigt. Die Entscheidungsgründe hingegen erschöpften sich in einem Satz. Als Rechtsmittel wurde dem Verurteilten die Möglichkeit eines Einspruchs innerhalb einer Woche zugestanden, der bei der Regierung der Autonomen Pfalz einzureichen war. Die Strafe erschöpfte sich nicht nur in Geld- oder Freiheitsstrafen. In dem untersuchten Fall wurden ähnlich einer Einziehung auch Zigaretten beschlagnahmt, bezüglich derer eine Steuerhinterziehung begangen worden sein soll. Zudem wurde das Auto des Verurteilten als Sicherheit beschlagnahmt.[802] *Summa summarum* zeigt dieses Urteil deutlich auf, dass die Autonome Pfalz bei ihrer Jurisdiktion allgemeine rechtsstaatliche Grundsätze, die es auch schon zur damaligen Zeit gab, nicht beachtete. Mangels entsprechender Expertise war ihr eine ordnungsgemäße Rechtsprechung nicht möglich. Die rudimentären Entscheidungsgründe, bei denen lediglich die Rechtsgrundlage genannt und der Tatbestand nicht wiedergegeben wurde und die exorbitant hohe Geldstrafen zeigen, dass es der Regierung nicht daran gelegen war, den justiziellen Rechten der Angeklagten zum Durchbruch zu verhelfen. Des Weiteren wurden auch elementare Verfassungsgrundsätze wie das Prinzip der Gewaltenteilung verletzt, wenn die Regierung über den Einspruch entscheiden sollte und das Urteil von Mitgliedern der Exekutiven gefällt wurde.

---

799 Protokoll „Autonome Regierung", LA Speyer, R 12/588.

800 *Warmbrunn,* Französische Besatzung und Separatistenbewegung, in: Glück/Baus (Hrsg.), Recht. Gesetz. Freiheit. 200 Jahre Pfälzisches Oberlandesgericht Zweibrücken, S. 215 (218); *Schäfer,* Die Pirmasenser Separatistenzeit 1923/1924, S. 64; *Kermann/Krüger,* 1923/24. Separatismus im rheinisch-pfälzischen Raum. Eine Ausstellung der Landesarchivverwaltung Rheinland-Pfalz auf dem Hambacher Schloß, S. 153 und 155.

801 Brief der Autonomen Regierung an das Bezirksamt in Rockenhausen, LA Speyer R 12/183.

802 Urteil in der Sache *Joseph Kastner*, LA Speyer R 21/165.

Primär wurden Geldstrafen verhängt, die oft in Missverhältnis zu den Löhnen der Verurteilten und zu den wirtschaftlichen Gegebenheiten der damaligen Zeit standen.[803] Daneben wurden Haftstrafen angeordnet. Bei diesen versuchte die Autonome Regierung durch die Verwaltungsvorschrift gegenüber Gefangenen und Häftlingen eine ordentliche Behandlung dadurch zu erreichen, dass den Wärtern Misshandlungen unter Androhung von Entlassungen verboten wurden.[804] Die verhängten Haftstrafen waren ein Instrumentarium, um politische Gegner und Querulanten abzuschrecken und gegebenenfalls auszuschalten.

Teilweise wurde berichtet, dass die Gelder, die von der Besatzungsmacht zur Verfügung gestellt wurden, nicht ordnungsgemäß und leichtfertig eingesetzt wurden und dass *Bley* Teile dieser Gelder unterschlagen haben soll. Die Regierung sei untereinander zerstritten gewesen und ihre Regierungsfähigkeit durch Konkurrenzkämpfe und persönliche Unstimmigkeiten eingeschränkt.[805] Die Separatisten versuchten auch, ihre Ausgaben zu minimieren. Sogar am Lichtverbrauch sparten sie.[806] Infolge der finanziellen Engpässe hatten die Autonome Regierung auch Probleme, den versprochenen Sold für das Pfälzische Corps zu begleichen, was zu großem Unmut bei den ehemaligen Söldnern führte.[807]

Die weiteren wirtschaftlichen Maßnahmen der autonomen Regierung zeugten von politischer Unerfahrenheit. So baten sie beispielsweise die Unternehmen, ihre Arbeit trotz der gravierenden Folgen des passiven Widerstands wieder aufzunehmen. Die Fabrikanten beteuerten hingegen die Sinnlosigkeit des Unterfangens, da die Waren aus dem besetzten Gebiet wegen der Zollgrenze nicht mehr wettbewerbsfähig waren.[808] Im Januar 1924 drohte die separatistische Regierung daraufhin den Unternehmen erstmals an, Zwangsmaßnahmen einzuleiten, um diese zu zwingen, die

803 Handschriftlicher Brief an die Autonome Pfalz, Datum verbrannt und Unterschrift unleserlich, LA Speyer, R 12/688.

804 Verhaltungs-Vorschrift gegenüber Gefangenen und Häftlingen der Autonomen Regierung der Pfalz, LA Speyer, R 12/165.

805 Staatskommissar für die Pfalz, Die Pfalz unter Französischer Besatzung von 1918 bis 1930, 182 f.

806 Brief der Rheinischen Republik "Freie Pfalz" an das Bezirksamt Kirchheimbolanden v. 13.12.1923, LA Speyer, R 12/592.

807 Brief der Rheinischen Republik "Freie Pfalz" Bezirksamt Kirchheimbolanden an die Regierung der Rheinischen Republik Autonome Pfalz v. 19.12.1823, LA Speyer, R 12/592.

808 *Gräber/Spindler*, Die Pfalzbefreier, S. 27.

Betriebe wieder aufzunehmen.[809] Zu solchen sollte es jedoch nicht mehr kommen.

3. Die Wahrnehmung in der Bevölkerung

Die Autonome Regierung wurde von vielen Seiten nicht ernst genommen. *Gedye* beispielsweise beschreibt sie als Scheinkabinett.[810] Ein anderer zeitgenössischer Autor fasst die Stimmung in der Bevölkerung zur Regierung folgendermaßen zusammen: „Die Pfälzer tauften *„les corbeaux noirs de Tirard*" wie *de Metz* sie selbst genannt hatte, nach ihren Führern *Bley* und *Heinz* die „Bleisoldaten" und „Heinzelmännchen". Spottlieder verkündeten ihre Heldentaten."[811] Auch der von vielen kritisierte starke Alkoholkonsum der Regierung war ihrem Ansehen abträglich.[812]

Anlass für den Unmut war auch der Umgang der Separatisten mit der Bevölkerung. Im Speziellen die von den Separatisten vorgenommenen Requisitionen führten zu großer Unpopularität. Bei diesen Beschlagnahmten die Angehörigen der Autonomen Regierung Gegenstände, vor allen Dingen Autos, unter Aushändigung eines so genannten Requisitionsscheins. Diesem zufolge konnten die Gegenstände im Nachhinein wieder bei der Autonomen Regierung abgeholt werden. Oft hatte dies jedoch keinen Erfolg, insbesondere bei Gebrauchsgütern erhielten die Betroffenen die Waren nicht mehr zurück. Auch Kraftwagen wurden des Öfteren in einem nicht mehr fahrtüchtigen und beschädigten Zustand zurückgegeben. Die Requirierungen zeigten auch, dass die reguläre Verwaltung der Autonomen Regierung nicht funktionierte und daher nach anderen Möglichkeiten zur Machtausübung gesucht wurde.[813] Nicht zuletzt waren die Requisitionen auch Ausdruck politischer Not. Hierbei spielte es nicht nur eine Rolle, dass die Autonome Regierung selbst kein Geld hatte; auch die Mittellosigkeit der separatistischen Miliz stellte einen begünstigenden Faktor für die Requisitionen dar. Manch einer wollte die Gegenstände nämlich nicht für die

---

809 *Gräber/Spindler*, Die Pfalzbefreier, S. 29.

810 *Gedye*, The Revolver Republic, S. 222.

811 *Oberhauser*, Der Kampf um die Rheinpfalz, S. 121, Kursivhervorhebung durch die Verfasserin.

812 *Betsch*, Ballade am Strom, S. 511.

813 *Fenske* und *Graß*, in: Diskussion in der Sendereihe „Nahaufnahme" vom Kurpfalz-Radio des Süddeutschen Rundfunks am 7. April 1989, 10:04 bis 11 Uhr, Abschrift von Mitschnitt, S. 14. S. zu den Requirierungen auch S. 114.

Autonome Regierung beschlagnahmen, sondern für sich selbst beanspruchen.

Oft findet sich das Bild der durch die Separatisten „bis aufs Blut gepeinigt[en]“ Bevölkerung.[814] Dies sei *Gräber* zufolge allerdings anhand historischer Fakten nicht belegbar. Die Separatisten hätten vielmehr eine Sündenbockfunktion für alle Leiden, die die Bevölkerung in den Krisenjahren erlebt habe, eingenommen. Insofern sei die einseitige Schuldzuweisung als ein Bewältigungsprozess zu bewerten, durch den unter anderem auch die eigene Wankelmütigkeit und Abwartementalität in Bezug auf die Abwehr der separatistischen Bestrebungen verarbeitet werden sollte.[815] Der hohe Bewältigungsdruck äußert sich auch durch die intensive belletristischen Behandlung des Themas.[816]

Neben der prinzipiellen Illegalität ihres Unternehmens ließen sich die Separatisten allerdings auch darüber hinausgehende Untaten wie die Misshandlung von Gefangenen und die Tötung von Menschen zu Schulden kommen.[817] Die Separatisten haben Dörfer ausgeplündert und Gewalttaten begangen.[818] Im Pirmasenser Stadtteil Windsberg kam es beispielsweise zu einem Separatistenüberfall mit Todesopfern.[819]

---

814 Landauer Anzeiger v. 5. Juli 1930. In diese Richtung auch *Jacob,* das Ende des Separatismus in Deutschland. Dargestellt am Abwehrkampf der deutschen Publizistik in der Pfalz und an der Saar 1919 bis 1935, S. 19 (26): „Separatistischer Terror“, „Zeit schwerster Leiden“; *Springer,* Akademische Nachrichten der Handels-Hochschule Mannheim, v. 4. Juli 1930, 34 (36): „Schreckensherrschaft“.

815 *Gräber,* Separatismus und kollektive Mentalität. Eine Fallstudie am Beispiel des Pfälzischen Separatismus nach dem Ersten Weltkrieg, in: Blomert/Kuzmics/Treibel, Transformation des Wir-Gefühls. Studien zum nationalen Habitus, S. 279 (292); *Gräber,* Die schöne Literatur und die hässliche Geschichte, Die Darstellung des pfälzischen Separatismus nach dem 1. Weltkrieg in der zeitgenössischen Belletristik, in: Nestler/Schaupp (Hrsg.), Zwischen Revolution und Demokratie, Studien zur Geschichte der Pfalz vom späten 18. bis Mitte des 20. Jahrhunderts, S. 173 (178).

816 So *Gräber,* Die schöne Literatur und die hässliche Geschichte, Die Darstellung des pfälzischen Separatismus nach dem 1. Weltkrieg in der zeitgenössischen Belletristik, in: Nestler/Schaupp (Hrsg.), Zwischen Revolution und Demokratie, Studien zur Geschichte der Pfalz vom späten 18. bis Mitte des 20. Jahrhunderts, S. 173 (173).

817 *Gräber,* Die schöne Literatur und die hässliche Geschichte, Die Darstellung des pfälzischen Separatismus nach dem 1. Weltkrieg in der zeitgenössischen Belletristik, in: Nestler/Schaupp (Hrsg.), Zwischen Revolution und Demokratie, Studien zur Geschichte der Pfalz vom späten 18. bis Mitte des 20. Jahrhunderts, S. 173 (178).

818 *Jolas,* Die Pfalz unter Französischer Besatzung von 1918 bis 1930, S. 167; *Aretin,* Süddeutsche Monatshefte, Januar 1925, 41.

819 *Sieber,* Heimatkalender für das Pirmasenser und Zweibrücker Land 2006, 225 (227).

Wie diese Beispiele zeigen, herrschten in der Pfalz tatsächlich „Unsicherheit und Schrecken" aufgrund der Separatistenherrschaft.[820] Auch wenn es nicht zu vernachlässigen ist, dass die Lage in der Pfalz auch ohne die Separatisten aufgrund der Besatzung und der wirtschaftlichen Not desolat war, so intensivierten die Separatisten das Leid der Bevölkerung. Von einem Terrorregime im eigentlichen Sinn kann allerdings nicht gesprochen werden. Eigentlich wollte die Autonome Regierung die Lage der Bürger verbessern. Es ist bei der Beurteilung der Handlungsweisen zwischen den einfachen Soldaten und den Führern der Bewegung zu differenzieren. Die erwähnten Straftaten wurden, soweit ersichtlich, nicht von den führenden Köpfen beauftragt oder gar begangen. An vielen Stellen wird sogar deutlich, dass diese mit den Plünderungen keinesfalls einverstanden waren und sich von solchen Praktiken distanzierten.[821] Die Raubzüge separatistischer Banden geschahen aus denselben Motiven heraus, aus denen sich diese Männer der separatistischen Bewegung angeschlossen hatten, nämlich aus wirtschaftlicher Not heraus. Wenn man sich die separatistischen Führer ansieht, so kann ihnen bezüglich dieser Vergehen höchstens ein Organisationsverschulden zur Last gelegt werden. Sie hätten ihre Untergebenen besser beaufsichtigen beziehungsweise instruieren müssen. Zumindest hätten sie Verfehlungen konsequenter verfolgen müssen. Ein solches disziplinarisches Einschreiten ist aus dem Quellenmaterial nur vereinzelt ersichtlich. Teilweise reagierte die Autonome Regierung jedoch auf ein illegitimes Vorgehen seiner Beamten, beispielsweise durch Entlassungen.[822] Es gibt auch Berichte, dass der separatistische Polizeichef *Gern* vier Separatisten habe verhaften lassen, die widerrechtlich Autos requiriert hatten. Aus diesen Berichten geht allerdings hervor, dass die Verhaftungen ebenso gut erfolgt sein könnten, weil persönliche Unstimmigkeiten zwischen dem Polizeichef und den Inhaftierten bestanden. Nachdem *Heinz* bescheinigte, dass die Befugnis zur Requirierung bestanden habe, wurden die Gefangenen zudem wieder freigelassen.[823]

---

820 *Fendler,* Die Pfalz in der Weimarer Republik, in: Geiger / Preuß / Rothenberger (Hrsg.), Pfälzische Landeskunde. Beiträge zu Geographie, Biologie, Volkskunde und Geschichte, S. 319 (332).

821 S. hierzu S. 119.

822 Brief der Autonomen Regierung an den Bezirkskommissar in Kirchheimbolanden v. 30.12.1923, LA Speyer, R 12/592.

823 Bericht des *Ludwig Heil,* LA Speyer, R 583/12, S. 2 ff. Zu beachten ist, dass der Ruf des Polizeichefs selbst überaus schlecht war. So wird er als gewalttätiger Mensch beschrieben, der gegenüber der pfälzischen Bevölkerung viele Verbrechen begangen

Dass die Autonome Regierung nur bedingt um rechtschaffene Mitarbeiter bemüht war, zeigt eine Stellenausschreibung für Gendarmerieschüler. Die Aufnahmebedingung war Unbescholtenheit, wobei eine Ausnahme für nichtssagende oder nicht entehrende Strafen gemacht wurde.[824] Diese Ausnahme war sehr weit und unbestimmt. Da sich die meisten ihrer Anhän-ger in einer finanziellen Notlage befanden, wollte die Autonome Regierung bestimmte, damit in Verbindung stehende Delikte im Bereich der Beschaffungskriminalität, beispielsweise leichte Diebstähle oder Bettelei, von diesen Anforderungen ausnehmen, um den Kreis der Bewerber nicht zu stark einzuschränken.

Neben den Gewalttätigkeiten von Seiten der separatistischen Gefolgschaft gab es auch auf der Führungsebene rechtswidrige Tätigkeiten der Separatisten. In den Strafvollzug griff die Autonome Regierung aktiv ein, indem sie ihre Anhänger in Gefängnisse einbrechen ließ, um Gefangene zu befreien.[825] Auch darüber hinausgehend beanspruchten die Anhänger der Autonomen Pfalz Sonderrechte und setzten sich teils über noch fortgeltende Gesetze hinweg, sodass man durchaus von einer gesetzlosen Zeit sprechen könnte.[826] Durch ihr anmaßendes Verhalten hat die Autonome Regierung nach zeitgenössischem Urteil viel Hass auf sich gezogen.[827] In der WRV verankerte Grundsätze, beispielsweise das in Art. 1 S. 2 WRV verankerte Demokratieprinzip, wurden gebrochen. So war die Regierungspraxis auch von diktatorischen Elementen geprägt. Beispielsweise sah das Selbstverständnis der Autonomem Regierung keine Wahlen der Volksvertreter vor.[828]

Viele Maßnahmen der Separatisten waren grundrechtsbeschneidender Natur. Während der Separatistenherrschaft wurde etwa die durch Art. 118 WRV gewährleistete Pressefreiheit stark eingeschränkt. Schon zu Beginn der Herrschaft wurden diverse Zeitungen, in erster Linie solche aus dem

---

habe, vgl. Polizei-Amt Kaiserslautern an die Regierung der Pfalz, Kammer des Innern v. 12.4.1929, S. 2, LA Speyer, R 12/728.

824 Bekanntmachung der Autonomen Regierung der Pfalz durch *Schwaab*, LA Speyer, R12/22; ähnlich Pressenotiz der Autonomen Regierung, LA Speyer, R 12/688.

825 *Jolas,* Die Pfalz unter Französischer Besatzung von 1918 bis 1930, S. 181 f.

826 *Graß,* in: Diskussion in der Sendereihe „Nahaufnahme" vom Kurpfalz-Radio des Süddeutschen Rundfunks am 7. April 1989, 10:04 bis 11 Uhr, Abschrift von Mitschnitt, S. 8.

827 Erklärung des Bellheimer Bürgermeisters *Sauer* an Generalkonsul *Clive* v. 30.7.1929, LA Speyer R12/728.

828 *Gräber/Spindler,* Die Pfalzbefreier, S. 26.

rechtsrheinischen Gebiet, verboten.[829] Überdies wurde am 17. Dezember 1923 beispielsweise die Pfälzische Rundschau und die Neue Pfälzische Landzeitung wegen antiseparatistischer Äußerungen durch die Franzosen beschlagnahmt und die Zeitungen in Ludwigshafen ab dem darauffolgenden Tag durch die Franzosen unter Vorzensur gestellt.[830] Im Januar 1924 verhängten die Separatisten dann selbst die gemäß Art. 118 S. 3 WRV eigentlich abgeschaffte Vorzensur über die Pfälzische Rundschau und verurteilten die Pfälzischen Zeitungsverlag GmbH in Ludwigshafen zu einer Geldstrafe in Höhe von 10.000 Goldmark aufgrund antiseparatistischer Äußerungen.[831] Gegen die Presseverbote und die Unterdrückung der Pressefreiheit demonstrierten die Zeitungen durch Flugblätter.[832] Aber auch von rechtsrheinischer Seite wurde die pfälzische Presse kritisiert, weil sie die Verlautbarungen der Autonomen Regierung abdruckte.[833]

Zudem waren Verhaftungen und Geiselnahmen ein oft gewähltes politisches Druckmittel. So wurde beispielsweise der Präsident des Oberlandesgerichts von Zweibrücken, *Bilabel*, ein Rechtsanwalt und zwei weitere Vertreter des politischen Lebens vom 9. auf den 10. Januar 1924, also in Konsequenz auf das Attentat gegen *Heinz*, verhaftet und als Geiseln genommen. Dasselbe Schicksal ereilte den Landgerichtsdirektor von Frankenthal.[834]

Dass die Separatisten sich ihrer Machtposition selbst nicht sicher waren, zeigt ein Flugblatt, in dem die separatistische Regierung vor gewalttätigen Putschversuchen warnt.[835] Auch sollten die Ämter gerade an den Feiertagen durchgehend durch separatistische Soldaten besetzt bleiben, da mit Gegen-

829 Rheinische Republik, Freie Pfalz, Bezirksamt Kirchheimbolanden v. 13.11.1923, LA Speyer, R 12/21.

830 *Jolas*, Die Pfalz unter Französischer Besatzung von 1918 bis 1930, S. 178.

831 Strafbefehl der Regierung der Autonomen Pfalz, abgedruckt bei *Trump*, Die „Pfälzische Rundschau" im Abwehrkampf, in: Verlag und Redaktion der Pfälzischen Rundschau (Hrsg.), Dokumente aus dem Befreiungskampf der Pfalz, S. 99 (107); vgl. zu den entsprechenden Zeitungsartikeln ebd. S. 99. Verordnung Nr. 1 an die Presse, die eine allgemeine Vorzensur vorsieht, LA Speyer, R 12/165.

832 Flugblatt der Pfälzischen Landeszeitung v. 22.1.1924, LA Speyer, R 12/22; Flugblatt der Pfälzischen Post v. 22.1.1924, ebd.

833 Rundschreiben der Geschäftsstelle der Regierung der Pfalz in Heidelberg an sämtliche Zeitungsverlage und Schriftleitungen in der Pfalz, LA Speyer, R 12/22.

834 *Jolas*, Die Pfalz unter Französischer Besatzung von 1918 bis 1930, S. 187; *Warmbrunn*, Französische Besatzung und Separatistenbewegung, in: Glück/Baus (Hrsg.), Recht. Gesetz. Freiheit. 200 Jahre Pfälzisches Oberlandesgericht Zweibrücken, S. 215 (216).

835 Flugblatt „An die Bevölkerung der Pfalz", LA Speyer, R 12/165.

aktionen gerechnet wurde.[836] Die Separatisten versuchten vergeblich, Kontakt mit den tragenden Säulen der Gesellschaft wie Handel, Gewerbe, Industrie, Landwirtschaft und der Arbeiterschaft aufzunehmen. Zu diesem Zwecke luden sie den diesbezüglichen Ausschuss sowie die Bürgermeister erfolglos zu einer gemeinsamen Sitzung am 12. November 1923 ein.[837] Im Dezember eruierte das Bezirksamt Kaiserslautern, dass die Bewegung bislang als teilweise Misserfolg zu werten sei. Es wurde die Notwendigkeit gesehen, einen legislatorisch tätig werdenden Ausschuss zu gründen. Die Exekutive sollte bei den Bezirksämtern verbleiben.[838] Zu einer solchen Ausschussgründung kam es jedoch nicht mehr.

II. Gestaltungstätigkeit der Separatisten

Im Vergleich zu der Rheinlandbewegung war die Regierung der Autonomen Pfalz nichtsdestotrotz relativ gefestigt. Dies hatte seinen Grund darin, dass die Einreichung von Loyalitätserklärungen zu einer größeren Anerkennung der Autonomen Regierung führte.[839]

Auch wenn die Lage in der Pfalz aufgrund der hermetischen Isolation und einer dem Kriegsrecht gleichkommenden Situation problematisch war,[840] versuchten die Autonome Regierung zumindest eine geregelte Regierungstätigkeit aufzunehmen.[841] Die Regierung selbst erklärte, dass sie in verwaltungstechnischer Hinsicht nichts ändern wolle.[842] und die bestehen-

836 Brief der Autonomen Regierung an das Bezirkskommissariat in Rockenhausen v. 19.12.1923, LA Speyer, R 12/183.

837 Brief der Rheinischen Republik Freie Pfalz Bezirksamt Kirchheimbolanden v. 9.11.1923, LA Speyer, R 12/592.

838 Brief an den Herrn Bezirkskommissar des Bezirksamtes Kirchheimbolanden v. 12.12.1923, LA Speyer, R 12/592.

839 *Gräber/Spindler*, Die Pfalzbefreier, S. 25; *Oberhauser*, Heimatkalender für das Pirmasenser und Zweibrücker Land 1974, 136 (137).

840 *Oberhauser*, Heimatkalender für das Pirmasenser und Zweibrücker Land 1974, 136 (137).

841 Türschild „Bureau der Rheinischen Republik. Zweite Etage“, LA Speyer, R 12/ 165. Dies wird auch deutlich, wenn man die diversen Formulare sieht, durch die die separatistische Verwaltung sich ihre Arbeit erleichtern wollte. Vgl. hierzu LA Speyer R 12 /165.

842 *Gräber/Spindler*, Die Pfalzbefreier, S. 25.

den Reichs- und Landesgesetze vorerst in Kraft bleiben sollten.[843] Dies spricht eher für eine angestrebte Autonomie als für eine Sezession. Allerdings könnte hier auch der Chaosgedanke der ausschlaggebende Faktor gewesen sein. Wären alle Gesetze nämlich außer Kraft getreten, so wäre es zu anarchistischen Zuständen gekommen. Daneben wollten die Separatisten eigene Gesetze zur Verbesserung der Situation in der Pfalz erlassen. Noch im November kündigte die Autonome Regierung an, Maßnahmen gegen Wucher einzuleiten.[844] Am 10. Dezember 1923 wurde dann eine entsprechende Verordnung erlassen. Schiebergeschäfte, also solche Geschäfte, die den „mühelosen Gewinn" zum Hauptzweck haben, und Kettenhandel, also wirtschaftlich unnützer Zwischenhandel, welcher die Ware verteuerte, sollten durch diese Verordnung ebenfalls unterbunden werden. Es wurden Preisrichtlinien für die wichtigsten Lebensmittel und Haushaltsgegenstände eingeführt. Die Aburteilung der in dem Gesetz pönalisierten Delikte sollte vor Sondergerichten erfolgen.[845]

Die Autonome Regierung kümmerte sich um administrative Aufgaben, wie beispielsweise die Neuausgabe von Jagd- und Fischereikarten. Neben dem nicht abzustreitenden monetären Aspekt der Gebühreneinnahme erschien dies als Versuch, die alltäglichen Regierungsgeschäfte fortzuführen und somit an die Stelle der bayerischen Hoheitsgewalt zu treten.[846] Auch

---

843 Proklamation der Autonomen Regierung, wiedergegeben in: Chronologische Geschichte über die Separatistenzeit von November 1923 bis 16. Februar 1924 aus Weidenthal, LA Speyer, R 12/688.

844 Anschlag v. 27.11.1923, wiedergegeben in: Chronologische Geschichte über die Separatistenzeit von November 1923 bis 16. Februar 1924 aus Weidenthal, LA Speyer, R 12/688.

845 *Kermann/Krüger*, 1923/24, Separatismus im rheinisch-pfälzischen Raum. Eine Ausstellung der Landesarchivverwaltung Rheinland-Pfalz auf dem Hambacher Schloß, S. 184; Verordnung zur Bekämpfung der Schiebergeschäfte, des Kettenhandels und des Wuchers, LA Speyer, R 12/183. S. zu den örtlichen Zuständigkeiten der Sondergerichte Brief der Rheinischen Republik „Autonome Pfalz" Bezirksamt Kirchheimbolanden v. 12.1.1924, LA Speyer, R 12/592. S. beispielhaft die Preisfestsetzung für Milch, Brief der Rheinischen Republik „Freie Pfalz" Bezirksamt Kirchheimbolanden an die Bürgermeister und Nebengemeinden v. 14.12.1923, LA Speyer, R 12/592. S. auch schon vorher zur Bindung der Geschäftsleute an einen bindenden Preismultiplikator Rheinische Republik „Freie Pfalz" Bezirksamt Kirchheimbolanden an die Bürgermeisterämter und Nebengemeinden v. 5.12.1923, LA Speyer, R 12/592.

846 *Gräber/Spindler*, Die Pfalzbefreier, S. 25; Ankündigung v. 29.12.1923, wiedergegeben in: Chronologische Geschichte über die Separatistenzeit von November 1923 bis 16. Februar 1924 aus Weidenthal, Pfalz, LA Speyer, R 12/688; Frankfurter Zeitung v. 28.12.23; Veröffentlichung der Autonomen Pfalz v. 29.12.1923, LA Speyer, R 12/306. S. auch die Blanko-Bescheinigung für die Erteilung eines Jagdscheines, LA

die Erlaubnisscheine der Personen- und Lastwagen mussten umgeschrieben werden, wofür wiederum eine entsprechende Gebühr anfiel.[847] Zumindest die Neuausstellung der Personalausweise war auch für *Bley* selbst vorteilhaft, da sein Unternehmen den Auftrag bekam, diese zu drucken.[848] Zudem wurden die Nummernschilder der Kraftfahrzeuge neu beschriftet.[849] Sogar für das Fahrradfahren war eine entsprechende Erlaubniskarte angedacht.[850] Die Handelserlaubnis und sonstige gewerbliche Genehmigungen sollten künftig ebenfalls bei der Autonomen Regierung eingeholt werden.[851] Auch das Abhalten von Vergnügungsveranstaltung war erlaubnis- und gebührenpflichtig,[852] ebenso das Anschlagen von Plakaten.[853] Außerdem sollten die Gemeinden neue Stempel erhalten, die die Zugehörigkeit zur Autonomen Regierung zeigten. Viele Gemeinden setzten die Pflicht zur

---

Speyer, R 12/183. Die erhaltenen Gelder sollten von den Bezirkskommissariaten an die Hauptkasse in Speyer abgeliefert werden. Die Ablieferung „zwecks besonderer Verwendung" legt nahe, dass diese Gelder für die Erwerbslosenfürsorge benötigt wurden, s. LA Speyer, R 12/183. S. auch die Blanko-Jagdkarte, LA Speyer, R 12/592 und das Verzeichnis ausgestellter Jagdkarten ebd. Dennoch hat das Bürgermeisteramt in Kaiserslautern weiterhin selbst Jagdkarten und Ähnliches ausgestellt. Vgl. hierzu Bekanntmachung der Regierung der autonomen Pfalz v. 9.1.1924, BayHStA MA 107649.

847 Aufruf der Rheinischen Republik Bezirk Kaiserslautern v. 30.11.1923, LA Speyer, R 12/165; Gebührenfestsetzung für den Verkehr mit Kraftfahrzeugen, LA Speyer, R 12 /183.

848 Haupthilfsstelle für die Pfalz v. 5.2.1924, Bericht „Der Separatisten-Terror in der Pfalz, BayHStA, MA 107649.

849 Entsprechender Vermerk ohne Überschrift und Datum, LA Speyer, R 12/183.

850 Brief der Regierung der Autonomen Pfalz an sämtliche Bezirkskommissariate vom 22.1.1924, LA Speyer, R 12/183. S. die entsprechende Blanko-Radfahrer-Erlaubniskarte, LA Speyer, R 12/592.

851 Muster eines Handelserlaubnisscheins, LA Speyer, R 12/183; § 1 des Ausführungsgesetzes Nummer 1 über die Erteilung von Bewilligung und Gewerbeerlaubnissen im Bereich der Autonomen Pfalz vom 28.1.1924, LA Speyer, R 12/814. S. zur Erteilung einer Viehhandelserlaubnis Brief der Regierung der Autonomen Pfalz an das Bezirksamt Rockenhausen v. 1.12.1923, LA Speyer, R 12/183 sowie den Brief der Autonomen Pfalz an den Bezirkskommissar in Rockenhausen v. 9.1.1924, ebd. S. auch den Auftrag an die Reichsdruckerei zum Druck von Wandergewerbescheinen, LA Speyer, R 12/592. S auch das Verzeichnis der ausgestellten Wandergewerbescheine, LA Speyer, ebd.

852 Brief an das Bezirksamt Kirchheimbolanden v. 2.1.1924, LA Speyer, R 12/592; vgl. auch Brief des Donnersberger Musikvereins an den Herrn Delegierten der HIRK v. 21.12.1923. Die Adressierung an die HIRK spricht dafür, dass die Autorität der Autonomen Regierung nicht anerkannt wurde.

853 Bekanntmachung der Autonomen Pfalz v. 7.2.1924, LA Speyer, R 12/22.

Führung eines Stempels der Autonomen Pfalz auch um.[854] Neben dem monetären Aspekt wollte die Autonome Regierung hierdurch auch ihre Hoheitsmacht zur Schau stellen. Als Auffangtatbestand für alle Gebühren, die noch nicht durch andere Verordnungen erfasst wurden, wurde das Ausführungsgesetz Nummer 2 über die Handhabung des Gebührenwesens im Bereich der Autonomen Pfalz geschaffen.[855] Zu beachten ist indes, dass die Verordnungen der HIRK erst zur Genehmigung vorgelegt wurden und daher grundsätzlich noch nicht vollziehbar waren.[856]

Trotz der schlechten Reputation der Autonomen Regierung wandten sich die Leute mit ihren Anliegen an die Separatisten.[857] Auch wenn diese im Generellen einen fürchterlichen Ruf genossen, wollten die Bürger in ihrer desolaten Lage keine Chance ungenutzt lassen.[858] Die Separatisten kümmerten sich teilweise auch um die Belange der Bevölkerung. So teilte der französische Delegierte Landaus, *Paul Prudhomme*, in einem Schreiben an die Bürgermeister seines Bezirks mit, dass die separatistische Regierung mit der HIRK in Kontakt getreten sei, um die Erwerbslosenfürsorge zu regeln.[859] Hierzu wurde auch eine Verordnung erlassen, welche die Aufbringung der Mittel für die Erwerbslosenfürsorge normierte.[860] Eine solche war notwendig geworden, weil die bayerische Regierung die Erwerbslosenfür-

854 Übersicht über die beim Bezirksamt Bergzabern vorhandenen, aus der Separatistenzeit stammenden Gegenstände, Akten, Urkunden und Dokumente, LA Speyer, R 12/688; s. zu dieser Pflicht Schreiben der Autonomen Regierung der Pfalz an die Bezirksämter der Autonomen Pfalz, v. 19.12.1923, LA Speyer R 12/584, R 12/165, R 12/183 und R 12/593.

855 Ausführungsgesetz über die Handhabung des Gebührenwesens im Bereich der Autonomen Pfalz v. 28.1.1924, insbesondere § 8, LA Speyer, R 12/183.

856 Art. VII der Verordnung 1 der Hohen Interalliierten Rheinlandkommission betreffend gesetzgeberische und Verwaltungsbefugnis der Hohen Kommission, Befehle der militärischen Behörden und die Ausführung deutscher Gesetze und Verordnungen in den besetzten Gebieten. Zu diesem Aspekt auch Geschäftsstelle der Regierung der Pfalz an die Herren Bürgermeister der unmittelbaren Städte v. 3.1.1924, LA Speyer, R 12/22.

857 *Spindler* und *Graß*, in: Diskussion in der Sendereihe „Nahaufnahme" vom Kurpfalz-Radio des Süddeutschen Rundfunks am 7. April 1989, 10:04 bis 11 Uhr, Abschrift von Mitschnitt, S. 14. Dazu, dass die Leute wegen Mietrechtsstreitigkeiten und Wohnungsangelegenheiten zu den Separatisten kamen: Regierung der Autonomen Pfalz an das Bezirkskommissariat in Rockenhausen, LA Speyer, R 12/183.

858 *Leszinski*, Separatismus in der Pfalz nach den beiden Weltkriegen – Ein Vergleich, S. 53.

859 *Jolas*, Die Pfalz unter Französischer Besatzung von 1918 bis 1930, S. 181.

860 Verordnung über die Aufbringung der Mittel für die Erwerbslosenfürsorge, LA Speyer, R 12/183.

sorge für die Dörfer, die Loyalitätserklärungen unterzeichnet hatten, eingestellt hatte. Die Autonome Regierung versuchte daraufhin, selbst Mittel bereit zu stellen, konnte aber nur 15.000 Billionen Mark aufbringen.[861] Die weitere Finanzierung sollte in der Verordnung einer Regelung zugeführt werden.[862]

Erfolgreich war die Regierung jedoch mit von ihnen ins Leben gerufenen Läden, die „Autonome Pfalz“ hießen und Waren zu deutlich geringeren Preisen anboten als private Geschäfte, wodurch der Devisenhandel mit den Bauern unterbunden werden konnte.[863] Überdies haben die Separatisten auch Kartoffeln an die Bedürftigen verteilt, um deren Not zu lindern.[864]

Abschließend lässt sich sagen, dass die Separatisten zwar mehr schlecht als recht regierten, aber dennoch kontrollierten Sie die Pfalz.[865]

III. Loyalitätserklärungen

Nachdem die Separatisten alle größeren Städte besetzt hatten, gingen sie in die kleineren Dörfer, um sich Loyalitätserklärungen der Bürgermeister zu holen,[866] die den Rückhalt in der Bevölkerung demonstrieren und so die

861 Brief „Hilfe für die Erwerbslosen, Speyer, 22. Dezember 1923, LA Speyer, R 12/165. Dass diese Mittel unzureichend waren und die Erwerbslosen insbesondere in der Vorweihnachtszeit 1923 schwer von der wirtschaftlichen Not getroffen wurden, wird auch in dem Spendenaufruf der Autonomen Regierung ohne Datum deutlich, LA Speyer, R 12/22.

862 S. zur Brisanz dieser Verordnung wegen der eventuellen Registrierung S. 136.

863 *Gräber/Spindler,* Die Pfalzbefreier, S. 27; Geschichte über die Separatistenzeit von November 1923 bis 16. Februar 1924 aus Weidenthal, LA Speyer, R 12/688. Es gab darüber hinaus wohl auch Lebensmittelabgaben an Bedürftige. S. hierzu das Schild „Neuanmeldungen zum Lebensmittelempfang am Montag-Vormittag“, LA Speyer, R 12/165. S. auch Lagebericht aus Kaiserslautern v. 28.11.1923, BayHStA, MA 107716; Brief der Haupthilfsstelle für die Pfalz an den Herrn Staatskommissar für die Pfalz v. 18.12.1923, BayHStA, MA 107716, wo davon die Rede ist, dass die finanziellen Mittel für die Läden von französischer Seite bereitgestellt wurden. S. auch das Schild „Büro zur Lebensmittel-Abgabe heute geschlossen“, LA Speyer, R 12/165, das darauf hindeutet, dass es dennoch an manchen Tagen Schwierigkeiten mit der Lebensmittelversorgung gab.

864 Verordnung der Regierung der Autonomen Pfalz v. 12.12.1923, BayHStA, MA 107649.

865 *Bariety,* Les Relations Franco-Allemandes après la Première Guerre Mondiale. 10 Novembre 1918–10 Janvier 1925 de l'Exécution à la Negation, S. 284.

866 *Schwarz,* Der Separatismus in der Pfalz nach dem 1. Weltkrieg, S. 267; vgl. hierzu auch *Gembries,* Autonome Pfalz, 1923/24, in Historisches Lexikon Bayerns, abrufbar unter: https://www.historisches-lexikon-bayerns.de/Lexikon/Autonome_Pfalz,_192

eigene Legitimation vor der HIRK beweisen sollten. Neuwahlen erschienen den Separatisten dafür hingegen nicht als erfolgsversprechendes Mittel,[867] da sie keine Mehrheit erwarten konnten. Durch die Erklärungen bekannten sich die Unterzeichner dazu, die Anordnungen der separatistischen Regierung zu befolgen. Sie kamen oft durch Erpressung, beispielsweise unter der Androhung von Ausweisungen, Vermögensbeschlagnahmen oder Verhaftungen zustande. Manchmal wurden die Ortsvorsteher auch mit Waffen bedroht.[868] Zudem hatte die französische Besatzungsmacht damit gedroht, den Gemeindeeinwohnern im Falle der Verweigerung die Pässe zu entziehen.[869] Wenn die Bürgermeister die Loyalitätserklärungen nicht abgeben wollten, so wurden sie zu Vernehmungen geladen und es wurde Druck auf sie ausgeübt, sodass manche von ihnen letzten Endes dann doch noch nachgaben.[870] In anderen Fällen wurden die sich weigernden Bürgermeister lediglich ihres Amtes enthoben.[871] Drastischer stellte *Gedye* die Abnötigung der Loyalitätserklärungen dar. So erklärt er, die Bürgermeister wären mit ihrem Leben bedroht und im Regierungsgebäude in Speyer gefoltert worden. Ihre qualvollen Schreie seien Augenzeugenberichten zufolge in die Nachbarschaft gedrungen.[872] Ob diese Darstellung der Realität entspricht, erscheint mehr als fraglich. Zum einen stützt sich *Gedye* nur auf Berichte aus der Nachbarschaft, welche das Geschehen nicht unmittelbar wahrgenommen hat. Zum anderen neigt der Autor an vielen Stellen zu

---

3/24, zuletzt abgerufen am 1.11.2022. S. zu den Loyalitätserklärungen auch *Leiling*, Speyer in den Jahren 1919–1939. Ein Tagebuch, Bd. 2, S. 165 f.

867 *Gräber/Spindler*, Die Pfalzbefreier, S. 27.

868 *Jolas*, Die Pfalz unter Französischer Besatzung von 1918 bis 1930, S. 178; zu diesem Aspekt auch *Leszinski*, Separatismus in der Pfalz nach den beiden Weltkriegen – Ein Vergleich, S. 53; *Gräber/Spindler* relativieren diese Aussage jedoch, indem sie feststellen, dass nur ein einziger Fall bekannt gewesen wäre, in dem der Bürgermeister mit einem Revolver bedroht wurde, nämlich der Fall der Ortsgemeinde Maikammer, welche insgesamt als sehr separatistisch geprägt galt; *Gräber/Spindler*, Die Pfalzbefreier, S. 27.

869 So dargestellt in Haupthilfsstelle für die Pfalz (Hrsg.), Urkundenmaterial über die Unterstützung der Pfälzer Separatistenbewegung durch die französischen Militär- und Zivilbehörden, Heft 1, S. 4; zu beachten ist jedoch, dass der Herausgeber hier ein großes propagandistisches Interesse an dieser Darstellung hat, weswegen hier Übertreibungen und Unwahrheiten durchaus im Rahmen des Möglichen liegen.

870 Vernehmungsprotokoll v. 3.1.1924, LA Speyer, R 12/688.

871 Brief des Bezirksamtes Rockenhausen an das Bürgermeisteramt *Feilbingert*, v. 14.12.1923, LA Speyer, R 12/183.

872 *Gedye*, The Revolver Republic, S. 220; Das Speyerer Regierungsgebäude diente auch als Gefängnis für politische Gefangene, hauptsächlich bevor diese ins unbesetzte Gebiet ausgewiesen wurden, *Gräber/Spindler*, Die Pfalzbefreier, S. 24.

Übertreibungen.[873] Es bleibt weiterhin unklar, woher diese Menschen wissen konnten, dass es sich bei den Gefangenen um Bürgermeister handelte, denen Loyalitätserklärungen abgepresst wurden.

Summa summarum hatten über fünfhundert der sechshundertfünfzig pfälzischen Gemeinden entsprechende Erklärungen abgegeben. Die acht kreisunmittelbaren Städte der Pfalz verweigerten ihre Loyalitätserklärungen allerdings.[874] Nach der Aufforderung, eine solche abzugeben, erklärten manche der Gemeinden, dass für diese nicht der Bürgermeister, sondern der Gemeinderat zuständig sei, woraufhin sie Gemeinderatserklärungen abgaben,[875] was die Separatisten jedoch nicht als ausreichend befanden und weiterhin auf eine Erklärung des Bürgermeisters insistierten.[876] Mitunter protestierten die Gemeinden auch gegen die Abgabe einer solchen Erklärung und beriefen sich dabei auf das Demokratieprinzip gemäß Art. 1 S. 2 WRV und die kommunale Selbstverwaltungsgarantie gemäß Art. 127 WRV.[877] In manchen Fällen trat der Bürgermeister auch unter einem Vorwand zurück, um sich dem Dilemma zu entziehen.[878] Auch nach Abgabe der Loyalitätsbekundung änderte sich im Gemeindealltag allerdings nicht viel, sondern die Dinge nahmen ihren gewohnten Verlauf.[879] Trotz allen ausgeübten Drucks können die Loyalitätserklärungen als Akt der Gleich-

873 Darüber hinaus ist zweifelhaft, weshalb *Gedye* bei allen wichtigen Ereignissen wie der Erschießung im Wittelsbacher Hof oder dem Sturm auf das Pirmasenser Bezirksamt zugegen sein konnte. Er selbst erklärt, er habe Hinweise eines „Pater X" erhalten, welcher ihn mehr oder weniger zufällig angesprochen habe, The Revolver Republic, S. 221. Diese Version der Geschichte erscheint jedoch mehr als unwahrscheinlich und klingt sehr nach einem Detektivroman. Darüber hinaus berichtet er selbst von einem Treffen mit *Eberlein* in Heidelberg nach dem Attentat, ebd., S. 232, was eine enge Verbindung zur Haupthilfsstelle nahelegt.

874 *Gräber/Spindler*, Die Pfalzbefreier, S. 28. S. exemplarisch die Loyalitätserklärung des 2. Bürgermeisters von Kalkofen v. 20.12.1923, LA Speyer, R 12/183.

875 Erklärung des Gemeinderats in Weidental v. 4.12.1923, wiedergegeben in: Chronologische Geschichte über die Separatistenzeit von November 1923 bis 16. Februar 1924 aus Weidenthal, LA Speyer, R 12/688.

876 Chronologische Geschichte über die Separatistenzeit von November 1923 bis 16. Februar 1924 aus Weidenthal, LA Speyer, R 12/688.

877 Beschlüsse der Gemeinderäte von Odernheim, Rehborn und Lettweiler, LA Speyer, R 12/183.

878 Brief des Bürgermeisteramtes Niederhausen an das Bezirksamt in Rockenhausen v. 28.11.1923, LA Speyer, R 12/183.

879 *Leszinski*, Separatismus in der Pfalz nach den beiden Weltkriegen – Ein Vergleich, S. 53.

gültigkeit gegenüber den neuen Machthabern bewertet werden,[880] da die Gegenwehr fast nicht existent war.

Dass die Erklärungen mitunter nicht freiwillig abgegeben wurden und auch nicht dem Willen der Bürgermeister entsprachen zeigt sich nichtsdestoweniger daran, dass diese teils späterhin wieder zurückgenommen wurden.[881] Bei der Rücknahme der Loyalitätserklärungen traten aber auch noch weitere Motive hinzu, wie der Wunsch, sich von den Separatisten zu distanzieren oder sich selbst vor Verfolgung zu schützen. Schließlich erfolgten Rücknahmen zu einem Zeitpunkt, zu welchem klar war, dass die Autonome Regierung im Begriff war zu scheitern.

J. Haltung der Pfälzer zu den Separatisten

Nachfolgend soll die Haltung der Pfälzer zur separatistischen Bewegung untersucht werden, wobei ein besonderes Augenmerk auf der Kirche liegt, da dieser eine herausragende gesellschaftliche Bedeutung zukam. Auch die Haltung der Bauern als prozentual gewichtige Bevölkerungsgruppe, die in einer Sonderbeziehung zu *Heinz* als Persönlichkeit stand, soll nuanciert beleuchtet werden. Im Anschluss wird der Versuch unternommen, die Stimmung in der Bevölkerung wiederzugeben, wenngleich allgemeingültige Aussagen nur schwer getroffen werden können.

---

880 *Leszinski,* Separatismus in der Pfalz nach den beiden Weltkriegen – Ein Vergleich, S. 54.

881 *Leszinski,* Separatismus in der Pfalz nach den beiden Weltkriegen – Ein Vergleich, S. 53. Exemplarisch: Protokoll über die Sitzung des Gemeinderates in Bennhausen v. 28.1.1924, LA Speyer, R 12/592; Protokoll über die Sitzung des Gemeinderats in Bolanden v. 20.1.1924; Protokoll der Sitzung des Gemeinderats in Dannenfels v. 20.1.1924, LA Speyer, R 12/592; Protokoll über die Gemeinderatssitzung von Dreisen v. 28.1.1923, LA Speyer, R 12/592; Protokoll über die Verhandlungen des Gemeinderates in Einselthum v. 28.1.1924, LA Speyer, R 12/592; Urkunde über die Sitzung des Gemeinderates Eisenberg v. 28.1.1924, ebd.; Protokoll über die Sitzung des Gemeinderats in Germersheim v. 28.1.1924, ebd.; Protokoll über die Sitzung des Gemeinderates Göllheim v. 20.1.1924, ebd.; Auszug aus dem Prokollbuch des Stadtrates von Kirchheimbolanden v. 23.1.1924, ebd.; Auszug aus dem Protokollbuch des Gemeinderates Kriegsfeld v. 29.1.1924, ebd.; Auszug aus dem Protkollbuch des Gemeinderates v. Marnheim v. 30.1.1924, ebd.; Auszug aus dem Protokollbuche über die Verhandlungen des Gemeinderats von Morschheim v. 28.1.1924, ebd.; Auszug aus dem Protokollbuch des Gemeinderates von Oberwiesen v. 27.1.1924, ebd.; Auszug aus dem Protokollbuch des Gemeinderates Orbis v. 27.1.1924, ebd.; Protokoll der Gemeinderatssitzung in Ottersheim v. 1.2.1924, ebd.

I. Haltung der Kirche

Die Kirchen artikulierten ihren Widerstand schon kurz nach dem separatistischen Umsturz in deutlicher Weise. So erklärte der Speyerer Bischof *Sebastian*[882], der zum Vorkämpfer gegen den Separatismus wurde, in einem Zeitungsartikel vom 28. November 1923, dass der Eidbruch von Beamten als schwere Sünde anzusehen sei. Dadurch verurteilte er die separatistischen Aktionen und mahnte die Beamten zur Reichstreue.[883] Den geleisteten Widerstand hielten die Kirchen während der gesamten separatistischen Herrschaft aufrecht. Am 6. Januar 1924 gaben die katholischen Priester in ihren Predigten anlässlich der Heiligen Drei Könige beispielsweise eine Erklärung ab, die auch später an die HIRK übermittelt und im Rheinpfälzer veröffentlicht wurde. In dieser teilten sie einerseits mit, dass sie bereit seien, mit den Besatzungsmächten auf Grundlage des Versailler Friedensvertrages nach geltendem Recht zusammenzuarbeiten, verweigerten aber andererseits die Anerkennung der Separatisten unter Berufung auf die Reichstreue. Sie sprachen sich gegen die Art und Weise ihrer Machterlangung aus und betonten die Ohnmacht der wehrlosen Bevölkerung gegenüber den bewaffneten Separatisten.[884] Zudem gaben sie nach der Erschießung von *Franz Josef Heinz* Protesterklärungen gegen die separatistische Regierung ab.[885]

882 *Ludwig Sebastian* (6.12.1862 - 20.43.1943) war von 1917 bis 1943 Bischof von Speyer. S. hierzu und weiterführend zu seiner Biographie *Heim*, Ludwig Sebastian. Bischof von Speyer (1917–1943), in: Ammerich (Hrsg.), Lebensbilder der Bischöfe von Speyer seit der Wiedererrichtung des Bistums Speyer 1817/21. Festgabe zum Geburtstag seiner Exzellenz Dr. Anton Schlembach Bischof von Speyer, S. 257 ff.

883 *Schwarz*, Der Separatismus in der Pfalz nach dem 1. Weltkrieg, S. 293 f., *Leibel*, Separatismus in der Pfalz mit einem Schwerpunkt der Verfolgung der Separatisten zur Zeit des Nationalsozialismus, S. 13. S. zu dem Konflikt zwischen Separatisten und Beamten auch schon S. 108 ff.

884 Protestschreiben der pfälzischen katholischen Geistlichkeit vom 6.1.1924 gerichtet an die alliierten Oberkommissare in Koblenz, abgedruckt in Urkunden zum Separatistenputsch im Rheinland im Herbst 1923, S. 15; *Schwarz*, Der Separatismus in der Pfalz nach dem 1. Weltkrieg, S. 294; *Gembries*, Verwaltung und Politik in der besetzten Pfalz zur Zeit der Weimarer Republik, S. 286 f.

885 S. hierzu ausführlich S. 216 f.

II. Haltung der Bauern

Die Bauern hingegen standen zumindest in der Nord- und der südlichen Vorderpfalz größtenteils hinter den Separatisten. Dies lässt sich im Besonderen auf *Heinz* als Persönlichkeit zurückführen, den sie als Gesamtvorsitzenden der Freien Bauernschaft in guter Erinnerung behalten hatten.[886] Viele Bauern waren allerdings keine überzeugten Separatisten, sondern fühlten sich *Heinz* in persönlicher Weise verbunden und erhofften sich eine Verbesserung ihrer wirtschaftlichen Situation.[887] Mancher sah den Separatismus in der Pfalz dabei als unvermeidbares Übel an, das durch einen Bauer an der Spitze, für sie gelindert würde.[888] Nichtsdestotrotz standen nicht alle Bauern hinter der separatistischen Idee, vielleicht könnte man sogar sagen, dass eine Mehrheit diese zumindest im späteren Verlauf ablehnte. Schließlich versuchte die Autonome Regierung, die Lebensmittelpreise und -lieferungen zu kontrollieren, was den Interessen der Bauern zuwiderlief.[889] Darüber hinaus wurden diese gezwungen, jedes in der Pfalz anerkannte Zahlungsmittel entgegenzunehmen, was den von den Bauern forcierten Devisenhandel konterkarierte.[890] Daneben waren auch die Läden der Autonomen Pfalz für das Geschäft der Bauern hinderlich.[891] Dennoch gab es Mitglieder der Freien Bauernschaft, die sich klar zum Separatismus bekannten.[892]

---

886 *Schwarz,* Der Separatismus in der Pfalz nach dem 1. Weltkrieg, S. 278; *Leszinski,* Separatismus in der Pfalz nach den beiden Weltkriegen – Ein Vergleich, S. 55 f.; *Gembries,* Verwaltung und Politik in der besetzten Pfalz zur Zeit der Weimarer Republik, S. 266.

887 *Leszinski,* Separatismus in der Pfalz nach den beiden Weltkriegen – Ein Vergleich, S. 56; *Oberhauser*, Der Kampf um die Rheinpfalz, S. 113.

888 *Leszinski,* Separatismus in der Pfalz nach den beiden Weltkriegen – Ein Vergleich, S. 56 f.; *Schwarz,* Der Separatismus in der Pfalz nach dem 1. Weltkrieg, S. 279; in diese Richtung auch *Hamm,* Freie Bauernschaft, Heinz Orbis und Separatismus, S. 49 f.

889 *Leszinski,* Separatismus in der Pfalz nach den beiden Weltkriegen – Ein Vergleich, S. 55; *Hamm*, Freie Bauernschaft, Heinz Orbis und Separatismus, S. 66.

890 Vgl. Brief der Rheinischen Republik „Freie Pfalz" an den Bäckermeister *Schilling* v. 26.11.1923, LA Speyer, R 12/592.

891 S. zu diesen S. 171.

892 *Schwarz,* Der Separatismus in der Pfalz nach dem 1. Weltkrieg, S. 278; *Gräber/ Spindler,* Revolverrepublik am Rhein, S. 123; wenn *Jacob,* Das Ende des Separatismus in Deutschland, Dargestellt am Abwehrkampf der deutschen Publizistik in der Pfalz und an der Saar 1919 bis 1935, S. 23, erklärt, dass ein Großteil der Bauern *Heinz* in den Separatismus folgten, dann dürfte dies etwas übertrieben sein.

Die Zahl der Separatismus-Sympathisanten unter den Freien Bauern stieg im Oktober 1923.[893] Die Haltung der Freien Bauernschaft zum Separatismus und zu *Heinz* als Person änderte sich im November 1923 schlagartig, weil die Bauern mit dem gewaltsamen Putsch nicht einverstanden waren. Aufgrund dessen traten die Freien Bauern der Pfalz unter *Rudolf Hamm, Heinz'* Gegenspieler in der Freien Bauernschaft, aus der Gesamtorganisation aus, um zu signalisieren, dass sie nicht mehr hinter *Heinz-Orbis* standen.[894] Nichtsdestoweniger kam es zu vielen konträren Vertrauensbekundungen von Regionalverbänden gegenüber dem einstigen Präsidenten der Freien Bauernschaft.[895] Teilweise standen diese aber unter Bedingungen; so zum Beispiel die Erklärung Rockenhausens vom 2. Dezember 1923, bei der das Vertrauen daran gebunden war, dass die wirtschaftliche Situation in der Pfalz verbessert würde und die Separatisten sich nunmehr rechtstreu verhielten.[896] Während *Heinz* in der Nordpfalz breite Unterstützung fand, hatte er in der Vorderpfalz und in Zweibrücken kaum Rückhalt. In der Westpfalz lässt sich dies darauf zurückführen, dass dort *Hamm* den Vorsitz der Freien Bauern hatte.[897] Zu beachten ist, dass die Bauern durch ihre Ortsgebundenheit auch wenig Möglichkeiten zur Gegenwehr hatten. Eine Ausweisung wäre einem Existenzverlust gleichgekommen. Insofern mussten sie die staatsrechtlichen Änderungen mehr oder weniger hinnehmen, wie sie kamen.[898]

---

893 *Schwarz,* Der Separatismus in der Pfalz nach dem 1. Weltkrieg, S. 278; Bericht *Knochs* an *Wappes* v. 28. Mai 1923, BayHStA, MA 107988.

894 *Schwarz,* Der Separatismus in der Pfalz nach dem 1. Weltkrieg, S. 279; *Gembries,* Verwaltung und Politik in der besetzten Pfalz zur Zeit der Weimarer Republik, S. 268; *Osmond,* Die „Freie Bauernschaft" und der Separatismus. Bauernpolitik, bürgerliche Parteien und französische Besatzung in der Pfalz, in: Kreutz/Scherer (Hrsg.), Die Pfalz unter französischer Besetzung (1918/19–1930), S. 123 (133); *Oberhauser,* Der Kampf um die Rheinpfalz, S. 115.

895 *Schwarz,* Der Separatismus in der Pfalz nach dem 1. Weltkrieg, S. 279; *Hamm,* Freie Bauernschaft, Heinz Orbis und Separatismus, S. 49.

896 *Schwarz,* Der Separatismus in der Pfalz nach dem 1. Weltkrieg, S. 279; *Hamm,* Freie Bauernschaft, Heinz Orbis und Separatismus, S. 58.

897 *Schwarz,* Der Separatismus in der Pfalz nach dem 1. Weltkrieg, S. 279, jedoch basierend auf der eigenen Aussage *Hamms,* vgl. zu dieser *Hamm,* Freie Bauernschaft, Heinz Orbis und Separatismus, S. 62 f.

898 *Jung,* Pfälzische Rundschau v. 24.2.1931.

III. Haltung der Pfälzer Bevölkerung

Wie die pfälzische Bevölkerung jenseits der separatistischen und antiseparatistischen Propaganda zu den Loslösungsbestrebungen stand, kann lediglich anhand von Indizien nachempfunden werden, da die neuere Literatur durch das Scheitern des Separatismus geprägt ist und zeitgenössische Quellen mitunter auf Zensur und Repression beruhen. Die Pfälzer befanden sich damals in einer Zwickmühle. Einerseits setzte man sich, wenn man sich den Separatisten anschloss, der Gefahr aus, Anschlägen von Abwehrtruppen zum Opfer zu fallen; andererseits drohte bei einem Ungehorsam gegenüber der Autonomen Regierung die Ausweisung.[899]

Dafür, dass die Pfälzer sich nach dem Ersten Weltkrieg dem Reich zugehörig fühlten, spricht die hohe Wahlbeteiligung von 86,5 % bei den Reichstagswahlen im Jahre 1919.[900] Knapp neunzig Jahre zuvor hatten unitarisch gesinnte Pfälzer beim Hambacher Fest in Neustadt a. d. W. dort als Vorkämpfer für die Reichseinheit eine maßgebliche Rolle bei der Reichsgründung gespielt, wo nun eine Hochburg des Separatismus lag.[901]

In den Wirren der Nachkriegszeit herrschte allerdings allgemeine Ratlosigkeit über die Zukunft, die einen gewissen Anteil der Bevölkerung dazu verleitete, separatistische Ideale zu verfolgen. Dass diese Ideen unter den Pfälzern Fuß fassen konnten, wird daran ersichtlich, dass die Mitglieder der Bewegung mehrheitlich in der Pfalz beheimatet waren und es sich nicht wie in der älteren Forschung propagiert, um Auswärtige handelte[902]. Die Separatisten waren dennoch eine begrenzte Minderheit; für die restliche Bevölkerung stand eine Abtrennung vom Reich nicht zur Debatte.[903] Daher sympathisierten die wenigsten mit den Separatisten und ein Großteil der Bevölkerung war diesen feindlich gesonnen. Dies lässt sich primär mit

---

899 *Müller,* Pfalz am Rhein, Heft 3 August 1988, 38 (39), s. zur schlechten Quellenlage auch *Gräber/Spindler,* Revolverrepublik am Rhein, S. 285. S. dazu, dass die Ausgewiesenen im rechtsrheinischen Bayern aufgrund ihres Dialekts und ihrer Religion oft nur schlecht Anschluss fanden *Silbermann,* Der Separatismus 1923/24 in der Nordpfalz, in: Forster (Hrsg.), Studienbuch Donnersbergkreis, Teil 1, S. 264 (275).

900 *Kreutz,* Unter französischer Besatzung, in: Schwarzmüller/Garthe (Hrsg.), Die Pfalz im 20. Jahrhundert, S. 57 (57); s. zur Wahlbeteiligung http://www.wahlen-in-deutschland.de/wrtwpfalz.htm, zuletzt abgerufen am 1.11.2022.

901 Das Fest fand auf dem Hambacher Schloss in Neustadt a. d. W. statt.

902 S. hierzu S. 149 f.

903 *Reuß,* in: Diskussion in der Sendereihe „Nahaufnahme“ vom Kurpfalz-Radio des Süddeutschen Rundfunks am 7. April 1989, 10:04 bis 11 Uhr, Abschrift von Mitschnitt, S. 9.

dem gewaltsamen Auftreten des Rheinlandschutzes und den unpopulären Requirierungen begründen.[904] Überdies sträubten sich viele gegen eine Annäherung an Frankreich, welche mit einer Separation aller Wahrscheinlichkeit nach einhergegangen wäre, da sie den westlichen Nachbarn als Erbfeind ansahen.[905]

Die Separatisten selbst verkannten die politische Stimmung unter der Bevölkerung oder wollten diese nicht wahrhaben. So bekundete *Heinz* gegenüber *de Metz,* dass ein Großteil der Arbeiter und Erwerbslosen hinter ihm stünde. Die Pfälzer würden die Autonome Regierung akzeptieren.[906] Dennoch war die Bevölkerung an den Regierungszielen der Separatisten zumindest interessiert. Zu einer Diskussionsrunde über die wirtschaftliche und politische Not in der Pfalz kamen immerhin 1.600 Zuhörer. Die vorangegangene Versammlung wurde indessen durch diverse Zwischenrufe aus dem Publikum gestört, sodass eine sachliche Diskussion nicht möglich war, weswegen auch bei der protokollierten Veranstaltung nicht angenommen werden kann, dass es sich bei allen Anwesenden um Menschen handelte, die mit der separatistischen Idee sympathisierten.[907]

Trotz dieser ablehnenden Haltung war die Bevölkerung nicht gewillt, gegen die Separatisten einzuschreiten. Wie bereits dargestellt, kann es zu einzelnen gewaltsamen Auseinandersetzungen bei der Besetzung der Städte.[908] Danach kehrten die Bürger jedoch wieder zu ihrem Alltag zurück. Auch wenn die Lage hinreichend bekannt war, propagierte Bayern die Wehr- und Kampfbereitschaft der Pfälzer gegenüber den Separatisten.[909]

---

904 *Schwarz,* Der Separatismus in der Pfalz nach dem 1. Weltkrieg, S. 293; *Osmond,* Die „Freie Bauernschaft“ und der Separatismus: Bauernpolitik, bürgerliche Parteien und französische Besatzung in der Pfalz, in: Kreutz/Scherer (Hrsg.), Die Pfalz unter französischer Besatzung (1918/19–1930), S. 123 (133 f.). S. zur Requirierungspraxis in Bezug auf Lebensmittel auch Bericht des *Ludwig Heil,* LA Speyer, R 583/12, S. 2 f. S. zu den Maßnahmen, die zur Unpopularität führten S. 114 ff.

905 *Schwarz,* Der Separatismus in der Pfalz nach dem 1. Weltkrieg, S. 275.

906 *Schwarz,* Der Separatismus in der Pfalz nach dem 1. Weltkrieg, S. 295; Brief *Heinz* an *de Metz* v. 7.12.1923, BA ZSG 105/13, zitiert nach der inhaltlichen Wiedergabe bei *Hüttenberger,* Methoden und Ziele der französischen Besatzungspolitik nach dem Ersten Weltkrieg in der Pfalz, S. 118.

907 Protokoll „Öffentliche Versammlung der „Neuen separatistischen Regierung“ im Stadtsaale zu Speyer am 6. Januar 1924, LA Speyer, R 12/588.

908 S. hierzu S. 122 ff.

909 *Schwarz,* Der Separatismus in der Pfalz nach dem 1. Weltkrieg, S. 293; *Leszinski,* Separatismus in der Pfalz nach den beiden Weltkriegen – Ein Vergleich, S. 52; Deutsche Allgemeine Zeitung (Morgenausgabe) v. 29. November 1923. Der Auftrag zu dieser Erklärung soll aus der Pfalz gegeben worden sein, wobei unklar ist, wer der

In Wahrheit war die Haltung der pfälzischen Bevölkerung demgegenüber passiv und der von ihr geleistete Widerstand gering.[910] Ihre Rolle für den Niedergang der Autonomen Regierung lag nur darin, dass sie den Separatismus nicht aktiv unterstützte.[911]

Die mangelnde Abwehrbereitschaft wurde schon bei der Eroberung des Speyerer Bezirksamts deutlich. Während die Bürger beim Haas-Putsch noch aktiv eingeschritten waren, ging ihre Rolle bei der Eroberung des Bezirksamts im Jahr 1923 über die von schaulustigen Zaungästen nicht hinaus.[912] Diese Passivität ist zum einen auf mangelnde Koordination der Abwehr und zum anderen auf fehlende Bewaffnung zurückzuführen. Auch aus psychologischen Gründen war an eine Gegenwehr nicht zu denken. Einerseits war die Arbeiterklasse, welche die größte Stütze des Abwehrkampfes gegen die Freie Pfalz gewesen war, nach der Hoffmann-Aktion nicht zur Tragung der Abwehr bereit. Andererseits hat sich die Niederschlagung des Hitlerputsches demoralisierend auf die Abwehrbereitschaft ausgewirkt. Auch wenn sich das Bürgertum in Wirtshausgesprächen großspurig gegen die Separatisten aussprach, ließ es ebenfalls keine Taten folgen.[913] Nebstdem fürchtete die durch den Ruhrkampf und die damit verbundenen Entbehrungen zermürbte und resignierte Bevölkerung auch Repressalien der Separatisten. Die entmutigten Pfälzer, die jeglichen Kampfgeist verloren hatten, glaubten in ihrem Fatalismus nicht, dass sie an der aktuellen Lage

---

Auftraggeber gewesen war, s. hierzu *Schwarz,* Der Separatismus in der Pfalz nach dem 1. Weltkrieg, S. 293. Eine ähnliche Darstellung findet sich bei *Grimm,* Frankreich am Rhein. Rheinlandbesetzung und Separatismus im Lichte der historischen französischen Rheinlandpolitik, S. 118; diese wurde in späteren Quellen jedoch relativiert. So erklärt *Jacob,* Das Ende des Separatismus in Deutschland. Dargestellt am Abwehrkampf der deutschen Publizistik in der Pfalz und an der Saar 1919 bis 1935, S. 26, im Jahre 1940, die Bevölkerung habe dort Widerstand geleistet, wo es möglich war, ohne gleich vor das französische Militärgericht gestellt zu werden.

910 *Leszinski,* Separatismus in der Pfalz nach den beiden Weltkriegen – Ein Vergleich, S. 52.

911 *Leszinski,* Separatismus in der Pfalz nach den beiden Weltkriegen – Ein Vergleich, S. 55.

912 *Leszinski,* Separatismus in der Pfalz nach den beiden Weltkriegen – Ein Vergleich, S. 53.

913 *Schwarz,* Der Separatismus in der Pfalz nach dem 1. Weltkrieg, S. 292 und 265, Brief v. *Antz* an den Staatskommissar für die Pfalz v. 13. November 1923, BayHStA, MA 107668; *Horbach,* Hanhofen, in: Verlag und Redaktion der Pfälzischen Rundschau (Hrsg.), Dokumente aus dem Befreiungskampf, S. 49 (54).

etwas ändern konnten[914] und gaben sich daher fast schon gleichgültig.[915] Es kam deshalb lediglich zu einzelnen unorganisierten Unmutsbekundungen, vor allem wenn eine größere Anzahl an Fremden in den Ort einfiel und Requirierungen vornahm.[916]

Dass es nie zu einer breit organisierten Abwehrfront kam, lässt sich unter anderem auch darauf zurückführen, dass die Sozialdemokraten und Arbeiter der bayerischen Regierung unter *Kahr* kritisch gegenüberstanden und insofern selbst Zweifel bezüglich der Zugehörigkeit zum Land hegten. Im Übrigen waren die SPD-Mitglieder immer noch enttäuscht über die ablehnende Haltung der anderen Parteien in Bezug auf die Hoffmann-Aktion.[917] Auch wenn der bayerische Ministerpräsidenten *von Knilling*[918] der Überzeugung war, dass der Separatismus erst durch das Protektorat der Besatzungsmächte wachsen konnte,[919] führen *Gräber* und *Spindler* die geringe Widerstandsbereitschaft der Bevölkerung eher auf den Konflikt mit Bayern und dem Reich sowie die dadurch resultierende Ungewissheit zurück.[920]

Aktiven Widerstand der Bevölkerung gab es lediglich in Ludwigshafen in größerem Ausmaß. Nachdem sich die Stadt weigerte, eine Loyalitätserklärung gegenüber den Separatisten abzugeben, kam es dort zur Ausweisung zweier Bürgermeister und der Verhaftung mehrerer Bürger. Daraufhin initiierten die führenden Persönlichkeiten Ludwigshafens am 17. Dezember 1923 eine Großdemonstration im benachbarten Mannheim, an welcher 20.000 Menschen teilnahmen.[921] Am selben Tag kam es auch zu einer Mas-

---

914 *Gräber/Spindler,* Die Pfalzbefreier, S. 28; *Schwarz,* Der Separatismus in der Pfalz nach dem 1. Weltkrieg, S. 293; *Gembries,* Verwaltung und Politik in der besetzten Pfalz zur Zeit der Weimarer Republik, S. 278; *Leszinski,* Separatismus in der Pfalz nach den beiden Weltkriegen – Ein Vergleich, S. 53.

915 *Gembries,* Autonome Pfalz, 1923/24, in: Historisches Lexikon Bayerns, abrufbar unter: https://www.historisches-lexikon-bayerns.de/Lexikon/Autonome_Pfalz,_1923/24, zuletzt abgerufen am 1.11.2022.

916 *Gräber/Spindler,* Die Pfalzbefreier, S. 24. S. zu diesem Aspekt auch *Schwarz,* Der Separatismus in der Pfalz nach dem 1. Weltkrieg, S. 277.

917 *Gräber/Spindler,* Die Pfalzbefreier, S. 24.

918 *Eugen Ritter von Knilling* (geb. 1865, gestorben 1927) war ein BVP-Politiker, der von 1922 bis 1924 bayerischer Ministerpräsident war. S. dazu und weiterführend zu seinem Kabinett *Hürten,* Kabinett Knilling, 1922–1924, in: Historisches Lexikon Bayerns, abrufbar unter: https://www.historisches-lexikon-bayerns.de/Lexikon/Kabinett_Knilling,_1922-1924, zuletzt abgerufen am 1.11.2022.

919 *Jolas,* Die Pfalz unter Französischer Besatzung von 1918 bis 1930, S. 178 f.

920 *Gräber /Spindler,* Die Pfalzbefreier, S. 34.

921 *Schwarz,* Der Separatismus in der Pfalz nach dem 1. Weltkrieg, 294 f.; *Trump,* Die Pfälzische Rundschau im Abwehrkampf, in: Verlag und Redaktion der Pfälzischen

senkundgebung in Ludwigshafen, die vom Beamtenbund organisiert wurde.[922] Obwohl die Separatisten und die Franzosen den Protest nicht unterbinden konnten, blieb eine Signalwirkung für die restliche Pfalz aus.[923]

K. Abwehr

I. Abwehrmaßnahmen der bayrischen Regierung

Zur Verbesserung des Verhältnisses Bayerns zur Pfalz wurde schon im Juni 1919 das Amt des Staatskommissars für die Pfalz erschaffen. Parallel wurde das Reichskommissariat für die besetzten Gebiete gegründet, welches sich mit Fragen in Bezug auf HIRK und Besatzung auseinandersetzen sollte. Außerdem wurde im August 1923 das dem Innenministerium zugehörige Ministerium für die besetzten Gebiete geschaffen. Noch im November 1923 insistierte Bayern wiederholt darauf, dass eine Abtrennung der Pfalz außer Debatte stehe.[924] Selbst als die bayerische Regierung in München aufgrund des sich parallel ereignenden Hitlerputsches mit gravierenden Problemen konfrontiert war und die Wahrnehmung ihrer ohnehin schon eingedämmten Machtbefugnisse in der Pfalz durch die damit einhergehende Verwirrung noch weiter gehemmt wurde, ergriff sie einige Maßnahmen gegen die Separatisten.[925] Um die Lage der Pfalz zu klären, wurden am 19. Januar 1923 durch die bayerische Regierung meist aus der Pfalz stammende Pfalzreferenten in den einzelnen Ministerien ernannt, deren Aufgabe es war, in

---

Rundschau (Hrsg.), Dokumente aus dem Befreiungskampf der Pfalz, 1930, S. 99 (101 ff.); *Zerfass*, die Pfalz unter französischer Besatzung von 1918 bis 1930, S. 178; *Jolas*, Die Pfalz unter Französischer Besatzung von 1918 bis 1930, S. 178; *Aretin*, Süddeutsche Monatshefte, Januar 1925, 43.

922 *Leszinski*, Separatismus in der Pfalz nach den beiden Weltkriegen – Ein Vergleich, S. 72.

923 *Schwarz*, Der Separatismus in der Pfalz nach dem 1. Weltkrieg, S. 295; *Gräber/Spindler*, Die Pfalzbefreier, S. 29 f.

924 *Jacob*, Das Ende des Separatismus in Deutschland, Dargestellt am Abwehrkampf der deutschen Publizistik in der Pfalz und an der Saar 1919 bis 1935, S. 65. S. zum Reichskommissar für die besetzten Gebiete weiterführend *Silbermann*, Der Separatismus 1923/24 in der Nordpfalz, in: Forster (Hrsg.), Studienbuch Donnersbergkreis, Teil 1, S. 264 (270); *Riesenberger*, Das Reich und die Pfalz, in: Kreutz/Scherer (Hrsg.), Die Pfalz unter französischer Besetzung (1918/19–1930), S. 11 (13 f.).

925 *Hüttenberger*, Blätter für deutsche Landesgeschichte 1972, 105 (118); *Fendler*, Die Pfalz in der Weimarer Republik, in: Geiger/Preuß/Rothenberger (Hrsg.), Pfälzische Landeskunde, S. 319 (332).

den einzelnen Ressorts die mit dem Besatzungszustand einhergehenden Probleme zu lösen.[926] Regierungsdirektor *Mathéus*,[927] der schon direkt nach der Besetzung der Pfalz durch die Separatisten bei *de Metz* gegen die „Vergewaltigung der Pfalz" protestiert hatte,[928] errichtete im Januar im alten Bezirkskommando in Heidelberg eine Geschäftsstelle der pfälzischen Regierung, von der aus beispielsweise die Erwerbslosenunterstützung, der Geldverkehr mit der besetzten Pfalz[929] und die Ausgewiesenenfürsorge koordiniert wurde.[930]

1923 wurde der Pfälzer Treubund durch den Pfalzkommissar *Wappes* gegründet.[931] Sein Hauptziel war es, die bayerischen Abwehrgruppen und pfälzischen Hilfsvereine zu bündeln und die Gruppen links des Rheins in materieller und finanzieller Hinsicht zu unterstützen. Von Heidelberg aus wurde ein Nachrichtendienst für die Pfalz geschaffen, der als zweite Informationsquelle neben *Eberleins* Abwehrstelle fungierte,[932] da diese nach dem passiven Widerstand und dem damit einhergehenden Ausweisungen kaum noch Informanten im besetzten Gebiet hatte.[933]

II. Pfalzzentrale beziehungsweise Haupthilfsstelle für die Pfalz

Die vom ausgewiesenen pfälzischen Regierungspräsidenten, *Theodor von Winterstein* im Juni 1919 ins Leben gerufene Pfalzzentrale richtete sich gegen die französische Besatzungsmacht einerseits, sowie gegen die separatistischen Bestrebungen in der besetzten Pfalz andererseits und wurde durch

926 *Jolas*, Die Pfalz unter Französischer Besatzung von 1918 bis 1930, S. 128.

927 *Jakob Mathéus* (16.2.1862 – 1946) war seit 1920 Regierungsdirektor und stellvertretender Regierungspräsident der Pfalz. S. hierzu *Lilla*, Mathéus, Jakob, in: ders. (Hrsg.), Staatsminister, leitende Verwaltungsbeamte und (NS-)Funktionsträger in Bayern 1918 bis 1945, abrufbar unter: https://verwaltungshandbuch.bayerische-landesbibliothek-online.de/matheus-jakob, zuletzt abgerufen am 1.11.2022.

928 Protestnote des Regierungsvizepräsidenten *Mathéus*, LA Speyer, R 12/21.

929 *Jolas*, Die Pfalz unter Französischer Besatzung von 1918 bis 1930, S. 129.

930 *Leszinski*, Separatismus in der Pfalz nach den beiden Weltkriegen – Ein Vergleich, S. 73; s. zur Ausgewiesenenfürsorge ausführlicher *Jolas*, Die Pfalz unter Französischer Besatzung von 1918 bis 130, S. 136.

931 *Schwarz*, Der Separatismus in der Pfalz nach dem 1. Weltkrieg, S. 297; Niederschrift über eine Besprechung zur Bildung eines pfälzischen Treubundes, BayHStA, MA 108046.

932 *Schwarz*, Der Separatismus in der Pfalz nach dem 1. Weltkrieg, S. 297 f.; *Gräber/Spindler*, Revolverrepublik am Rhein, S. 145.

933 *Schwarz*, Der Separatismus in der Pfalz nach dem 1. Weltkrieg, S. 297 f.

von Eberlein geleitet.[934] Schon die Auftragsbezeichnung „Besorgung der Geschäfte, die wegen der politischen Lage in der Pfalz zu erledigen sind" war sehr vage gehalten.[935] Die Abwehrstelle war kein Teil der Regierung, stand mit dieser aber in enger Verbindung, weswegen sie im selben Gebäude wie die ausgewiesene Kreisregierung untergebracht war.[936] Die Finanzierung erfolgte aus Mitteln des Reiches und einem „Pfälzischen Hilfsfonds" der Staatsregierung.[937] Nach ihrer offiziellen Schließung im Jahr 1921 auf Druck der Alliierten arbeiteten die Mitglieder der Pfalzzentrale im Verborgenen unter dem Deckmantel der „Firma August Müller Nachf., Kommissionshandlung für Lebensmittel, insbesondere Kartoffeln" in Mannheim weiter und zogen späterhin unter der Bezeichnung „Haupthilfs-

934 *Gembries,* Bayerische Zentralstelle für pfälzische Angelegenheiten, 1919–1924, in: Historisches Lexikon Bayerns, abrufbar unter: https://www.historisches-lexikon-bayerns.de/Lexikon/Bayerische_Zentralstelle_f%C3%BCr_pf%C3%A4lzische_Angelegenheiten,_1919-1924, zuletzt abgerufen am 1.11.2022; *Bräunche,* Die Pfalz muß deutsch bleiben. Finanzierung und Organisation der Abwehr gegen Separatistische Bestrebungen in der Rheinpfalz 1918–1924, in: Pfälzische Hypothekenbank Aktiengesellschaft Ludwigshafen/Pfälzische Gesellschaft zur Förderung der Wissenschaft (Hrsg.), Festschrift zum 100jährigen Bestehen der Pfälzischen Hypothekenbank, Teil 2, S. 227 (235). Der gebürtige Franke war vor dem Krieg als Gymnasiallehrer am Mädchengymnasium in Pirmasens tätig gewesen. Während man ihm von deutscher Seite der Max-Joseph-Ritter-Orden für seine Verdienste an der Westfront als Kompanieführer verlieh, wodurch er in den Adelsstand erhoben wurde, bezichtigten die Franzosen ihn der Begehung von Kriegsverbrechen. Für die angebliche Vergewaltigung einer Französin sowie die Platzierung von französischen Gefangenen vor der deutschen Frontlinie wurde er vor dem französischen Kriegsgericht in Abwesenheit verurteilt, weswegen er seine Tätigkeit als Lehrer im besetzten Gebiet nicht wiederaufnehmen konnte, s. hierzu *Gräber/Spindler,* Die Pfalzbefreier, S. 15. S. zu den Auszeichnungen auch *Böhm,* Speyerer Tagespost v. 8./9. Januar 1994. Seine Strafe musste *Eberlein* mangels Auslieferung nie verbüßen. Die bayerische Landesregierung bezeichnete ihn schlichtweg als „nicht auffindbar", dazu *Morweiser,* Die Nase 5/2008, 18 (18). Daneben war *Eberlein* auch zeitweise auch Leiter der Lebensmittelversorgung für die Pfalz, ebd. 18 (19). S. zur Tätigkeit der Pfalzzentrale gegen die Freie Pfalz-Bewegung auch *Leszinski,* Separatismus in der Pfalz nach den beiden Weltkriegen – Ein Vergleich, S. 16.

935 *Gräber/Spindler,* Revolverrepublik am Rhein, S. 74.

936 Vgl. auch *Leszinski,* Separatismus in der Pfalz nach den beiden Weltkriegen – Ein Vergleich, S. 73; *Oberhauser,* Der Kampf um die Rheinpfalz, S. 118.

937 *Gembries,* Bayerische Zentralstelle für pfälzische Angelegenheiten, 1919–1924, in: Historisches Lexikon Bayerns, abrufbar unter: https://www.historisches-lexikon-bayerns.de/Lexikon/Bayerische_Zentralstelle_f%C3%BCr_pf%C3%A4lzische_Angelegenheiten,_1919-1924, zuletzt abgerufen am 1.11.2022.

stelle für die Pfalz" nach Heidelberg um.[938] Am 17. März 1923 nahm die Haupthilfsstelle ihre Tätigkeit wieder offiziell auf.[939] Sie fungierte als Propaganda-, Nachrichten- und Auskunftsdienst und verfügte über ein primär aus ehemaligen Freikorpssoldaten und anderen nationalistisch gesinnten Personen zusammengesetztes Informantennetz im besetzten Gebiet, koordinierte die Abwehrmaßnahmen und verteilte die zur Verfügung stehenden Gelder.[940] Seit 1921 war *Max Treutler*, der Herausgeber des Pfälzischen Kuriers, ihr Chefpropagandist.[941] Daneben war *Eberlein* auch zeitweise Herausgeber des rechtsrheinischen Südwestdeutschen Nachrichtenblattes, welches auch in die Pfalz geschmuggelt wurde. Unter verschiedenen Pseudonymen verfasste er in diesem denunziatorische und oft nicht der Wahrheit entsprechende Beiträge über Franzosen und vermeintliche Kollaborateure.[942] In diesem Kontext seien vor allem die so genannten Schandtafeln beziehungsweise -listen als Medium der Denunziation erwähnt.[943] Auch die Kampagne in Bezug auf die so genannte „Schwarze Schmach am Rhein", die sich gegen den Einsatz von Kolonialsoldaten im Rheingebiet richtete, wurde verstärkt unterstützt.[944]

---

938 *Gräber/Spindler*, Die Pfalzbefreier, S. 16 f.; *Gembries*, Bayerische Zentralstelle für pfälzische Angelegenheiten, 1919–1924, in Historisches Lexikon Bayerns, abrufbar unter: https://www.historisches-lexikon-bayerns.de/Lexikon/Bayerische_Zentralstelle_f%C3%BCr_pf%C3%A4lzische_Angelegenheiten,_1919-1924, zuletzt abgerufen am 1.11.2022.

939 *Leszinski*, Separatismus in der Pfalz nach den beiden Weltkriegen – Ein Vergleich, S. 73.

940 *Gembries*, Bayerische Zentralstelle für pfälzische Angelegenheiten, 1919–1924, in: Historisches Lexikon Bayerns, abrufbar unter: https://www.historisches-lexikon-bayerns.de/Lexikon/Bayerische_Zentralstelle_f%C3%BCr_pf%C3%A4lzische_Angelegenheiten,_1919-1924, zuletzt abgerufen am 1.11.2022; *Bräunche*, Die Pfalz muß deutsch bleiben. Finanzierung und Organisation der Abwehr gegen Separatistische Bestrebungen in der Rheinpfalz 1918–1924, in: Pfälzische Hypothekenbank Aktiengesellschaft Ludwigshafen/Pfälzische Gesellschaft zur Förderung der Wissenschaft (Hrsg.), Festschrift zum 100jährigen Bestehen der Pfälzischen Hypothekenbank, Teil 2, S. 227 (233); *Leszinski*, Separatismus in der Pfalz nach den beiden Weltkriegen – Ein Vergleich, S. 73; *Morweiser*, Die Nase 5/2008, 18 (19).

941 *Bräunche*, Die Pfalz muß deutsch bleiben. Finanzierung und Organisation der Abwehr gegen Separatistische Bestrebungen in der Rheinpfalz 1918–1924, in: Pfälzische Hypothekenbank Aktiengesellschaft Ludwigshafen/Pfälzische Gesellschaft zur Förderung der Wissenschaft (Hrsg.), Festschrift zum 100jährigen Bestehen der Pfälzischen Hypothekenbank, Teil 2, S. 227 (236).

942 *Morweiser*, Die Nase 5/2008, 18 (19).

943 *Schneider*, Stimme der Pfalz 52 (2001), 8 (8).

944 *Morweiser*, Die Nase 5/2008, 18 (19); s. zur diesbezüglichen Propagandaarbeit auch *Schneider*, Stimme der Pfalz 52 (2001), 8 (8); *Wigger*, Schwarze Schmach, in: Histo-

Zur Abwehrstelle gehörten auch zwei ausgewiesene Kriminalbeamte, welche vom Rechtsrheinischen aus Ermittlungen in Bezug auf mutmaßliche Separatisten oder mit Frankreich kollaborierende Personen anstellten, auf deren Basis es auch zu Verhaftungen und Verurteilungen ohne hinreichende Verifizierung der Tatsachengrundlage kam.[945] Daneben versorgte die Abwehrstelle im Zuge des aktiven Widerstands auch Sabotagetrupps mit Waffen, Munition und Sprengstoff.[946]

Die Abwehr verfügte aufgrund der angespannten wirtschaftlichen Situation und der Inflation allerdings kaum über monetäre Mittel. Auch propagandistisch konnte sie wegen der von den Franzosen verhängten Zensur nicht in gewolltem Maße tätig werden, beziehungsweise wurde ihre Propagandaarbeit von der pfälzischen Bevölkerung nicht wahrgenommen. Deshalb kam man zur Überzeugung, dass der bestehende Zustand nur gewaltsam beendet werden könne.[947]

Am 10. Mai 1924 wurde die Haupthilfsstelle durch das badische Kabinett geschlossen, nachdem sie falsche Regiefranken in Umlauf gesetzt hatte.[948] Daraufhin existierte noch eine geheime Geschäftsstelle fort, deren Tätigkeit jedoch im Sande verlief. Im Dezember 1924 drängte daher das Auswärtige Amt auch zu ihrer Schließung, um die Beziehung zu den Alliierten nicht zu

---

risches Lexikon Bayerns, abrufbar unter: https://www.historisches-lexikon-bayerns.de/Lexikon/Schwarze_Schmach, zuletzt abgerufen am1.11.2022; s. beispielhaft *Eberlein*, Schwarze am Rhein. Ein Weltproblem.

945 *Morweiser*, Die Nase 5/2008, 18 (19).

946 *Gembries*, Bayerische Zentralstelle für pfälzische Angelegenheiten, 1919–1924, in: Historisches Lexikon Bayerns, abrufbar unter: https://www.historisches-lexikon-bayerns.de/Lexikon/Bayerische_Zentralstelle_f%C3%BCr_pf%C3%A4lzische_Angelegenheiten,_1919-1924, zuletzt abgerufen am 1.11.2022; s. zur Rolle der Haupthilfsstelle in Bezug auf die Sabotageanschläge auch *Morweiser* Die Nase 5/2008, 18 (19).

947 *Schwarz*, Der Separatismus in der Pfalz nach dem 1. Weltkrieg, S. 296; s. zur Haupthilfsstelle auch *Gembries*, Verwaltung und Politik in der besetzten Pfalz zur Zeit der Weimarer Republik, S. 298 ff.

948 *Gembries*, Bayerische Zentralstelle für pfälzische Angelegenheiten, 1919–1924, in: Historisches Lexikon Bayerns, abrufbar unter: https://www.historisches-lexikon-bayerns.de/Lexikon/Bayerische_Zentralstelle_für_pfälzische_Angelegenheiten,_1919-1924, zuletzt abgerufen am 1.11.2022; *Oberhauser*, Der Kampf um die Rheinpfalz, S. 119. S. weiterführend zur Regiefrankenaffäre *Gembries*, Regiefranken, 1923/24, in: Historisches Lexikon Bayerns, abrufbar unter: https://www.historisches-lexikon-bayerns.de/Lexikon/Regiefranken,_1923/24#Geldf.C3.A4lschungen_der_bayerischen_Pfalzzentrale, zuletzt abgerufen am 1.11.2022.

gefährden. Die endgültige Auflösung erfolgte indes erst am 31. März 1927.[949]

III. Aktionsausschuss für die Pfalz

Neben der Abwehrstelle gab es noch einen ebenfalls von *Winterstein* geleiteten „Aktionsausschuß für die Pfalz“, in dem prominente, aber nicht in offiziell agierender Funktion tätig werdende pfälzische Parteipolitiker saßen.[950] Bei seiner Zusammensetzung sprang besonders ins Auge, dass die linken Parteien USPD und KPD nicht vertreten waren. Weiterhin saßen größtenteils nicht die Parteispitzen in den Ausschüssen, sondern Persönlichkeiten mit besonderem Verhältnis zu Bayern.[951] Das nach der Freien-Pfalz-Aktion im Juni 1919 als Einheitsfront gegen die Separatisten ins Leben gerufene Gremium wurde zum wichtigsten Instrument der politischen Einflussnahme auf die besetzte Pfalz und diente zur Harmonisierung und Koordinierung der pfälzisch-bayerischen Politik.[952] Gerade unter dem neuen Leiter *Lorenz Wappes* wurde der Ausschuss zunehmend zum politischen Ohr Bayerns in der Pfalz.[953]

L. Das Attentat

Diese Abwehrstelle trat Anfang des Jahres 1924 in Erscheinung, um der separatistischen Herrschaft ein gewaltsames Ende zu bereiten. Auch zuvor kam es zu einer gewaltsamen Einzelaktion gegen den Separatistenführer, bei der die Scheune auf dem Gut seiner Familie in Brand gesteckt wurde.

---

949 *Leszinski,* Separatismus in der Pfalz nach den beiden Weltkriegen – Ein Vergleich, S. 75.

950 *Bräunche,* Die Pfalz muß deutsch bleiben. Finanzierung und Organisation der Abwehr gegen Separatistische Bestrebungen in der Rheinpfalz 1918–1924, in: Pfälzische Hypothekenbank Aktiengesellschaft Ludwigshafen/Pfälzische Gesellschaft zur Förderung der Wissenschaft (Hrsg.), Festschrift zum 100jährigen Bestehen der Pfälzischen Hypothekenbank, Teil 2, S. 227 (234 f.).

951 *Gräber/Spindler,* Revolverrepublik am Rhein, S. 68.

952 *Gräber/Spindler,* Revolverrepublik am Rhein, S. 67.

953 *Gräber/Spindler,* Revolverrepublik am Rhein, S. 68.

I. Der gescheiterte Brandanschlag

Am 1. Dezember 1923 kam es zu einem Brandanschlag auf dem elterlichen Hof des *Franz-Josef Heinz*. Ein junger Mann mit einer vermeintlichen Kopfverletzung gab sich vor *Barbara Heinz* als Bote ihres Bruders aus, woraufhin die für ihre Gastfreundschaft bekannte Frau ihn ins Haus ließ. In derselben Nacht brannte die Scheune des landwirtschaftlichen Betriebes nieder und der vermeintliche Bote verschwand.[954] Späterhin stellte sich heraus, dass es sich bei ihm um *Karl Gauch*, ein Mitglied der Kaiserslauterer Abwehrgruppe um *Emmerling*, gehandelt hat. Dieser war selbst vier Jahre im Krieg gewesen und Leiter eines antiseparatistischen Stoßtrupps in Kaiserslautern. Nachdem er am 10. November 1923 flüchtete, um einer Verhaftung durch die Franzosen zu entgehen, reiste er alsbald wieder heimlich in die Pfalz ein.[955] Schon zur damaligen Zeit war seine politische Gesinnung nationalsozialistisch ausgerichtet.[956]

Es kam bei dem Anschlag im Zuge des Löschvorgangs zu einem Verletzten.[957] Die Scheune brannte komplett nieder und das Feuer griff auf den nachbarlichen Schober über, der ebenfalls stark beschädigt wurde. Infolgedessen verlangte die Autonome Pfalz späterhin eine Entschädigungssumme von 300.000 Franken pro Grundstück, die obschon sie im späteren Verlauf auf ein Zehntel der Summe herabgesetzt wurde, niemals von der Gemeinde beglichen wurde.[958]

Gauch agierte als Einzeltäter. Sein Bruder *Herrmann* erklärte später, dass der Brandanschlag als Zeichen des Aufstandes gedacht gewesen sei.[959] In der Nacht vom 19. auf den 20. Dezember 1923 suchten französische Polizisten das Elternhaus des Delinquenten heim, trafen ihn jedoch nicht an. Dennoch konnten sie belastendes Material, beispielsweise Munition und gefälschte Pässe, sicherstellen.[960] Den Gebrüdern *Gauch* gelang es, ins unbesetzte Gebiet nach Heidelberg zu flüchten, wo sie in der Abwehrstelle Unterschlupf fanden. Nichtsdestotrotz wurden die Brüder am 19. Januar

954 *Gräber/Spindler*, Die Pfalzbefreier, S. 34 f.
955 *Gräber/Spindler*, Die Pfalzbefreier, S. 35.
956 *Gräber/Spindler*, Die Pfalzbefreier, S. 36.
957 *Gräber/Spindler*, Die Pfalzbefreier, S. 35.
958 *Starck*, Donnersbergjahrbuch 1985, 196 (199); abweichend hiervon beziffert *Lehna*, Die Pfalz am Rhein, Heft 3 August 1991, 28 (29) die Höhe der Entschädigungssumme mit 78.543,45 Francs.
959 *Gräber/Spindler*, Die Pfalzbefreier, S. 35.
960 *Gräber/Spindler*, Die Pfalzbefreier, S. 36.

1924 vor dem französischen Militärgericht in Abwesenheit zu einer Freiheitsstrafe von 5 Jahren und einer Geldstrafe von jeweils 1.000 Goldmark verurteilt.[961]

II. Die Erschießung von Franz Josef Heinz

1. Der Anlass

Viele der sozialen Leistungen, wie beispielsweise die Erwerbslosenfürsorge, wurden weiterhin durch das Reich gezahlt. Dadurch hatte es ein Druckmittel zur Verfügung. So strich es beispielsweise die Erwerbslosenfürsorge für diejenigen Dörfer, welche als separatistenfreundlich eingestuft wurden, weil sie Loyalitätserklärungen unterschrieben hatten.[962] Den Separatisten selbst fehlten die finanziellen Mittel, um diese sozialpolitische Aufgabe wahrzunehmen. Sie versuchten, durch Naturalunterhalt Abhilfe zu leisten, indem sie Kartoffeln an die Erwerbslosen lieferten, welche die Annahme aber verweigerten.[963] Die französische Besatzungsmacht ordnete daraufhin die gleichmäßige Verteilung der Erwerbslosengelder unter allen Gemeinden an.[964] Daraufhin erließen die Separatisten am 20. Dezember 1923 eine Verordnung, durch welche die Finanzierung der Erwerbslosenfürsorge geregelt werden sollte. Diese Verordnung erlangte insofern Brisanz, als dass Gesetze und Verordnungen in den besetzten Gebieten von der HIRK zu registrieren und genehmigen waren. Im Falle einer solchen Genehmigung befürchteten viele eine diplomatische Anerkennung der Autonomen Regie-

961 *Gräber/Spindler*, Die Pfalzbefreier, S. 36.

962 *Gräber/Spindler,* Die Pfalzbefreier, S. 27; *Spindler,* Einer fiel aus dem Separatistennest, in: Stadt Schifferstadt (Hrsg.), Schifferstadt, Geschichte und Geschichten, S. 215 (233); Briefe des Bezirksamtes Kirchheimbolanden an das Bürgermeisteramt Harxheim v. 17.11.1923 und v. 18.11.1923, LA Speyer, R 12/592; vgl. zur Aussetzung der Erwerbslosenfürsorge auch das Handgeschriebene Plakat „An die Erwerbslosen", LA Speyer, R 12/814. S. hierzu schon S. 172.

963 Brief des Bürgermeisteramtes Eisenberg an das Bezirksamt Kirchheimbolanden v. 9.11.1923, LA Speyer, R 12/592. S. zu den Kartoffellieferungen auch schon S. 171.

964 Rundtelegramm des Generals *de Metz* vom 21. Dezember 1923, abgedruckt in Urkunden zum Separatistenputsch im Rheinland im Herbst 1923, S. 29; Rundverfügung des Generals *de Metz* v. 27.12.1923, abgedruckt ebd., S. 30; Schreiben des französischen Delegierten in Zweibrücken vom 28.12.1923 zur Ausführung der beiden Verfügungen, abgedruckt ebd., S. 31; s. auch Schreiben des Bezirksdelegierten in Zweibrücken vom 29. Dezember 1923, abgedruckt ebd. S. 31.

rung als legitime Hoheitsgewalt.[965] Auch wenn der Französische Bezirksdelegierte für Zweibrücken, Oberstleutnant *Defoort,* in einer Bekanntmachung vom 4. Januar 1924 die Anerkennung der Autonomen Pfalz dementierte und erklärte, dass Pässe, Identitätskarten und Ähnliches auch weiterhin bei den tradierten Behörden auszustellen seien,[966] so musste er diese Äußerung vier Tage später unter Verweis auf die amtliche Eintragung der besagten Verordnung revidieren.[967] Die Registrierung erfolgte am 2. Januar 1924. Gemäß Art. 8 der Verordnung Nr. 1 der HIRK traten Gesetze und Verordnungen zehn Tage nach ihrer Registrierung grundsätzlich automatisch in Kraft. Nach Ablauf dieser Frist hätte dies also zu einer faktische Anerkennung der Autonomen Regierung geführt.[968] Die englische Besatzungsmacht war strikt gegen eine Anerkennung der unrechtmäßig gebildeten Autonomen Regierung und lehnte daher auch eine Entscheidung über die Verordnungstexte ab, um eine de facto-Anerkennung zu vermeiden.[969] Dennoch konnte England eine Abstimmung nicht verhindern, da die Franzosen und Belgier sie überstimmen konnten.[970] Auch unter letzteren waren nicht nur Befürworter einer Autonomen Regierung. Dadurch, dass Frankreich eine sozialistische Regierung in England fürchte, war es zu Zugeständnissen in Bezug auf die Rheinlandpolitik weitaus eher gewillt als zu Zeiten des Ruh-

---

965 *Gräber/Spindler,* Die Pfalzbefreier, S. 27; vgl. bezüglich des Inhalts auch Schreiben des Ortsdelegierten in Landau vom 29.12.1923, abgedruckt in Urkunden zum Separatistenputsch im Rheinland im Herbst 1923, S. 32.

966 Öffentliche Bekanntmachung des französischen Bezirksdelegierten für Zweibrücken Oberstleutnant *Defoort* v. 4. Januar 1924, abgedruckt in: Urkunden zum Separatistenputsch im Rheinland im Herbst 1923, S. 32 f.

967 Öffentliche Bekanntmachung des französischen Bezirksdelegierten für Zweibrücken Oberstleutnant *Defoort* v. 8. Januar 1924, abgedruckt in: Urkunden zum Separatistenputsch im Rheinland im Herbst 1923, S. 33; hierzu auch *Bohley,* Die Pfalz am Rhein 16 (1933), 623 (623).

968 *Grimm,* Frankreich am Rhein. Rheinlandbesetzung und Separatismus im Lichte der historischen französischen Rheinlandpolitik, S. 118; *Oberhauser,* Der Kampf um die Rheinpfalz, S. 136.

969 *Gräber/Spindler,* Die Pfalzbefreier, S. 29; Lord *Kilmarnock* (Coblenz) to the Marquess Curzon of Kedleston (Received January 2, 9.30 p. m.), Documents on British Foreign Policy 1919–1939, First Series Volume XXVI, Central Europe and the Balkans 1924. German Affairs 1924, S. 477.

970 *Gräber/Spindler,* Die Pfalzbefreier, S. 29; Lord *Kilmarnock* (Coblenz) to the Marquess Curzon of Kedleston (Received January 2, 9.30 p. m.), Documents on British Foreign Policy 1919–1939, First Series Volume XXVI, Central Europe and the Balkans 1924. German Affairs 1924, S. 477.

reinfalls. Auch Belgien distanzierte sich zunehmend von der aktivistischen Rheinpolitik.[971]

In Anbetracht der drohenden Anerkennung der Autonomen Pfalz durch die HIRK fühlte sich die Abwehr herausgefordert, tätig zu werden[972] und man entschloss sich für ein gewaltsames Vorgehen.[973] Da *v. Winterstein* ebenfalls ein solches favorisierte, erschien ihm die Haupthilfestelle für sein Ansinnen ungeeignet,[974] weil die Beteiligung offizieller bayerischer Stellen verschleiert werden sollte.[975] Daher erhielt er von dem Bezirksamtmann[976] *Walter Antz*,[977] der ebenfalls im Münchener Pfalzkommissariat arbeitete, den Rat, sich an den Rechtsanwalt *Edgar Julius Jung* zu wenden.[978] *Antz* war es letzten Endes auch, der *Jung* mit der Ausführung des Attentats betraute.[979] Ausschlaggebend für dessen Durchführung war die Nachricht,

---

971 *Oberhauser*, Der Kampf um die Rheinpfalz, S. 136.

972 *Gembries*, Die Pfalz und Bayern in der Weimarer Zeit, in: Fenske (Hrsg.), Die Pfalz und Bayern 1816–1956, S. 189 (203); *Oberhauser*, Heimatkalender für das Pirmasenser und Zweibrücker Land 1974, 136 (137).

973 *Oberhauser*, Heimatkalender für das Pirmasenser und Zweibrücker Land 1974, 136 (137). S. zur Fristenlegende S. 317 f.

974 *Gembries*, Die Pfalz und Bayern in der Weimarer Zeit, in: Fenske (Hrsg.), Die Pfalz und Bayern 1816–1956, S. 189 (204).

975 *Gembries*, Die Pfalz und Bayern in der Weimarer Zeit, in: Fenske (Hrsg.), Die Pfalz und Bayern 1816–1956, S. 189 (204).

976 Ein Bezirksamtmann war seit der Einführung der Bezirksämter, die nach der Trennung von Gericht und Verwaltung im Jahre 1862 eine untere Verwaltungseinheit darstellten, der Behördenleiter eines Bezirksamtes. S. hierzu *Heydenreuter*, Sachwörterbuch zur Bayerischen Geschichte, in: ders./Strobel (Hrsg.), Bayerische Landesgeschichte, S. 225 (228).

977 *Walter Antz* (19.6.1888–15.7.1955) war von 1919 bis 1926 Bezirksamtmann in Zweibrücken, wurde 1923 ausgewiesen und fungierte danach als Sachbearbeiter für die Abwehr im Staatskommissariat für die Pfalz in München. Seit 1930 war er zuerst Polizeidirektor in München und wurde dann von 1939 bis 1945 Polizeipräsident in Ludwigshafen. Nach dem Krieg wurde er als Entlasteter eingestuft. S. hierzu *Lilla*, Antz, Walter, in: ders. (Hrsg.): Staatsminister, leitende Verwaltungsbeamte und (NS-)Funktionsträger in Bayern 1918 bis 1945, abrufbar unter: https://verwaltungshandbuch.bayerische-landesbibliothek-online.de/antz-walter, zuletzt abgerufen am 1.11.2022.

978 *Gembries*, Die Pfalz und Bayern in der Weimarer Zeit, in: Fenske (Hrsg.), Die Pfalz und Bayern 1816–1956, S. 189 (204); Bericht von *Antz* an das Staatsministerium des Äußeren v. 27.3.1931, LA Speyer, R 12/733.

979 *Gembries*, Die Pfalz und Bayern in der Weimarer Zeit, in: Fenske (Hrsg.), Die Pfalz und Bayern 1816–1956, S. 189 (205); *Bräunche*, Die Pfalz muß deutsch bleiben. Finanzierung und Organisation der Abwehr gegen Separatistische Bestrebungen in der Rheinpfalz 1918–1924, in: Pfälzische Hypothekenbank Aktiengesellschaft Ludwigshafen/Pfälzische Gesellschaft zur Förderung der Wissenschaft (Hrsg.), Fest-

dass *Heinz* mit seinem Gefolge allabendlich im Wittelsbacher Hof speiste, sodass sich eine Gelegenheit bot, bei der womöglich sogar alle führenden Separatisten auf einen Schlag getötet werden konnten.[980]

2. Die Täter

Bei den Tätern handelte es sich um ein professionelles, paramilitärisches Erschießungskommando[981], an dem Mitglieder der rechtsradikalen O. C. beteiligt waren.[982] Alle Täter gehörten solchen rechtsradikalen, teilweise seit dem Hitlerputsch verbotenen Kampfverbänden an.[983] Da viele potentielle Kandidaten für ein solches Unterfangen aufgrund der Münchener Ereignisse inhaftiert oder untergetaucht waren, wurde die Rekrutierung erschwert.[984] Teile der Attentäter, beispielsweise *Günther Muthmann,* wurden auf Anordnung *Otto Leibrechts* aus der Brigade *Ehrhardt* beziehungsweise deren Nachfolgeorganisationen in München rekrutiert.[985] Die Brigade Ehrhardt selbst war ein Freikorps, das aus der 2. Marinebrigade hervorgegangen ist, deren Kommandeur *Hermann Ehrhardt* war. 1919 nahm die Brigade an den blutigen Kämpfen gegen die Münchner Räterepublik teil und

---

schrift zum 100jährigen Bestehen der Pfälzischen Hypothekenbank, Teil 2, S. 227 (241); Bericht von *Antz* an das Staatsministerium des Äußeren v. 27.3.1931, LA Speyer, R 12/733.

980 *Bräunche,* Die Pfalz muß deutsch bleiben. Finanzierung und Organisation der Abwehr gegen Separatistische Bestrebungen in der Rheinpfalz 1918–1924, in: Pfälzische Hypothekenbank Aktiengesellschaft Ludwigshafen/Pfälzische Gesellschaft zur Förderung der Wissenschaft (Hrsg.), Festschrift zum 100jährigen Bestehen der Pfälzischen Hypothekenbank, Teil 2, S. 227 (242).

981 *Spindler* und *Graß,* in: Diskussion in der Sendereihe „Nahaufnahme" vom Kurpfalz-Radio des Süddeutschen Rundfunks am 7. April 1989, 10:04 bis 11 Uhr, Abschrift von Mitschnitt, S. 13; *Gräber,* Die Pfalz 56 (2010), 10 (10).

982 *Graß,* in: Diskussion in der Sendereihe „Nahaufnahme" vom Kurpfalz-Radio des Süddeutschen Rundfunks am 7. April 1989, 10:04 bis 11 Uhr, Abschrift von Mitschnitt, S. 13.

983 *Gräber,* Die Pfalz 56 (2010), 10 (10); siehe zur Beteiligung der Freikorpssoldaten auch *Schlickel,* Aktiv Dabei 3/2008, 40 (41); *Gräber,* Die schöne Literatur und die hässliche Geschichte, Die Darstellung des pfälzischen Separatismus nach dem 1. Weltkrieg in der zeitgenössischen Belletristik, in: Nestler/Schaupp (Hrsg.), Zwischen Revolution und Demokratie, Studien zur Geschichte der Pfalz vom späten 18. bis Mitte des 20. Jahrhunderts, S. 173 (177).

984 *Oberhauser,* Der Kampf um die Rheinpfalz, S. 139.

985 *Gräber/Spindler,* Die Pfalzbefreier, S. 45 f.; *Muthmann,* Der Tod von Speyer. Das Strafgericht an den separatistischen Verrätern, in: Salomon (Hrsg.), Das Buch von deutschen Freikorpskämpfer, S. 459 (459 f.).

war im Folgejahr maßgebliche Beteiligte des Kapp-Lüttwitz-Putsches. Am 31. Mai 1920 wurde sie schließlich aufgelöst und aus ihr ging die O. C. hervor,[986] welche in Verbindung zu den Morden an *Rathenau* und *Erzberger* stand.[987] Obschon *Ehrhard* per Haftbefehl gesucht wurde, konnte er in München seine Machenschaften unter dem Deckmantel einer Holzverwertungsgesellschaft fortführen und dort Gleichgesinnte im Bund Wiking, der Nachfolgeorganisation der O.C. um sich versammeln.[988] Neben drei Mitgliedern des Bundes Wiking, setzten sich die etwa 20 Attentäter aus Mitgliedern des Bundes Oberlandes[989] und der SA zusammen.[990]

Parallel rekrutierte *Otto Graf* in Heidelberg ebenfalls Männer für das Unterfangen, unter anderem drei Männer aus seiner Organisation Treuhand, nämlich *Heinrich Wüst, Heinz Blatt* und *Paul Reinhardt.*[991] Zusätzlich warb *Graf* Männer aus seinem persönlichen, nachbarschaftlichen und kollegialen näheren Umfeld an. Zu dieser Gruppe zählten *Alfons Bold, Josef Zwißler* und *Ferdinand Wiesmann,* welche gemeinsam mit *Graf* die Rechtsauskunftsstelle leiteten und in der gleichen Pension wie er untergebracht waren.[992] Die herausragende Bedeutung dieser Pension für das Unterfangen wird dadurch deutlich, dass im Jahr 1925 dort eine große Menge an Granaten, Sprengstoff und Gummiknüppeln gefunden wurde. Sie diente demgemäß als Waffenlager der Organisation.[993] Im Folgenden sollen die wichtigsten Attentäter vorgestellt werden.

---

986 *Thoß,* Brigade Ehrhardt 1919/1920, in: Historisches Lexikon Bayerns, abrufbar unter: https://www.historisches-lexikon-bayerns.de/Lexikon/Brigade_Ehrhardt,_1919/20, zuletzt abgerufen am 1.11.2022.

987 *Gräber/Spindler,* Die Pfalzbefreier, S. 44; *Gräber,* Die Pfalz 56 (2010), 10 (11).

988 *Gräber,* Die Pfalz 56 (2010), S. 10 (11); *ders./Spindler,* Revolverrepublik am Rhein, S. 65.

989 S. zu diesem S. 451.

990 *Gräber/Spindler,* Die Pfalzbefreier, S. 47.

991 *Gräber/Spindler,* Die Pfalzbefreier, S. 47; auch *Muthmann,* Der Tod von Speyer. Das Strafgericht an den separatistischen Verrätern, in: Salomon (Hrsg.), Das Buch von deutschen Freikorpskämpfer, S. 459 (464), veröffentlicht eine Gedenkurkunde der Attentäter, auf der Heinrich Wüst und Paul Reinhardt als Mitkämpfer verzeichnet sind. S. auch *Kaps,* Die Rheinpfalz (Donnersberger Rundschau) v. 8.3.1984.

992 All diese Männer entstammten dem gebildeten, bürgerlichen Milieu. *Bold* und *Zwißler* waren Lehrer und *Graf* selbst war Regierungsassessor. S. hierzu Anzeige gegen *Josef Zwißler* wegen Vergehen gegen das Sprengstoffgesetz, Heidelberg 18.6.1925, BayHStA, MA 107716. S. zur Rechtsauskunftsstelle weiterführend S. 144 f.

993 *Gräber/Spindler,* S. 47; Anzeige gegen *Josef Zwißler* wegen Vergehen gegen das Sprengstoffgesetz, Heidelberg 18.6.1925, BayHStA, MA 107716; Bericht von *Antz* an das Staatsministerium des Äußeren v. 27.3.1931, LA Speyer, R 12/733.

a. Edgar Julius Jung

Von besonderer Wichtigkeit, vor allen Dingen im Vorfeld des Attentats, war der 1894 in Ludwigshafen geborene *Edgar Julius Jung*.[994] Im Krieg war er nach Unterbrechung seines Jurastudiums als Freiwilliger an der Westfront eingesetzt worden,[995] weswegen er über militärische Erfahrung verfügte. Er konnte an der Front Erfolge erzielen und wurde daher 1917 zum Leutnant befördert.[996] Die Annäherung ans rechtsradikale Milieu erfolgte direkt nach dem Krieg, als er 1919 als Mitglied des Freikorps Epp an der Niederschlagung der Räterepublik in München beteiligt war,[997] wofür er sein Jurastudium, was er in Würzburg wieder aufgenommen hatte, nochmals unterbrach.[998] Solche Freikorps entstanden nach dem Ersten Weltkrieg als Zusammenschlüsse ehemaliger Frontsoldaten, die den Versailler Vertrag und die revolutionären Spannungen bekämpften.[999] Sein antidemokratisches und antibürgerliches Denken sowie die Heroisierung des Kampfes waren typische Attitüden der Freikorpsmitglieder.[1000]

Jung arbeitete nach Abschluss seines Studiums als Rechtsanwalt in der Kanzlei des DVP-Reichstagsabgeordneten *Albert Zapf*[1001] in Zweibrücken.[1002] Auch er selbst kandidierte mehrfach für die Reichstagsfraktion der DVP und wollte einen Zusammenschluss der nationalen Rechten bewir-

---

994 *Gräber/Spindler*, Revolverrepublik am Rhein, S. 144; *Morweiser*, Die Nase 5/2008, 18 (18).

995 *Gräber/Spindler*, Revolverrepublik am Rhein, S. 144; *Morweiser*, Die Nase 5/2008, 18 (18); hierzu detaillierter *Grass*, Edgar Julius Jung (1894–1934), in: Baumann (Hrsg.), Pfälzer Lebensbilder, Bd. 1, S. 320 (321).

996 *Morweiser*, Die Nase 5/2008, 18 (18).

997 *Gräber/Spindler*, Revolverrepublik am Rhein, S. 144; *Grass*, Edgar Julius Jung (1894–1934), in: Baumann (Hrsg.), Pfälzer Lebensbilder, Bd. 1, S. 320 (322). S. weiterführend zum Freikorps Epp und dessen Beteiligung an der Niederschlagung der Münchner Räterepublik *Thoß*, Freikorps Epp, in: Historisches Lexikon Bayerns, abrufbar unter: https://www.historisches-lexikon-bayerns.de/Lexikon/Freikorps_Epp, zuletzt abgerufen am 1.11.2022.

998 *Morweiser*, Die Nase 5/2008, 18 (18).

999 *Morweiser*, Die Nase 5/2008, 18 (18).

1000 *Gräber/Spindler*, Revolverrepublik am Rhein, S. 144.

1001 *Albert Zapf* (17.1.1870- 4.9.1940) war ein in Zweibrücken ansässiger Rechtsanwalt, der von 1920 bis 1928 für die DVP im Reichstag saß. S. zu seiner Biographie Eintrag zu seiner Person, in: Reichstags-Bureau (Hrsg.), Reichstags-Handbuch, VI. Wahlperiode 1932, S. 264.

1002 *Warmbrunn*, Französische Besatzung und Separatistenbewegung, in: Glück/Baus (Hrsg.), Recht. Gesetz. Freiheit. 200 Jahre Pfälzisches Oberlandesgericht Zweibrücken, S. 215 (217); *Schumacher*, Die Reichstagsabgeordneten der Weimarer Repuken.[1003] Parallel suchte er in der gesamten Pfalz, getrieben von einer starken Aversion gegen die Franzosen, Verbündete unter seinen Kriegskameraden, um vom passiven in den aktiven Widerstand überzugehen.[1004] Am 12. April 1923 wurde der Rechtsanwalt aufgrund von antiseparatistischen Äußerungen und seiner Untergrundarbeit der Pfalz verwiesen.[1005] und zog mit seiner Familie übergangsweise nach Heidelberg.[1006] Die Ausweisung dauerte bis 1930 an, weswegen er sich im unbesetzten München ansiedelte und von dort aus eine Kanzlei betrieb.[1007] Am 19. Oktober 1923, also kurz vor der Begehung des Attentates wurde er Vater eines Sohnes.[1008]

b. Richard von Loewis of Menar

Der zum Zeitpunkt des Attentats 23-Jährige *Richard von Loewis of Menar* war im Krieg Leutnant gewesen. Er gehörte einer deutschen Minderheit im Baltikum an, weswegen er von dort vertrieben wurde. Anschließend trat er einem Freikorps bei und beteiligte sich an den Grenzkämpfen im Osten. Der Rechtsradikale wurde vom Staatsgerichtshof gesucht, weil er Anfang des Jahres 1923 an einem Fememord beteiligt gewesen war. Bei *Ehrhardt* hatte er Unterschlupf gefunden und gehörte dessen Wiking-Bund an.[1009]

---

blik in der Zeit des Nationalsozialismus. Politische Verfolgung, Emigration und Ausbürgerung 1933–1945, S. 631; *Morweiser,* Die Nase 5/2008, 18 (18).

1003 *Warmbrunn*, Französische Besatzung und Separatistenbewegung, in: Glück/Baus (Hrsg.), Recht. Gesetz. Freiheit. 200 Jahre Pfälzisches Oberlandesgericht Zweibrücken, S. 215 (217); s. a. *Morweiser,* Die Nase 5/2008, 18 (18).

1004 *Morweiser,* Die Nase 5/2008, 18 (18).

1005 *Warmbrunn*, Französische Besatzung und Separatistenbewegung, in: Glück/Baus (Hrsg.), Recht. Gesetz. Freiheit. 200 Jahre Pfälzisches Oberlandesgericht Zweibrücken, S. 215 (217); *Morweiser,* Die Nase 5/2008, 18 (18); abweichend Rotkreuz-Akten des Ausgewiesenen, LA Speyer, R 12/779, wo von einer Ausweisung am 11.4.1923 die Rede ist. S. auch die Abschrift des Ausweisungsbefehls sowie den Verdrängtenausweis ebd.

1006 *Morweiser,* Die Nase 5/2008, 18 (18).

1007 *Warmbrunn*, Französische Besatzung und Separatistenbewegung, in: Glück/Baus (Hrsg.), Recht. Gesetz. Freiheit. 200 Jahre Pfälzisches Oberlandesgericht Zweibrücken, S. 215 (217).

1008 *Magub,* Edgar Julius Jung, Right-Wing Enemy of the Nazis. A Political Biography, S. 58. S. zu seinem weiteren Schicksal S. 383 f.

1009 *Gräber/Spindler,* Die Pfalzbefreier, S. 46; *Muthmann,* Der Tod von Speyer. Das Strafgericht an den separatistischen Verrätern, in: Salomon (Hrsg.), Das Buch von deutschen Freikorpskämpfer, S. 459 (459).

c. Hannes Miebach

Der aus Köln stammende *Hannes Miebach* war noch zu jung gewesen, um am Krieg teilzunehmen. Er erhielt 1915 als Dreizehnjähriger einen Schulverweis, weil er die Schule geschwänzt hatte, um nach Belgien in den Krieg zu ziehen. Die aus seiner Sicht verpasste Kriegserfahrung wollte er als Freikorpsmitglied nachholen. 1921 hatte er an einem Einsatz bei Aufständen in Oberschlesien, bei welchem er auch Freundschaft mit *Günther Muthmann* schloss, mitgewirkt. Im März 1923 erschoss er den Schwager des Separatistenführers *Josef Smeets* und verwundete letzteren schwer, sodass dieser zwei Jahre später den Folgen seiner Verletzung erlag. Der wegen dieses Vorfalls Gesuchte flüchtete ebenfalls nach München. Dort schloss er sich zunächst der Schwarzen Reichswehr an und stand in Kontakt mit *Buchrucker* und *Schulz*. Als die Schwarze Reichswehr und der Hitler-Putsch scheiterten, lief er zu *Ehrhardt* über und trat ebenfalls dem Wiking-Bund bei.[1010] Über diesen erfolgte auch der Kontakt zu *Leibrecht*. *Miebach* wurde von *Muthmann* für das Unternehmen bei *Ehrhard* vorgeschlagen.[1011]

d. Rudolf Schmitt

Ein weiterer Attentäter war *Rudolf Schmitt*, der sich schon während des passiven Widerstandes in der Organisation Treuhand betätigt hatte und daher in Kontakt zu *Graf* stand. Weil er eine Verhaftung durch die französische Polizei zu befürchten hatte, flüchtete er im August 1923 ins unbesetzte Gebiet, wo ihn *Graf* empfing, ihm Geld gab und ihn damit beauftragte, sich in Mannheim bereitzuhalten.[1012]

1010 *Gräber/Spindler*, Die Pfalzbefreier, S. 46. Pfälzer Zeitung v. 25.1.1934; Kölner Zeitung v. 26.1.1934. S. zu seiner Rolle beim Smeets-Attentat auch *Gräber*, Die Rheinpfalz v. 8.1.1994.

1011 *Muthmann*, Der Tod von Speyer. Das Strafgericht an den separatistischen Verrätern, in: Salomon (Hrsg.), Das Buch von deutschen Freikorpskämpfer, S. 459 (460).

1012 *Gräber/Spindler*, die Pfalzbefreier, S. 41.

e. Ferdinand Wiesmann

Der 1897 geborene *Ferdinand Wiesmann* kam aus dem Spessart und wies ebenfalls eine ausgeprägte Kriegsbegeisterung auf, welche sich bereits in Kindheitstagen gezeigt hatte, und sich schon früh in seinem Berufswunsch, Soldat zu werden, manifestierte. Nachdem er die Unteroffiziersschule in Fürstenfeldbruck besucht hatte, kam er im Alter von 17 Jahren an die Front, wo er vier Jahre diente. 1919 war er dann als Feldwebel an der Niederschlagung des Soldaten- und Spartakusaufstandes in Würzburg beteiligt. Nach einer Phase der Arbeitslosigkeit im Jahre 1920 war er zwei Jahre lang als Schreibaushilfe bei wechselnden Finanz- und Postämtern tätig. Diese Zeit war geprägt von finanzieller Not und der Abhängigkeit von seinen Eltern. Am 1. November 1922 trat er schließlich seinen Probedienst bei der Außenstelle des Landesfinanzamtes Würzburg für die Pfalz in Speyer an und erhielt schon ein halbes Jahr später eine Festanstellung als Registraturassistent. Während des Jahres 1923 intensivierte er seine Kontakte zu den Organisationen Jung-Emmerling und zur Treuhand, bis er schließlich von seinem Dienst freigestellt wurde, um sich ganz dem Abwehrkampf zu widmen. Um keinen Verdacht zu erregen, wurde er zum Schein nach Würzburg versetzt. Nachdem die Regierungsbehörde besetzt wurde, folgte er der bayerischen Rumpfregierung nach Ludwigshafen, um dort den Selbstschutz zu unterstützen. Am 28. November 1923 floh *Wiesmann* ins unbesetzte Gebiet, weil er eine Verhaftung durch die Besatzungsmacht befürchtete. Auch in Heidelberg erhielt er seine Bezüge vom Landesfinanzamt deklariert als Gelder für seine Tätigkeit als Geschäftsaushilfe für die Hilfsstelle weiter.[1013] In der NS-Presse wird er durchgängig als Parteimitglied dargestellt. *Kurt Baumann*, der sich als Biograph mit ihm beschäftigt hat, dementierte die Parteizugehörigkeit indes.[1014]

1013 *Gräber/Spindler*, Die Pfalzbefreier, S. 47 f.; *Baumann*, Ferdinand Wiesmann – Franz Hellinger, in: Raumer/ders. (Hrsg.), Saarpfälzische Lebensbilder, Bd. 1, S. 221 ff.; Ausgabenanweisung zur Zahlung v. Diensteinkommen v. 26.10.1992, LA Speyer L 1/45.

1014 *Gräber/Spindler*, Die Pfalzbefreier, S. 48. S. zur Heroisierung der Attentäter durch die Nationalsozialisten auch *o. V.*, Ferdinand Wiesmann, in: NSDAP-Kreisleitung Marktheidenfeld (Hrsg.), Vom Kampf um Deutschlands Einheit, auszugsweise abgedruckt in *Leiling*, Speyer in den Jahren 1919–1939. Ein Tagebuch, Bd. 2: Aus der Besatzungszeit in Speyer vom Ende 11918 bis Mitte 1930, S. 204 ff.

f. Franz Hellinger

Der zur Zeit des Attentates 23-jährige *Franz Hellinger* stammte aus München und war nach dem frühen Tod seines Vaters in ärmlichen Verhältnissen aufgewachsen. Aufgrund seines jungen Alters konnte er nur gegen Ende des Krieges als Freiwilliger des 1. Bayerischen Infanterie-Regiments an diesem teilnehmen und wurde nie an der Front eingesetzt. Nach seinem Ausscheiden aus der Armee schloss sich *Hellinger* dem Bund Oberland an,[1015] wo er 1919 an der blutigen Niederschlagung der Räterepublik in München teilnahm. Am 9. November 1923 unterstützte er den Hitlerputsch. Nach dessen Scheitern war das Attentat von Speyer für *Hellinger* eine willkommene Gelegenheit, seine Kampfbereitschaft zu demonstrieren.[1016]

III. Planung des Attentats

1. Erste Entwicklungen

Jung war Leiter eines antifranzösischen, pfälzischen Kampfbundes.[1017] Schon im Jahr 1922 begann er, bei den pfälzischen DVP-Jugendgruppen, zu denen er aufgrund seiner eigenen Parteimitgliedschaft gute Kontakte pflegte, Mitglieder zu akquirieren und sich zum geistigen und politischen Führer der Jugendorganisationen aufzuschwingen.[1018] Der Rheinisch-Pfälzische Kampfbund wurde im März 1923 nach einem von *Jung* organisierten Treffen der Abwehrgruppen auf der Wachenburg ins Leben gerufen,[1019] war semilegaler Natur und fand seinen Ursprung neben der DVP-Jugend auch in Turn-, Sport und Jagvereinen.[1020] Im Laufe des passiven Widerstandes

---

1015 S. zum Bund Oberland S. 352.

1016 *Gräber/Spindler,* Die Pfalzbefreier, S. 47; *Baumann,* Ferdinand Wiesmann – Franz Hellinger, in: Raumer/Baumann (Hrsg.), Saarpfälzische Lebensbilder, Bd. 1, S. 221 ff.; *ders.,* Die Rheinpfalz (alle Regionalausgaben) v. 8.1.1954.

1017 *Schwarz,* Der Separatismus in der Pfalz nach dem 1. Weltkrieg, S. 297; *Gräber/Spindler,* Die Pfalzbefreier, S. 17; *dies.,* Revolverrepublik am Rhein, S. 144.

1018 *Schwarz,* Der Separatismus in der Pfalz nach dem 1. Weltkrieg, S. 297; *Gräber/Spindler,* Revolverrepublik am Rhein, S. 144; *Graß,* Edgar Jung, Papenkreis und Röhmkrise, S. 7; *Magub,* Edgar Julius Jung, Right-Wing Enemy of the Nazis. A Political Biography, S. 55.

1019 *Gräber/Spindler,* Revolverrepublik am Rhein, S. 144.

1020 *Gräber,* Separatismus und kollektive Mentalität. Eine Fallstudie am Beispiel des Pfälzischen Separatismus nach dem Ersten Weltkrieg, in: Blomert/Kuzmics/Treistieg die Mitgliederzahl an und der Bund verschmolz mit einer ähnlichen Gruppe von *Rudolf Emmerling*,[1021] die in Kaiserslautern angesiedelt war.[1022]

Emmerling war erst kurz nach Kriegsende in die Pfalz gezogen und die Vermutung liegt nahe, dass sein Auftrag, eine solche Gruppierung zu formieren, von Seiten der Reichswehr kam.[1023] Im April 1923 schickte er seine Familie ins rechtsrheinische Gebiet, weil ihm dies sicherer erschien und übernahm nach der Ausweisung *Jungs* im April 1923 die Leitung des Kampfbundes in der Pfalz.[1024] Im Laufe der Zeit wurden die Aufgaben der Organisation immer weiter konkretisiert. Einerseits fungierte sie als Nachrichtendienst, andererseits sollte sie auch antiseparatistische Propaganda verbreiten, etwaige Verräter überwachen und sanktionieren sowie gegen separatistische Putschversuche einschreiten. Hinzu kam noch die Aufgabe, gegen die französische Besatzungsmacht und deren militärische Organisationen tätig zu werden.[1025] Überdies führte die Organisation während des passiven Widerstands selbst kleinere Sabotageakte durch und unterstützten rechtsrheinische Sabotagekommandos.[1026] Zu den vollzogenen Aktionen zählten die Sprengung von Bahnkörpern und Brandanschläge auf Fabriken, deren Betreiber sich den Anordnungen des passiven Widerstandes widersetzten.[1027]

Ursprünglich stand der Kampfbund nicht in Kontakt mit der Abwehrstelle und wurde anfangs nicht von ihr finanziert.[1028] Selbst nachdem die Organisation mit der Abwehrstelle zusammenarbeitete, wurden ihr nur

---

bel (Hrsg.), Transformation des Wir-Gefühls. Studien zum nationalen Habitus, S. 279 (289); *Graß*, Edgar Jung, Papenkreis und Röhmkrise, S. 8.

1021 *Emmerling* war Direktor der Süddeutschen Diskontobank, vgl. hierzu *Magub*, Edgar Julius Jung, Right-Wing Enemy of the Nazis. A Political Biography, S. 5.

1022 *Schwarz*, Der Separatismus in der Pfalz nach dem 1. Weltkrieg, 297; *Gräber/Spindler*, Revolverrepublik am Rhein, S. 144.

1023 *Gräber/Spindler*, Revolverrepublik am Rhein, S. 144.

1024 *Gräber/Spindler*, Revolverrepublik am Rhein, S. 144.

1025 *Schwarz*, Der Separatismus in der Pfalz nach dem 1. Weltkrieg, S. 298.

1026 *Gräber/Spindler*, Revolverrepublik am Rhein, S. 144; *Schwarz*, Der Separatismus in der Pfalz nach dem 1. Weltkrieg, S. 298; *Gembries*, die Pfalz und Bayern in der Weimarer Zeit, in: Fenske (Hrsg.), Die Pfalz und Bayern 1816–1956, S. 189 (204).

1027 *Grass*, Edgar Julius Jung (1894–1934), in: Baumann (Hrsg.), Pfälzer Lebensbilder, Bd. 1, S. 320 (325).

1028 *Bräunche*, Die Pfalz muß deutsch bleiben. Finanzierung und Organisation der Abwehr gegen Separatistische Bestrebungen in der Rheinpfalz 1918–1924, in: Pfälzische Hypothekenbank Aktiengesellschaft Ludwigshafen/Pfälzische Gesellschaft zur Förderung der Wissenschaft (Hrsg.), Festschrift zum 100jährigen Bestehen der Pfälzischen Hypothekenbank, Teil 2, S. 227 (241).

bescheidene finanzielle Mittel zur Verfügung gestellt, was mit der desolaten wirtschaftlichen Lage der damaligen Zeit zu erklären ist.[1029]

Seit dem Sommer 1923 hatten sich *Jung* und *Graf* in einer Familienpension in Heidelberg eingemietet, von wo aus sie den Kampfbund organisierten. Die Gruppe agierte im Verborgenen unter dem Deckmantel einer Rechtsauskunftsstelle für Ausgewiesene unter Finanzierung durch die Haupthilfsstelle für die Pfalz.[1030] *Jungs* Hauptaufgabe war die Außenleitung, also der Kontakt mit den Regierungsinstitutionen in Heidelberg, Berlin und München sowie die Beschaffung finanzieller Mittel.[1031] Seine Kontakte zur bayerischen Regierung, zur BVP, der DVP-Spitze, *Stresemann, Karl Jarres*[1032], *Rudolf Pechel*[1033] von der Deutschen Rundschau sowie *Karl-Christian von Loesch* vom deutschen Schutzbund[1034] waren von herausragender

1029 *Bräunche,* Die Pfalz muß deutsch bleiben. Finanzierung und Organisation der Abwehr gegen Separatistische Bestrebungen in der Rheinpfalz 1918–1924, in: Pfälzische Hypothekenbank Aktiengesellschaft Ludwigshafen/Pfälzische Gesellschaft zur Förderung der Wissenschaft (Hrsg.), Festschrift zum 100jährigen Bestehen der Pfälzischen Hypothekenbank, Teil 2, S. 227 (242).

1030 *Gräber/Spindler,* Die Pfalzbefreier, S. 41; *Magub,* Edgar Julius Jung, Right-Wing Enemy of the Nazis. A Political Biography, S. 58; Brief *Eberleins* an das Pfalzkommissariat v. 23.9.1924 BayHStA, MA 108042; vgl. auch die Anzeige gegen *Josef Zwißler* wegen Vergehen gegen das Sprengstoffgesetz, Heidelberg 18.6.1925, BayHStA, MA 107716. Beteiligt waren neben *Graf,* der ein Kindheitsfreund *Jungs* war, auch dessen Bruder *Friedrich*, s. hierzu *Magub,* Edgar Julius Jung, Right-Wing Enemy of the Nazis. A Political Biography, S. 55.

1031 *Magub,* Edgar Julius Jung, Right-Wing Enemy of the Nazis. A Political Biography, S. 58.

1032 *Karl Jarres* war ein 1874 geborener rheinländischer Kommunalpolitiker, der unter anderem Bürgermeister von Duisburg und auch in der Politik auf Reichsebene tätig war, s. zu seiner Person *Weiß,* Eintrag „Karl Jarres" im Portal rheinischer Geschichte, abrufbar unter http://www.rheinische-geschichte.lvr.de/Persoenlichkeiten/karl-jarres-/DE-2086/lido/578e1c9cd65737.66513734, zuletzt abgerufen am 1.11.2022.

1033 *Rudolf Ludwig August Martin Pechel* (30.10.1882 – 28.12.1961) war ein deutscher Journalist und Herausgeber der Deutschen Rundschau, der im Nationalsozialismus zum Widerstandskämpfer wurde, s. zu seiner Person *Schneider,* Eintrag „Rudolf Pechel" in Deutsche Biographie, abrufbar unter https://www.deutsche-biographie.de/sfz94330.html#ndbcontent, zuletzt abgerufen am 1.11.2022.

1034 Der Deutsche Schutzbund für das Grenz- und Auslandsdeutschtum wurde am 22.5.1919 gegründet und sollte die lokalen und regionalen Volkstums- und Grenzvereine bündeln. S. hierzu und dazu, dass *Loesch* der erste Geschäftsführer der Organisation war *Luther,* Volkstumspolitik des Deutschen Reiches 1933–1938. Die Auslandsdeutschen im Spannungsfeld zwischen Traditionalisten und Nationalsozialisten, S. 45.

Wichtigkeit.[1035] Nachdem *Jung Hitler* schon im Januar 1923 erfolglos um Unterstützung gebeten hatte,[1036] beharrte er weiterhin auf eine militärischen Lösung unter Einbeziehung der Reichswehr, was zeigt, dass *Jung* den aktiven Widerstand als eine Weiterführung des Ersten Weltkrieges verstand.[1037] Trotz aller Bemühungen gelang die Geheimhaltung des Kampfbundes nicht, sodass die Franzosen diesen am 31. Oktober 1923 auflösten und *Emmerling* am 3. November 1923 inhaftierten. Dennoch wurde die Organisation nicht vollkommen zerschlagen, weil sich Teile der Mitglieder versteckt hielten und andere ins unbesetzte Gebiet flüchten konnten.[1038]

Wie viele Mitglieder die Organisation um *Jung* hatte, wird unterschiedlich überliefert. *Karl Weinmann* berichtete *Jung* im August 1923, dass die Bewegung sich über die gesamte Pfalz erstreckte und um die 15.000 Mitglieder gehabt habe.[1039] Diese Zahl wird jedoch in der neueren Forschung in Anbetracht der relativ geringen Anzahl von Aktionen und nachrichtendienstlichen Berichten der Organisation als deutlich zu hoch erachtet.[1040] Die Gruppierung erhielt am 6. November 1923 2.000 Gummiknüppel und am 9. November 1923 100 Pistolen, welche durch das Reichsministerium für die besetzten Gebiete finanziert wurden.[1041] Mit Blick auf die Größe der Lieferung lässt sich schließen, dass die Organisation etwa 2.000 Mann ge-

1035 *Magub,* Edgar Julius Jung, Right-Wing Enemy of the Nazis. A Political Biography, S. 58.

1036 *Magub,* Edgar Julius Jung, Right-Wing Enemy of the Nazis. A Political Biography, S. 59.

1037 *Magub,* Edgar Julius Jung, Right-Wing Enemy of the Nazis. A Political Biography, S. 59.

1038 *Schwarz,* Der Separatismus in der Pfalz nach dem 1. Weltkrieg, 299 f.; *Gräber/Spindler,* Revolverrepublik am Rhein, S. 650 f.

1039 *Schwarz,* Der Separatismus in der Pfalz nach dem 1. Weltkrieg, 298; Bericht *Karl Weinmanns* über den Stand der Organisation, BayHStA MA 107716.

1040 *Schwarz,* Der Separatismus in der Pfalz nach dem 1. Weltkrieg, S. 299; Bericht v. *Antz* v. 11.11.23, BayHStA, MA 107692.

1041 *Schwarz,* Der Separatismus in der Pfalz nach dem 1. Weltkrieg, S. 299; *Gräber/Spindler,* „Wer dabei mitmacht, muss damit rechnen, den Kopf zu verlieren". Kriminalität, Kriminalisierung und Strafverfolgung im Zusammenhang des linksrheinischen Separatismus nach dem 1. Weltkrieg, in: Rheinland-pfälzische und saarländische Archive (Hrsg.), „Unrecht und Recht. Kriminalität und Gesellschaft im Wandel von 1500–2000", S. 412 (414); *dies.,* Revolverrepublik am Rhein, S. 647; Brief des Ministerialrats *Speer* an das Staatsministerium des Äußeren v. 13.10.1923, BayHStA, MA 107692; Aufstellung von *Antz* v. 7.11.1923, BayHStA, MA 107692. Das Reichsministerium für die besetzten Gebiete wurde vom Reichspräsidenten durch Verordnung v. 24.8.1923 gegründet (Erlaß über die Errichtung des Reichsministeriums für die besetzten Gebiete v. 24. August 1923, RGBl. 1923 I, S. 832). S. zu den

habt haben muss.[1042] *Jung* selbst gab die Stärke seiner Abwehrorganisation in dieser Größenordnung an, was *Antz* jedoch immer noch als übertrieben erachtete.[1043] Dadurch, dass die meisten Berichte aus Ludwigshafen und Kaiserslautern stammen, lässt sich deduzieren, dass in diesen Städten die Zentren des Kampfbundes gelegen haben müssen. Seine Bedeutung war trotz der niedriger anzusetzenden Mitgliedszahl dennoch überragend. So wurde er als einziges Mittel erachtet, den Separatisten Einhalt zu bieten.[1044]

2. Die Inspektionsreise Antz‘ in die Pfalz

Im November 1923 unternahm *Walter Antz*, ein für die Separatistenabwehr zuständiges Mitglied des Münchener Pfalzkommissariats, eine Inspektionsreise in die Pfalz,[1045] bei der er Rücksprache mit den in der Pfalz verbliebenen Regierungsräten und einem Vertrauensmann des Kampfbundes hielt. In einem im Jahr 1931 verfassten Bericht über die Reise erachtete er die Organisation *Jungs* als zerschlagen und die Arbeiter als nicht gewillt, an antiseparatistischen Massenkundgebungen teilzunehmen.[1046] Es wurden zwar

---

Aufgaben im Detail weiterführend Reichsminister für das besetzte Gebiet, Berlin den 29. August 1923, LA Speyer, R 12/21.

1042 *Schwarz*, Der Separatismus in der Pfalz nach dem 1. Weltkrieg, S. 299; *Gräber/Spindler*, Revolverrepublik am Rhein, S. 649 f., geben für die wahre Größe von *Jungs* Kampfbundes die Zahl 1.400 an. Diese Zahl soll *Jung* auch gegenüber *Antz* geäußert haben. S. hierzu den Bericht von *Antz* an das Staatsministerium des Äußeren v. 27.3.1931, LA Speyer, R 12/733.

1043 *Bräunche*, Die Pfalz muß deutsch bleiben. Finanzierung und Organisation der Abwehr gegen Separatistische Bestrebungen in der Rheinpfalz 1918–1924, in: Pfälzische Hypothekenbank Aktiengesellschaft Ludwigshafen/Pfälzische Gesellschaft zur Förderung der Wissenschaft (Hrsg.), Festschrift zum 100jährigen Bestehen der Pfälzischen Hypothekenbank, Teil 2, S. 227 (241).

1044 *Schwarz*, Der Separatismus in der Pfalz nach dem 1. Weltkrieg, S. 299; Bericht v. *Antz* v. 11.11.23, BayHStA, MA 107692.

1045 *Gräber/Spindler*, Die Pfalzbefreier, S. 33; Bericht v. *Antz* v. 11.11.23, BayHStA, MA 107692. Hierzu auch *Jolas*, Berufliche Erlebnisse eines Pfalz-Bayerischen Verwaltungsbeamten, Bd. 2, unveröffentlichtes Typoskript, LA Speyer, Bibliothek, Signatur C 1381, S. 255.

1046 *Schwarz*, Der Separatismus in der Pfalz nach dem 1. Weltkrieg, S. 300; *Bräunche*, Die Pfalz muß deutsch bleiben. Finanzierung und Organisation der Abwehr gegen Separatistische Bestrebungen in der Rheinpfalz 1918–1924, in: Pfälzische Hypothekenbank Aktiengesellschaft Ludwigshafen/Pfälzische Gesellschaft zur Förderung der Wissenschaft (Hrsg.), Festschrift zum 100jährigen Bestehen der Pfälzischen Hypothekenbank, Teil 2, S. 227 (242). Den Auftrag, seine Erinnerungen an seine Pfalzreise von 1923 aufzuschreiben, erhielt *Antz* vom Staatsminister des Äußeren

schon Pläne zur Rückeroberung des Regierungsgebäudes geschmiedet, mit deren Umsetzung wollte man allerdings warten, bis sich die Separatisten über die ganze Pfalz verteilt hatten, da dann der erwartete Widerstand in Anbetracht ihrer beschränkten personellen Ressourcen als geringer eingestuft wurde.[1047] Für *Antz* gab es noch zwei weitere Bedingungen, die erfüllt sein mussten, um ein Vorgehen gegen die Separatisten zu ermöglichen. Einerseits mussten die Franzosen zuerst den Schutz, den sie den Separatisten gewährten, aufheben. Andererseits musste vorab geklärt werden, was nach Ansicht der Reichsregierung nach dem Ende der Separatistenherrschaft mit dem besetzten Gebiet passieren sollte, um die Arbeiterschaft zum Einschreiten zu motivieren. Nach der Überzeugung von *Antz* waren einzelne Terrorakte im Sinne von Sabotageakten nämlich nicht ausreichend, da diesen lediglich symbolische Wirkung zukam, ohne dass dadurch eine wirkliche Bedrohung der Separatisten zu erreichen war.[1048] Zum damaligen Zeitpunkt sah er auch schon die Möglichkeit, „die Separatisten überall, wo sie sich ohne den Schutz der Franzosen zeigen, niederzumachen", was verdeutlicht, dass ein gewaltsames Vorgehen schon früh für möglich erachtet wurde.[1049]

Antz und *Jung* kannten sich aus Zweibrücken, von wo aus sie am selben Tag ausgewiesen wurden. Auf der gemeinsamen Fahrt berichtete der Rechtsanwalt von seinen Plänen, eine Abwehrorganisation zu gründen. Zu Beginn lobte ihn *Antz* als einen talentierten Mann und einen eloquenten Redner, der über Organisationstalent, Ideenreichtum und eine große taktische Flexibilität verfügte. Dennoch sah er auch *Jungs* Schwächen, beispielsweise seinen übersteigerten Ehrgeiz. Nichtsdestotrotz wurde *Jungs* Organisation als einzige Möglichkeit angesehen, einen erfolgreichen Putsch durchzuführen. In einem sieben Jahre später verfassten Bericht beleuchtete *Antz Jung* hingegen in einem deutlich negativeren Licht. So erklärte er in diesem, er habe *Winterstein* gewarnt, dass *Jungs* Persönlichkeit für das Vorhaben nicht geeignet sei und er ihm schon in Zweibrücken misstraut ha-

Jolas, nachdem sich mehrere der Attentäter schon öffentlich zur Tat geäußert hatten und die staatlichen Stellen in ein pazifistisches Licht gerückt hatten. S. hierzu Bericht von *Antz* an das Staatsministerium des Äußeren v. 27.3.1931, LA Speyer, R 12/733.

1047 *Gräber /Spindler*, Die Pfalzbefreier, S. 33.

1048 *Schwarz*, Der Separatismus in der Pfalz nach dem 1. Weltkrieg, S. 300; *Gräber/ Spindler*, die Pfalzbefreier, S. 33 f.

1049 Bericht von *Antz* an das Staatsministerium des Äußeren v. 27.3.1931, LA Speyer, R 12/733.

be.[1050] Es ist allerdings wahrscheinlich, dass dieses negative Bild durch die wachsende Abneigung gegenüber *Jung* beeinflusst worden ist. In der Zeit, in welcher der Bericht verfasst wurde, veröffentlichte *Jung* nämlich selbst einen Artikel, der ihm den alleinigen Verdienst am Attentat zuschrieb, was bei den beteiligten Politikern für Missfallen sorgte.[1051]

3. Der erste Attentatsplan im November

Zwei Wochen nach der Proklamation der Autonomen Pfalz kam es in Heidelberg in der Kommandozentrale des Kampfbundes zu einem Treffen von etwa zwanzig Männern, bei welchem *Graf* seine Pläne zur Stürmung der separatistisch besetzten Gebäude erläuterte. Er dachte an einen Angriff durch etwa sechzig Personen, die sich den Weg ins Gebäude mit Granaten und Schnellfeuerwaffen erkämpfen sollten. Ein genauer Ablaufplan sollte erst kurz vor der Aktion mitgeteilt werden.[1052] Zwei bis drei Männer sollten die Waffen mit einem Boot über den Rhein schiffen. Die Kämpfer sollten sich aus Mitgliedern des Bundes Oberland, der Reichskriegsflagge und der NSDAP zusammensetzen, die unter falschen Pässen nach Speyer reisen sollten.[1053]

Zwei Tage nach diesem Treffen wurde das Vorhaben aufgrund der geringen Erfolgsaussichten allerdings wieder verworfen.[1054] Während der Wille, gewaltsam gegen *Heinz* vorzugehen, schon gefasst war, fehlte es an einem erfolgversprechenden Plan für ein solches Unterfangen.[1055]

1050 *Magub,* Edgar Julius Jung, Right-Wing Enemy of the Nazis. A Political Biography, S. 62; Bericht von. *Antz* an das Staatsministerium des Äußeren v. 27.3.1931, LA Speyer, R 12/733.

1051 *Magub,* Edgar Julius Jung, Right-Wing Enemy of the Nazis. A Political Biography, S. 63.

1052 *Gräber/Spindler,* Die Pfalzbefreier, S. 41.

1053 *Gräber/Spindler,* Die Pfalzbefreier, S. 41; *Muthmann,* Der Tod von Speyer. Das Strafgericht an den separatistischen Verrätern, in: Salomon (Hrsg.), Das Buch von deutschen Freikorpskämpfer, S. 459 (460).

1054 *Gräber/Spindler,* Die Pfalzbefreier, S. 41. S. hierzu auch *Morweiser,* Die Nase 5/2008, 18 (18); zu den Gründen für die Ungeeignetheit des Plans, insbesondere dazu, dass hierfür eine große militärische Gruppe nötig wäre und auch ein Konflikt mit der Besatzungsmacht zu befürchten seien *Jung,* Pfälzische Presse v. 30.6.1930; Bericht von *Antz* an das Staatsministerium des Äußeren v. 27.3.1931, LA Speyer, R 12/733.

1055 *Gräber/Spindler,* Die Pfalzbefreier, S. 42

4. Der Attentatsplan im Januar

Den entscheidenden Hinweis für das Attentat gab der Studienrat *Franz Multerer,* dem es gelungen war, am 19. Dezember 1923 aus seiner Haft im Speyerer Regierungsgebäude zu entfliehen. Dort hatte er erfahren, dass die führenden Köpfe der Separatisten ihr Abendessen regelmäßig ohne besondere Schutzvorkehrungen im Wittelsbacher Hof einnahmen.[1056] Daraufhin kamen *Jung* und *Antz* überein, dass dies der einzige geeignete Ort für ein Attentat war[1057] und *Jung* wurde mit der Vorbereitung betraut, während *Antz* sich um die Finanzierung kümmern wollte. Nur ein sehr kleiner, ausgewählter Kreis, zu dem nicht einmal *Eberlein* oder *Wappes* gehörten, wusste zum damaligen Zeitpunkt von dem Attentat. Grund für dieses verdeckte Agieren war, dass *Antz* den höher gestellten Persönlichkeiten die Möglichkeit geben wollte, sich bei einem Scheitern des Vorhabens oder bei politischen Komplikationen auf ihre Unwissenheit zu berufen.[1058] *Jung* hingegen behauptet, er hätte sich mit der Planung befasst, ohne von *Antz* dafür beauftragt gewesen zu sein. Das Gespräch mit *Multerer* habe unter vier Augen stattgefunden, weswegen er über einen Wissensvorsprung verfügt habe.[1059] Auch wenn die genauen Umstände im Vorfeld des Attentats unsicher sind, so ist gewiss, dass *Multerers* Information den Ausschlag für die Durchführung gegeben hat.[1060]

Die strategische Planung des Attentats übernahm *Jung* zusammen mit seinen ebenfalls militärisch erfahrenen Jugendfreunden *Otto Graf* und *Otto Leibrecht,* zu denen er ein besonderes Vertrauensverhältnis pflegte. *Leibrecht* sammelte im ersten Weltkrieg Erfahrungen als Kampfflieger und war ein Kommilitone *Jungs,* als dieser an der Universität Rechtswissenschaften studierte. In München eröffnete die beiden 1923 zusammen eine

1056 *Gräber/Spindler,* Die Pfalzbefreier, S. 42. S. zur Wichtigkeit dieses Faktors für die weiteren Pläne auch *Schlickel,* Aktiv 3/2008, 40 (41).

1057 *Gräber/Spindler,* Die Pfalzbefreier, S. 42; Bericht von *Antz* an das Staatsministerium des Äußeren v. 27.3.1931, LA Speyer, R 12/733.

1058 *Gräber/Spindler,* Die Pfalzbefreier, S. 42; Bericht von *Antz* an das Staatsministerium des Äußeren v. 27.3.1931, LA Speyer, R 12/733.

1059 *Gräber/Spindler,* Die Pfalzbefreier, S. 42 f.; in diese Richtung auch *Jung,* Pfälzische Presse v. 30.6.1930, wenn man sich die von ihm wiedergegebenen zeitlichen Abläufe ansieht.

1060 *Gräber/Spindler,* Die Pfalzbefreier, S. 44.

Anwaltskanzlei.[1061] *Leibrecht* brachte Kontakte zur Führungsriege der Münchener Kampfbundszene mit und war näher bekannt mit *Erhardt*, dem Leiter der O. C. beziehungsweise dem Wiking-Bund.[1062] Um das Attentat durchzuführen, waren genauere Informationen über die Gewohnheiten der Separatisten notwendig. Aufgrund dessen sollte ein verdeckt agierender Informant in den Wittelsbacher Hof eingeschleust werden. Wegen personeller Engpässe war es zunächst schwierig, einen geeigneten Kandidaten zu finden, der bereit war, diese riskante Aufgabe zu übernehmen. Schließlich erklärte sich der Ludwigshafener Student *Karl Weinmann* bereit, welcher sich unter dem Decknamen *Dr. Weiß* in das Lokal einquartierte[1063] und sich mit den Separatisten anfreundete.[1064] Er fungierte bereits seit der Ausweisung *Jungs* als Verbindungsmann zum besetzten Gebiet.[1065]

Strategisch von Vorteil war, dass die aus München rekrutierten Attentäter in der Pfalz noch unbekannt waren und daher wenig Misstrauen erregten. Sie sollten mit gefälschten Pässen ausgestattet werden, die Rheinbrücke in Mannheim zu Fuß überqueren und sich anschließend mit dem Zug nach Speyer begeben. Daraufhin sollten sie drei Gruppen bilden. Eine der Gruppen sollte sich unauffällig im Wittelsbacher Hof unter die Anwesenden mischen, um diese während des Attentats ruhigzustellen. Die anderen beiden Gruppen sollten in anderen Lokalen auf ein Zeichen *Weinmanns* warten, der einen Lageplan anfertigen sollte, auf dem die Sitzposition der potenziellen Opfer zu erkennen war. Dieser sollte den beiden Gruppen übermittelt werden, sobald die Mitglieder des Pfälzischen Kampfbundes, die über den Rhein ins besetzte Gebiet gelangen sollten, in Speyer angekommen waren. Die beiden wartenden Gruppen sollten, wenn das Zeichen erteilt wurde,

---

1061 *Gräber/Spindler,* Die Pfalzbefreier, S. 44; *Leibrechts* führende Mitarbeit in der Planungsphase geht Bericht von *Antz* an das Staatsministerium des Äußeren v. 27.3.1931, LA Speyer, R 12/733 hervor.

1062 *Gräber/Spindler,* Die Pfalzbefreier, S. 44; *Gräber*, Die Pfalz 56 (2010), 10 (11); *Muthmann*, Der Tod von Speyer. Das Strafgericht an den separatistischen Verrätern, in: Salomon (Hrsg.) Das Buch vom deutschen Freikorpskämpfer, S. 459 (459 f.).

1063 *Gräber/Spindler,* Die Pfalzbefreier, S. 44 f.; *Weinmann,* Pfälzische Rundschau v. 8.9./1.1934; *Jung,* Pfälzische Presse v. 30.6.1930; Bericht von *Antz* an das Staatsministerium des Äußeren v. 27.3.1931, LA Speyer, R 12/733.

1064 *Muthmann,* Der Tod von Speyer. Das Strafgericht an den separatistischen Verrätern, in: Salomon (Hrsg.), Das Buch von deutschen Freikorpskämpfer, S. 459 (460).

1065 *Magub,* Edgar Julius Jung, Right-Wing Enemy of the Nazis. A Political Biography; S. 56. S. zu seinem späteren Schicksal S. 382.

den Wittelsbacher Hof stürmen. Der sogenannte Schießtrupp sollte sich in den Speisesaal begeben und der in der Planung so titulierte Sperrtrupp sollte den Hauseingang, den Flur, das Treppenhaus und die Nebenzimmer sichern. Nach der Erschießung sollten alle Gruppen unverzüglich die Flucht antreten.[1066] Nach Abschluss der Planung wurde das Attentat auf den 8. Januar 1924 terminiert.[1067] Am 6. Januar trafen sich die Beteiligten in der Kanzlei *Leibrechts,* wo dieser ihnen zusammen mit *Jung* die Einzelheiten des Planes unterbreitete und die Gruppen einteilte.[1068] Am darauffolgenden Abend des 7. Januars 1924 fuhren *Jung* und *Leibrecht* mit einem Teil der Männer im Zug von München nach Mannheim. Laut *Gräber* und *Spindler* handelte es sich um „ein gutes Dutzend", währen die Quellen im Vorfeld von etwa zwanzig Mann sprachen. Dies deutet daraufhin, dass es sich einige der Teilnehmer doch noch anders überlegt hatten.[1069]

IV. Die Ausführung des Attentats

1. Weg der ortsfremden Attentäter in die Pfalz

Antz reiste mit den Attentätern bis zum Rheinufer, wollte aber selbst im unbesetzten Gebiet bleiben, um seine Beteiligung zu verschleiern.[1070] Auch *Eberlein* und dessen Angestellter *Otto Betz* wurden aus demselben Grund erst sehr spät informiert und sollten sich in sicherer Distanz halten.[1071] Die Münchener Mitstreiter trafen sich am Morgen des 8. Januars 1924 im Hotel Central in Mannheim mit *Graf* und sprachen den Plan sowie die Gruppen-

---

1066 *Gräber/Spindler,* die Pfalzbefreier, S. 45; *Lintz,* Großkampftage. Aus der Separatistenzeit in der Pfalz, S. 98 f.; *Jung,* Pfälzische Presse v. 30.6.1930.

1067 *Gräber/Spindler,* Die Pfalzbefreier, S. 45.

1068 *Gräber/Spindler,* Die Pfalzbefreier, S. 47; hierzu auch *Gräber,* Die Pfalz 56 (2010), 10 (10).

1069 *Gräber/Spindler,* Die Pfalzbefreier, S. 47. *Muthmann,* Der Tod von Speyer. Das Strafgericht an den separatistischen Verrätern, in: Salomon (Hrsg.), Das Buch von deutschen Freikorpskämpfer, S. 459 (460), geht von etwa zwanzig Mann aus. S. zur Gruppeneinteilung auch ebd. S. 459 (460); dazu, dass einige der Attentäter vorher mit den Nerven zusammengebrochen seien und nach Hause geschickt wurden, *ders.,* ebd. S. 461.

1070 *Gräber/Spindler,* Die Pfalzbefreier, S. 48; Bericht von *Antz* an das Staatsministerium des Äußeren v. 27.3.1931, LA Speyer, R 12/733.

1071 *Gräber/Spindler,* Die Pfalzbefreier, S. 48; Bericht von *Antz* an das Staatsministerium des Äußeren v. 27.3.1931, LA Speyer, R 12/733.

einteilung nochmals durch. Weiterhin erhielten die Münchener noch falsche Pässe, die eine Einreise ins besetzte Gebiet ermöglichen sollten.[1072]

Am 8. Januar 1924 überquerten die Münchener Teilnehmer des Attentats einzeln die Rheinbrücke, um keinen Verdacht zu erwecken.[1073] In der Pfalz angekommen, deckten sie sich mit den für sie hinterlegten neuwertigen Mauser-Pistolen ein, welche an verschiedenen Punkten gelagert worden waren, um das Risiko der Entdeckung und Konfiszierung zu minimieren.[1074] Daraufhin fuhren sie mit der Eisenbahn nach Speyer, wo sie die Örtlichkeiten und Fluchtwege inspizierten. Zum Abend hin bezogen sie ihre Posten im Speisesaal, sodass sie schon auf ihrer Position waren, als *Weinmann* gegen 18 Uhr den Speisesaal betrat.[1075] Zeitgleich fanden sich die zwei anderen Gruppen in den Speiselokalen „Adler“ und „Deutscher Hof“ ein.[1076] Es war geplant, dass *Graf* die letzte Gruppe in das Gasthaus „Sonne“ bringen und sich daraufhin um 21:30 Uhr selbst zum Wittelsbacher Hof begeben sollte. Sein Erscheinen sollte das Signal für *Weinmann* sein, das Attentat durchzuführen.[1077]

1072 *Gräber/Spindler,* Die Pfalzbefreier, S. 48; *Weinmann,* Pfälzische Rundschau v. 8./9.1.1934; *Lintz,* Großkampftage. Aus der Separatistenzeit in der Pfalz, S. 105; *Jung,* Pfälzische Presse v. 30.6.1930.

1073 *Gräber/Spindler,* Die Pfalzbefreier, S. 49; *Muthmann,* Der Tod von Speyer. Das Strafgericht an den separatistischen Verrätern, in: Salomon (Hrsg.), Das Buch von deutschen Freikorpskämpfer, S. 459 (460 f.).

1074 *Gräber/Spindler,* Die Pfalzbefreier, S. 49; *Muthmann,* Der Tod von Speyer. Das Strafgericht an den separatistischen Verrätern, in: Salomon (Hrsg.), Das Buch von deutschen Freikorpskämpfer, S. 459 (461).

1075 *Gräber/Spindler,* Die Pfalzbefreier, S. 49; vgl. zur Inspektion der Örtlichkeiten und Fluchtwege auch *Muthmann,* Der Tod von Speyer. Das Strafgericht an den separatistischen Verrätern, in: Salomon (Hrsg.), Das Buch von deutschen Freikorpskämpfer, S. 459 (461); *Weinmann,* Pfälzische Rundschau v. 8./9.1.1934.

1076 *Gräber/Spindler,* Die Pfalzbefreier, S. 49; *Weinmann,* Pfälzische Rundschau v. 8./9.1.1934; *Lintz,* Großkampftage. Aus der Separatistenzeit in der Pfalz, S. 106; *Muthmann,* Der Tod von Speyer. Das Strafgericht an den separatistischen Verrätern, in: Salomon (Hrsg.), Das Buch von deutschen Freikorpskämpfer, S. 459 (461).

1077 *Gräber/Spindler,* Die Pfalzbefreier, S. 49; *Lintz,* Großkampftage. Aus der Separatistenzeit in der Pfalz, S. 106; *Muthmann,* Der Tod von Speyer. Das Strafgericht an den separatistischen Verrätern, in: Salomon (Hrsg.), Das Buch von deutschen Freikorpskämpfer, S. 459 (462).

2. Die gescheiterte Rheinüberquerung

Die pfälzische Gruppe fuhr teils von Mannheim in das südlich von Speyer gelegene Waghäusel und schloss sich dort mit vier Männern zusammen, die aller Wahrscheinlichkeit nach aus Heidelberg angereist waren. In Waghäusel übergab *Graf* den Anwesenden ihre Pistolen.[1078] Daraufhin wanderten die Männer nach Rheinhausen, einem Ort mit unmittelbarem Rheinzugang. Ursprünglich war geplant, in der Nähe der Speyerer Schiffbrücke mit einem Boot überzusetzen. Dieser Plan wurde letztendlich verworfen, weil Zweifel an der Vertrauenswürdigkeit der involvierten Fischer aufgekommen waren.[1079] An der Stelle des Rheins, an der sie die Überquerung wagen wollten, lag die Insel Flotzgrün, hinter der nur noch ein Rheinarm lag, welchen es zu überqueren galt. Nach Rücksprache mit den Fischern, die die Beteiligten zur Insel brachten, ging die Gruppe davon aus, dass dieser zugefroren sei. Den Rest der Strecke wollte sie daher fußläufig zurücklegen.[1080] Von der Insel aus versuchten sie den Weg zum Rheinarm zu finden. Etwa um 21:30 Uhr, als die ausgemachte Zeit für das Attentat verstrichen war, gaben die Männer auf und sendeten ein Leuchtsignal an die am Ufer Zurückgebliebenen und forderten diese auf, sie zurückzuholen.[1081] *Jung* beschrieb, dass sie über Stunden hinweg nach einem Übergang gesucht hätten. Daraufhin hätte er befohlen, dass die Truppe übers Eis laufen sollte, woraufhin einer der Männer eingebrochen sei. Ein weiterer habe sich den Knöchel gezerrt. Die Männer mussten nach der Aussage *Jungs* vollkommen durchnässt aufgeben.[1082] Vieles spricht aber dafür, dass *Jung* durch diese Aussage nur das Versagen des Trupps in einem milderen Licht erscheinen lassen wollte. *Antz* erwähnt nicht, dass die Männer durchnässt gewesen waren.[1083] *Lintz* berichtet sogar noch dramatischer, einer der Teilnehmer, *Alfons Bold*, soll ins eiskalte Wasser gesprungen sein und dabei seine Waffen hochgehalten haben, um diese vor Feuchtigkeit zu schützen. Die Gruppe sei sogar bis ans Ufer gelangt, dort habe sie jedoch umkehren müssen, weil eine Orientierung in dem gefluteten Ufergebiet

1078 *Gräber/Spindler*, Die Pfalzbefreier, S. 50.

1079 *Gräber/Spindler*, Die Pfalzbefreier, S. 50.

1080 *Gräber/Spindler*, Die Pfalzbefreier, S. 50.

1081 *Gräber/Spindler*, Die Pfalzbefreier, S. 50; Bericht von *Antz* an das Staatsministerium des Äußeren v. 27.3.1931, LA Speyer, R 12/733.

1082 *Gräber/Spindler*, Die Pfalzbefreier, S. 50. Hierzu auch *Schlickel*, Aktiv Dabei 3/2008, 40 (41); *Jung*, Pfälzische Presse v. 30.6.1930.

1083 *Gräber/Spindler*, Die Pfalzbefreier, S. 50.

nicht möglich gewesen sei. *Lintz,* der generell zu Heroisierungen und Ausschmückungen neigt, stützt sich bei dieser Aussage hauptsächlich auf den Bericht *Weinmanns,* der mangels Anwesenheit nur aus zweiter Hand berichten konnte.[1084] Während die Teilnehmer versuchten, ihr Scheitern zu rechtfertigen, sahen *Antz* und *Betz* die Hauptschuld für das Misslingen des Unterfangens bei *Jung,* obwohl auch *Graf, Bold* und *Wiesmann* mit der Planung der Aktion betraut gewesen waren.[1085] Einzig *Jung* sah letzten Endes sein eigenes Verschulden ein, als er erklärte: „Ich bin nur froh, dass mir meine Freunde die furchtbaren Flüche und Vorwürfe, die damals über ihre Häupter prasselten, mittlerweile verziehen haben."[1086]

Das Zeitfenster für die Begehung des Attentats war durch die auf 22 Uhr angesetzte Polizeisperrstunde begrenzt.[1087] *Weinmann, Muthmann* und *Miebach* erklärten im Nachhinein, dass der Trupp vor Ort aufgrund der guten Gelegenheit trotz Ausbleiben *Grafs* dennoch entschlossen gewesen wäre, die Aktion zu Ende zu bringen. *Weinmann* berichtete, es seien an besagtem Abend etwa vierzig Separatisten, unter anderem Bezirkskommissare und die komplette Autonome Regierung aufgrund einer Sitzung, im Speisesaal zugegen gewesen. Das Attentat sei, auch weil die Separatisten entgegen ihrer üblichen Usancen bereits um 21:25 Uhr aufgebrochen seien, nicht möglich gewesen.[1088] Im Nachhinein behaupteten *Miebach, Muthmann* und *Weinmann,* dass sie selbst, nachdem *Leibrecht* um 21:15 Uhr die Nachricht übermittelt hatte, dass der Sicherungstrupp nicht kommen

1084 *Gräber/Spindler,* Die Pfalzbefreier, S. 51; *Lintz,* Großkampftage. Aus der Separatistenzeit in der Pfalz, S. 111.

1085 *Gräber/Spindler,* Die Pfalzbefreier, S. 51; Bericht vom *Antz* an das Staatsministerium des Äußeren v. 27.3.1931, LA Speyer, R 12/733.

1086 *Gräber/Spindler,* Die Pfalzbefreier, S. 51.

1087 *Muthmann,* Der Tod von Speyer. Das Strafgericht an den separatistischen Verrätern, in: Salomon (Hrsg.), Das Buch von deutschen Freikorpskämpfer, S. 459 (461).

1088 *Schlickel,* Aktiv Dabei 3/2008, 40 (42); *Muthmann,* Der Tod von Speyer. Das Strafgericht an den separatistischen Verrätern, in: Salomon (Hrsg.), Das Buch von deutschen Freikorpskämpfer, S. 459 (461). *Gräber/Spindler,* Die Pfalzbefreier, S. 51 f., sehen die Darstellung indes nicht als realistisch an. Sie sei geprägt von „die Realitätssicht trübende(n) Dramatisierung(en)", die dadurch entstanden seien, dass die Erzählenden ihre Entschlossenheit demonstrieren wollten. Hierdurch werde aus dem gescheiterten Versuch ein „retardierendes Moment", welches lediglich die Spannung steigern soll. Diese These wird insbesondere dadurch untermauert, dass sich kein Beleg dafür finden lässt, dass an diesem Tag eine Sitzung der Bezirkskommissare stattgefunden hat.

würde, den Entschluss gefasst hätten, die Aktion dennoch umzusetzen.[1089] *Willy Rott* erwähnte hingegen lediglich, dass sich unter den Attentätern nach dem Ausbleiben des Trupps eine große Bestürzung breit gemacht habe. Davon, dass einzelne weiterhin entschlossen gewesen wären, das Attentat notfalls auch allein durchzuführen, finden sich bei seiner Aussage keine Anhaltspunkte.[1090]

In Anbetracht der Tatsache, dass die Polizeistunde bereits um 22 Uhr begann, mussten die in Speyer anwesenden Attentäter nun zügig untergebracht werden.[1091] Die Alarmbereitschaft war groß. So bestand die Möglichkeit, dass die Gruppe, die den Rhein überqueren sollte, verraten und von den Franzosen verhaftet worden war, weshalb die Männer in Speyer ebenfalls mit einer Verhaftung rechnen mussten.[1092] Letzten Endes erschien *Leibrecht*, um den Attentätern im Wittelsbacher Hof mitzuteilen, dass die Gruppe, die den Rhein überqueren sollte, nicht kommen würde.[1093]

Am Morgen des 9. Januar 1924 fuhr die Speyerer Truppe mit dem Zug zurück nach Ludwigshafen und lief nach Mannheim, wo sie sich im Hotel Central mit den anderen traf. Nach Rücksprache mit *Antz* wollte *Jung* die Entscheidung, ob ein weiterer Attentatsversuch stattfinden solle, davon abhängig machen, wie die Münchener zu diesem Vorhaben standen. Gegen einen nochmaligen Versuch sprach einerseits, dass die Münchener in Speyer eventuell Aufmerksamkeit auf sich gezogen hatten, und das Unterfangen aufgrund dessen riskanter geworden war. Andererseits war die Vorbereitung schon abgeschlossen, sodass es wohl keine günstigere Gelegenheit mehr geben würde.[1094] Der Leiter der Beteiligten des Bundes Oberland sah

1089 *Gräber/Spindler*, Die Pfalzbefreier, S. 52; *Muthmann*, Der Tod von Speyer. Das Strafgericht an den separatistischen Verrätern, in: Salomon (Hrsg.), Das Buch von deutschen Freikorpskämpfer, S. 459 (460 f.).

1090 *Gräber/Spindler*, Die Pfalzbefreier, S. 52.

1091 *Schlickel*, Aktiv 3/2008, 40 (42); *Muthmann*, Der Tod von Speyer. Das Strafgericht an den separatistischen Verrätern, in: Salomon (Hrsg.), Das Buch von deutschen Freikorpskämpfer, S. 459 (462); *Jung*, Pfälzische Presse v. 30.6.1930.

1092 *Gräber/Spindler*, Die Pfalzbefreier.

1093 *Muthmann*, Der Tod von Speyer. Das Strafgericht an den separatistischen Verrätern, in: Salomon (Hrsg.), Das Buch von deutschen Freikorpskämpfer, S. 459 (461).

1094 *Gräber/Spindler*, Die Pfalzbefreier, S. 53; *Jung*, Pfälzische Presse v. 30.6.1930; Bericht vom *Antz* an das Staatsministerium des Äußeren v. 27.3.1931, LA Speyer, R 12/733; *Muthmann*, Der Tod von Speyer. Das Strafgericht an den separatistischen Verrätern, in: Salomon (Hrsg.), Das Buch von deutschen Freikorpskämpfer, S. 459 (462), der auch davon ausgeht, dass die Attentäter in Speyer keine Aufmerksamkeit auf sich gezogen hatten.

das Risiko als zu groß an und wollte seine Teilnehmer von der Aktion abziehen. Daraufhin durfte jeder Münchener für sich selbst entscheiden, ob er weiterhin beteiligt sein wollte. In den verschiedenen Berichten wird deutlich, dass einige Teilnehmer daraufhin abreisten. *Jung* beispielsweise spricht von acht Teilnehmern, die abgesprungen sein sollen. Laut *Rott* soll es sich um drei Männer gehandelt haben, die auch von ihm nicht namentlich benannt wurden.[1095] Der ursprüngliche Plan wurde im Wesentlichen beibehalten. Nur bezüglich der Gruppeneinteilung gab es kleinere Änderungen, die unter anderem der geringeren Teilnehmerzahl geschuldet waren.[1096]

3. Die Ereignisse am 9. Januar 1924

a. Im Wittelsbacher Hof

Am darauffolgenden Abend funktionierte die Rheinlandüberquerung reibungslos. Die Attentäter sammelten sich an einem gemeinsamen Treffpunkt und aßen noch zusammen zu Abend, um sicherzugehen, dass alle Beteiligten unter Aufsicht standen und psychisch in der Lage für das bevorstehende Unterfangen waren.[1097] Dennoch war der Erfolg des Attentats keinesfalls sicher, da entgegen der üblichen Gewohnheiten keiner der Separatisten bis 21 Uhr den Wittelsbacher Hof betreten hatte,[1098] wo an diesem Abend zudem französische Offiziere zugegen waren.[1099] Schließlich trafen die Separatisten jedoch ein. *Schmitz-Epper* verließ allerdings schon alsbald wieder das Lokal, ohne dass ihn *Weinmann* zum Bleiben überreden konnte.[1100] Als gegen 21:30 Uhr eine Gruppe von vier bis fünf jungen Männern Ende Zwanzig den Saal betraten, forderte Weiß die Separatisten auf, die

1095 Nach *Gräber/Spindler,* Die Pfalzbefreier, S. 53.

1096 *Muthmann,* Der Tod von Speyer. Das Strafgericht an den separatistischen Verrätern, in: Salomon (Hrsg.), Das Buch von deutschen Freikorpskämpfer, S. 459 (462); *Jung,* Pfälzische Presse v. 30.6.1930.

1097 *Muthmann,* Der Tod von Speyer. Das Strafgericht an den separatistischen Verrätern, in: Salomon (Hrsg.), Das Buch von deutschen Freikorpskämpfer, S. 459 (462). S. zur Rheinüberquerung an diesem Tag auch *Jung,* Pfälzische Presse v. 30.6.1930.

1098 *Schlickel,* Aktiv Dabei, 3/2008, 40 (42).

1099 *Schlickel,* Aktiv Dabei 3/2008, 40 (42).

1100 *Schlickel,* Aktiv Dabei 3/2008, 40 (42).

Hände zu heben, woraufhin Schüsse fielen.[1101] In dem Saal kam es zu einer Panik und ein anwesender junger Mann sprang dabei auf eine Fensterbank und zerbrach das Fenster, blieb aber selbst unverletzt.[1102] *Heinz* und zwei seiner Tischgenossen, ein aus Trier stammender Separatist und ein politisch unbeteiligter Hotelgast,[1103] fielen tot zu Boden, woraufhin die Attentäter den Rückzug antraten. Davor forderten sie die übrigen Gäste noch auf, im Wittelsbacher Hof zu bleiben, da derjenige, der das Lokal in den nächsten fünfzehn Minuten verlasse, erschossen werde. Beim Hinausgehen löschten die Attentäter das Licht.[1104] Bevor die Täter gingen, durchsuchte *Muthmann* noch die Brieftasche des gefallenen Separatistenführers und die Attentäter nahmen die vorhandenen Akten der Separatisten an sich.[1105]

1101 *Muthmann,* Der Tod von Speyer. Das Strafgericht an den separatistischen Verrätern, in: Salomon (Hrsg.), Das Buch von deutschen Freikorpskämpfer, S. 459 (462 f.); *Wünschel,* Donnersbergjahrbuch 2000, 197 (197); *Jolas,* Die Pfalz unter Französischer Besetzung von 1918 bis 1930, S. 186; *Grimm,* Frankreich am Rhein. Rheinlandbesetzung und Separatismus im Lichte der historischen französischen Rheinlandpolitik, S. 119. Nach *Gedye,* The Revolver Republic, S. 222, soll er die Anwesenden auch noch aufgefordert haben, sich an die Wand zu stellen.

1102 *Schlickel,* Aktiv Dabei, 3/2008, 40 (42). *Gedye,* The Revolver Republic, S. 223, hingegen berichtete, dass das Fenster durch die Schüsse zu Bruch gegangen sei.

1103 *Gräber,* Die Pfalz 56 (2010), S. 10 (11). S. hierzu auch *Wünschel,* Donnersbergjahrbuch 2000, 197 (197); *Jolas,* Die Pfalz unter Französischer Besatzung von 1918 bis 1930, S. 186; *Grimm,* Frankreich am Rhein. Rheinlandbesetzung und Separatismus im Lichte der historischen französischen Rheinlandpolitik, S. 119. Dazu, dass diese beiden Toten von offizieller Seite gebilligt wurden *Wünschel* ebd. Dazu, dass es noch einen Verletzten gab, der einen Durchschuss im Mundbereich davontrug und hierbei lediglich zwei Zähne verlor: *Gedye,* The Revolver Republic, S. 225; *Muthmann,* Der Tod von Speyer. Das Strafgericht an den separatistischen Verrätern, in: Salomon (Hrsg.), Das Buch von deutschen Freikorpskämpfer, S. 459 (463).

1104 *Wünschel,* Donnersbergjahrbuch 2000, 197 (197); *Jolas,* Die Pfalz unter Französischer Besatzung von 1918 bis 1930, S. 186; *Grimm,* Frankreich am Rhein. Rheinlandbesetzung und Separatismus im Lichte der historischen französischen Rheinlandpolitik, S. 119; *Muthmann,* Der Tod von Speyer. Das Strafgericht an den separatistischen Verrätern, in: Salomon (Hrsg.), Das Buch von deutschen Freikorpskämpfer, S. 459 (463).

1105 *Muthmann,* Der Tod von Speyer. Das Strafgericht an den separatistischen Verrätern, in: Salomon (Hrsg.), Das Buch von deutschen Freikorpskämpfer, S. 459 (463).

b. Auf der Straße vor dem Gasthaus

Auf der Straße kam es anschließend zu einer Schießerei zwischen dem Separatisten *Lilienthal* und den Attentätern, wobei zwei von ihnen, *Franz Hellinger* und *Ferdinand Wiesmann*, erschossen wurden[1106] und auch *Jung* verletzt wurde.[1107] Letzterer war nach dem Attentat äußerst verstört, weswegen *Antz* vermutete, dass er versehentlich auf *Hellinger* geschossen und somit seinen Tod verursacht habe. Schließlich sei *Hellinger* durch eine deutsche Kugel getroffen worden,[1108] weshalb er zuerst als Separatist bestattet worden war.[1109] Zu beachten ist hierbei die erwähnte Aversion zwischen *Antz* und *Jung*.[1110] Außerdem ging *Antz* von der Prämisse aus, dass die Separatisten mit französischer Munition versorgt gewesen seien. Dadurch, dass nun aber feststeht, dass sowohl die Separatisten als auch die Attentäter deutsche Munition verwendet haben,[1111] kann dies nunmehr keinen Beweis darstellen.

Lilienthal soll daraufhin blutüberströmt und mit einer Kopfwunde in den Wittelsbacher Hof geflüchtet sein, wo er schließlich verstarb.[1112]

1106 *Jolas*, Die Pfalz unter Französischer Besatzung von 1918 bis 1930, S. 186; *Grimm*, Frankreich am Rhein. Rheinlandbesetzung und Separatismus im Lichte der historischen französischen Rheinlandpolitik, S. 119. Vereinzelt wird hierzu auch erwähnt, dass die herbeigerufene Polizei die Attentäter auf dem Hof gestellt haben soll. S. hierzu *Morweiser*, Die Nase 5/2008, 18 (18); *Muthmann*, Der Tod von Speyer. Das Strafgericht an den separatistischen Verrätern, in: Salomon (Hrsg.), Das Buch von deutschen Freikorpskämpfer, S. 459 (464).

1107 *Grimm*, Frankreich am Rhein. Rheinlandbesetzung und Separatismus im Lichte der historischen französischen Rheinlandpolitik, S. 119; *Muthmann*, Der Tod von Speyer. Das Strafgericht an den separatistischen Verrätern, in: Salomon (Hrsg.), Das Buch von deutschen Freikorpskämpfer, S. 459 (464).

1108 Bericht von *Antz* an das Staatsministerium des Äußeren v. 27.3.1931, LA Speyer, R 12/733; *Gembries*, Die Pfalz und Bayern in der Weimarer Zeit, in: Fenske (Hrsg.), Die Pfalz und Bayern 1816–1956, S. 189 (203); das *„friendly fire"* ebenfalls annehmend: *Gräber*, Die Pfalz 56 (2010), 10 (11); *Böhm*, Speyerer Tagespost v. 8./9.1.1994. Anders sieht dies *Muthmann*, Der Tod von Speyer. Das Strafgericht an den separatistischen Verrätern, in: Salomon (Hrsg.), Das Buch von deutschen Freikorpskämpfer, S. 459 (464), der davon ausgeht, dass *Jung Wiesmann* zur Hilfe geeilt war und sich hierbei die Schusswunde am Hals zugezogen hat.

1109 *Gembries*, Die Pfalz und Bayern in der Weimarer Zeit, in: Fenske (Hrsg.), Die Pfalz und Bayern 1816–1956, S. 189 (205).

1110 S. hierzu S. 203.

1111 S. hierzu S. 89.

1112 *Gedye*, The Revolver Republic, S. 225. Hiervon weicht die Darstellung von *Muthmann*, Der Tod von Speyer. Das Strafgericht an den separatistischen Verrätern, in: Salomon (Hrsg.), Das Buch von deutschen Freikorpskämpfer, S. 459 (463), ab.

V. Die Beisetzung von Franz Josef Heinz

Nach der Erschießung wurde das Opfer im mit Pflanzen reichlich geschmückten Kreistagssaal zu Speyer im offenen Sarg aufgebahrt.[1113] Die Bestattung von *Heinz* fand am 13. Januar in Orbis statt. Der Bischof von Speyer hatte ihm das katholische Begräbnis aufgrund des Unglücks, welche er über die pfälzische Bevölkerung gebracht hatte, unter Verweis auf § 1240 des kanonischen Rechts[1114] verwehrt. Die Besatzungsmacht und die Separatisten sorgten dennoch für eine Bestattung mit allen Ehren.[1115] General *de Metz* legte einen Kranz in den Farben der französischen Flagge nieder. Zudem hielt er eine Rede, in der er *Heinz* als wahren Freund Frankreichs bezeichnete. Er beteuerte weiterhin, dass die gesamte pfälzische Bevölkerung geschlossen hinter dem Separatistenführer gestanden habe und dieser für eine gerechte Sache gestorben sei. Die Besatzungsbehörde stellte allerdings später klar, dass *de Metz* als Privatmann und nicht in offizieller Funktion gesprochen habe.[1116]

Nach ihm war *Lilienthal* ein Regiebahnmitarbeiter und französischer Spion, der erst Jahre später seiner Verletzung erlag.

1113 Fotografie, LA Speyer, H 91/1145; *Böhm*, Speyerer Tagespost v. 8./9.1.1994. Die Schmückung bestand vorwiegend aus Kübelpflanzen wie Palmen, sodass es aufgrund der winterlichen Temperaturen auch gut sein könnte, dass diese Pflanzen dort lediglich zum Überwintern untergebracht waren.

1114 Codex iuris canonici v. 1917, Can. 1240
§ 1: Ecclesiastica sepulture privantur, nisi ante mortem aliqua dederint poenitentiae signa:
Notorii apostatae a christiana fide, aut sectae haerretica vel schismaticae aut sectae massonicae aliisve eiusdem generis societatibus notorie addicti;
Excommunicati vel interdicti post seutentiam condemnatoriam vel declaratoriam;
Qui se ipsi occiderint deliberato consilio;
Mortui in duello aut ex vulnere inde relato;
Qui mandaverint suum corpus cremation tradi.
Alii peccatores poblici et manifesti.
Am ehesten passt hier die Einordnung unter die Nr. 6 als anderer Sünder, da die Alternative des Duells in Nr. 4 mangels gegenseitigen Schusswechsels nicht einschlägig ist.

1115 *Wünschel*, Donnersbergjahrbuch 2000, 197 (199); *Gräber/Spindler*, Revolverrepublik am Rhein, S. 13; *Grimm*, Frankreich am Rhein. Rheinlandbesetzung und Separatismus im Lichte der historischen französischen Rheinlandpolitik, S. 119 f.

1116 *Jolas*, Die Pfalz unter Französischer Besatzung von 1918 bis 1930, S. 187; *Aretin*, Süddeutsche Monatshefte, Januar 1925, 45.

M. Die weitere Entwicklung der autonomen Pfalz

I. Der Versuch von de Metz, eine neue Regierung zu bilden

Nach dem Tod von *Heinz* trat zunächst allgemeine Ratlosigkeit bei den Separatisten ein und niemand war bereit, das Amt des Verstorbenen zu übernehmen.[1117] Im Anschluss fragt *de Metz* verschiedene pfälzische Parteiführer, ob sie die Regierung nach Abzug der Separatisten weiterführen würden. Als diese ablehnten, wurden sie von den Franzosen unehrenhaft entlassen.[1118] Nachdem ein anderer wenige Tage die Präsidentschaft innehatte, wurde dieser von *Bley* abgelöst.[1119] Am 22. Januar 1924 kam es zu einer Sitzung der separatistischen Bezirkskommissare, bei welcher dieser als neuer Präsident gewählt und die Registrierung der Gesetze nochmals thematisiert wurde.[1120] Zu einer solchen kam es indes nicht mehr. Nach der Erschießung des Separatistenführers aber auch schon am Tag des Attentats äußerten verschiedene gesellschaftliche Gruppen nämlich ihren Protest gegen die separatistische Regierung bei der HIRK, so beispielsweise die katholische Kirche bereits am 9. Januar 1924. In einer Note beteuerte sie, dass die Autonome Regierung entgegen dem Willen eines Großteils der Bevölkerung herrsche. Die Machtübernahme sei in revolutionärer und hochverräterischer Weise vollzogen worden und die Basis der Macht läge in der Repression der pfälzischen Bevölkerung durch Waffengewalt. Darüber hinaus konstatierte die Kirche, dass die Regierungsmitglieder nicht das Ansehen und den Leumund hatten, die pfälzische Bevölkerung zu vertreten. Die Kirche sprach sich für eine Zugehörigkeit der Pfalz zu Bayern aus und erklärte, dass sie die Autonome Pfalz nicht anerkenne.[1121] Diesem Beispiel folgten

---

1117 Brief an den Oberstaatsanwalt in Heidelberg in Bezug auf *Karl Kuhn* v. 10.3.1924, LA Speyer, R 12/588.

1118 *Jolas,* Die Pfalz unter Französischer Besatzung von 1918 bis 1930, S. 187.

1119 Brief an den Oberstaatsanwalt in Heidelberg in Bezug auf *Karl Kuhn* v. 10.3.1924, LA Speyer, R 12/588.

1120 *Jolas,* Die Pfalz unter Französischer Besatzung von 1918 bis 1930, S. 191; *Schneider,* Stimme der Pfalz 52 (2001), 8 (9).

1121 *Jolas,* Die Pfalz unter Französischer Besatzung von 1918 bis 1930, S. 184 f.; *Schwarz,* Der Separatismus in der Pfalz nach dem 1. Weltkrieg, S. 277. S. auch Protest der Vertreter Pfälzischer Städte, Wirtschaftsverbände, Berufe und Kirchen dagegen, dass die am 2. Januar 1924 registrierte Verordnung am 12. Januar Gesetzeskraft erlangen soll. An den Landesverband der Pfälzischen Arbeitgeber, Abschrift des von der Pfälzischen Delegation in Koblenz an das Auswärtige Amt gerichtete Telegramm v. 10.1.1924, LA Speyer R 12/728.

auch die evangelischen Pfarrer, welche am 13. Januar 1924 eine ähnliche Erklärung verlasen, in welcher sie darauf eingingen, dass sie einen so kleinen Staat wie die Pfalz nicht für existenzfähig hielten. Die Pfalz gehöre zum Deutschen Reich als Sprach- und Kulturnation. Auch wenn die evangelischen Kirchenmänner in der Annäherung an Frankreich ein probates Mittel zur Verbesserung der wirtschaftlichen Situation sahen, lehnten sie diese aufgrund des in ihren Augen zu hohen Preises ab.[1122] Eine weitere Protesterklärung gab die israelische Kultusgemeinde der Pfalz ab.[1123]

Am 10. Januar 1924 versammelten sich etwa vierzig Vertreter der pfälzischen Interessen, traten gemeinschaftlich an General *de Metz* heran und protestierten feierlich gegen die Eintragung der separatistischen Verordnung bei der HIRK; 22 von ihnen reisten auf *de Metz* Erlaubnis hin weiter nach Koblenz.[1124]

II. Die Reise des Generalkonsul Clive in die Pfalz

Durch den Bericht des Times-Reporters *Gedye* wurden die Briten auf die Lage in der Pfalz aufmerksam.[1125] Großbritannien sah nunmehr das Machtgleichgewicht, das es als zentrale Gelingensbedingung für den innereuropäischen Frieden erachtete, als gefährdet an.[1126] Für die englische Besatzungsmacht gab es insofern keinen prinzipiellen Unterschied zwischen der Rheinlandbewegung und der korrespondierenden Bewegung in der Pfalz.[1127] Den Separatismus in der Pfalz lehnten die Engländer daher rigoros ab. So schrieb die Times, dass es sich bei der Autonomen Regierung um eine Bande von Raufbolden und ehemaligen Sträflingen gehandelt habe.[1128]

1122 *Schwarz,* Der Separatismus in der Pfalz nach dem 1. Weltkrieg, S. 294; Ansprache der evangelischen Priester v. 13. Januar 1924, BayHStA, MA 107649.

1123 *Schwarz,* Der Separatismus in der Pfalz nach dem 1. Weltkrieg, S. 294; Bescheinigung des Handelsgremiums Landau v. 20. Januar 1924, BayHStA, MA 107649.

1124 *Jolas,* Die Pfalz unter Französischer Besatzung von 1918 bis 1930, S. 187.

1125 *Oberhauser,* Heimatkalender für das Pirmasenser und Zweibrücker Land 1974, 136 (137).

1126 *Hiery,* Die Pfalzfrage in britischer Sicht, in: Kreutz/Scherer (Hrsg.), Die Pfalz unter französischer Besetzung (1918–1930), S. 169 (170).

1127 *Hiery,* Die Pfalzfrage in britischer Sicht, in: Kreutz/Scherer (Hrsg.), Die Pfalz unter französischer Besetzung (1918–1930), S. 169 (170).

1128 London Times v. 28.12.1923.

Die Engländer befürchteten die Errichtung einer Militärdiktatur durch *de Metz*, sobald das Chaos vorherrschen würde.[1129]

Um sich ein näheres Bild von der Lage in der Pfalz zu machen, entsandte die englische Besatzungsmacht vom 14. bis zum 18. Januar 1924 den Botschaftsrat Generalkonsul *Robert Henry Clive*.[1130] Am 14. Januar nahm *Clive* auf seiner Pfalzreise eine Resolution entgegen, die von Vertretern der Politik, Kirche, Wirtschaft und Arbeiterschaft unterzeichnet worden war, und in der er gebeten wurde, die Pfalz von der separatistischen Herrschaft zu befreien.[1131] Am 15. Januar 1924 besuchte er Speyer und führt dort Gespräche;[1132] tags darauf stattete er Landau und Germersheim Besuche ab.[1133] An den folgenden Tagen machte er sich ein Bild über die Lage in Kaiserslautern;[1134] schließlich reiste er weiter nach Kirchheimbolanden. Während seines Besuchs fand in Mannheim eine Kundgebung von Parteien, Kirchen, der Presse und verschiedenen Wirtschafts- und Berufsständen statt, bei der die Redner erklärten, dass die Separatisten nicht aus der Pfalz stammten, aus „sittlich minderwertigen Elementen bestünde[n]" und sich die pfälzische Bevölkerung der separatistischen Regierung niemals unterordnen werde. Sie beriefen sich dabei auf das Selbstbestimmungsrecht der Völker und auf die Menschenrechte, forderten die Wiedereingliederung der Pfalz in Bayern und das Reich und mahnten zur Einhaltung des Rheinlandabkommens und des Versailler Vertrages.[1135] Die französische Besatzungsmacht versuchte, das Bild das *Clive* sich machte, durch die Unterbindung antiseparatistischer Kundgebungen und das Geheimhalten der Reiseroute zu beeinflussen.[1136] Insgesamt wurden über 500 Widerrufe von Loyalitätserklärungen an den englischen Oberst *Ryan* abgegeben, obwohl die Besatzer

1129 London Times v. 28. 12.1923.

1130 *Jolas*, Die Pfalz unter Französischer Besatzung von 1918 bis 1930, S. 187; *Aretin*, Süddeutsche Monatshefte, Januar 1925, 45. S. zur Pfalzreise Clives auch *Bertram*, Erinnerungen an den Kampf gegen die Separatisten in der Pfalz, in: Redaktion und Verlag der „Pfälzischen Rundschau" (Hrsg.), Dokumente aus dem Befreiungskampf, S. 56 (64). *Sir Robert Henry Clive* (27.12.1877 – 1948) war ein britischer Diplomat und von 1923 bis 1924 Generalkonsul für Bayern in München. S. zu seiner Biographie https://www.bundesarchiv.de/aktenreichskanzlei/1919-1933/0000/adr/adrag/kap1_3/para2_51.html, zuletzt abgerufen am 1.11.2022.

1131 Landauer Anzeiger v. 15.1.1929.

1132 Landauer Anzeiger v. 15.1.1929.

1133 Landauer Anzeiger v. 15.1.1929.

1134 Landauer Anzeiger v. 15.1.1929.

1135 *Jolas*, Die Pfalz unter Französischer Besatzung von 1918 bis 1930, S. 188 f.

1136 *Aretin*, Süddeutsche Monatshefte, Januar 1925, 45 f.

versuchten, die Bürgermeister an der Abgabe zu hindern oder zumindest zur Rücknahme der Widerrufe zu zwingen.[1137]

Clive selbst ging in einem Telegramm ans Unterhaus vom 21. Januar 1924 davon aus, dass die Mehrheit der Pfälzer nicht hinter den Separatisten stand. Er war der Überzeugung, dass die Separatisten allein wegen ihrer Unterstützung durch die Franzosen an die Macht gekommen seien.[1138] Außerdem berichtete er von den kirchlichen Protestnoten. Auch wenn für einen großen Teil der Bevölkerung ein Verbleib bei Bayern nicht von Wichtigkeit sei, so wollten die Pfälzer nach seiner Einschätzung weiterhin zum Deutschen Reich gehören. Bestimmte Bevölkerungskreise, z. B. Bauern und sozialistische Arbeiter seien allerdings immer noch für einen autonomen Staat im Rahmen des Rheinischen Staates offen, welcher wirtschaftlich noch Teil des deutschen Reiches verbleiben solle. Auch diese Teile der Bevölkerung seien aufgrund ihrer Kriegsmüdigkeit und der Hoffnung auf Frieden aber auch dazu gewillt, sich in andere Konzepte einzuordnen. In diesem Kontext erwähnte er auch die Rücknahmen der Loyalitätserklärungen.[1139] Man muss jedoch berücksichtigen, dass die Reise des Generalkonsuls nur wenige Tage nach dem tödlichen Attentat auf *Heinz* erfolgte. In dieser Zeit war die Zukunft der Autonomen Pfalz noch ungewiss, sodass durchaus denkbar ist, dass viele der Bürger sich mit ihrer Aussage auf die Siegerseite schlagen wollten.[1140]

III. Gewaltsame Vertreibungen

Am 12. Februar 1924 versammelten sich zwischen zwanzig und dreißig Bürger vor dem Verlag der Pirmasenser Zeitung, um die aktuelle Ausgabe, die seit drei Wochen zum ersten Mal wieder herausgegeben werden sollte, zu

1137 *Jolas*, Die Pfalz unter Französischer Besatzung von 1918 bis 1930, S. 189. S. exemplarisch Brief des Bürgermeisteramtes Edenkoben an die Regierung der Pfalz v. 22.1.1924, LA Speyer, R 12/22, in dem berichtet wird, dass alle Gemeinden im Kreis Edenkoben dem Generalkonsul solche Widerrufserklärung abgegeben haben.

1138 *Jolas*, Die Pfalz unter Französischer Besatzung von 1918 bis 1930, S. 190 f.; *Aretin*, Süddeutsche Monatshefte, Januar 1924, 45 f.; *Grimm*, Frankreich am Rhein. Rheinlandbesetzung und Separatismus im Lichte der historischen französischen Rheinlandpolitik, S. 120.

1139 *Jolas*, Die Pfalz unter Französischer Besatzung von 1918 bis 1930, S. 190 f.; *Aretin*, Süddeutsche Monatshefte, Januar 1925, 45 f.

1140 *Leszinski*, Separatismus in der Pfalz nach den beiden Weltkriegen – Ein Vergleich, S. 54.

kaufen. Um die Mittagszeit kam ein Separatist aus dem nahe gelegenen Bezirkskommissariat zum Verlag und erklärte, dass die Regierung in Speyer das Erscheinen der Zeitung auch weiterhin verbiete. Daraufhin kam es zu Unruhen und Protesten, die zur Herausgabe der Zeitung führten. Um Repressalien entgegenzuwirken, bewachten die Bürger das Verlagsgebäude.[1141]

Am späten Nachmittag wurden einige Bürger beim französischen Bezirksdelegierten vorstellig, um in Erfahrung zu bringen, wie seine Einstellung zu den Separatisten sei und wann deren Abzug erfolgen solle. Daraufhin stellte der Bezirksdelegierte heraus, dass die Separatisten eine innerdeutsche Angelegenheit seien, die nicht in seinen Kompetenzrahmen fielen. Infolgedessen verlangte ein Bürger von den Separatisten telefonisch, dass diese Pirmasens verlassen sollen, was der separatistische Bezirkskommissar *Schwaab* ablehnte. Währenddessen versammelte sich eine immer größer werdende Menschenmenge vor dem Bezirksamtsgebäude, um den Abzug der Separatisten zu fordern, woraufhin letztere auf die Demonstranten schossen und Handgranaten nach ihnen warfen. Die Glocken begannen Sturm zu läuten und der Strom wurde im kompletten Viertel abgestellt, um den Separatisten das Zielen zu erschweren. Kurze Zeit darauf wurde die Ansammlung immer wütender, weil es sehr viele Verwundete gab und ein Arzt erschossen wurde, als er einen von ihnen versorgte. Viele Bürger holten ihre Waffen und gingen zum Gegenangriff über. Sie schossen auf die Fenster des Bezirksamtes, wodurch die Separatisten ihr Feuer einschränken mussten. Nachdem die Separatisten vereinzelt weiterschossen, obwohl die Demonstranten Brandkörper ins Erdgeschoss des Bezirksamtes warfen, stürmte der wütende Mob das Gebäude unter Zuhilfenahme von Zuschlaghämmern, Äxten und Brecheisen. Die Separatisten zogen sich in den dritten Stock zurück, ergaben sich nach einem kurzen Schusswechsel und verließen das Gebäude. Draußen angekommen, wurden sie von erzürnten Bürgern angegriffen, wobei vierzehn Separatisten noch vor Ort verstarben und zwei weitere im Krankenhaus ihren Verletzungen erlagen. Durch das Feuer explodierte der Munitionsvorrat im Bezirksamt, sodass das Gebäude völlig zerstört wurde. Die Feuerwehr versuchte vergeblich, das brennende Bezirksamt zu löschen.[1142]

1141 *Jolas,* Die Pfalz unter Französischer Besatzung von 1918 bis 1930, S. 197; *Aretin,* Süddeutsche Monatshefte, Januar 1925, 47.

1142 *Jolas,* Die Pfalz unter Französischer Besatzung von 1918 bis 1930, S. 198; *Aretin,* Süddeutsche Monatshefte, Januar 1925, 47 f. Zu dem Standpunkt, dass es sich um

Oftmals werden im Besonderen die Ereignisse in Pirmasens als Fanal dargestellt.[1143] Metaphorisch wurde das eindrucksvolle Feuer als Flammzeichen wahrgenommen, dass die Außenwelt auf die Ereignisse in der Pfalz aufmerksam machen sollte. Zu einem ähnlichen Ereignis kam es am darauffolgenden Tag, als das Bezirksamt in Bad Dürkheim gewaltsam gestürmt wurde, wobei es dort allerdings zu keinen Toten kam.[1144]

IV. Der Abzug der Separatisten aus der Pfalz

Nach dem Sturm auf das Pirmasenser Bezirksamt übte die britische Regierung Druck auf die Franzosen aus, sodass diese sich für die Wiederherstellung der ursprünglichen Zustände einsetzten.[1145] Als die Bevölkerung Kaiserslauterns ebenfalls den Abzug der Separatisten forderte, kam es ein letztes Mal zu Auseinandersetzungen, bei denen ein Bürger zu Tode kam und mehrere verletzt wurden.[1146] Auch wenn die französische Besatzungsmacht teils noch versuchte, die Regierungsgewalt der Separatisten zu schützen,[1147] war das Schicksal der Autonomen Regierung besiegelt.

Um die Verhältnisse in der Pfalz zu befrieden, wurde ein Sonderausschuss der HIRK nach Speyer geschickt, der seine Tätigkeit am 14. Februar 1924 aufnahm. Nach der Weigerung *Bayersdörfers,* die Regierung zu übernehmen, wurde der Kreisausschuss einberufen.[1148] Bei der Sitzung erklärte *Bayersdörfer,* dass der Ausschuss grundsätzlich gewillt sei, sich an dem Wiederaufbau der pfälzischen Verwaltungsstruktur in der Funktion eines Bindeglieds zwischen der HIRK, der pfälzischen Bevölkerung, Bayern und dem

---

eine rein innerdeutsche Angelegenheit handele auch schon Abdruck des Telefonats v. 7.11.1923, LA Speyer, R 12/21.

1143 So beispielsweise bei *Oberhauser,* Heimatkalender für das Pirmasenser und Zweibrücker Land 1974, 136 (137).

1144 *Reuß, Spindler* und *Graß,* in: Diskussion in der Sendereihe „Nahaufnahme" vom Kurpfalz-Radio des Süddeutschen Rundfunks am 7. April 1989, 10:04 bis 11 Uhr, Abschrift von Mitschnitt, S. 15; *Schneider,* Stimme der Pfalz 52 (2001), 8 (9); *Aretin,* Süddeutsche Monatshefte, Januar 1925, 49. S. zu den Ereignissen in Pirmasens auch *Hoffmann,* Das Volksgericht in Pirmasens, in: Verlag und Redaktion der „Pfälzischen Rundschau" (Hrsg.), Dokumente aus dem Befreiungskampf, S. 80 ff.

1145 *Wünschel,* Donnersbergjahrbuch 2000, 197 (199).

1146 *Aretin,* Süddeutsche Monatshefte, Januar 1925, 48.

1147 *Aretin,* Süddeutsche Monatshefte, Januar 1925, 48.

1148 *Jolas,* Die Pfalz unter Französischer Besatzung von 1918 bis 1930, S. 200; *Aretin,* Süddeutsche Monatshefte, Januar 1925, 49.

Reich unter der Bedingung der restlosen Entfernung der Separatisten zu beteiligen. Die Arbeit des Kreisausschusses sei allerdings rein provisorischer Natur und es bestehe keine Regierungsverantwortung.[1149] Mit der HIRK, welche der sukzessiven Rückübertragung der Verantwortlichkeit auf die ursprünglichen Behörden zustimmte, wurde ausgehandelt, dass niemand die Separatisten angreifen dürfe. Weitergehend forderte die französische Besatzungsmacht Straffreiheit für die Separatisten. Die diesbezügliche Zustimmung verweigerte der Kreisausschuss, mit der Begründung, dass die HIRK für solche Fragen selbst zuständig sei.[1150] Bereits am 15. Februar 1924 war das Speyerer Abkommen geschlossen worden, nach welchem die Autonome Regierung jedwede Betätigung unverzüglich einstellen musste, die Separatisten zu entwaffnen waren und die verfassungsmäßige Regierungsgewalt wiederhergestellt wurde.[1151] Um die öffentliche Ordnung nach dem Niedergang der Separatisten wiederherzustellen, wurde angeordnet, dass sämtliche Repressalien gegen beide Seiten unter Androhung von Strafe verboten seien und die Bevölkerung wurde entwaffnet.[1152]

Am selben Abend teilte *de Metz Bley* mit, dass die Regierung in naher Zukunft zurücktreten und das Amtsgebäude freigeben müsse. Im Anschluss berief der neue Präsident eine Versammlung der Autonomen Regierung ein, um sie von der Unterredung zu unterrichten. Nach Erörterung der verschiedenen Handlungsmöglichkeiten erschienen die Oberstleutnante *D'Arbonneau* und *Pasquier*, um der Autonomen Regierung zuzusichern, dass alle separatistischen Beamten Arbeit bekommen, Entschädigungen gezahlt und Auswanderungen von der französischen Besatzungsmacht unterstützt würden. Nebstdem forderten sie die Separatisten zur Zusammenstellung ihrer Forderungen auf. Diese sollten *de Metz* allerdings erst nach Rücktritt der Separatisten vorgelegt werden. Neben Entschädigungsgeldern für den Rücktritt forderten die Separatisten eine Hinterbliebenenrente für ihre Op-

1149 *Jolas,* Die Pfalz unter Französischer Besatzung von 1918 bis 1930, S. 201; *Aretin,* Süddeutsche Monatshefte, Januar 1925, 49. S. auch Erklärung des Kreisausschusses ohne Überschrift und Datum, LA Speyer, R 12/22; Heidelberger Tageblatt v. 18.2.1924.

1150 *Jolas,* Die Pfalz unter Französischer Besatzung von 1918 bis 1930, S. 201; *Aretin,* Süddeutsche Monatshefte, Januar 1925, 49 f.

1151 *Fuchs,* Separatismus, in: Sacher (Hrsg.), Staatslexikon im Auftrag der Görres-Gesellschaft unter Mitwirkung zahlreicher Fachleute, Band 4 Papiergeld bis Staatsschulden, Sp. 1494 (1496); *Schlickel,* Aktiv Dabei, 3/2008, 40 (43).

1152 Erklärung des Sonderausschusses der HIRK für die Pfalz vom 17. Februar 1924, abgedruckt in Urkunden zum Separatistenputsch im Rheinland im Herbst 1923, S. 19.

fer beim Sturm auf die Pirmasenser Bezirksregierung.[1153] Am 17. Februar 1924 erfolgte das offizielle Ende der Autonomen Pfalz und ein Großteil der Separatisten floh nach Luxemburg oder Frankreich.[1154]

Der Sonderausschuss forderte eine Strafamnestie für alle Verbrechen der Separatisten vor dem Stichtag des 18. Februar 1924. Ausgenommen werden sollten „gemeine Verbrechen".[1155] Eine solche wurde dann auf der Londoner Konferenz vom 19. August 1924 auch durchgesetzt.[1156] Gemäß Art. 7 des Anhanges 3 zum Schlussprotokoll der Londoner Konferenz[1157] war eine Amnestie erforderlich, um eine gegenseitige Befriedung zu erwirken und die Vergangenheit hinter sich zu lassen. Gemäß Art. 7 Nr. 1 des Schlussprotokolls durfte niemand verfolgt, beunruhigt, belästigt oder einem materiellen oder moralischen Nachteil unterworfen werden, der eine Tat aus politischen Motiven begangen hatte oder durch ein politisches Verhalten in Konflikt mit dem Gesetz geraten ist. Zeitlich erstreckte sich die Amnestie vom 11. Januar 1923 bis zum Inkrafttreten des Schlussprotokolls. Sachlich waren sowohl Zuwiderhandlungen gegen deutsches Recht als auch gegen die Rechtssätze der HIRK erfasst. Nach Art. 7 Nr. 2 des Schlussprotokolls waren die diesbezüglich schon erlassenen Strafen und Verurteilungen aufzuheben und die bereits gezahlten Geldstrafen zurückzugewähren. Gemäß Art. 7 Nr. 3 des Schlussprotokolls waren Tötungsdelikte, bei denen der Erfolg eingetreten ist, von der Amnestie ausgenommen. Die Amnestie wurde

1153 *Jolas,* Die Pfalz unter Französischer Besatzung von 1918 bis 1930, S. 201 f.

1154 *Schneider,* Stimme der Pfalz 52 (2001), 8 (9); *Gräber,* Die schöne Literatur und die hässliche Geschichte, Die Darstellung des pfälzischen Separatismus nach dem 1. Weltkrieg in der zeitgenössischen Belletristik, in: Nestler/Schaupp (Hrsg.), Zwischen Revolution und Demokratie, Studien zur Geschichte der Pfalz vom späten 18. bis Mitte des 20. Jahrhunderts, S. 173 (177); *ders.,* Damals 9/93, S. 32 (36). S. zu den verhaltenen Versuchen der Separatisten, ihre Herrschaft wiederherzustellen *Probst,* Wiederaufleben und Ende des Separatismus, in: Verlag und Redaktion der „Pfälzischen Rundschau" (Hrsg.), Dokumente aus dem Befreiungskampf, S. 155 ff.

1155 *Jolas,* Die Pfalz unter Französischer Besatzung von 1918 bis 1930, S. 211; *Gräber/Spindler,* „Wer dabei mitmacht, muss damit rechnen, den Kopf zu verlieren". Kriminalität, Kriminalisierung und Strafverfolgung im Zusammenhang des linksrheinischen Separatismus nach dem 1. Weltkrieg, in: Rheinland-pfälzische und saarländische Archive (Hrsg.), „Unrecht und Recht. Kriminalität und Gesellschaft im Wandel von 1500–2000", S. 412 (418 f.).

1156 S. hierzu http://www.bundesarchiv.de/aktenreichskanzlei/1919-1933/0la/mal/mal2p/kap1_1/para2_70.html, zuletzt abgerufen am 1.11.2022.

1157 Schlussprotokoll der Konferenz von London v. 16. August 1924, abrufbar unter: https://www.reichstagsprotokolle.de/Blatt2_w2_bsb00000067_00303.html, zuletzt abgerufen am 1.11.2022.

von den Deutschen durch „bürokratische Schikanen, wirtschaftliche Schädigung, Rufmord und besonders aufmerksame strafrechtliche Verfolgung bei vergleichsweise harmlosen Delikten" unterlaufen. Eines dieser Instrumentarien waren die so genannten Beleidigungsprozesse, die sich in den Folgejahren gleich einer Lawine entwickelten.[1158] Zu Beginn versuchten die Deutschen auch, die Separatisten strafrechtlich zu belangen. Es gab eine regelrechte Flut von Klagen wegen Hochverrats.[1159] Letzten Endes kam es aufgrund der Amnestie aber zu keinen Aburteilungen. Viele der Separatisten lebten aufgrund der Schikanierungen nach dem Ende der Autonomen Pfalz auch in Frankreich; *Bley* beispielsweise zog nach Paris.[1160]

Auch nachdem die Sonderkommission abgereist war, stellten die Franzosen die Repressalien gegen die Separatismusgegner nicht ein, sondern setzte die Verhaftungen wegen des Sturms auf die Pirmasenser Bezirksregierung fort. Am 18. Februar 1924 waren bereits vierzig Verhaftungen vorgenommen worden. Viele Bürger flohen aus Angst vor rechtlicher Verfolgung. Auch in Bad Bergzabern wurden drei Bürger inhaftiert, weil ihnen vorgeworfen wurde, sich an den Separatistenvertreibungen beteiligt zu haben.[1161]

Als trauriges Resümee der separatistischen Herrschaft lässt sich festhalten, dass diese nach den Unterlagen von *Wappes* elf Personen töteten, 250 Personen verwundeten, 1.000 Personen einsperrten und 176 Personen auswiesen. Während der Regierungszeit der Autonomen Pfalz ist es zu Misshandlungen, Plünderungen und Einbruchdiebstählen gekommen, bei de-

---

1158 *Gräber/Spindler*, „Wer dabei mitmacht, muss damit rechnen, den Kopf zu verlieren". Kriminalität, Kriminalisierung und Strafverfolgung im Zusammenhang des linksrheinischen Separatismus nach dem 1. Weltkrieg, in: Rheinland-pfälzische und saarländische Archive (Hrsg.), „Unrecht und Recht. Kriminalität und Gesellschaft im Wandel von 1500–2000", S. 412 (419); vgl. zur Straffreiheit aufgrund des Londoner Abkommens auch Rundschreiben des *Schmitz-Epper* über die von den Franzosen zugesicherte Straffreiheit für Hochverräter, abgedruckt in Urkunden zum Separatistenputsch im Rheinland im Herbst 1923, S. 9. Bei den Beleidigungsprozessen wurde eine Person so als Separatist diffamiert, dass er eine Klage wegen Beleidigung anstrengte. Diese Prozesse wurden dann von den Prozessgegnern zum Schauprozess umfunktioniert, um den Kläger in einem möglichst schlechten Licht dastehen zu lassen. S. hierzu *Warmbrunn*, Französische Besatzung und Separatistenbewegung, in: Glück/Baus (Hrsg.), Recht. Gesetz. Freiheit. 200 Jahre Pfälzisches Oberlandesgericht Zweibrücken, S. 215 (219).

1159 Siehe nur Brief an den Staatsanwalt im Landgericht in Würzburg bezüglich *Julius Heintz*, LA Speyer, R 12/588.

1160 Bürgermeisteramt Ludwigshafen am Rhein an die Regierung der Pfalz, Kammer des Innern v. 4.7.1929, LA Speyer, R 12/728.

1161 *Aretin*, Süddeutsche Monatshefte, Januar 1925, 50.

nen ein Schaden von insgesamt 700.000 GM entstanden ist.[1162] Hinzu kamen die Opfer auf Seiten der Separatisten. Auch wenn diese noch einige Monate in der Pfalz blieben und neue Wege suchten, ihrem politischen Anliegen Ausdruck zu verleihen und im Zuge dessen sogar eine neue Partei, die „Rheinische Arbeiterpartei" gründeten, gelang es ihnen nicht, den einst bestehenden politischen Einfluss zurückzugewinnen.[1163] Im weiteren Verlauf entspannte sich die Lage in der Pfalz auch durch den Dawes-Plan vom 29. April 1924, der gemäßigtere Reparationen vorsah. Weiterhin wurden die meisten Sanktionsordonnanzen aufgehoben. Am 1. Dezember 1924 erfolgte die Abberufung von *de Metz* und seine Stelle wurde nunmehr von einem Zivilbeamten bekleidet. Bereits im August 1925 wurde das Ruhrgebiet von den Franzosen geräumt. Der 1925 geschlossene Locarno-Pakt garantierte überdies die deutsche Westgrenze. Dadurch, dass die Stärke der Besatzungstruppe deutlich reduziert wurde, wurde die Lage für die Bürger erträglich.[1164] Mit den Worten *Schneiders* kann ein ernüchterndes Fazit der Separatistenherrschaft gezogen werden: „Eine Ära war zu Ende, die geprägt war von Hass, Gewaltbereitschaft und politischer Wirrnis und die gleichzeitig belegt, welchen inneren und äußeren Anfeindungen die junge Weimarer Republik ausgesetzt war und welche letztendlich auch zu ihrem Scheitern beigetragen haben."[1165]

1162 *Jolas,* Die Pfalz unter Französischer Besatzung von 1918 bis 1930, S. 205; *Aretin,* Süddeutsche Monatshefte, Januar 1925, 50.

1163 *Leszinski,* Separatismus in der Pfalz nach den beiden Weltkriegen – Ein Vergleich, S. 17. S. zu dieser weiterführend *Gräber,* Rheinische Arbeiterpartei für Pfalz und Rheinhessen (RAP), 1924, in: Historisches Lexikon Bayerns, abrufbar unter: https://www.historisches-lexikon-bayerns.de/Lexikon/Rheinische_Arbeiterpartei_f%C3%BCr_Pfalz_und_Rheinhessen_(RAP),_1924, zuletzt abgerufen am 1.11.2022.

1164 *Schneider,* Stimme der Pfalz 52 (2001), 8 (9); *ders.,* Historischer Verein Pirmasens, Jahrbuch 2004, 97 (99); *Gembries,* Französische Besetzung der Pfalz 1918/19–1930, in: Historisches Lexikon Bayerns, abrufbar unter: https://www.historisches-lexikon-bayerns.de/Lexikon/Franz%C3%B6sische_Besetzung_der_Pfalz,_1918/19-1930#.22Autonome_Pfalz.22, zuletzt abgerufen am 1.11.2022.

1165 *Schneider,* Historischer Verein Pirmasens, Jahrbuch 2004, 97 (99).

§ 3 Die Staatsnothilfe als Rechtsinstitut

A. *Einleitung*

In der juristischen Literatur wird der Fall um *Franz Josef Heinz* häufig als Beispiel eines der umstrittensten strafrechtlichen Probleme der Weimarer Republik, der Staatsnothilfe, genannt.[1166] Insofern ist es empfehlenswert, sich erst einmal mit den theoretischen Grundlagen der in der heutigen Zeit weitestgehend in Vergessenheit geratenen Thematik zu beschäftigen, um den so erlangten Erkenntnisgewinn auf die konkrete Problematik anwenden und hierdurch zu einem fundierten Urteil gelangen zu können. Zentrum dieser Untersuchung stellt der § 53 RStGB dar. Dieser lautet:

> **§ 53 StGB**[1167]
>
> *(1) Eine strafbare Handlung ist nicht vorhanden, wenn die Handlung durch Nothwehr geboten war.*
>
> *(2) Nothwehr ist diejenige Vertheidigung, welche erforderlich ist, um einen gegenwärtigen, rechtswidrigen Angriff von sich oder einem anderen abzuwenden.*
>
> *(3) Die Überschreitung der Nothwehr ist nicht strafbar, wenn der Thäter in Bestürzung, Furcht oder Schrecken über die Grenzen der Vertheidigung hinausgegangen ist.*

I. Begriff

Zwar wird der Begriff der Nothilfe vom Gesetzgeber nicht verwendet. Dennoch hat er in der Rechtslehre und der Rechtsprechung Eingang gefunden. Aufgrund dessen wird der Begriff Staatsnothilfe gegenüber demjenigen der Staatsnotwehr als präziser empfunden und soll trotz entgegenstehender Terminologie in vielen Primärquellen den folgenden Ausführungen zu-

1166 S. hierzu S. 377 ff.

1167 § 53 RStGB in der vom 1.1.1872 bis zum 1.1.1975 geltenden Version, abgedruckt in: *Fuchs* (Hrsg.), Strafgesetzbuch für das Deutsche Reich vom 15. Mai 1871. Historisch-synoptische Edition 1871–2009, S. 228.

grunde gelegt werden.[1168] Noch präziser wäre es, zwischen Staatsnotwehr- und Staatsnotstandshilfe zu unterscheiden, weil beide Rechtfertigungsgründe unter den Begriff der Staatsnothilfe gefasst werden könnten und es vom Wortlaut keineswegs als zwingend erscheint, dass nur die Staatsnotwehrhilfe gemeint wird. Um sich an die gängige Terminologie zu halten, wurde in dieser Arbeit der Begriff der Staatsnothilfe als Notwehrhilfe zugunsten des Staates verwendet. Soweit es in der Arbeit um eine Notstandshilfe zugunsten des Staates geht, wird diese zur Abgrenzung als Staatsnotstandshilfe bezeichnet.

Fraglich ist indessen, wann von einer Nothilfe zugunsten des Staates die Rede sein kann. Bei der Suche nach einer Definition läuft man Gefahr, zentrale Diskussionspunkte des Problemkreises der Staatsnothilfe in unreflektierter Weise vorwegzunehmen. So beschreibt *Lammerding* die Staatsnothilfe ganz am Anfang seiner Arbeit als „das Recht des einzelnen, der in einer Situation, in welcher der Staat entweder unmittelbar als Ganzes oder mittelbar durch Verletzung seiner Elemente und Rechtsgüter angegriffen wird, diesen gegenwärtigen und rechtswidrigen Angriff abwehrt"[1169] und *Weinberg* spricht von der „Abwehr jedes Angriffs, der unmittelbar die Existenz oder die innere Sicherheit des Staates bedroht".[1170] Dadurch, dass *Lammerding* und *Weinberg* schon zu Beginn auf die Verletzung des Staates als Ganzes oder in seinen Elementen und in seinen Rechtsgütern eingehen und *Weinberg* bereits auf die Existenz des Staates und die innere Sicherheit rekurriert, nehmen sie schon zum Kreis der notwehrfähigen Rechtsgüter Stellung, ohne sich mit dieser umstrittenen Frage überhaupt auseinandergesetzt zu haben. Von einer solchen Aufnahme der geschützten Rechtsgüter in die Definition soll deshalb hier Abstand genommen werden.

Hösch hingegen spricht von einem „Handeln unter Ausschaltung der staatlichen Organe", was zumindest den missverständlichen Eindruck erweckt, dass der Handelnde aktiv einem Agieren der staatlichen Stellen entgegenwirkt.[1171] Diese Definition geht auf ein Gerichtsurteil in Zusam-

---

1168 *Kraegeloh*, Beiträge zur Lehre von der Notwehr im geltenden Strafrecht, S. 40; *Knoch*, Die Nothilfe zugunsten des Staates, S. 14; vgl. hierzu auch *Groth*, Staatsnothilfe und übergesetzlicher Staatsnotstand, S. 7 und 11.

1169 *Lammerding*, Die Staatsnothilfe als strafrechtlicher Rechtfertigungsgrund, S. 5; kritisch zum Problem der Vorwegnahme auch *v. d. Brelie*, Staatsnothilfe und Widerstandsrecht, S. 5.

1170 *Weinberg*, Staatsnotwehr, S. 9.

1171 *Hösch*, Staatsnotwehr, S. 30; ablehnend *Knoch*, Die Nothilfe zugunsten des Staates, S. 14, Kursivhervorhebung durch die Verfasserin.

menhang mit den Fememorden zurück, in dem es heißt „unter diesen Umständen kann unerörtert bleiben, ob der einzelne Staatsbürger uneingeschränkt berechtigt ist, *unter Ausschaltung der an sich zum Schutze des Staates berufenen Organe* Notwehr zugunsten des Staates auszuüben".[1172] Eine solche Definition erscheint inhaltlich unrichtig und ist deshalb abzulehnen.

Aus den dargelegten Gründen geht *v. d. Brelie* provisorisch am Anfang seiner Untersuchung davon aus, dass es sich bei der Staatsnothilfe um ein rechtfertigendes „Beisprungrecht" zugunsten des Staates handelt.[1173] Ganz allgemein gehalten geht es im hiesigen Kontext um die „Befugnis jemandes, der kein Organ des Staates und im Verhältnis zu ihm ein Dritter ist, den Staat gegen gegenwärtige, rechtswidrige Angriffe zu verteidigen".[1174] Diese Definition soll als Arbeitshypothese genügen, um themenverwandte Begriffe von der Staatsnothilfe im hier verwendeten Sinn abzugrenzen, ohne dabei maßgebliche Ergebnisse für die wesentlichen Fragen im Zusammenhang mit diesem Rechtsinstitut vorwegzunehmen.

II. Abgrenzung zu themenverwandten Begriffen

Nachdem nun eine vorläufige Definition gefunden wurde, muss das Rechtsinstitut noch von ähnlichen zeitgenössischen Begrifflichkeiten abgegrenzt werden, um den Untersuchungsgegenstand so präzise wie möglich zu fassen. Eine solche Abgrenzung ist bis zu einem gewissen Grad auch immer willkürlich. Dennoch sollen die Grenzen so gezogen werden, wie dies zur Weimarer Zeit herkömmlicherweise geschehen ist.

1. Die Zweideutigkeit des Begriffs

Wenn man sich die Terminologie zu jener Zeit anschaut, so wird meist nicht der Begriff der Staatsnothilfe, sondern derjenige der Staatsnotwehr

1172 RG, RGSt 64, 101 (103).

1173 *v. d. Brelie*, Staatsnothilfe und Widerstandsrecht, S. 6.

1174 *Kraegeloh*, Beiträge zur Lehre von der Notwehr im geltenden Strafrecht, S. 40, Kursivhervorhebung durch die Verfasserin; ähnlich *Knoch*, Die Nothilfe zugunsten des Staates, S. 14; ähnlich auch *Schubert*, Staatsnothilfe, S. 2, der indes betont, dass der Angriff nicht völkerrechtlicher Natur sein dürfe.

verwendet, auch wenn ersterer bereits bekannt war.[1175] Diese Begrifflichkeit wird in mehrerlei Hinsicht gebraucht. Dies liegt unter anderem daran, dass es sich um ein Kompositum handelt, dessen zwei Elemente ohne Bezugswort zusammengesetzt wurden, sodass Interpretationsspielräume verbleiben. Darüber hinaus bleibt der Leser bei der Verwendung des Begriffes „Notwehr" im Unklaren darüber, ob ein Dritter dem Angegriffenen beispringt, oder ob der Angegriffene sich selbst verteidigt. Obwohl es präziser ist, das Beispringen als Nothilfe zu bezeichnen, so kann dieses Verhalten dennoch auch als Notwehr beschrieben werden, was schon aus der entsprechenden Bezeichnung im Gesetzestext deutlich wird.[1176]

2. Abgrenzung zur Staatsnotwehr

a. Begriff

Einerseits wird der Begriff der Staatsnotwehr synonym für die Notwehr Privater zugunsten des Staates, also für den hier zugrunde gelegten Begriff der Staatsnothilfe, gebraucht. Andere verwenden ihn auch, wenn die Notwehr durch den Staat oder durch Menschen, die durch ihn beauftragt wurden, ausgeübt wird, um den Staat in seiner Existenz zu verteidigen. Die so verstandene Begrifflichkeit taucht hauptsächlich im Zusammenhang mit der blutigen Niederschlagung von Aufständen auf.[1177] Unter dieser Staatsnotwehr im engeren Sinn versteht man „das Recht des Staates, die [...] Staatsnotlage, die durch einen Angriff ausgelöst worden ist, zu überwinden".[1178] Nicht bei jeder Handlung des Staates sei allerdings von Staatsnotwehr auszugehen. Vielmehr gebe es auch Situationen, in denen der Staat sich zwar zur Wehr setzt, jedoch einzig und allein gemeine Notwehr ausübt. Dies sei beispielsweise der Fall, wenn ein Raubüberfall auf eine Staatskasse verübt werde und Polizisten dagegen einschritten.[1179] Anhand dieser Konstellation wird deutlich, dass seinerzeit noch nicht präzise zwischen dem staatlichen Handeln, welches aufgrund von Ermächtigungsgrundlagen erfolgte, und dem eigentlichen Staatsnotwehrrecht im engeren Sinn, das in einer Überschreitung der gesetzlich normierten Machtbefugnisse des Staa-

1175 Siehe dazu nur *Kraegeloh*, Beiträge zur Lehre von der Notwehr im geltenden Strafrecht, S. 40.
1176 Vgl. *Labin*, Staatsnotwehr und Staatsnotstand, bspw. S. 9.
1177 *Baron*, Notwehr, Staatsnotwehr und Staatsnotstand, S. 4.
1178 *Knoch*, Die Nothilfe zugunsten des Staates, S. 63.
1179 *Lederle*, Staatsnotwehr, S. 10.

tes bestand, differenziert wurde. Unbestritten war ein Handeln des Staates aufgrund einer Ermächtigungsgrundlage im Rahmen der entsprechenden Tatbestandsvoraussetzungen zulässig. Rege diskutiert wurde indessen, ob auch ein darüberhinausgehendes Notwehrrecht des Staates anzuerkennen sei.

b. Meinungsstand

Auch diese Thematik wurde in Zeiten der Weimarer Republik kontrovers diskutiert. Über die Anerkennung des Staatsnotwehrrechts herrschte keinesfalls Einigkeit. Hier soll die Problematik nur kurz angerissen werden. Die einzelnen Positionen sind auch späterhin beim Staatsnothilferecht noch einmal von Wichtigkeit, soweit es um die Frage geht, ob das Staatsnothilferecht des Bürgers ein korrespondierendes Staatsnotwehrrecht des Staates voraussetzt, ob mithin also eine Akzessorietät zwischen beiden Rechtsinstituten vorliegt.

Nach einer Ansicht existiert ein übergesetzliches Staatsnotwehrrecht nicht; vielmehr sei das Notwehrrecht des Staates als Hoheitsperson verfassungsrechtlich abschließend in Art. 48 WRV verankert.[1180] Kritische Stimmen erkennen zwar an, dass prinzipiell Konstellationen denkbar seien, in denen die Abwehr rechtswidriger gegenwärtiger Angriffe durch den Staat nach Art. 48 WRV gerechtfertigt ist. Regelmäßig wird die Abwehr entsprechender Angriffe allerdings nicht unter diese Norm zu subsumieren sein. Schließlich liegt die Organkompetenz zur Anordnung entsprechender Maßnahmen gemäß Art. 48 Abs. 2 WRV beim Reichspräsidenten, der in den seltensten Fällen in – mitunter lokalen – Krisenfällen tätig wird. Eine Ausnahme sieht die Norm gemäß Art. 48 Abs. 4 WRV bei Gefahr im Verzug vor. In diesen Fällen sind auch die Länderregierungen und Zentralbehörden anordnungsbefugt. Dieser Personenkreis ist nichtsdestotrotz sehr klein und speziell bei separatistischen Putschversuchen, die naturgemäß in den Grenzgebieten vorkommen, käme die entsprechende Anordnung oft zu spät.[1181] Auch der Fall, in dem die Staatsnot sich in anderer Weise als in einer Gefahr für die öffentliche Sicherheit und Ordnung manifestiert, ist

1180 *Häntzschel*, JW 1927, 1991 (1992).

1181 *Kraegeloh*, Beiträge zur Lehre von der Notwehr im geltenden Strafrecht, S. 45; *Hamers*, Der strafrechtliche Staatsnotstand, S. 18; RG, RGZ 117, 138 (141).

nicht reglementiert.[1182] Darüber hinaus sind die Handlungsmöglichkeiten im Rahmen des Art. 48 WRV beschränkt. Gemäß Art. 48 Abs. 2 WRV dürfen nämlich nur die sieben in der Norm zitierten Grundrechte außer Kraft gesetzt werden. Diesbezüglich sei die Norm abschließend. Alle Maßnahmen müssten im Übrigen verfassungskonform sein.[1183] Der Gesetzgeber habe wegen dieses limitierten Anwendungsbereichs mit Art. 48 WRV keine abschließende Regelung treffen, sondern lediglich eine Kompetenznorm schaffen wollen. Darüber hinaus bestünden neben Art. 48 WRV noch weitere Gesetze, aus denen sich die Straflosigkeit von Staatsnotstandshandlungen ergeben könne.[1184] Durch Art. 48 WRV hätten nur die Rechte des Reichspräsidenten erweitert werden sollen, eine Begrenzung anderweitiger Rechte sei demgegenüber vom Gesetzgeber nicht gewollt gewesen.[1185] In über den Art. 48 WRV hinausgehenden Fällen wäre es unzumutbar, dass sich die Handelnden erst einmal der Gefahr der Strafverfolgung aussetzten und die Straflosigkeit von einer nachträglichen Legitimation durch die in Art. 48 Abs. 2 und 4 WRV Berechtigten abhinge.[1186] Derjenige, der dem Staat ein Staatsnotwehrrecht verweigere, versage diesem seinen naturgegebenen Anspruch auf Bestandssicherung und Existenzerhaltung.[1187] Das Staatsnotrecht sei nämlich etwas Selbstverständliches, was keiner weiteren gesetzlichen Herleitung bedürfe.[1188] Deshalb wird teilweise auch vertreten, dass Handlungen des Staates, die man unter den Begriff der Staatsnotwehr fassen könne, schon unter völkerrechtlichen Gesichtspunkten aus dem Recht des Staates auf Selbsterhaltung gerechtfertigt seien, sodass eine

---

1182 *Hamers*, Der strafrechtliche Staatsnotstand, S. 18.

1183 *Kraegeloh*, Beiträge zur Lehre von der Notwehr im geltenden Strafrecht, S. 46; *Anschütz*, Die Verfassung des Deutschen Reiches, Art. 48 Nr. 13 f.; vgl. zur diesbezüglichen Auslegung weiterführend *Schmitt*, VDStrL 1 (1924), 63 ff.; *Grosshut*, Staatsnot, Recht und Gewalt, S. 58.

1184 *Hamers*, Der strafrechtliche Staatsnotstand, S. 18.

1185 *Binding*, Der strafrechtliche Staatsnotstand, S. 40.

1186 *Kraegeloh*, Beiträge zur Lehre von der Notwehr im geltenden Strafrecht, S. 45 f.

1187 So *Knoch*, Die Nothilfe zugunsten des Staates, S. 63, der deshalb auch ein Staatsnotwehrrecht bejaht.

1188 *Kitzinger*, Die Verhinderung strafbarer Handlungen durch die Polizeigewalt. Grundzüge der Rechtspolizei und Beiträge zur Konstruktion des Strafrechts, S. 79 in Bezug auf das polizeiliche Recht zum Einschreiten zwecks Verhinderung strafbarer Handlungen; *Mayer*, Verwaltungsrecht, Bd. 1, 2. Aufl., S. 290, im Hinblick auf Handlungen der Polizei, der eine Art „Selbsthilferecht" aus naturrechtlichen Grundgedanken herleitet; *Giacometti*, Jahrbuch für öffentliches Recht Bd. 11 (1922), 313 (340) jedoch für die Schweiz; *Schubert*, Staatsnothilfe, S. 38, vermag mit diesen Erwägungen nichts anzufangen.

Rechtfertigung über § 53 RStGB gar nicht nötig sei.[1189] Eine Zulässigkeit der Staatsnotwehr könnte sich zudem aus einem Reichsgerichtsurteil ergeben, bei dem es darum ging, dass der Polizeipräsident nach blutigen Unruhen einen nach dem Pressegesetz unzulässigen Eingriff auf einen Zeitungsverlag vornahm, indem er die Maschinen vorübergehend unbrauchbar machte. In diesem Fall wurde die Möglichkeit der Staatsnotwehr durch das Gericht explizit bejaht.[1190]

Gegen ein überpositives Staatsnotwehrrecht spricht vor allen Dingen, dass damit die Gefahr des Machtmissbrauchs einhergeht.[1191] Der Staat selbst verfügt über Befugnisse, die zumeist öffentlich-rechtlich determiniert sind, durch welche er seine Interessen schützen kann, ohne dass er selbst bei seinem Handeln auf den Rechtfertigungsgrund des § 53 RStGB zurückgreifen muss.[1192] Zuvörderst die Rechtsstaatlichkeit in Form des Vorbehalts des Gesetzes und die Gesetzmäßigkeit der Verwaltung sprechen dafür, dass bei einem Tätigwerden des Staates, bei dem er in Rechte und Rechtsgüter des Einzelnen eingreift, eine ausdrückliche gesetzliche Ermächtigung nötig ist.[1193] Darüber hinaus sei die Gleichordnung von Angreifer und Angegriffenen eine Voraussetzung des § 53 RStGB; eine solche fehle im Subordinationsverhältnis zwischen Bürger und Staat.[1194] Die Anwendung des § 53 RStGB auf die hoheitliche Gewalt widerspreche der Differenzierung zwischen öffentlichem und privatem Recht.[1195] Dagegen ist einzuwenden, dass auch das Strafrecht zum öffentlichen Recht gehört.[1196] Dennoch ist das Strafgesetzbuch an private Personen adressiert, was einer Anwendbarkeit zuwiderlaufen könnte. Insofern hat sich *Schubert* nur unpräzise ausgedrückt.

Zudem seien grundsätzlich nur natürliche Personen deliktsfähig, weswegen es undenkbar sei, dass der Staat einen Straftatbestand verwirkliche und infolgedessen einer strafrechtlichen Rechtfertigung bedürfe. Alleinig die für ihn handelnden Amtswalter könnten sich strafbar machen. Dass der Staat

1189 *Schück*, Notwehr Privater zugunsten des Staates, S. 1.

1190 RG, RGZ 117, 138 (142). S. dazu auch *Schubert*, Staatsnothilfe, S. 34 f.

1191 Ähnlich *Schubert*, Staatsnothilfe, S. 40, der ein Staatsnotwehrrecht aufgrund dessen auch ablehnt.

1192 *Schmitz*, Schutzobjekte der Notwehr, S. 37.

1193 *Schubert*, Staatsnothilfe, S. 36 f.

1194 *Klee*, GA 70 (1926), 72 (72 Anm. 1); *Stock*, GS 101 (1932), 148 (167), jedoch im Kontext der Staatsnothilfe.

1195 *Schubert*, Staatsnothilfe, S. 41.

1196 *Hoffmann-Holland*, Strafrecht Allgemeiner Teil, Kapitel 1, Rn. 1.

selbst eine drohende Gefahr durch ein tatbestandliches Handeln abwendet, ist daher undenkbar, weswegen es auch keine Staatsnotwehr im klassischen Sinne geben könne.[1197] Insofern sei eine Beschränkung der staatlichen Machtbefugnisse in außergewöhnlichen Lagen auf die verfassungsrechtlichen Handlungsmöglichkeiten geboten.[1198] Ein Notwehrrecht des Staates könnte sich zwar aus Gewohnheitsrecht ergeben. Ein solches entsteht bei tatsächlicher Übung und der Herausbildung einer entsprechenden gemeinsamen Rechtsüberzeugung. An letzterer fehlt es bei der Staatsnotwehr allerdings.[1199] Dies zeigt nicht zuletzt der rege juristische Diskurs zur Thematik.

Wie der kurze Anriss der Literaturmeinungen zeigt, hat sich in der Weimarer Republik noch keine herrschende Meinung herauskristallisiert. Beide Seiten bringen gewichtige Argumente hervor, die teils dogmatischer und teils rechtspolitischer Natur sind. Deswegen empfiehlt es sich, beide Positionen im Sinn zu behalten, um anderenorts nochmals auf die Problematik im Rahmen der Staatsnothilfe zurückzugreifen.

c. Der Zabernfall als ein Beispiel für einen Akt der Staatsnotwehr?

Der Zabernfall wurde in der Literatur als Paradebeispiel für die Staatsnotwehr angeführt.

1913 wurden die Untergebenen im damals zum deutschen Reich gehörenden Elass durch ihre deutschen Vorgesetzten als „Wackes" bezeichnet, was in diesem Kontext als Schimpfwort aufzufassen war. Aufgrund dessen kam es zu Aufständen der Bevölkerung gegen das Militär, die teilweise auch tätlicher Natur waren. Infolgedessen kam es zu einem Militäreinsatz gegen die Zivilbevölkerung, bei dem zahlreiche Verhaftungen vorgenommen wurden und es zu nicht unerheblichen Freiheitsentziehungen kam. Ein solcher

---

1197 *Stock*, GS 101 (1932), 148 (158), dem widerspricht er jedoch auf S. 180 f. selbst, indem er bejaht, dass der Staat einen Straftatbestand verwirklichen könne.

1198 So beispielsweise *Anschütz*, Die Verfassung des Deutschen Reiches vom 22. August 1919, Anm. 6 zu Art. 48, S. 276 f.

1199 *Schubert*, Staatsnothilfe, S. 38.

Einsatz war grundsätzlich rechtswidrig.[1200] Der Abgeordnete *Rogalla v. Bieberstein* hielt am 4. Dezember 1913 vor dem Reichstag eine Ansprache, in der er im Zusammenhang mit den Vorgängen durchaus auch kritisierend von „militärischer Selbsthilfe" sprach.[1201] Diesen Gedanken griff der spätere Justizminister *Blunck* auf, welcher in dem Handeln des Militärs einen durch Staatsnotwehr gerechtfertigten Akt sah.[1202]

Eine Rechtfertigung durch Staatsnotwehr könnte aufgrund mangelnder Gebotenheit abgelehnt werden, weil das Militär die Bürger zuvor provoziert haben soll.[1203] Ob eine solche Provokation tatsächlich vorlag, war auf Tatsachenebene strittig.[1204] Darüber hinaus war die Lehre zur Gebotenheit zur damaligen Zeit noch nicht vollständig entwickelt.[1205] Im Nachhinein wurde auch der Nothilfevorsatz der Offiziere angezweifelt, da die Männer ausschließlich zum Schutze ihrer eigenen Offiziersehre gehandelt hätten.[1206] Ob die Männer überhaupt zum Schutze eines Rechts-

---

1200 *Kraegeloh*, Beiträge zur Lehre von der Notwehr im geltenden Strafrecht, S. 41; *Anschütz*, DJZ 1913, 1457 (1457 f.). Diese Maßnahmen waren auch nach dem Preußischen Gesetz über den Waffengebrauch des Militärs vom 20.3.1837 (Preußisch Deutscher Gesetz-Codex, Bd. I: 1861–866, S. 463) nicht gerechtfertigt. Schließlich geht es nur um eine Befugnis zum Gebrauch von Waffen, jedoch nicht um eine Befugnis zur Freiheitsentziehung. Auch in der Weimarer Republik gab es im Wehrgesetz vom 23.03.1921 (RGBl. 1921, 329) keine Norm, die ein entsprechendes Verhalten rechtfertigen würde. S. zur Zabern-Affäre auch *Grosshut*, Staatsnot, Recht und Gewalt, S. 37 ff.

1201 *Kraegeloh*, Beiträge zur Lehre von der Notwehr im geltenden Strafrecht, S. 41; Verhandlungen des Reichstages, Stenographischer Bericht, Bd. 291, S. 6179. *Ferdinand Rogalla v. Bieberstein* (1857–1945) war von 1903–1918 Mitglied des Reichstages, S. hierzu *Mann*, Biographisches Handbuch für das preussische Abgeordnetenhaus, Bd. 3, S. 66.

1202 *Blunck*, Verhandlungen der verfassungsgebenden Deutschen Nationalversammlung, stenographischer Bericht, Bd. 333, S. 5103 und 5144; ablehnend: *Hachenburg*, DJZ 1920, 503 (505), der im Übrigen ein allgemeines Staatsnotwehrrecht anerkennt. In den meisten Ausführungen zur Zabern-Affäre wurde der Gesichtspunkt der Staatsnotwehr jedoch nicht berücksichtigt, vielmehr werden allgemeine Ausführungen zum Verhaftungsrecht des Militärs gemacht, vgl. *Jellinek*, Zabern. Ueber das Verhaftungsrecht des Militärs, S. 3 ff.; *Lindenau*, DJZ 1913, 1461 (1461 f.); *Anschütz*, DJZ 1913, 1457 (1457 ff.).

1203 *Kraegeloh*, Beiträge zur Lehre von der Notwehr im geltenden Strafrecht, S. 41; vgl. zur Notwehrprovokation auch *v. Hippel*, ZStW 42 (1921), 416 (417).

1204 Vgl. beispielhaft Verhandlungen des Reichstags Stenographischer Bericht, Bd. 291, S. 6161.

1205 Die Einschränkung aus sozialethischen Gründen erfolgte primär erst nach dem Zweiten Weltkrieg. S. hierzu *Rönnau*, JuS 2012, 404 (404).

1206 *v. d. Brelie*, Staatsnothilfe und Widerstandsrecht, S. 22.

gutes handelten, bleibt zweifelhaft. Wahrscheinlicher ist es, dass sie sich von Vergeltungsgedanken leiten ließen. Weiterhin dürfte die Gefahrenlage bei der Beleidigung mit dem Ausspruch beendet sein, sodass keine gegenwärtige Gefahr mehr vorliegt. Überdies ist auch zweifelhaft, ob die Offiziere tatsächlich Kollektivrechtsgüter des Staates oder bloß ihre eigene Ehre verteidigen wollte, soweit man eine Handlung zur Verteidigung von Rechtsgütern überhaupt anerkennen möchte. Deshalb ist die Annahme von Staatsnotwehr in diesem Fall durchaus kritisch zu sehen.

d. Die Niederschlagung des Spartakus-Aufstandes

Das erste Urteil, in dem ein Gericht auf Gesichtspunkte der Staatsnotwehr Bezug nahm, erging in Zusammenhang mit einem Fall bezüglich der Niederwerfung des Spartakusaufstandes. Bayern hatte schon seit Längerem mit spartakistischen Umsturzversuchen zu kämpfen, als eine Nürnberger Gruppierung mit der Umsetzung eines Umsturzplanes begann. Aufgrund dessen wurde ein kommunistischer Führer durch einen Beamten in Schutzhaft genommen, wodurch ein Angriff auf die Regierung verhindert werden sollte. Eine gesetzliche Grundlage für eine solche Schutzhaft gab es in Bayern damals noch nicht, weswegen der Beamte wegen einer Amtspflichtverletzung angeklagt wurde. Die Klage wurde letzten Endes abgewiesen, weil der Staat aufgrund der akuten Notlage berechtigt gewesen sei, sich auch Mitteln zu bedienen, für die es keine taugliche Ermächtigungsgrundlage gab.[1207] Auch dem Staat stehe ein Recht zu, das Staatswohl im Notstand außerhalb der Gesetze zu verteidigen.[1208] Es wird zwar von Notstand gesprochen, tatsächlich geht es aber um Notwehr, schließlich handelt es sich um einen durch Menschen verübten Angriff gegen den sich auch die Abwehrhandlung richtet. Schon anhand dieses Falles wird erkennbar, dass der Gedanke, dass auch Notwehr zugunsten kollektiver

1207 BayVGH, Sammlung von Entscheidungen des Bayr. VGH, 1921, 63 (63 ff.); hierzu auch *Lederle*, Staatsnotwehr, S. 8 f.

1208 BayVGH, Sammlung von Entscheidungen des Bayr. VGH, 1921, 63 (65 f.); *Mayer*, Deutsches Verwaltungsrecht, 2. Aufl., S. 11, der als einschränkendes Korrektiv das tatsächliche Vorliegen von „Staatsnot" verlangt.

Rechtsgüter geübt werden könne, der Rechtsprechung schon zu diesem frühen Zeitpunkt nicht fremd war.[1209]

3. Abgrenzung zum Staatsnotstand

Die Staatsnotwehr wird oft in einem Atemzug mit dem Staatsnotstand genannt und häufig werden beide Themen in einer gemeinsamen Arbeit monographisch behandelt.[1210] Die Annahme *Bindings*, der Begriff des Staatsnotstandes habe in der Weimarer Republik noch keine so flächendeckende Aufnahme wie die Staatsnotwehr erfahren,[1211] vielmehr sei er in der Doktrin schändlich vernachlässigt worden,[1212] erscheint vor diesem Hintergrund als unzutreffend. Dadurch, dass die Thematik oft zusammen behandelt und späterhin im Nationalsozialismus sogar ein Rechtsinstitut gefordert wurde, das beide Rechtfertigungsgründe vereint, ist es lohnenswert, die Unterschiede der beiden Rechtfertigungsgründe herauszuarbeiten und darzustellen, inwieweit die Ergebnisse im Hinblick auf die eine Rechtsfigur für die andere fruchtbar gemacht werden können.

a. Begriff und rechtliche Einordnung

Bei der Begrifflichkeit des Staatsnotstands tauchen ähnliche Probleme auf wie bei der Staatsnotwehr. Sie vermittelt ebenfalls nur die vage Vorstellung, dass es um eine Gefahrenlage für den Staat gehen müsse. Aufgrund seiner Unbestimmtheit wird der Begriff mit unterschiedlichstem Sinngehalt verwendet und hat nicht nur im Strafrecht, sondern auch im Staatsrecht Eingang gefunden.[1213] Ursprünglich wurde das Rechtsinstitut hauptsächlich

---

1209 *Lederle*, Staatsnotwehr, S. 9; zur Unterscheidung zwischen Notwehr und Notstand: *Baumgarten*, Notstand und Notwehr. Eine Studie im Hinblick auf das künftige Strafrecht, S. 97.

1210 So beispielsweise *Baron*, Staatsnotwehr und Staatsnotstand; *Boldt*, ZStW 56 (1937), 183 ff.; *Labin*, Staatsnotwehr und Staatsnotstand; *v. Oetker*, Hilfeleistung in Staatsnotwehr und Staatsnotstand, GS 99 (1930), 411 ff.; *Schmahel*, Staatsnotwehr und Staatsnotstand. Rechtsgrundlagen für den Gebrauch von bewaffneten Zivilisten durch Polizei. Die neuen preußischen Waffengebrauchsbestimmungen vom 1. Oktober 1931.

1211 *v. Oetker*, GS 99 (1930), 156 (156); so auch *Hartung*, JR 1931, 61 (61).

1212 *v. Oetker*, GS 99 (1930), 411 (412).

1213 *Folz*, Staatsnotstand und Notstandsrecht, S. 23.

im Staats- und Verwaltungsrecht diskutiert und erst im Laufe der Zeit erfuhr es eine strafrechtliche Würdigung. Die straf- und staatsrechtlichen Materien standen zunächst isoliert nebeneinander, ohne dass die entsprechenden Ausführungen aufeinander Bezug nahmen, was im Hinblick auf die Einheitlichkeit der Rechtsordnung kritisiert wurde.[1214] Die normative Grundlage wurde meist eher in der Staatsrechtslehre verortet als im Strafrecht. Schließlich gehe es um ein überpositives Notstandsrecht, das im Krisenfall die Suspension beziehungsweise Durchbrechung der Verfassung ermöglichen solle.[1215]

Staatsnotstand ist laut der eher modernen Definition *Twenthövens* die Gefahr, die den Staat dazu berechtigt, sein eigenes „Staatsnotrecht" auszuüben.[1216] Der Grundansatz *Twenthövens,* zwischen der Staatsnotstandslage und der Verteidigungshandlung, dem Staatsnotrecht, zu differenzieren, ermöglicht es, die Parallelen zwischen Staatsnotwehr und Staatsnotstand präzise herauszuarbeiten. Die Notlage des Staates, also die erste Stufe der Definition, ist eine Voraussetzung, die sowohl für den Staatsnotstand als auch für die Staatsnotwehr vorliegen muss. Die Staatsnotwehrlage stellt demgemäß eine qualifizierte Staatsnotstandslage dar, die durch einen Angriff hervorgerufen worden sein muss. Einzig das Recht, diesen Angriff abzuwehren, ist in den §§ 53 und 54 RStGB in unterschiedlicher Weise ausgestaltet, um dem Vorhandensein eines Aggressors in besonderer Weise Rechnung zu tragen. Wie schon der Wortlaut der beiden Rechtsinstitute zeigt, können die Ausführungen über die „Staatsnot" im Rahmen des Staatsnotstands durchaus für die Staatsnotwehr herangezogen werden. Vor allen Dingen für den Kreis der geschützten Rechtsgüter darf es keinen Unterschied geben.

b. Staatsnotstandslage

Die Staatsnotstandslage kann als „eine meist überraschend auftretende, nicht in ihrer ganzen Eigenart vorhersehbare und rechtlich fassbare Situation, welche mit einer Bedrohung der staatlichen Gemeinschaft verbun-

---

1214 *Binding,* Der strafrechtliche Staatsnotstand, S. 9; so auch *Stock*, GS 101 (1932), 150 allgemein in Bezug auf Staatsnotstand und Staatsnotwehr.

1215 *Koja*, Der Staatsnotstand als Rechtsbegriff, S. 8, jedoch für Österreich.

1216 *Twenthöven*, Die Stellung der Legislative im Staatsnotrecht. Eine Untersuchung über das Staatsnotrecht in der Demokratie unter besonderer Berücksichtigung des Rechtes der Schweizerischen Eidgenossenschaft und der Bundesrepublik Deutschland, S. 9.

den ist“, beschrieben werden,[1217] „deren Überwindung die alsbaldige Anordnung und Durchführung bestimmter Maßnahmen [durch den Staat] dringend erforderlich macht, ohne daß dies mit den im Verfassungs- (und Gesetzes-)recht „normalerweise“ vorgesehenen Organkompetenzen, Verfahrensweisen und inhaltlichen Determinanten der Rechtserzeugung, d. h. im Wege des „ordentlichen“ Rechtserzeugungsverfahrens, in der gebotenen Eile bewerkstelligt werden könnte“.[1218] Hier zeigt sich deutlich, dass die Staatsnotstandslage in einem engeren Sinn verstanden wird. So lange der Staat noch innerhalb seiner Kompetenzen handeln kann, soll noch nicht von einer Staatsnotstandslage ausgegangen werden. Handelt der Staat schon nach öffentlichem Recht rechtmäßig, so kann er im Hinblick auf die Einheitlichkeit der Rechtsordnung auch nicht strafbar handeln.

c. Das Staatsnotrecht

Oft wird in diesem Zusammenhang auch der Begriff des Staatsnotrechts gebraucht, ohne dass die vorgenommene Trennung zwischen Staatsnotstandslage und Staatsnotrecht erfolgt. In diesem Kontext wurden in erster Linie die verfassungsrechtlichen Grundlagen eines solchen Rechts, speziell auch in Zusammenhang mit Art. 48 Abs. 2 WRV, diskutiert.[1219] Die vorgenommene Trennung erscheint jedoch aus Gründen der Präzision vorzugswürdig. Als Wahrnehmung des Staatsnotrechts im hiesigen Kontext versteht man es, wenn „außerhalb oder entgegen Verfassungsbestimmungen im extremen, unvorhergesehenen Fall irgendein staatliches Organ, welches die Kraft zum Handeln hat, vorgeht, um die Existenz des Staates zu retten und das nach Lage der Sache Erforderliche zu tun.“[1220]

1217 *Schelbert,* Die rechtliche Bewältigung außerordentlicher Lagen im Bund, S. 26, jedoch in Bezug auf die Schweiz.

1218 *Koja,* Der Staatsnotstand als Rechtsbegriff, S. 18.

1219 *Siegers,* Staatsnotrecht: Geschichte, Inhalt und Begründung, S. 18 ff.; *Schlüters,* Staatsnotrecht, S. 26 ff.; vgl. zu den verschiedenen Ansichten bezüglich des Staatsnotrechts im Nationalsozialismus *Wolter,* Das Staatsnotrecht: Seine rechtliche Beurteilung in der Vergangenheit und seine Wandlung im völkischen Führerstaat, S. 43 ff.; vgl. auch *Rewoldt,* Das Staatsnotrecht im deutschen Staatsrecht, S. 35 ff.; vgl. weiterführend *Kelsen,* Allgemeine Staatslehre, S. 157.

1220 *Schmitt,* VDStRL 1 (1924), 63 (83).

d. Die Abgrenzung zur Staatsnotwehr

Wie bei der Staatsnotwehr handelt es sich beim Staatsnotstandsrecht um eine Verteidigungshandlung, die im Interesse des Staates begangen wird, die formell gegen das geltende Recht verstößt und für die es auch keinen ausdrücklichen Rechtfertigungsgrund gibt, die aber unter Zweckmäßigkeitsgesichtspunkten nicht mit der Rechtsordnung im Widerspruch steht und aufgrund dessen im materiellen Sinne nicht rechtswidrig ist.[1221] Der Staatsnotstand ist das Pendant zu Staatsnotwehr und Staatsnothilfe, wenn es am rechtswidrigen Angriff fehlt. Die Gefahr kann demnach sowohl auf rechtswidrige als auch auf rechtmäßige Weise begründet sein.[1222] Die Abgrenzung erfolgt daher also genauso wie zwischen allgemeinem Notstand und Notwehr. Besonderheiten sind nicht zu verzeichnen.[1223]

Wichtigster Unterschied betreffend der Verteidigungshandlung ist, dass beim Notstand eine Güterabwägung vorgenommen wird, während solche Proportionalitätsgedanken hinsichtlich der gefährdeten Rechtsgüter der Notwehr fremd sind. Die Abwehr muss dort nur in Verhältnis zur Angriffsintensität stehen.[1224] Auch darf Notwehr im Rahmen des § 53 RStGB von jedermann geübt werden, während der Kreis der Berechtigten im Rahmen des § 54 RStGB kleiner ist.[1225]

1221 *Heiliger*, Der Staatsnotstand als Beispiel politischer Strafrechtswissenschaft, S. 1.

1222 *v. Oetker*, GS 99 (1930), 156 (157); *Lohse*, Streik und Staatsnotstand unter Berücksichtigung der Rechtslage in der Schweiz, S. 91; so auch noch im NS-Staat *Heiliger*, Der Staatsnotstand als Beispiel politischer Strafrechtswissenschaft, S. 3; ähnlich in der Nachkriegszeit auch *Lammerding*, Die Staatsnothilfe als strafrechtlicher Rechtfertigungsgrund, S. 4; ebenso zur Abgrenzung zwischen allgemeinem Notstand und Notwehr schon *Zöpfel*, Arch. d. Criminalrechts 1842, 27 (43).

1223 *Heiliger*, Der Staatsnotstand als Beispiel politischer Strafrechtswissenschaft, S. 2; vgl. zur Abgrenzung zwischen Notstand und Notwehr im Allgemeinen *Ahsbahs*, GA 53 (1906), 427 (428).

1224 *Heiliger*, Der Staatsnotstand als Beispiel politischer Strafrechtswissenschaft, S. 3; gegen das Erfordernis der Proportionalität ebenfalls *Mezger*, Strafrecht. Ein Lehrbuch. Allgemeiner Teil, S. 236 und *Boldt*, ZStW 56 (1937), 183 (210), die im Bereich der Staatsnothilfe das Güterabwägungsprinzip anwenden wollen.

1225 § 54 RStGB: Eine strafbare Handlung ist nicht vorhanden, wenn die Handlung außer dem Falle der Nothwehr in einem unverschuldeten, auf andere Weise nicht zu beseitigenden Nothstande zur Rettung aus einer gegenwärtigen Gefahr für Leib oder Leben des Thäters oder eines Angehörigen begangen worden ist, § 54 RStGb in der vom 1.1.1872 bis zum 1.1.1975 geltenden Version, abgedruckt in: *Fuchs* (Hrsg.), Strafgesetzbuch für das Deutsche Reich vom 15. Mai 1871. Historisch-synoptische Edition 1871–2009, S. 230.

Ob ein Angriff vorliegt, kann laut *Knoch* teilweise schwierig zu beurteilen sein, wodurch die Abgrenzung zwischen Staatsnotwehr und Staatsnotstand erschwert werde, weshalb er noch im Jahr 1965 davon ausging, dass diese Rechte nicht klar voneinander getrennt werden könnten.[1226] Auch wenn dem Bürger im staatlichen Bereich nicht alle Hintergründe bekannt sein dürften, so sind Konstellationen, in denen der Bürger nicht weiß, ob er gegen einen Angreifer vorgeht oder nicht, nur schwer vorstellbar. So wird bei den meisten durch einen Menschen geschaffenen Gefahren, gegen die ein Vorgehen möglich ist, erkennbar sein, von wem diese geschaffen wurden. Auch wenn der Helfer die Ursache für die Gefahrenlage nicht kennt, so ist es äußerst unwahrscheinlich, dass er in diesen Fällen den Angreifer zufälligerweise in seinen Rechten verletzt. Eine saubere Trennung der beiden Rechtfertigungsgründe ist demnach durchaus möglich und aus Gründen der Rechtssicherheit geboten. Schließlich knüpfen beide Rechtsinstitute an unterschiedliche Voraussetzungen an. Dennoch kann an manchen Stellen im Hinblick auf die Argumentation, wie oben erörtert, eine vergleichende Darstellung vorgenommen werden, da die dahinterstehenden rechtspolitischen Entscheidungen dieselben sind.[1227] Beispielsweise wird der Kreis der geschützten Rechtsgüter bei beiden Rechtsinstituten ähnlich bewertet.[1228]

Beispiele für die Staatsnotstandshilfe gibt es recht wenige. Dies ist in erster Linie damit zu erklären, dass der Private schon aus seinem eigenen Gerechtigkeitsempfinden heraus eher zulasten eines Aggressors tätig wird als zulasten einer gänzlich unbeteiligten Person. Darüber hinaus lassen sich die Handlungsmöglichkeiten bei einem konkreten Angriff für einen Privaten, dem in Vergleich zum Staat immer wesentliche Informationen fehlen werden, weitaus besser abschätzen wie bei einer allgemeinen Gefahrenlage. *Schroeder* führt beispielhaft die Sabotageakte der Gruppe um *Schlageter* während des Ruhrkampfes als Staatsnothilfe an.[1229] Hierbei kann er aller-

1226 *Knoch*, Die Nothilfe zugunsten des Staates, S. 64; zur Verbindung von Notwehr- und Notstandselementen auch *Lammerding*, Die Staatsnothilfe als strafrechtlicher Rechtfertigungsgrund, S. 4.

1227 *Heiliger*, Der Staatsnotstand als Beispiel politischer Strafrechtswissenschaft, S. 3.

1228 *v. Oetker*, GS 99 (1930), 411 (419), sowohl in Bezug auf Kriegsrecht als auch in Bezug auf Revolten von innen.

1229 *Schroeder*, Notwehr zugunsten des Staates, S. 4. *Albert Leo Schlageter* wurde am 23.5.1923 von der französischen Besatzungsmacht hingerichtet, nachdem er einen Sprengstoffanschlag auf eine Eisenbahnbrücke bei Calcum verübt hatte. S. hierzu *Hillesheim*, Die Erschaffung eines Märtyrers. Das Bild Albert Leo Schlageters in der deutschen Literatur von 1923 bis 1945, S. 9. Solche Sabotageakte wurden verübt, um den passiven Widerstand aufrechtzuerhalten und die Bevölkerung davon

dings nicht die Staatsnothilfe im Sinne der Staatsnotwehrhilfe, sondern allenfalls die Staatsnotstandshilfe gemeint haben, denn es waren Unbeteiligte betroffen, wohingegen sich die Staatsnotwehr beziehungsweise die Staatsnothilfe gegen den Angreifer selbst richten.

4. Abgrenzung zur Inanspruchnahme des Nichtstörers im Verwaltungsrecht

Abzugrenzen ist die Notwehr zugunsten des Staates weiterhin von verwaltungsrechtlichen Konstellationen im Polizeirecht, die nach heutigem Verständnis eine Inanspruchnahme des Nichtstörers darstellen.[1230] *Walter Jellinek* vertrat bezogen auf das Verwaltungsrecht beispielsweise einen sehr weitgehenden Begriff der Staatsnotwehr. Von einem Notrecht der Verwaltung sei immer dann auszugehen, wenn ein Angriff vorliege, den die Verwaltung nicht zu dulden brauche. Jede Verhinderungshandlung seitens der Verwaltung sei ein Notwehrakt zugunsten des Staates.[1231] Die Inanspruchnahme des Nichtstörers wurde auf dieser Linie liegend missverständlich vom Preußischen Oberverwaltungsgericht als „Staatsnotrecht" bezeichnet.[1232] *Wolzendorff* hingegen lehnt diese Bezeichnung kategorisch ab. Staatsnotrecht liege nur vor, wenn die Polizei in Ausnahmefällen das Gesetz überschreite. Eine solche Gesetzesübertretung sei nicht gegeben, da die Inanspruchnahme des Nichtstörers in diesen Fällen gesetzeskonform sei.[1233] Ein Rekurs auf das eigentliche „Staatsnotrecht" sei nicht erforderlich, weshalb „polizeiliches Notstandsrecht" in diesem Fall die treffendere Bezeichnung sei.[1234] Die Abgrenzung dieses Themenfeldes von der Staatsnotwehr erfolgt danach, ob der Staat sich bei seinem Handeln im Rahmen einer Ermächtigungsgrundlage bewegt.

---

abzuhalten, die von den Franzosen betriebene Regiebahn zu nutzen. S. hierzu auch S. 73 f.

1230 *Baron*, Notwehr, Staatsnotwehr und Staatsnotstand, S. 6 f.; vgl. hierzu *Steiger*, Staatsnotrecht, S. 7 ff., *Projahn*, Staatsnotrecht, S. 53 ff.

1231 *Jellinek*, Verwaltungsrecht, S. 342.

1232 Preuss OVG 78, 267 (270); vgl. hierzu auch *Deubelbeiß*, Die Staatsnotwehr, S. 23 f.

1233 Beispielsweise geregelt in § 21 PreußPVG v. 1931.

1234 *Wolzendorff*, AöR 1911, 220 (222); *Moderow*, Notwehr und Notstand zugunsten des Staates, S. 2; *Hatschek*, Das deutsche und preußische Verwaltungsrecht, S. 269.

5. Abgrenzung zur Notwehr gegen den eigenen Staat

Dadurch, dass in dem Kompositum „Staatsnotwehr“, wie bereits dargestellt, eine Präposition fehlt, die den Bezug zwischen Staat und Notwehr verdeutlicht,[1235] könnte man unter dem Begriff grundsätzlich auch eine Notwehr gegen den eigenen Staat verstehen. Dabei geht es um Verteidigungsmaßnahmen des Volkes gegen den eigenen Staat, um die eigene Existenz zu erhalten, also um das, was in der Bundesrepublik als Widerstandsrecht des Volkes in Art. 20 Abs. 4 Eingang ins Grundgesetz gefunden hat. Als Beispiele für ein solches Notwehrrecht gegen den eigenen Staat werden beispielsweise die Handlungen der Bevölkerung im Memelgebiet genannt.[1236] Das Memelgebiet war ein Teil des bis zum Ende des Ersten Weltkrieges zu Preußen gehörenden Ostpreußens. Durch Art. 99 des Versailler Vertrages wurde das Gebiet von Deutschland abgetrennt und gehörte durch die Konvention vom 8. Mai 1924, die zwischen Großbritannien, Frankreich, Italien und Japan mit Litauen geschlossen wurde, nunmehr zu Litauen.[1237] Wenn nun von Deutscher Seite betont wurde, dass die Memeldeutschen ein Notwehrrecht gegen den eigenen Staat gehabt haben, so war damit ein gewaltsames Vorgehen gegen die litauische Obrigkeit gemeint. Bei diesen Äußerungen standen politische Zielsetzungen im Vordergrund. Hätte das Gebiet weiterhin zu Deutschland gehört, so wäre die Wertung sicherlich anders ausgefallen.

Auch diese Problematik wurde zu jener Zeit kontrovers, namentlich auch im Zusammenhang mit dem Staatsnothilferecht, diskutiert.

Nach einer Ansicht kann es auch ein Notwehrrecht gegen den eigenen Staat geben.[1238] In solchen Fällen müsse jedoch einschränkend berücksichtigt werden, dass die Funktionsfähigkeit des Staates und der Verwaltung durch die Zubilligung eines solchen Rechts nicht gefährdet werden darf. Im Polizeirecht beispielsweise sollen Polizisten auch bei einer Anscheinsgefahr die Möglichkeit haben, zu handeln, ohne dass ihr Handeln durch Notwehr vereitelt wird oder sie sich selbst einer Gefährdung aussetzen.

1235 S. hierzu S. 230 f.

1236 *Baron*, Notwehr, Staatsnotwehr und Staatsnotstand, S. 7; vgl. auch *Noack*, JW 1935, 1074 (1076), der von einem „Notrecht“ spricht.

1237 *Friesecke*, Das Memelgebiet. Eine völkerrechtsgeschichtliche und politische Studie, S. 7. S. zu den Auswirkungen des Vertrags von Versailles auch *Gornig*, Das Memelland. Gestern und heute. Eine historische Betrachtung, S. 27 ff.

1238 *Lederle*, Staatsnotwehr, S. 14.

Etwas anderes solle bei einem rechtlichen Irrtum gelten.[1239] Problematisch sind indessen solche Fälle, in denen der Staat mittelbar oder unmittelbar in verschuldeter Weise in die Rechtssphäre der Bürger eingreift. Dabei sei sorgfältig nach der Motivation des notwehrausübenden Bürgers zu differenzieren. Eine Handlung zur Bestrafung genüge nicht, vielmehr müsse das Handeln der Gütererhaltung dienen.[1240] Dies entspricht den allgemeinen Ansichten über den Verteidigungswillen im Rahmen der Notwehr.[1241]

Andere hingegen gehen davon aus, dass es ein Notwehrrecht gegen den eigenen Staat nicht gebe. Selbst wenn der Staat Missstände verschulde, bleibe der Angriff der Aufständischen rechtswidrig. Ein Recht zur Revolution gebe es nicht.[1242]

Bei dieser Kontroverse gehen beide Ansichten von verschiedenen Prämissen aus. Die Meinung, die ein Widerstandsrecht gegen den Staat bejaht, meint primär ein Recht, unrechtmäßigen Zwang des Staates gegen die eigene Person abzuwehren. Die ablehnende Ansicht geht hingegen von einem Recht aus, allgemeine Missstände durch ein Vorgehen gegen den Staat zu beseitigen. Während in ersterem Fall die Rechtsgutsgefährdung für das Individuum unmittelbarer Natur ist, so ist dieses in letzterem Fall nur mittelbar betroffen. Man kann beide Meinungen auch insofern zusammenfassen, als dass ein Notwehrrecht gegen den Staat in den Fällen als denkbar erscheint, dass der Bürger unmittelbarem, rechtswidrigem staatlichen Zwang ausgesetzt ist, nicht jedoch, um bloß allgemeine Missstände abzuwenden, durch die der Einzelne lediglich mittelbar und in gleicher Weise wie jeder andere Staatsbürger betroffen ist.

6. Abgrenzung zu Notwehrhandlungen gegenüber fremden Staaten

Grundsätzlich kann beim Staatsnotstand nach der Ansicht *Böhms* sowohl eine Gefährdung des Staates von außen, beispielsweise durch Krieg, als auch eine Gefährdung, die aus seinem Inneren hervorgeht, in Betracht

1239 *Lederle*, Staatsnotwehr, S. 14.

1240 *Lederle*, Staatsnotwehr, S. 15.

1241 S. hierzu S. 434 ff.

1242 *Schmahel*, Staatsnotwehr und Staatsnotstand, S. 5; *Oetker*, GS 99 (1930), 411 (414 und 419); ähnlich auch *Lowack*, Die Rechtswidrigkeit und Handeln im Interesse der Allgemeinheit als Rechtfertigungsgrund, S. 21. S. hierzu weiterführend S. 414.

gezogen werden.[1243] Mit dieser Meinung steht *Böhm* gerade im Hinblick auf den zeitgenössischen Meinungsstand allerdings alleine da.

Damals ging man nämlich davon aus, dass das Kriegsrecht aus der Thematik des Staatsnotstands und der Staatsnotwehr ausgeklammert werden müsse. Dies wurde einerseits darauf gestützt, dass bei einer Gefahr durch Krieg das Völkerrecht *lex specialis* sei. Schlussendlich entscheide im Falle des Staatsnotstandes oder der Staatsnotwehr der Richter *ex post* über die Thematik, während im Kriegsfall eine solche nachträgliche Kontrolle mangels international zuständigen Gerichtshofes nicht stattfinde.[1244] Schon das Merkmal der Rechtswidrigkeit könne nicht mehr bestimmt werden, da keine Unterscheidung mehr zwischen rechtmäßigem und unrechtmäßigem Angriffs- oder Verteidigungskrieg vorgenommen werde.[1245] *Schück* schreibt dazu: „Der Begriff der Notwehr [oder des Notstandes] hat im Kriegsrecht keinen Platz, im Verhältnis von Staat zu Staat nicht, weil das Recht, wenn es nicht die Grundlage des positiven Völkerrechts verlassen will, zwischen erlaubten und unerlaubten Kriegen nicht unterscheiden kann, in der Kriegsführung nicht, weil der Krieg sowieso die Anwendung der Gewalt gestattet, also auch hier diese als Gegenwehr oder als präventiver Angriff nie unzulässig sein kann."[1246]

7. Die Abgrenzung zur Zivilcourage

Zusätzlich ist die Staatsnothilfe noch von verwandten Begriffen abzugrenzen, bei denen die Terminologie zwar nicht verwendet wird, aber dennoch Berührungspunkte und Überschneidungen bestehen. Zu diesen zählt der Begriff der Zivilcourage. Auch wenn sich die beiden Begriffe teilweise überlagern, sind sie keinesfalls als deckungsgleich anzusehen.[1247] Der Begriff Zivilcourage setzt sich aus dem lateinischen Wort „civilis", was bürgerlich bedeutet, und dem französischen Wort „courage", zu Deutsch Mut, zusammen. Es geht also um „Bürgermut". Auch wenn der Begriff der Zivilcourage

1243 *Böhm*, Staatsnotstand und Bundesverfassungsgericht, S. 21.
1244 *Deubelbeiß*, Die Staatsnotwehr, S. 24 f.
1245 *Lowack*, Die Rechtswidrigkeit und Handeln im Interesse der Allgemeinheit als Rechtfertigungsgrund, S. 60 f.
1246 *Schück*, Notwehr Privater zugunsten des Staates, S. 2.
1247 *Knoch*, Die Nothilfe zugunsten des Staates, S. 10.

relativ modern wirkt, so wurde er schon 1835 in Frankreich verwendet.[1248] Auch im deutschen Sprachgebrauch befindet sich der Begriff zumindest seit seiner Verwendung durch *Bismarck*.[1249] Dass die Begrifflichkeit auch in der Weimarer Republik präsent war, zeigt das gleichnamige Werk *Endemanns* aus dem Jahr 1925.[1250] Dieser definiert die Zivilcourage als „den von dem Einzelnen als Einzelner geführten Kampf um das Recht, getätigt aus bewußter Opposition gegen den im Rechtssatz erklärten oder als erklärt angenommenen Gesetzeswillen, getätigt ferner aus der inneren Überzeugung, gerade durch persönliches Eingreifen dem Schutzgedanken des Rechts oder auch der eigenen Sache am besten dienen zu können."[1251] *Knoch* konstatiert, dass Zivilcourage konträr zum militärischen Tätigwerden „das Einschreiten eines Privaten in seinem Lebensbereich, ohne auf mögliche Folgen zu achten, oder den Mut, sich im privaten Leben für die eigene Entscheidung einzusetzen" bedeutet.[1252] Bei der Staatsnothilfe hingegen gehe es nicht nur um den Kampf für die eigene Sache, sondern für den Staat als übergeordnete Metaebene.[1253] Beiden Begriffen gemeinsam ist einzig das Handeln des privaten Individuums, das sich dadurch von der Masse der Untätigen abhebt.[1254]

Die moderne Definition der Zivilcourage ist altruistischer geprägt. Demnach ist Zivilcourage der Mut, der jemand beweist, indem er humane oder demokratische Werte ohne Rücksicht auf etwaige Folgen in der Öffentlichkeit gegenüber der Obrigkeit oder beispielsweise gegenüber Vorgesetzten vertritt.[1255] Diese Definition legt mehr Wert auf die vertretenen Werte; das Einstehen für die eigene Sache tritt nach modernem Verständnis in den Hintergrund. Demgemäß nähert sich die moderne Definition insofern der Staatsnothilfe an, als die zu verteidigenden Werte auch solche der Verfassung sein können, sodass sich nach heutiger Vorstellung mehr Berührungspunkte zwischen Staatsnothilfe und Zivilcourage finden lassen.

1248 *Koblank*, Was versteht man unter „Zivilcourage", abrufbar unter: http://www.mythoselser.de/zivilcourage-begriff.htm, zuletzt abgerufen am 1.11.2022.

1249 *v. Keudell*, Fürst und Fürstin Bismarck. Erinnerungen aus den Jahren 1846 bis 1872, S. 8. Hierzu auch *Hirschberg*, Vorwort zu Grosshut, Staatsnot, Recht und Gewalt, S. 11; *Grosshut*, ebd. S. 19 ff.

1250 *Endemann*, Zivilcourage und Strafrecht.

1251 *Endemann*, Zivilcourage und Strafrecht, S. 6.

1252 *Knoch*, Die Nothilfe zugunsten des Staates, S. 10.

1253 Ähnlich *Knoch*, Die Nothilfe zugunsten des Staates, S. 10.

1254 *Knoch*, Die Nothilfe zugunsten des Staates, S. 11.

1255 Duden Online, abgerufen am 31.7.2018.

8. Abgrenzung zum Überzeugungsverbrecher

In den Reformentwürfen zum Strafgesetzbuch trat der Terminus des Überzeugungsverbrechers auf.[1256] Dieser von *Radbruch* geprägte Begriff umfasst auch „die politischen Verbrecher jeder Art und Farbe".[1257] In Konsequenz hierzu wäre jeder, der aus Staatsnothilfemotivation handelt, als Überzeugungsverbrecher anzusehen. Die Behandlung des Überzeugungsverbrechers sei auf strafrechtlicher Ebene allerdings nicht anders zu beurteilen wie die Strafbarkeit eines beliebigen anderen Delinquenten. Die Thematik sei vielmehr eine rechtspolitische, die lediglich Konsequenzen für die Strafzumessung zeitigen konnte.[1258] Nach § 71 des Radbruch'schen Entwurfs trat bei Überzeugungsverbrechen an die Stelle von Gefängnis die Einschließung, also ein der Festungshaft ähnliches Sanktionsinstrument, welches aber auf den Ausspruch der ehrenhaften Gesinnung verzichtet. *Radbruchs* Versuch, die politische Motivation des Täters positiv zu berücksichtigen, stieß allerdings auf breite Ablehnung.[1259]

III. Rechtsvergleichende Überlegungen

Auch in anderen Staaten gab es Anfang des 20. Jahrhunderts vergleichbare Rechtsinstitute.

In den britischen Kolonien hatten die britischen Bürger das Recht, Angriffe gegen die Kolonialmacht, wie sie beispielsweise durch Einheimische verübt wurden, abzuwehren. In diesen Konstellationen fielen die Staats- und Selbstverteidigung zusammen, sodass zumindest partiell Staatsnotwehrhilfe gegeben war.[1260]

In Großbritannien selbst war die Staatsnothilfe anders ausgestaltet. Dort konnten die Bürger in einer Zeit, in welcher der Staat schwach war, er-

1256 So beispielsweise § 71 des 9. Amtlichen Entwurfs eines Allgemeinen Deutschen Strafgesetzes von 1925, abgedruckt in: *Buschmann*, Textbuch zur Strafrechtsgeschichte der Neuzeit. Klassische Gesetze, S. 630.

1257 *Radbruch*, Strafrecht Bd. 8, S. 137; weiterführend *ders.*, Der Überzeugungsverbrecher, ZStW 44 (1924), 34 (34 ff.).

1258 *Lowack*, Die Rechtswidrigkeit und Handeln im Interesse der Allgemeinheit als Rechtfertigungsgrund, S. 22.

1259 *Radbruch*, Strafrecht 2. Gesamtausgabe, Bd. 8, S. 182; hierzu auch *Vormbaum*, Einführung in die moderne Strafrechtsgeschichte, S. 165; ablehnend beispielweise *Nagler*, GS 94 (1927), 48 (58 ff.).

1260 *Schück*, Notwehr Privater zugunsten des Staates, S. 53.

mächtigt werden, als *Special Constables* tätig zu werden, welche die Rechte eines Polizisten hatten und in der Schutzmannschaft eingesetzt werden konnten.[1261] Darin lag eine reine Nothilfe zugunsten des Staates, wobei es um die formelle Legitimation ging.[1262]

Eine der umfassendsten Regelungen enthielt der Sowjetrechtskodex. In diesem war die Verteidigung gegen die Angriffe auf die Sowjetherrschaft und die Revolutionsordnung in § 13 Abs. 1 direkt normiert.[1263]

Auch in Österreich warin § 60 des österreichischen Strafgesetzbuches von 1852 eine ähnliche Regelung enthalten. Demnach handele strafbar, wer „eine in den Hochverrat einschlagende Unternehmung, die unter seinem gesetzlichen Schutze steh[t], in ihrer weiteren Fortschreitung verhindern konnte, zu verhindern vorsätzlich unterlässt". Dadurch wurde eine Strafbarkeit durch ein echtes Unterlassungsdelikt statuiert, deren Strafmaß hinter dem des Hauptschuldigen zurückblieb.[1264]

1261 Special Constables Act 1923 § 3 I 1:
Any two justices of the peace may appoint such persons as may be nominated for the purpose by the Admiralty, Army Council or Air Council, to be special constables within the yards and stations and limits with which constables of the metropolitan police force may by virtue of the Metropolitan Police Act 1860, or the Metropolitan Police (Employment in Scotland) Act 1914, both as originally enacted and as applied to the Air Force, be employed; and every person so appointed shall be sworn in by any such justices duly to execute the office of a constable within the places and limits aforesaid, and when so sworn in shall have the same powers and privileges, and be liable to the same duties and responsibilities as constables of the metropolitan police force have and are liable to under the said Acts.
Hierzu auch *Schück*, Notwehr Privater zugunsten des Staates, S. 53; *Weidlich*, Die Polizei in England, S. 14; siehe hierzu auch *v. Oetker*, GS 99 (1930), 411 (418 f.).

1262 *Schück*, Notwehr Privater zugunsten des Staates, S. 53; zur formellen Legitimation ausführlich *Schmahel*, Staatsnotwehr und Staatsnotstand, S. 16 ff.; dazu auch *Schroeder*, Notwehr zugunsten des Staates, S. 18, der als Voraussetzung angibt, dass die Behörde im Rahmen ihrer Zuständigkeit und ihres Ermessens handelt.

1263 *Schück*, Notwehr Privater zugunsten des Staates, S. 53. S. zu der Unterscheidung zwischen formeller und materieller Legitimation auch S. 273.
§ 13 des Strafgesetzbuches der Russischen Sozialistischen Föderativen Sowjet-Republik v. 22.11.1926, übersetzt v. *Wilhelm Gallas*, 1931:
Maßnahmen des sozialen Schutzes werden überhaupt nicht angewandt auf Personen, die Handlungen begangen haben, die in den Strafgesetzen vorgesehen sind, wenn das Gericht feststellt, daß sie diese Handlungen im Zustande der Notwehr gegen Angriffe auf das Sowjetregime, ihre eigene Person oder Rechte oder auf die Person oder Rechte eines Dritten begangen und hierbei die Grenzen einer notwendigen Verteidigung überschritten haben. [...].

1264 *Ritter*, GS 115 (1941), 239 (275).

Eine solche rechtsvergleichende Darstellung zeigt auf, dass in anderen Ländern die Staatsnothilfe zumindest als Recht, teilweise auch als Pflicht, explizit gesetzlich normiert wurde. Auch in der Weimarer Republik wurden hinsichtlich des Strafrechts schon rechtsvergleichende Studien unternommen.[1265] Nichtsdestotrotz hat das Staatsnothilferecht in den Entwürfen des deutschen Strafgesetzbuches keinen Eingang gefunden, was eher gegen die Anerkennung eines entsprechenden Rechts spricht.

IV. Die Geschichte der Staatsnothilfe bis zur Weimarer Republik – ein auf Krisensituationen beschränktes Konstrukt?

Die Geschichte der Staatsnothilfe ist eine relativ junge. Die einschlägigen Begrifflichkeiten traten erstmals nach dem Ersten Weltkrieg auf, als auch der wissenschaftliche Diskurs begann.[1266] *Böttger* sprach von einem bis zur Weimarer Republik „niemals aufgetretene[n] Problem".[1267] Obschon die Thematik erst in der Nachkriegszeit behandelt wurde, bestand auch zuvor kein ernstlicher Zweifel darüber, dass der einzelne Bürger zur Verteidigung des Staates tätig werden könne, auch wenn er nicht ausdrücklich dazu berufen war. Der Grund für die Nichtthematisierung lag darin, dass es in dieser Epoche nicht vorstellbar war, dass Handlungen des Einzelnen zur Verteidigung des Staates nötig seien. Schließlich erschien in dieser Zeit die „Machtfülle des Staates unangetastet" und seine Bereitschaft und Potenz diese einzusetzen war offensichtlich.[1268] Zum ersten Mal tangiert wurde der Begriff von *Berner* im Jahr 1848. So erklärte er: „Auch den angegriffenen Rechten des Staates darf man verteidigend beispringen"[1269], ohne dies weiter auszuführen.[1270] *Schroeder* sah es ebenfalls im Kontext der Märzrevolution aus ex-post-Sicht als Akt der Staatsnothilfe an, dass ein Bürger, welcher selbst kein Beamter war, einen der Anführer der Märzrevo-

1265 Vgl. z. B. *v. Oetker*, Notwehr und Notstand, in: Birkmeyer/v. Calker/Frank/v. Hippel/Kahl/v. Lilienthal/v. Liszt/Wach (Hrsg.), Vergleichende Darstellungen des Deutschen und Ausländischen Strafrechts, Bd. 2, S. 254.

1266 *Knoch*, Die Nothilfe zugunsten des Staates, S. 15; ebenso *Hamers*, Der strafrechtliche Staatsnotstand, S. 1, aber in Bezug auf den Staatsnotstand.

1267 *Böttger*, Der Hochverrat in der höchstrichterlichen Rechtsprechung der Weimarer Republik, S. 190.

1268 *Binding*, Der strafrechtliche Staatsnotstand, S. 3.

1269 *Berner*, Arch d. Criminalrechts 1848, 547 (562).

1270 Dies kritisierend *Knoch*, Die Nothilfe zugunsten des Staates, S. 15.

lution festnahm und so erfolgreich einen Umsturz im badischen Oberland verhindern konnte.[1271]

Ob eine Staatsnothilfe auch davor denkbar war, hängt maßgeblich von der Staatsauffassung der untersuchten Zeit ab. Im absolutistischen Polizeistaat würde man wohl verneinen müssen, dass der Staat als anderer im Sinne der Norm angesehen werden kann.[1272] Unter Polizeistaat im hiesigen Sinne ist ein solcher Staat zu verstehen, der von obrigkeitlichem Denken geprägt wird und in welchem die Bürger als Objekte der Verwaltung möglichst vollumfänglich überwacht werden sollen.[1273] In Bayern beispielsweise kann bis zur Mitte des 19. Jahrhunderts von einem Polizeistaat gesprochen werden. In der Verfassung von 1818[1274] war keine Beschränkung der Polizeigewalt enthalten und durch die Verbindung von Judikative und Exekutive fehlte eine wirkliche Kontrollinstanz. Erst durch das Polizeistrafgesetzbuch von 1861 wurde die Exekutivgewalt der Polizei einer einschränkenden Regelung zugeführt.[1275] Die Bürger werden in einem solchen System nicht als mündig erachtet, die Interessen des Staates wahrzunehmen und zu vertreten, weswegen es nicht der Wille des Staates sein könne, dem Bürger diesbezügliche Befugnisse einzuräumen. Nach einer Ansicht wird man auch im Liberalismus ein Einstandsrecht des Einzelnen für den Staat verneinen müssen. Letztlich sei der Liberalismus geprägt von einer starken Interessenlosigkeit des Einzelnen für den Staat. Der Staat sei ausschließlich eine Ordnungs- und Sicherheitsapparatur, weswegen ein Staatsnotrecht seiner Grundlage entbehre.[1276]

Nach anderer Ansicht ist dies lediglich ein Argument dafür, die Einstandspflicht des Einzelnen für den Staat zu verneinen. In diesem findet sich kein Anhaltspunkt, um ein Recht des Bürgers, dem Staat zur Hilfe zu eilen, zu negieren. *Schroeder* betont auf dieser Linie liegend, dass im liberalen Staat nichtsdestoweniger eine Demokratie gegeben sei, bei der

1271 *Schroeder*, Notwehr zugunsten des Staates, S. 4; vgl. zu diesem Beispiel auch *Groth*, Staatsnothilfe und übergesetzlicher Staatsnotstand, S. 7.

1272 *Labin*, Staatsnotwehr und Staatsnotstand, S. 19; *Koellreutter* DJZ 1932, 39 (40); kritisch in Bezug auf den absolutistischen Staat: *Ritter*, GS 115 (1941), 239 (275).

1273 Vgl. *Kiesling/Schmid* unter Mitwirkung von *Blessing*, Regierungs- und Verwaltungshandeln. Vom „Polizeistaat" zum Daseinsvorsorgestaat, S. 1.

1274 Verfassungsurkunde für das Königreich Bayern v. 26. Mai 1818, BayGBl. 1818, S. 101 ff.

1275 *Kiesling/Schmid* unter Mitwirkung von *Blessing*, Regierungs- und Verwaltungshandeln. Vom „Polizeistaat" zum Daseinsvorsorgestaat, S. 12.

1276 *Labin*, Staatsnotwehr und Staatsnotstand, S. 19; *Koellreutter* DJZ 1932, 39 (40); kritisch in Bezug auf den absolutistischen Staat: *Ritter*, GS 115 (1941), 239 (275).

die Macht vom Volke ausgeht. Aus dieser Volkssouveränität könne auch ein Recht dazu hergeleitet werden, Angriffe auf den Staat und die Verfassung abzuwehren.[1277] Dadurch, dass keine konkreten Eckdaten für den Zeitraum des Liberalismus genannt werden und dieser Begriff verschiedene Strömungen unter sich vereint, die bis in die heutige Zeit hineinreichen, erscheint es schwierig, eine pauschale Aussage darüber zu treffen, ob eine Staatsnothilfe im Liberalismus denkbar gewesen wäre. Ausgehend von der liberalen Grundidee lässt sich sagen, dass zumindest eine Nothilfepflicht zugunsten des Staates verneint werden muss. Gründe dafür, weshalb aufgrund der dem Liberalismus zugrunde liegenden Ansichten ein Recht zur Staatsnothilfe verneint werden muss, sind jedoch nicht ersichtlich.

Der Diskurs bezüglich des Staatsnothilferechts nahm nach dem Ersten Weltkrieg stark zu und in der Weimarer Republik kam es auch zu ersten Gerichtsurteilen, die sich mit der Thematik befassten. Insgesamt wird eine Konnexität zwischen schwacher Staatsgewalt und den Höhepunkten des Diskurses gesehen. Es sei als bezeichnend anzusehen, dass die Diskussion erstmals in einem Revolutionsjahr aufkam und dann wieder in der instabilen Krisenzeit der Weimarer Republik zunahm.[1278] Aus damaliger Perspektive mag diese Sicht zutreffen. Es darf aber nicht unbeachtet bleiben, dass *v. Oetker* sich mit der Thematik auch in der Zeit vor dem Ersten Weltkrieg, im Jahr 1908, beschäftigte.[1279] Auch *v. Alberti* gestand dem Einzelnen schon 1901 ein Recht zur Staatsnothilfe zu.[1280] Darüber hinaus kam es im Nationalsozialismus durchgängig zu einer Auseinandersetzung mit dieser Rechtsfigur.[1281] Insbesondere die Arbeiten der Nachkriegszeit weisen keine Konnexität zu Krisensituationen auf.[1282] Es erscheint viel wahrscheinlicher, dass die Krisensituation zwar den aktuellen Anlass dafür geboten hat, die

---

1277 *Schroeder*, Notwehr zugunsten des Staates, S. 29.

1278 So auch *Moderow*, Notwehr und Notstand zugunsten des Staates, S. 1 f.; in diese Richtung auch *Grimm*, Justiz V (1929/1930), 329 (332); kritisch diesbezüglich *Groth*, Staatsnothilfe und übergesetzlicher Staatsnotstand, S. 10, der annimmt, dass die Staatsnothilfe auch außerhalb von Krisenzeiten denkbar ist.

1279 *Oetker*, Notwehr und Notstand, in: Birkmeyer/v. Calker/Frank/v. Hippel/Kahl/v. Lilienthal/v. Liszt/Wach (Hrsg.), Vergleichende Darstellungen des Deutschen und Ausländischen Strafrechts, Bd. 2, S. 254.

1280 *v. Alberti*, Das Notwehrrecht, S. 33 f.

1281 Siehe nur *Ritter*, GS 115 (1941), 239 (239) oder *Boldt*, ZStW 56 (1937), 183 (212).

1282 Beispielhaft *Knoch*, Die Nothilfe zugunsten des Staates aus dem Jahr 1965; *Lammerding*, Die Staatsnothilfe als strafrechtlicher Rechtfertigungsgrund aus dem Jahr 1971. Vgl. die Häufigkeit der Verwendung des Begriffes „Krise" in Bundestagssitzungen, als Graph dargestellt unter: https://www.zeit.de/politik/deutschland/2019

Thematik der Staatsnothilfe zu erörtern, vor allem auch aus politischen Motiven heraus. Nachdem dieser Anstoß geschaffen worden war, entwickelte sich ein juristischer Diskurs, der in der Zeit nach dem Zweiten Weltkrieg weitestgehend frei von dieser politischen Anlassbezogenheit war und sich auf die sachliche Behandlung des Problems konzentrierte. Schon früh erkannte *Hamers*, dass die Fragestellung aufgrund stabiler Verhältnisse zwar an Aktualität einbüßt, dies jedoch nicht zu einer Lösung des dogmatischen Problems führt.[1283]

Die Diskussion wurde während der Weimarer Republik durch die ersten Urteile zum übergesetzlichen Notstand vorangetrieben.[1284] Diese ergingen im Hinblick auf den Schwangerschaftsabbruch. Das Reichsgericht leitete das Rechtsinstitut aus dem Güterabwägungsprinzip ab.[1285] Auch wenn die Urteile selbst zu begrüßen waren, ist die dadurch eingeläutete Entwicklung in der Retrospektive durchaus kritisch zu sehen. Durch diese Entwicklung sind Taten, die aus einigem Abstand heraus als zweifellos rechtswidrig zu beurteilen waren, als gerechtfertigt angesehen worden. Wenn nun keine entsprechende Notlage des Täters selbst vorlag, „so war es eben der Staat, der in Not war (und wann war er es in jenen Zeiten nicht!)".[1286] Das Reichsgericht sah sich der Entwicklung weitestgehend machtlos gegenüber. Naheliegend wäre es *v. d. Brelie* zufolge gewesen, die Staatsnothilfe über den Nothilfevorsatz einzudämmen. Diesbezüglich war dem Reichsgericht aber in den meisten Fällen eine eigene Beurteilung versagt. Vielmehr war es an die tatrichterlichen Feststellungen der Vorinstanz gebunden.[1287] Diese entschied oft aus Opportunitätsgründen zugunsten des Angeklagten und insofern erwies sich die Rechtsprechung des Reichsgerichts als „willkommene Ausflucht für jeden politischen Mörder".[1288] Ob der Nothilfevorsatz als innere Tatsache, die schwerlich dem Beweis zugänglich ist und für deren Vorliegen oder Nichtvorliegen lediglich äußere Tatsachen als Indizien herangezogen werden können, tatsächlich ein geeigneteres Abgrenzungskriterium darstellt, ist fraglich. Aufgrund dessen erscheint ein objektives Abgrenzungskriterium vorzugswürdig.

-09/bundestag-jubilaeum-70-jahre-parlament-reden-woerter-sprache-wandel, zuletzt abgerufen am1.11.2022. S. zu diesem Projekt weiterführend S. 461 f.

1283 *Hamers*, Der strafrechtliche Staatsnotstand, S. 1, allerdings über die Staatsnotwehr.

1284 Beispielsweise RG, RGSt 61, 242 (242 ff.); RG, RGSt 62, 35 (35 ff.).

1285 *Vormbaum*, Einführung in die moderne Strafrechtsgeschichte, S. 162.

1286 *v. d. Brelie*, Staatsnothilfe und Widerstandsrecht, S. 11 f.

1287 *v. d. Brelie*, Staatsnothilfe und Widerstandsrecht, S. 12.

1288 *v. d. Brelie*, Staatsnothilfe und Widerstandsrecht, S. 13.

B. Die Staatsnothilfe in der Weimarer Republik

Zuvörderst soll die Staatsnothilfe anhand der zeitgenössischen Diskussion während der Weimarer Republik dargestellt werden. Schließlich wurde sie zu jener Zeit erstmals in wissenschaftlicher Weise geführt und fand hier ihren Höhepunkt. Auch der untersuchte Fall ereignete sich in dieser Epoche. Teilweise werden jedoch auch Argumente aus späteren Phasen aufgegriffen, soweit sie thematisch passen und der Untermauerung der Argumentation dienen. Eine strikte Trennung gestaltet sich an dieser Stelle schwierig und würde der Vollständigkeit schaden, da die neueren Arbeiten immer wieder Bezug auf die damaligen Ausführungen nehmen und somit zumindest als Sekundärquellen betrachtet werden können. Dies wird, soweit es sich um Arbeiten aus der Zeit nach dem Zweiten Weltkrieg handelt, in den Fußnoten deutlich gemacht. Es werden auch teilweise Autoren, die eigentlich in den Zeitraum des Nationalsozialismus fallen, an dieser Stelle behandelt, soweit sie an die Lehren zur Staatsnothilfe, die in der Weimarer Republik vorherrschten, anknüpfen und daher thematisch eher dieser Epoche zuzuordnen sind. Nicht jede Arbeit, die während des Nationalsozialismus verfasst wurde, weist nationalsozialistische Charakteristika auf, und selbst wenn dies partiell der Fall ist, so kann in anderen Punkten dennoch an die Rechtstradition der Weimarer Republik angeknüpft worden sein. Nicht jeder Autor, der zur Zeit des Nationalsozialismus veröffentlicht hat, war ein Nationalsozialist, ebenso wenig wie die Literatur in der Weimarer Republik frei von nationalsozialistischem Gedankengut war.[1289] Arbeiten, die in den Jahren 1933 und 1934 veröffentlicht wurden, wurden überdies noch größtenteils in der Weimarer Republik verfasst.[1290] Während im anschließenden Kapitel die Besonderheiten im Nationalsozialismus hervorgehoben werden, soll in diesem Kapitel die Kontinuität zwischen beiden Epochen Beachtung finden. Bei der Betonung der Unterschiede zwischen Weimarer Republik und Nationalsozialismus, die zweifelsohne gravierender Natur waren, werden gewisse Kontinuitäten in der Forschung oft vernach-

1289 Manche dieser Autoren wurden im Nationalsozialismus als Juden verfolgt. Dazu, dass *Labin* 1933 deshalb den Staatsdienst verlassen musste, *Morisse*, Ausgrenzung und Verfolgung der Hamburger jüdischen Juristen im Nationalsozialismus, Bd. 2: Beamtete Juristen, S. 137.

1290 Die Disputation zu *Hans Herbert Labins* Arbeit, Staatsnotwehr und Staatsnotstand, die im Jahr 1933 veröffentlicht wurde, fand beispielsweise am 30.12.1932 statt. S. hierzu *Morisse*, Ausgrenzung und Verfolgung der Hamburger jüdischen Juristen im Nationalsozialismus, Bd. 2: Beamtete Juristen, S. 137.

lässigt. Eine solche isolierte Betrachtungsweise ist allerdings kaum möglich und würde Verfälschungen nach sich ziehen.[1291] Mit der Machtübernahme Hitlers im Jahre 1933 war die Zwischenkriegszeit noch nicht beendet. Wenngleich die Zäsur in der Retrospektive gravierender Natur war, so wäre es der Komplexität der Epoche abträglich, eine Sichtverengung auf die Binnenperspektive vorzunehmen.[1292] Demgemäß soll eine thematische Trennung im Sinne einer problemgeschichtlichen Betrachtung erfolgen. Diejenigen Arbeiten, die sich neben rechtspolitischen Aspekten primär darauf beschränken, die Staatsnothilfe unter § 53 RStGB zu fassen und hauptsächlich formal argumentieren, werden im Rahmen des Diskurses der Weimarer Republik mitbehandelt. Diejenigen jedoch, die sich von § 53 RStGB entfernt haben und eigene, primär übergesetzliche, Lösungsansätze verfolgen und sich nicht mehr an einer formalistischen Betrachtungsweise orientieren, werden im Rahmen der Abhandlung zum Nationalsozialismus erörtert.

I. Die dogmatische Einordnung

1. Notwehr Privater zugunsten des Staates als staatsrechtliche Konstruktion

Umstritten war schon die dogmatische Einordung des Rechtsinstituts. Teilweise wird der Begriff Staatsnothilfe nicht als strafrechtlicher, sondern vielmehr als staatsrechtlicher Begriff verstanden. So beschäftige sich das Strafgesetzbuch einzig und allein mit der Notwehr und dem Notstand zum Schutze des Bürgers, also mit der so genannten Privatnotwehr beziehungsweise dem Privatnotstand. Das Notwehrrecht des Strafgesetzbuches könne jedoch als Teilgebiet der staatsrechtlichen Notwehr verstanden werden. Schließlich seien dort Rechte gegen den Störer des Rechtsfriedens kodifiziert. Bis zur Sanktionierung durch den Richterspruch sei das Verbrechen ein Angriff auf den allgemeinen Rechtsfrieden. Nichtsdestotrotz seien die Begriffe der Staatsnotwehr und des Staatsnotstands keine strafrechtlich konnotierten Begriffe, sondern eher als Oberbegriffe staatsrechtlicher Na-

1291 *Stolleis,* Juristische Zeitgeschichte. Einleitung, in: ders. (Hrsg.), Juristische Zeitgeschichte – ein neues Fach?, S. 7 (11).

1292 *Knittel,* Zwischenkriegszeit und Weimarer Republik (1918–1933/39), in: Möller/Wengst (Hrsg.), Einführung in die Zeitgeschichte, S. 52 (55).

tur zu verstehen.[1293] Auch *v. Oetker* sieht in der Regelung der Staatsnotwehr und -hilfe eine staatsrechtliche Aufgabe.[1294]

Teilweise wird sogar *de lege ferenda* eine Normierung im Staatsrecht gefordert. *Schmitz* beispielsweise bringt dagegen an, dass ein solches Institut nicht im Strafrecht, sondern im öffentlichen Recht geschaffen werden müsse.[1295] *Broglio* geht noch weiter und schlägt eine konkrete Norm für die Reichsverfassung vor.[1296] Durch diese verfassungsrechtliche Normierung soll hervorgehoben werden, dass diese Handlungen nicht nur geduldet, sondern sogar lobenswert seien und es sich bei ihnen um einen Dienst am Volke handele, der zugleich eine vaterländische Pflicht darstelle.[1297] Eine solche Vorschrift könne sogar zur „Stabilisierung des ins Wanken gekommenen Staatsgedankens", der in der Zeit nach dem Ersten Weltkrieg ein Problem darstellte, dienen.[1298]

2. Einordnung der Notwehr zugunsten des Staates ins geltende Strafrechtssystem

Dem wurde mit dem Argument entgegengetreten, dass es zwar zutreffend sei, dass auch im öffentlichen und im bürgerlichen Recht Rechtfertigungsgründe bestehen. Dennoch wurde die Notwehr explizit im Strafgesetzbuch geregelt, weswegen eine strafrechtliche Betrachtung geboten erscheint.[1299] Dieses Argument erweist sich insofern als ein Kreisschluss, als dass auch im BGB zum damaligen Zeitpunkt ein entsprechendes Notwehrrecht statuiert war.[1300] Zudem ist „Notwehr" nur eine Begrifflichkeit. Je nach Ausgestaltung muss sich die Legitimation für Handlungen zugunsten des Staates nicht mit dem strafrechtlichen Begriffsverständnis decken und der Begriff

1293 *Schmahel*, Staatsnotwehr und Staatsnotstand, S. 4.

1294 *Oetker*, GS 99 (1930), 411 (414); auch im Nationalsozialismus findet die Verortung der Problematik im Staatsrecht, wie sich später noch zeigen wird, großen Anklang, vgl. hierzu nur *Schröder*, Notwehr zugunsten des States, im Jahr 1937, S. 34 f.

1295 *Schmitz*, Schutzobjekte der Notwehr, S. 38.

1296 *Broglio*, Der strafrechtliche Notstand im Lichte der Strafrechtsreform, S. 19 und 71, nach dem „jede Handlung [...], die zur Abwendung einer gegenwärtigen, mit schwächeren Mitteln nicht zu beseitigenden, erheblichen Gefahr für den Bestand oder die Sicherheit des Reichs oder eines Landes geboten erscheint", rechtmäßig ist.

1297 *Broglio*, Der strafrechtliche Staatsnotstand im Lichte der Strafrechtsreform, S. 19.

1298 *Broglio*, Der strafrechtliche Staatsnotstand im Lichte der Strafrechtsreform, S. 19.

1299 *Labin*, Staatsnotwehr und Staatsnotstand, S. 18.

1300 Der damalige § 217 BGB entspricht der heutigen Norm.

an sich ist beliebig austauschbar. Dennoch soll, angelehnt an die damalige herrschende Meinung, eine Fassung unter § 53 RStGB angenommen werden.

Als strafrechtliche Rechtsgrundlage kommt nach der in der Weimarer Republik vorherrschenden Meinung *de lege lata* nur § 53 RStGB in Betracht. Ansonsten finden das Recht oder die Pflicht des Bürgers, dem Staat Hilfe zu leisten, gesetzlich kaum Erwähnung. Neben § 139 RStGB, der die Nichtanzeige geplanter Katalogstraftaten sanktioniert, gab es lediglich § 360 Abs. 10 RStGB.[1301] Nach dieser Norm war der Bürger dazu verpflichtet, dem Polizeibeamten unter bestimmten Voraussetzungen Hilfe zu leisten, sofern ein Unglücksfall oder gemeine Gefahr oder Not gegeben war.[1302] Daneben existierte noch das Jedermann-Festnahmerecht des § 127 StPO, das den Bürger berechtigt, den auf frischer Tat betroffenen vorläufig festzunehmen. Eine Verletzung eigener Rechte ist nicht erforderlich. Der Bürger handele laut *Schmahel* in diesen Fällen in Staatsnotwehr anstelle der ansonsten zuständigen Stellen. Das gefährdete Rechtsgut sei der Rechtsfriede.[1303] Diese Aussage ist insofern problematisch, als dass nicht jede Gesetzesübertretung ausreicht, um von der Ausübung von Staatsnotwehr zu reden. Vielmehr müsste der Staat sich tatsächlich in einer Notlage befinden, was bei der Flucht eines einzelnen Straftäters zu verneinen ist.[1304]

§ 127 StPO und das Staatsnotwehrrecht nach § 53 RStGB haben gemein, dass in beiden Fällen gegen einen Rechtsbrecher vorgegangen wird. Außerdem nimmt der Helfer in beiden Fällen Befugnisse wahr, die ansonsten staatlichen Stellen vorbehalten sind. Die Zielsetzung der beiden Normen ist nichtsdestotrotz verschieden: Während § 127 StPO nur der Strafverfolgung dient, ist der Zweck des § 53 RStGB der Rechtsgüterschutz. Auch der Befugnisrahmen der beiden Normen divergiert. § 53 RStGB stellt bezüglich der zur Abwehr erlaubten Handlungen keine Einschränkung auf; sogar die Tö-

1301 § 360 I Nr. 10 RStGB: Mit Geldstrafe bis zu einhundertfunfzig Mark oder mit Haft wird bestraft: wer bei Unglücksfällen oder gemeiner Gefahr oder Noth von der Polizeibehörde oder deren Stellvertreter zur Hülfe aufgefordert, keine Folge leistet, obgleich er der Aufforderung ohne erhebliche eigene Gefahr genügen konnte, § 360 RStGb in der vom 30.12.1919 bis zum 1.6.1933 geltenden Version, abgedruckt in: *Fuchs* (Hrsg.), Strafgesetzbuch für das Deutsche Reich vom 15. Mai 1871. Historisch-synoptische Edition 1871–2009, S. 1505 f.

1302 *Schmahel*, Staatsnotwehr und Staatsnotstand, S. 10.

1303 *Schmahel*, Staatsnotwehr und Staatsnotstand, S. 10.

1304 *Schroeder*, Notwehr zugunsten des Staates, S. 5, hält es für denkbar, dass in diesen Fällen die Staatsnothilfe greift, ebenso *Hartung*, JR 1931, 61 (62).

tung des Angreifers kann gerechtfertigt sein. § 127 StPO hingegen erlaubt nur die vorläufige Festnahme.[1305]

Grundsätzlich wird die Staatsnothilfe deshalb direkt unter § 53 RStGB gefasst[1306] oder die Norm wird analog angewandt.[1307] Für eine Analogie spricht, dass durch diese eine flexiblere Handhabung möglich wäre. Man könnte die Nothilfemöglichkeit auf besonders schwere und gefährliche Angriffe beschränken.[1308]

Andere beurteilen die Staatsnothilfe als Unterfall des übergesetzlichen Notstands.[1309] Es ist allerdings zu beachten, dass dieses Rechtsinstitut erst in der zweiten Hälfte der Weimarer Republik durch die Gerichte im Rahmen der Urteile über den Schwangerschaftsabbruch[1310] entwickelt wurde. Dies erklärt, weshalb in der Weimarer Republik besonders zu Beginn hauptsächlich versucht wurde, das Rechtsinstitut unter § 53 RStGB zu fassen, wogegen sich die Diskussion zur Zeit des Nationalsozialismus hauptsächlich auf übergesetzliche Gesichtspunkte stützte.

II. Akzessorietät von Staatnothilfe und Staatsnotwehr

Strittig war schon in der Weimarer Republik, ob die Nothilfe des Einzelnen davon abhängig ist, dass der Staat selbst Staatsnotwehr üben darf. Ob eine

1305 *Lowack*, Die Rechtswidrigkeit und Handeln im Interesse der Allgemeinheit als Rechtfertigungsgrund, S. 55; so auch für die Zeit nach dem Zweiten Weltkrieg *Lammerding*, Die Staatsnothilfe als strafrechtlicher Rechtfertigungsgrund, S. 6 f.

1306 RG, RGSt 63, 215 (220); RGSt 64, 101, (102); so auch noch in der Nachkriegszeit *Hösch*, Staatsnotwehr, S. 36.

1307 *Stock*, GS 101 (1932), 148 (168). Eine analoge Anwendung zugunsten des Täters war möglich, da diese nicht gegen den in Art. 116 WRV kodifizierten Grundsatz *nulla poena sine lege* verstößt.

1308 *Stock*, GS 101 (1932), 148 (166).

1309 Ähnlich *Welzel*, Das deutsche Strafrecht, S. 88; *Boldt*, ZStW 56 (1937), 183 (212), der ebenfalls einen Rechtfertigungsgrund *sui generis* annimmt; *Heiliger*, Der Staatsnotstand als Beispiel politischer Strafrechtswissenschaft, S. 11; *Ritter*, GS 115 (1941), 239 (247), der von einem volkssittlichen Rechtfertigungsgrund *sui generis* ausgeht; kritisch *Knoch*, Die Nothilfe zugunsten des Staates, S. 84 f, da das Güterabwägungsprinzip im Falle eines Angriffs verfehlt sei. Hierbei wird deutlich, dass der Weg über den übergesetzlichen Notstand, abgesehen von *Welzel*, insbesondere von Autoren, die ihre Werke zur Zeit des Nationalsozialismus geschrieben haben oder sich mit nationalsozialistischen Ideen identifizieren konnten, bevorzugt wird. In der Zeit nach dem Zweiten Weltkrieg kam es dann wieder zu einer Abkehr von dieser Linie.

1310 Beispielsweise RG, RGSt 61, 242 (242 ff.); RGSt 62, 35 (35 ff.).

solche Akzessorietät zwischen Staatsnotwehr und Staatsnothilfe gegeben ist, wird teilweise bejaht.[1311]

Auch wenn die Staatsnothilfe ein gegenüber der Staatsnotwehr eigenständiges Recht sei, so sei „es gedanklich und begrifflich nicht vorstellbar, daß der Nothelfer ein Recht zur Abwehr haben soll, wenn dieses Recht nicht auch dem Angegriffenen selbst zusteht". Vielmehr bestehe das Erfordernis, dass der Angegriffene sich in der konkreten Situation selbst verteidigen dürfe, wenn er anwesend und abwehrbereit sei.[1312]

Andere Autoren hingegen verneinen die Akzessorietät. Schließlich sei die Nothilfe ein von der Notwehr völlig losgelöstes Recht und nicht etwa als „Beihilfe" zur Notwehr anzusehen. Eine Handlung des sich in einer Notlage Befindenden sei nämlich gar nicht notwendig – man denke beispielsweise an die Rettung eines Schlafenden beziehungsweise Bewusstlosen oder an die Verteidigung materieller Güter eines Abwesenden. Wenn schon gar keine Teilnahmehandlung vorliegt, so könne die Rechtmäßigkeit der Nothilfe nicht von der Rechtmäßigkeit der Notwehr abhängen. Soweit der Angriff trotz Einwilligung des Angegriffenen immer noch rechtswidrig ist, könne die Nothilfe auch gegen den Willen des Angegriffenen ausgeübt werden.[1313] Die Annahme einer Akzessorietät sei deshalb keinesfalls zwingend.[1314]

1311 *Kraegeloh*, Beiträge zur Lehre von der Notwehr im geltenden Strafrecht, S. 40; *Lederle*, Staatsnotwehr, S. 26, wenn man eine Akzessorietät annimmt, so kann man dogmatisch sauber zwischen dem allgemeinen Verbrechenshinderungsrecht und der Nothilfe abgrenzen. *Moderow*, Notwehr und Notstand zugunsten des Staates, S. 11, erklärt die Abgrenzung zwischen allgemeinem Deliktshinderungsrecht und Staatsnothilfe mit dieser Akzessorietät recht plausibel: So komme bei ihm echte Staatsnothilfe dort nicht in Betracht, wo auch der Staat nicht in Staatsnotwehr, sondern nur auf Basis der bestehenden Gesetze handele; so beispielsweise auch noch zu Beginn des NS-Staats *Schubert*, Staatsnothilfe, S. 33 und in der Nachkriegszeit *Knoch*, Die Nothilfe zugunsten des Staates, S. 61 f., *v. Hippel*, Deutsches Strafrecht, Bd. 2, S. 205 Anm. 4, der jedoch nichtsdestotrotz das Notwehrrecht des Einzelnen als gerade entstehendes Gewohnheitsrecht anerkennt, a. A. *Grützner*, GA 77 (1933), 310 (317).

1312 *Knoch*, Die Nothilfe zugunsten des Staates, S. 61, zwar für die Nachkriegszeit, seine Argumentation kann hier jedoch durchaus herangezogen werden, um die unkommentierten Gedankengänge der Autoren der damaligen Zeit nachzuvollziehen.

1313 *Baron*, Notwehr, Staatsnotwehr und Staatsnotstand, S. 11; *Labin*, Staatsnotwehr und Staatsnotstand, S. 18; *Freiherr Hold v. Ferneck*, Die Rechtswidrigkeit, eine Untersuchung zu den allgemeinen Lehren des Strafrechts, Bd. 2, Erste Abteilung: Notstand und Notwehr, S. 157 f.

1314 *Freiherr Hold v. Ferneck*, Die Rechtswidrigkeit, eine Untersuchung zu den allgemeinen Lehren des Strafrechts, Bd. 2, S. 157.

Wenn man ein Notwehrrecht des Staates verneint und eine Akzessorietät bejaht, so kommt man zu einer Unzulässigkeit der Staatsnothilfe.[1315] Bei Verneinung der Akzessorietät oder Bejahung der Staatsnotwehr steht diese Problematik einer Zulässigkeit der Staatsnothilfe im Rahmen des § 53 RStGB nicht entgegen.

III. Abgrenzung zum allgemeinen Verbrechenshinderungsrecht

Schon vor dem Ersten Weltkrieg wurde diskutiert, ob es ein allgemeines Deliktshinderungsrecht, also das Recht, jedwedes begangene Verbrechen abzuwenden, gebe. Diese Frage ist laut *Moderow* zu ungenau. So bestehe ein solches Recht im Rahmen des § 53 RStGB bereits. Es existiere im Versuchsstadium immer ein Recht zur allgemeinen Deliktshinderung. Nach der von ihm vertretenen Ansicht ist allein zweifelhaft, ob ein solches Recht auch über die Grenzen der Notwehr hinaus besteht. Dies werde in den Fällen relevant, in denen die Delikte das Vorbereitungsstadium noch nicht erreicht hatten.[1316] *Moderow* ist dahingehend zuzustimmen, als das Recht zur allgemeinen Deliktshinderung seinen Anwendungsbereich außerhalb des klassischen § 53 RStGB haben muss. Die Annahme, dass durch jedes Verbrechen im Versuchsstadium ein notwehrfähiges Gut im Sinne von § 53 RStGB tangiert werde, nimmt allerdings die eigentliche Frage vorweg. Daher greift *Moderows* Argumentation, die sich ausschließlich auf die Gegenwärtigkeit bezieht, zu kurz. Vielmehr müssen auch die Rechtsgüter betrachtet werden. Dadurch, dass Angriffe auf Individualinteressen unstreitig schon über § 53 RStGB abgewehrt werden dürfen, beschränkt sich der Anwendungsbereich des allgemeinen Deliktshinderungsrechts auf solche gegen die Allgemeinheit und den Staat. Zeitlich gesehen dürfen diese nicht unter § 127 StPO fallen.

Zuerst einmal muss darauf eingegangen werden, ob ein allgemeines Deliktshinderungsrecht existiert. Wäre dies nämlich der Fall, dann bedürfte die Frage nach der Staatsnothilfe gar keiner weitergehenden Erörterung,

1315 So *Schubert*, Staatsnothilfe, S. 33 f.

1316 *Moderow*, Notwehr und Notstand zugunsten des Staates, S. 19. In diesen Fällen müsste das Allgemeine Deliktshinderungsrecht weiter reichen als das Nothilferecht, da eine Gegenwärtigkeit noch nicht gegeben sein wird.

da diese dann nur einen darunter zu subsumierenden Sonderfall darstellen würde.[1317]

1. Die Bejahung des allgemeinen Deliktshinderungsrechts

Vereinzelt wird in der Literatur vertreten, dass jedwede Gesetzesübertretung ein Notwehrrecht zugunsten des Staates begründe. Dies sei darauf zurückzuführen, dass das Präventions- das Repressivinteresse im deutschen Recht immer übersteige.[1318] Die Bejahung des allgemeinen Verbrechenshinderungsrechts entspreche dem Grundverständnis, welches dem Rechtssystem zugrunde liegt; letzten Endes komme es nicht auf den Schutz des Aggressors an. Auch ein herbeieilender Polizeibeamter dürfe nämlich alles aus seiner Sicht Erforderliche tun, um den Angriff abzuwehren.[1319] Zu beachten ist allerdings, dass der Polizist sich bei seinem Handeln grundsätzlich an die Gesetze zu halten hat und daher ebenfalls Beschränkungen unterliegt.

Dass der Gesetzgeber nicht generell gegen eine Unrechtsabwehr durch Private eingestellt ist, zeige sich dadurch, dass er in § 139 RStGB die Pflicht zur Anzeige bevorstehender Verbrechen statuiert hat.[1320] Für ein allgemeines Deliktshinderungsrecht spreche, dass nicht jedes begangene Unrecht durch die Staatsgewalt verhindert werden kann und folglich ein rechtspolitisches Bedürfnis bestehe, dass auch Privatleute solche Delikte verhindern können, ohne Strafe befürchten zu müssen. Ein solches Bedürfnis bestehe nicht zuletzt, weil ein vollkommenes Staatswesen eine Utopie ist.[1321] Der Staat hat selbst gesehen, dass er nicht omnipotent ist; dies zeigt die Existenz

1317 *Lammerding*, Die Staatsnothilfe als strafrechtlicher Rechtfertigungsgrund, S. 17; ähnlich *Schubert*, Staatsnothilfe, S. 13.

1318 Unter dieser Prämisse geht *Kraegeloh*, Beiträge zur Lehre von der Notwehr im geltenden Strafrecht, S. 59, davon aus, dass der Bürger Befugnisse im selben Umfang habe, da der Berechtigungskreis bei Staatsnotwehr und Staatsnothilfe kongruent sei; *Hölder*, Kommentar zum Allgemeinen Teil des BGB, Anm. 3 zu § 227 BGB nimmt zumindest an, dass die Interessen der öffentlichen Hand gleichrangig zu denjenigen von Privaten seien.

1319 *v. Alberti*, Eigenmächtige Unrechtshemmung, S. 25.

1320 *v. Alberti*, Eigenmächtige Unrechtshemmung, S. 25; *Lammerding*, Die Staatsnothilfe als strafrechtlicher Rechtfertigungsgrund, S. 18, bezeichnet indes die Tatsache, dass ein allgemeines Deliktshinderungsrecht nicht aus dieser Norm (er bezieht sich auf § 139 StGB) hergeleitet werden kann, als „evident".

1321 *Schmitz*, Schutzobjekte der Notwehr, S. 36; *Moderow*, Notwehr und Notstand zugunsten des Staates, S. 22.

des § 139 RStGB.[1322] Obendrein werde gesellschaftlich, zum Beispiel in Schule, Familie, beim Militär und in der Kirche, propagiert, dass der Einzelne sich gegen das Unrecht einsetzen solle. Dieses Einstehen wird infolge des gesellschaftlichen Drucks zu einer sittlichen Pflicht erhoben.[1323] Dementsprechend könnte es dem Rechtsgefühl des Einzelnen widersprechen, untätig zu bleiben. Die Rechtsordnung selbst sei ein verteidigungsfähiges Gut, da jeder einzelnen Norm neben dem ihr anhaftenden Hauptzweck zugleich der Zweck zukomme, die gesetzmäßige Ordnung aufrechtzuerhalten.[1324] Für ein allgemeines Deliktshinderungsrecht spreche zusätzlich die abschreckende Wirkung, die einem solchen zukäme.[1325]

Andere begründen das Vorliegen eines allgemeinen Verbrechenshinderungsrechts damit, dass es keine objektlosen Verbrechen gäbe und bei jeder Tat daher sogleich ein anderer Rechtsgutsträger verletzt werde.[1326] Dem kann entgegengehalten werden, dass der andere eine selbständige Rechtspersönlichkeit sein muss. Insofern reicht es nicht aus, dass durch die Norm die Allgemeinheit geschützt wird.[1327]

Auch die Vertreter eines allgemeinen Verbrechenshinderungsrechts vertreten diese These nicht immer uneingeschränkt. So will *Baron* beispielsweise Verstöße gegen §§ 360 ff. RStGB[1328] und gegen Polizeiverordnungen

---

1322 *Schmitz*, Schutzobjekte der Notwehr, S. 36; *Moderow*, Notwehr und Notstand zugunsten des Staates, S. 22.

1323 *v. Alberti*, Eigenmächtige Unrechtshemmung, S. 24.

1324 *Baron*, Notwehr, Staatsnotwehr und Staatsnotstand, S. 17.

1325 *Schroeder*, Notwehr zugunsten des Staates, S. 42.

1326 In diese Richtung beispielsweise *Gerland*, Deutsches Reichsstrafrecht, 1. Aufl., S. 85.

1327 *Kraegeloh*, Beiträge zur Lehre von der Notwehr im geltenden Strafrecht, S. 60 f.

1328 Vgl. § 360 in der Fassung v 30.12.1919 bis zum 1.6.1933, abgedruckt in: *Fuchs* (Hrsg.), Strafgesetzbuch für das Deutsche Reich vom 15. Mai 1871. Historisch-synoptische Edition 1871–2009, S. 1505 f.; § 361 RStGB in der vom 1.4.1894 bis zum 1.10.1927 geltenden Fassung, abgedruckt ebd., S. 1543 f.; § 363 RStGB in der Fassung v. 20.3.1876 bis 11.7.1957, abgedruckt ebd., S. 1552 f.

nicht ausreichen lassen, was er auf § 153 StPO[1329] und § 59 PGV[1330] stützt.[1331].

a. Die Position *Kurzwegs*

Wenn *Kurzweg* davon ausgeht, dass die öffentliche Ordnung gemäß § 53 RStGB notwehrfähig ist,[1332] könnte hierin ein allgemeines Deliktshinderungsrecht gesehen werden. Auch wenn er den Begriff der öffentlichen Ordnung nicht explizit definiert, liegt der Schluss nahe, dass er damit die Rechtsordnung meint.[1333]

Andere Autoren legen die Aussage *Kurzwegs* deutlich restriktiver aus. Hinter dessen Idee stünde offenbar der Umgang mit anarchistischen Angriffen.[1334] Wenn man von diesem Telos ausgeht, so wäre die These, dass *Kurzweg* ein allgemeines Deliktshinderungsrecht bejaht, nicht zwingend. Wieso *Kurzweg* sich nur auf anarchistische Angriffe beziehen soll, wird in seinen Aussagen demgegenüber nicht ersichtlich. Aufgrund der allgemeinen Ausführungen und der Wahl dieses unbestimmten Rechtsbegriffs, den er auch nicht näher in seinem Aufsatz konkretisiert, spricht vieles dafür, von einer solchen restriktiven Auslegung abzusehen.

1329 § 153 I StPO in der v. 1.4.1924 bis zum 31.8.1924 geltenden Version: *Übertretungen* werden nicht verfolgt, wenn die Schuld des Täters gering ist und die Folgen der Tat unbedeutend sind, es sei denn, daß ein öffentliches Interesse an der Herbeiführung einer gerichtlichen Entscheidung besteht. Kursivhervorhebung durch die Verfasserin.

1330 § 59 Preußisches Polizeiverwaltungsgesetz in der Fassung v. 1.6.1931: Die Polizeibehörden können wegen der in ihrem Bezirke verübten, unter ihren Zuständigkeitsbereich fallende *Übertretungen* die Strafe durch polizeiliche Strafverfügungen festsetzen sowie eine etwa verwirkte Einziehung verhängen. Eine zu verhängende Haftstrafe darf die Dauer von vierzehn Tagen nicht übersteigen. In leichteren Fällen ist von einer polizeilichen Verfügung abzusehen. Statt oder neben einer polizeilichen Strafverfügung kann eine polizeiliche Verfügung erlassen oder eine polizeiliche Verwarnung erteilt werden. Kursivhervorhebung durch die Verfasserin.

1331 *Baron*, Notwehr, Staatsnotwehr und Staatsnotstand, S. 17.

1332 *Kurzweg*, GA 70 (1926), 72 (73).

1333 *Lammerding*, Die Staatsnothilfe als strafrechtlicher Rechtfertigungsgrund, S. 24; hinsichtlich des Schutzes der öffentlichen Ordnung über § 53 StGB ablehnend: *Lowack*, Die Rechtswidrigkeit und Handeln im Interesse der Allgemeinheit als Rechtfertigungsgrund, S. 79, insbesondere wegen der Unbestimmtheit des Begriffes und der mangelnden Kategorisierbarkeit in Notwehr zugunsten eines Individuums und Notwehr zugunsten der Allgemeinheit.

1334 *Lowack*, Die Rechtswidrigkeit und Handeln im Interesse der Allgemeinheit als Rechtfertigungsgrund, S. 80.

Kurzweg sieht selbst die Gefahr, die darin liegt, dass er mit der Notwehrfähigkeit der Güter der öffentlichen Ordnung einen sehr weiten Rechtsgüterkreis schützt. Deshalb fordert er eine Einschränkung des Nothilferechts *de lege ferenda*. Die Mittel des Strafrechts seien nicht ausreichend, um das Problem in befriedigender Weise zu lösen. Daher sei die Heranziehung staatsrechtlicher Grundsätze erforderlich.[1335]

b. Die Ansicht *Bollags* und anderer Vertreter, die das Rechtsinstitut unter die Geschäftsführung ohne Auftrag fassen wollen

Sowohl das allgemeine Deliktshinderungsrecht als auch die Staatsnothilfe werden bisweilen unter die Geschäftsführung ohne Auftrag gefasst. Da die Argumentation bei beiden Rechtsinstituten dieselbe ist, soll diese zusammengefasst werden, um einen umfassenden, aber auch komprimierten Überblick zu bieten.

So erachtet beispielsweise *Hippel* eine Lösung der Staatsnothilfe über die Geschäftsführung ohne Auftrag als gerecht und zweckmäßig.[1336] Infolgedessen sei als Korrektiv der wirkliche oder mutmaßliche Wille des Staates zu berücksichtigen.[1337] Andere Vertreter stützen ein allgemeines Verbrechenshinderungsrecht generell auf die Geschäftsführung ohne Auftrag. Wenn der Private zugunsten des Staates einschreite, handele es sich um ein nützliches *negotiorum gestio*.[1338]

1335 *Kurzweg*, GA 70 (1926), 72 (75).

1336 *Hippel*, Deutsches Strafrecht, Bd. 2, S. 205 einschl. Anm. 4 sowie S. 257 einschl. Anm. 5; ihm folgend *Hartung*, JW 1931, 61 (65); ablehnend, *Ritter*, GS 115 (1941), 239 (262).

1337 *Hippel*, Deutsches Strafrecht, Bd. 2, S. 206 und 257; *Ahrens*, Geschäftsführung ohne Auftrag als Strafausschließungsgrund, S. 34 f.; *Hartung*, JR 1931, 61 (66); siehe zur Geschäftsführung ohne Auftrag als strafrechtlicher Rechtfertigungsgrund auch *Rosenberg*, GS 62 (1903), 62 (75 f.); *Schubert*, Staatsnothilfe, S. 52 f., der die Konstellation jedoch ablehnt. *Knoch*, Die Nothilfe zugunsten des Staates, S. 87 ff., sieht in der Nachkriegszeit hingegen die Anwendung der rein zivilrechtlichen Vorschriften als nicht befriedigend an und erklärt, dass es sich hier um eine übergesetzliche Wertung über den Umweg der zivilrechtlichen Normen handelt.

1338 *Bollag*, Die Grenzen der strafbaren Nötigung, S. 110; *Schmahel*, Staatsnotwehr und Staatsnotstand, S. 18, der einen Weg über § 53 StGB für die Staatsnothilfe ablehnt, geht sogar noch weiter und schlägt vor, die Staatsnothilfe generell über die Geschäftsführung ohne Auftrag zu lösen. Schließlich stünde dem Staat selbst auch im öffentlichen Recht dieses Rechtsinstitut zur Verfügung; vgl. zur Geschäftsführung ohne Auftrag als Rechtfertigungsgrund auch im Allgemeinen, *Zitelmann*, AcP 99, 1

Schubert hingegen argumentiert, dass, wenn überhaupt, nur eine analoge Anwendung der Normen möglich sei, da diese grundsätzlich nur ein Handeln im Interesse des Geschäftsherrn durch Eingriff in seine eigenen Rechtsgüter abdeckten. Auch sei es verfehlt, nach Jahrzehnten der Arbeit an der Rechtswidrigkeitslehre im Strafrecht eine zivilrechtliche Figur heranzuziehen.[1339] *Jellinek* schließt die Geschäftsführung ohne Auftrag in diesem Fall ebenfalls aus, weil der Private niemals für den Staat als Hoheitsperson Handlungen vornehmen könne. Voraussetzung sei nämlich die Freiwilligkeit auf Seiten des Geschäftsführenden. Es gäbe keine Hoheitshandlungen Privater, ohne dass der Staat diese zuvor damit beauftragt oder beliehen habe.[1340] *Von Alberti* lehnt die Ansicht *Bollags* mit der Begründung ab, dass die Geschäftsführung ohne Auftrag nur solche Handlungen erfasse, die Privatrechtsgeschäfte anderer substituieren. Tätigt nun der Bürger Handlungen, die herkömmlicherweise von einer Behörde vorgenommen werden, so ersetze er damit öffentlich-rechtliches Handeln, weswegen der Weg über die Geschäftsführung ohne Auftrag ausgeschlossen sei. Ferner fehle es dem Handelnden, der zumeist aus „gerechtem Zorn“ agiere, am entsprechenden Fremdgeschäftsführungswillen, dem *animus recipiendi.* Überdies sei auch gar nicht gesagt, dass ein Handeln, welches der Geschäftsführung ohne Auftrag unterfällt, zugleich automatisch als rechtmäßig zu erachten ist.[1341] Dieses Argument erscheint im Hinblick auf die Einheitlichkeit der Rechtsordnung fragwürdig. Schlussendlich ist es widersinnig, dass der Handelnde einerseits strafrechtlich belangt werden, andererseits aber Aufwendungsersatz für seine Handlung verlangen kann. Gegen einen Weg über die Geschäftsführung ohne Auftrag spreche auch, dass die freiwillige Geschäftsführung nur das Innenverhältnis der Beteiligten regele, während die Staatsnothilfe beziehungsweise das allgemeine Deliktshinderungsrecht sich mit einem Außenverhältnis zum Angreifer befasse.[1342]

Teilweise wird das allgemeine Deliktshinderungsrecht auch als Geschäftsführung zugunsten des Täters betrachtet, soweit die Deliktsverhin-

---

(102 ff.); *Ahrens*, Geschäftsführung ohne Auftrag als Strafausschließungsgrund, S. 34 ff.; vgl. ausführlich zur Anwendung des Rechtsinstituts der Geschäftsführung ohne Auftrag im Strafrecht *v. Hippel*, Deutsches Strafrecht, Bd. 2, S. 249 ff.

1339 *Schubert*, Staatsnothilfe, S. 52 f.

1340 *Jellinek*, Verwaltungsrecht, S. 239.

1341 *v. Alberti*, Eigenmächtige Unrechtshemmung, S. 27 ff., der einen solchen Willen jedoch bei der auftragslosen Geschäftsführung gar nicht für nötig erachtet.

1342 So zumindest noch in der BRD *Lammerding*, Die Staatsnothilfe als strafrechtlicher Rechtfertigungsgrund, S. 89.

derung im öffentlichen Interesse liegt. Auch wenn der Grundtatbestand der auftragslosen Geschäftsführung nicht greife, sei zumindest der Weg über § 679 BGB[1343] denkbar.[1344] Diese Norm kann jedoch keine Anwendung finden. Bei ihr geht es nämlich um Fälle, in denen die Handlung des Geschäftsführers die Handlung des Geschäftsherrn ersetzt. Von einer solchen Ersatzvornahme kann in solchen Fällen indessen keine Rede sein. Während der Geschäftsherr nur die Deliktsbegehung unterlassen müsste, wird der Geschäftsführer weitergehend tätig, indem er den Geschäftsherrn sogar an der Ausführung des Delikts hindert.[1345] Im Übrigen liegt bei der Geschäftsführung ohne Auftrag ein bilaterales Verhältnis zwischen dem Geschäftsherrn und dem Geschäftsführer vor, während es sich bei dem Deliktshinderungsrecht um ein Dreiecksverhältnis zwischen Staat, Helfer und Delinquent handelt.[1346] Soweit es sich nur um das Verhältnis zwischen Geschäftsherrn und -führer handele, wäre ein Rückgriff auf zivilrechtliche Normen gar nicht nötig, da schon eine Rechtfertigung über das Rechtsinstitut der Einwilligung gegeben sei.[1347]

c. Anwendbarkeit des § 127 StPO

Weitere führen für die Annahme eines allgemeinen Verbrechenshinderungsrechts § 127 StPO direkt oder analog an.[1348] Soweit die Tat das Versuchsstadium überschritten hat, wird mit dem Jedermann-Festnahmerecht des § 127 StPO meist auch ein Recht zur allgemeinen Verbrechenshinderung einhergehen. Ansonsten hätte der Täter ein Recht zur Vollendung des begangenen Delikts. Abgesehen davon, dass dies widersinnig erscheint, könnte der Täter dann den zeitlichen Aspekt des Festnahmerechts selbst

1343 Die damalige Norm entspricht der aktuellen Norm.

1344 *Ahrens*, Geschäftsführung ohne Auftrag als Strafausschließungsgrund, S. 34 ff.; *Zitelmann*, AcP 99, 1 (114).

1345 So zumindest noch in der BRD *Lammerding*, Die Staatsnothilfe als strafrechtlicher Rechtfertigungsgrund, S. 19.

1346 So zumindest noch in der BRD *Lammerding*, Die Staatsnothilfe als strafrechtlicher Rechtfertigungsgrund, S. 20.

1347 So zumindest noch in der BRD *v. d. Brelie*, Staatsnothilfe und Widerstandsrecht, S. 55.

1348 *Bollag*, Die Grenzen strafbarer Nötigung, S 110 f.; vgl. hierzu auch *Lammerding*, S. 22.

bestimmen, was erkennbar nicht dem Willen des Gesetzgebers entspricht.[1349] Insofern sei ein Erst-recht-Schluss zu ziehen.[1350]

Kulemann sieht diese Widersinnigkeit zwar, geht jedoch davon aus, dass *de lege lata* die Deliktsbegehung abgewartet werden müsse.[1351] Dafür streite der klare Wortlaut des § 127 StPO.[1352] Nicht zuletzt fehle es an einer hinreichenden Vergleichbarkeit für eine analoge Anwendung, da das Recht zur vorläufigen Festnahme „auf einer ganz anderen Ebene als das Deliktshinderungsrecht liegt".[1353] Deswegen sei nur eine Schaffung eines allgemeinen Verbrechenshinderungsrechts *de lege ferenda* möglich, in der die verschiedenen bestehenden Rechtfertigungsgründe zusammengefasst werden oder ein gänzlich neuer Tatbestand geschaffen wird.[1354]

d. Ableitung aus § 139 RStGB

Nebstdem wurde teilweise vertreten, dass ein allgemeines Verbrechenshinderungsrecht aus § 139 RStGB[1355] abgeleitet werden könne. Die dort normierte Anzeigepflicht statuiere nur ein vom Gesetzgeber verlangtes Minimum. Die gesetzliche Niederlegung einer solchen Minimalverpflichtung erfolgte lediglich, weil der Staat wusste, dass die Bürger von Natur aus eher passiv eingestellt sind und keine eigenständige Initiative von ihnen verlangt werden könne. Durch diese Norm würde die ohnehin bestehende sittliche Pflicht in gewissen Konstellationen zu einer Rechtspflicht erhoben. Wenn

1349 *Schroeder*, Notwehr zugunsten des Staates, S. 16.

1350 Vgl. auch *Lammerding*, Die Staatsnothilfe als strafrechtlicher Rechtfertigungsgrund, S. 22, allerdings für die BRD.

1351 *Kulemann*, ZStW 11 (1891), 329 (334).

1352 *Kraegeloh*, Beiträge zur Lehre von der Notwehr im geltenden Strafrecht, S. 66.

1353 So zumindest noch in der BRD *Lammerding*, Die Staatsnothilfe als strafrechtlicher Rechtfertigungsgrund, S. 22.

1354 *Kulemann*, Selbsthilfe, ZStW 11 (1891), 329 (336); *Moderow*, Notwehr und Notstand zugunsten des Staates, S. 22.

1355 § 139 RStGB: Wer von dem Vorhaben eines Hochverraths, Landesverraths, Münzverbrechens, Mordes, Raubes, Menschenraubes oder eines gemeingefährlichen Verbrechens zu einer Zeit, in welcher die Verhütung des Verbrechens möglich ist, glaubhafte Kenntniß erhält und es unterläßt, hiervon der Behörde oder der durch das Verbrechen bedrohten Person zur rechten Zeit Anzeige zu machen, ist, wenn das Verbrechen oder ein strafbarer Versuch desselben begangen worden ist, mit Gefängniß zu bestrafen, § 139 RStGB in der vom 1.1.1872 bis zum 5.6.1936 geltenden Version, abgedruckt in: *Fuchs* (Hrsg.), Strafgesetzbuch für das Deutsche Reich vom 15. Mai 1871. Historisch-synoptische Edition 1871–2009, S. 726.

die Anzeige zu spät käme, um das Verbrechen zu verhindern, ergebe sich ein allgemeines Verbrechenshinderungsrecht aus § 139 RStGB analog.[1356]

Dies wird von anderen Autoren mit Hinweis auf einen strikten Gesetzespositivismus teilweise abgelehnt.[1357] Auch wenn der Gesetzeszweck des § 139 RStGB die Verhinderung von Straftaten ist, so gibt dies noch keine Auskunft darüber, ob ansonsten rechtswidrige Mittel zu einer solchen Verhinderung zugelassen werden sollen. Über etwaige Rechtfertigungsgründe will die Norm gar keine Aussage treffen, sondern einzig und allein die Pflicht zur Erstattung einer Anzeige statuieren. Rückschlusse auf einen Rechtfertigungsgrund sind daher nicht zwingend.[1358] Dasselbe gilt auch für § 330c RStGB. Auch hier soll lediglich eine Pflicht geschaffen werden, wobei sich das Handeln des Helfers nichtsdestoweniger im Rahmen des Erlaubten bewegen muss.[1359]

e. Die Position *von Albertis*

Von Alberti fasst diejenigen Fälle, in denen der Handelnde kein privates, sondern ein tatsächliches oder öffentliches Interesse verteidigt, unter die Rechtsfigur der eigenmächtigen Unrechtshemmung, da nach seiner Meinung die Notwehr keine Anwendung finde.[1360] Es handele sich um ein Rechtsinstitut *sui generis*. Das Unrecht sei als etwas Objektives anzusehen, bei dem es nicht auf die Schuld ankomme, sodass es auch durch Tiere oder Sachen verwirklicht werden könne. Entscheidend sei, dass die Handlung mit dem Willen der Rechtsordnung in Widerspruch tritt.[1361] Aufgrund dessen ist das Recht zur eigenmächtigen Unrechtshemmung bezogen auf den Kreis der Verursacher sogar noch weiter als das allgemeine Verbrechenshinderungsrecht und umfasst dieses vollständig.[1362]

1356 *Bollag*, Die Grenzen der Strafbaren Nötigung, S. 110 f.; a. A. *Moderow*, Notwehr und Notstand zugunsten des Staates, S. 21 f.; ebenso *Schmitz*, Schutzobjekte der Notwehr, S. 38, zumindest für den Bereich der Staatsnothilfe.

1357 S. z. B. *Baron*, Notwehr, Staatsnotwehr und Staatsnotstand, S. 17.

1358 *Schroeder*, Notwehr zugunsten des Staates, S. 17; in diese Richtung auch später noch *Lammerding*, Die Staatsnothilfe als strafrechtlicher Rechtfertigungsgrund, S. 18; *Schubert*, Staatsnothilfe, S. 14; ähnlich auch *Lowack*, Die Rechtswidrigkeit und Handeln im Interesse der Allgemeinheit als Rechtfertigungsgrund, S. 89.

1359 *Schroeder*, Notwehr zugunsten des Staates, S. 18.

1360 *v. Alberti*, Eigenmächtige Unrechtshemmung, S. 2.

1361 *v. Alberti*, Eigenmächtige Unrechtshemmung, S. 11.

1362 *Kraegeloh*, Beiträge zur Lehre von der Notwehr im geltenden Strafrecht, S. 66.

Voraussetzung dafür, dass der Einzelne gegen das Unrecht einschreiten kann, ist (1) ein geschütztes Rechtsgut, was sich nur auf tatsächliche oder öffentlich-rechtliche Interessen beziehen darf, weil diese nicht vom Schutzbereich der Nothilfe erfasst werden[1363] sowie (2) ein tauglicher Unrechtsversuch, durch den (3) eine Notlage geschaffen wird, welche (4) nicht durch rechtzeitiges, obrigkeitliches Einschreiten abwendbar ist.[1364] Als Rechtsfolge hat der Notleidende das Recht, den Unrechtsversuch durch eine ansonsten strafbewehrte Nötigungshandlung abzuwenden.[1365]

Zwar geht auch *v. Alberti* davon aus, dass bei der Nötigung nicht nur der Erfolg, sondern auch grundsätzlich das Mittel rechtmäßig sein muss, um die Widerrechtlichkeit entfallen zu lassen. Jedoch kann das Recht zur eigenmächtigen Unrechtshemmung als Rechtfertigungsgrund außerhalb des § 53 RStGB die Rechtswidrigkeit der Nötigung entfallen lassen.[1366]

Soweit es um Handlungen geht, die sich gegen das Eigentum richten, kommt zudem eine Rechtfertigung über § 904 BGB in Betracht. *Von Alberti* geht davon aus, dass § 904 BGB im Gegensatz zu § 228 BGB auch den Schutz öffentlich-rechtlicher Interessen umfasse.[1367] *Kraegeloh* hingegen bezweifelt, dass eine Handlung, die sich nur gegen das Eigentum richtet, geeignet sein kann, den Unrechtsversuch abzuwenden. Weiterhin sieht er keinen Grund, weshalb § 904 BGB ebenfalls öffentlich-rechtliche Zwecke schütze, § 228 BGB hingegen nicht.[1368]

Soweit keine Rechtfertigung über § 904 BGB vorliegt, versucht *v. Alberti* eine Straflosigkeit des sich Verteidigenden über § 826 BGB zu konstruieren. Ausgangspunkt dieser Überlegung ist die Rechtsprechung des Reichsgerichts, nach der § 826 BGB auch bei der missbräuchlichen Verwendung einer formellen Rechtsposition gegeben sein kann, wenn durch das Berufen auf dieses Recht vorsätzlich gegen die guten Sitten verstoßen werde. Dies kann Grundlage einer Unterlassungsklage sein.[1369] Da der sich gegen den

---

1363 Vgl. *v. Alberti*, Eigenmächtige Unrechtshemmung, S. 2; damit ist allerdings die Notwehr zwischen koordinierten Rechtssubjekten gemeint; a. A. *Kraegeloh*, Beiträge zur Lehre von der Notwehr im geltenden Strafrecht, S. 55 und 66.

1364 *v. Alberti*, Eigenmächtige Unrechtshemmung, S. 11 ff.

1365 *v. Alberti*, Eigenmächtige Unrechtshemmung, S. 14 ff.

1366 *v. Alberti*, Eigenmächtige Unrechtshemmung, S. 21 ff.

1367 *v. Alberti*, Eigenmächtige Unrechtshemmung, S. 32. S. jedoch zu der Meinung, dass der Schutz des staatlichen Eigentums zur einfachen Nothilfe gehört und nach dieser Ansicht gar nicht unter *Albertis* Rechtsinstitut der eigenmächtigen Unrechtshemmung fallen würde S. 219 f.

1368 *Kraegeloh*, Beiträge zur Lehre von der Notwehr im geltenden Strafrecht, S. 68.

1369 *v. Alberti*, Eigenmächtige Unrechtshemmung, S. 36 ff.; RG, RGZ 48, 114 (120 ff.).

Unrechtsversuch Wendende nicht in Notwehr oder -hilfe handelt, stehe dem Angreifer ein formelles Notwehrrecht zu. Das Berufen auf dieses Recht sei jedoch nach § 826 BGB sittenwidrig. Aus dem Recht, eine Unterlassungsklage einzureichen, folgert *v. Alberti* das Recht auf eigenmächtige Unrechtshemmung in Notfällen. Daraus folgt noch nicht, dass der Hemmende selbst straflos ist, sondern nur, dass der Gehemmte die Hemmungshandlung dulden muss. Die Hemmungshandlung sei vielmehr durch eine zwingende Analogie zwischen §§ 904 und 826 BGB als straflos anzusehen. Wenn die Hemmungshandlungen gemäß § 904 BGB rechtmäßig und somit straflos seien, könne für den § 826 BGB nichts anderes gelten.[1370]

Im Speziellen spreche die Existenz des § 54 RStGB nicht gegen das Recht der eigenmächtigen Unrechtshemmung, da die Norm nicht abschließend sei. Die beiden Rechtsinstitute unterscheiden sich grundlegend. Während sich die Notstandshandlung gegen einen Unbeteiligten richtet, weswegen die Voraussetzungen viel strenger sein müssen, richtet sich die eigenmächtige Unrechtshemmung gegen denjenigen, von dem der Unrechtsversuch ausgeht. Demzufolge komme im Rahmen des § 54 RStGB § 826 BGB gar nicht erst in Betracht, weil von der Sittenwidrigkeit der Handlung des Unbeteiligten nicht ausgegangen werden könne.[1371]

Dennoch ist das Rechtsinstitut der eigenmächtigen Unrechtshemmung abzulehnen.[1372] Die zwingende Analogie zu § 904 BGB sei unzureichend begründet und vermöge nicht zu überzeugen.[1373] Der Weg über §§ 826, 904 BGB wird von *Ritter* als „Kreisschluß" bezeichnet.[1374] Selbst wenn der Rechtsbruch von *v. Alberti* automatisch als sittenwidrig angesehen werde, so ergebe sich nicht per se, dass diesem durch einen neuen Rechtsbruch entgegengetreten werden könne. Außerdem sei diese Konstruktion auf das Privatrecht zugeschnitten und vermöge deshalb für das Strafrecht keine Aussage zu treffen.[1375]

1370 *v. Alberti*, Eigenmächtige Unrechtshemmung, S. 41.

1371 *Kraegeloh*, Beiträge zur Lehre von der Notwehr im geltenden Strafrecht, S. 67 f.

1372 *Kraegeloh*, Beiträge zur Lehre von der Notwehr im geltenden Strafrecht, S. 67 f.

1373 *Kraegeloh*, Beiträge zur Lehre von der Notwehr im geltenden Strafrecht, S. 69.

1374 *Ritter*, GS 116 (1942), 121 (176 f.); so auch später noch *Lammerding*, Die Staatsnothilfe als strafrechtlicher Rechtfertigungsgrund, S. 21; ebenso *Labin*, Staatsnotwehr und Staatsnotstand, S. 23 f.; ablehnend auch *Schubert*, Staatsnothilfe, S. 16 f.

1375 So zumindest noch in der BRD *Lammerding*, Die Staatsnothilfe als strafrechtlicher Rechtfertigungsgrund, S. 21.

f. Herleitung über den Rechtsgedanken des § 193 RStGB

Teilweise wird auch § 193 RStGB[1376] als Argument für ein allgemeines Deliktshinderungsrecht angeführt. Dagegen ist einzuwenden, dass sich die Norm nur auf wörtliche Äußerungen bezieht. Bei schwerwiegenden Handlungen gegen den Angreifer, beispielsweise bei seiner Tötung, fehlt die hinreichende Vergleichbarkeit für eine Analogie.[1377] Für eine Heranziehung spricht allein, dass § 193 RStGB ebenfalls einen Rechtfertigungsgrund darstellt, dessen Grundgedanke und dessen „allgemeine mit der Rechtswertung zusammenhängende Bedeutung" Anwendung finden könnten. Dennoch ist der Erkenntnisgewinn bei Heranziehung dieser Vorschrift unergiebig, weil diese die berechtigten Interessen nicht näher definiert.[1378] Vielmehr ist eine rechtliche Bewertung des Sachverhalts erforderlich, um dieses normative Tatbestandsmerkmal bejahen zu können.[1379]

g. Rechtsvergleichende Überlegungen

Teilweise wird auch versucht, ein allgemeines Verbrechenshinderungsrecht mit rechtsvergleichenden Überlegungen zu begründen. So wird beispielsweise der § 41 des Züricher Gesetzbuches angeführt.[1380] Hierbei handelt es

1376 § 193 StGB wurde seit Inkrafttreten des StGB nur in orthographischer Weise verändert und gilt ansonsten noch heute in der Ursprungsversion fort, vgl. § 193 RStGB in der seit dem 1.1.1872 geltenden Version, abgedruckt in: *Fuchs* (Hrsg.), Strafgesetzbuch für das Deutsche Reich vom 15. Mai 1871. Historisch-synoptische Edition 1871–2009, S. 917.

1377 *Schück*, Notwehr Privater zugunsten des Staates, S. 23.

1378 *Lowack*, Die Rechtswidrigkeit und Handeln im Interesse der Allgemeinheit als Rechtfertigungsgrund, S. 90.

1379 *Lowack*, Die Rechtswidrigkeit und Handeln im Interesse der Allgemeinheit als Rechtfertigungsgrund, S. 90.

1380 § 41 des Strafgesetzbuches für den Kanton Zürich. Neue Ausgabe vom 6.12.1897: „Als Begünstigter eines Verbrechens sind ebenfalls zu bestrafen: Personen, welche glaubhafte Kunde von dem beabsichtigten Verbrechen erhalten haben und die vermöge ihres Amtes oder öffentlichen Dienstes oder infolge der ihnen über den Täter zustehenden häuslichen oder vormundschaftlichen Gewalt verpflichtet sind, durch Anzeige oder auf andere Weise die Begehung eines Verbrechens zu verhindern, wenn sie, ohne eigene Gefahr zu bestehen, die nötigen Schritte zur Verhinderung des Verbrechens unterlassen."

sich um ein echtes Sonderdelikt,[1381] das nur von einem bestimmten Personenkreis verwirklicht werden kann. Aus der Existenz dieser Norm schließt *Moderow*, dass für alle anderen Bürger ein korrespondierendes Recht besteht, auch wenn sie nicht zum Handeln verpflichtet sind.[1382] Ob dies der Fall ist, bleibt zweifelhaft. Schließlich liegt die Begründung gerade in der Person des Agierenden und es ist durchaus denkbar, dass diese Personen zwar verpflichtet, aber gänzlich Außenstehende zur Deliktsverhinderung nicht berechtigt sind. Die dort Genannten zeichnen sich durch besondere berufliche Expertise oder ein besonderes Näheverhältnis zum Täter aus, durch das sie die Situation besonders gut überblicken können. Wenn nun ein beliebiger Privater handelt, ist ein solches Vorgehen nicht gewährleistet. Ferner berechtigt die Norm nicht zwangsweise zu Notwehrhandlungen. Die Verhinderung soll „durch Anzeige oder auf andere Weise" erfolgen. Dass die Anzeige an erster Stelle und als einzige Möglichkeit explizit genannt wurde, spricht für ein Subsidiaritätsverhältnis. Nach dem im Wortlaut zum Ausdruck kommenden gesetzgeberischen Willen soll primär staatliche Hilfe geholt werden. Nicht zuletzt ist bedenklich, das schweizerische Recht in seiner Gestalt als eigenständiges Rechtssystem für die Begründung des allgemeinen Deliktshinderungsrecht im Deutschen Reich heranzuziehen. Die hiesige korrespondierende Norm findet sich in § 139 RStGB, wo in Abgrenzung zum schweizerischen Recht nur eine Anzeigepflicht statuiert ist. In Zusammenschau mit dem Züricher Strafgesetzbuch spricht dies sogar für die Ablehnung eines allgemeinen Deliktshinderungsrecht. Letztendlich hätte der deutsche Gesetzgeber eine dem bereits früher geschaffenen Züricher Gesetzbuch entsprechende Regelung treffen können. Er hat sich aber bewusst für eine Anzeigepflicht entschieden.

2. Die Ablehnung des allgemeinen Deliktshinderungsrechts

Größtenteils wird die Annahme eines allgemeinen Verbrechenshinderungsrechts abgelehnt und diese Ablehnung mitunter sogar als so natürlich aufgefasst, dass keine Begründung gegeben wird.[1383] Die Bejahung eines allge-

1381 Vgl. zu den Voraussetzungen, wann der einzelne tätig werden muss, auch *Benz*, Das Strafgesetzbuch für den Kanton Zürich nebst dem Gesetz betreffend den Vollzug der Freiheitsstrafen, S. 56.

1382 *Moderow*, Notwehr und Notstand zugunsten des Staates, S. 21.

1383 Vgl. beispielsweise *Köhler*, Deutsches Strafrecht, Allgemeiner Teil, S. 344, der zwar die Verteidigung gegen Rechtsgüter der Allgemeinheit zulässt, es jedoch als zu

meinen Deliktshinderungsrechts würde den Wortlaut des § 53 RStGB überdehnen.[1384] Auch außerhalb des § 53 RStGB entbehre dieses Rechtsinstitut jeglicher Existenzberechtigung. Der Gesetzgeber habe den Einzelnen nicht mit so weitgehenden Befugnissen ausstatten wollen. In vielen Fällen sei ein Wille des Einzelnen, die Interessen der Allgemeinheit zu schützen, nicht vorhanden.[1385] *Binding* führt hierzu aus: „Diese Aufgabe muß der Staat sich selbst vorbehalten und nur da, wo im Falle des Angriffs ein Verletzter da wäre, der nicht mit dem Staate als Träger des Gesetzgeberwillens zusammenfällt, kann das Notwehrrecht begründet sein."[1386] Dies sei allerdings nicht so zu interpretieren, dass *Binding* die Staatsnothilfe kategorisch ablehne. Vielmehr sei das Augenmerk auf den Staat als Träger des Gesetzgeberwillens zu richten. Würde jede Position des Staates als Träger des Gesetzgeberwillens geschützt, so würde dies einem allgemeinen Deliktshinderungsrecht gleichkommen.[1387]

Lampson lehnt ein allgemeines Verbrechenshinderungsrecht mit der Begründung ab, dass eine einfache Gesetzesübertretung die Staatsgewalt nicht erschüttere und in diesen Fällen kein tauglicher Angriff vorliege. Gesetze seien nur die Manifestierung des Staatswillens. Das Analogon beim Menschen wäre der Wille, der selbst kein Rechtsgut darstelle; einzig und allein die Ausübung dieses Willens wird geschützt. Beim Staat wäre dies die Willensbetätigung durch seine Organe. Eine Beeinträchtigung liegt nur vor, wenn dem Staat gar kein Organ mehr zur Verfügung stehe. Eine Erschütterung des Staatswillens läge dagegen dann nicht vor, wenn der Staat gar nichts von der Gesetzesübertretung wisse oder selbst noch in der Lage sei, den Täter zu verfolgen. In diesen Fällen sei die Betätigung des Staatswillens noch gar nicht herausgefordert worden.[1388]

---

weitgehend ansieht, alle Güter als wehrhaft zu betrachten, weswegen er beispielsweise die Notwehr des Richters gegen Meineid ablehnt; *Olshausen*, Kommentar zum Strafgesetzbuch für das Deutsche Reich, Bd. 1, § 53 Anm. 10.

1384 *v. Bar*, Gesetz und Schuld im Strafrecht. Bd. 3: Die Befreiung von Schuld und Strafe durch das Strafgesetz, S. 195.

1385 *Kraegeloh*, Beiträge zur Lehre von der Notwehr im geltenden Strafrecht, S. 61 f.

1386 *Binding*, Handbuch des Strafrechts, Bd. 1, S. 737.

1387 *Schück*, Notwehr Privater zugunsten des Staates, S. 26 f.

1388 *Lampson*, Beitrag zur Feststellung des Notwehrgebiets, insbesondere durch Untersuchung der Natur der einzelnen Rechte, S. 24 f.; *Schück*, Notwehr Privater zugunsten des Staates, S. 22, lehnt diese Begründung hingegen als „unbrauchbar" ab.

Des Weiteren wird der Wortlaut des § 113 RStGB gegen ein allgemeines Deliktshinderungsrecht angeführt.[1389] Dort heißt es, der Beamte müsse zur Amtshandlung „berufen" sein und in „rechtmäßiger Ausübung seines Amtes" handeln. Wenn aber dafür jedermann zuständig sei, hätte es keiner expliziten Normierung bedurft.[1390] Dem tritt *Schück*, der zwischen formeller und materieller Legitimation unterscheidet, entgegen. Unter der formellen Legitimation versteht er die Ermächtigung des Bürgers durch den Staat, die entsprechende Handlung vorzunehmen, unter materieller Legitimation hingegen das Bestehen des Notwehrrechts. *Schück* zufolge beschäftigt sich *Lampson* in seiner Argumentation lediglich mit der formellen Legitimation, welche für das Bestehen des Notwehrrechts irrelevant sei.[1391]

3. Abgrenzungsmöglichkeiten

Die Abgrenzung zwischen Staatsnotwehr und allgemeinen Deliktshinderungsrecht gestaltet sich schwierig. Eine Bedingung der Staatsnotwehr ist es, dass ein Angriff *gegen den Staat* vorliegt. Dies dürfte bei niederschwelligen Delikten wie Diebstahl oder Falschparken zu verneinen sein.[1392] Nötig ist für die Staatsnothilfe nämlich, dass der Staat in seinem Bestand und seiner Existenz bedroht werde. Eine bloße Verletzung von Sittlichkeitsgesetzen genügt nicht. Aufgrund dessen sei die Verhinderung der Auflehnung gegen den gesetzgeberischen Willen in solchen Fällen kein notwehrfähiges

1389 § 113 I RStGB: Wer einem Beamten, welcher zur Vollstreckung von Gesetzen, von Befehlen und Anordnungen der Verwaltungsbehörden oder von Urtheilen und Verfügungen der Gerichte *berufen* ist, in der *rechtmäßigen Ausübung seines Amtes* durch Gewalt oder durch Bedrohung mit Gewalt Widerstand leistet, oder wer einen solchen Beamten während der rechtmäßigen Ausübung seines Amtes thätlich angreift, wird mit Gefängniß von vierzehn Tagen bis zu zwei Jahren bestraft, § 113 RStGB in der vom 20.3.1976 bis zum 15.6.1943 geltenden Version, abgedruckt in: *Fuchs* (Hrsg.), Strafgesetzbuch für das Deutsche Reich vom 15. Mai 1871. Historisch-synoptische Edition 1871–2009, S. 606 f., Kursivhervorhebung durch die Verfasserin.

1390 *Lampson*, Beitrag zur Feststellung des Notwehrgebiets, insbesondere durch Untersuchung der Natur der einzelnen Rechte, S. 25.

1391 *Schück*, Notwehr Privater zugunsten des Staates, S. 24 f., ablehnend auch *Schubert*, Staatsnothilfe, S. 17 mit ähnlicher Argumentation.

1392 *Kraegeloh*, Beiträge zur Lehre von der Notwehr im geltenden Strafrecht S. 58 f., ab den frühen 1930er-Jahren wurde das Vorliegen eines allgemeinen Verbrechenshinderungsrechts jedoch sogar von den Gerichten bejaht, Privatklagesachen, Merkblatt nach der Rechtsprechung des RG und des früheren 4. Strafrechtssenats des RG, JW 1932, 370 (377).

Gut.[1393] Wann eine solche bloße Auflehnung vorliegt, ist schwer zu beurteilen. Als Abgrenzung könnte die Differenzierung zwischen Polizeiübertretungen und Verbrechen dienen.

Schon früh gab es eine Unterscheidung zwischen Verbrechen und „Polizey-Vergehungen“.[1394] Polizeidelikte werden definiert als Delikte, bei denen ein Verhalten sanktioniert wird, „nicht weil es notwendig die Verletzung oder Gefährdung eines Rechtsgutes bedeutet, sondern weil es seiner Eigenart nach meist eine Gefährdung von Gütern nach sich zieht“.[1395] Die Lehre von den Polizeidelikten reichte noch bis ins 20. Jahrhundert hinein und wird auch in den 1920er Jahren von einem beachtlichen Teil der Literatur vertreten. *Binding*, der den Begriff des Polizei-Unrechts ablehnt, weil jedes Unrecht das Ungehorsamsmoment in sich trägt und deshalb auch immer zugleich Polizeiunrecht ist, fasst darunter den „einfachen Ungehorsam“. Diesen grenzt er von der verbotenen Güterbeschädigung ab, welche er auch als „Angriffsdelikt“ bezeichnet. Auch die Unterscheidung zwischen rein formellem Unrecht und formell-materiellem Unrecht wäre passend.[1396]

Goldschmidt differenziert danach, ob es sich bei der Normüberschreitung lediglich um Verwaltungswidrigkeit handelt. Eine solche liegt seiner Meinung nach vor, wenn kein Individual- oder Kollektivinteresse tangiert wird, sondern es vielmehr ausschließlich darum geht, die Staatsverwaltung zu fördern, die sich der Erhaltung und Vergrößerung des Staatswohls verschrieben hat.[1397] Dieser Differenzierung folgt auch *Schubert*.[1398]

Labin lässt es dahinstehen, welcher der genannten Ansichten er folgen möchte, sieht einen Ausschluss der Polizeidelikte aus dem Kreis der notwehrfähigen Rechtsgüter jedoch als vernünftig an und verneint aufgrund dessen bei deren Einschlägigkeit den Angriff.[1399] Dies stützt er unter anderem darauf, dass ein so weitgehendes Notwehrrecht dem Rechtsempfinden der Bürger widerspräche.[1400] Überdies sei die Staatsgewalt in diesen Fällen

---

1393 *Schück*, Notwehr Privater zugunsten des Staates, S. 26 f. S. zum Kreis der geschützten Rechtsgüter weiterführend S. 224 ff.

1394 *Quistorps*, Grundsaetze des deutschen peinlichen Rechts, Bd. 1, S. 35 f.

1395 *Labin*, Staatsnotwehr und Staatsnotstand, S. 28.

1396 *Binding*, Die Normen und ihre Übertretung, Bd. 1, S. 410 f.

1397 *Goldschmidt*, Das Verwaltungsstrafrecht. Eine Untersuchung der Grenzgebiete zwischen Strafrecht und Verwaltungsrecht auf rechtsgeschichtlicher und rechtsvergleichender Grundlage, S. 545 ff.; weiterführend mit kritischer Stellungnahme *v. Hippel*, Deutsches Strafrecht, Bd. 2, S. 106 ff.

1398 *Schubert*, Staatsnothilfe, S. 26.

1399 *Labin*, Staatsnotwehr und Staatsnotstand, S. 29.

1400 *Labin*, Staatsnotwehr und Staatsnotstand, S. 29 f.

in ihrer Selbstherrlichkeit nicht angegriffen. Ansonsten würde man zur Verhinderung von Bagatelldelikten handeln, was nicht dem Willen des Gesetzgebers entsprechen könne.[1401]

Dass eine Differenzierung zwischen Polizeiübertretungen und Verbrechen geeignet ist, das allgemeine Deliktshinderungsrecht von der Staatsnothilfe abzugrenzen, ist im Ergebnis zu verneinen. Wenn man wie oben davon ausgeht, dass das allgemeine Deliktshinderungsrecht das Staatsnothilferecht vollständig umfasse,[1402] erscheint eine solche Abgrenzung geradezu widersinnig. Wenn man jedoch Delikte, bei denen lediglich die Allgemeinheit betroffen ist, von solchen abgrenzen möchte, die den Staat als Rechtssubjekt betreffen, so verlagert diese Abgrenzung die Problematik nur auf die Frage, ob ein Polizeidelikt vorliegt oder nicht, ohne ein adäquates Abgrenzungskriterium zu bieten.[1403]

IV. Argumente für und gegen ein Recht zur Staatsnothilfe

1. Argumente für die Staatsnothilfe

Für die Existenz eines Staatsnothilferechts spreche das Rechtsgefühl.[1404] Der Gedanke der Volkssouveränität kommt dadurch zum Ausdruck, dass der Staat dem Bürger Teilhaberechte und -pflichten zubilligt. So kann der Einzelne Staatsämter bekleiden, als Parlamentsabgeordneter an der Rechtsetzung mitwirken oder als Schöffe, Geschworener oder Arbeitsrichter judikativ tätig werden. Auch zu exekutiven Aufgaben wird der Private durch die allgemeine Wehrpflicht herangezogen.[1405] Vor diesem Hintergrund wäre es für den Staat kontraproduktiv, wenn man dem Bürger, der sich mit dem Schicksal des Staates verbunden fühlt, ein entsprechendes Beisprungrecht verwehre. Schließlich halte dieser sich durch seine Einbindung ins Staatsgebilde berechtigt und verpflichtet, tätig zu werden. Wenn der Staat die

1401 *Schubert*, Staatsnothilfe, S. 26.

1402 S. hierzu S. 259.

1403 Letzten Endes erfolgt die Abgrenzung dann über den Kreis der geschützten Rechtsgüter.

1404 *Broglio*, Der strafrechtliche Notstand im Lichte der Strafrechtsreform, S. 19.

1405 *Lowack*, Die Rechtswidrigkeit und Handeln im Interesse der Allgemeinheit als Rechtfertigungsgrund, S. 54.

Staatsnothilfe verbiete, würde er sich selbst deshalb wichtiger ideeller Güter berauben.[1406]

Die spezielle Beziehung des Staates zu seinen Bürgern rechtfertige die Annahme einer Staatsnothilfe. Eine Befugnis zum Eingriff ergebe sich aus dem beschriebenen Näheverhältnis, das nicht durch bloße Unterwerfung charakterisiert werden könne, sondern vielmehr im Sinne eines opfervollen Dienstes zu verstehen ist, bei dem die eigenen Lebensinteressen des Staatsbürgers Berücksichtigung finden müssen. Indem er diesen Dienst wahrnehme, verteidige der Bürger sogleich eigene Belange und die seiner Angehörigen. Schließlich stünden die eigenen Bedürfnisse in einem Abhängigkeitsverhältnis zu denjenigen des Staates; mit dem Wohlergehen des Staates stünden und fielen seine persönlichen Interessen. Durch die langjährige Staatstradition hätten sich gewisse Rechtsgüter, an welchen der Einzelne partizipiert, evolutionär entwickelt, die durch Angriffe gegen den Staat in Gefahr geraten könnten.[1407]

Im modernen Staatswesen sei von einer Wechselbezüglichkeit zwischen Bürger und Staat auszugehen, sodass der Einzelne an der Erfüllung der Staatsaufgaben und in Anbetracht der Lebensinteressen des Staates Berücksichtigung finden muss.[1408] Die Annahme einer solchen Reziprozität, die eher in Richtung einer Gleichordnung tendiere, wurde allerdings auch teilweise angezweifelt. Auch wenn sich die Stellung des Bürgers bis zur Weimarer Zeit verändert haben mag, wäre es eine Utopie, von einer Gleichordnung zu sprechen. Auch in dieser liberaleren Zeit bestehe noch ein Subordinationsverhältnis zwischen Bürger und Staat. Zwar mag es sein, dass der Staat verschiedentlich die Gleichbehandlung mit dem Bürger für sich beansprucht,[1409] dennoch verbleibe in den meisten Fällen ein Subordinationsverhältnis. Dieser Einwand erscheint zutreffend, aber nicht zielführend. Hier geht es nicht um Gleichordnung, sondern um Wechselbezüglichkeit, was keineswegs ein Synonym darstellt. Verglichen mit dem obrigkeitlichen Polizeistaat, hat sich das Selbstverständnis der Bürger tatsächlich hin zu einer solchen Reziprozität gewandelt.

1406 *Binding*, Der strafrechtliche Staatsnotstand, S. 39.

1407 *Kohler*, Lehrbuch der Rechtsphilosophie, S. 234 f.; vgl. zur Stellung des Bürgers im opfervollen Dienst des Staates auch *Moderow*, Notwehr und Notstand zugunsten des Staates, S. 8. Zu denken ist insbesondere an gewisse Institutsgarantien wie diejenige bezüglich des Eigentums.

1408 *Schück*, Notwehr Privater zugunsten des Staates, S. 16.

1409 So *Knoch*, Die Nothilfe zugunsten des Staates, S. 70, allerdings in der Retrospektive.

Für ein Staatsnothilferecht könnte auch sprechen, dass der Schutz des Staates durch ein solches verstärkt werden könnte. Der Staat befand sich zum Zeitpunkt der Weimarer Republik nämlich in einer äußerst schwachen Position. Nach der Niederlage im Ersten Weltkrieg kam es im Deutschen Reich zu einer Herabsetzung der Heeresstärke auf 100.000 Mann[1410] und einer weitgehenden Entwaffnung des Staates, was die neu gegründete Reichswehr schwächte. Daher könnte man rein pragmatisch gesehen von einem allgemeinen Bedürfnis für ein solches Rechtsinstitut ausgehen.[1411] So war der Staat zum damaligen Zeitpunkt noch sehr weit von dem Idealzustand entfernt, in dem sich der Bürger jederzeit auf die Hilfe der Staatsorgane verlassen kann.[1412] Aber selbst wenn der Staat über entsprechende Machtbefugnisse verfügt, sich selbst zu verteidigen, sei es falsch, aus diesen das mangelnde Bedürfnis am Tätigwerden des Einzelnen zugunsten des Staates herzuleiten. Schließlich sei der Staat ebenfalls schutzbedürftig, wenn die Gesetze in speziellen Notsituationen versagen und nicht den gewünschten Zweck erreichen können, weil der Gesetzgeber die Entwicklung beim Entwurf des Gesetzes noch nicht im Blick hatte.[1413] Art. 48 WRV biete für entsprechende Fälle nur unzureichenden Schutz.[1414]

Für ein solches Schutzbedürfnis spricht auch das Gesetz zum Schutze der Republik vom 21. Juli 1922.[1415] Anlass waren die Aktionen republikfeindlicher und antidemokratischer Kräfte gewesen, beispielsweise die politischen Morde an *Rathenau* und *Erzberger*. Unter anderem wurden Gewalttätigkeiten und Beleidigungen gegenüber dem Staat unter Strafe gestellt.[1416] Diese Gesetzgebung zeigt deutlich, dass dem Staat zu den Krisenzeiten der Weimarer Republik ein besonderes Schutzbedürfnis zukam, dem das Reichsstrafgesetzbuch nach dem damaligen Verständnis alleine nicht gewachsen war.

1410 Umgesetzt in § 2 des Wehrgesetzes vom 23. März 1921, RGBl. 1921, 329.

1411 In diese Richtung auch *Hippel*, Deutsches Strafrecht, Bd. 2, S. 206, der die Anerkennung des Staatsnothilferechts durch das Reichsgericht aus Gesichtspunkten des Staatsschutzes als begrüßenswert ansieht; *Griebel*, Staatsnotwehr, Staatsnotstand und Femetötungen, S. 1 ff.

1412 *Schmitz*, Schutzobjekte der Notwehr, S. 4.

1413 *Kraegeloh*, Beiträge zur Lehre von der Notwehr im geltenden Strafrecht, S. 44 f.

1414 *Kraegeloh*, Beiträge zur Lehre von der Notwehr im geltenden Strafrecht, S. 45.

1415 RGBl. I 1922, S. 585 ff.

1416 *Deubelbeiß*, Die Staatsnotwehr, S. 33; *Schlosser*, Neuere Europäische Rechtsgeschichte, Rn. 65; *Vormbaum*, Einführung in die moderne Strafrechtsgeschichte, S. 159; vgl. zu den Vorgängerverordnungen *Ludyga*, Jahrbuch der Juristischen Zeitgeschichte 9 (2007/2008), 221 (224 ff.).

2. Argumente gegen die Staatsnothilfe

Ob durch die Anerkennung der Staatsnothilfe tatsächlich der Schutz verstärkt würde, ist allerdings unsicher und hat sich durch die Erfahrungen der Weimarer Republik keinesfalls bestätigt. In den meisten Fällen lag keine wahre, sondern nur Putativstaatsnothilfe vor, die mitunter auch nur als Schutzbehauptung vorgebracht wurde.[1417] Das Recht Privater, zugunsten des Staates einzuschreiten, birgt auch Risiken. So ist es für den Einzelnen schwierig zu erkennen, ob er sich noch innerhalb seiner Notwehrbefugnisse bewegt. Fernerhin wird ein Privater kaum mit einer solchen Objektivität handeln, wie sie von einem Vertreter des Staates erwartet werden kann. Bei der Abwehr solcher Angriffe handelt es sich um eine originäre Aufgabe der Polizei. Polizisten verfügen durch ihren Beruf und ihre Ausbildung an den zu dieser Zeit aufkommenden Polizeischulen über eine besondere Qualifikation in solchen Situationen, die einem normalen Bürger fehlt. Es sei zweifelhaft, dass ein Zivilist maßvoll von seinem Notwehrrecht Gebrauch machen werde, da er das erforderliche Maß nicht einschätzen könne.[1418] Im Vergleich hätten Polizisten ein erhöhtes Verantwortungsbewusstsein.[1419] Zudem fehle es dem Einschreitenden an einer mit der Polizei vergleichba-

1417 *Stock*, GS 101 (1932), 148 (162).

1418 *Schmitz*, Schutzobjekte der Notwehr, S. 36 f.; *Kraegeloh*, Beiträge zur Lehre von der Notwehr im geltenden Strafrechts, S. 69 f.; ähnlich *Schmahel*, Staatsnotwehr und Staatsnotstand, S. 12 f., der trotz der Risiken ein Nothilferecht dennoch bejaht; a. A. *v. Alberti*, Eigenmächtige Unrechtshemmung, S. 25, der davon ausgeht, dass viele Polizeibeamte, insbesondere in ländlichen Regionen soweit sie über keine militärische Vergangenheit verfügen, mit der Waffe nicht besser umgehen könnten als Zivilisten und keine größeren Rechtskenntnisse besäßen als viele Bürger. Exemplarisch soll hier auf die Ausbildung der Polizisten in Preußen eingegangen werden. Bis zum 27.3.1931 war es den einzelnen Ländern überlassen, wie sie die Aus- und Fortbildung der Polizisten gestalten wollten. Nunmehr regelten vereinheitlichende Richtlinien des Innenministeriums die Ausbildung detailliert. Die Ausbildung orientierte sich dabei an dem schon vorher in Berlin angewandten Modell, nach dem ein praktischer Probedienst von sieben Monaten für Anwärter aus der Schupo beziehungsweise dem Polizeiverwaltungsdienst dauern sollte und für diejenigen Anwärter ohne polizeiliche Erfahrung auf zwei Jahre verlängert wurde. Daneben wurden wöchentlich fünf Stunden theoretischer Unterricht durch einen höheren Kriminalbeamten erteilt. Nach 1931 fanden diese theoretischen Unterweisungen nicht mehr bei den örtlichen Polizeistellen, sondern zentral bei vier preußischen Verwaltungen statt. S. hierzu *Wagner*, Volksgemeinschaft ohne Verbrecher. Konzeptionen und Praxis der Kriminalpolizei in der Zeit der Weimarer Republik und des Nationalsozialismus, S. 131.

1419 *Kraegeloh*, Beiträge zur Lehre von der Notwehr im geltenden Strafrecht, S. 70.

ren Autorität, weswegen die Wahrscheinlichkeit, dass sich der Delinquent gewaltsam zur Wehr setzt, gesteigert werde und es infolgedessen oftmals zu tätlichen Auseinandersetzungen käme.[1420] Hinzu kommt, dass es die ureigene Aufgabe des Staates ist, seine eigenen Interessen zu verteidigen. Delegiere er diese Befugnis über § 53 RStGB auf die Bürger, so stelle er sich selbst ein Armutszeugnis aus.[1421]

In diesem Zusammenhang kann ein vielzitiertes Zitat *Radbruchs* angeführt werden, das die Gefahren treffend umschreibt: „jeder also seine eigene Polizei und seine eigene Staatsanwaltschaft, sein eigenes Reichsgericht, ja sein eigener Reichspräsidenten mit allen Rechten aus Art. 48 WRV und sogar noch darüber hinausgehenden Rechten!" Durch eine solch umfangreiche Ermächtigung werde es ermöglicht, jedwede politische Handlung, beispielsweise auch die Umsturzversuche faschistischer Aktivisten, zu rechtfertigen.[1422]

In den Worten *Radbruchs* klingt die Gefahr an, dass ein Privater, der nicht an Ermächtigungsgrundlagen gebunden ist, trotz mangelnder Expertise und Erfahrung durch das schneidige Notwehrrecht sogar weiterreichende Befugnisse erhalten soll als die an Gesetz und Recht gebundenen Organe des Staates. Dadurch, dass der Strafvollzug dem Staat überlassen ist, soll Willkür- und Racheakten sowie Gesetzlosigkeit Einhalt geboten werden.[1423] Das Eingreifen des Staates ist von gesetzlich fixierten Voraussetzungen abhängig, die gewährleisten sollen, dass die Freiheit der Bürger so gut als möglich respektiert und gewährleistet wird.[1424]

Um die Interessen seiner Bürger zu schützen, nehme der Staat eine Schwächung seiner Machtposition hin. „[D]er Staat tut das ruhig, denn seine Rüstung ist so stark, seine Waffen gegen den Rechtsbrecher sind so schneidig, daß er in der Regel trotz Einhaltung der gesetzlich festgelegten Kampfesregeln den Rechtsbrecher doch überwindet."[1425]

Außerdem wirft *Radbruch* den Befürwortern des Staatsnothilferechts tendenziöse Rechtsgerichtetheit vor, indem er anmerkt, dass bei der Annahme des Staatsnothilferechts auch der literarische Landesverrat als straf-

1420 *v. Bar*, Gesetz und Schuld im Strafrecht. Bd. 3: Die Befreiung von Schuld und Strafe durch das Strafgesetz, S. 197; *Sommerfeld*, Ist Notwehr zur Verteidigung sämtlicher Rechtsgüter zulässig?, S. 56.

1421 *Schmitz*, Schutzobjekte der Notwehr, S. 37.

1422 *Radbruch*, Justiz V (1929/1930), 125 (127).

1423 *Sinzheimer*, Justiz V (1929/1930), 45 (66).

1424 *Stock*, GS 101 (1932), 148 (161 und 166).

1425 *Stock*, GS 101 (1932), 148 (161 f.).

los anzusehen sei, was für die Vertreter dieser Lehren kaum als willkommene Konsequenz zu werten sei.[1426]

Die Eingriffsbefugnis des Einzelnen in puncto kollektive Rechtsgüter sei in der deutschen Rechtsordnung nur in ganz seltenen Fällen vorgesehen, beispielsweise in § 9 Abs. 2 StrandO[1427] oder in § 17 PostG[1428]. Bei diesen Normen handelt es sich allerdings um öffentlich-rechtliche Normen, die nicht mit dem Wesen der Notwehr verglichen werden können.[1429] Überdies geht es in § 9 Abs. 2 StrandO darum, Menschenleben zu retten und somit um Individualrechtsgüter, sodass das Heranziehen dieser Norm nicht weiterhilft.

Auch müsste die Staatsnothilfe, wenn man sie erst einmal im Grundsatz anerkennen würde, ebenfalls für Handlungen gegenüber staatlichen Funktionären greifen, die vermeintlich Handlungen gegen den Staat begehen. Dazu zähle unter anderem die Polizei oder die Reichswehr, wodurch der Gang der Staatsverwaltung erheblich erschwert würde.[1430] Konsequenterweise müsste man das Nothilferecht bei der Bejahung der Frage, ob Nothilfe zugunsten des Staates zulässig sei, auch zugunsten aller deutschen Länder, Gebietskörperschaften und auch zugunsten jedes ausländischen Staates zulassen. Dies sei unzweckmäßig und es bestehe kein entsprechendes Bedürfnis.[1431]

Zum Teil wird die Subsumtion der Staatsnotwehr unter § 53 RStGB kritisch gesehen, da der Kreis der durch Notwehr gerechtfertigten Handlungen deshalb sehr weit würde und die Staatsnotwehr daher als Pauschalrechtfertigungsgrund missbraucht werden könnte.[1432] *Kahl* sah schon im

---

1426 *Radbruch*, Justiz V (1929/1930), 125 (127).

1427 § 9 II StrandO v. 17.5.1874: Während der Seenoth ist der Strandvogt befugt, zur Rettung von Menschenleben die erforderlichen Fahrzeuge und Geräthschaften, sowie jeden außerhalb der öffentlichen Wege zum Strande führenden Zugang auch ohne Einwilligung der Verfügungsberechtigten in Anspruch zu nehmen. (...)

1428 § 17 des Gesetzes über das Postwesen des Deutschen Reichs v. 28.10.1871P: In besonderen Fällen, in denen die gewöhnlichen Postwege gar nicht oder schwer zu passieren sind, können die ordentlichen Posten, die Extraposten, Kuriere und Estafetten sich der Neben- und Feldwege, sowie der ungehegten Wiesen und Aecker bedienen, unbeschadet jedoch des Rechtes der Eigenthümer auf Schadensersatz.

1429 *Schmitz*, Schutzobjekte der Notwehr, S. 37; vgl. auch *Broglio*, Der strafrechtliche Notstand im Lichte der Strafrechtsreform, S. 17.

1430 *Stock*, GS 101 (1932), 148 (164).

1431 *Stock*, GS 101 (1932), 148 (166).

1432 So zum Beispiel *Kahl*, Verhandlungen der verfassungsgebenden Deutschen Nationalversammlung. Stenografischer Bericht, Bd. 333, S. 5140, der aufgrund dessen den Rechtfertigungsgrund insbesondere für die Beteiligten ablehnt, die keine Re-

Jahr 1920 die Gefahren, die mit der Anerkennung des Staatsnotwehrrechts einhergehen. So beschreibt er die Staatsnothilfe als einen „gänzlich neue[n] Begriff, mit welchem sich jede Widerrechtlichkeit und Ungesetzlichkeit unter dem Schein des Rechts rechtfertigen läßt".[1433] Die Existenz eines Notwehrhilferechts zugunsten anderer Menschen in § 53 RStGB stelle das Maximum an Zugeständnissen dar, das der Gesetzgeber den Bürgern gewähren wollte.[1434]

Auch die Gefahr, dass irrtümlich die Voraussetzungen der Staatsnothilfe als gegeben angesehen wurden und der Handelnde dann über § 59 RStGB straffrei sei,[1435] spräche gegen die Annahme einer Staatsnothilfe. Schließlich seien die Bürger oft nicht in der Lage, die Notwehrvoraussetzungen zu prüfen und die Anerkennung einer solchen Putativstaatsnothilfe könnte gravierende Folgen zeitigen.[1436]

Der Begriff des „Angriffes gegen den Staat" ist sehr unbestimmt. Schlussendlich ist in jedem Delikt eine Handlung gegen den Staat enthalten, wodurch die Gefahr der Anerkennung eines allgemeinen Verbrechenshinderungsrechts bestünde.[1437] Man sah die Gefahr eines *bellum omnium contra omnes*, also eines Krieges aller gegen alle, bei dem die Staatsnothilfe teilweise auch nur in Form der Putativstaatsnothilfe als Schutzbehauptung benutzt werde.[1438]

Außerdem könnte auch der Telos der Nothilfe gegen ein Staatsnothilferecht sprechen. Die Zulässigkeit der Nothilfe, also die Abwehr eines rechtswidrigen Angriffs auf einen anderen, wird mit dem Gemeinschaftssinn des Menschen begründet. Insofern sei die Nothilfe *conditio sine qua non* für ein geordnetes bürgerliches Zusammenleben. Der Wunsch, seinen

---

gierungsmitglieder sind; ablehnend: *Kraegeloh*, Beiträge zur Lehre von der Notwehr im geltenden Strafrecht, S. 47.

1433 *Kahl*, Verhandlungen der verfassungsgebenden Deutschen Nationalversammlung. Stenographischer Bericht, Bd. 333, S. 5140; vgl. hierzu auch *Casparius*, Staatsnotwehr, S. 9.

1434 So meint es wohl auch *Kraegeloh*, Beiträge zur Lehre von der Notwehr im geltenden Strafrecht, S. 70, der jedoch verfehlt von einem „Mindestmaß" spricht.

1435 § 59 RStGB in der Fassung vom 1.1.1872 bis zum 1.1.1975 beschreibt den Umgang mit Tatumstandsirrtümern, vgl. *Fuchs* (Hrsg.), Strafgesetzbuch für das Deutsche Reich vom 15. Mai 1871. Historisch-synoptische Edition 1871–2009, S. 267.

1436 *Kraegeloh*, Beiträge zur Lehre von der Notwehr im geltenden Strafrecht, S. 58, der die Folgen jedoch als hinzunehmen ansieht; ebenso *Schück*, Notwehr Privater zugunsten des Staates, S. 25 f.

1437 *Stock*, GS 101 (1932), 148 (166).

1438 *Stock*, GS 101 (1932), 148 (166); *Schubert*, Staatsnothilfe, S. 51.

Mitmenschen beizustehen sei eine natürliche Bestrebung, welche aus der gemeinsamen Verbundenheit herrührt.[1439] Diese Rechtfertigung reiche bis ins germanische Recht zurück, wo derjenige, der den Frieden brach, für vogelfrei erklärt wurde und daher mit der Ablehnung der gesamten Sippe konfrontiert war. Der Staat sah der Verletzung zwar tatenlos zu, gab dem Einzelnen jedoch ein Recht zur Selbsthilfe.[1440] Die Rechtsordnung dürfe dem Einzelnen solche aus Mitleid motivierten Handlungen nicht versagen, vor allem wenn es sich bei dem Angegriffenen um einen nahen Angehörigen handelt, weshalb das zugefügte Leid zugleich auch ein eigenes Leid darstellt.[1441] Der Einzelne handele in diesen Fällen nicht aus altruistischen, sondern aus egoistischen Motiven. Er kann sich mit dem Angegriffenen identifizieren und dessen Situation nachempfinden. Dadurch entsteht eine zumindest mittelbar-psychische Auswirkung auf den Nothelfer, die diesen zu einem egoistisch-naiven Handeln motiviert. Diese psychische Betroffenheit ist bei der Verletzung öffentlicher Interessen nicht gegeben, weil das entsprechende Identifikationsmoment fehle.[1442] Während die Individualrechtsgüter schon rein intuitiv vom Rechtsempfinden des Einzelnen umfasst werden, ist bei den öffentlichen Interessen eine „besondere politische, insbesondere staatspolitische, sozialethische Reife eines Volkes erforderlich."[1443]

Von Alberti führt zudem gegen die Staatsnothilfe im Rahmen des § 53 RStGB an, dass durch die Notwehr nur private Rechtsgüter geschützt werden, bei deren Verletzung grundsätzlich der Zivilrechtsweg eröffnet ist.[1444] Eine Abgrenzung über den eröffneten Rechtsweg erscheint fragwürdig. So sind viele Rechtsgüter sowohl zivil- als auch strafrechtlich geschützt, weswegen Entscheidungen durch die Strafgerichte möglich erscheinen. Speziell über das Schutzgesetz im Rahmen des § 823 Abs. 2 BGB haben viele strafrechtliche Güter Eingang ins Zivilrecht gefunden. Auch das Adhäsionsverfahren, das schon seit 1909 gesetzlich geregelt ist, zeigt die Verknüpfung des

1439 *Baron*, Notwehr, Staatsnotwehr und Staatsnotstand, S. 8 f.

1440 *Baron*, Notwehr, Staatsnotwehr und Staatsnotstand, S. 9; *Fehr*, Deutsche Rechtsgeschichte, S. 19 f. S. hierzu S. 226 f.

1441 *Schmitz*, Schutzobjekte der Notwehr, S. 6.

1442 *Lowack*, Die Rechtswidrigkeit und Handeln im Interesse der Allgemeinheit als Rechtfertigungsgrund S. 48 f.

1443 *Lowack*, Die Rechtswidrigkeit und Handeln im Interesse der Allgemeinheit als Rechtfertigungsgrund, S. 49.

1444 *v. Alberti*, Eigenmächtige Unrechtshemmung, S. 2.

Rechtsgüterschutzes im Zivil- und Strafrecht.[1445] Das von *v. Alberti* exemplarisch angeführte Eigentum wird beispielsweise strafrechtlich gegen Beschädigung (§ 303 RStGB)[1446] oder gegen Wegnahme (§ 242 RStGB)[1447] geschützt. Fälle, in denen öffentlich-rechtliche Interessen durch Private verfolgt werden, fallen nach *v. Alberti* hingegen nicht unter den Notwehrbegriff, sondern können allenfalls durch das Rechtsinstitut der eigenmächtigen Unrechtshemmung gerechtfertigt werden.[1448] Dem ist die allgemein gehaltene Fassung des § 53 RStGB entgegenzuhalten. Eine solche Differenzierung ergibt sich nicht aus dem Gesetz.[1449]

Gegen einen Willen des Reichsgerichts zur Anerkennung der Staatsnothilfe spreche ferner, dass dieses gegen Ende der Weimarer Republik von seiner ursprünglichen Judikatur zum übergesetzlichen Notstand[1450] abgekehrt ist, nunmehr einen restriktiveren Kurs verfolgt und den Rechtfertigungsgrund des übergesetzlichen Notstands daher nur noch auf einen engeren Kreis urteilsfähiger Personen beschränkt. In der konkreten Entscheidung wurde der Rechtfertigungsgrund nur der sich im Notstand befindlichen Person selbst und deren Angehörigen zugesprochen.[1451] Gerade bei der Behandlung von Tötungsdelikten als angemessenes Mittel sei Vorsicht geboten.[1452]

1445 Vgl. zur Geschichte des Adhäsionsverfahrens auch *Spiess*, Das Adhäsionsverfahren in der Rechtswirklichkeit, S. 8 ff.

1446 § 303 StGB in der Fassung vom 20.3.1876 bis zum 1.9.1969 regelte die Sachbeschädigung genau wie in der heute geltenden Norm, lediglich das Strafmaß divergierte, abgedruckt in: *Fuchs* (Hrsg.), Strafgesetzbuch für das Deutsche Reich vom 15. Mai 1871. Historisch-synoptische Edition 1871–2009, S. 1296.

1447 § 242 RStGB in der Version v. 17.1.1979 bis zum 1.4.1998 entspricht bis auf wenige sprachliche Änderungen der geltenden Version, vgl. *Fuchs* (Hrsg.), Strafgesetzbuch für das Deutsche Reich vom 15. Mai 1871. Historisch-synoptische Edition 1871–2009, S. 1071.

1448 *v. Alberti*, Eigenmächtige Unrechtshemmung, S. 2.

1449 So auch *Kraegeloh*, Beiträge zur Lehre von der Notwehr im geltenden Strafrecht, S. 55.

1450 Beispielsweise RG, RGSt 61, 242 (242 ff.); RG, RGSt 62, 35 (35 ff.).

1451 *Radbruch*, Die Justiz V (1929/1930), 125 (127); RG, RGSt 62, 137 (137).

1452 *Radbruch*, Die Justiz V (1929/1930), 125 (127).

3. Die Bewertung des Erlasses vom 22. März 1923

Auch ein Erlass aus dem Jahre 1923 wird teilweise als Argument gegen die Existenz der Staatsnothilfe angeführt.[1453] *Kurt Binding* sieht den Zweck des Erlasses darin, dass Gefahren für die öffentliche Ordnung durch das Tätigwerden Privater gemindert werden und der Rechtsfrieden gefördert werden soll.[1454]

Schück bezweifelt, dass der Verfasser des Erlasses überhaupt die Staatsnothilfe im Blick hatte. Er sieht diesen dennoch als Indiz dafür an, dass der Gesetzgeber eine Differenzierung zwischen Selbsthilfe und Unrechtshemmung gewollt habe.[1455] *Klee* sieht den Telos des Ministerialerlasses darin, zu verdeutlichen, dass es die ureigene Aufgabe des Staates und der Obrigkeit ist, Angriffe auf sich selbst abzuwehren. Er trete einem Absolutismus von unten entgegen, der einem geordneten staatsbürgerlichen Zusammenleben widerspricht und in Anarchie enden würde.[1456] *Heinsius* sieht den Grund des Erlasses darin, dass „der Staat mit Hilfe seiner Gerichte, seiner Staatsanwaltschaft und seiner Polizei jeden Angriff ungleich wirksamer abwehren kann als der einzelne Staatsbürger".[1457]

Kurzweg hingegen wendet sich gegen die in dem Erlass gemachten Aussagen, indem er moniert, dass nicht jeder, der Notwehr zugunsten des Staates übt, auch zugleich eine Amtsanmaßung begehe und dass in dieser Annahme ein grober Fehlschluss liege. Oftmals sei der polizeiliche Schutz einfach nicht ausreichend.[1458] Die Verfügung sei ungenau und verfehlt.[1459] Da-

1453 Verfügung des Ministers des Inneren v. 22.3.1923 – II G 886 betr. Selbstschutzorganisationen, PreußMBl. S. 311 (312): „Die Sicherung von Versammlungen, die Ausübung von Straßen- und Postendienst, die Abwehr hochverräterischer Unternehmungen ist ausschließlich Sache der Polizei kraft des ihr anvertrauten öffentlichen Amtes. Vereinigungen, deren Zweck die Erfüllung derartiger Aufgaben ist, laufen den Strafgesetzen zuwider, da § 132 StGB die Amtsanmaßungen mit Strafe bedroht."

1454 *Binding*, Der strafrechtliche Staatsnotstand, S. 48.

1455 *Schück*, Notwehr Privater zugunsten des Staates, S. 14.

1456 *Klee*, Anmerkung 1 zu Kurzweg, GA 70 (1926), 72 (72).

1457 *Heinsius*, Moderne Entwicklung des Notwehrrechts, S. 51.

1458 *Kurzweg*, GA 70 (1926), 72 (73); der Gedanke der Amtsanmaßung findet sich jedoch auch noch bei *Lammerding*, Die Staatsnothilfe als strafrechtlicher Rechtfertigungsgrund, S. 25, der insofern eine Kollision zwischen § 132 StGB und § 53 StGB annimmt. Darüber hinaus gibt er zu bedenken, dass die polizeirechtlichen Zuständigkeitsnormen überflüssig wären, wenn jeder beliebige Bürger ohnehin handeln dürfe.

1459 *Kurzweg*, GA 70 (1926), 72 (73).

für könne der Wortlaut des § 132 RStGB[1460] angeführt werden. Als Tatbestandsalternative käme hier nur das Handeln, welches kraft eines öffentlichen Amtes vorgenommen werden darf, in Betracht. In den meisten Fällen geben sich die Handelnden aber nicht als Amtsträger aus. Das von der Tatbestandsalternative vorgegebene Ausschließlichkeitsverhältnis fehle.[1461] Ob ein solches anzunehmen ist, führt wiederum zur Frage, ob man Staatsnothilfe zulässt oder nicht. In diesem Zusammenhang mit § 132 RStGB zu argumentieren, stellt einen Zirkelschluss dar. Letzten Endes kommt es dafür, ob § 132 RStGB vorliegt, darauf an, ob ausschließlich die Obrigkeit zu den Handlungen befugt ist. Dies wäre sie jedoch nicht alleine, wenn man die Staatsnothilfe als Rechtsinstitut zuließe. Wäre dies der Fall, so wäre § 132 RStGB nicht einschlägig. Der Erlass beziehe sich zweifelsohne nicht auf die Staatsnothilfe. Der Gesetzgeber scheint die Problematik nicht überblickt zu haben. In Fällen, in denen die Polizei unfähig war zu handeln, könne der Erlass daher keine Gültigkeit beanspruchen.[1462]

Auch *Schmahel* bezweifelt, dass der Verordnungsgeber eine allgemeingültige Aussage treffen wollte. So seien gewerblich konzessionierte Bewachungsgesellschaften im Einsatz, die zwar hauptsächlich Privatnotwehr gemäß § 53 RStGB übten, bei denen es aber auch durchaus denkbar sei, dass sie gemäß § 127 StPO für die Allgemeinheit tätig werden. Eine Strafbarkeit dieser nach Gewerberecht erlaubten Verbände sei widersinnig.[1463] Auch in Zeiten des Aufruhrs könne es kaum Sinn und Zweck des Ministerialerlasses sein, dass die Bürger bei einem gewaltsamen Umsturz des Staates untätig zusehen.[1464]

1460 § 132 RStGB: Wer unbefugt sich mit Ausübung eines öffentlichen Amtes befaßt oder eine Handlung vornimmt, welche nur kraft eines öffentlichen Amtes vorgenommen werden darf, wird mit Gefängniß bis zu einem Jahre oder mit Geldstrafe bis zu dreihundert Mark bestraft. § 132 in der vom 20.3.1876 bis zum 1.5.1942 geltenden Version, abgedruckt in: *Fuchs* (Hrsg.), Strafgesetzbuch für das Deutsche Reich vom 15. Mai 1871. Historisch-synoptische Edition 1871–2009, S. 668.

1461 *Schück*, Notwehr Privater zugunsten des Staates, S. 15.

1462 *Knoch*, Die Nothilfe zugunsten des Staates, S. 69.

1463 *Schmahel*, Staatsnotwehr und Staatsnotstand, S. 11, der jedoch fälschlicherweise davon ausgeht, dass ein Handeln gemäß § 127 StPO ein Handeln in Staatsnotwehr sei. Zu beachten ist, dass *Schmahels* Werk 1931 geschrieben wurde. Zum damaligen Zeitpunkt gab es schon den am 25.2.1927 eingeführten § 34 a GewO, demzufolge das Bewachungsgewerbe unter einen Erlaubnisvorbehalt gestellt wurde. In der zum Zeitpunkt des Erlasses geltenden Version der GewO fand das Bewachungsgewerbe allerdings an keiner Stelle Erwähnung, sodass dieses Argument für den Willen des Gesetzgebers keine Gültigkeit beanspruchen kann.

1464 *Schmahel*, Staatsnotwehr und Staatsnotstand, S. 11 f.

Auffällig ist, dass teils das falsche Jahr für den Erlass zitiert wird.[1465] Nebstdem wird auch immer dieselbe Passage zitiert, obwohl der Erlass viel länger ist. Im Übrigen handelt es sich bei ihm nicht um einen Erlass des Justizministers, sondern um eine Verordnung des Innenministers, was in vielen Quellen falsch angegeben wird.[1466] Zudem findet sich in keiner Quelle, dass dieser Erlass von Preußen und nicht vom Reich erlassen wurde. Diese Übereinstimmung der Fehler, beziehungsweise die ansonsten durchgängige Nichtzitierung der richtigen Quelle sowie die vom Kontext losgelöste Argumentation zeigen, dass die wenigsten Autoren den Erlass wirklich gelesen haben. Der Erlass ist erst einmal mit der Überschrift „Selbstschutzorganisationen" versehen.[1467] Schon diese Überschrift verdeutlicht, dass gar nicht die Staatsnothilfe, sondern lediglich die organisierte Verbrechenshinderung gemeint war. Beispielhaft nennt *Severin* nationalistische Stoßtrupps paramilitärischer Natur.[1468] Auch in seiner Bezugnahme zum Republikschutzgesetz stellt der Innenminister primär auf die Bildung von Vereinigungen ab.[1469] Wenn man den Erlass liest, so kann kein Zweifel bestehen, dass der Minister nur die organisierten Selbstschutzverbände gemeint hat. Diese Argumentation passt auch zu den realen Gegebenheiten der damaligen Zeit. Im Jahr 1923 befand sich das Reich in einer Krise. In Zeiten von Aufständen und ähnlichem, in denen mitunter bürgerkriegsähnliche Zustände herrschten und Probleme mit der Schwarzen Reichswehr aufkamen, hatte der Staat ein Interesse daran, die Auflagen aus dem Versailler Vertrages zu erfüllen und paramilitärische Verbände aus außen- und innenpolitischen Gründen zu unterbinden.[1470]

V. Der Staat als anderer

Die Frage, ob Staatsnothilfe zulässig ist, konzentrierte sich neben allgemeinen rechtspolitischen Erwägungen in der Weimarer Republik hauptsächlich darauf, ob der Staat ein „anderer" im Sinne der Norm sein könne.

1465 Beispielsweise *Labin*, Staatsnotwehr und Staatsnotstand, S. 7.

1466 Beispielsweise *Labin*, Staatsnotwehr und Staatsnotstand, S. 7.

1467 Verfügung des Ministers des Inneren v. 22.3.1923 – II G 886 betr. Selbstschutzorganisationen, PreußMBl. S. 311.

1468 Verfügung des Ministers des Inneren v. 22.3.1923 – II G 886 betr. Selbstschutzorganisationen, PreußMBl. S. 311.

1469 Verfügung des Ministers des Inneren v. 22.3.1923 – II G 886 betr. Selbstschutzorganisationen, PreußMBl. S. 311 (312).

1470 S. zur allgemeinen Lage bereits S. 59 ff.

1. Abgrenzung zum Angriff auf eine natürliche Person

Unproblematisch sind solche Fälle, in denen sich der Angriff nicht nur gegen öffentliche Interessen, sondern auch zugleich gegen eine Person, beispielsweise einen Polizeibeamten, richtet. In solchen Fällen darf sich die natürliche Person gegen den Angriff wehren, ohne dass die Probleme des Staatsnothilferechts zu erörtern wären. Darauf, ob durch den Angriff zugleich auch öffentlich-rechtliche Interessen gefährdet werden, komme es nicht an. In solchen Fällen ist ein Rekurs auf die Staatsnothilfe praktisch entbehrlich.[1471] Es handele es sich um eine Frage rein theoretischer Natur, der keinerlei praktische Bedeutung zukomme.[1472] Bei Verstößen gegen §§ 113, 114, 117 und 122 RStGB[1473] bedarf die Thematik somit keiner Erörterung, auch wenn diese nicht nur bezwecken, den einzelnen Polizeibeamten als Person zu schützen, sondern auch öffentlich-rechtliche Interessen, nämlich beispielsweise das Interesse am Schutz der Einrichtungen des Staates und der Aufrechterhaltung einer funktionsfähigen Rechtspflege, verfolgen. Vergleichbar sind auch die Fälle, in denen Diplomaten beleidigt werden. In beiden Fällen richtet sich der Angriff gegen eine natürliche Person, wobei die Vorschriften, durch die dieser Personenkreis geschützt wird, neben dem Schutz der Person selbst noch weitere, den Staat schützende Zwecke verfolgen. Vom allgemeinen Rechtsempfinden sei es nicht einzusehen, weswegen man bei solchen Angriffen auf einen beliebigen Bürger tätig werden dürfe,

---

1471 *Labin*, Staatsnotwehr und Staatsnotstand, S. 9; *v. Hippel*, Deutsches Strafrecht, Bd. 2, S. 205 f.

1472 *Schroeder*, Notwehr zugunsten des Staates, S. 19; *v. Hippel*, Deutsches Strafrecht, Bd. 2, S. 205.

1473 Vgl. zum Wortlaut des § 113 Fn. 1393; § 114 I RStGB: Wer es unternimmt, durch Gewalt oder Drohung eine Behörde oder einen Beamten zur Vornahme oder Unterlassung einer Amtshandlung zu nöthigen, wird mit Gefängniß nicht unter drei Monaten bestraft. Vgl. § 114 RStGB in der vom 5.6.1912 bis zum 1.10.1953 geltenden Version, abgedruckt in: *Fuchs* (Hrsg.), Strafgesetzbuch für das Deutsche Reich vom 15. Mai 1871. Historisch-synoptische Edition 1871–2009, S. 610. § 117 I RStGB: Wer einem Forst- oder Jagdbeamten, einem Waldeigenthümer, Forst- oder Jagdberechtigten, oder einem von diesen bestellten Aufseher, in der rechtmäßigen Ausübung seines Amtes oder Rechtes durch Gewalt oder durch Bedrohung mit Gewalt Widerstand leistet, oder wer eine dieser Personen während der Ausübung ihres Amtes oder Rechtes thätlich angreift, wird mit Gefängniß von vierzehn Tagen bis zu drei Jahren bestraft. Vgl. ebd. S. 618. § 122 I RStGB: Gefangene, welche sich zusammenrotten und mit vereinten Kräften die Anstaltsbeamten oder die mit der Beaufsichtigung Beauftragten angreifen, denselben Widerstand leisten oder es unternehmen, sie zu Handlungen oder Unterlassungen zu nöthigen, werden wegen Meuterei mit Gefängniß nicht unter sechs Monaten bestraft. Vgl. ebd. S. 624.

bei einem Angriff auf einen Sonderrechtsträger, welcher weitergehenden Schutz genießt, jedoch nicht.[1474] Richtigerweise bedürfe dieser Frage vor dem Hintergrund der Staatsnothilfe gar keiner Erörterung. Schließlich ist in den genannten Delikten immer auch eine Körperverletzung, eine Nötigung oder eine Beleidigung enthalten, in der ein rechtswidriger Angriff zu sehen ist. Das Handeln des zur Hilfe Eilenden wäre also ohnehin gerechtfertigt, ohne dass es darauf ankäme, ob beispielsweise § 113 RStGB durch den Angreifer erfüllt wurde. Ein Angriff auf diese Norm ohne einen Angriff auf den Polizeibeamten als Person, der ebenfalls rechtswidrig ist, ist undenkbar.[1475]

Zudem stellt der Angriff auf Volksteile letzten Endes auch immer einen Angriff auf konkrete natürliche Personen dar, die in ihrer Gesamtheit diesen Volksteil bilden.[1476] Dies kann aber nicht auf den gesamten Staat übertragen werden. Während bei juristischen Personen des Privatrechts lediglich die Interessen einzelner Individuen zusammengefasst werde, zeichne sich der Staat dadurch aus, dass die Interessen aller zu einem neuen eigenen Interesse verschmelzen.[1477]

2. Subjektiv-öffentliches Recht auf Wahrung der verfassungsmäßigen Ordnung?

Andere Autoren hingegen gehen davon aus, dass es irrelevant ist, ob der Staat als anderer zu sehen ist, da der Einzelne bei einem Angriff gegen das öffentliche Interesse immer selbst verletzt sei und daher das Rechtsinstitut der Notwehr und nicht der Nothilfe greife. Schließlich hänge das Wohl des Einzelnen und seine gesellschaftlich-wirtschaftliche Lage maßgeblich davon ab, dass der Staat, in dem er lebt, über ein funktionierendes Staatswesen verfügt und dieses ungehemmt wirken kann.[1478] Teilweise wird auch

---

1474 *Labin*, Staatsnotwehr und Staatsnotstand, S. 9.

1475 *Schück*, Notwehr Privater zugunsten des Staates, S. 11. S. allerdings zu den Fällen, in denen der Angriff gegen das Staatsvolk und der rechtswidrige Angriff gegen eine natürliche Person auseinanderfallen können S. 233 ff.

1476 *Schroeder*, Notwehr zugunsten des Staates, S. 19; Nothilfe zugunsten eines unbestimmten Personenkreises bejahend: *Olshausen*, Kommentar zum Strafgesetzbuch für das Deutsche Reich, Bd. 1, § 53 Anm. 10.

1477 *Lowack*, Die Rechtswidrigkeit und Handeln im Interesse der Allgemeinheit als Rechtfertigungsgrund, S. 52.

1478 *Kurzweg*, GA 70 (1926), 72 (72); ähnlich *Lowack*, Die Rechtswidrigkeit und Handeln im Interesse der Allgemeinheit als Rechtfertigungsgrund, S. 51; ablehnend

vertreten, dass jeder einen Anspruch auf Weiterbestehen der verfassungsmäßigen Zustände habe, sodass er bei Angriffen auf den Staat immer zugleich selbst angegriffen wird. Der Einzelne habe ein Recht darauf, dass die staatlichen Institutionen aufrechterhalten, die Verfassung gewahrt und die Staatsgewalt ausgeübt werde.[1479]

Es wird teils davon ausgegangen, dass jeder Wähler bei Begehung einer Tat nach § 108 RStGB (Wählernötigung) in seinem Recht auf politische Betätigung und seinem Wahlrecht verletzt werde, weshalb er durch Notwehr dazu berechtigt sei, einen Angriff auf ihn persönlich abzuwehren.[1480]

Mitunter wird auch argumentiert, dass der Einzelne das Recht zur Verteidigung seines Eigentums habe, weswegen er auch berechtigt sein müsse, das Eigentum als Institution zu verteidigen. Ohne letzteres stünde ihm nämlich auch kein Privateigentum zu.[1481] Andere hingegen sehen darin die Abwehr eines Angriffs auf den Staat. Auch in diesen Fällen läge nur eine mittelbare Beeinträchtigung des Einzelnen vor; unmittelbar angegriffen würden die Einrichtungen und Organe des Staates.[1482]

In diesem Zusammenhang wird auch argumentiert, dass der Gesetzgeber den Einzelnen im Rahmen des § 53 RStGB nur dazu berechtigen wollte, Angriffe „von sich", also von seinen eigenen Rechtsgütern abzuwehren. Dies bedeute, dass der durch die Strafnorm bezweckte Schutz primär der natürlichen Person selbst gelten muss. Daher genüge das allgemeine Interesse des Einzelnen an der Einhaltung der Gesetze und der Wahrung der öffentlichen Ordnung nicht. Es läge eine unmittelbare Gefährdung des Staates vor, die nur mittelbar mit einer Gefährdung des Einzelnen in seinen Individualrechtsgütern einhergehe. Demgemäß handele es sich in solchen Fällen allenfalls um Nothilfe.[1483] Die Gegenansicht konstruiere subjektiv-

Schubert, Staatsnothilfe, S. 9 f., der die Not des Einzelnen lediglich als Reflexwirkung anerkennt.

1479 *Lederle*, Staatsnotwehr, S. 10; *Schmahel*, Staatsnotwehr und Staatsnotstand, S. 3; in diese Richtung auch *Kurzweg*, GA 70 (1926), 72 (73 f.); *v. Campe*, DJZ 1920, 486 (487); ablehnend: *Klee*, GA 70 (1926), 72 (72 Anm. 1), der davon ausgeht, dass die Verfassung kein wehrfähiges Gut des Einzelnen, sondern ein eigenes Rechtsgut des Staates ist.

1480 *Lampson*, Beitrag zur Feststellung des Notwehrgebiets, insbesondere durch Untersuchung der Natur der einzelnen Rechte, S. 23; *Schück*, Notwehr Privater zugunsten des Staates, S. 31; in diese Richtung auch *Kohler*, Leitfaden des deutschen Strafrechts, S. 47; ablehnend *Labin*, Staatsnotwehr und Staatsnotstand, S. 12.

1481 *Kurzweg*, GA 70 (1926), 72 (74).

1482 *Labin*, Staatsnotwehr und Staatsnotstand, S. 11.

1483 *Labin*, Staatsnotwehr und Staatsnotstand, S. 10 f.

öffentliche Rechte, wo *de lege lata* nicht einmal ein „Reflexrecht" anerkannt werde.[1484] Ein subjektiv-öffentliches Recht auf Einhaltung der Verfassung gebe es nicht. Einzelne verfassungsrechtliche Normen mögen ein solches begründen, wie beispielsweise Leistungs- und Teilhaberechte des Bürgers sowie grundrechtlich verbürgte Freiheitsrechte des Einzelnen. Dies gelte hingegen nicht für die Verfassung in ihrer Gesamtheit. Eine solche Annahme wäre einerseits zu unbestimmt.[1485] Andererseits zeichnet sich ein subjektiv-öffentliches Recht dadurch aus, dass es dem Einzelnen zum Schutz seiner eigenen Rechte verliehen wurde. Das Rechtsschutzsystem der Weimarer Republik Zeit macht deutlich, dass kein allgemeines subjektiv-öffentliches Recht auf Einhaltung der verfassungsmäßigen Bestimmungen gewollt war. Ansonsten hätte es eine entsprechende Popularklage gegeben.[1486] Bei Eingriffen gegen den Staat werde der Einzelne nur mittelbar verletzt. Zwischen der Verletzung des Individuums und der Verletzung des Staates liege zwangsweise entweder ein Denkprozess oder die Verletzung eines Gefühls, wobei die persönliche Betroffenheit immer auch von der individuellen Einstellung des Einzelnen abhängig ist.[1487]

3. Der Staat als Fiskus

Die herrschende Auffassung unterscheidet danach, ob der Staat als Hoheitsträger oder als Fiskus angegriffen wird. In letzterem Fall sei die Notwehr nach einer Meinung unproblematisch zulässig,[1488] da es sich dann um

1484 *Labin*, Staatsnotwehr und Staatsnotstand, S. 11 f.; vgl. zur Abgrenzung auch *Fleiner*, Institutionen des deutschen Verwaltungsrechts, S. 172.

1485 *Labin*, Staatsnotwehr und Staatsnotstand, S. 11; *Fleiner*, Institutionen des deutschen Verwaltungsrechts, S. 177 f.

1486 *Labin*, Staatsnotwehr und Staatsnotstand, S. 12; *Jellinek*, Verwaltungsrecht, S. 204, der gegen die Normen der Verfassung allenfalls absolute Begrenzungen des Staatswillens zulassen möchte, jedoch subjektive Rechte im eigentlichen Sinn ablehnt. Vgl. zu den Klagemöglichkeiten beim Staatsgerichtshof Art. 19 I WRV, Art. 59 WRV.

1487 *Sommerfeld*, Ist Notwehr zur Verteidigung sämtlicher Rechtsgüter zulässig?, S. 55.

1488 *Kurzweg*, GA 70 (1926), 72 (72 f.); *v. Campe*, DJZ 1920, 486 (487); *Schubert*, Staatsnothilfe, S. 2; *Klee*, GA 70 (1926), 72 (72, Anm. 1); *Mezger*, ZStW 47 (1927), 471 (510); *Deubelbeiß*, Die Staatsnotwehr, S. 24; *Großmann*, Das Prinzip der Selbstverteidigung im deutschen BGB, S. 18, Anm. 9; *Kraegeloh*, Beiträge zur Lehre von der Notwehr im geltenden Strafrecht, S. 40; auch *Knoch*, Die Nothilfe zugunsten des Staates, S. 11, nimmt diesen Bereich nach dem Zweiten Weltkrieg wegen des Gleichordnungsverhältnisses zwischen Staat und Bürger aus dem Anwendungsbereich der Staatsnothilfe aus.

einfache Notwehr beziehungsweise -hilfe und nicht um Staatsnotwehr oder -hilfe handele.[1489] *Deubelbeiß* geht jedoch davon aus, dass beispielsweise bei der Beschädigung von Staatsgebäuden höhere Güter als das Eigentum tangiert seien, weswegen auch Staatsnothilfe im engeren Sinn, also in Bezug auf einen Angriff auf den Staat als Hoheitsträger, zulässig sei.[1490]

Die Notwehrfähigkeit fiskalischer Rechte ergebe sich daraus, dass die Notwehr zugunsten juristischer Personen nicht angezweifelt wird, soweit diese in privatrechtlich geschützten Rechten angegriffen werden. Es mache keinen Unterschied, ob es sich um eine juristische Person des öffentlichen Rechts oder des Privatrechts handelt. Auch sei es nicht einzusehen, weshalb der Angriff auf das Eigentum des Staates anders zu behandeln sei als ein Angriff auf das Eigentum Privater.[1491] Schließlich sei in solchen Fällen auch beim Handeln des Staates der ordentliche Rechtsweg eröffnet und der Staat klage bei Streitigkeiten gegen den Bürger oder werde verklagt. In solchen Fällen hat der Staat das Recht zur Selbsttitulierung und -vollstreckung dadurch verloren, dass er sich auf die Stufe der Gleichordnung mit dem Bürger begeben hat.[1492] Das Verhältnis ist bei fiskalischem Handeln durch eine gewisse Gleichordnung geprägt. Wenn der Staat privatrechtliche Verträge abschließt und sich dadurch auf eine Ebene mit dem Bürger begibt, sei nicht einzusehen, weshalb er in puncto Notwehr anders behandelt werden solle. Auch bei Eigentumsdelikten, beispielsweise Sachbeschädigung gemäß § 303 RStGB, sei eine Ungleichbehandlung zum normalen Bürger nicht gerechtfertigt.[1493]

Diese Argumentation wird allerdings von einer Mindermeinung mit der Begründung abgelehnt, dass es auf eine solche Unterscheidung nicht ankomme. Vielmehr sei ausschlaggebend, dass dem Staat lediglich eine dem Volk dienende Funktion zukomme, weswegen es nicht von Relevanz sei, in welcher Eigenschaft er handele.[1494]

1489 *Deubelbeiß*, Die Staatsnotwehr, S. 24.

1490 *Deubelbeiß*, Die Staatsnotwehr, S. 34.

1491 *Moderow*, Notwehr und Notstand zugunsten des Staates, S. 8.

1492 *Schroeder*, Notwehr zugunsten des Staates, S. 22 f. In diese Richtung auch RGZ 158, 83 (89 f.).

1493 *Labin*, Staatsnotwehr und Staatsnotstand, S. 13.

1494 *Baron*, Notwehr, Staatsnotwehr und Staatsnotstand, S. 10.

4. Der Staat als Hoheitsträger

Nun gilt es noch herauszuarbeiten, ob der Staat auch als Hoheitsperson ein anderer im Sinne der Norm sein kann.[1495] In diesem Kontext wird die Frage auch rechtsgutsbezogen weiterdiskutiert. Schließlich sei dies nicht generell zu beantworten, sondern immer im Hinblick auf das gefährdete Rechtsgut.[1496] Richtig ist, dass auch hier ein Hauptdiskussionspunkt liegt. Dennoch erscheint es methodisch sauberer, erst einmal zwischen den Stimmen zu unterscheiden, die überhaupt zulassen, dass der Staat ein anderer sein kann und denjenigen, die dies kategorisch ablehnen. Erst späterhin soll dann eine rechtsgutbezogene Betrachtung erfolgen.

Großteils wird bejaht, dass der Staat anderer im Sinne des § 53 RStGB sein könne.[1497] Diese Ansicht reicht bis ins 19. Jahrhundert zurück, in welchem *Berner* bereits 1848 die Möglichkeit, dem Staat zur Hilfe zu eilen, bejahte.[1498] *Binding* deutete schon 1885 große Schwierigkeiten und Lösungen an.[1499] *Von Oetker* ging ebenfalls bereits 1908 davon aus, dass alle Rechtsgüter einer Person verteidigungsfähig sind, wobei er unter Person hier ein Rechtssubjekt fasst, das nicht notwendigerweise eine natürliche Person sein

1495 *Labin*, Staatsnotwehr und Staatsnotstand, S. 13.

1496 *Labin*, Staatsnotwehr und Staatsnotstand, S. 13 f.

1497 *Lederle*, Staatsnotwehr, S. 11; *Maerker*, Das Notrecht in vergleichender Darstellung zu den deutschen und ausländischen Strafgesetzentwürfen unter Berücksichtigung des soziologischen Gesichtspunkts, S. 118; *Doerr*, Deutsches Strafrecht I. Allgemeiner Teil, S. 66; *Allfeld*, Lehrbuch des deutschen Strafrechts, S. 125; *Griebel*, Staatsnotwehr, Staatsnotstand und Femetötungen, S. 16 f.; *Casparius*, Staatsnotwehr S. 15; wohl eher bejahend: *Fuchs*, Justiz I (1925/1926), 431 (432); *Gerland*, Deutsches Reichsstrafrecht, 1. Aufl., S. 113; *Mezger*, ZStW 47 (1927), 471 (510); *Frank*, Das Strafgesetzbuch für das Deutsche Reich nebst dem Einführungsgesetz, S. 149; *v. Olshausen*, Kommentar zum Strafgesetzbuch für das Deutsche Reich, Bd. 1, § 53 Anm. 10; RG, RGSt 63, 215 (220); *Schwartz*, Das Strafgesetzbuch für das Deutsche Reich, § 53 S. 170; *v. Oetker*, Notwehr und Notstand, in: Birkmeyer/v. Calker/Frank/v. Hippel/Kahl/v. Lilienthal/v. Liszt/Wach (Hrsg.), Vergleichende Darstellungen des Deutschen und Ausländischen Strafrechts, Bd. 2, S. 254 (290 und 277); *Meyer*, Lehrbuch des Deutschen Strafrechts, S. 276; *v. Bar*, Gesetz und Schuld im Strafrecht. Bd. 3: Die Befreiung von Schuld und Strafe durch das Strafgesetz, S. 195; *v. Campe*, DJZ 1920, 486 (487); *Hachenburg*, DJZ 1920, 503 (505).

1498 *Berner*, Arch. d. Criminalrechts 1848, 547 (562).

1499 Vgl. *Binding*, Handbuch des Strafrechts, Bd. 1, S. 737; s. auch *Schubert*, Staatsnothilfe, S. 4.

muss. So bezieht er beispielsweise Korporationen und den Staat mit ein.[1500] Dabei bezog er sich auf hochverräterische Umsturzversuche, wobei er seine Ansicht auf den Grundsatz stützte, dass das Recht dem Unrecht nicht zu weichen brauche. Aufgrund dessen könne jedes beliebige Recht von jeder Person verteidigt werden, ohne dass es auf die eigene Betroffenheit ankommt.[1501]

Alleinige Voraussetzung sei, dass der andere ein Rechtssubjekt im Sinne des § 53 RStGB sei, was beim Staat als juristischer Person zu bejahen sei.[1502] Hierbei muss es sich um einen bestimmten Rechtsgutsträger handeln, weshalb Angriffe gegen die Allgemeinheit oder die Gesellschaft nicht ausreichen. Die Allgemeinheit ist daher kein Rechtssubjekt.[1503]

Ob diese Argumentation tatsächlich zwingend ist, erscheint fraglich. Bei juristischen Personen des Privatrechts, die dieselben Rechtsgüter verteidigen wie natürliche Personen, erscheint eine solche Argumentation logisch. Eine juristische Person des öffentlichen Rechts hingegen verteidigt, ausgenommen ihres Handelns als Fiskus, völlig andere Interessen, die eher als Gemeinschaftsinteressen zu charakterisieren sind. Hier handelt der Staat hoheitlich und nimmt originär staatliche Rechte und Pflichten wahr, die dem einzelnen Staatsbürger verwehrt sind. Aufgrund dessen ist die Position des Staates bei Angriffen auf seine Stellung als Hoheitsträger nicht mit der

1500 *v. Oetker*, Notwehr und Notstand, in: Birkmeyer/v. Calker/Frank/v. Hippel/Kahl/v. Lilienthal/v. Liszt/Wach (Hrsg.), Vergleichende Darstellungen des Deutschen und Ausländischen Strafrechts, Bd. 2, S. 254 (290 und 277).

1501 *Berner*, Arch. d. Criminalrechts 1848, 547 (562).

1502 *Kraegeloh*, Beiträge zur Lehre von der Notwehr im geltenden Strafrecht, S. 55; *Steiger*, Staatsnotrecht, S. 17; *Gerland*, Deutsches Reichsstrafrecht, 1. Aufl., S. 113; in diese Richtung auch *Kraegeloh*, Beiträge zur Lehre von der Notwehr im geltenden Strafrecht, S. 40; vgl. zum Streit, ob der Staat als Rechtssubjekt, Rechtsverhältnis oder Rechtsobjekt anzusehen sei *Weinberg*, Staatsnotwehr, S. 13 ff.

1503 *Casparius*, Staatsnotwehr, S. 29; ebenso *Lowack*, Die Rechtswidrigkeit und Handeln im Interesse der Allgemeinheit als Rechtfertigungsgrund, S. 79, der jedoch die Staatsnothilfe aufgrund der Verletzung eigener Rechte annimmt und dann bei der Verletzung von Rechtsgütern der Allgemeinheit davon ausgeht, dass das Kollektivbewusstsein des Einzelnen noch nicht so weit vorangeschritten sei; vgl. auch *Broglio*, Der strafrechtliche Staatsnotstand im Lichte der Strafrechtsreform, S. 18, der die Nothilfefähigkeit von Rechtsgütern der Allgemeinheit anhand von Beispielen ad absurdum führt; so auch *Schubert*, Staatsnothilfe, S. 11, der deswegen ein allgemeines Deliktshinderungsrecht ablehnt; in der Nachkriegszeit ebenso *Lammerding*, Die Staatsnothilfe als strafrechtlicher Rechtfertigungsgrund, S. 31; a. A. wohl *Heimberger*, Strafrecht, S. 42, der annimmt, dass Nothilfe auch zugunsten der Gesamtheit insbesondere gegen hoch- und landesverräterische Unternehmungen, aber auch gegen Münzdelikte zulässig sei.

Stellung einer juristischen Person des Privatrechts vergleichbar, sodass die Subsumtion der juristischen Personen des Privatrechts unter den Begriff des „anderen“ nicht als Argument dafür angeführt werden könne, dass auch der Staat „anderer“ im Sinne der Norm sein kann.[1504]

Teilweise wird deshalb auch verneint, dass der Staat ein anderer im Sinne des § 53 RStGB sein könne. Die ideellen Interessen des Staates seien nicht mit den realen Interessen einer Privatperson vergleichbar.[1505] So habe der Gesetzgeber nur „koordinierte Rechtssubjekte“, also Rechtssubjekte, die in einem Gleichordnungsverhältnis zueinander stehen, als geschützte Personen von § 53 RStGB erfassen wollen.[1506] Normalerweise seien die Rollen des Angegriffenen und die des Nothelfers bei § 53 RStGB frei austauschbar; an einer solchen Auswechselbarkeit fehle es bei der Staatsnothilfe, da die geschützten Rechtsgüter des Staates dem Einzelnen nicht zukämen.[1507] Mangels Austauschbarkeit fehle es auch am Element des Sich-in-das-Opfer-Hineinversetzens, welches für den altruistischen Charakter der Nothilfe wesenstypisch ist. Während man sich in den Staat als Fiskus noch hineinversetzen kann – schließlich kann sich jeder vorstellen, wie es ist, bestohlen oder Opfer eines sonstigen Vermögensdelikts zu werden – ist von einer solchen Empathie zugunsten des Staates als Hoheitsträger nicht auszugehen. Außerdem besitze der Staat in diesen Fällen einen besonderen Machtapparat, mit dem er seine Interessen durchsetzen könne.[1508] Dennoch überzeuge

1504 *Schroeder*, Notwehr zugunsten des Staates, S. 22; *Lowack*, Die Rechtswidrigkeit und Handeln im Interesse der Allgemeinheit als Rechtfertigungsgrund, S. 51.

1505 *Bollag*, Die Grenzen der strafbaren Nötigung, S. 110 Anm. 1; ähnlich *Kulemann*, Selbsthilfe, ZStW 11 (1891), 329 (335), der schon den Schutz des Staates als Fiskus durch § 53 StGB als zweifelhaft ansieht; *Großmann*, Das Prinzip der Selbstverteidigung im deutschen BGB, S. 18; in diese Richtung auch *Klee*, GA 70 (1926), 72 (72 Anm. 1); *Schubert*, Staatsnothilfe, S. 48.

1506 *Klee*, GA 70 (1926), 72 (72 Anm. 1); *Stock* GS 101 (1932), 148 (167).

1507 *Schubert*, Staatsnothilfe, S. 7 und 47.

1508 *Klee*, GA 70 (1926), 72 (72 Anm. 1); so auch *Stock* GS 101 (1932), 148 (161), der deshalb zumindest eine unmittelbare Anwendung des § 53 StGB ablehnt, zu beachten ist jedoch, dass der Aufsatz *Stocks* aus dem Jahre 1932 stammt, in dem die Verhältnisse in der Weimarer Republik sich deutlich von denen im Jahr 1923 unterschieden; so auch *Sommerfeld*, Ist Notwehr zur Verteidigung sämtlicher Rechtsgüter zulässig?, S. 60; ablehnend auch noch in der Zeit nach dem Zweiten Weltkrieg *Knoch*, Die Nothilfe zugunsten des Staates, S. 67, mit der Begründung, dass dies zum widersinnigen Ergebnis führe, dass zwar ein fremder Staat Nothilfe zugunsten des angegriffenen Staates üben dürfe, nicht jedoch der eigene Staatsbürger. *Knoch* verkennt hierbei indes, dass die Nothilfe zwischen zwei Staaten nicht nach strafrechtlichen, sondern nach völkerrechtlichen Gesichtspunkten beurteilt werden muss, sodass eine hinreichende Vergleichbarkeit zwischen den beiden Fällen

das Erfordernis koordinierter Rechtssubjekte laut *Schubert* nicht. So seien die Aufgaben der Polizei nicht auf Gefahrenabwehr zugunsten des Staates beschränkt. Vielmehr verteidige sie auch die Individualinteressen der Bürger. Trotzdem dürfe der Einzelne zugunsten seiner Mitbürger gemäß § 53 RStGB tätig werden.[1509]

Daneben wird angeführt, dass der Gesetzgeber bei der Schaffung des Rechtfertigungsgrundes nur an natürliche Personen gedacht habe.[1510] Dafür spreche der anthropozentrische Zeitgeist, der das Recht als Beziehung zwischen einzelnen Persönlichkeiten auffasste.[1511] Auch *Mayer* geht davon aus, dass nur ein Mensch Angriffssubjekt sein könne, wobei er sich darauf stützt, dass die Rechtswidrigkeit in diesem Kontext in herkömmlicher Weise zu verstehen sei.[1512]

Von Campe hingegen geht davon aus, dass die Formulierung absichtlich allgemein gehalten sei. In der Gesetzesbegründung seien keine Anhaltspunkte dafür ersichtlich, dass nur natürliche Personen unter die Norm gefasst werden sollen.[1513]

VI. Die Existenz des Staates und seiner Interessen als notwehrfähiges Gut

Wie aufgezeigt, war es in der jungen Republik lebhaft umstritten, ob der Staat anderer im Sinne des § 53 RStGB sein konnte. Selbst wenn man dies unterstellt, muss weiterhin geklärt werden, welche Rechtsgüter des Staates schutzwürdig sind.[1514]

---

fehlt. Darüber hinaus führt *Knoch* aus, dass der Staat keine Nothilfe zugunsten des Bürgers üben dürfe. Aber der Staat handelt zum Schutze des Bürgers ohnehin nicht über § 53 StGB, sondern beispielsweise nach polizeirechtlichen Normen. Ferner wendet er ein, dass der Staat zwar über Behörden verfüge, die seine Interessen wahrnehmen, diese aber gerade auch im Polizeirecht Individualinteressen schützen, was dem § 53 StGB jedoch in Bezug auf die Notwehr zugunsten Privater nicht entgegensteht. Etwas anderes könne auch für die Notwehr zugunsten des Staates nicht gelten. S. in Bezug auf die staatliche Notwehrorganisation auch *v. Oetker*, GS 99 (1930), 411 (414).

1509 *Schubert*, Staatsnothilfe, S. 32 und 47 f.

1510 *Schubert*, Staatsnothilfe, S. 29.

1511 *Schroeder*, Notwehr zugunsten des Staates, S. 20.

1512 *Mayer*, Der allgemeine Teil des deutschen Strafrechts. Lehrbuch, S. 278.

1513 *v. Campe* DJZ. 1920, 486 (486 f.).

1514 *Schück*, Notwehr Privater zugunsten des Staates, S. 18.

1. Der Begriff des Rechtsguts

Die Begrifflichkeit des Rechtsgutes geht auf die Verbrechenslehre zurück, wo die Schutzobjekte der einzelnen Straftatbestände ebenfalls als Rechtsgüter bezeichnet werden. Der Begriff ist stark normativ geprägt und abhängig davon, was als wertvoll und schützenswert angesehen wird. In diesem Zusammenhang spielt auch die Staatsauffassung eine wesentliche Rolle und führt den Begriff einer gewissen Dynamik zu.[1515] Bei den Rechtsgütern handelt es sich um rechtlich geschützte Interessen des Einzelnen. Erst durch diesen rechtlichen Schutz werden die tatsächlich bestehenden Interessen des Einzelnen zum Rechtsgut erhoben.[1516]

2. Generell uneingeschränkter Kreis der zu schützenden Rechtsgüter bei § 53 RStGB

Wenn man sich den Wortlaut des § 53 RStGB anschaut, so könnte man auch daran denken, dass nur Leib und Leben als Schutzgüter der Notwehr zu klassifizieren sind. Dafür spricht das laienhafte Verständnis des Duktus „Angriff von sich". Bei Betrachtung der historischen Entwicklung der geschützten Rechtsgüter muss allerdings klar sein, dass die Schutzobjekte der Notwehr weiter gefasst werden. So ist beispielsweise auch unstreitig das Eigentum vom Schutz der Norm erfasst. Daneben werden auch Angriffe auf die Ehre und die freie Willensbestimmung im Laufe der Zeit immer umfassender geschützt. Der Kreis der geschützten Rechtsgüter wird also allgemein eher weit gezogen.[1517] Grundsätzlich schützt § 53 RStGB den Rechtskreis des Menschen demnach im umfassenden Sinn, sodass alle Rechtsgüter und Rechte des Menschen als wehrfähig angesehen werden können.[1518]

1515 *Schmitz*, Schutzobjekte der Notwehr, S. 21.

1516 *Steiger*, Staatsnotrecht, S. 16. *Binding*, Lehrbuch des Gemeinen Deutschen Strafrechts, Besonderer Teil 1, S. 338 f., hingegen macht das Vorliegen eines Rechtsgutes nicht davon abhängig, ob der Gesetzgeber dieses Gut durch die Rechtsschutzmöglichkeit zu einem solchen erhebt, sondern vielmehr davon, ob zwar kein normiertes Recht vorliege, der Gesetzgeber dieses Gut jedoch als Voraussetzung eines gesunden Lebens in der Rechtsgemeinschaft gesehen habe.

1517 *Schmitz*, Schutzobjekte der Notwehr, S. 19 f.; *Wachenfeld*, Lehrbuch des deutschen Strafrechts, S. 116 „irgendein Rechtsgut"; *Finger*, Lehrbuch des deutschen Strafrechts, Bd. 1, 1904, S. 385; vgl. zur Entwicklung der Schutzobjekte der Notwehr auch *v. Liszt/Schmidt*, Lehrbuch des deutschen Strafrechts, S. 182 f.

1518 *Labin*, Staatsnotwehr und Staatsnotstand, S. 14; *Finger*, Lehrbuch des deutschen Strafrechts, Bd. 1, 1904, S. 385; *Eltzbacher*, DJZ 1905, 239 (239); *Frank*, Das Strafge-

Andere gehen demgegenüber davon aus, dass die Notwehr bei Angriffen auf Personen oder Besitz möglich ist, was *de facto* ebenfalls eine Ablehnung der öffentlichen Interessen als notwehrfähiges Gut bedeutet.[1519] Dieser Ansicht ist allerdings entgegenzuhalten, dass es für eine solche restriktive Auffassung keinerlei Anhaltspunkte im Gesetz gibt. Es sei nicht einzusehen, weshalb der Aggressor beim Angriff auf bestimmte Rechtsgüter besonders geschont werden solle.[1520] Darauf, dass der Angriff eine unmittelbare Beziehung zu einer bestimmten Person hat, komme es nicht an.[1521] Schutzwürdig sind nach alledem die gesamten Rechtspositionen des Menschen in im umfassenden Sinn.[1522]

3. Restriktive Auslegung der nothilfefähigen Rechtsgüter im Rahmen der Staatsnotwehr

Rege diskutiert wurde, ob die Interessen des Staates überhaupt als notwehrbeziehungsweise nothilfefähige Güter angesehen werden können. Unter notwehrfähigen Gütern versteht man alle Güter, „denen aufgrund des Notwehrrechts die Verteidigungsfähigkeit anhaftet".[1523] Im Rahmen der Nothilfe sind alle Rechtsgüter einer Verteidigung zugänglich, die auch im Rahmen der Notwehr als schutzwürdig anerkannt werden.[1524]

Ausgehend von der grundsätzlichen Nothilfefähigkeit aller Rechtsgüter, ist daher die Frage zu stellen, ob die öffentlichen Interessen des Staates hierzu eine Ausnahme bilden. Ohne jedwede Restriktion würde man an-

---

setzbuch für das Deutsche Reich nebst dem Einführungsgesetz, S. 148; *Wachenfeld*, Lehrbuch des deutschen Strafrechts, S. 117; *Allfeld*, Lehrbuch des deutschen Strafrechts, S. 125 f.; *v. Lobe*, in: Ebermayer/ders./Rosenberg, Leipziger Kommentar zum Reichsstrafgesetzbuch, § 53 II a; *Baumgarten*, Notstand und Notwehr. Eine Studie im Hinblick auf das künftige Strafrecht, S. 120; in diese Richtung auch *Schmidt*, Grundriß des Deutschen Strafrechts, S. 108; *Gerland*, Deutsches Reichsstrafrecht, 1. Aufl., S. 113; *Neubecker*, DJZ 1905, 146 (147).

1519 *Jaeger*, Das Anwendungsgebiet der Notwehr, S. 50 ff.

1520 *Labin*, Staatsnotwehr und Staatsnotstand, S. 14; ähnlich *Binding*, Handbuch des Strafrechts, Bd 1, S. 744, der die Wehrfähigkeit aller Güter auf den Grundgedanken der Notwehr zurückführt und eine Beschränkung als Erniedrigung des Rechts gegenüber fremden Mächten ansieht.

1521 *Schück*, Notwehr Privater zugunsten des Staates, S. 18; *v. Campe*, DJZ 1920, 486 (487).

1522 *Moderow*, Notwehr und Notstand zugunsten des Staates, S. 10.

1523 *Lederle*, Staatsnotwehr, S. 19.

1524 *Moderow*, Notwehr und Notstand zugunsten des Staates, S. 10.

sonsten nämlich ein allgemeines Unrechtshinderungsrecht anerkennen.[1525] Wie oben erörtert, sollen hier nur solche Konstellationen diskutiert werden, in denen nicht auch ein Individuum angegriffen wird, da bei den entsprechenden Delikten die Nothilfe unproblematisch zulässig ist.

a. Grammatische Auslegung

Ausgehend vom Gesetzeswortlaut[1526] lassen sich keinerlei Hinweise auf die Belange des Staates als notwehrfähiges Gut herleiten. Diesbezüglich sind jedoch auch keine Einschränkungen ersichtlich, sodass teilweise vertreten wurde, dass alle Rechtsgüter der Allgemeinheit und des Staates als notwehrfähige Güter in Betracht kommen.[1527] Insgesamt lässt sich jedoch festhalten, dass der Wortlaut hinsichtlich der geschützten Rechtsgüter nicht sonderlich ergiebig ist und keine entsprechenden Schlüsse zulässt.

b. Historische Auslegung

aa. Die Gesetzesmotive von 1870

Der Gesetzgeber scheint bei der Konzeption der Norm schlichtweg nicht an die Konstellation gedacht zu haben, dass der Einzelne dem Staat zur Hilfe kommt. Vor 1870 wurde das Problem in der Literatur mit Ausnahme der schon erwähnten beiläufigen Bemerkung von *Berner* nicht behandelt und auch in den Gesetzesprotokollen gibt es keinerlei Anhaltspunkte dafür,

---

1525 *Sommerfeld*, Ist Notwehr zur Verteidigung sämtlicher Rechtsgüter zulässig?, S. 55.

1526 Strafgesetzbuch für den Norddeutschen Bund, Entwurf v. 14.2.1870 (Reichstagsvorlage). Das Strafgesetzbuch für das Deutsche Reich war mit dem Strafgesetzbuch für den Norddeutschen Bund inhaltlich übereinstimmend. Es wurde lediglich unbenannt und es wurden einzelne redaktionelle Änderungen vorgenommen, vgl. Gesetz betreffend die Redaktion des Strafgesetzbuchs für den Norddeutschen Bund als Strafgesetzbuch für das Deutsche Reich v. 15.7.1871, RGBl. 1871, 127 ff.

1527 *Endemann*, Zivilcourage und Strafrecht, S. 24 ff.; *Lederle*, Staatsnotwehr, S. 20; *Finger*, Lehrbuch des deutschen Strafrechts, Bd. 1, 1904, S. 385; vgl. in Bezug auf die Wortlautauslegung auch *v. Campe*, DJZ 1920, 486 (486 f.); als Verkennung des Wesens der Notwehr ablehnend: *Schmitz*, Schutzobjekte der Notwehr, S. 36 f. S. auch die Argumente gegen die Anerkennung des allgemeinen Deliktshinderungsrecht auf S. 271 ff.

dass der Gesetzgeber sich mit dieser Konstellation beschäftigt hat.[1528] In den Motiven zum Strafgesetzbuch werden nur Angriffe auf Leben, Leib, Ehre und Vermögen genannt.[1529] Diese Aufzählung wird teils als beispielhaft aufgefasst.[1530] Dies ergebe sich unter anderem daraus, dass die Notwehr vor die Klammer gezogen in den allgemeinen Teil des Reichsstrafgesetzbuches Eingang gefunden habe.[1531] Die Motive selbst hätten daher auf eine abschließende Aufzählung der Güter verzichtet. Maßgebliches Abgrenzungskriterium sei nach den Motiven der rechtswidrige Angriff.[1532]

Gesetzt dem Fall, dass die in den Motiven genannten Rechtsgüter bei ihrer Niederschrift als abschließend angesehen wurden, bedeutet dies auch nicht, dass diese keiner Entwicklung zugänglich sind.[1533] Schon in der Weimarer Republik wurde die Dynamik von Normen bei der Auslegung beachtet. So formuliert *Deubelbeiß*: „Die Zeit bringt es mit sich, daß bald dieses [,] bald jenes Recht mehr und öfters des Notwehrrechts bedarf. Für alle Rechtsgüter aber ist das Rüstzeug gleichmäßig geschmiedet. Freilich ist die Form des Notwehrrechts nicht starr [...]."[1534]

bb. Die historische Entwicklung des Kreises der notwehrfähigen Rechtsgüter

Auch schon in vorrepublikanischen Zeiten hat der Kreis der geschützten Rechtsgüter eine Wandlung erfahren. Im römischen Recht war dieser noch recht klein. Straflos war die Tötung des Angreifers, wenn es um die Abwehr von Angriffen auf das Leben ging.[1535] Bei Angriffen auf das Leben des

1528 *Labin*, Staatsnotwehr und Staatsnotstand, S. 17; *v. Hippel*, Deutsches Strafrecht, Bd. 2, S. 205; ebenso auch noch *Lammerding*, Die Staatsnothilfe als strafrechtlicher Rechtfertigungsgrund, S. 36.

1529 Strafgesetzbuch für den Norddeutschen Bund, Entwurf v. 14.2.1870 (Reichstagsvorlage), S. 57.

1530 *Deubelbeiß*, Die Staatsnotwehr, S. 20.

1531 *Deubelbeiß*, Die Staatsnotwehr, S. 20.

1532 *Deubelbeiß*, Die Staatsnotwehr, S. 20.

1533 *Lammerding*, Die Staatsnothilfe als strafrechtlicher Rechtfertigungsgrund, S. 37.

1534 *Deubelbeiß*, Die Staatsnotwehr, S. 23. S. dazu, dass der Wert der historischen Auslegung und insbesondere derjenige der Heranziehung der Gesetzesmaterialen in der Weimarer Republik zuweilen angezweifelt wurde, *Geiger*, Die Gesetzesauslegungsmethoden des Reichsgerichts, S. 7 ff.

1535 Corupus Iuris Civilis, Codex Iustiniani, 9,16,2; Corupus Iuris, Codex Iustiniani, Civilis 9,16,3; ebenfalls in Bezug auf die Abwehr eines Angriffs eines Straßenräubers Corpus Iuris Civilis, Codex Iustiniani, 9,16,4. Dazu, dass nach der lex aquilia

Dienstherren wurde das Nothilferecht zu einer mit der Todesstrafe strafbewehrten Rechtspflicht erhoben.[1536] Weiterhin war dem rechtmäßig Besitzenden ein Recht zur Besitzwehr zugestanden worden.[1537] Bei Angriffen auf andere Rechtsgüter als Leib und Leben, beispielsweise auf das Eigentum, durfte der Angegriffene sich zwar gewaltsam zur Wehr setzen, eine Tötung konnte hierdurch jedoch grundsätzlich nicht gerechtfertigt werden.[1538] Beispielsweise konnte eine Tötung nach Tafel 8 Nr. 12 des Zwölftafelgesetzes nur gerechtfertigt werden, wenn der Diebstahl, gegen den sich der Angegriffene verteidigt, nachts erfolgt. *E contrario* kann man deduzieren, dass die Tötung in allen anderen Fällen nicht erlaubt sein soll.

Im germanischen Recht wurde das Recht, den Angreifer zu töten, auf seine Friedlosigkeit gestützt.[1539] Voraussetzung eines geordneten Zusammenlebens war die Pflicht, den Frieden zu wahren und keine Gewalt gegenüber den Volks- und Stammesgenossen auszuüben. Hierbei handelte es sich um eine gegenseitige Verpflichtung. Sobald der Aggressor selbst die Grenze der friedfertigen Handlung überschritten hatte, so hatte er keinen Anspruch mehr darauf, friedfertig behandelt zu werden. Wenn er verletzt oder getötet wurde, zog dies keine weiteren Strafen mit sich.[1540] Näher differenziert wurde zwischen schweren und gemeinen Friedensbrüchen. Gemeine Friedensbrüche (*leviora delicta*) wurden grundsätzlich privat geregelt, außer wenn sie vor Gericht gebracht wurden. Zu den schweren Friedensbrüchen (*scelera, flagitia; firina*) zählten Straftaten, die sich gegen die Obrigkeit richteten, beispielsweise Störung des Heer- und Tempelfriedens oder Landesverrat, außerdem solche Delikte, die nach heutiger Anschauung als gemeingefährliche Delikte zu klassifizieren wären, wie beispielsweise Brandstiftung an Gebäuden sowie besonders schwere Delikte, beispielsweise heimliche Morde.[1541] Rechtsfolge eines solchen Friedensbruches war die Fehde, also die

---

kein Schadensersatz gezahlt werden muss, wenn man einen Räuber tötet und der Gefahr nicht anders entgehen kann, Inst. 4,3,2.

1536 Corpus Iuris Civilis, Codex Iustiniani, 6,35,12.

1537 Corpus Iuris Civilis, Codex Iustiniani, 8,3,1.

1538 *Vordemann*, Das zulässige Maß der Verteidigung bei der Notwehr und der neue Strafgesetzentwurf, S. 4.

1539 *Weimar*, Die Grenzen der Notwehr, S. 28; *Schmitz*, Schutzobjekte der Notwehr, S. 9; *Brunner*, Deutsche Rechtsgeschichte, S. 18 f.

1540 *Weimar*, Die Grenzen der Notwehr, S. 28; vgl. auch *Wilda*, Strafrecht der Germanen, S. 157 ff.

1541 *Schmitz*, Schutzobjekte der Notwehr, S. 9; *Schröder*, Lehrbuch der deutschen Rechtsgeschichte fortgeführt von Eberhard Freiherr von Künßberg, Teil 1, 6. Aufl., S. 79 f.

Feindschaft (*faidosus*) zwischen dem Friedensbrecher und dem Verletzten beziehungsweise dessen Sippe. Sie durfte den Friedensbrecher dann ungestraft angreifen und unter Umständen sogar töten. Bei schweren Friedensbrüchen wurde der Kreis der von der Feindschaft betroffenen Personen auf das gesamte Volk ausgeweitet.[1542] Das Recht, den Angreifer zu töten, musste nicht vorab gerichtlich festgestellt werden. Vielmehr durfte es ohne weitere judikative Kontrolle vollstreckt werden, soweit es sich um eine gemeinkundige Tat handelte, wenn also der Täter auf frischer Tat betroffen wurde.[1543] In diesem Zusammenhang wird auch von einer „handhaften Tat" gesprochen, weil der Täter die Spuren seiner Tat, also beispielsweise die Tatwaffe oder das Diebesgut, noch in seiner Hand trägt.[1544]

Das Fehderecht wurde im Mittelalter, als eine große Rechtszersplitterung vorherrschte, immer weiter eingeschränkt. Durch den Ewigen Landfrieden im Jahre 1495 wurde die Fehde gänzlich verboten. Während der Fehde Ausübende vorher ohne Weiteres straflos war, kam daher im Mittelalter das immer stärker werdende Bedürfnis nach einem gesetzlich niedergeschriebenen Notwehrrecht auf.[1545]

Eine Normierung fand das Notwehrrecht in der Constitutio Carolina Criminalis (im Folgenden: CCC). In Art. 140 CCC[1546] war die Notwehr nach einer Ansicht auf Angriffe gegen Leib und Leben beschränkt.[1547] An-

1542 *Schmitz*, Schutzobjekte der Notwehr, S. 9; *Schröder*, Lehrbuch der deutschen Rechtsgeschichte fortgeführt von Eberhard Freiherr von Künßberg, Teil 1, 6. Aufl., S. 81.

1543 *Schmitz*, Schutzobjekte der Notwehr, S. 9; *Schröder*, Lehrbuch der deutschen Rechtsgeschichte fortgeführt von Eberhard Freiherr von Künßberg, Teil 1, 6. Aufl., S. 85 f.

1544 *Vordemann*, Das zulässige Maß der Verteidigung bei der Notwehr und der neue Strafgesetzentwurf, S. 8; *Schröder*, Lehrbuch der deutschen Rechtsgeschichte fortgeführt von Eberhard Freiherr von Künßberg, Teil 1, 6. Aufl., S. 84.

1545 *Schmitz*, Schutzobjekte der Notwehr, S. 9.

1546 Peinliche Halsgerichtsordnung Kaiser Karls V. v. 1532; Art. 140 CCC: Item so eyer mit eynem tödtlichen waffen oder weer überlaufft, anficht oder schlecht, vnd der benöttigt kann füglich an ferlichkeyt oder verletzung, seines leibs, lebens, ehr und guten leumuts nicht entweichen, der mag sein *leib* vnnd *leben* on alle straff durch eyn rechte gegenweer retten, Vnd so er also de benötiger entleibt, er ist darumb nichts schuldig, ist auch mit seiner gegenweer, biß er geschlagen wirdt zu warten nit schuldig, vnangesehen ob er geschriben rechten vnnd gewohnheyten entgegen war, Kursivhervorhebung durch die Verfasserin.

1547 *Vordemann*, Das zulässige Maß der Verteidigung bei der Notwehr und der neue Strafgesetzentwurf, S. 14; *Schmitz*, Schutzobjekte der Notwehr, S. 14 ff., der die Auffassung ablehnt, dass Schutzgüter des Art. 140 CCC auch das Eigentum und die Ehre des Angegriffenen sind. Die Ehre wird aber zumindest bei den angreifbaren

dere gingen davon aus, dass die Carolina in diesem Punkt nicht in abschließender Weise gestaltet war, sondern lediglich Beispiele aufzählte.[1548]

In nachfolgenden Strafgesetzbüchern kam es zu einer Ausweitung der Schutzgüter auf Eigentum, Vermögen und Ehre.[1549] Sieht man sich die Partikulargesetzgebung der einzelnen Territorialstaaten an, so wird deutlich, dass der Kreis der geschützten Rechtsgüter zunehmend weit zu verstehen ist. Gemäß § 166 des Strafgesetzbuches von Braunschweig[1550] wurden die Person, ihre Ehre, ihr Vermögen und der Hausfriede geschützt. Das Thüringer Strafgesetzbuch von 1850[1551] enthielt in Art. 66 eine wortlautgleiche Norm. Gemäß Art. 78 des StGB Hannover[1552] wurden Leib, Leben, Freiheit, Ehre und das Gut geschützt. Enger war Artikel 91 des StGB Sachsen;[1553] hiernach wurden nur die Person und das Eigentum geschützt.[1554]

Nachdem es im Polizei- und Beamtenstaat des 18. Jahrhunderts, insbesondere unter der Herrschaft Friedrich des Großen von 1740 bis 1786 in Preußen, zu einer sehr restriktiven Anwendung des Notwehrrechts kam, da dieses mit der Omnipotenz des Staates nicht vereinbar schien,[1555] wurde der Kreis der geschützten Rechtsgüter im Naturrecht weiter gefasst und mit der Staatsvertragslehre begründet.[1556] Auch im Preußischen Allgemeinen Landrecht von 1794 kommt der naturrechtlich geprägte Wille zum Ausdruck, die Schutzgüter der Notwehr möglichst weit auszudehnen. Während der Kreis der Schutzgüter sehr weit war, waren die weiteren Voraussetzun-

---

Gütern erwähnt. Dass diese nicht auch bei den zu verteidigenden Gütern aufgelistet wird, könnte auch ein Redaktionsversehen darstellen, da ansonsten die Aufzählung zu Beginn der Norm unnötig wäre.

1548 *Knetsch*, Der Begriff der Notwehr nach der Peinlichen Gerichtsordnung Karls V und nach dem Strafgesetzbuch für das Deutsche Reich, S. 18.

1549 *Vordemann*, Das zulässige Maß der Verteidigung bei der Notwehr und der neue Strafgesetzentwurf, S. 15.

1550 *Stenglein*, Sammlung der deutschen Strafgesetzbücher, Bd. 1, Teil V, Criminalgesetzbuch für das Herzogthum Braunschweig v. 10. Juli 1840, S. 89.

1551 Gesetz über die Einführung eines Strafgesetzbuchs und einer Strafprozessordnung v. 20.3.1850 für Sachsen, Weimar und Eisenach.

1552 *Stenglein*, Sammlung der deutschen Strafgesetzbücher, Bd. 2, Teil VI, Criminalgesetzbuch für das Königreich Hannover v. 8. August 1840, S. 45.

1553 Das revidierte Strafgesetzbuch für das Königreich Sachsen v. 1.10.1868.

1554 *Vordemann*, Das zulässige Maß der Verteidigung bei der Notwehr und der neue Strafgesetzentwurf, S. 22.

1555 *Vordemann*, Das zulässige Maß der Verteidigung bei der Notwehr und der neue Strafgesetzentwurf, S. 20.

1556 *Schmitz*, Schutzobjekte der Notwehr, S. 17; für das Recht im Jahre 1933 diese Theorie ablehnend: *Schubert*, Staatsnothilfe, S. 30.

gen in der Hauptsache im Hinblick auf die Subsidiarität sehr restriktiv gestaltet, was Ausfluss der Staatsauffassung im Polizeistaat war.[1557]

Die geschützten Rechtsgüter werden bei der Notwehr also immer von der vorherrschenden Anschauung der Gemeinschaft beeinflusst und sind daher Veränderungen zugänglich.[1558] Wie diese Betrachtung zeigt, hat der Kreis der geschützten Rechtsgüter im Laufe seiner Entwicklung einen stetigen Wandel erfahren. Infolgedessen ist auch eine Ausweitung hin zur Notwehrfähigkeit der Rechtsgüter des Staates, wie sie schon im germanischen Recht angelegt war, nicht ausgeschlossen.

c. Die Staatsnot als primäres Abgrenzungsmerkmal

Wie oben aufgezeigt, können aus der grammatischen und der historischen Auslegung keine klaren Rückschlüsse auf den Kreis der geschützten Rechtsgüter gezogen werden.

Entscheidend ist vielmehr das Vorliegen einer Staatsnotlage. Durch den Angriff muss der Staat in eine solche versetzt werden.[1559] Dies ist grammatisch mit dem Wort „Notwehr" zu begründen. Schon der Begriff impliziert, dass der Angegriffene in einen Zustand der Not versetzt werden müsse.[1560] Das rein autoritative Behaupten einer solchen Notwehrlage

1557 § 517 ALR: Jeder hat die Befugniß, die ihm, oder den Seinigen, oder seinen Mitbürgern drohende Gefahr einer unrechtmäßigen Beschädigung, durch der Sache angemessene Hülfsmittel abzuwenden. S. zur Erforderlichkeit auch § 519 ALR und zur Güterabwägung § 520 ALR sowie zur Subsidiarität gegenüber der Flucht § 523 ALR.
Dazu auch *Schmitz*, Schutzobjekte der Notwehr, S. 17.

1558 *Lowack*, Die Rechtswidrigkeit und Handeln im Interesse der Allgemeinheit als Rechtfertigungsgrund, S. 44.

1559 *Moderow*, Notwehr und Notstand zugunsten des Staates, S. 10; a. A. *Schroeder*, Notwehr zugunsten des Staates, S. 25, der damit argumentiert, dass bei der Notwehr grundsätzlich alle Rechtsgüter geschützt werden und für den Staat hier nichts anderes gelten könne; so auch *Schubert*, Staatsnothilfe, S. 21, der befürchtet, dass man die Unterscheidung zwischen wichtigen und weniger wichtigen Rechtsgütern ansonsten völlig dem Rechtsgefühl überlasse; auch *Knoch*, Die Nothilfe zugunsten des Staates, S. 24, sieht später das Merkmal der Not als primäres Abgrenzungskriterium an.

1560 *Jaeger*, Das Anwendungsgebiet der Notwehr, 55 f.

genügt nicht.[1561] Der Staat selbst werde nicht durch jede Gesetzesübertretung angegriffen.[1562] Demzufolge soll der bloß formale Gesetzesverstoß, der sich nicht gegen ein konkretes Rechtsgut richtet, kein Notwehrrecht begründen.[1563]

Das Reichsgericht bejaht die Staatsnotwehrlage, wenn ein Angriff „auf die Lebensinteressen" des Staates vorliegt. Hiermit seien beispielsweise ein Angriff auf das Staatsgebiet oder die Landesverteidigung gemeint.[1564] *Schroeder* gibt hierbei zu bedenken, dass die diesbezügliche Stellungnahme des Reichsgerichts nicht abschließend, sondern das Vorliegen der Staatsnothilfe in den genannten Fällen schon mangels Erforderlichkeit ausgeschieden sei, weswegen fraglich bleibt, ob das Gericht sich hier abschließend und allgemeingültig zur Thematik äußern wollte.[1565] Auf ähnlicher Linie wie das Reichsgericht liegen *Grimm*, welcher eine Bedrohung des Staates in seiner Existenz fordert,[1566] *Allfeld*, der eine Gefährdung des Staates in seinem Bestand oder als Rechtssubjekt verlangt[1567] und *Finger*, der

1561 *Grosshut*, Staatsnot, Recht und Gewalt, S. 15, der auch schon in der Weimarer Republik juristisch tätig gewesen war; so in der Zeit nach dem Zweiten Weltkrieg auch noch *Knoch*, Die Nothilfe zugunsten des Staates, S. 26.

1562 *Mezger*, ZStW 47 (1927), 471 (510); *Gerland*, Deutsches Reichsstrafrecht, 2. Aufl., S. 147, Anm. 3, der auf den Unterschied zwischen Rechts- und Güterverteidigung abstellt und hierin die Grenze zu einem allgemeinen Deliktshinderungsrecht zieht.

1563 *Binding*, Handbuch des Strafrechts, Bd. 1, S. 737; vgl. *Lampson*, Beitrag zur Feststellung des Notwehrgebiets, insbesondere durch Untersuchung der Natur der einzelnen Rechte, S. 25, der betont, dass hierunter nicht etwa jede Gesetzesübertretung, sondern vielmehr die dauerhafte Außerkraftsetzung des Gesetzes zu verstehen wäre, was zwangsweise mit der Überwindung der Staatsgewalt einhergehe. *Gerland*, Deutsches Reichsstrafrecht, 2. Aufl., S. 147 Anm. 3, bejaht die Nothilfe sowohl bei Hoch- als auch bei Landesverrat; so auch *v. Bar*, Gesetz und Schuld im Strafrecht. Bd. 3: Die Befreiung von Schuld und Strafe durch das Strafgesetz, S. 195; *Schück*, Notwehr Privater zugunsten des Staates, S. 27, hingegen hat keine Bedenken, die Aufforderung zum Hochverrat als gegenwärtigen, rechtswidrigen Angriff im Sinne des § 53 RStGB anzusehen, die Existenz des § 82 RStGB sieht er nicht als Argument gegen diese Annahme, sondern vielmehr als Argument dafür, dass diese Handlungen bereits als gefährlich und deswegen als Angriff im Sinne der Norm angesehen werden können. S. hierzu auch schon die diesbezügliche Argumentation in Bezug auf die Polizeiübertretungen auf S. 274 ff.

1564 RG, RGSt 63, 215 (220); krit. *Schück*, Notwehr Privater zugunsten des Staates, S. 19, der gerade die beispielhafte Aufzählung und unpräzise Definition, die sich nicht hinreichend mit dem Rechtsgutbegriff beschäftigt, angreift.

1565 *Schroeder*, Notwehr zugunsten des Staates, S. 10.

1566 *Grimm*, Die Justiz V (1929/1930), 329 (332).

1567 *Allfeld*, Lehrbuch des deutschen Strafrechts, S. 125; ebenso *Meyer*, Lehrbuch des Deutschen Strafrechts, S. 276; *Olshausen*, Kommentar zum Strafgesetzbuch für das

in der Gefährdung des Staates in seiner Existenz das Analogon zur Gefährdung des Lebens einer natürlichen Person sieht.[1568] *Von Oetker* verlangt, dass der Staat selbst Angegriffener und Rechtsgutsträger sein muss.[1569] In jedem Fall muss es sich bei der Not des Staates um eine außergewöhnliche Situation handeln, die seinen Bestand oder seine wesentlichen Funktionen bedroht.[1570] Es ist mithin eine wirkliche Not des Staates erforderlich.[1571]

d. Kategorisierung der Fallgruppen anhand der Drei-Elemente-Lehre Jellineks

Wenn man sich die Interessen des Staates besieht, kommen basierend auf der Drei-Elemente-Lehre *Jellineks* der Schutz von Staatsvolk, Staatsgebiet und Staatsgewalt und die mit diesen Elementen zusammenhängenden Rechtsgüter in Betracht. Diejenigen, die die Interessen des Staates als notwehrfähig ansehen, beziehen sich größtenteils auf eines oder mehrere der genannten Elemente. Zwar muss hier weiterhin abgewogen werden, ob bei dem Angriff ein Rechtsgut des Staates angegriffen wird und ob hierdurch eine Notlage begründet werden kann. Eine solche Kategorisierung erleichtert jedoch die Bewertung der einzelnen Rechtsgüter und deren Vergleichbarkeit.

Deutsche Reich, Bd. 1, Anm. 10 zu § 53 „Subjekt von Rechten"; so auch *Schwartz*, Das Strafgesetzbuch für das Deutsche Reich, S. 170, der den Staat nur schützen will, soweit er Subjekt von Rechten ist; ähnlich auch *Schück*, Notwehr Privater zugunsten des Staates, S. 19, der eine Verletzung des Staates in seinem Bestand oder den Grundlagen seiner rechtlichen Organisation für erforderlich hält; bezüglich der Gefährdung des Staates als Rechtssubjekt ablehnend *Schroeder*, Notwehr zugunsten des Staates, S. 25, der die Grenzziehung insbesondere in Bezug auf die Wehrfähigkeit der Rechtsgüter der Allgemeinheit für schwierig befindet.

1568 *Finger*, Strafrecht, 1932, S. 472, Anm. 2; ähnlich *Hartung*, JR 1931, 61 (62).

1569 *v. Oetker*, Notwehr und Notstand, in: Birkmeyer/v. Calker/Frank/v. Hippel/Kahl/v. Lilienthal/v. Liszt/Wach (Hrsg.), Vergleichende Darstellungen des Deutschen und Ausländischen Strafrechts, Bd. 2, S. 254 (290).

1570 So auch *Strebel*, Das Staatsnotrecht in Italien, in: Ballreich/Doehring/Jaenicke/ders./Weiss, Das Staatsnotrecht in Belgien, Frankreich, Großbritannien, Italien, den Niederlanden, der Schweiz und den Vereinigten Staaten von Amerika, S. 111 (112).

1571 *Jellinek*, Allgemeine Staatslehre, S. 394.

aa. Das Staatsgebiet

In Betracht kommt einerseits die Verletzung des Staatsgebiets. Das Staatsgebiet ist dabei der Raum, „auf dem die Staatsgewalt des staatlichen Verbandes ihre spezifische Tätigkeit, die des Herrschens, entfalten kann“[1572] und die Reichsgewalt ihre „hoheitlichen, wirtschaftlichen und sozialen Funktionen zur Entfaltung und Auswirkung bringt“.[1573] So vertreten beispielsweise *Oetker*[1574] und *Schubert*[1575], dass die Gefährdung des Staates in seinem Staatsgebiet zur Notwehr berechtige. Diesbezüglich kommen insbesondere rechtswidrige Angriffe gemäß § 81 Nr. 3 und Nr. 4 RStGB[1576] in Betracht. Denkbar wäre beispielsweise eine gewaltsame Separation vom Reichsgebiet, eine gewaltsame Gebietsveränderung zwischen den einzelnen Ländern oder die Einverleibung des Gebiets in einen anderen Staat.[1577] Bei letzterem ist fraglich, ob das Staatsnothilferecht im engeren Sinn überhaupt zur Geltung kommt. Der Weg über das Völkerrecht erscheint hier vorzugswürdig.[1578] Ein Angriff auf das Staatsgebiet ist nicht nur gegeben, wenn der gesamte Staat vernichtet werden soll. Hierunter zählt vielmehr schon jede Verringerung des Staatsbestandes in territorialer Hinsicht.[1579]

1572 *Vetter*, Die Bundesstaatlichkeit in der Rechtsprechung der Weimarer Republik, S. 19.

1573 *Giese*, Deutsches Staatsrecht. Allgemeines, Reichs- und Landes-Staatsrecht, S. 92; vgl. zum Staatsgebiet auch *Kelsen*, Allgemeine Staatslehre, S. 138 ff.

1574 *Oetker*, GS. 99 (1930), 411 (416), sieht die Losreißung eines Teils des Staatsgebiets als zur Notwehr berechtigend an.

1575 *Schubert*, Staatsnothilfe, S. 22.

1576 § 81 I RStGB in der v. 1.1.1872 bis zum 2.5.1934 geltenden Fassung, abgedruckt in: *Fuchs* (Hrsg.), Strafgesetzbuch für das Deutsche Reich vom 15. Mai 1871. Historisch-synoptische Edition 1871–2009, S. 420:
(I) Wer außer den Fällen des § 80 es unternimmt, [...]
3. das Bundesgebiet ganz oder theilweise einem fremden Staate gewaltsam einzuverleiben oder einen Theil desselben vom Ganzen loszureißen, oder
4. das Gebiet eines Bundesstaats ganz oder theilweise einem anderen Bundesstaate gewaltsam einzuverleiben oder einen Theil desselben vom Ganzen loßzureißen, wird wegen Hochverraths mit lebenslänglichem Zuchthaus oder lebenslänglicher Festungshaft bestraft.

1577 *Kraegeloh*, Beiträge zur Lehre von der Notwehr im geltenden Strafrecht, S. 76.

1578 S. dazu, dass dieser Bereich ausgenommen werden soll S. 245.

1579 *Lowack*, Die Rechtswidrigkeit und Handeln im Interesse der Allgemeinheit als Rechtfertigungsgrund, S. 60.

bb. Die Staatsgewalt

Mitunter wird davon ausgegangen, dass Angriffe gegen die Staatsgewalt durch Notwehr abgewehrt werden können.[1580] Unter der Staatsgewalt versteht man diejenige Macht, die mit Herrschergewalt ausgestattet sei. Mit „herrschen" ist in diesem Zusammenhang das unbedingte Befehlen und die Ausübung von Erfüllungszwang gemeint.[1581] Zu den Angriffen auf die Staatsgewalt zählen beispielsweise solche auf die Regierung,[1582] auf die bestehende staatliche Ordnung[1583] und auf den „Staat als Hoheitssubjekt".[1584] Zur Staatsgewalt zählt zunächst einmal das rechtmäßige Zustandekommen der Staatsmacht. Wenn Art. 1 S. 2 WRV davon spricht, dass alle Staatsmacht vom Volke ausgehe und diese dann auf die verfassungsmäßig festgelegten Organe durch Wahlen übertragen wird, so ist die Richtigkeit der Wahl ein notwehrfähiges Gut. Deshalb können Delikte gemäß §§ 107, 108, 109 RStGB[1585] durch Staatsnothilfe abgewendet werden,[1586] soweit hiermit nicht auch eine Rechtsgutsverletzung zulasten einer natürlichen Person einhergeht. Auch die Betätigungsfreiheit der Organe, also des Reichstags, des -präsidenten, der -regierung, des -rates und der Organe, die an der Landesgesetzgebung beteiligt sind, muss gewährleistet werden. Angriffe auf die Staatsgewalt können beispielsweise in Delikten gemäß § 81 Nr. 2 RStGB und §§ 105, 106 RStGB[1587] liegen.[1588] Auch Angriffe gegen hoheitlich han-

1580 Beispielhaft *Schubert*, Staatsnothilfe, S. 26. In diese Richtung auch *v. Campe*, DJZ. 1920, 486 (486); *Mezger*, ZStW 47 (1927), 471 (510).

1581 *Vetter*, Die Bundesstaatlichkeit in der Rechtsprechung der Weimarer Republik, S. 19 f.; *Jellinek*, Allgemeine Staatslehre, S. 429.

1582 *v. Campe*, DJZ 1920, 486 (486).

1583 Ähnlich *v. Oetker*, GS 99 (1930), 411 (416), der von einer „Gefahr des Umsturzes" spricht.

1584 *Mezger*, ZStW 47 (1927), 471 (510).

1585 § 107 RStGB in der Fassung v. 1.1.1872 bis zum 1.10.1952, abgedruckt in: *Fuchs* (Hrsg.), Strafgesetzbuch für das Deutsche Reich vom 15. Mai 1871. Historisch-synoptische Edition 1871–2009, S. 564, pönalisierte die Wahlbehinderung; § 108 RStGB in der Fassung v. 1.1.1872 bis zum 1.10.1953, abgedruckt ebd. S. 571, die Wahlfälschung, und § 109 RStGB in der vom 1.1.1872 bis zum 1.10.1953 geltenden Fassung, abgedruckt ebd. S. 578, den Handel mit Wahlstimmen.

1586 *Kraegeloh*, Beiträge zur Lehre von der Notwehr im geltenden Strafrecht, S. 76.

1587 §§ 105, 106 RStGB in der v. 1.1.1872 bis zum 1.10.1953, abgedruckt in: *Fuchs* (Hrsg.), Strafgesetzbuch für das Deutsche Reich vom 15. Mai 1871. Historisch-synoptische Edition 1871–2009, S. 556 und 558, stellten die Nötigung von Verfassungsorganen unter Strafe.

1588 *Kraegeloh*, Beiträge zur Lehre von der Notwehr im geltenden Strafrecht, S. 76 f.

delnde Beamte, können als Angriffe gegen die Staatsmacht angesehen werden.[1589] In diesen Fällen wird jedoch schon die einfache Nothilfe greifen, sodass ein Rekurs auf die Staatsnothilfe überflüssig ist.

Fraglich ist, inwiefern die Verfassung im Rahmen der Staatsgewalt als notwehrfähig anzusehen ist. *Lowack* lehnt es ab, die Verfassung zur Staatsgewalt zu zählen. So müsse der Angriff tendenziell auf eine äußere Einflussnahme auf den Staat oder die Staatsgewalt gerichtet sein, zu denen die Staatsform und die -verfassung nicht gehörten, da hierin nur Auswirkungen und Funktionsergebnisse der Staatsgewalt lägen, welche mit der Staatsgewalt nicht identisch seien.[1590] Daher ist die Verfassung als gesonderte Kategorie anzusehen.

cc. Das Staatsvolk

Dafür, dass auch Angriffe auf das Staatsvolk ein Recht zur Notwehr begründen können, spricht sich unter anderem *Schubert* aus.[1591] Das Staatsvolk setzt sich aus der Summe der einzelnen Staatsbürger zusammen. Geschützt werden ihr Leben und ihre Gesundheit.[1592] Es geht um die „dem Staate zugehörigen Menschen in ihrer Gesamtheit“[1593] in Abgrenzung zu den Individualinteressen der einzelnen Staatsbürger. Während schon kleinste Eingriffe für das Individuum als nicht hinnehmbar erscheinen, so hat der Staat bezüglich der Staatsnothilfe lediglich ein Interesse daran, grobe Körperverletzungen und die Tötung der Bürger zu verhindern.[1594]

1589 *Kraegeloh*, Beiträge zur Lehre von der Notwehr im geltenden Strafrecht, S. 77.

1590 *Lowack*, Die Rechtswidrigkeit und Handeln im Interesse der Allgemeinheit als Rechtfertigungsgrund, S. 76.

1591 Vgl. dazu auch *Schubert*, Staatsnothilfe, S. 1 ff., der eine sehr weitgehende Auffassung vertritt, nach der sogar der Selbstmord als ein Angriff auf das Staatsvolk zu werten sei, was jedoch auch mit der nationalsozialistischen Sichtweise begründet werden kann; ebenso *Kraegeloh*, Beiträge zur Lehre von der Notwehr im geltenden Strafrecht, S. 72 ff.; weitere Ausführungen zum Staatsvolk macht *Baron*, Notwehr, Staatsnotwehr und Staatsnotstand, S. 15.

1592 *Kraegeloh*, Beiträge zur Lehre von der Notwehr im geltenden Strafrecht, S. 72.

1593 *Vetter*, Die Bundesstaatlichkeit in der Rechtsprechung der Weimarer Republik, S. 19; *Jellinek*, Allgemeine Staatslehre, S. 406; *Laun*, in: Thoma/Anschütz (Hrsg.), Handbuch des deutschen Staatsrechts, Bd. 1, S. 244.

1594 *Kraegeloh*, Beiträge zur Lehre von der Notwehr im geltenden Strafrecht, S. 73; *Nathan*, Über den Ausschluss der Rechtswidrigkeit im Strafrecht, S. 20 f., der erst in den Fällen des § 224 StGB davon ausgeht, dass das Interesse des Staates an der Erhaltung des Staatsvolkes verletzt wird.

Bei Angriffen auf das Staatsvolk wird neben der Staatsnothilfe in den meisten Fällen auch eine einfache Nothilfe zugunsten des Bürgers gegeben sein.[1595] Deswegen erscheint die praktische Relevanz der Betrachtung von Rechtsgutsverletzungen zulasten des Staatsnothilferechts fragwürdig. Es sind jedoch einige in der Literatur diskutierte Sonderkonstellationen denkbar, in denen Staatsnothilfe und gemeine Nothilfe auseinanderfallen können. Auf diese strittigen Fälle soll nunmehr eingegangen werden.

α. Die Abtreibung des Nasciturus

Ein Fall, in dem die Staatsnothilfe und die einfache Nothilfe auseinanderfallen könnten, ist nach der Ansicht *Kraegelohs* die Abtreibung eines Nasciturus. So könne dieser kein anderer im Sinne des § 53 RStGB sein. Zwar könne die Rechtsfähigkeit des Nasciturus im bürgerlichen Recht beispielsweise in § 844 Abs. 2, §§ 1912, 1918 Abs. 2, § 1923 Abs. 2 BGB fingiert werden. Allerdings stellen diese Normen eine Ausnahme zu § 1 BGB dar. Grundsätzlich beginne die Rechtsfähigkeit des Menschen erst mit der Geburt. Soweit die Mutter der Abtreibung zustimme, komme daher keine einfache Nothilfe, sondern einzig eine durch Staatsnothilfe gerechtfertigte Verhinderungshandlung in Betracht.[1596] Entgegen der Ansicht *Kraegelohs* kann auch nicht auf die zivilrechtliche Stellung des Nasciturus rekurriert werden. Sein strafrechtlicher Schutz ist nämlich hiervon zu unterscheiden.[1597] Letzten Endes wird allerdings das Vorliegen einer Staatsnot in solchen Fällen vereinzelter Schwangerschaftsabbrüche zu verneinen sein. Schließlich wird dadurch das Staatsvolk in seiner Gesamtheit nicht bedroht und eine Existenzbedrohung des Staates ist unter keinem Gesichtspunkt zu befürchten.

1595 *Kraegeloh*, Beiträge zur Lehre von der Notwehr im geltenden Strafrecht, S. 73.

1596 *Kraegeloh*, Beiträge zur Lehre von der Notwehr im geltenden Strafrecht, S. 74; hierzu auch *Schubert*, Staatsnothilfe, S. 23; *Schück*, Notwehr Privater zugunsten des Staates, S. 28, hingegen geht jedoch davon aus, dass allenfalls eine Notwehr zugunsten des Nasciturus möglich erscheint, eine solche zugunsten des Staates scheide in diesen Fällen jedoch aus, da noch kein Angriff auf den Staat vorliege. Dasselbe gelte auch bei der Untauglichmachung eines Wehrpflichtigen.

1597 Gemäß § 218 RStGB in der Fassung v. 1.1.1872 bis zum 8.6.1926 war der Nasciturus ab der Nidation geschützt, ohne dass die Mutter rechtserheblich in die Abtreibung einwilligen konnte.

β. Der Suizid

Ein weiteres Problemfeld ist der Suizid. Ein Angriff auf die eigene Person erscheint begriffslogisch nur schwer vorstellbar, sodass die klassische Nothilfe hier ausscheiden muss.

Ob hingegen Staatsnothilfe gegeben sein kann, erscheint fraglich. Obschon es sich bei der Selbsttötung um einen Angriff gegen das Staatsvolk handelt, stellt sich die Frage, ob dieser Angriff als rechtswidrig angesehen werden kann.[1598] Dies wird beispielsweise von *Feuerbach* bejaht. Schließlich verpflichte sich der Einzelne durch den Eintritt in den Staat, diesem seine Kräfte zur Verfügung zu stellen, welche er durch die Selbsttötung wieder entzieht.[1599] Ein Vergleich zwischen Auswanderung und Selbsttötung findet sich schon bei *Beccaria*.[1600] *Kraegeloh* wendet dagegen ein, dass die Auswanderung für den Staat nicht immer mit dem vollständigen Verlust des Staatsbürgers einhergehe. In anderen Staaten können sie beispielsweise als Pioniere oder Kulturbürger von Nutzen sein. Auch die Straflosigkeit der Selbsttötung sei kein Argument für seine Rechtmäßigkeit. Hierbei wollte der Gesetzgeber bloß den labilen Gemütszustand des Handelnden berücksichtigen. In dem Verzicht auf eine Strafandrohung könne jedoch keine Einwilligung des Staates in die Selbsttötung oder ein Verzicht auf den Staatsbürger gesehen werden. Aufgrund dessen geht *Kraegeloh* von einem rechtswidrigen Angriff bei der Selbsttötung aus.[1601] Er differenziert zwischen dem Leben des Suizidenten als eigenes und als staatliches Rechtsgut. Der Angriff auf das Leben des Suizidenten als sein persönliches Rechtsgut sei nicht rechtswidrig; etwas anderes gelte für den Angriff auf das Leben als Rechtsgut des Staates. In solchen Fällen sei die einfache Nothilfe nicht möglich, wohl aber die Staatsnothilfe.[1602] Auch hier ist eine Existenzbedrohung des Staates allerdings schwerlich zu befürchten.

1598 *Kraegeloh*, Beiträge zur Lehre von der Notwehr im geltenden Strafrecht, S. 74.

1599 *Feuerbach*, Lehrbuch des gemeinen in Deutschland gültigen peinlichen Rechts, S. 404.

1600 *Beccharia*, Von Verbrechen und Strafen, S. 145.

1601 *Kraegeloh*, Beiträge zur Lehre von der Notwehr im geltenden Strafrecht, S. 74.

1602 *Kraegeloh*, Beiträge zur Lehre von der Notwehr im geltenden Strafrecht, S. 74 f. Anders heute, wo die Selbsttötung zwar als rechtswidrig, aber straffrei eingestuft wird. S. hierzu BGH, NJW 2001, 1802 (1803).

γ. Die Blutschande

Ein weiteres von *Kraegeloh* beleuchtetes Problemfeld in die sogenannte „Blutschande" gemäß § 173 RStGB, deren Hauptziel es ist, den Inzest und die damit einhergehenden gesundheitlichen Risiken für die Nachkommenschaft zu verhindern. Solange der Inzest jedoch nicht über Generationen hinweg betrieben wird, sieht *Kraegeloh* die hierdurch entstehenden Gefahren als eher gering an. Mangels Unmittelbarkeit und Gewissheit des Schadens für das Staatsvolk verneint er deshalb das Recht zur Staatsnothilfe in diesem Fall.[1603]

dd. Weitere Aspekte neben den drei Elementen

Als weiteres geschütztes Gut wird die Verfassung genannt.[1604] Für die Frage, ob die Verfassung als geschütztes Gut gelten kann, können die Ausführungen zur Rechtsgutsqualität der Rechtsordnung als Ganzes herangezogen werden. Demnach enthalte die Rechtsordnung an vielen Stellen auch Verpflichtungen gegenüber dem Staat, weswegen sie kein ihm allein zustehendes Rechtsgut sein könne.[1605] Obendrein sind der Staat und die Rechtsordnung nicht deckungsgleich. Vielmehr sei der Staat der Träger der Rechtsordnung und habe diese erschaffen; er versucht sie zu schützen. Da der Telos der Notwehr der Schutz von Rechtsgütern und nicht die allgemeine Unrechtsbekämpfung ist und in der Rechtsordnung kein Rechtsgut zu sehen ist, kann die Staatsnothilfe nicht der Erhaltung der

---

1603 *Kraegeloh*, Beiträge zur Lehre von der Notwehr im geltenden Strafrecht, S. 75 f.

1604 In diese Richtung *Kurzweg*, GA 70 (1926), 72 (73 f.); ähnlich *Hachenburg*, DJZ 1920, 503 (505), der von „verfassungsmäßige[r] Bestand" spricht; ablehnend: *Kuss*, Die materielle Problematik der politischen Reichsamnestien 1918/1933, S. 26, der die Nothilfe hier auf den Bedarfsfall beschränken möchte (jedoch schon zur Zeit des Nationalsozialismus); *Kraegeloh*, Beiträge zur Lehre von der Notwehr im geltenden Strafrecht, S. 77, zählt die Angriffe gegen die Verfassung zu einer vierten Kategorie, nämlich zu den „üblichen Grundlagen staatlicher Macht". Hierbei sieht er nicht die Verfassung als Ganzes als schutzfähiges Rechtsgut an, sondern lediglich die fundamentalen Staatseinrichtungen; vgl. zu den Angriffen auf die Verfassung auch *Frank*, Das Strafgesetzbuch für das Deutsche Reich nebst dem Einführungsgesetz, § 82, S. 23; ablehnend *Klee*, GA70 (1926), 72 (72); auch *Hösch*, Staatsnotwehr, S. 34, nimmt im Jahr 1950 noch an, dass die Staatsnothilfe bei Angriffen auf die Verfassung möglich sei.

1605 *Kitzinger*, Die Verhinderung strafbarer Handlungen durch die Polizeigewalt, S. 84; *Schück*, Notwehr Privater zugunsten des Staates, S. 21.

Rechtsordnung dienen.[1606] Etwas anderes könne nur gelten, wenn durch die Gesetzesübertretung zugleich eine natürliche Person in ihren Rechten verletzt würde.[1607] In diesen Fällen ist eine Konstruktion über die Staatsnothilfe jedoch überhaupt nicht nötig, da es sich hier um einfache Nothilfe handelt, die zugunsten des einzelnen Bürgers ohne weiteres möglich ist. In Conclusio müsste also für die Staatsnothilfe stets ein eigenes Rechtsgut des Staates verletzt sein.[1608] Für die Verfassung kann nichts anderes gelten. Sie stellt in ihrer Gesamtheit genau wie die Rechtsordnung kein Gut dar. Daher kommen lediglich verfassungsrechtlich geschützte Güter als nothilfefähig in Betracht.

Diese könnten beispielsweise in den fundamentalen Bestandteilen der Verfassung liegen, beispielsweise im Wahlrecht, in der staatsrechtlichen Stellung der Organe oder in der Wehrverfassung.[1609] Andere, heute durch die grundrechtliche Verankerung besonders geschützte Rechte wie die Presse- und Religionsfreiheit gemäß Art. 135 WRV, wurden im Rahmen der Weimarer Reichsverfassung als nicht zur Verfassung gehörig klassifiziert und konnten deshalb nicht durch Staatsnothilfe verteidigt werden; gleiches galt für die Schulpflicht gemäß Art. 145 WRV.[1610] Dies lässt sich damit erklären, dass diese Grundsätze nicht ein mit der heutigen Zeit vergleichbares Schutzniveau hatten. Zugegebenermaßen war der Grundrechtskatalog der Weimarer Reichsverfassung sehr lang und ließ die Tradition der Paulskirchenverfassung 1848 durchaus erkennen. So sind alle liberalen Freiheitsrechte, die im 19. Jahrhundert thematisiert wurden, enthalten. Die Grundrechte waren zwar nicht nur reine Programmsätze, sondern unmittelbar

---

1606 *Kraegeloh*, Beiträge zur Lehre von der Notwehr im geltenden Strafrecht, S. 59.

1607 *Kraegeloh*, Beiträge zur Lehre von der Notwehr im geltenden Strafrecht, S. 59; ähnlich *Binding*, Handbuch des Strafrechts, Bd. 1, S. 736 f., der nicht notwendigerweise einen Angriff gegen einen bestimmten Menschen, jedoch einen Angriff gegen ein Rechtssubjekt fordert; ähnlich *Köhler*, Deutsches Strafrecht, Allgemeiner Teil, S. 344, der neben der stets vorliegenden Verletzung der Rechtsordnung ein verletztes Rechtssubjekt verlangt; *v. Lobe*, in: Ebermayer/ders./Rosenberg, Leipziger Kommentar, § 53 II b; *v. Bar*, Gesetz und Schuld im Strafrecht. Bd. 3: Die Befreiung von Schuld und Strafe durch das Strafgesetz S. 195 ff.

1608 *Kraegeloh*, Beiträge zur Lehre von der Notwehr im geltenden Strafrecht, S. 59.

1609 *Schück*, Notwehr Privater zugunsten des Staates, S. 20; RG, RGSt 41, 138 (140) in Bezug auf die Wehrverfassung.

1610 *Schück*, Notwehr Privater zugunsten des Staates, S. 20; *Frank*, Das Strafgesetzbuch für das Deutsche Reich nebst dem Einführungsgesetz, § 82, S. 234; dazu, dass nicht jede Verfassungsübertretung einen Hochverrat zu begründen vermag: *Binding*, Lehrbuch des Gemeinen Deutschen Strafrechts. Besonderer Teil 1, S. 435 ff.

geltendes Recht, aber ihre Justiziabilität war zweifelhaft. Schließlich gab es damals noch keine Verfassungsgerichtsbarkeit im heutigen Sinn, weshalb die Grundrechte nicht im Wege der Verfassungsbeschwerde eingeklagt werden konnten. Überdies unterlagen sie bis auf wenige Ausnahmen einem allgemeinen Gesetzesvorbehalt und konnten teilweise auch durch das Notverordnungsrecht des Reichspräsidenten gemäß Art. 48 WRV ausgeschaltet werden.[1611]

Kraegeloh bejaht darüberhinausgehend das Staatsnothilferecht auch bei Angriffen auf andere Belange, die er als Grundlagen staatlicher Macht beschreibt. Darunter fasst er die Wehrkraft und die Sicherheit des Staates gegenüber ausländischen Mächten, wobei er als rechtswidrige Angriffe die Delikte der §§ 87–92 und § 141 RStGB[1612], Delikte nach dem Reichsgesetz

---

1611 *Eisenhardt*, Deutsche Rechtsgeschichte, Rn. 606; *Hähnchen*, Rechtsgeschichte. Von der Römischen Antike bis zur Neuzeit, Rn. 777 f., die jedoch von einer Programmsatzqualität der Grundrechte ausgeht. Dazu, dass die Grundrechte in der Weimarer Republik über bloße Programmsätze hinausgehen *Dreier*, Grundrechtsrepublik Weimar, in: ders./Waldhoff (Hrsg.), Das Wagnis der Demokratie. Eine Anatomie der Weimarer Reichsverfassung, S. 175 (175 ff.). Zu den ausschaltbaren Grundrechten zählte die Fortbewegungsfreiheit gemäß Art. 114 WRV, das Wohnungsgrundrecht gemäß Art. 115 WRV, das Brief-, Post-, Fernsprech- und Telegraphengeheimnis gemäß Art. 117 WRV, die Meinungsfreiheit gemäß Art. 118 WRV, die Versammlungsfreiheit gemäß Art. 123 WRV, die Vereinigungsfreiheit gemäß Art. 124 WRV sowie die Eigentumsfreiheit gemäß Art. 153 WRV.

1612 § 87 I RStGB: Ein Deutscher, welcher sich mit einer ausländischen Regierung einläßt, um dieselbe zu einem Kriege gegen das Deutsche Reich zu veranlassen, wird wegen Landesverraths mit Zuchthaus nicht unter fünf Jahren und, wenn der Krieg ausgebrochen ist, mit lebenslänglichem Zuchthaus bestraft. § 87 RStGB in der vom 1.1.1872 bis zum 1.6.1933 geltenden Version, abgedruckt in: *Fuchs* (Hrsg.), Strafgesetzbuch für das Deutsche Reich vom 15. Mai 1871. Historisch-synoptische Edition 1871–2009, S. 458.
§ 88 I RStGB: Ein Deutscher, welcher während eines gegen das Deutsche Reich ausgebrochenen Krieges in der feindlichen Kriegsmacht Dienste nimmt oder die Waffen gegen das Deutsche Reich oder dessen Bundesgenossen trägt, wird wegen Landesverraths mit lebenslänglichem Zuchthaus oder lebenslänglicher Festungshaft bestraft. § 88 RStGB in der Fassung v. 20.3.1976 bis zum 1.6.1933, ebd. S. 463.
§ 89 I RStGB: Ein Deutscher, welcher vorsätzlich während eines gegen das Deutsche Reich ausgebrochenen Krieges einer feindlichen Macht Vorschub leistet oder der Kriegsmacht des Deutschen Reichs oder der Bundesgenossen desselben Nachtheil zufügt, wird wegen Landesverraths mit Zuchthaus bis zu Zehn Jahren oder mit Festungshaft bis zu zehn Jahren bestraft. § 89 I RStGB in der Fassung v. 28.7.1893 bis zum 1.6.1993, ebd. S. 468.
S. auch § 90 RStGB in der Fassung v. 28.7.1893 bis zum 1.6.1933, ebd. S. 478; § 92 RStGB in der Fassung v. 1.1.1872 bis zum 1.6.1933 geltenden Fassung, ebd. S. 501.

gegen Verrat militärischer Geheimnisse vom 3. Juni 1914[1613] und der Verordnung des Reichspräsidenten betreffend der zur Wiederherstellung der öffentlichen Sicherheit und Ordnung erforderlichen Maßnahmen vom 3. März 1923[1614] sowie den §§ 56 ff. des Militär-StGB für das Deutsche Reich v. 16. Juni 1926[1615] nennt.[1616]

ee. Die Ehre des Staates als notwehrfähiges Gut

Ob eine Ehrennothilfe zugunsten des Staates möglich ist, hängt entscheidend davon ab, ob es eine Staats- oder Volksehre überhaupt gibt. In den 1920er Jahren judizierte das Reichsgericht, dass sich nur natürliche Personen auf ihre Ehre berufen könnten und auch nur diese dementsprechend beleidigungsfähig seien.[1617] Diejenigen Literaturstimmen hingegen, die davon ausgehen, dass der Staat auch als juristische Person über eine eigene Ehre verfügt, gehen meist noch einen Schritt weiter und sehen diese Ehre als schutzwürdiges Gut im Rahmen des § 53 RStGB an.[1618]

---

§ 141 I RStGB: Wer einen Deutschen zum Militairdienste einer ausländischen Macht anwirbt oder den Werbern der letzteren zuführt, ingleichen wer einen Deutschen Soldaten vorsätzlich zum Desertieren verleitet oder die Desertion desselben vorsätzlich befördert, wird mit Gefängniß von drei Monaten bis zu drei Jahren bestraft. § 141 RStGB in der Fassung v. 1.1.1872 bis zum 1.9.1935, ebd. S. 734.

1613 Gesetz gegen den Verrat militärischer Geheimnisse v. 3.6.1914, RGBl. S. 195.

1614 Verordnung des Reichspräsidenten auf Grund des Artikels 48 II der Reichsverfassung, betreffend die zur Wiederherstellung der öffentlichen Sicherheit und Ordnung erforderlichen Maßnahmen vom 3.03.1923, RGBl. I 1923, S. 159.

1615 Militärstrafgesetzbuch v. 26. Juni 1926, RGBl. S. 275.

1616 *Kraegeloh*, Beiträge zur Lehre von der Notwehr im geltenden Strafrecht, S. 77.

1617 RG, GA 59 (1912), 318 (318).

1618 So *Moderow*, Notwehr und Notstand zugunsten des Staates, S. 46, der damit argumentiert, dass der Staat nicht immer gegenwärtig ist, um einen Angriff auf seine Ehre abzuwehren. Diese Argumentation ist jedoch nicht besonders stringent, wenn man bedenkt, dass *Moderow* die Subsidiarität ablehnt und sogar eine Staatsnothilfe neben den eigenständigen Handlungen des Staates zulässt, welche hier jedoch in Bezug auf die Ehre des Staates nationalsozialistische Tendenzen aufweist und auch die Ehre des Staates als unstreitig notwehrfähiges Gut ansieht; ebenso *Deubelbeiß*, Die Staatsnotwehr, S. 35, bei Ehrverletzungen zulasten von Repräsentanten des Staates, da hier nicht die Person, sondern der Staat getroffen werden solle; ablehnend diesbezüglich *Schück*, Notwehr Privater zugunsten des Staates, S. 28; auch *Lederle* Staatsnotwehr, S. 35, sieht die republikanische Ehre als notwehrfähiges Gut an; ebenso *Schubert*, Staatsnothilfe, S. 21 zur Zeit des Nationalsozialismus.

Dass die „Vaterlandsliebe" ein schutzfähiges Gut darstellt, wurde vom Oberlandesgericht Dresden 1925 in einem Fall angenommen, in dem ein Theaterstück, die Tragödie Hinkemann von *Ernst Toller*, in der es um einen Kriegsinvaliden ging, durch Singen des Deutschlandliedes und Pfeifen gestört wurde. In dem entsprechenden Urteil wurden die Angeklagten wegen Ausübung von Notwehr gemäß § 53 RStGB freigesprochen.[1619] Teilweise wurde dieses Gerichtsurteil auch als Zeichen dafür gesehen, dass Nothilfe zugunsten der Ehre des Staates zulässig sei.[1620] Ob die Judikatur tatsächlich so verstanden werden kann, ist indes zweifelhaft. Es käme auch eine Notwehr zugunsten der Täter selbst als beleidigungsfähige natürliche Personen in Betracht. Nicht zuletzt ist die Liebe von ihrem Sinngehalt her ein Gefühl der Täter, sodass die Begrifflichkeit eher dafür spricht, dass es hier um eine Notwehr bezüglich Individualrechtsgütern geht.

e. Die Abgrenzung nach Deliktstypen

aa. Die positive Erfassung der Problematik

Die Abgrenzung, wann private Interessen respektive wann öffentliche Interessen betroffen sind, gestaltet sich im Einzelnen mitunter schwierig.[1621] Deshalb beschränkten sich einige Autoren auf eine enumerative Aufzählung der in Betracht kommenden Delikte. Im Rahmen der Staatsnothilfe nothilfefähig seien beispielsweise der Hoch- und Landesverrat, das Zoll- und Steuerstrafrecht und die Rechtspflegedelikte, zudem Delikte, die die Beziehungen zu fremden Staaten gefährden sowie solche, die sich gegen die Staatsgewalt an sich richten, beispielsweise die Verletzung von Hoheitszei-

1619 OLG Dresden, GA 69 (1925), 379 (379 f.), kritisch hinsichtlich der Bedeutung der Begründung *Knoch*, Die Nothilfe zugunsten des Staates, S. 19, insbesondere wegen späteren Urteilen, die bezüglich der im Raum stehenden Frage anders entscheiden, z. B. der Silvesterrevue-Fall, Bay OLG, JW 1932, 3775 (3775 f.) sowie BGH, BGHSt 5, 245, nach dem erst beim Tatbestand des groben Unfugs eine Notwehrlage angenommen wird; ebenfalls ablehnend BGH NJW 1975, 1162 in Bezug auf eine Verletzung des sittlichen Gefühls; ablehnend ebenfalls *Schubert*, Staatsnothilfe, S. 27; ablehnend auch *Rothenbücher*, Ueber einen Fall der Präventivpolizei und die Theaterzensur, in: Giacometti/Schindler (Hrsg.), Festgabe für Fritz Fleiner zum 60. Geburtstag, S. 211 (224 f.).

1620 *Moderow*, Notwehr und Notstand zugunsten des Staates, S. 45.

1621 *Labin*, Staatsnotwehr und Staatsnotstand, S. 16; *Doerr*, GA 64 (1917), 29 (30).

chen.[1622] Die Unschädlichmachung von Spionen und die Abwendung von Hoch- und Landesverraten sei das Hauptanwendungsgebiet der Staatsnothilfe.[1623] Weitere Vorschriften des Strafgesetzbuches, die laut *Binding* tangiert sein könnten sind §§ 81 Nr. 2–4, § 105 RStGB, § 87 RStGB, §§ 130, 130a RStGB, § 92 Nr. 1 RStGB, §§ 103a, 135 RStGB, § 108 RStGB, § 114 RStGB, § 331 RStGB, § 131 RStGB, § 136 RStGB und §§ 140–142 RStGB.[1624] Er lehnt ein solches Recht hingegen bei der Aufforderung zum Hochverrat gemäß § 85 RStGB ab.[1625]

Eine solche kasuistische Aufzählung erfasst das Problem allerdings nicht vollständig und eine vollständige Erfassung kann von den Autoren auch nicht intendiert sein, was dadurch ersichtlich wird, dass am Ende der Enumeration *Bindings* ein „usw." steht. Des Weiteren erscheinen einige der genannten Normen nach der Ansicht *Kraegelohs* unpassend. In § 331 RStGB beispielsweise geht es seiner Meinung nach um die Unentgeltlichkeit der Amtsführung. Diese dient nicht dem Staat, sondern dem Bürger und stellt demzufolge ein Rechtsgut der Allgemeinheit dar.[1626] Dem ist entgegenzuhalten, dass beim Straftatbestand der Bestechung auch immer die Integrität des Verwaltungsapparats geschützt wird. Somit dienen die Vorschriften über die Bestechung nicht dazu, dem Bürger unentgeltliche Verwaltungsleistungen zu garantieren, sondern zur Gewährleistung, dass die Behörde keine sachfremden Erwägungen in ihre Ermessensentscheidung einfließen lässt und alle Bürger gleich behandelt.

Dennoch vermag die kasuistische Aufzählung einzelner Straftatbestände nicht zu überzeugen. Schließlich sind die Straftatbestände des Strafgesetzbuches wandelbar. Vor diesem Hintergrund erscheint es vorzugswür-

---

1622 *Labin*, Staatsnotwehr und Staatsnotstand, S. 17; *Schück*, S. 29, Notwehr Privater zugunsten des Staates, S. 29: Wenn man die Ehrennotwehr zugunsten des Staates ablehnt, kommt die Verletzung von Hoheitszeichen nur dann in Betracht, wenn zugleich eine Eigentumsverletzung vorliegt.

1623 *Schück*, Notwehr Privater zugunsten des Staates, S. 27.

1624 *Binding*, Die Normen und ihre Übertretung, Bd. 1, S. 347 f.

1625 *Binding*, Handbuch des Strafrechts, Bd. 1, S. 737; diesbezüglich ablehnend *Moderow*, Notwehr und Notstand zugunsten des Staates, S. 40, auch wenn regelmäßig eine Rechtfertigung aus Notstandsgesichtspunkten erfolge, sei auch eine Rechtfertigung über § 53 StGB nicht ausgeschlossen und erlange vor allen Dingen in solchen Fällen Relevanz, in denen damit zu rechnen ist, dass nach der Aufforderung direkt Taten folgen; ebenso *Lampson*, Beitrag zur Feststellung des Notwehrgebiets, insbesondere durch Untersuchung der Natur der einzelnen Rechte, S. 27, Anm. 2.

1626 *Kraegeloh*, Beiträge zur Lehre von der Notwehr im geltenden Strafrecht, S. 72; ebenfalls kritisch wegen der Wahl der Beispiele: *Labin*, Staatsnotwehr und Staatsnotstand, S. 8.

dig, allgemeingültige Prinzipien aufzustellen, die auch einem Wandel der Rechtsordnung standhalten.

bb. Die negative Erfassung der Problematik

In Ablehnung eines allgemeinen Deliktshinderungsrechts wird beispielsweise die Nothilfe gegen Kuppelei, Bestechung, Bettelei, Gewerbsunzucht oder Päderastie verneint.[1627] Auch bei der Gotteslästerung bestehe im laizistischen Staat kein Staatsnothilferecht.[1628] Die genannten Delikte betreffen indessen weniger den Staat, sondern vielmehr die Allgemeinheit. Bei ihnen wird es kaum zu einer tatsächlichen Notlage des Staates in seiner Gesamtheit kommen. Bei manchen allgemeinen Rechtsgütern, die durch den Staat geschützt werden, ist dieser selbst gar nicht Rechtsgutsträger und ihre Unversehrtheit entfaltet keine Relevanz für seine Existenz. Aufgrund dessen müsse ein Staatsnothilferecht bezüglich dieser Delikte von vorneherein ausscheiden.[1629] Dennoch könne nach einer Mindermeinung ein Nothilferecht bezüglich solcher Delikte dann entstehen, wenn der Einzelne – möglicherweise sogar nur mittelbar – durch die Deliktsbegehung, beispielsweise in seinem sittlichen oder religiösen Gefühl, verletzt werde, selbst wenn der Täter durch seine Handlung den Angriff einer einzelnen Person gar nicht gewollt habe und der Einzelne nur als Teil der Allgemeinheit betroffen wird.[1630] Die Möglichkeit, dass durch die Verletzung eines Allgemeinguts auch die Interessen eines Einzelnen tangiert sein können, sei nicht auf sittliche und religiöse Belange beschränkt. Vielmehr komme es darauf an,

---

1627 *v. Lobe*, in: Ebermayer/ders./Rosenberg (Hrsg.), Leipziger Kommentar zum Reichsstrafgesetzbuch, § 53 II b; ablehnend: *Schmitz*, Schutzobjekte der Notwehr, S. 36, der in diesen Delikten dennoch die Verletzung von Gütern sieht und hierin einen Widerspruch erblickt, da *v. Lobe* die Notwehr gegen die Verletzung von Gütern uneingeschränkt bejaht.

1628 *Moderow*, Notwehr und Notstand zugunsten des Staates, S. 44.

1629 *Schmitz*, Schutzobjekte der Notwehr, S. 38 f.; *v. Alberti*, Eigenmächtige Unrechtshemmung, S. 3 f.; mit weiteren Beispielen *Broglio*, Der strafrechtliche Notstand im Lichte der Strafrechtsreform, S. 18; krit. *Köhler*, Der Notstand im künftigen Strafrecht, S. 11 f., der die Nothilfe aufgrund solcher Delikte anhand von Beispielen *ad absurdum* führt.

1630 *Schmitz*, Schutzobjekte der Notwehr, S. 39; *Neumond*, GS 56 (1899), 46 (50); in Bezug auf das religiöse Gefühl insbesondere in Hinblick auf Art. 137 II WRV ablehnend *Lowack*, Die Rechtswidrigkeit und Handeln im Interesse der Allgemeinheit als Rechtfertigungsgrund, S. 82.

ob der Einzelne durch den Angriff in seinem Rechtsfrieden bedroht sei, was beispielsweise auch bei Ruhestörungen oder verkehrswidrigem Verhalten der Fall sein könne.[1631]

Lehnt man ein allgemeines Deliktshinderungsrecht ab, ist außerdem keine Nothilfe gegen die Aufforderung zum Ungehorsam gegenüber dem Staatswillen gemäß § 110 RStGB[1632] und gegen die öffentliche Aufforderung zu einer strafbaren Handlung gemäß § 111 RStGB[1633] möglich.[1634]

VII. Die Rechtsprechung der Weimarer Republik zur Staatsnothilfe

Auch die Rechtsprechung befasste sich erstmals in der Weimarer Republik mit der Staatsnothilfethematik. An dieser Stelle sollen die wichtigsten Fälle dargestellt und anschließend noch einmal ein Überblick über die Entwicklung gegeben werden.

1. Kapp-Lüttwitz-Putsch

Die erste Entscheidung, die sich mit der Staatsnothilfe beschäftigte, war eine Entscheidung zum Kapp-Lüttwitz-Putsch. Primär ging es in dem Ur-

1631 *Schmitz*, Schutzobjekte der Notwehr, S. 39; ebenso *v. Lobe*, in: Ebermayer/ders./Rosenberg (Hrsg.), Leipziger Kommentar zum Reichsstrafgesetzbuch, § 53 StGB II b. S. auch *Köhler*, Deutsches Strafrecht, Allgemeiner Teil, S. 345; mit weiteren Beispielen *Endemann*, Zivilcourage und Strafrecht, S. 45 f.

1632 § 110 RStGB: Wer öffentlich vor einer Menschenmenge oder wer durch Verbreitung oder öffentlichen Anschlag oder öffentliche Ausstellung von Schriften oder anderen Darstellungen zum Ungehorsam gegen Gesetze oder rechtsgültige Verordnungen oder gegen die von der Obrigkeit innerhalb ihrer Zuständigkeit getroffenen Anordnungen auffordert, wird mit Geldstrafe bis zu sechshundert Mark oder mit Gefängniß bis zu zwei Jahren bestraft. § 110 RStGb in der vom 20.3.1876 bis zum 1.9.1969 geltenden Version, abgedruckt in: *Fuchs* (Hrsg.), Strafgesetzbuch für das Deutsche Reich vom 15. Mai 1871. Historisch-synoptische Edition 1871–2009, S. 596.

1633 § 111 I RStGB: Wer auf die vorbezeichnete Weise zur Begehung einer strafbaren Handlung aufgefordert, ist gleich dem Anstifter zu bestrafen, wenn die Aufforderung die strafbare Handlung oder einen strafbaren Versuch derselben zur Folge gehabt hat. § 111 RStGB in der vom 23.7.1922 bis zum 23.7.1927 geltenden Version, abgedruckt in: *Fuchs* (Hrsg.), Strafgesetzbuch für das Deutsche Reich vom 15. Mai 1871. Historisch-synoptische Edition 1871–2009, S. 599.

1634 *Schück*, Notwehr Privater zugunsten des Staates, S. 37.

teil um Staatsnotwehr, am Rande wurde jedoch auch die Staatsnothilfeproblematik tangiert.[1635]

a. Sachverhalt

Beim Kapp-Lüttwitz-Putsch am 13. März 1920 hatten rechtsradikale Kräfte angeführt von *Wolfgang Kapp* und *Walter von Lüttwitz* durch einen konterrevolutionären Putsch versucht, die Macht im Reich an sich zu bringen.[1636] Anlass war die Forderung der Alliierten nach der Entwaffnung der Freikorps gewesen. Um die anfänglich erfolgreichen Putschisten zu stürzen, hatten die Reichsregierung und die linksgerichteten Parteien den Generalstreik ausgerufen. Im Zuge dessen wurden auch lebensnotwendige Betriebe bestreikt. Der Streik erreichte sein Ziel und konnte den Putsch zum Scheitern bringen. Aufgrund dessen erhob *Dr. Most*, ein Abgeordneter der Deutschen Volkspartei, welche die Putschisten unterstützt hatte, in der Sitzung der verfassungsgebenden deutschen Nationalversammlung vom 13. April 1920 Anklage gegen die Mitglieder der Reichsregierung, die den entsprechenden Beschluss gefasst hatten. Hierbei berief er sich auf einen Verstoß gegen § 6 i. V. m. § 4 der Verordnung der Reichsregierung v. 13.1.1920, in denen das Bestreiken lebensnotwendiger Betriebe unter Strafe gestellt wurde.[1637]

1635 RG, RGSt 56, 259 ff. S. zum Kapp-Lüttwitz-Putsch und seiner rechtlichen Behandlung ausführlich *Grosshut*, Staatsnot, Recht und Gewalt, S. 65 ff.

1636 *Thoß*, Kapp-Lüttwitz-Putsch, 1920, in: Historisches Lexikon Bayerns, abrufbar unter: https://www.historisches-lexikon-bayerns.de/Lexikon/Kapp-L%C3%BCttwitz-Putsch,_1920, zuletzt abgerufen am 1.11.2022.

1637 *Kraegeloh*, Beiträge zur Lehre von der Notwehr im geltenden Strafrecht, S. 42; *Schück*, Notwehr Privater zugunsten des Staates, S. 7.
Verordnung de Reichsregierung v. 13.1.1920: § 6: Jede Betätigung durch Wort, Schrift oder andere Maßnahmen, die darauf gerichtet ist, lebenswichtige Betriebe zur Stilllegung zu bringen, wird verboten. Als lebenswichtige Betriebe gelten die öffentlichen Verkehrsmittel sowie alle Anlagen und Einrichtungen zur Erzeugung von Gas, Wasser, Elektrizität und Kohle. In § 4 ist dann das Strafmaß auf Geldstrafe bis zu 15.000 Mark oder Freiheitsstrafe festgesetzt.

b. Rechtliche Würdigung

Der damalige Reichsjustizminister *Blunck* ging in dieser Konstellation von Staatsnotwehr aus.[1638] Dem ist zu widersprechen, da sich der Generalstreik nicht nur auf die Putschisten bezog und deshalb über die Grenzen der Notwehr hinausging. Auch ist es zwar nicht notwendig, dass die Abwehr des Angriffs erfolgreich ist. Es muss jedoch zumindest gewährleistet sein, dass eine gewisse Konnexität zwischen Angriff und Abwehrhandlung gegeben ist; an einer solchen fehle es indes.[1639] *Kraegeloh* wendet hiergegen ein, dass das Eingreifen in die Rechte Dritter eine häufige Nebenerscheinung bei Handlungen in Staatsnotwehr sei. Eine Straflosigkeit in Bezug auf diese Kollateralschäden ergäbe sich aus der Güterabwägungstheorie.[1640] Zu beachten ist allerdings, dass eine Güterabwägung der Notwehr fremd ist. *Kraegeloh* scheint hier vielmehr an eine Rechtfertigung unter Staatsnotstandsgesichtspunkten zu denken. Zudem seien auch mildere Mittel ersichtlich gewesen als das Aufrufen eines Generalstreiks, z. B. eine militärische Intervention. Schließlich handele es sich bei dem Generalstreik um ein gemeingefährliches Mittel, das schwerste Verbrechen hervorrufen könne. So seien dadurch die Räterepubliken wieder aufgekeimt und es hätten bürgerkriegsähnliche Zustände auf den Straßen geherrscht. Nicht ohne Grund sei die Aufforderung zum Generalstreik als Hochverrat zu bestrafen. Auch der Erfolg der Verhandlungen mit *Kapp* und *Lüttwitz* und ihr alsbaldiges Abdanken sprächen gegen die Erforderlichkeit des Generalstreiks.[1641] Dagegen wendet *Kraegeloh* ein, dass die Erforderlichkeit der Notwehrhandlung im Nachhinein nur schwer zu beurteilen sei. Ansonsten läge zumindest ein strafloser Notwehrexzess vor.[1642]

Auch die Putschisten selbst rechtfertigten ihr Handeln unter Berufung auf das Rechtsinstitut der Staatsnotwehr. So machten sie während ihres Prozesses geltend, dass sie die Verfassung vor der Regierung hätten schüt-

1638 *Kraegeloh*, Beiträge zur Lehre von der Notwehr im geltenden Strafrecht, S. 42; *Blunck*, Verhandlungen der verfassungsgebenden deutschen Nationalversammlung. Stenographische Berichte, Bd. 333, S. 5144; *Moderow*, Notwehr und Notstand zugunsten des Staates, S. 23, hingegen führt an, dass es sich hierbei um Staatsnotstand handele.

1639 *Lederle*, Staatsnotwehr, S. 21; *v. Campe*, DJZ 1920, 486 (489).

1640 *Kraegeloh*, Beiträge zur Lehre von der Notwehr im geltenden Strafrecht, S. 55.

1641 *v. Campe*, DJZ 1920, 486 (488).

1642 *Kraegeloh*, Beiträge zur Lehre von der Notwehr im geltenden Strafrecht, S. 53 f.

zen wollen.[1643] Ob diese Argumentation stichhaltig ist, bleibt fraglich, wenn man bedenkt, dass Nothilfe gegen den Staat selbst oftmals nicht als zulässig betrachtet wurde.[1644] So wurde mehrheitlich vertreten, dass während Nothilfe zugunsten des Staates zulässig sei, Nothilfe gegen den Staat hingegen niemals gegeben sein könne.[1645] Darüber hinaus sei es bedenklich, dass im Zuge dieser Argumentation fast jede Handlung einer Rechtfertigung zugänglich sei und daher die Gefahr entstehe, dass sich die Täter jedwedes Verbrechens im Nachhinein mit einer konstruierten Begründung auf dieses Recht berufen könnten.[1646]

Problematisch ist das Verhältnis der Staatnothilfe zum Straffreiheitsgesetz vom 4. August 1920.[1647] Die Absätze 1 bis 4 sprächen dafür, dass den Verfassern des Gesetzgebungsentwurfes der Begriff der Staatsnotwehr nicht bekannt gewesen ist; das Gesetz stelle vielmehr eine Amnestie dar. Es werde zwar Straffreiheit gewährt, die strafbare Handlung an sich bleibe hingegen bestehen.[1648] Im Falle der Staatsnotwehr beziehungsweise -hilfe gäbe es mangels Rechtswidrigkeit gar keine strafbare Handlung, weswegen die Amnestie ihrer logischen Grundlage entbehre. Der letzte Absatz erscheine in diesem Licht als widersinnig.[1649]

Man kann aber auch daran denken, dass die Amnestie lediglich deklaratorischer Natur ist, um sicherzugehen, dass gewisse Delikte strafrechtlich nicht verfolgt werden. Im Jahr 1920 stand der Diskurs zur Staatsnothil-

---

1643 RG, RGSt 56, 259 (267). S. a. *Schroeder*, Notwehr zugunsten des Staates, S. 5.

1644 S. hierzu S. 231 ff.

1645 Siehe hierzu S. 231 ff.

1646 *Schroeder*, Notwehr zugunsten des Staates, S. 6.

1647 RGBl. 1920, 1487 (1487 f.). Der Wortlaut des Gesetzes lautet:
§ 1 Für Straftaten, die zur Abwehr eines hochverräterischen Unternehmens gegen das Reich begangen worden sind, wird Straffreiheit gewährt.
Ferner wird Straffreiheit Personen gewährt, die an einem hochverräterischen Unternehmen gegen das Reich mitgewirkt haben, sofern sie nicht Urheber oder Führer des Unternehmens gewesen sind.
Straffrei sind auch Handlungen, die im Zusammenhang mit den hochverräterischen Unternehmungen oder ihrer Abwehr begangen worden sind, sofern sie nicht lediglich auf Rohheit, Eigennutz oder sonstigen nichtpolitischen Beweggründen beruhen.
Von der Straffreiheit sind ausgeschlossen die Verbrechen gegen das Leben (§§ 211, 212, 214 des Strafgesetzbuchs) und die Verbrechen der schweren Körperverletzung (§§ 224 bis 226 StGB), die Verbrechen des schweren Raubes (§ 251 des Strafgesetzbuchs) und der Brandstiftung (§§ 306 bis 308, 311 des Strafgesetzbuchs).

1648 *Weinberg*, Staatsnotwehr, S. 44.

1649 *Weinberg*, Staatsnotwehr, S. 45.

fe noch ganz am Anfang, sodass mit einer gefestigten Rechtsprechung zugunsten des Rechtsinstituts der Notwehr noch nicht gerechnet werden konnte. Vielleicht wollte der Gesetzgeber auch nur gewisse Delikte von der Straffreiheit ausnehmen und die Straffreiheit der anderen, schwereren Delikte in das Ermessen des Richters stellen. *Weinberg* geht jedoch davon aus, der Verfasser des Gesetzgebungsentwurfes hätte sich über die juristische Grundlage der Abwehr des Angriffs „kein Kopfzerbrechen" gemacht. Kritisch sei, dass im Rahmen des Straffreiheitsgesetzes nur ganz wenige der damals verwirklichten Delikte für eine Amnestie in Frage kämen und die praktische Relevanz des Gesetzes daher gering sei.[1650]

2. Fememorde innerhalb der Schwarzen Reichswehr

In den unruhigen Zeiten der Weimarer Republik bildeten sich Vereinigungen, die das noch vorhandene Kriegsmaterial sammeln und verwalten sollten. Diese wurden von *Buchrucker*[1651] als Arbeitskommandos organisiert und bildeten die Schwarze Reichswehr im engeren Sinne.[1652]

Im Rahmen dieser Geheimverbände kam letztlich der Verdacht auf, dass es Spione in den eigenen Reihen gebe, woraufhin diese von Mitgliedern der Schwarzen Reichswehr exekutiert wurden, ohne dass ein Gerichtsprozess stattgefunden hatte.[1653] In diesem Zusammenhang wurde auch die Problematik der Staatsnothilfe erörtert.[1654] Entscheidungen durch den Strafsenat des Reichsgerichts bezüglich der Fememorde gab es allerdings nur wenige, weil erstinstanzlich die Schwurgerichte zuständig waren und nur in den seltensten Fällen Revision eingelegt wurde.[1655] Letztendlich wurden die meisten Fälle bei den Instanzgerichten zugunsten der Täter entschieden.

1650 *Weinberg*, Staatsnotwehr, S. 46.

1651 *Bruno Ernst Buchrucker* (1878–1966) war ein ehemaliger Major, der in der Weimarer Republik zum Freikorpsführer und Anführer der „Schwarzen Reichswehr" wurde. S. hierzu http://www.bundesarchiv.de/aktenreichskanzlei/1919-1933/0000/adr/adrag/kap1_2/para2_353.html, zuletzt abgerufen am 1.11.2022.

1652 *Schück*, Notwehr Privater zugunsten des Staates, S. 7.

1653 *Schück*, Notwehr Privater zugunsten des Staates, S. 7.

1654 *Baron*, Notwehr, Staatsnotwehr und Staatsnotstand, S. 2; so auch *Schroeder*, Notwehr zugunsten des Staates, S. 4; RG, RGSt 63, 215 (218 ff.); RGSt 64, 101 (102 ff.); vgl. weiterführend zu den Fememorden und den Landsberger Prozessen: *Hannover/Hannover-Drück*, Politische Justiz. 1918–1933, S. 159 ff.

1655 *Neusel*, die Spruchtätigkeit der Strafsenate des Reichsgerichts in politischen Strafsachen in der Zeit der Weimarer Republik, S. 75.

Das Reichsgericht hingegen agierte zurückhaltender.[1656] Im Folgenden soll nur diejenige Judikatur wiedergegeben werden, die Bezüge zur Staatsnothilfeproblematik aufweist.

In einer Entscheidung vom 8. Mai 1929 ging es darum, dass der Angeklagte, welcher der Schwarzen Reichswehr angehörte, Kenntnis davon erlangte, dass Feldwebel *Legner*, ein angeblicher Spitzel, auf der Streife von einem anderen Feldwebel getötet werden sollte. Der Angeklagte sollte bei dieser Streife ebenfalls vor Ort sein und dabei helfen, die Leiche zu vergraben. Ohne das Opfer zu warnen oder diesem zu helfen, beteiligte er sich an der Beseitigung der Leiche.[1657] Das Schwurgericht Berlin sprach den Angeklagten wegen Beihilfe zum Mord schuldig, woraufhin dieser Revision einlegte.[1658] Die Verteidigung berief sich darauf, dass der Feldwebel hätte getötet werden müssen, um das Deutsche Reich vor einer schweren Schädigung zu bewahren.[1659] Das Reichsgericht ging davon aus, dass auch wenn in Extremfällen eine Staatsnothilfe möglich sei, im vorliegenden Fall die entsprechenden Voraussetzungen nicht gegeben seien. Die Tötung sei nicht erforderlich gewesen. Als milderes Mittel käme nämlich die Verhaftung durch das Arbeitskommando und die spätere Übergabe an die zuständigen Behörden in Betracht. Deswegen sei auch eine unmittelbare Gefährdung des Staates und somit auch die Gegenwärtigkeit des Angriffs zu verneinen gewesen.[1660] Auch die von der Verteidigung vorgebrachte Annahme eines übergesetzlichen Notstandes wurde vom Reichsgericht abgelehnt. Die Beseitigung des Feldwebels sei nicht das einzig denkbare Mittel zur Abwehr der Gefahr gewesen. Außerdem sei sein Leben in einer Abwägung nicht als geringwertiger als die Interessen des Staates anzusehen.[1661] Das Reichsgericht hat zwar offengelassen, ob der übergesetzliche Notstand in Fällen der Staatsnothilfe generell unanwendbar ist und *Radbruch* zieht diese Möglich-

1656 *Rüping/Jerouschek*, Grundriss der Strafrechtsgeschichte, S. 96.

1657 *Neusel*, Die Spruchtätigkeit der Strafsenate des Reichsgerichts in politischen Strafsachen in der Zeit der Weimarer Republik, S. 77.

1658 *Neusel*, Die Spruchtätigkeit der Strafsenate des Reichsgerichts in politischen Strafsachen in der Zeit der Weimarer Republik, S. 77.

1659 *Neusel*, Die Spruchtätigkeit der Strafsenate des Reichsgerichts in politischen Strafsachen in der Zeit der Weimarer Republik, S. 77.

1660 *Neusel*, Die Spruchtätigkeit der Strafsenate des Reichsgerichts in politischen Strafsachen in der Zeit der Weimarer Republik, S. 77; RG, RGSt 63, 215 (218 ff.); in Bezug auf die Erforderlichkeit kritisch: *v. Oetker*, GS 99 (1930), 156 (165 f.).

1661 *Neusel*, Die Spruchtätigkeit der Strafsenate des Reichsgerichts in politischen Strafsachen in der Zeit der Weimarer Republik, S. 78; RG, RGSt 63, 215 (218 ff.); diesbezüglich ebenfalls ablehnend: *Radbruch*, Die Justiz V (1929/1930), 125 (126).

keit sogar ausdrücklich in Betracht. In solchen Fällen seien aber an die Subsidiarität besonders hohe Anforderungen zu stellen, sodass der Einzelne sich darauf beschränken muss, behördliche Hilfe herbeizuholen und ein eigenes Tätigwerden nur bei völligem Stillstand der Behörde erlaubt sein könne. Die Handlungsunfähigkeit des Staates müsse mit der Lage zur Zeit des Kapp-Lüttwitz-Putsches vergleichbar sein, was bei den Fememorden zu verneinen sei.[1662] Auch das Handeln aus Vaterschaftsliebe, welches von der Verteidigung als eigenständiger Rechtfertigungsgrund vorgetragen wurde, könne in dieser Allgemeinheit nicht als Rechtfertigungs- oder Entschuldigungsgrund angesehen werden.[1663]

Das wohl bekannteste Fememord-Urteil des Reichsgerichts stammt vom 3. April 1930.[1664] Es handelte sich um den Fall *Eckermann*, der in der Zeitschrift „Die Justiz" zu einem öffentlichen Diskurs zwischen *Radbruch* und *Grimm* führte, in den sich auch weitere Juristen, beispielsweise der Rechtsanwalt *Oborniker*, einmischten. Tatbestandlich geht es wieder um die Ermordung eines Mitglieds der Schwarzen Reichswehr, das angeblich ein Spitzel gewesen sein soll. Angeklagter war der Leutnant a. D. *Eckermann*. Nach Kriegsende schlug er die typische Karrierelaufbahn eines Mitglieds der Schwarzen Reichswehr ein. *Eckermann* führte ein so genanntes Arbeitskommando und stellte auch Männer ein. Am 12. Dezember 1923 sprach *Fritz Beyer* bei ihm vor, um sich als Truppenmitglied zu bewerben. Bei dieser Unterredung habe *Eckermann* eigenen Angaben zufolge die Überzeugung gewonnen, dass es sich bei seinem Gesprächspartner um einen Spion handele. Dies habe *Eckermann* unter anderem aus der Tatsache geschlossen, dass *Beyer* ihn mit „Oberleutnant" ansprach, obwohl er nur den Rang eines Leutnants hatte und ihm auch andere Angaben unwahrscheinlich erschienen.[1665] Noch am selben Tag war *Beyer* von Mitgliedern der Schwarzen Reichswehr festgehalten worden, ohne dass weitere Erkundigungen eingeholt wurden. Dieses Vorgehen wurde später von *Eckermann* damit be-

1662 *Radbruch*, Die Justiz V (1929/1930), 125 (126). S. auch dazu, dass die Staatsnothilfe hier an der Subsidiarität scheitert *Sinzheimer*, Die Justiz V (1929/1930), 268 (268).

1663 *Neusel*, Die Spruchtätigkeit der Strafsenate des Reichsgerichts in politischen Strafsachen in der Zeit der Weimarer Republik, S. 78; RG, RGSt 63, 215 (218 ff.).

1664 RG, RGSt 64, 101 (102 ff.); hierzu auch schon RG, RGSt 63, 215 (218 ff.); vgl. weiterführend *Hösch*, Staatsnotwehr, S. 163 ff., wo auch näher auf die Herleitung aus französischem Recht eingegangen wird.

1665 *Oborniker*, Die Justiz V (1929/1930), 301 (301 f.).

gründet, dass ihm ein Kurier den Steckbrief eines Spions gebracht habe, der auf *Beyer* gepasst habe.[1666]

Der Haupttäter wurde vom Schwurgericht Schwerin am 1. Dezember 1925 wegen Mordes zum Tode verurteilt. Die Strafe wurde später in eine lebenslange Zuchthausstrafe und dann aufgrund einer Amnestie in eine Strafe von siebeneinhalb Jahren abgemildert.[1667] Solche Amnestien kamen in der Weimarer Republik häufig vor. In ihnen wurde ein flexibles Instrumentarium gesehen, um das Strafrecht im Hinblick auf politische Delikte abzumildern.[1668] Am 15. Juli 1929 wurde der Verurteilte durch das Staatsministerium von Mecklenburg-Schwerin begnadigt und schlussendlich nach nur vier Jahren freigelassen.[1669]

Das Schwurgericht Schwerin ging bezüglich Eckermann, dem eine Anstiftung zum Mord vorgeworfen wurde, erstinstanzlich von einem Fall der Putativnotwehr aus. So sei nach seiner Ansicht die Staatsnothilfe, wie schon das Urteil des Reichsgerichts zum Reim-Prozess bewiesen habe, grundsätzlich möglich. Weiterhin habe das Gericht geglaubt, dass der Täter sich vorgestellt habe, dass die entsprechenden Voraussetzungen vorlägen.[1670] Einmal hat das Schwurgericht dem Täter geglaubt, dass er *Beyer* für einen Spion gehalten habe und unterstellte sogar, dass *Beyer* ein Spion war.[1671] Im Übrigen erachtete es die Aussage des Angeklagten als glaubhaft, dass er handelte, um einen Verrat zu verhindern und dass er damit auch die legale Reichswehr habe schützen wollen.[1672] Zudem bejahte das Schweriner Schwurgericht die Gegenwärtigkeit des Angriffes auch zum Zeitpunkt, in dem sich das Opfer bereits im Arrest befand, weil es nach seiner Entlassung

---

1666 *Oborniker*, Die Justiz V (1929/1930), 301 (302).

1667 *Oborniker*, Die Justiz V (1929/1930), 301 (303); vgl. hierzu auch *v. Oetker*, GS 99 (1930), 156 (168).

1668 *Vormbaum*, Einführung in die moderne Strafrechtsgeschichte, S. 160.

1669 *Oborniker*, Justiz V (1929/1930), 301 (303); vgl. hierzu auch *v. Oetker*, GS 99 (1930), 156 (168).

1670 Vgl. auch *Radbruch*, Justiz V (1929/1930), 125 (127). Im Reim-Prozess jedoch, bei dem es ebenfalls um die Ermordung eines Reichswehrmitgliedes ging, ging das Gericht tendenziell davon aus, dass ein Bedürfnis für die Staatsnothilfe fehle und dass die Zulassung dieses Rechtsinstituts ungewollte und unabsehbare Folgen nach sich ziehen würde. S. hierzu die wörtlich zitierte Stelle in: *Sauer*, Schwarze Reichswehr und Fememorde. Eine Milieustudie zum Rechtsradikalismus in der Weimarer Republik, S. 112 f.

1671 *Oborniker*, Die Justiz V (1929/1930), 301 (303 f.).

1672 *Oborniker*, Die Justiz V (1929/1930), 301 (304).

jederzeit den Verrat hätte begehen können.[1673] Die Staatsnothilfe wurde dennoch mangels Erforderlichkeit abgelehnt. Die Tötung sei nicht das mildeste Mittel gewesen. Vielmehr hätte *Eckermann* zuerst Erkundigungen über den Geschädigten einholen müssen. Bis zur Erlangung endgültiger Ergebnisse hätte die Schutzhaft verstärkt und sobald sich der Verdacht erhärtet hätte, der Gefangene in die Hände der zuständigen Behörden übergeben oder die Entscheidung zumindest höheren Stellen überlassen werden müssen.[1674] In diesem Fall ging das Schwurgericht davon aus, dass „ein die Voraussetzungen der Notwehr begründender gegenwärtiger rechtswidriger Angriff gegen die militärische Sicherheit des Reiches" vorgelegen habe, weswegen gemäß § 59 RStGB der Vorsatz ausgeschlossen gewesen sei. Demzufolge käme nur eine Bestrafung wegen fahrlässiger Tötung in Betracht. Diese sei vor dem 1. Januar 1928 und aus politischen Motiven begangen worden, weswegen sie unter das Gesetz über Straffreiheit vom 14. Juli 1928 falle und der Fall einzustellen sei. Ferner war das Gericht der Auffassung, dass es über die Grundsätze zum übergesetzlichen Staatsnotstand zum selben Ergebnis gelangt wäre.[1675]

Diese Entscheidung wurde in der Literatur teilweise mit Empörung aufgenommen. *Oborniker* beispielsweise beschreibt das Urteil als „Ungeheuerlichkeit", „Schmach" und „gefühlsbetonten Willensentscheid".[1676] Er fasst die Grundlage der Entscheidung treffend zusammen: „Das Bewußtsein der Verbundenheit des Politischen mit dem Juristischen und mit der Justiz sollte Gemeingut aller im öffentlichen Leben Stehenden seit Jahrzehnten sein. Ohne diese Wahrheit und ohne die Erkenntnis, daß mit juristischen Spitzfindigkeiten sich alles beweisen läßt, ist das Schweriner Urteil nicht erklärlich."[1677] Das Urteil legalisiere den politischen Mord, löse das Recht auf, fördere die Brutalität im öffentlichen Leben und läute die Anarchie ein.[1678]

1673 *Oborniker*, Die Justiz V (1929/1930), 301 (304).

1674 *Oborniker*, Die Justiz V (1929/1930), 301 (304); ebenfalls die Erforderlichkeit ablehnend: *Sinzheimer*, Die Justiz V (1929/1930), 65 (66); die Erforderlichkeit bejahend, weil es sich bei der Festnahme um kein geeignetes Mittel handele, um die Gefahr abzuwenden: *Grimm*, Die Justiz V (1929/1930), 266 (267).

1675 RG, RGSt 64, 101 (101 f.); vgl. diesbezüglich auch *Oborniker*, Die Justiz V (1929/1930), 301 (304).

1676 *Oborniker*, Die Justiz V (1929/1930), 301 (301); *Sinzheimer*, Justiz V (1929/1930), 65 (67) spricht ebenfalls von einer Ungeheuerlichkeit.

1677 *Oborniker*, Die Justiz V (1929/1930), 301 (306).

1678 *Sinzheimer*, Die Justiz V (1929/1930), 65 (69); *Grimm*, Die Justiz V (1929/1930), 266 (268), hingegen verneint die Gefahr, dass die Staatsnothilfe mit politischem Mord verwechselt werde.

Auch der Republikanische Richterbund[1679] lehnte die Entscheidung des Schwurgerichts ab. Deswegen ersuchte es den Mecklenburg-Schwerinischen Justizminister am 3. Oktober 1923, zwei Tage bevor die Revisionsfrist auszulaufen drohte, mit folgendem Telegramm: „Bitte dringend, in Strafsache gegen *Eckermann* Staatsanwaltschaft anzuweisen, daß fristgemäß Revision angemeldet wird. Staatsnotwehrrecht steht den Tätern keinesfalls zu. Einschlägige Behauptung kann niemals zu ihrer Entlastung führen. Über diese wichtige strafrechtliche Frage von entscheidender innenpolitischer Bedeutung muß Entscheidung des Reichsgerichts herbeigeführt werden."[1680] Daraufhin antwortete der Justizminister *Schlesinger*, dass die Staatsanwaltschaft bereits Revision eingelegt habe, rügte aber die versuchte Einflussnahme und das Einstellen politischer Erwägungen.[1681]

Dass die Voraussetzungen der Putativnothilfe vorlagen, wurde weitestgehend angezweifelt. *Sinzheimer* beispielsweise führt dazu aus, dass Voraussetzung des § 59 RStGB sei, dass der Täter sich in einem tatsächlichen Irrtum befunden habe. Bedingung sei wiederum eine ernsthafte Prüfung der maßgeblichen Umstände. Eine solche habe *Eckermann* aber gerade nicht vorgenommen. Schließlich habe das Gericht dessen Fahrlässigkeit festgestellt.[1682]

Auch die tatsächlichen Feststellungen des Gerichts wurden angezweifelt. Hauptsächlich wurde in Frage gestellt, ob *Eckermann* wirklich zugunsten des Staates handeln wollte. Letzten Endes habe er beim Küstriner Putsch[1683] versucht, das Regime zu stürzen und habe die Republik „mit seiner Todfeindschaft verfolgt". So liege es viel näher, dass er durch die Tat seine eige-

---

1679 Der Republikanische Richterbund war eine Vereinigung, deren erklärtes Ziel es nach § 1 seiner Satzung war, den vollen Einklang des Rechts mit der republikanischen Staatsordnung herzustellen, den deutschen republikanischen Staatsgedanken zu verbreiten und in der Rechtspflege einzuführen. *Falck*, Die Justiz V (1929/1930), 188 (190).

1680 *Falck*, Die Justiz V (1929/1930), 188 (190).

1681 *Falck*, Die Justiz V (1929/1930), 188 (190).

1682 *Sinzheimer*, Die Justiz V (1929/1930), 65 (67).

1683 Anlass für den Küstriner Putsch war ein Haftbefehl gegen den Major a. D. *Buchrucker*. Um die Vollstreckung ebendiesen zu verhindern, ordnete er die Mobilisierung der in Küstrin angesiedelten Wehrkreiskommandos an. Dieses rückte dann im Oktober 1923 in die Altstadt vor und besetzte die dort liegende Festungsanlage. Letzten Endes scheiterte der Putsch an der Unentschlossenheit *Buchruckers* und die Schwarze Reichswehr zog von selbst wieder ab. S. hierzu weiterführend *Sauer*, Schwarze Reichswehr und Fememorde. Eine Milieustudie zum Rechtsradikalismus in der Weimarer Republik, S. 47 f.

nen illegalen Machenschaften und die seiner Kameraden habe verschleiern wollen.[1684] Sowohl im rechten als auch im linken politischen Spektrum war eine solche Republikfeindschaft zu erkennen. Die Republikfeindschaft der Rechten wird durch die Ermordung des Finanzministers *Erzberger* im Jahr 1921 und des Außenministers *Rathenau* im Jahr 1922 deutlich.[1685] Dass es sich bei den Fememorden tatsächlich um Überzeugungstaten handele, sei aufgrund der Rohheit der Tatbegehung und der mangelnden Bereitschaft, für die Taten einzustehen, anzuzweifeln.[1686] *Grimm* hingegen konstatierte, dass die Täter ohne jedes private Motiv wie Rohheit, Hass oder Eifersucht gehandelt hätten. Vielmehr hätten sie lediglich im Interesse der Landesverteidigung einen Verräter beseitigen wollen.[1687] Weiterhin kritisierte er, dass *Radbruch* dem Gericht Leichtgläubigkeit vorwarf, obwohl er aufgrund des Ausschlusses der Öffentlichkeit keine fundierte Meinung habe bilden können.[1688] Auch *v. Oetker* bejaht den Willen der Täter zur Staatsverteidigung. So seien die Fememorde keine Rache- oder Vergeltungsakte gewesen. Vielmehr hätten die Täter gehandelt, um die Existenz der „Notverbände" sicherzustellen. Auch wenn die Täter einen Groll gegen die Exekutierten hegten, so habe dieser nur dahingehend zur Tat beigetragen, als dass er die Täter die Zweifel bezüglich der Wahl des Mittels habe vergessen lassen.[1689] Auch aus heutiger Sicht wird der Nothilfevorsatz angezweifelt. So erscheine es „schlicht unverständlich, daß sich kein Richter zur Feststellung durchringen konnte, bei den Fememorden habe es sich um die Austragung von Streitigkeiten innerhalb von Untergrundorganisationen gehandelt, die zwar im Interesse der jeweiligen Organisation liegen mochten, aber mit Staatsschutz nicht das Geringste zu tun hatten."[1690]

1684 *Oborniker*, Die Justiz V (1929/1930), 301 (304).

1685 *Kroeschell*, Deutsche Rechtsgeschichte. Bd. 3: Seit 1650, S. 234.

1686 *Radbruch*, Erwiderung, Die Justiz V (1929/1930), 333 (333).

1687 *Grimm*, Die Justiz V (1929/1930), 329 (330).

1688 *Grimm*, Die Justiz V (1929/1930), 329 (331). Die Gegenposition hingegen kritisierte den Ausschluss der Öffentlichkeit als willkürlich, da die damaligen Zustände der Öffentlichkeit hinreichend bekannt gewesen seien und sowohl der Regierung als auch der Heeresleitung in Bezug auf die Vorgänge keine Vorwürfe gemacht werden könne. Auch die Besetzung der Geschworenenbank wurde kritisiert, da hier weder Angestellte noch Arbeiter vertreten gewesen seien, was das Urteil womöglich zugunsten des Angeklagten beeinflusst habe. S. hierzu *Oborniker*, Die Justiz V (1929/1930), 301 (301).

1689 *v. Oetker*, GS 99 (1930), 411 (423).

1690 *v. d. Brelie*, Staatsnothilfe und Widerstandsrecht, S. 22.

Der entscheidende Unterschied zum Fall *Reim* habe laut Grimm indes darin gelegen, dass dieser sich in einem entlegenen Truppenlager abgespielt habe, während das Opfer im Eckermann-Fall in einer offiziellen Reichswehrkaserne gefangen gehalten wurde. Demzufolge sei die Verbindung des Gefangenen mit der Außenwelt zwar erschwert, aber nicht unmöglich gewesen.[1691] Insbesondere habe *Eckermann* sich nicht zum Richter aufschwingen wollen, sondern sei seiner „soldatischen" Pflicht nachgekommen. Daher habe das Schweriner Schwurgericht rechtsfehlerfrei und auch in Einklang mit der Reim-Rechtsprechung entschieden.[1692]

Überdies statuiere § 139 RStGB und der § 9 des Gesetzes vom 3. Juni 1914[1693] eine Anzeigepflicht für Hoch- und Landesverratsdelikte. Wenn *Eckermann* einen begründeten Verdacht hegte, habe er sich durch die Nichtanzeige selbst strafbar gemacht. Seine Handlung könne indes nicht gleichzeitig rechtmäßig und rechtswidrig sein, weswegen in dem Urteil des Schwurgerichts Schwerin ein Wertungswiderspruch liege.[1694]

Das Reichsgericht folgte der Auffassung des Schweriner Schwurgerichts nicht. Vielmehr stellte es auf die konkrete Situation bei der Tötung ab und verneinte die Gegenwärtigkeit des Angriffs. Die Erkundungshandlung sei zu diesem Zeitpunkt schon abgeschlossen gewesen. Auch hier lehnte das Reichsgericht den übergesetzlichen Notstand aufgrund einer Güterabwägung zugunsten des Lebens des Opfers ab.[1695]

3. Zusammenfassung

Während das Reichsgericht in der Kapp-Entscheidung zurückhaltend war und das Vorliegen der Voraussetzungen der Staatsnotwehr dahingestellt ließ,[1696] bezog es in einer zivilrechtlichen Entscheidung zum Presserecht

1691 *Grimm*, Die Justiz V (1929/1930), 329 (331).

1692 *Grimm*, Die Justiz V (1929/1930), 329 (332).

1693 Gesetz gegen den Verrat militärischer Geheimnisse v. 3.6.1914, RGBl. S. 195 (197): Wer von dem Vorhaben eines der in den §§ 1, 3 bezeichneten Verbrechen zu einer Zeit, in welcher die Verhütung des Verbrechens möglich ist, glaubhafte Kenntnis erhält und es vorsätzlich unterläßt, hiervon der Behörde zur rechten Zeit Anzeige zu machen, wird, wenn das Verbrechen oder ein strafbarer Versuch desselben begangen worden ist, mit Gefängnis bestraft. [...]

1694 *Oborniker*, Die Justiz V (1929/1930), 301 (305).

1695 *Neusel*, Die Spruchtätigkeit der Strafsenate des Reichsgerichts in politischen Strafsachen in der Zeit der Weimarer Republik, S. 79 f.

1696 RG, RGSt 56, 259 (268).

Stellung, indem es erklärte, dass die Zulässigkeit der Notwehr zugunsten des Staates nicht zu bestreiten sei. Auch wenn der Staat grundsätzlich nicht in Notwehr handele, weil er lediglich Gebrauch von seiner ihm zustehenden obersten Gewalt macht, sind Fälle denkbar, in denen er keine gesetzliche Handhabe vorweisen könne und deshalb Notwehr greife.[1697] Auch wenn darin keine direkte Bezugnahme zum Staatsnothilferecht zu sehen ist, kann das Urteil als eine Weichenstellung für ebendieses angesehen werden, da die Rechtsgüter des Staates für notwehrfähig erklärt werden.[1698] *Grosshut* sah die damit einhergehende Entwicklung als „verhängnisvoller Wendepunkt der deutschen Rechtsprechung". Indirekt sei der kommenden nationalsozialistischen Gewaltdiktatur dadurch Tür und Tor geöffnet worden. Durch die ermöglichte Staatsnotwehr wurde auch der Grundstein für die Staatsnothilfe geschaffen. Da sich nunmehr alle auf diesen Rechtfertigungsgrund berufen konnten, musste Chaos entstehen.[1699] Auch der Strafsenat des Reichsgerichts hat sich daraufhin dafür ausgesprochen, dass der Bürger dem Staat zur Treue verpflichtet sei und es ihm daher geboten sei, das Wohl des Staates wahrzunehmen.[1700] Späterhin hat das Reichsgericht das Nothilferecht zugunsten des Staates sogar ausdrücklich bejaht. So sei nicht davon auszugehen, dass dem Bestand des Staates ein geringerer Schutz zugesprochen werden sollte als den individuellen Rechtsgütern.[1701] Wenn die Notwehr zugunsten eines Staatsbürgers unstreitig möglich ist, könne sie zugunsten aller Staatsbürger erst recht nicht ausgeschlossen sein.[1702]

C. Die Entwicklung der Staatsnotwehr im Nationalsozialismus

Schon Ende der 1920er Jahre wandte sich eine Gruppe konservativer Juristen vom „liberalen Strafrecht" ab und dem „autoritären Strafrecht" zu, was die juristische Entwicklung hin zum NS-Staat einläutete.[1703] Hiermit

1697 RG, RGZ 117, 138 (142), jedoch in Bezug auf § 227 BGB.
1698 *Knoch*, Die Nothilfe zugunsten des Staates, S. 48.
1699 *Grosshut*, Staatsnot, Recht und Gewalt, S. 150 f.
1700 RG, RGSt 62, 65 (67).
1701 RG, RGSt 63, 215 (220).
1702 *Baron*, Notwehr, Staatsnotwehr und Staatsnotstand, S. 9 f., geht sogar noch weiter und stellt darauf ab, dass die Gemeinschaft immer über dem Einzelnen stehe, was hier jedoch insbesondere mit den nationalsozialistischen Vorstellungen begründet wird.
1703 *Kroeschell*, Deutsche Rechtsgeschichte. Bd. 3: Seit 1650, S. 236.

einher ging das Abstandnehmen von der teils positivistisch-formalistisch geprägten Betrachtungsweise, die in der Weimarer Republik vorgenommen wurde.[1704] Diese hauptsächlich im Bereich des Staatsrechts zu verzeichnende Entwicklung[1705], war auch im Strafrecht deutlich spürbar, wie sich im Folgenden zeigen wird. Mit der Machtübernahme Hitlers endete nicht nur die Weimarer Republik, sondern auch die Errungenschaften des Rechts- und Verfassungsstaates, die schon weit vor dieser Zeit erlangt wurden, gingen unter.[1706] Aus zeitgenössischer Sicht wurde die Entwicklung im Strafrecht nicht nur als Umsturz, sondern sogar als Revolution beurteilt.[1707]

Diese Auswirkung wurde auch beim Staatsnothilferecht deutlich. Im Ausgangspunkt war die Betrachtung des Staatsnotrechts bezogen auf viele Autoren eine ganz andere als in der Weimarer Republik. Schon 1932 schrieb der Nationalsozialist *Koellreutter*[1708], dass die Grenzen des Staatsnotrechts sich nicht mehr nach denen des bürgerlichen Rechtsstaats bestimmen ließen, sondern der deutsche Staat als nationale Lebensform prägend sein müsse.[1709] Auch wenn er damit primär das Notwehr- und Notstandsrecht des Staates selbst meinte, lässt sich diese Wertung durchaus auch auf das Nothilferecht übertragen.

I. Hat die Staatsnothilfe im NS-Staat ihre Existenzberechtigung verloren?

1. Literaturstimmen

Ob ein Staatsnothilferecht im nationalsozialistischen Staat angenommen werden konnte, wurde unterschiedlich beurteilt. Die Ursache dafür lag aller Wahrscheinlichkeit nach auch darin, dass die Frage im Gegensatz zum

1704 *Kroeschell*, Deutsche Rechtsgeschichte. Bd. 3: Seit 1650, S. 236, der sich auf S. 248 auch kritisch dazu äußert, ob der Positivismus überhaupt als Strömung der Rechtswissenschaft anerkannt werden kann, soweit man diese nicht in der Interessensjurisprudenz sieht.

1705 *Kroeschell*, Deutsche Rechtsgeschichte. Bd. 3: Seit 1650, S. 236.

1706 *Eisenhardt*, Deutsche Rechtsgeschichte, Rn. 627.

1707 *Ritter*, Vorwort zu Staatsverbrechen und Staatsverfassung. Die Abhängigkeit der Gestaltung der Staatsverbrechen von der Staatsform wird durch Vergleich des deutschen mit dem österreichischen, italienischen und russischen Strafrechte dargestellt.

1708 *Otto Koellreutter* (1883–1972) war ein deutscher Nationalsozialist und Professor für Staats- und Verwaltungsrecht in München. S. zu seinem Leben https://www.catalogus-professorum-halensis.de/koellreutterotto.html, zuletzt abgerufen am 1.11.2022.

1709 *Koellreutter*, DJZ 1932, 39 (42).

absolutistischen Polizeistaat nicht erst im Nachhinein diskutiert wurde, sondern die Diskussion sich in der Weimarer Republik und im Nationalsozialismus entwickelt hat und ebendarum keine distanzierte Betrachtung erfolgte.

a. Stimmen gegen die Staatsnothilfe

Ob die Staatsnothilfe zur Zeit des Nationalsozialismus überhaupt noch eine Daseinsberechtigung hatte, wurde von einigen zeitgenössischen Autoren, hauptsächlich in den Anfangszeiten des Nationalsozialismus, in der die Staatsentwicklung noch mit Euphorie aufgenommen wurde, stark angezweifelt. Zum einen wurde vertreten, dass *Hitler* und seine Administrative aufgrund des Führerprinzips, bei dem die Gesetzgebung und die Verwaltung aus einer Hand erfolgten, eine viel größere Handhabe im Vergleich zum Machtapparat in der Weimarer Republik gehabt hätten, weswegen ein schnelleres und effektiveres Reagieren auf Notlagen möglich sei. Gleiches gelte für die straffer organisierte Verwaltung. Demgemäß fehle es an einem praktischen Bedürfnis für die Staatsnothilfe.[1710] Wenn nun der Einzelne, ohne dazu legitimiert zu sein, eigenmächtig handele, so stelle dies eine Durchbrechung des Grundsatzes vom Vorrang der Führung dar.[1711] Gegen eine Staatsnothilfe spreche die potentielle Beeinträchtigung der Führungshierarchie durch eigenmächtiges Tätigwerden des Einzelnen.[1712] Die Reduzierung der Fehlerquellen, die bei staatlichem Handeln durch die Bestenauslese gewährt werde, greife beim Handeln Privater nicht.[1713] Die daraus entstehende Gefahr werde dadurch verringert, dass die Volksnothilfe,[1714] an engere Voraussetzungen geknüpft sei als herkömmliches staatliches Handeln.[1715]

Ferner vertrat *Schroeder*, dass das Entstehen einer Notlage, die mit der Zeit nach dem Ersten Weltkrieg vergleichbar ist, ausgeschlossen sei. Während das Deutsche Reich nach dem Ersten Weltkrieg „zerrissen“ war, sei

1710 *Schroeder*, Notwehr zugunsten des Staates, S. 37. *Nagler*, GS 104 (1934), 223 (223), betont indes die Schutzbedürftigkeit des NS-Staates in seiner Anfangszeit.

1711 *Schroeder*, Notwehr zugunsten des Staates, S. 30 f.

1712 *Ritter*, GS 115 (1941), 239 (264).

1713 *Ritter*, GS 115 (1941), 239 (265).

1714 Volksnothilfe war ein in der NS-Zeit verwendetes Synonym für Staatsnothilfe, das diesen Begriff an die nationalsozialistische Terminologie anpasste.

1715 *Ritter*, GS 115 (1941), 239 (265).

der nationalsozialistische Staat ein in sich geeintes, homogenes Staatsgebilde. Im Besonderen die Rehabilitation Deutschlands auf der Weltbühne und der Wegfall der durch den Versailler Vertrag begründeten Demilitarisierungsvorgaben habe die Lage signifikant verbessert.[1716] Er erkennt nichtsdestotrotz an, dass Nothilfe zugunsten des Staates in einem nicht ganz so gravierenden Ausmaß auch im Nationalsozialismus denkbar sei.[1717]

Der Einwand, dass die Staatsnothilfe im Nationalsozialismus an praktischer Relevanz verloren habe, ist dadurch zu begegnen, dass in einem Unrechtsstaat, bei dem Minderheiten in der Bevölkerung kategorisch unterdrückt, diskriminiert, entrechtet und letzten Endes auch exekutiert wurden, immer mit einer Revolte der unterdrückten Volksteile zu rechnen war und auch einige Attentatsversuche auf NS-Funktionäre und sogar auf *Hitler* begangen wurden.[1718] Noch 1932 schrieb *Finger*, dass die labilen gesellschaftlichen und staatlichen Verhältnisse nach dem Ersten Weltkrieg zu einem Dauerzustand geworden seien.[1719] Dieser labile Zustand hat sich auch in der Anfangszeit des Hitler-Regimes nicht geändert.

b. Stimmen für die Staatsnothilfe

Für ein Staatsnothilferecht während der Zeit des Nationalsozialismus spreche, dass die Gemeinschaft in der nationalsozialistischen Ideologie über das Individualwohl gestellt worden sei und aus diesem Grund ein Erst-recht-Schluss dahingehend gezogen werden könnte, dass dann ein Handeln zugunsten der Gemeinschaft erst recht zulässig sein müsse. Auch sei der Einzelne stets Glied der Gemeinschaft, sodass er beim Verfolgen der Gemeinschaftsinteressen auch immer eigene Belange verteidige. Darum läge Notwehr in Bezug auf seine eigene Person vor, sodass das Staatsnothilfeproblem, wenn man dieser Prämisse folgt, gar nicht praktisch relevant würde.[1720]

Zudem sei im „Volksstaat“ jeder für das Wohlergehen der Gesamtheit verantwortlich, wozu auch die Verbrechensabwehr zähle, was sogar für die

1716 *Schroeder*, Notwehr zugunsten des Staates, S. 38.
1717 *Schroeder*, Notwehr zugunsten des Staates, S. 38.
1718 S. zu den Attentatsversuchen zusammenfassend die Darstellung bei *Hoffmann*, Widerstand. Staatsstreich. Attentat. Der Kampf der Opposition gegen Hitler, S. 315 ff.
1719 *Finger*, Strafrecht, 1932, S. 472 Anm. 2.
1720 *Schroeder*, Notwehr zugunsten des Staates, S. 29.

Anerkennung eines über die Staatsnothilfe hinausgehenden allgemeinen Deliktshinderungsrecht sprechen könnte.[1721] Im Nationalsozialismus sollte der Einzelne in einem stärkeren Maße für den Staat im Wege einer „totalen Mobilmachung" eingebunden und der Typus des „politisierten Menschen" geschaffen werden.[1722]

Während die praktische Relevanz vormals noch bezweifelt wurde, beschrieb *Ritter* die Staatsnothilfe im Jahr 1940 sogar als „Alltagsproblem".[1723] Es gebe viele Fälle, die das praktische, rechtspolitische Bedürfnis für die Anerkennung der „völkischen Hoheitshilfe" zeigten.[1724] Dies wird mit der Situation im Krieg begründet und als Beispiel wird genannt, dass der Nachbar bei Fliegeralarm das Licht nicht gelöscht hat und man selbst bei diesem einbricht, um dies nachzuholen. Obschon eine Rechtfertigung über § 904 BGB denkbar sei, erweise sich ein Weg über diese Norm als verfehlt, wie die Ersatzpflicht des Satzes 2 zeige.[1725] Auch *Keller* bejaht ein Staatsnothilferecht, will dieses aber restriktiv auslegen.[1726]

Demnach erfuhr die Beurteilung des Staatsnothilferechts im Nationalsozialismus einen Wandel. Während die Daseinsberechtigung am Anfang des Regimes verneint wurde, wurde sie später im Speziellen in Anbetracht der Situation im Krieg weitestgehend bejaht.

2. Die Arbeit der amtlichen Strafrechtskommission

Obschon die Staatsnothilfe zum Ende der Weimarer Republik nicht zuletzt durch die Rechtsprechung des Reichsgerichts als im Wesentlichen anerkannt galt und eine entsprechende Entwicklung auch im NS-Staat zu erwarten war, wurde die Staatsnothilfe im nationalsozialistischen Staat auch von offiziellen Stellen deutlich kritischer beurteilt. So entschied sich die amtliche Strafrechtskommission zwar dafür, die Vorschriften über Staatsnotwehr und Staatsnotstand nicht ins Strafgesetzbuch aufzunehmen. Dies bedeutet jedoch nicht, dass der Staat in jedem Falle ein anderer sei. Viel-

1721 *Sommerfeld*, Ist Notwehr zur Verteidigung sämtlicher Rechtsgüter zulässig?, S. 55 f.

1722 *Sommerfeld*, Ist Notwehr zur Verteidigung sämtlicher Rechtsgüter zulässig?, S. 61 f., der jedoch dennoch die Gegenargumente gegen die Staatsnothilfe, beispielsweise die Gefahr der Anarchie, als gravierender auffasst.

1723 *Ritter*, GS 115 (1941), 239 (239).

1724 *Ritter*, GS 115 (1941), 239 (242).

1725 *Ritter*, GS 115 (1941), 239 (239).

1726 *Keller*, Der Dauernotstand im Strafrecht, S. 56 f.

mehr bedeute dies, dass die Staatsnothilfe „nicht schlechtweg" anerkannt werden soll. Für eine Wahrnehmung der Staatsgewalt durch Private sei in einem autoritären Führerstaat nämlich kein Raum. Die Zeiten hätten sich geändert und die staatspolitischen Voraussetzungen dieser Diskussion seien entfallen.[1727]

Nichtsdestotrotz wurde das Verbot der Staatsnotwehr nicht in das Strafgesetzbuch aufgenommen. Dies wird von *Baron* als Milderung gegenüber der strikten Ablehnung der Staatsnotwehr gesehen.[1728] Ein Verbot im Strafgesetzbuch wäre auch überflüssig gewesen. Schließlich wird derjenige, der sich auf Notwehr beruft, ein Delikt des Strafgesetzbuches verwirklicht haben. Die Sanktion liegt darin, dass er sich nicht auf den Rechtfertigungsgrund des § 53 RStGB berufen kann, sodass eine zusätzliche Sanktionierung für das Begehen von Staatsnotwehr mithin gar nicht erforderlich ist.

Heiliger sieht in der Aussage der Strafrechtskommission indes keine kategorische Ablehnung der Staatsnothilfe, sondern lediglich eine Verlagerung auf die Frage, wer unter einem nicht zur Staatsnothilfe berufenen Privaten zu verstehen sei.[1729] Einerseits könne gemeint sein, dass Privatpersonen generell nicht zugunsten des Staates tätig werden sollen. Andererseits könne es auch bedeuten, dass Privatpersonen, denen die formelle Legitimation durch den Staat fehlt, nicht tätig werden dürfen. Zuletzt könnte auch auf die Sachlage und die konkrete Würdigung der Situation abgestellt werden, ob also die materiellen Voraussetzungen für die Staatsnothilfe gegeben seien.[1730] Letztgenannter Ansicht folgt *Heiliger*, indem er annimmt, dass das Vorliegen der Staatsnothilfevoraussetzungen durch einen verantwortungsvoll agierenden Richter geprüft werden müsse.[1731]

Die zweite Auflage des Berichts der amtlichen Strafrechtskommission ging weiter und gab zu, dass es Fälle gebe, in denen das Tätigwerden Privater im Sinne des Staates sei.[1732]

1727 *Klee*, Rechtfertigungs- und Entschuldigungsgründe, in: Gürtner (Hrsg.), Das kommende deutsche Strafrecht, Allgemeiner Teil. Bericht über die Arbeit der amtlichen Strafrechtskommission, S. 56 (68). S. dazu auch *Ritter*, GS 115 (1941), 239 (239).

1728 *Baron*, Notwehr, Staatsnotwehr und Staatsnotstand, S. 33.

1729 *Heiliger*, Der Staatsnotstand als Beispiel politischer Strafrechtswissenschaft, S. 54.

1730 *Heiliger*, Der Staatsnotstand als Beispiel politischer Strafrechtswissenschaft, S. 54.

1731 *Heiliger*, Der Staatsnotstand als Beispiel politischer Strafrechtswissenschaft, S. 55.

1732 *Klee*, Rechtfertigungs- und Entschuldigungsgründe, in: Gürtner (Hrsg.), Das kommende deutsche Strafrecht. Bericht über die Arbeit der amtlichen Strafrechtkommission, 2. Aufl., S. 73 (86), dazu auch *Ritter*, GS 115, 239 (266).

II. Dogmatische Einordnung

Viele der Rechtswissenschaftler im NS-Staat lehnten eine Fassung der Staatsnothilfe unter den § 53 RStGB ab. Während in der Weimarer Republik versucht wurde, durch gängige Auslegungsmethoden die Möglichkeit zu ergründen, die Staatsnothilfe unter eine bekannte Norm zu fassen, wurde eine solche Betrachtungsweise im Nationalsozialismus als inhaltsleer abgelehnt.[1733] Die Frage, ob der Staat ein anderer im Sinne des § 53 RStGB sein kann, wurde als zu formalistisch erachtet. Dass der Staat als juristische Person automatisch „anderer" sei, wurde von *Ritter* aus diesem Grund negiert.[1734] Vielmehr sei von Zweckmäßigkeitsgesichtspunkten auszugehen. Bei der Staatsnothilfe handele es sich nämlich um eine echte „politische" Frage.[1735] Die dogmatische Herangehensweise der Autoren in der Weimarer Republik wurde als „Ausfluß eines schädlichen abstrakten Rechtsdenkens" angesehen.[1736]

1. Argumente gegen eine Fassung der Staatsnothilfe unter § 53 RStGB

Die untersuchten NS-Quellen lehnen eine Fassung der Staatsnothilfe unter § 53 RStGB mit unterschiedlicher Argumentation weitestgehend ab. Ein Hauptargument *Schroeders* gegen die Subsumtion der Staatsnothilfe unter die Norm ist das fehlende Proportionalitätserfordernis zwischen angegriffenen Rechtsgut und Verteidigungshandlung.[1737] Darüber hinaus kritisiert er, dass auch eine Subsidiarität von der herrschenden Meinung nicht gefordert werde und dass bei der Nothilfe nach allgemeiner Dogmatik auch der entgegenstehende Wille des Staates unbeachtlich sei.[1738] Folglich sei § 53 RStGB viel zu weit, um die Staatsnothilfe einer adäquaten Lösung zuzuführen.[1739] Eine entsprechende Konstruktion begegne weiterhin rechtspoliti-

1733 *Boldt*, ZStW 56 (1937), 183 (185).

1734 *Ritter*, GS 115 (1941), 239 (245).

1735 *Boldt*, ZStW 56 (1937), 183 (186).

1736 *Boldt*, ZStW 56 (1937), 183 (184).

1737 *Schroeder*, Notwehr zugunsten des Staates, S. 26 f.; ebenso *Stock*, GS 101 (1932), 148 (166 f.).

1738 *Schroeder*, Notwehr zugunsten des Staates, S. 26 f. S. dazu, dass die Subsidiarität in diesem Fall durchaus umstritten war und von gewichtigen Stimmen bejaht wurde allerdings S. 338 ff.

1739 *Schroeder*, Notwehr zugunsten des Staates, S. 26 f.

schen Bedenken. In diesem Punkt bleibt er jedoch vage.[1740] Auch wenn der Wortlaut des § 53 RStGB zur Staatsnothilfe passe, so sprächen diese inhaltlichen Bedenken dafür, einen anderen Weg zu wählen.[1741] Wenn man versucht, diese Materie unter § 53 RStGB einzuordnen, laufe man Gefahr, um der dogmatisch sauberen Lösung willen die Thematik inhaltlich nicht optimal zu erfassen; es fehle der Norm an Flexibilität. Ferner müssten staatsrechtliche und -politische Aspekte berücksichtigt werden.[1742]

Auch *Stock* lehnt die Fassung der Staatsnothilfe unter § 53 RStGB als rechtspolitisch und dogmatisch nicht hinnehmbar ab.[1743] Gegen diese Konstruktion spreche weiterhin, dass § 53 RStGB ein Gleichordnungsverhältnis voraussetze. Ein solches sei nicht gegeben.[1744] Das Fassen der Staatsnothilfe unter die Norm sei nach nationalsozialistischem Gedankengut schwierig, weil der Einzelne auch immer Glied der Gemeinschaft sei, weswegen der Staat begrifflich kein anderer im Sinne des § 53 RStGB sein könne. Jeder Bürger sei von den Interessen des Staates persönlich betroffen. Ebendarum sei § 53 RStGB nicht anwendbar.[1745] Hier tritt deutlich die nationalsozialistische Staatsphilosophie zu Tage, die auf dem Gedanken der organischen Volksgemeinschaft basierte. Während das Individuum zuvor getrennt vom Staat betrachtet wurde und ihm Freiheitsrechte gegen den Staat zugebilligt wurden, trat nun an die Stelle dieser subjektiv-öffentlichen Rechte die Pflicht des Einzelnen, zur Erhaltung der Gemeinschaft beizutragen.[1746] Die Notwendigkeit, die Staatsnothilfe von der bürgerlichen Nothilfe des Strafgesetzbuches zu lösen, ergebe sich aus dogmatischen und weltanschaulich-politischen Gründen sowie der unterschiedlichen Interessenlage.[1747] Ein

1740 *Schroeder*, Notwehr zugunsten des Staates, S. 26 f.; ebenso ablehnend aufgrund rechtspolitischer Bedenken *Sommerfeld*, Ist Notwehr zur Verteidigung sämtlicher Rechtsgüter zulässig?, S. 63.

1741 *Schroeder*, Notwehr zugunsten des Staates, S. 26 f.

1742 *Schroeder*, Notwehr zugunsten des Staates, S. 27 f.

1743 *Stock*, GS 101 (1932), 148 (166 f.).

1744 *Stock*, GS 101 (1932), 148 (166 f.). S. zur diesbezüglichen Argumentation in der Weimarer Republik auch schon S. 294.

1745 *Boldt*, ZStW 56 (1937), 183 (201); in diese Richtung auch *Ritter*, GS 115 (1941), 239 (246).

1746 *Rüping/Jerouschek*, Grundriss der Strafrechtsgeschichte, S. 98. Hierbei ist zu beachten, dass die Volksgemeinschaft nichts Gegebenes darstellte, sondern vielmehr im Sinne eines Idealzustandes zu verstehen war, der von den Nationalsozialisten angestrebt wurde. Hätte es eine solche homogenisierte Volksbereitschaft bereits gegeben, so hätte diese nicht mit strafrechtlichem Zwang realisiert werden müssen. S. hierzu *Ambos*, Nationalsozialistisches Strafrecht, S. 33.

1747 *Ritter*, GS 115 (1941), 239 (244).

weiterer dogmatischer Unterschied zur bürgerlichen Nothilfe ergebe sich daraus, dass das typische Dreiecksverhältnis zwischen dem so genannten Schutzgenossen, also der Person, deren Rechtsgüter gefährdet sind, dem Nothelfer und dem Staat nicht vorliege. Vielmehr sei eine bilaterale Beziehung zwischen Nothelfer und Staat, der gleichzeitig auch Schutzgenosse ist, gegeben.[1748] Indem sich der Volksgenosse zum Schutzhelfer aufschwinge, handele er nicht mehr in einem Gleichordnungsverhältnis, wie das Verhältnis zum Notleidenden bei der Nothilfe ansonsten zu charakterisieren ist, sondern schwingt sich im Subordinationsverhältnis zum übergeordneten Teil auf. Während bei der bürgerlichen Nothilfe ein sich solidarisch erklärender Schutzgenosse handele, agiere hier der Untergebene des Staates.[1749] Der Staat selbst übe im Falle des Zwangs keine Notwehr- oder Notstandsbefugnisse aus und werde nicht unter den einschränkenden Bedingungen der § 53 RStGB bzw. § 227 BGB tätig, sondern nehme lediglich seine Ordnungsbefugnisse wahr, die ihm durch öffentliches Recht zustehen, zum Beispiel die Gefahrenabwehrbefugnisse der Polizei[1750] oder die Möglichkeit *Hitlers*, den politischen Ausnahmezustand zu erklären.[1751] Auch habe der Staat ein Recht zum Irrtum, weswegen er im Gegensatz zur bürgerlichen Notwehr auch in Zweifelsfällen tätig werden dürfe.[1752] Dieses Argument wirkt in seiner Plakativität recht verallgemeinernd. So hat der Bürger auch bei Ausübung der bürgerlichen Notwehr durchaus die Möglichkeit, trotz eines Irrtums gemäß § 59 RStGB straflos zu bleiben. Dies ist gemäß § 59 Abs. 2 RStGB etwa dann möglich, wenn ihm nicht einmal Fahrlässigkeit zur Last gelegt werden kann.

Die Nothilfe zeichne sich gerade durch ihre Akzessorietät aus. Da der Staat selbst aus oben genannten Gründen keine Notwehr nach § 53 RStGB übe, könne für denjenigen, der dem Staat helfend beispringen will, nichts

1748 *Ritter*, GS 115 (1941), 239 (247).

1749 *Ritter*, GS 115 (1941), 239 (246).

1750 S. beispielhaft die polizeiliche Generalklausel in § 14 und die Standardmaßnahmen in §§ 15 ff. PreußPVG.

1751 *Ritter*, GS 115 (1941), 239 (246 f.). Eine solche Befugnis ergab sich schon aus Art. 48 WRV und wurde dann durch diverse Gesetze im Nationalsozialismus ausgeweitet, beispielsweise die Verordnung des Reichspräsidenten zum Schutze des Deutschen Volkes v. 4.2.1933, die Verordnung des Reichspräsidenten zum Schutz von Volk und Staat („Reichstagsbrandverordnung“) v. 28.2.1933 sowie das Gesetz zur Behebung der Not von Volk und Reich („Ermächtigungsgesetz“) v. 24.3.1933.

1752 *Ritter*, GS 115 (1941), 239 (247).

anderes gelten.[1753] Bei dieser Argumentationslinie ist eine gewisse Kontinuität zur Literatur der Weimarer Republik erkennbar.[1754]

2. Lösungsansätze

Schroeder fordert, wie schon viele Vertreter in der Weimarer Republik, eine Verortung des Rechtsinstituts im Staatsrecht. Dafür spreche, dass sich der Staat selbst bei seinen Handlungen auch an den Verhältnismäßigkeitsgrundsatz halten und insofern eine Proportionalität zwischen geschütztem Rechtsgut und Abwehrhandlung bei seinen Handlungen gegeben sein muss. In einer Güterabwägung müsse das Gemeininteresse die Interessen des Angreifers überwiegen. Es sei allerdings nicht strikt auf die konkrete Übertretungshandlung abzustellen, sondern vielmehr sei die Gesamtlage zu betrachten.[1755]

In einem sehr restriktiven Rahmen möchte *Stock* die Staatsnothilfe analog § 53 RStGB zulassen. Hierfür müssten (1) außergewöhnliche Verhältnisse vorliegen, aufgrund derer (2) der Staat in seiner Existenz oder seiner Unversehrtheit stark gefährdet werde, (3) ein starkes Interesse des Gemeinwohls an der Schadensverhütung bestehe und (4) die Subsidiarität zum obrigkeitlichen Handeln gewahrt werde.[1756] *Boldt* hingegen lehnt eine Lösung über § 53 RStGB analog ab,[1757] auch wenn eine solche Analogie grundsätzlich zulässig wäre, da es nur darum geht, dass ein staatlicher Strafanspruch ausscheidet, sodass kein Verstoß gegen den Grundsatz *nulla poena sine lege* und dem daraus hervorgehenden Analogieverbot zulasten des Täters vorliegt.[1758] Im Jahr 1935 wurde das Analogieverbot im Strafrecht zudem auch zulasten des Täters durch die Analogienovelle aufgehoben.[1759]

Ritter will die Staatsnothilfe ähnlich wie *Steiger* über einen eigenständigen übergesetzlichen Rechtfertigungsgrund, die „volksgenössische Hoheitshilfe", lösen. Diese Rechtsvorstellung weise ins Verfassungsrecht.[1760] Bei diesem Rechtsinstitut müsse es sich um eine *Befugnis sui generis*

1753 *Ritter*, GS 115 (1941), 239 (247); so auch *Schubert*, Staatsnothilfe, S. 47.
1754 S. hierzu S. 257 ff.
1755 *Schroeder*, Notwehr zugunsten des Staates, S. 34 f.
1756 Vgl. auch *Schroeder*, Notwehr zugunsten des Staates, S. 11 f.
1757 *Boldt*, ZStW 56 (1937), 183 (203).
1758 *Binding*, Der strafrechtliche Staatsnotstand, S. 12.
1759 § 2 des Gesetzes zur Änderung des Strafgesetzbuches v. 28.6.1935, RGBl. 1935, 839 ff. S. auch *Eisenhardt*, Deutsche Rechtsgeschichte, Rn. 675.
1760 *Ritter*, GS 115 (1941), 239 (239).

handeln.[1761] Sie sei ein Ausschnitt der Lehre von den politischen Rechtfertigungs- und Entschuldigungsgründen.[1762] Generell sei das Problem ein öffentlich-rechtliches.[1763] Eine besondere gesetzliche Regelung bedürfe es nicht, die Volksnothilfe sei ein außergesetzlicher Rechtfertigungsgrund. Der Richter müsse in diesen Fällen wie ein Gesetzgeber agieren und dieselben Wertungen einfließen lassen.[1764] Der Kreis der umfassten Handlungen, die zur Gefahr führen können, ist weiter als jener der bürgerlichen Nothilfe. Einerseits kann die Gefahr durch ein rechtswidriges, eventuell sogar deliktisches Verhalten hervorgerufen werden. Andererseits kommt auch eine drohende, nicht rechtswidrig verursachte Gefahr in Betracht.[1765] Eine Nothilfe gegen einen politischen Hoheitsträger sei so lange abwegig, wie dieser das Vertrauen *Hitlers* genieße, „da der Staat Ausdruck des gestaltenden Führerwillens sei".[1766] Zwar sei eine Nothilfe zum Erhalt der durch Führergewalt erschaffenen Machtverhältnisse möglich, wie die Ereignisse um den Röhm-Putsch[1767] gezeigt hätten. Ein echtes Volkswiderstandsrecht gebe es allerdings nicht.[1768] Wenn man von dem Erfordernis der Rechtswidrigkeit absieht, so hätte man durch die Volksnothilfe einen Rechtfertigungsgrund geschaffen, der die Staatsnotwehr- und die Staatsnotstandshilfe vereint. Die meisten Angriffe seien ohnehin rechtswidriger Natur. Bei den übrigen Gefährdungen trete die Maßgeblichkeit des „Führerwillens" an die Stelle der Rechtswidrigkeit.[1769] Eine Subsidiarität sei im Rahmen der Volksnothilfe daher zu bejahen. Zuvörderst sei ein Handeln gegen den Willen *Hitlers* undenkbar.[1770]

Darüber hinaus sei eine Güter- und Pflichtenabwägung vorzunehmen.[1771] Der Volksgenosse habe in seiner ernsthaften Prüfungspflicht einen Ermessensspielraum. Dies ergebe sich aus einer Zusammenschau des Verteidigungswillens bei der Notwehr und den Voraussetzungen des übergesetzlichen Notstands.[1772] In subjektiver Hinsicht sei ein Unterstützungswille

1761 *Ritter*, GS 115 (1941), 239 (247).
1762 *Ritter*, GS 115 (1941), 239 (249 f.).
1763 *Ritter*, GS 115 (1941), 239 (240).
1764 *Ritter*, GS 115 (1941), 239 (264).
1765 *Ritter*, GS 115 (1941), 239 (248).
1766 *Ritter*, GS 115(1941), 239 (248).
1767 S. zu diesem S. 257 ff.
1768 *Ritter*, GS 115 (1941), 239 (249).
1769 *Ritter*, GS 115 (1941), 239 (258).
1770 *Ritter*, GS 115 (1941), 239 (259).
1771 *Ritter*, GS 115 (1941), 239 (259).
1772 *Ritter*, GS 115 (1941), 239 (259 f.).

nötig, da die Staatsnothilfe im Gegensatz zur bürgerlichen Nothilfe lediglich eine Beihilfehandlung darstelle und der Einzelne niemals Träger der öffentlichen und politischen Rechte sein könne, die bei der Staatsnothilfe verteidigt werden.[1773] Diesem Merkmal kommt im Grunde genommen keine über den Verteidigungswillen im Rahmen der Notwehr hinausgehende eigenständige Bedeutung zu. Durch das Subsidiaritätserfordernis und den Unterstützungswillen werde dem Primat des „Führerwillens" dann ausreichend Rechnung getragen.[1774]

Auch *Heiliger* nimmt die Bewertung übergesetzlich vor, wodurch dem Richter ins Bewusstsein gerufen werden soll, dass er sich auf eine Wertungsebene begibt.[1775] Dies stehe in Einklang mit der Forderung *Hitlers* nach der „Elastizität der Urteilsfindung zum Zwecke der Erhaltung der Gesellschaft". Primärer Anknüpfungspunkt für die gesetzliche Sorge sei demnach nicht das Individuum, sondern das Volk.[1776]

Auch *Boldt* stützt sich auf überpositive Gesichtspunkte. § 53 RStGB sei nicht anwendbar. Vielmehr sei auf die politische Struktur des damaligen „Staats- und Volksdenkens" abzustellen.[1777] Auch bezüglich der wehrfähigen Rechtsgüter könne nicht auf den Notwehrbegriff abgestellt werden. Hier sei die Heranziehung „rechtspolitischer Grundsätze" erforderlich.[1778]

Freiherr v. Gemmingen merkt indes an, dass die Herausbildung des Staatsnothilferechts als Rechtsinstitut *sui generis* und die Loslösung dieses Rechtsinstituts von den §§ 53, 54 RStGB sowie die einheitliche Behandlung aller Fälle der Staatsnot im Nachgang an *Boldts* Vortrag „lebhaft umstritten" war.[1779] So wurden methodologische Bedenken zur Frage der Trennung zu Fällen der Privatnotwehr- und -hilfe angestellt. Auch wenn die gesetzliche Regelung nicht in jedem Hinblick auf den konkreten Fall passe, dürfe nicht vorschnell angenommen werden, dass ein Rechtsinstitut eigener Art nötig sei.[1780] Vorzugswürdig sei eine Verbesserung der gesetzlichen Regelung, gesetzt dem Fall, dass sich diese als mangelhaft herausstelle. Dies sei bei der Notwehr der Fall, die viel zu eng gefasst sei. Im Besonderen das Merkmal der Gegenwärtigkeit sei nach seinem Dafürhalten obsolet, wobei

1773 *Ritter*, GS 115 (1941), 239 (260).
1774 *Ritter*, GS 115 (1941), 239 (268).
1775 *Heiliger*, Der Staatsnotstand als Beispiel politischer Strafrechtswissenschaft, S. 14.
1776 *Eisenhardt*, Deutsche Rechtsgeschichte, Rn. 631.
1777 *Boldt*, ZStW 56 (1937), 183 (201).
1778 *Boldt*, ZStW 56 (1937), 183 (202).
1779 *Freiherr v. Gemmingen*, ZStW 56 (1937), 219 (220).
1780 *Freiherr v. Gemmingen*, ZStW 56 (1937), 219 (220 f.).

eine Ausweitung des Notwehrtatbestands bei einigen Zuhörern des Vortrages wiederum auf Bedenken stieß.[1781]

Gegen die Anwendbarkeit eines übergesetzlichen Rechtsinstituts spricht *Schubert* zufolge, dass die Problematik anders gelagert sei als in den tradierten Fällen der rechtfertigenden Pflichtenkollision.[1782] Das Verhältnis des Einzelnen zum Staat sei ausreichend gesetzlich geregelt. Die Fälle wie § 9 Abs. 2 StrandO, § 17 PostG und § 124 MStGB, in denen Pflichtenkollisionen normiert wurden, seien abschließend.[1783] Insbesondere scheitere das Güterabwägungsprinzip, das durch eine solche Regelung gefördert werden könnte, daran, dass die Rechtsgüter der Gemeinschaft gegenüber den Rechtsgütern der einzelnen Glieder nach nationalsozialistischer Ideologie immer als vorrangig angesehen werden müssten.[1784]

3. Einheitliche Betrachtung von Staatsnotwehrhilfe und -notstandshilfe

Eine weitere Tendenz, die in den Lösungsansätzen schon anklang, war die einheitliche Behandlung von Notwehr- und Notstandshilfe zugunsten des Staates. Dies mag der überpositiven Betrachtungsweise geschuldet sein, weswegen es auch nicht mehr nötig erschien, an den Begrifflichkeiten und Kategorien des Strafgesetzbuches festzuhalten.

Schon *v. Oetker* nahm eine gemeinsame Betrachtung vor, wobei er auch diverse Unterschiede herausarbeitete.[1785] Weil die Verletzung Unbeteiligter nicht über die Notwehr-, sondern nur durch Notstandshilfe gerechtfertigt werden könne, fordert auch *Schroeder* eine einheitliche Betrachtung von Notwehr- und Notstandshilfe zugunsten des Staates.[1786] Der maßgebliche Unterschied zwischen Notwehr und Notstand liege darin, dass sich die Notwehr gegen einen Aggressor, der Notstand demgegenüber gegen eine unbeteiligte Person richtet. Aufgrund dessen werden an das Vorliegen der

---

1781 *Freiherr v. Gemmingen*, ZStW 56 (1937), 219 (221).

1782 *Schubert*, Staatsnothilfe, S. 58 f.; vgl. diesbezüglich auch die Beispiele bei *Heinitz*, Das Problem der materiellen Rechtswidrigkeit, S. 28 ff.: Bruch des Arztgeheimnisses zum Schutz des Kindeswohls, Züchtigungsrecht des Lehrers, ärztlicher Heileingriff etc.

1783 *Schubert*, Staatsnothilfe, S. 59.

1784 *Boldt*, ZStW 56 (1937), 183 (204).

1785 *v. Oetker*, GS 97 (1928), 411 (411 ff.); *ders.* GS 99 (1930), 156 (156 ff.).

1786 *Schroeder*, Notwehr zugunsten des Staates, S. 46; *Boldt*, ZStW 56 (1937), 183 (211); weiter geht diesbezüglich *v. Oetker*, GS 99 (1930), 411 (424), der aufgrund dessen von Notstand ausgeht.

Gefahr beim Notstand höhere Anforderungen gestellt.[1787] Beide Fälle hätten allerdings gemein, dass die Gemeinschaft durch die Hilfeleistung selbst verletzt werde, was eine Gleichbehandlung rechtfertige.[1788] In diesem Zusammenhang kommt die für den Nationalsozialismus typische Betonung der Gemeinschaft zum Ausdruck, wobei diese Aussage für die individualistisch geprägte Sichtweise der Weimarer Republik noch keine Geltung beanspruchen konnte. Dieser Versuch einer einheitlichen Betrachtung wurde in der Zeit nach dem Zweiten Weltkrieg aus dogmatischen Gründen kritisiert und als nicht gangbar erachtet, weil anderenfalls Rechtswidrigkeit und Schuld vermengt würden.[1789] Neben der Ablehnung einer solchen Trennung spricht sich *Boldt* auch gegen eine Aufspaltung der Thematik in eine staats- oder verwaltungsrechtliche und in eine strafrechtliche Seite aus.[1790] Vor allen Dingen bei der Annahme einer Akzessorietät zwischen Staatsnotwehr und Staatsnothilfe sei eine Betrachtung in unterschiedlichen Rechtsgebieten widersinnig.[1791]

Freiherr v. Gemmingen behauptet hingegen in Reaktion auf den Vortrag *Boldts*, dass die Gleichbehandlung von Staatsnotwehr und Staatsnotstand unter Verweis auf die unterschiedlichen Anforderungen der beiden Normen „fast allgemein" durch das Publikum abgelehnt worden sei.[1792] Teilweise wurde vertreten, dass in allen Fällen lediglich Staatsnotstand anwendbar sei, da die Notwehr aufgrund ihrer Unbegrenztheit nicht auf solche Fälle passe und ansonsten ein allgemeines Deliktshinderungsrecht entstehe.[1793]

4. Hitlers Gesetz über Staatsnotwehr

Nach dem so genannten Röhm-Putsch wurde das Reichsgesetz über Maßnahmen der Staatsnotwehr vom 3. Juli 1934 erlassen.[1794] Durch dieses Gesetz wurde die Erschießung zahlreicher Männer, unter ihnen *Röhm*, weitere

1787 *Schroeder*, Notwehr zugunsten des Staates, S. 47.
1788 *Schroeder*, Notwehr zugunsten des Staates, S. 46 f.
1789 *Knoch*, Die Nothilfe zugunsten des Staates, S. 80 f.
1790 *Boldt*, ZStW 56 (1937), 183 (185).
1791 *Boldt*, ZStW 56 (1937), 183 (185).
1792 *Freiherr v. Gemmingen*, ZStW (1937) 56, 219 (221).
1793 *Freiherr v. Gemmingen*, ZStW (1937) 56, 219 (221 f.).
1794 RGBl. I, S. 529: „Die zur Niederschlagung hoch- und landesverräterischer Angriffe am 30. Juli, 1. und 2. Juli 1934 vollzogenen Maßnahmen sind als Staatsnotwehr rechtens."

SA-Führer und andere vermeintliche Verschwörer, während des sog. Röhm-Putsches durch die Gestapo und die SS am 30. Juni 1934 im Nachhinein legalisiert.[1795] *Carl Schmitt* rechtfertigte das Handeln *Hitlers* als Tätigkeit des obersten Gerichtsherren als Ausfluss dessen Führertums.[1796]

Dennoch ist dieser Fall nicht mit der tradierten Staatsnothilfe vergleichbar. Während bei dieser Private zugunsten des Staates handelten, ging es im Fall des Röhm-Putsches um das Handeln von Menschen in staatlicher Funktion.[1797]

Das Gesetz selbst gilt als Paradebeispiel „nationalsozialistischen [...] Unrechts" und Verstoß gegen das Rechtsstaatsgebot.[1798] *Hitler* maßte sich richterliche Gewalt unter Übergehung der ordentlichen Gerichtsbarkeit an.[1799] Dabei schwang er sich „zum Richter in eigener Sache" auf und versuchte, seinem Handeln durch das Kleiden in Gesetzesform Würde und Machtanspruch zu verleihen.[1800] Dieses Gesetz zeigt die Problematik des Missbrauchs, die sich bei der Staatsnothilfe und Staatsnotwehr stellt, in besonders deutlicher Weise. Während bei der Staatsnothilfe ein Richter als unabhängige Instanz urteilt, war eine solche Kontrollinstanz hier aufgrund der Verwischung der drei Gewalten im Nationalsozialismus nicht mehr gegeben, sodass ein einschränkende Kontrollinstanz für das ohnehin sehr weit gefasste Rechtsinstitut gänzlich fehlte und Willkür Tür und Tor geöffnet wurde.

5. Der Kreis der geschützten Rechtsgüter

Der Kreis der Rechtsgüter erfuhr im Nationalsozialismus eine nie dagewesene Elastizität. Was als Substanzgefährdung anzusehen war, bestimme sich

1795 *Lammerding*, Die Staatsnothilfe als strafrechtlicher Rechtfertigungsgrund, S. 13.

1796 *Schmitt*, DJZ 1934, 945 (946), vgl. zur Stellung Hitlers als obersten Gerichtsherrn auch *Hoke*, Österreichische und deutsche Rechtsgeschichte, S. 490.

1797 *Lammerding*, Die Staatsnothilfe als strafrechtlicher Rechtfertigungsgrund, S. 13; *Werle*, Justiz-Strafrecht und polizeiliche Verbrechensbekämpfung im Dritten Reich, S. 135; vgl. zum Röhm-Putsch auch *Hoke*, Österreichische und deutsche Rechtsgeschichte, S. 490.

1798 *Werle*, Justiz-Strafrecht und polizeiliche Verbrechensbekämpfung im Dritten Reich, S. 135.

1799 *Schorn*, Die Gesetzgebung des Nationalsozialismus als Mittel der Machtpolitik, S. 79.

1800 *Sauer*, in: Bracher/ders./Schulz (Hrsg.), Die nationalsozialistische Machtergreifung. Studien zur Errichtung des totalitären Herrschaftssystems in Deutschland 1933/34, S. 963.

maßgeblich nach der konkreten Situation, in der sich der Staat befand. Die Klassifizierung als Angriff richtete sich primär nach dem „Führerwillen".[1801]

Im Bereich des Staatsvolkes kam es zu einer signifikanten Ausweitung der geschützten Rechtsgüter. Im Nationalsozialismus wurde das Element des Staatsvolkes nämlich als wichtigster Teil des Staates aufgefasst.[1802] Das Zurückdrängen des Individuums war ein typisches Merkmal der nationalsozialistischen Weltanschauung. Recht diente primär der Allgemeinheit.[1803] Die Formel „Recht ist, was dem Volke nützt" macht deutlich, dass der politische Nutzen als Äquivalent zum Recht gesehen wird.[1804] Recht wurde zum Kampf-Instrumentarium mit dienender Funktion, um den Feind zu vernichten.[1805] Deshalb wurden bestimmte Problemkreise im NS-Staat anders beurteilt. *Schubert* sah beispielsweise die „Blutschande", als durch Staatsnothilfe abwendbares Delikt an, da diese die Gefahr begründe, dass die Volkskraft nachlasse, weswegen es juristisch konsequent sei, die Staatsnothilfe in diesen Fällen zuzulassen.[1806] Beim Staatsvolk trat der Schutz der so genannten „Blutgemeinschaft" hinzu.[1807] Als Blutgemeinschaft war nach nationalsozialistischem Verständnis „das deutsche Volk[,] die Reihenfolge der deutschen Geschlechter, keineswegs nur der gegenwärtigen, sondern der deutschen Geschlechter in Vergangenheit, Gegenwart und Zukunft" zu verstehen. Hierbei werden Elemente der Rassenlehre mit der Idee der Bodengemeinschaft verknüpft.[1808] Zusammengefasst wurde die Blutgemeinschaft als biologisch fundierter Personenverband verstanden.[1809] Ein Schutz erfolgte beispielsweise durch das Gesetz zum Schutze des deutschen Blutes und der deutschen Ehre,[1810] nach dessen § 1 Abs. 1 die Eheschließung zwi-

1801 *Ritter*, GS 115 (1941), 239 (256).

1802 *Schroeder*, Notwehr zugunsten des Staates, S. 4; *Hitler*, Mein Kampf, S. 432; in diese Richtung auch *Frank*, Nationalsozialistische Leitsätze für ein neues deutsches Strafrecht. 1. Teil, S. 19.

1803 *Eisenhardt*, Deutsche Rechtsgeschichte, Rn. 631.

1804 *Eisenhardt*, Deutsche Rechtsgeschichte, Rn. 631.

1805 *Eisenhardt*, Deutsche Rechtsgeschichte, Rn. 632; *Bracher*, Die deutsche Diktatur. Entstehung Struktur Folgen des Nationalsozialismus, S. 394.

1806 *Schubert*, Staatsnothilfe, S. 24. Hierbei bleibt zunächst unklar, ob er damit die Blutschande im Sinne eines Inzests meinte oder im Kontext der Rassenschande verstand, wo dieser Begriff ebenfalls gebräuchlich war. Da die Arbeit *Schuberts* aber aus dem Jahr 1933 stammt, ist davon auszugehen, dass er damit den Inzest meinte.

1807 *Ritter*, GS 115 (1941), 239 (253).

1808 *Frank*, Nationalsozialistisches Handbuch für Recht und Gesetzgebung, S. 1397 f.

1809 *Dahm*, NSDAP, Drittes Reich und Zweiter Weltkrieg (1919/1933–1945), in: Möller/Wengst (Hrsg.), Einführung in die Zeitgeschichte, S. 100 (101).

1810 RGBl. 1935, S. 1146 ff.

schen Juden und Nichtjuden verboten wurde und gemäß § 2 außerehelicher Verkehr zwischen diesen untersagt wurde. Diese Entrechtlichung und Entpersonalisierung derjenigen Bürger, die der „arischen Volksgemeinschaft" nicht angehörten stand im Gegensatz zu der Betonung der Wichtigkeit des Volkes.[1811]

Um diese zentrale Stellung des Volkes zu verdeutlichen, wurde auch von einem Handeln in „Volksnot" gesprochen, bei welchem die „Lebensinteressen der Volksgemeinschaft" verteidigungsfähig seien. So zählten nun auch solche Rechtsgüter zu den durch Staatsnothilfe zu verteidigenden Gütern, die dies vorher als Rechtsgüter der Allgemeinheit nicht taten, zum Exempel die Ehre des Volkes, die Partei, der Arbeitsdienst und die Wehrmacht.[1812] Bei Letzterer traten kriegsbedingt militärische Aspekte, wie der Angriff auf die Wehrgemeinschaft durch Selbstverstümmelung und das Untauglichmachen eines Wehrpflichtigen, hinzu.[1813]

Substanzverletzungen seien auch bei Angriffen auf die „politische Identität" des Staates gegeben.[1814] Im Nationalsozialismus, aber auch schon im Verlauf bis zur Machtübernahme *Hitlers* wurde zunehmend davon ausgegangen, dass der Staat über eine beleidigungsfähige Ehre verfüge.[1815] Diese wird als Kollektivrechtsgut für nothilfefähig erachtet.[1816] In diesem Sinne nothilfefähig seien auch die Hoheitszeichen des Staates.[1817] Eng damit zusammen hängt der Schutz des inneren Zusammenhalts der Volksgemeinschaft und die damit verbundene Nothilfemöglichkeit gegen führerfeindliche Propaganda.[1818] Auch die Wirtschaftsgemeinschaft wurde als schutzwürdig erachtet.[1819]

1811 *Amos,* Nationalsozialistisches Strafrecht, S. 34.

1812 *Schroeder*, Notwehr zugunsten des Staates, S. 5; *Boldt*, ZStW 56, (1937) 187 (206).

1813 *Ritter,* GS 115 (1941), 239 (253).

1814 *Ritter,* GS 115 (1941), 239 (253).

1815 *Moderow*, Notwehr und Notstand zugunsten des Staates, S. 45; so auch *Schaun,* Die Verletzung unbeteiligter durch Nothandlungen nach Straf- und Civilrecht. Eine dogmatisch-kritische Betrachtung von Notwehr, Notstand, Selbsthilfe, Nothilfe und ihren Besonderheiten und Schutzmaßregeln, S. 34.

1816 *Ritter,* GS 115 (1941), 239 (253); im Hinblick auf die Staatsehre ebenfalls schon bejahend: *Schubert,* Staatsnothilfe, S. 37.

1817 *Schubert,* Staatsnothilfe, S. 37; so schon *Deubelbeiß,* Die Staatsnotwehr, S. 35, im Jahr 1923.

1818 *Ritter,* GS 115 (1941), 239 (253).

1819 *Ritter,* GS 115 (1941), 239 (253); in diese Richtung auch *Schubert,* Staatsnothilfe, S. 28, der Staatsnothilfe gegen Steuer- und Finanzdelikte zulassen möchte.

6. Die völkische Staatsnothilfepflicht

Schroeder sieht in dem erläuterten Gemeinwohlbezug nicht nur die Begründung für ein Recht zum Tätigwerden, sondern auch eine damit einhergehende Pflicht.[1820]

Kritische Stimmen wendeten dagegen ein, dass die Volksnothilfepflicht als Staatsverbrechen in Form eines echten Unterlassungsdelikts ausgestaltet werden müsste. Dem wurde allerdings entgegengehalten, dass der zur Hilfe Eilende zwar zur Unterstützung und Hilfe, nicht jedoch als Garant angesprochen werde. Deswegen bestehe keine Modaläquivalenz zwischen Begehungs- und Unterlassungsdelikt. Es könnten keine strengeren Voraussetzungen als für § 139 RStGB gelten.[1821] Eine Strafbarkeit nach § 139 RStGB oder § 330c RStGB bleibe unberührt.[1822]

7. Die völkische Duldungspflicht

Im Nationalsozialismus gingen manche sogar noch einen Schritt weiter und vertraten, dass unbeteiligte Dritte, deren Verletzung früher lediglich unter Gesichtspunkten des Notstands gerechtfertigt werden konnte, als Mitglieder der Volksgemeinschaft gar nicht mehr unbeteiligt seien, sondern ihnen aufgrund ihrer völkischen Verbundenheit und Treue eine Duldungspflicht zukomme. Ob die Mitwirkungspflicht des Dritten sich zu einer Duldungspflicht verdichte, sei nach dem konkreten Einzelfall zu entscheiden, insbesondere seien Handlungen, bei denen die Rechtsgüter Dritter verletzt würden, subsidiär. Die Duldungspflicht bestehe auch nicht grenzenlos, wie es teilweise im Soldatenrecht angenommen werde.[1823] Eine solche absolute Aufopferungspflicht bestehe bei Zivilpersonen grundsätzlich nicht.[1824]

8. Der nationale Zweck als Rechtfertigungsgrund

Darüber hinaus wurde im Nationalsozialismus diskutiert, ob nicht auch der nationale Zweck der Handlung eine Straffreiheit zu begründen vermöge. Schließlich fände die Objektivität des Richters dort eine Grenze, wo

1820 *Schroeder*, Notwehr zugunsten des Staates, S. 29.
1821 *Ritter*, GS 115 (1941), 239 (273).
1822 *Ritter*, GS 115 (1941), 239 (273).
1823 Vgl. beispielsweise § 49 MStGB v. 1882.
1824 *Ritter*, GS 115 (1941), 239 (258).

die Sicherheit und der Bestand des Staates in Gefahr seien. In jedem Fall gingen die Staatsinteressen dem formalen Recht vor.[1825] Deshalb vertrat *Dietrich*, dass ein Handeln zum nationalen Zweck die Schuld ausschließe.[1826] *Matthias* hingegen ging von einem Rechtfertigungsgrund aus, da ansonsten ein Notwehrrecht gegen die Handlung bestünde.[1827] In welchem Verhältnis das Handeln zum nationalen Zweck zur Staatsnothilfe stand und ob Ersterem überhaupt ein eigenständiges Anwendungsgebiet zukam, blieb fraglich.[1828] Generell wurde die Nothilfe zugunsten des Staates auch teilweise auf Rechtfertigungsebene durch die Nothilfe zugunsten der Nation ersetzt, wodurch eine personalisierte Ebene geschaffen wurde.[1829]

D. Staatsnothilfe nach dem Zweiten Weltkrieg bis heute

Heute ist die Staatsnothilfe ein weitestgehend in Vergessenheit geratenes Rechtsinstitut. Immer wieder tauchten jedoch Verteidigungslinien auf, in denen sich einzelne Strafverteidiger erfolglos auf den Rechtfertigungsgrund der Staatsnothilfe beriefen. Dies war unter anderem beim Stammheimer Terroristenprozess von 1975 bis 1977 gegen die zweite Generation der RAF der Fall.[1830]

I. Die Sünderin-Entscheidung des BGH

Während einer Filmaufführung des Filmes „Die Sünderin" am 2. März 1951 zertraten fünfzehn junge Männer Stinkbomben im Kinosaal, woraufhin die Vorstellung unterbrochen werden musste. Als die Delinquenten wegen groben Unfugs gemäß § 360 I Nr. 11 StGB und tateinheitlich begangener Nötigung gemäß § 240 StGB angeklagt wurden, beriefen sie sich wegen des als Skandal empfundenen Inhalt des Filmes auf Nothilfe zugunsten des Staates zur Aufrechterhaltung der öffentlichen Ordnung.[1831] Das entsprechende Urteil des 3. Strafsenats des Bundesgerichtshofes vom 2. Oktober 1953 ist

1825 *Matthias,* GA 77 (1933), 335 (335).
1826 *Dietrich,* DJZ 1933, 718 (718).
1827 *Matthias,* GA 77 (1933), 335 (336).
1828 *Matthias,* GA 77 (1933), 335 (337), Anmerkung der Schriftleitung.
1829 *Grosshut,* Staatsnot, Recht und Gewalt, S. 95 f.
1830 *Jahn,* NJW 2008, 3197 (3198).
1831 BGH, NJW 1954, 438 (438); BayOLG, JW 1932, 3775 (3775).

eines der wenigen Urteile der Nachkriegszeit, die sich mit der Thematik der Staatsnothilfe auseinandersetzen.[1832] Zwar lehnt der Bundesgerichtshof die Staatsnothilfe für den konkreten Fall ab, ein kategorischer Ausschluss des Rechtfertigungsgrundes erfolgt indes nicht.[1833] Das Gericht ging ohne eigene Begründung davon aus, dass in der Lehre und Rechtsprechung die Meinung vorherrsche, dass die Rechtsgüter, die dem Staat in Form eines Sonderrechts kraft seiner Eigenschaft als Hoheitsperson zustehen, für den Staatsbürger *regelmäßig* nicht wehrfähig seien[1834] ohne näher auf die zu Grunde gelegten Quellen einzugehen. Auch die Einfügung des Wortes „regelmäßig" spricht dafür, dass der BGH die Staatsnothilfe nicht kategorisch ablehnen wollte.[1835]

II. Staatsnothilfe bei Straßenverkehrsdelikten

1. Die Ansicht der Rechtsprechung

Die Thematik wurde späterhin auch im Zusammenhang mit Straßenverkehrsdelikten diskutiert. So wurde infrage gestellt, ob ein Vorgehen Privater gegenüber Verkehrssündern nicht über den Rechtfertigungsgrund der Staatsnothilfe gerechtfertigt werden könne.[1836] Sowohl das OLG Düsseldorf als auch das OLG Stuttgart beriefen sich auf das vorangegangene BGH-Urteil und lehnten eine Notwehrfähigkeit von Gütern, die grundsätzlich nur dem Staat in seiner Eigenschaft als Hoheitsperson zustehen, letzten Endes ab.[1837] Allerdings ist auch bei diesen Entscheidungen nicht ersichtlich, dass die Gerichte eine allgemeingültige Feststellung über die Existenz des Staatsnotwehrrechts geben wollten.[1838]

1832 *Knoch*, Die Nothilfe zugunsten des Staates, S. 20.
1833 Vgl. *Knoch*, Die Nothilfe zugunsten des Staates, S. 20.
1834 BGH, NJW 1954, 438 (438); vgl. auch *Lammerding*, Die Staatsnothilfe als strafrechtlicher Rechtfertigungsgrund, S. 43 f.
1835 So auch *Knoch*, Die Nothilfe zugunsten des Staates, S. 49.
1836 OLG Düsseldorf, NJW 1961, 1783 (1784); *Knoch*, Die Nothilfe zugunsten des Staates, S. 21.
1837 OLG Düsseldorf, NJW 1961, 1783 (1784); OLG Stuttgart, NJW 1966, 745 (747 f.), mit Verweis auf BGH, NJW 1954, 438 (438).
1838 *Lammerding*, Die Staatsnothilfe als strafrechtlicher Rechtfertigungsgrund, S. 44.

2. Die Ansicht Baumanns

Baumann differenziert im Zusammenhang mit der Staatsnothilfe im Straßenverkehr zwischen zwei Fallgruppen. Bei der ersten habe der Staat die Aufgabe zur Gefahrenabwehr vollständig an sich gezogen, sodass ein Einschreiten des Bürgers nicht zulässig sei. In der zweiten sei der Staat nur in der Regel zur Gefahrenabwehr zuständig, wobei Ausnahmen von diesem Grundsatz möglich seien.[1839] Zu letzterer gehöre die Staatsnothilfe;[1840] zu ersterer dagegen Angriffe auf die Rechtsordnung als Ganzes oder auf die öffentliche Ordnung. Ob ein Angriff unter die erste oder die zweite Fallgruppe falle, sei anhand des Merkmals der Gebotenheit abzugrenzen, um Fälle enormer Disproportionalität – man denke etwa an die Unfugabwehr – auszusondern.[1841] Maßgeblich sei der Wille des Staates zum ausschließlichen Tätigwerden. Ein Indiz für diesen Willen sei die Konkretisierung des Rechtsgüterschutzes durch eine Norm. Wenn es sich bei dem geschützten Rechtsgut um einen unbestimmten Rechtsbegriff handele, so spreche dies dafür, dass der Staat dessen rechtliche Bewertung und dessen Schutz selbst übernehmen wolle, während ein konkret normiertes Rechtsgut dafür spreche, dass auch der Bürger ausnahmsweise zugunsten des Staates tätig werden könne.[1842] Auf dieser Linie liegt auch *Heinsius*, wenn er annimmt, dass bei Rechtsgütern, deren Grenzen relativ unbestimmt sind, eine Ermessensentscheidung notwendig sei, die nur bei Kenntnis der genauen Sach- und Rechtslage erfolgen kann, weswegen in solchen Fällen eine Entscheidung nur durch geschulte Kräfte, vorzugsweise durch Beamte, getroffen werden könne.[1843]

Knoch kritisiert, dass diese Abgrenzung zu keiner Klarheit führe, da die Rechtsgüter, die nach *Baumann* zur ersten Fallgruppe gehören, bereits aus dem Kreis der nothilfefähigen Rechtsgüter ausgesondert worden seien.[1844] Ferner bemängelt er, dass es in solchen Fällen dann alleine durch den Staat

1839 *Baumann*, NJW 1961, 1745 (1745).
1840 *Baumann*, NJW 1961, 1745 (1745).
1841 *Baumann*, NJW 1961, 1745 (1746).
1842 *Baumann*, NJW 1961, 1745 (1746).
1843 *Heinsius*, Moderne Entwicklung des Notwehrrechts, S. 59.
1844 *Knoch*, Die Nothilfe zugunsten des Staates, S. 51; ähnlich *Lammerding*, Die Staatsnothilfe als strafrechtlicher Rechtfertigungsgrund, S. 46, der *Baumann* im Ergebnis zwar zustimmt, aber seine Begründung wegen der fehlenden Klarheit der Abgrenzung kritisiert, welche er unter anderem darauf zurückführt, dass diese nicht bei der Nothilfefähigkeit, sondern bei der Gebotenheit durchgeführt wird.

bestimmt werden könne, ob Staatsnothilfe möglich sei oder nicht.[1845] Diese Argumentation erscheint insoweit fraglich, als dass in den meisten Fällen versucht wird, die Staatsnothilfe aus § 53 RStGB abzuleiten. Auch bei der Anwendung der althergebrachten Auslegungsmethoden wird aber immer auch auf den Willen des Gesetzgebers abgestellt. Nicht nur bei der historischen Auslegung ist dieser entscheidend, sondern auch bei der teleologischen Auslegung, bei der auf den Sinn und Zweck der Norm abgestellt wird. Gerade durch die Gesetze kann der Staat seinen Willen zur Anerkennung der Staatsnothilfe zum Ausdruck bringen. Was *Knoch* zu kritisieren scheint, ist vielmehr, dass der Staat, ohne dass eine explizite Normierung besteht, über die Nothilfefähigkeit der Rechtsgüter bestimmen kann. Dagegen kann eingewandt werden, dass die Abgrenzung zwischen unbestimmten Rechtsbegriffen und klar umrissenen Rechtsgütern eine hinreichende Indizwirkung entfaltet. Nichtsdestoweniger fehlt für ein Staatsnothilferecht in den von *Baumann* vorgeschlagenen Fällen das praktische Bedürfnis. Zum einen dürften solche Delikte niemals zu einer Notlage führen, die im Sinne der Rechtsprechung des Reichsgerichts für eine Existenzbedrohung des Staates ausreichen würde. Auch ein darüberhinausgehendes Staatsnothilferecht erscheint im Straßenverkehr rechtspolitisch nicht wünschenswert.

III. Das Verhältnis zwischen dem Widerstandsrecht gemäß Art. 20 Abs. 4 GG und der Staatsnothilfe

In der Literatur wird ein Zusammenhang zwischen dem Widerstandsrecht des Volkes gemäß Art. 20 Abs. 4 GG und der Staatsnothilfe diskutiert.[1846] Die am 28. Juni 1968 ins Grundgesetz aufgenommene Norm stellte eine direkte Reaktion auf das Siebzehnte Gesetz zur Ergänzung des Grundgesetzes vom 24. Juni 1968 dar, durch welches die so genannten Notstandsgesetze in das Grundgesetz eingefügt wurden. Die Verbindung des Widerstandsrechts des Volkes mit der hier behandelten Problematik fand hauptsächlich in der Zeit nach der Normierung im Grundgesetz statt. Während die Diskussion in der vorigen Zeit, in der ein solches Widerstandsrecht als Gewohnheitsrecht diskutiert wurde, von einem gelehrten Interesse geprägt war, hat diese

1845 *Knoch*, Die Nothilfe zugunsten des Staates, S. 52.
1846 *Heinsius*, Moderne Entwicklung des Notwehrrechts, S. 60 f.; *v. d. Brelie*, Staatsnothilfe und Widerstandsrecht, S. 1 ff.

in Anbetracht des Hitler-Regimes und des Aufstandes vom 17. Juni 1953[1847] an praktischer Relevanz gewonnen. Die ehemals als veraltet geltende Rechtsfigur erschien nun aktueller denn je. Dennoch wurde diese Diskussion bei monographischen Abhandlungen oft aus dem Problemkreis der Arbeit ausgeschlossen.[1848]

Auch wenn sich die beiden Themenkreise berühren, so ist die Staatsnothilfe enger umrissen. Während beim Widerstandsrecht sowohl Staatsstreiche von oben als auch von unten erfasst werden, so gibt es bei der Staatsnothilfe keine Handlungsmöglichkeit gegen den Staat.[1849] Überschneidungen zwischen der Staatsnothilfe und dem Widerstandsrecht können sich hingegen in Fällen ergeben, in denen Angriffe auf den Staat von unten erfolgen.[1850] Bei Art. 20 Abs. 4 GG handele es sich in diesem Bereich um eine verfassungsmäßige Teilnormierung der Nothilfe zugunsten des Staates, die allerdings nicht zu einer Lösung bestehender Schwierigkeiten geführt hat. Auch bei Art. 20 Abs. 4 GG bleibt unklar, welche Rechtsgüter des Staates schutzwürdig sind und welche Angriffsintensität notwendig ist, um ein entsprechendes Recht auszulösen.[1851] Ein weiterer Unterschied zum allgemeinen Staatsnothilferecht sei der Kreis der berechtigten Helfer. Während das Widerstandsrecht gemäß Art. 20 Abs. 4 GG nur Deutschen zustehe, so könnten auch Ausländer Staatsnothilfe üben.[1852] Das Widerstandsrecht sei daher „nur als ein Fall der Staatsnothilfe zu begreifen, das neben diesem Rechtsinstitut seinen Platz findet, ohne an seine Stelle treten zu wollen oder gar zu können".[1853]

1847 Bei dem Aufstand protestierten und streikten in erster Linie Bau- und Industriearbeiter überall in der DDR für Freiheit, woraufhin die Funktionäre ein gewaltsames Eingreifen anordneten und Panzer anrückten. Im Folgenden kam es zu Verletzten, Toten und zahlreichen Verhaftungen. S. hierzu *Berger/Roth*, Ausnahmezustand. Der Volksaufstand vom 17. Juni 1953 in Leipzig, S. 35 ff.

1848 So *Knoch*, Nothilfe zugunsten des Staates, S. 12; *Erdsiek*, NJW 1962, 192 (192); *Weinkauff*, Über das Widerstandsrecht. Vortrag gehalten vor der Juristischen Studiengesellschaft in Karlsruhe am 24. Februar 1956, S. 3.

1849 *Lammerding*, Die Staatsnothilfe als strafrechtlicher Rechtfertigungsgrund, S. 8 f.

1850 *Lammerding*, Die Staatsnothilfe als strafrechtlicher Rechtfertigungsgrund, S. 8.

1851 *Lammerding*, Die Staatsnothilfe als strafrechtlicher Rechtfertigungsgrund, S. 10.

1852 *Lammerding*, Die Staatsnothilfe als strafrechtlicher Rechtfertigungsgrund, S. 10; so auch schon *Lederle*, Staatsnotwehr, S. 27; *v. Campe*, DJZ 1920, 486 (487). S. hierzu vertieft S. 257 ff.

1853 *Lammerding*, Die Staatsnothilfe als strafrechtlicher Rechtfertigungsgrund, S. 11.

IV. Neue Problemfelder der Staatnothilfe nach dem Zweiten Weltkrieg

Nach dem Zweiten Weltkrieg wurde teils das praktische Bedürfnis für ein solches Rechtsinstitut, im Speziellen aufgrund der Besatzung Deutschlands, diskutiert. *Hösch* kam diesbezüglich zum Schluss, dass der Zustand vorübergehender Natur sei, und dass der Zeitpunkt kommen werde, in dem die Staatsgewalt wieder ausschließlich in deutscher Hand liege. Andererseits könnte die Staatsnothilfeproblematik auch zu Zeiten der Besetzung relevant werden, da es immer noch Aufgabe Deutschlands sei, seine Verfassung vor Angriffen zu schützen.[1854] Die Vorschriften über Hoch- und Landesverrat wurden allerdings durch den Alliierten Kontrollrat aufgehoben, sodass der Staatsnothilfe größtenteils die Grundlage entzogen worden war.[1855]

Während die Bedrohung des Staates in der Weimarer Republik deutlich zutage trat, wird eine solche in der neueren Entwicklung eher in latenter Weise stattfinden. Deswegen wird teilweise gefordert, die Anforderungen an die Gegenwärtigkeit des Angriffes geringer zu halten, um dieser Entwicklung Rechnung zu tragen. *Knoch* dachte dabei hauptsächlich an die Entwicklungen des Kalten Krieges.[1856]

Insgesamt wendete sich die Diskussion in der Nachkriegszeit vermehrt verfassungsrechtlichen Fragestellungen zu, die mit der Staatsnothilfe in Verbindung stehen. So diskutiert beispielsweise *Lammerding*, ob das Subsidiaritätserfordernis mit dem nulla-poena-sine-lege-Grundsatz in Einklang steht, was er im Ergebnis bejaht.[1857]

V. Das unveränderte Festhalten an der Rechtsprechung des Reichsgerichts

Die einschlägigen Kommentare und Literaturbeiträge der Nachkriegszeit orientieren sich bei der Bestimmung der nothilfefähigen Rechtsgüter immer noch an der Rechtsprechung des Reichsgerichts.[1858] *Knoch* teilt diese

1854 *Hösch*, Staatsnotwehr, S. 36.

1855 Art. 1 der Verordnung Nr. 1 des Alliierten Kontrollrates, Amtsblatt des Kontrollrates 1945–1948, S. 55; *Hösch*, Staatsnotwehr, S. 39.

1856 *Knoch*, Die Nothilfe zugunsten des Staates, S. 32 ff.

1857 *Lammerding*, Die Staatsnothilfe als strafrechtlicher Rechtfertigungsgrund, S. 65.

1858 Diese Beurteilung teilt auch *Knoch*, Die Nothilfe zugunsten des Staates, S. 53; so beispielsweise *Hösch*, Staatsnotwehr, S. 39, Angriffe „gegen die Existenz des Staates"; *Maurach/Zipf*, Allgemeiner Teil. Teilband 1: Grundlehren des Strafrechts und

restriktive Ansicht und vertritt, dass zum Bestand des Staates auch der Bestand der jeweiligen Gesellschaftsordnung gehöre. Infolgedessen muss das geschützte Rechtsgut von seinem Stellenwert mindestens der freiheitlich-demokratischen Grundordnung entsprechen.[1859]

Die Bejahung der Staatsnothilfe wird meist auf althergebrachte Argumente gestützt, die *Engländer* in drei Argumentationslinien einteilt. Einerseits gebe es das Argument des mittelbaren Individualschutzes.[1860] Der Grund, weshalb die Staatsnothilfe als Rechtfertigungsgrund anerkannt werden müsse, sei, dass mit der Bedrohung des Staates auch immer eine mittelbare Bedrohung der Rechtsgüter des Individuums einhergehe.[1861] Dieses Argument wurde wiederum dadurch entkräftet, dass bei einer solchen mittelbaren Bedrohung meist nur eine abstrakte Gefahr gegeben sein wird, die den strengen Anforderungen an die Gegenwärtigkeit des Angriffs nicht gerecht wird.[1862] Das zweite Argument, das in der modernen Zeit für ein Staatsnothilferecht angeführt wird, ist das Personalitätsargument. Bei dieser Argumentationslinie wird auf den „anderen" im Sinne der Norm eingegangen und dieses Merkmal weit ausgelegt, sodass der Staat als juristische Person des öffentlichen Rechts bei fiskalischem und hoheitlichem Handeln unter die Norm fällt.[1863] Im Grunde genommen handelt es sich hierbei nur um die Fortführung der formalistischen Betrachtungsweise wie sie in der Weimarer Republik vorgenommen worden war. Auch das Vergleichsargument des Reichsgerichts, nach welchem dem Staat kein geringerer Schutz zukommen dürfe als dem Individuum, wird ins Feld geführt.[1864] Insgesamt knüpfen die genannten Argumente unter Ausblendung der NS-Literatur nahtlos an die Ausführungen in der Weimarer Republik an, ohne dass eine kritische Auseinandersetzung erfolgt.

Aufbau der Straftat. Ein Lehrbuch, S. 357, gehen sogar noch weiter und nehmen als nothilfefähig neben dem Bestand des Staates auch die Rechtspflege und das Ansehen des Beamtenapparates an; *Jescheck/Weigend*, Lehrbuch des Strafrechts, Allgemeiner Teil, S. 349.

1859 *Knoch*, Die Nothilfe zugunsten des Staates, S. 54.

1860 *Engländer*, Grund und Grenzen der Nothilfe, S. 273.

1861 *Spendel*, in: Jähnke/Laufhütte/Odersky (Hrsg.), Leipziger Kommentar, § 32 Rn. 155; ablehnend *Engländer*, Grund und Grenzen der Nothilfe, S. 273.

1862 *Engländer*, Grund und Grenzen der Nothilfe, S. 273.

1863 So beispielsweise *Spendel*, in: Jähnke/Laufhütte/Odersky (Hrsg.), Leipziger Kommentar, § 32 Rn. 152 ff.

1864 *Engländer*, Grund und Grenzen der Nothilfe, S. 274.

VI. Der Kreis der geschützten Rechtsgüter

Die Einbeziehung der freiheitlich-demokratischen Grundordnung in die Diskussion um die Rechtsgüter stellt ein Novum der Nachkriegszeit dar. Durch die Aufnahme dieses Prinzips in das Grundgesetz sollten den Erfahrungen aus dem Nationalsozialismus Rechnung getragen werden.[1865] Daneben geht *Knoch* auf die Grundsätze der Verfassung ein, wenn er unter das Staatsvolk auch den Grundsatz der Sozialstaatlichkeit und den Schutz von Ehe und Familie fasst.[1866] Auch die weiteren in Art. 20 GG genannten Strukturprinzipien, vornehmlich die Staatsform, verdienten besonderen Schutz.[1867] Das Element des Staatsvolkes tritt dagegen in seiner bevölkerungspolitischen Ausprägung angesichts des Babybooms in den 1950er- und 1960er-Jahren eher in den Hintergrund.[1868] Daneben war es nach der Überbetonung zur Zeit des Nationalsozialismus auch negativ konnotiert.

Eine Ausnahme zur zunehmend restriktiven Ansicht bezüglich der Staatsnothilfe stellen die Ausführungen *Adlers* dar. Dieser bezeichnet es als widersprüchlich, Angriffe auf die Rechtspflege von der Staatsnothilfe auszuklammern, weil durch ihre Begehung die vitalen Interessen des Staates nicht gefährdet werden könnten. Auch durch einen Angriff auf die Rechtspflege als Säule des Staatswesens könnten existenzielle Staatsinteressen angegriffen werden. Dass dies nur in extremen Ausnahmesituationen möglich ist, sei unschädlich, da eine solche Situation dem Wesen der Staatsnothilfe immanent sei.[1869] Auch bei der Geld- und Wertzeichenfälschung bejaht *Adler* die Staatsnothilfe bei extrem großen Mengen an Falschgeld, da der funktionierende Geldverkehr für den Bestand des Staates existenziell sei.[1870] Was die öffentliche Ordnung anbelangt, folgt *Adler* wiederum dem vorherrschenden restriktiven Kurs. So sei nicht vorstellbar, dass durch die Beeinträchtigung der öffentlichen Ordnung vitale Interessen des Staates gefährdet werden könnten.[1871]

1865 *Schäfer*, Die freiheitlich-demokratische Grundordnung. Eine Einführung in das deutsche Verfassungsrecht, S. 13.
1866 *Knoch*, Die Nothilfe zugunsten des Staates, S. 55.
1867 *Lammerding*, Die Staatsnothilfe als strafrechtlicher Rechtfertigungsgrund, S. 54.
1868 Vgl. hierzu *Lammerding*, Die Staatsnothilfe als strafrechtlicher Rechtfertigungsgrund, S. 53.
1869 *Adler*, Nothilfe zugunsten der Umwelt?, S. 87.
1870 *Adler*, Nothilfe zugunsten der Umwelt?, S. 90.
1871 *Adler*, Nothilfe zugunsten der Umwelt?, S. 97.

VII. Die Betrachtung der Problematik in der neuesten Kommentar- und Lehrbuchliteratur

In der neueren Literatur wird indes teilweise, beispielsweise von *Paeffgen* und *Zabel*, davon ausgegangen, dass Art. 20 Abs. 4 GG abschließend und für eine darüber hinausgehende Staatsnothilfe kein Raum sei.[1872] Gegen eine Anwendbarkeit des § 32 StGB auf die Staatsnothilfe spreche das anthropozentrische Notwehrverständnis.[1873] Die Norm des Art. 20 Abs. 4 GG stelle eine hinreichende Eingriffsgrundlage dar, weswegen eine weitergehende Befugnis zur Staatsnothilfe abzulehnen sei.[1874] Wenn die Tatbestandsvoraussetzungen des Art. 20 Abs. 4 GG nicht gegeben seien, könne allerdings § 34 StGB subsidiär angewandt werden.[1875] Dies erscheint widersprüchlich. *Paeffgen* und *Zabel* folgen der Mindermeinung, nach der die Voraussetzungen des § 34 StGB bei der Staatsnothilfe vorliegen müssen. Das dadurch entstehende; einschränkende Korrektiv sei überzeugender als die dogmatisch nicht zu begründende restriktive Auslegung der nothilfefähigen Rechtsgüter in § 32 StGB.[1876]

Roxin lehnt einen Weg über § 32 StGB ebenfalls ab, da der Staat selbst kein Individualrechtsgut sei – er meint damit wohl eher, dass der Staat über keine Individualrechtsgüter verfüge. Daran ändere sich auch nichts, wenn man den Staat als juristische Person betrachte. *Summa summarum* würde die Zulassung der Staatsnothilfe zu unhaltbaren Zuständen führen und wäre mithin nicht zuletzt aus rechtspolitischen Gründen abzulehnen. Er argumentiert auch historisch, wenn er schreibt: „Diejenigen, die sich in der Weimarer Republik auf Notwehr zugunsten des Staates berufen haben, haben ausschließlich Unheil angerichtet." Er präferiert ebenfalls einen Weg

---

1872 So beispielsweise *Paeffgen/Zabel*, in: Kindhäuser/Neumann/Paeffgen (Hrsg.), Vorbemerkungen zu §§ 32 ff., Rn. 179; *Neumann*, in: Kindhäuser/ders./Paeffgen (Hrsg.), Strafgesetzbuch, § 34 Rn. 22; *Rönnau/Hohn*, in: Laufhütte/Saan/Tiedemann (Hrsg.), Leipziger Kommentar zum Strafgesetzbuch, Bd. 2, § 32 Rn. 80.

1873 *Rönnau/Hohn*, in: Laufhütte/Saan/Tiedemann (Hrsg.), Leipziger Kommentar zum Strafgesetzbuch, Bd. 2, § 32 Rn. 80.

1874 *Engländer*, Grund und Grenzen der Nothilfe, 2008, S. 274 f.; *Rönnau/Hohn*, in: Laufhütte/Saan/Tiedemann (Hrsg.), Leipziger Kommentar zum Strafgesetzbuch, Bd. 2, § 32 Rn. 80.

1875 *Paeffgen/Zabel*, in: Kindhäuser/Neumann/Paeffgen (Hrsg.), Strafgesetzbuch, Vorbemerkungen zu §§ 32 ff., Rn. 184a.

1876 *Paeffgen/Zabel*, in: Kindhäuser/Neumann/Paeffgen (Hrsg.), Strafgesetzbuch, Vorbemerkungen zu §§ 32 ff., Rn. 184a; so auch schon *Welzel, Das Deutsche Strafrecht*, S. 88 im Jahr 1969.

über § 34 StGB, um die Möglichkeit einer Güterabwägung zu eröffnen. Dies stehe auch in Einklang mit Art. 20 Abs. 4 GG, welcher ebenfalls ein Notstands- und kein Notwehrrecht normiert.[1877]

Zu § 32 StGB führt *Kindhäuser* allerdings aus: „Auch hat der Bürger das Recht, gegen solche Angriffe auf Symbole des Staates einzuschreiten, die nicht bloß seinen Patriotismus verletzen, sondern sich gegen Republik und demokratischen Rechtsstaat richten.“ In diesem Zusammenhang wird die Verbrennung der Bundesflagge bei einer Neonazi-Demo angeführt.[1878] Es wäre geradezu widersinnig, wenn zwar bei der Beschädigung von solchen Hoheitszeichen zugunsten des Staates als Fiskus eingeschritten werden dürfte, nicht aber zugunsten des Staates als Hoheitsträger. Deshalb müssten auch die Ehre und Würde des Staates nothilfefähig sein.[1879] Dies erscheint in Anbetracht der vorher getätigten Ausführungen, dass die Staatsnothilfe bei einer strafrechtlichen Betrachtung wenn überhaupt nur über § 34 StGB geregelt werden könne, inkonsequent. Gegen die Staatsnothilfe im Rahmen des § 32 StGB streite der Wortlaut der Norm, der für ein interpersonales Verhältnis spreche.[1880]

Insgesamt steht die heutige Literatur der Thematik eher kritisch gegenüber. Es könne keine Ausnahme von der Beschränkung des Notwehrrechts auf die Verteidigung von Individualrechtsgüter zugelassen werden. Einen strukturellen Unterschied zu Angriffen auf sonstige Rechtsgüter der Allgemeinheit gebe es nicht. Allein das Gewicht des Vorfalles sei gravierender. Diese existenzielle Bedrohung spreche gerade dafür, ein solches Staatsnothilferecht nicht anzuerkennen, da der Nothelfer im Zweifelsfall wenig Zurückhaltung im Hinblick auf das zur Verteidigung gewählte Mittel üben wird. Das Merkmal der „höchsten Staatsinteressen“ sei auch stark politisch konnotiert, sodass eine einheitliche Auslegung kaum zu gewährleisten sei. Darüber hinaus bestehe die Gefahr, dass dieses Rechtsinstitut zur Legitimation politischer Gewalt missbraucht wird, was die Erfahrungen der Weima-

---

1877 *Roxin*, Strafrecht Allgemeiner Teil, Bd. 1: Grundlagen. Der Aufbau der Verbrechenslehre, § 15 Rn. 41.

1878 *Kindhäuser*, in: ders./Neumann/Paeffgen (Hrsg.), Strafgesetzbuch, § 32 Rn. 46.

1879 *Spendel*, in: Jähnke/Laufhütte/Odersky (Hrsg.), Leipziger Kommentar zum Strafgesetzbuch, Rn. 158; *Rönnau*, in: Laufhüte/Saan/Tiedemann (Hrsg.), Leipziger Kommentar zum Strafgesetzbuch, § 32 Rn. 128, sieht jedoch in der Folgeauflage in Art. 20 IV GG eine erschöpfende Positivierung und will ein darüberhinausgehendes Staatsnothilferecht nicht anerkennen; ablehnend ebenfalls *Rönnau/Hohn*, ebd., § 32 Rn. 81.

1880 *Kindhäuser*, in: ders./Neumann/Paeffgen (Hrsg.), Strafgesetzbuch, § 32 Rn. 46.

rer Republik verdeutlichen. § 34 StGB, § 127 Abs. 1 StPO und Art. 20 Abs. 4 GG bieten dem Bürger eine ausreichende Handhabe. Die strengen Voraussetzungen dieser Normen sowie das Verbot, den anderen zu töten bieten Schutz vor Gewaltexzessen.[1881]

Perron und *Eisele* hingegen bejahen ein an den Kriterien des Reichsgerichts ausgerichtetes Staatsnothilferecht neben Art. 20 Abs. 4 GG. Die Zulässigkeit der Staatsnotwehr ergebe sich in begrenztem Maße schon aus § 32 StGB, sodass ein Umweg über § 34 StGB oder gar über ein übergesetzliches Rechtsinstitut nicht nötig sei. Eine restriktive Auslegung gebiete das staatliche Gewaltmonopol.[1882] Dass ein Weg über § 34 StGB und nicht über § 32 StGB gewählt wird, sei damit zu begründen, dass das Wort Staatsnothilfe nach *Hitlers* Reichsgesetz über Maßnahmen der Staatsnotwehr vom 3. Juli 1934 vielen Autoren „anrüchig" erscheint.[1883] Zu beachten ist allerdings, dass im Titel des Gesetzes der Begriff Staatsnotwehr und nicht Staatsnothilfe enthalten war. Es ist vielmehr davon auszugehen, dass die fehlende Güterabwägung im Rahmen des § 32 StGB viele Autoren davon abschreckt, die Hilfe zugunsten des Staates unter diese Norm zu fassen. Die in § 34 StGB enthaltene Güterabwägung biete augenscheinliche Vorteile. Bei einer Abwägung zwischen den Rechtsgütern des Staates und den Individualrechtsgütern sei es heute nicht mehr denkbar, dass die Rechtsgüter des Staates mehr Gewicht haben können, als das Leben des Einzelnen.[1884]

Murmann geht davon aus, dass nur Individualrechtsgüter notwehrfähig seien, weswegen ein allgemeines Unrechtsverhinderungsrecht nicht in Betracht komme, vor allem müssten daher die typischen Konstellationen der Notwehr im Straßenverkehr ausscheiden, auch er geht allerdings nicht näher auf die Thematik der Staatsnothilfe ein.[1885] *Rengier* hingegen lehnt die Staatsnothilfe als Teil des Allgemeinen Deliktshinderungsrechts ab.[1886]

1881 *Erb*, in: Joecks/Miebach/v. Heintschel-Henneg (Hrsg.), Münchner Kommentar zum Strafgesetzbuch, Bd. 1, § 32 Rn. 101.

1882 *Perron/Eisele*, in Schönke/Schröder, Strafgesetzbuch, § 32 Rn. 6 f.; ähnlich *Kindhäuser*, in: ders./Neumann/Paeffgen (Hrsg.), Strafgesetzbuch, § 32 Rn. 48.

1883 *v. d. Brelie*, Staatsnothilfe und Widerstandsrecht, S. 49.

1884 *v. d. Brelie*, Staatsnothilfe und Widerstandsrecht, S. 51.

1885 *Murmann*, Grundkurs Strafrecht, S. 259 Rn. 76; ebenso *Wessels/Beulke/Satzger*, Strafrecht Allgemeiner Teil. Die Straftat und ihr Aufbau, S. 156 Rn. 484; die Frage, ob Universalgüter notwehrfähig sind, als zweifelhaft offenlassend: *Schmidt*, Strafrecht Allgemeiner Teil. Grundlagen der Strafbarkeit. Aufbau des Strafrechtlichen Gutachtens, S. 136 Rn. 331.

1886 *Rengier*, Strafrecht Allgemeiner Teil, S. 143 Rn. 10.

Wie an den vorangegangenen Äußerungen ersichtlich wird, lehnt die herrschende Meinung die Staatsnothilfe für den Regelfall ab. Noch im Jahr 2019 steht jedoch in Creifelds Rechtwörterbuch, dass die Staatsnothilfe überwiegend als ultima ratio für zulässig erachtet wird.[1887]

1887 *Weber*, Creifelds Rechtswörterbuch, S. 1338.

§ 4 Die rechtliche Beurteilung des Attentats

A. Einleitung

„War es rechtens, sie einfach zu erschießen? Die Frage ist nicht nur rhetorisch zu verstehen. Der gesamte thematische Komplex Separatismus und Kriminalität ist immer auch durchdrungen von den kriminellen Handlungen der staatlichen und privaten Separatistenabwehr. Oder wie anders ist es zu bewerten, wenn staatliche Stellen Mordaufträge erteilen und finanzieren, pikanterweise als Täter per Haftbefehl gesuchte rechtsradikale Gewalttäter anheuern, wie im Falle des Attentats auf *Heinz* geschehen?“[1888] Die von *Gräber* und *Spindler* aufgeworfene Frage ist nach dem heutigen Rechtsgefühl, nach welchem das rechtsstaatliche Verfahren und die Wahrung der (justiziellen) Grundrechte von Tätern in Anbetracht der Geschehnisse des Nationalsozialismus tief in unserem Bewusstsein verankert sind, auf der Hand liegend. In der damaligen Zeit, in der die Erschießung des Separatistenführers überwiegend als gerechte Strafe empfunden wurde, war sie es aber keinesfalls. Die zugrunde liegende Bewertung beruhte in den seltensten Fällen auf einer rechtlichen Würdigung, sondern vielmehr auf einer ethischen Betrachtung. Wenn die Kölner Zeitung beispielsweise zum Smeets-Attentat schreibt, dass die Gesetze das Vorgehen *Miebachs* zwar nicht zuließen, es aber dennoch als Akt der Staatsnotwehr betrachtet werden darf, so zeigt dies deutlich, dass mit dieser Bewertung eher eine ethische als eine juristische gemeint ist.[1889] Eine dezidierte juristische Auseinandersetzung mit dem Fall war mangels einer rechtlichen Verfolgung der Attentäter nie nötig geworden. Es gab Untersuchungen durch die Separatisten selbst und auf Druck der französischen Besatzungsmacht durch die deutsche Polizei und Staatsanwaltschaft, die allerdings ergebnislos blieben. Nach der Erschießung von *Heinz* hatten die Separatisten selbst Tatverdächtige festgenommen, misshandelt und teilweise ausgewiesen. Nach

---

1888 *Gräber/Spindler*, Wer dabei mitmacht, muss damit rechnen, den Kopf zu verlieren. Kriminalität, Kriminalisierung und Strafverfolgung im Zusammenhang des linksrheinischen Separatismus nach dem 1. Weltkrieg, in: Landesarchivverwaltung Rheinland-Pfalz (Hrsg.), Unrecht und Recht. Kriminalität und Gesellschaft im Wandel von 1500–2000, S. 412 (423). Kursivhervorhebung durch die Verfasserin.

1889 Kölner Zeitung vom 19.3.1933.

heutigem Kenntnisstand waren die besagten Männer allerdings nicht am Attentat beteiligt gewesen.[1890]

Auch die regulären deutschen Ermittlungsbehörden fassten die Täter nicht. Das Delikt wäre auch trotz des Londoner Abkommens verfolgbar gewesen, da Tötungsdelikte gemäß Art. 7 Nr. 3 des Anhanges 3 des Londoner Abkommens nicht unter dieses fielen.[1891] Die Polizei stellte fest, dass die Toten falsche Pässe bei sich trugen und auch der mutmaßliche Herr *Weiß* unter falschen Namen im Hotel eingecheckt hatte,[1892] wodurch die Suche nach den Tätern angeblich erschwert wurde. Die Staatsanwaltschaft in Frankenthal leitete nach dem Attentat daher ergebnislos bleibende Ermittlungen gegen Unbekannt ein. Unter dem Vorwand, dass keine Beweise gefunden worden seien, wurde keine Anklage erhoben.[1893]

Die Staatsanwaltschaft habe zwar Ermittlungen wegen Mordes eingeleitet,[1894] weil die französische Besatzungsmacht, welche die Erschießung als brutale Reaktion und Ermordung wahrnahm, an einer Aufklärung der Geschehnisse interessiert war und die Involvierung staatlicher Stellen ansonsten sofort ins Auge gesprungen wäre.[1895]

Die zuständigen Stellen vollbrachten aber keine allzu großen Anstrengungen, um die Täter ausfindig zu machen. Zwar mussten sie auf Betreiben der Besatzungsmacht Ermittlungen einleiten;sie ermittelten jedoch nur pro forma. Dies genügte der französischen Besatzungsmacht, um weiteren Druck einzustellen. Die Lage spitzte sich nichtsdestoweniger zu, als der ehemalige Separatistenführer *Josef Matthes* drei Personen anzeigte, die mutmaßlich an den Anschlägen gegen *Smeets* und *Heinz-Orbis* beteiligt gewesen sein sollen. Obwohl die Angezeigten mit dem Attentat aller Wahrscheinlichkeit nach nicht in Verbindung standen, wurden die bayerischen Stellen so nervös, dass sie ihr weiteres Handeln mit dem Bayerischen

---

1890 Anzeige des Julius Benninger bei dem Polizeiassistenten Schmitz am 16.1.1924 in Mannheim, LA Speyer, R 12/588; Brief an die Haupthilfsstelle der Pfalz v. 31.1.1924, LA Speyer, R 12/588; Brief von *Antz* an *Jolas* v. 10.7.1939, LA Speyer, R 12/733.

1891 Zu diesem Aspekt auch Brief des Bürgermeisteramtes der Kreisunmittelbaren Stadt Neustadt a. d. Haardt an das Präsidium der Regierung der Pfalz v. 19.6.1928, LA Speyer, R 12/732.

1892 Bericht der Polizei vom 12. Januar, abgedruckt in: *Leiling*, Speyer in den Jahren 1919–1939. Ein Tagebuch, S. 177 (178).

1893 *Gräber/Spindler*, Revolverrepublik am Rhein, S. 16; *dies.*, Die Zeit v. 29.3.1991.

1894 *Gräber*, Rheinpfalz v. 8.1.1994.

1895 *Bariety*, Les Relations Franco-Allemandes après la Première Guerre Mondiale. 10 Novembre 1918–10 Janvier 1925 de l'Exécution à la Negation, S. 284.

Justizminister *Gürtner*[1896] koordinierten.[1897] Der Würzburger Staatsanwalt *Schülein*, der sich daraufhin mit der Frage befassen musste, wie mit den Beschuldigten zu verfahren sei, konstatierte, dass das Attentat in Speyer keine strafbare Handlung darstelle, da die Täter durch Staatsnothilfe gerechtfertigt seien.[1898]

Die Ermittlung der Täter wäre indes ohne weiteres möglich gewesen. Schon kurz nach dem Attentat vermuteten die französische Presse *Eberlein* als Drahtzieher.[1899] Wenn schon die ausländische Besatzungsmacht diesbezügliche Vermutungen in die richtige Richtung anstellte, so musste dieser Verdacht erst recht für die besser unterrichteten deutschen Stellen aufkommen. Auch die Autonome Regierung selbst ging von der Täterschaft nationalistischer Verbände aus.[1900] Dass die Identitäten einiger Täter zumindest späterhin bekannt geworden waren, lässt sich nicht abstreiten. Schließlich haben sich *Jung* und ein weiterer Attentäter im Jahr 1926 anlässlich der Einweihung des Wiesmann-Denkmals in Schollbrunn öffentlich zu dem Attentat bekannt.[1901] Schon im Jahre 1925 wurde die Aufmerksamkeit der breiten Öffentlichkeit in die richtige Richtung gelenkt, als ein angeblicher Spion in einem Prozess Aussagen zur O. C. machte. Diese Aussagen wurden dann in der Zeitschrift „Die Menschheit" veröffentlicht. Er berichtete unter anderem, dass die Erschießung von Heidelberg ausgegangen und mit Wissen und Wollen der Machthaber erfolgt sei. Den Tätern sei neben einer

---

1896 *Franz Gürtner* (1881–1941) war seit 1922 Bayerischer Justizminister und von 1932 bis 1941 Reichsjustizminister; von 1934 bis 1935 war er zugleich preußischer Justizminister. Aus seiner Feder stammte auch das Staatsnotwehrgesetz von 1934. S. hierzu sein Biogramm in der Parlamentsdatenbank beim Haus der Bayerischen Geschichte, abrufbar unter: https://www.hdbg.de/parlament/content/persDetail.php?id=3742, zuletzt abgerufen am 1.11.2022.

1897 *Gräber/Spindler,* Die Pfalzbefreier, S. 69.

1898 Brief des Staatsanwalts Schülein an den Oberstaatsanwalt des OLG Bamberg v. 2.7.1924, BayStA Bamberg K 100 VI/457; *Gräber/Spindler*, Die Pfalzbefreier, S. 70.

1899 Journal des Débates v. 19.2.1924, Übersetzung durch die Haupthilfsstelle für die Pfalz, BayHStA, MA 107649. Vgl. hierzu auch *Eberleins* Reaktion auf die Anschuldigungen in dessen offenem Brief an *de Metz*, abgedruckt in der Bayerischen Staatszeitung v. 20.2.1924. In diesem Artikel stellt sich Eberlein auf die Seite der Attentäter und dementiert seine Beteiligung nicht. Seine Empörung, die die Aussage von *de Metz* betrifft, dass die Attentäter feige gehandelt hätten, spricht vielmehr unverhohlen für die Beteiligung *Eberleins*.

1900 Brief der Autonomen Pfalz an den bayerischen Ministerpräsidenten v. 16.1.1924, BayHStA, MA 107668; ebenso die französische Presse Journal des Débates v. 19.2.1924, Übersetzung durch die Haupthilfsstelle für die Pfalz, BayHStA, MA 107649.

1901 *Gräber/Spindler,* Die Pfalzbefreier, S. 71.

Prämie auch Straffreiheit versprochen worden.[1902] Zudem gab es im Wittelsbacher Hof viele Augenzeugen und die Täter waren nicht vermummt. Das Gesicht *Weinmanns*, der über einen längeren Zeitraum im Wittelsbacher Hof residierte, hatten sich sicherlich mehrere Beteiligte gut einprägen können. Zudem war ein Teil der Attentäter ortsansässig, sodass die Wahrscheinlichkeit groß war, dass der ein oder andere von ihnen erkannt wurde. Darüber hinaus gab es auch zum damaligen Zeitpunkt starke Indizien, die für eine Beteiligung der Männer sprachen. So wurden diese teilweise auf ihrem Rückzugsweg durch die badische Polizei verhaftet. Es wurde festgestellt, dass sie Pistolen bei sich hatten. Die Darstellung *Muthmanns* legt sogar nahe, dass die Männer den Polizisten aus eigenem Antrieb von dem Attentat erzählt hatten. Er berichtete auch von einer privilegierten Behandlung durch die Polizisten. Angeklagt wurden die Festgenommenen nur wegen unerlaubten Waffenbesitzes. Nach Aufnahme der Personalien von den gefälschten Pässen durften sie gehen.[1903]

Gegen *Zwißler, Graf, Bold* und *Wiesmann* erging ebenfalls bloß eine Anzeige wegen „Vergehen gegen das Sprengstoffgesetz" durch die Staatsanwaltschaft in Heidelberg, weil diese in ihrer Pension große Mengen an Handgranaten und weiteren Sprengstoff gelagert hatten.[1904] Bei der diesbezüglichen Verhandlung gab *Zwißler* sogar zu, dass die Sprengmittel im Abwehrkampf verwendet wurden.[1905] Er zeigte sich bei dem Prozess bezüglich der zur Last gelegten Tatsachen geständig, sah sich jedoch selbst dadurch im Recht an, dass es sich um einen Kampf um die eigene Heimat gehandelt habe, weswegen er sich auf Staatsnotwehr berief.[1906] Trotz dieser Verdachtsmomente wurde im Hinblick auf das Attentat nicht weiter gegen die Täter ermittelt.

Dass der Staat den Attentätern nicht feindlich gegenüberstand, zeigt sich daran, dass für die Mutter *Hellingers* aufgrund dessen Todes späterhin

---

1902 Die Menschheit v. 1.7.1925, S. 196.

1903 *Muthmann*, Der Tod von Speyer. Das Strafgericht an den separatistischen Verrätern, in: Salomon (Hrsg.), Das Buch von deutschen Freikorpskämpfer, S. 459 (465).

1904 *Gräber/Spindler*, Die Pfalzbefreier, S. 47. S. hierzu Anzeige gegen *Josef Zwißler* wegen Vergehen gegen das Sprengstoffgesetz v. 18.6.1925, BayHStA, MA 107716.

1905 S. hierzu Anzeige gegen *Josef Zwißler* wegen Vergehen gegen das Sprengstoffgesetz v. 18.6.1925, BayHStA, MA 107716.

1906 S. hierzu Anzeige gegen *Josef Zwißler* wegen Vergehen gegen das Sprengstoffgesetz v. 18.6.1925, BayHStA, MA 107716.

sogar durch die Regierung von Oberbayern eine monatliche Rente von 42 RM gezahlt wurde.[1907]

Der Staat hatte auch gar kein Interesse daran, dass die Attentäter gefasst wurden. Einerseits fehlte den maßgeblichen Kreisen das Unrechtsbewusstsein bezüglich der Tat. Die amtlichen Stellen der bayerischen Staatsregierung hatten laut *Eberlein* die Notwendigkeit der Erschießung gesehen.[1908] Sie sahen die Attentäter nicht als Verbrecher, sondern als Helfer in der Staatsnot an. Darüber hinaus mussten sie befürchten, dass bei einer gerichtlichen Aburteilung der Attentäter die Verbindung zum Staat ans Licht kommen und eine internationale Krise heraufbeschworen würde.

Dadurch, dass es keine differenzierte, zeitgenössische juristische Betrachtung der Thematik gibt, muss diese rekonstruiert werden. Sie sollte möglichst authentisch nach damaligen Maßstäben erfolgen. Eine besondere Herausforderung ist es, das heute von der freiheitlich-demokratischen Grundordnung geprägte Verständnis auszublenden und sich in die damalige Zeit einzufühlen. Dafür sollen Handlungsweisen in ähnlichen Situationen zu Grunde gelegt sowie die damalige Rechtsliteratur ausgewertet werden, in der mitunter Erwähnungen des Falles oder Anspielungen auf diesen zu finden sind.

Ob es das Rechtsinstitut der Staatsnothilfe überhaupt geben sollte, war zur damaligen Zeit hoch umstritten. Der diesbezügliche Meinungsstand wurde im zweiten Teil der Arbeit ausführlich dargestellt. Dieses Kapitel soll nun aufzeigen, wie eine rechtliche Prüfung bei Anerkennung der Rechtsfigur weiter verlaufen wäre. Dann müssten nach zugrunde liegender ganz herrschender Meinung, die einen Subsumtion unter § 53 RStGB favorisierte, noch dessen Tatbestandsmerkmale vorliegen. Zudem müsste das Rechtsinstitut auf den vorliegenden Fall überhaupt anwendbar sein. Spezi-

1907 Brief der Feststellungsbehörde bei der Regierung der Pfalz an die Regierung der Pfalz, Kammer des Innern, v. 16.3.1929, LA Speyer, R 12/728. S. dazu, dass ein Zuschuss zur Deckung der Unkosten für die Gedächtnisfeier am 9.1.1934 gezahlt wurde und dass die Angehörigen der beiden Gefallenen Geld für die Überlassung von Erinnerungsgegenständen erhielten, Bayerisches Staatsministerium für Unterricht und Kultus an den Volksbildungsverband Pfalz/Saar, Kampfbund für deutsche Kultur in der Westmark v. 24.1.1934, LA Speyer, R 12/732. S. zur Gedenkfeier, die aus außenpolitischen Erwägungen heraus nur im engsten Kreis stattfand auch N.S.Z. Rheinfront v. 8.1.1934 und Pfälzer Zeitung v. 3.1.1934. Aus diesem Grund sollte nur in knapper Form über die Feier berichtet werden. S. hierzu Oberrheinischer Landesdienst v. 8.1.1934, LA Speyer, R 12/732.

1908 *Ritter v. Eberlein,* Pfälzische Rundschau v. 6.12.1930.

ell stellt sich die Frage der Abgrenzung zwischen Staatsnothilfe und -notwehr.

B. Damalige Bewertung der Geschehnisse

I. Zeitgenössische Stimmen

1. In der nichtwissenschaftlichen Literatur

Nach fast einhelliger Meinung wurde das Attentat in der zeitgenössischen Öffentlichkeit nicht als etwas Verwerfliches wahrgenommen. Auch wenn diese Betrachtung eher moralischer beziehungsweise ethischer Natur war, da die Betroffenen in den meisten Fällen nicht über juristische Vorbildung verfügten, kann aus dieser Wahrnehmung ein allgemeines Stimmungsbild abgeleitet werden. Im Rahmen der politischen Justiz spielt ein solches eine prägende Rolle. Charakteristisch für die damalige Zeit war es nämlich, dass die Justiz nicht strikt positivistisch vorging, sondern ihre Wertungen in besonderem Maße in das Urteil einfließen ließ. Dies zeigt sich im normativ geprägten Bereich der Staatsnothilfe in besonderer Weise. Schon die Anerkennung des Rechtsinstituts respektive dessen Ablehnung war ein Einfallstor für die politische Gesinnung des Richters.

Der Zustimmung der nationalen Kreise konnten sich die Attentäter sicher sein. So hatten Rechtsextreme die Reichs- und Landesacht über die Separatisten verhängt.[1909] Der Begriff der Reichsacht stammt ursprünglich aus dem germanischen Recht. In diesem Verstand man unter ihm, dass eine Person des Schutzes der Rechtsordnung mit Wirkung für das gesamte Reichsgebiet entzogen wurde. Es gab hierbei verschiedene Stufen, die bis hin zur völligen Vernichtung der Rechtspersönlichkeit gesteigert werden konnten.[1910] Zudem waren die Attentäter eng mit den völkischen Verbänden, beispielsweise mit der Brigade Ehrhardt, verwoben.

Das Unrechtsbewusstsein in der Bevölkerung bezüglich des Attentats war ebenfalls kaum vorhanden. Stattdessen wurde die „außerordentliche

1909 *Bräunche*, Die Pfalz muß deutsch bleiben. Finanzierung und Organisation der Abwehr gegen Separatistische Bestrebungen in der Rheinpfalz 1918–1924, in: Pfälzische Hypothekenbank Aktiengesellschaft Ludwigshafen/Pfälzische Gesellschaft zur Förderung der Wissenschaft (Hrsg.), Festschrift zum 100jährigen Bestehen der Pfälzischen Hypothekenbank, Teil 2, S. 227 (242 f.).

1910 *Poetsch*, Die Reichsacht im Mittelalter und besonders in der neueren Zeit, S. 2 f.

Leistung"[1911] der ehrenwerten Männer[1912] betont. Verharmlosend wurden die Attentäter als „Aktivisten" beschrieben.[1913] Die allgemeine Stimmung in der Bevölkerung war, dass die Separatisten Verräter waren und ihre Ermordung einen Akt höherer Gerechtigkeit darstellte.[1914]

Braun vergleicht das Attentat mit einer Kriegshandlung und konstatiert, dass im Vergleich zu einer solchen durch die Tötung einzelner ein viel größerer Effekt erreicht werden könne.[1915] An anderer Stelle rekurriert er wieder auf den Krieg, wenn er schreibt: „Mord. Mörder. Es ist nicht wie beim Verräter, daß man diesen anhört und ihn dann stäupen[1916] läßt, weil er doch nichts anderes ist als ein gemeiner Verräter. Der Mann, welcher diesen Mord befehlsmäßig ausführt, ist in diesem Augenblick Soldat, ist Held, der seinen Gegner zu erledigen hat, sobald er dessen ansichtig wird."[1917] In diesen Äußerungen zeigt sich die nahe zurückliegende Kriegserfahrung deutlich, die auch durch das oft anzutreffende Verständnis des passiven Widerstandes als Fortführung des Krieges weiter am Leben erhalten wurde. In erster Linie im Bereich der Freikorps, die sich meist aus arbeitslosen Soldaten des Ersten Weltkrieges zusammensetzten, die das Kriegserlebnis noch nicht verwunden hatten, wurde ein weiteres militärisches Betätigungsfeld gesucht. Auch die Attentäter waren größtenteils am Ersten Weltkrieg beteiligt gewesen und hatten nach diesem in ihren Freikorps im innerstaatlichen Bereich weitere militärische Erfahrungen gesammelt. Die Einteilung der Attentäter in verschiedene Trupps spiegelt diese Erfahrung wider.[1918] Dass auch die Autoren auf den Krieg und das Soldatentum referenzieren, zeigt, dass kein moralischer Unterschied zwischen dem Attentat und einer Kriegshandlung gemacht wurde. Durch den Krieg waren die Menschen in gewisser Weise abgestumpft und nahmen den Verlust eines Menschenlebens, bereitwilliger hin, solange er einem übergeordneten Zweck diente. Im Vergleich zu einer Kriegshandlung musste ih-

1911 *Grass,* Edgar Julius Jung (1894–1934), in: Baumann (Hrsg.), Pfälzer Lebensbilder, Bd. 1, S. 320 (327).

1912 *Braun,* Nibelungenland, S. 467.

1913 *Baumann,* Die Rheinpfalz (alle Regionalausgaben) v. 8.1.1954.

1914 *Magub,* Edgar Julius Jung, Right-Wing Enemy of the Nazis. A Political Biography, S. 71.

1915 *Braun,* Nibelungenland, S. 467.

1916 Stäupen ist ein veralteter Ausdruck für das Auspeitschen. S. hierzu https://www.duden.de/rechtschreibung/staeupen, zuletzt abgerufen am 1.11.2022.

1917 *Braun,* Nibelungenland, S. 454.

1918 S. hierzu S. 257 ff.

nen das Attentat sogar als weniger schlimm erscheinen, da ein Schuldiger, der sein eigenes Land verraten hatte, getötet wurde, während im Krieg eine in dem damals nationalistisch geprägten Verständnis eine ehrenvolle Person, die ihr Vaterland verteidigte, starb. Überdies kommt bei *Braun* auch eine gewisse Güterabwägung zum Tragen. Auch wenn seine Aussage nicht juristisch verstanden werden darf, bedient er sich eines juristischen Instrumentariums. Selbst wenn es eine solche Abwägungsentscheidung bei der Notwehr nicht gibt, so zeigt er auf, dass zugunsten der Attentäter gewichtige Interessen der Bevölkerung griffen. *Betsch* fasst die allgemeine Stimmung in der Bevölkerung ebenfalls unter Nutzung einer Abwägung treffend zusammen, wenn er schreibt: „Besser, es starb ein Freund Frankreichs, als daß ein zertretenes Land gestorben wäre."[1919]

Darüber hinaus wird angeführt, der Separatistenführer habe beseitigt werden müssen, um dem Volkswillen und der Freiheit zum Durchbruch zu verhelfen.[1920] Die Tat wurde als ausschlaggebend für die Erhaltung der Pfalz beim Reich angesehen und es wurde daher Dankbarkeit gegenüber den Attentätern gefordert.[1921] Neben der rein ethisch-moralischen Komponente, kommt ein rationales Element hinzu, das auch schon in der Abwägungsentscheidung einen Anklang gefunden hat. Die Bevölkerung wollte nicht nur, dass die Separatisten bestraft wurden, vielmehr sahen sie das Attentat auch als einzige Alternative an, um ihre Herrschaft zu beseitigen. Dadurch, dass sie von einer alternativlosen Notwendigkeit ausgingen, umgingen sie eine kritische Auseinandersetzung.

Insgesamt wurde anhand verschiedener Argumente versucht, die Stellung der Täter als Mörder zu bestreiten. Dies geschah nicht anhand juristischer Kriterien, sondern hauptsächlich anhand einer Argumentationslinie, die den Mörder als Typus und Menschenschlag in den Vordergrund stellt. Wenn *Braun* schreibt: „Aber dieser Rückzug ist keine feige Flucht wie von Mördern. Diese aufrechten kühnen Männer bleiben Herr der Lage"[1922], so rekurriert er auf Eigenschaften, die einem Mörder landläufig zugeschrieben wurden. Ähnlich ist auch die Aussage eines angeblichen Augenzeugen über die Erschießung des Separatistenführers: „Man mag über das Attentat vom

1919 *Betsch,* Ballade am Strom, S. 521.

1920 *Braun,* Nibelungenland, S. 467.

1921 *Grass,* Edgar Julius Jung (1894–1934), in: Baumann (Hrsg.), Pfälzer Lebensbilder, Bd. 1, S. 320 (329); *Forschbach,* Edgar J. Jung. Ein konservativer Revolutionär 30. Juni 1934, S. 12.

1922 *Braun,* Nibelungenland, S. 469.

menschlichen und politischen Standpunkt aus denken wie man will, die Attentäter hatten eine bewundernswerte Haltung, keinerlei Überhastung, keinerlei Aufregung. Jeder schien genau das zu tun, was unbedingt notwendig war."[1923] Man könnte diese Aussage im Sinne einer Parallelwertung in der Laiensphäre mit Heimtücke in Verbindung bringen. Der Mord wird als etwas Unehrenhaftes begriffen. Den Attentätern hingegen werden durch diese Aussage Tugenden wie Mut und Tapferkeit zugesprochen. An anderer Stelle wird Mord deshalb verneint, weil die Tötung des Separatistenführers als Notwendigkeit erachtet wurde.[1924] In dieser Aussage könnte man schon fast eine Parallelwertung in der Laiensphäre annehmen, die in Richtung Nothilfe geht und an der Erforderlichkeit anknüpft.

In der mit dem Tod des Separatistenführers in Verbindung gebrachten Aussage: „Der Usurpator ist tot! Es lebe der Schütz und der Erretter [..]"[1925], liegt eine Allusion auf den Ausspruch: „Der König ist tot, es lebe der König!". Dadurch wird der Fokus auf die Zukunft gelegt. Darüber hinaus wird ein gewisser Pragmatismus in Bezug auf den Tod des Separatistenführers zum Ausdruck gebracht. Dieser tritt bezüglich der Aufmerksamkeit gegenüber den neuen Machtverhältnissen in den Hintergrund.

Wenn *Forschbach* schreibt: „Sein Engagement bei der Niederwerfung des Separatismus zwang [*Jung*] jedoch, seine pfälzische Heimat zu verlassen"[1926], so erhebt er diesen in die Rolle eines couragierten Märtyrers. Diese Glorifizierung der Attentäter war ein Motiv, das im Nationalsozialismus verstärkt wieder aufgegriffen wurde. Aber auch schon zuvor fand eine solche Heldenverehrung zuvörderst hinsichtlich der getöteten Attentäter statt.[1927]

Selbst die obersten Stellen im Staat vermochten die Täter nicht zu verurteilen. *Stresemann* erklärte in seiner Funktion als damaliger Außenminister zu den Vorfällen in Pirmasens, dass er das Verhalten der Bevölkerung

1923 Bericht der Haupthilfsstelle Heidelberg v. 12.1.1924, Bericht eines Augenzeugen über die Erschießung des *Heinz* und Genossen in Speyer, BayHStA, MA 107668. Wahrscheinlich handelte es sich bei diesem Bericht nicht tatsächlich um einen Augenzeugenbericht; vielmehr spricht die gewählte Sprache sowie die in der Propaganda immer wieder auftauchenden Wendungen dafür, dass der Bericht von der Haupthilfsstelle selbst verfasst wurde.

1924 Vgl. die belletristische Darstellung v. *Knecht,* Eine Handvoll Männer und ein Mann, S. 182.

1925 *Braun,* Nibelungenland, S. 472.

1926 *Forschbach,* Edgar J. Jung. Ein konservativer Revolutionär 30. Juni 1934, S. 12.

1927 S. hierzu weiterführend S. 379 ff.

nachvollziehen könne und dass die Separatisten kein Mitleid verdienten.[1928] Er, der als Vorbild moralischer Integrität galt, hat die Taten zwar im juristischen Sinne als verwerflich, aber „vor Gott und dem Gewissen" als gerechtfertigt angesehen.[1929] Bei dieser Würdigung ist zu beachten, dass *Stresemann* selbst kein Jurist, sondern promovierter Nationalökonom war.[1930] Insofern erscheint fraglich, ob tatsächlich eine juristische Prüfung vorgenommen wurde, oder ob er nur sein allgemeines Rechtsempfinden wiedergegeben hat. Auch der Kriegsminister war der Ansicht, dass man die Vorgänge in Speyer nicht allzu hart verurteilen solle.[1931] *Wappes* spricht von einem „verdiente[n] Ende" für den Separatistenführer.[1932]

An eine rechtliche Aburteilung des Falles dachte niemand in ernsthafter Weise. So schrieb *Braun:* „Man wird das Schuldig nicht über dich sprechen, man wird das Hosiannah singen, wenn die Tat gelingt."[1933] Durch diesen religiösen Bezug werden die Attentäter auf eine höhere Stufe gestellt, womöglich sogar auf eine über dem Gesetz stehende Ebene. Die Freude und der Jubel, die hinter dem christlichen Ausruf „Hosiannah" stecken,[1934] überlagern die negative Wahrnehmung des Attentats. *In conclusio* ging *Braun* nicht nur lediglich von einem Freispruch aus, sondern war auch fest überzeugt, dass es niemals zu einer Anklage kommen würde. So führt er weiter aus, dass keiner „seine leidenschaftliche Anklagerede vor dem Volke halten" werde.[1935] Zu beachten ist, dass *Brauns* Buch 1933 erschienen ist und er den weiteren Verlauf in der Realität also kannte. Dennoch zeigt sich in diesen Äußerungen, dass die Allgemeinheit in der damaligen Zeit gar nicht an einer gerichtlichen Untersuchung interessiert war. Dass es nie zu einer solchen kam, wurde von *Gedye* als natürlich empfunden.[1936] Diese Aussage ist vor dem Hintergrund seines Wissens zu beurteilen. Schließlich

---

1928 Ministerbesprechung vom 13 Februar 1924, 12 Uhr, R 43 I/1392, abgedruckt in: Abramowski (Hrsg.), Die Kabinette Marx I und II. 30. November 1923 bis 3. Juni 194. 3. Juni 1924 bis 15. Januar 1925, Band 1, S. 357 (359).

1929 *Müller,* Die Pfalz am Rhein Heft 3 August 1988, 38 (39).

1930 *Kolb,* Gustav Stresemann, in: Deutsche Biographie, abrufbar unter: https://www.deutsche-biographie.de/sfz106705.html#ndbcontent, zuletzt abgerufen am 1.11.2022.

1931 *Magub,* Edgar Julius Jung, Right-Wing Enemy of the Nazis. A Political Biography, S. 71.

1932 *Jolas,* Erinnerungen aus der Franzosenzeit, in: Verlag und Redaktion der Pfälzischen Rundschau (Hrsg.), Dokumente aus dem Befreiungskampf der Pfalz, S. 28 (29). Ebenso *Hack,* Deutsche Geschichte v. 1914–1934, S. 66.

1933 *Braun,* Nibelungenland, S. 466.

1934 https://www.duden.de/rechtschreibung/hosianna, zuletzt abgerufen am 1.11.2022.

1935 *Braun,* Nibelungenland, S. 467.

1936 *Gedye,* The Revolver Republic, S. 233.

stand er in Verbindung mit *Eberleins* Abwehrstelle und wusste von der Beteiligung staatlicher Stellen. So ist es durchaus möglich, dass er nicht lediglich davon ausging, dass die Attentäter nicht verfolgt werden sollten, sondern dass er wusste, dass diese aufgrund der Beteiligung staatlicher Stellen schlicht nicht belangt werden würden.

Braun stellt die Täter als Rächer mit freiem und reinem Gewissen dar.[1937] Dies deckt sich mit den Gefühlen, die ein Großteil der Täter verspürte. Sie fühlten sich nicht nur moralisch, sondern auch juristisch im Recht. Später hieß es offiziell, dass der bayerische Staat in Staatsnotwehr gehandelt habe.[1938] Auch in vielen weiteren Quellen wird davon ausgegangen, dass diejenigen, die gegen die Separatisten agiert hatten, durch Notwehr gerechtfertigt waren.[1939] In der Vossischen Zeitung, welche in Berlin herausgegeben wurde, wird die Tötung von *Heinz* als „Akt der Volksjustiz" und „Notwehrakt einer verzweifelten Bevölkerung" beschrieben.[1940] Das Nachrichtenblatt der Würzburger Studentenschaft ging sogar noch einen Schritt weiter und ging davon aus, dass die Geschehnisse gottgegeben seien.[1941] Dreißig Jahre nach dem Attentat verfasste ein Richter außer Dienst Kurzbiographien für das „Große Pfalzbuch". Dort erachtet er *Heinz*' Handlungen in Zusammenhang mit dem Separatistenputsch als „Hoch- und Landesverrat" und setzte hinter das Attentat in Parenthese das Wort „Staatsnotstand".[1942] Das Agieren der Attentäter wurde mitunter auch als Selbsthilfe beschrieben.[1943]

1937 *Braun,* Nibelungenland, S. 466.

1938 *Gräber,* Die Rheinpfalz v. 8.1.1994.

1939 So zum Beispiel bezüglich des Sturms auf die Pirmasenser Bezirksregierung: *Jolas,* Die Pfalz unter Französischer Besatzung von 1918 bis 1930, S. 208.

1940 Vossische Zeitung v. 10.1.1924 (Abendausgabe); ebenso *Maurer,* Bericht zum Moskauer Studentenprozess v. 5.8.1925, BayHStA, MA 107717.

1941 Zeitung der Würzburger Studentenschaft v. 29.2.1924. Dazu auch *Gräber/Spindler,* Revolverrepublik am Rhein, S. 13.

1942 *Jung,* Kurzbiographie zu Heinz, in: Großes Pfalzbuch, 1959; *Gräber/Spindler,* Revolverrepublik am Rhein, S. 13 f.; ebenso zum Separatismus im Allgemeinen *Bischof,* Rheinischer Separatismus 1918–1924. Hans Adam Dortens Rheinstaatbestrebungen, S. 11; *Gräber/Spindler,* Die Pfalzbefreier, S. 69.

1943 *Artmann,* Erinnerungen aus der Zeit der Separatistenherrschaft in der Pfalz, in: Verlag und Redaktion der „Pfälzischen Rundschau" (Hrsg.), Dokumente aus dem Befreiungskampf, S. 83 (83). Ebenso Brief der Presseabteilung der Haupthilfsstelle für die Pfalz an den Deutschen Schutzbund v. 25.1.1924, BayHStA, Haupthilfsstelle Pfalz 80 „griff in Notwehr zur Selbsthilfe" und Haupthilfsstelle Heidelberg v. 12.1.1924, Bericht eines Augenzeugen über die Erschießung des *Heinz* und Genos-

Das Attentat wurde zuweilen als Tellschuss eingeordnet.[1944] Das Motiv des *Wilhelm Tell* fand auch schon in der antifranzösischen Propaganda Verwendung.[1945] Durch diese Metapher wurden die Attentäter auf eine Stufe mit einem Nationalhelden erhoben, der gegen einen Tyrannen für die Freiheit gekämpft hatte. *Treutler,* der Chefpropagandist Eberleins, spricht davon, dass ein Femegericht das Todesurteil über den Separatistenführer gesprochen habe.[1946]

In all diesen Äußerung wird auf eine irgendwie geartete Rechtfertigung angespielt. Da von allen lediglich ein (pseudojuristischer) Rechtfertigungsgrund genannt wird ohne weiter auf die diesbezüglichen Voraussetzungen einzugehen, bleibt unklar, ob damit überhaupt der Rechtfertigungsgrund im juristischen Sinne gemeint ist. Schließlich kamen die Aussagen überwiegend nicht von Juristen.

Nur vereinzelt erfolgte in der zeitgenössischen Presse eine kritische Auseinandersetzung mit der Thematik[1947] und wenn doch, so musste derjenige, der sie anstieß mit harscher Gegenwehr und Beschimpfungen rechnen.[1948] Die Pfälzische Presse beispielsweise schlug kritische Töne an, wenn sie schrieb: „Mag man über den Mord denken, wie man will, wir haben niemals zu denen gehört, und gehören nicht zu denen, die ihn, gleichviel unter welchen Umständen es geschah, gutgeheißen haben [...].“[1949] Darüber hinaus kritisierte sie, dass bei dem Attentat auch Unbeteiligte zu Tode gekommen waren und beteuerte, dass sie das Gefühl des tiefsten mensch-

sen in Speyer, BayHStA, MA 107668; Text „Der Pfälzer Not und Treue, von einem Pfälzer“, BayHStA, MA 107649.

1944 *Grimm,* Frankreich am Rhein. Rheinlandbesetzung und Separatismus im Lichte der historischen französischen Rheinlandpolitik, S. 119; Haupthilfsstelle Heidelberg v. 12.1.1924, Bericht eines Augenzeugen über die Erschießung des *Heinz* und Genossen in Speyer, BayHStA, MA 107668.

1945 *Gräber/Spindler,* Revolverrepublik am Rhein, S. 99.

1946 *Treutler,* Heidelberger Tageblatt v. 30.6.1930. Das Motiv des Urteils findet sich auch bei *Muthmann,* Der Tod von Speyer. Das Strafgericht an den separatistischen Verrätern, in: Salomon (Hrsg.), Das Buch von deutschen Freikorpskämpfer, S. 459 (463), wieder.

1947 *Altmaier,* Die Weltbühne 20 (1924), 96 (99) bezweifelte, dass die Erschießung des Separatistenführers Abhilfe schaffen würde.

1948 Hierzu auch *Bräunche,* Die Pfalz muß deutsch bleiben. Finanzierung und Organisation der Abwehr gegen Separatistische Bestrebungen in der Rheinpfalz 1918–1924, in: Pfälzische Hypothekenbank Aktiengesellschaft Ludwigshafen/Pfälzische Gesellschaft zur Förderung der Wissenschaft (Hrsg.), Festschrift zum 100jährigen Bestehen der Pfälzischen Hypothekenbank, Teil 2, S. 227 (243).

1949 Pfälzische Presse v. 11.1.1924.

lichen Bedauerns in Anbetracht der Tat verspüre.[1950] Die Zeitung „Die Menschheit" reagierte mit Unverständnis für die Strafverfolgungsbehörden, indem sie schrieb: „Wir fragen den bayerischen Herrn Oberstaatsanwalt: Soll der Tod dieser drei Personen ungerächt bleiben, weil gleichzeitig mit diesem gemeinen Mord ein politischer Mord passierte, dessen Behandlung der bayerischen Regierung anscheinend unbequem ist?"[1951] Auch an anderer Stelle äußerte sich die Menschheit kritisch, indem sie anmerkt: „So ist es doch bezeichnend für die ruch- und skrupellose Denkungsart derjenigen, die sich „national" nennen und die als Regierungsbeamte berufen sind, „Hüter der Gesetze" zu sein, wenn der Mörder seitens der offiziellen Stelle für seinen politischen Mord „den Dank der pfälzischen und bayerischen Regierungen" ausgesprochen erhält."[1952]

In der Weltbühne äußerte sich *Jacob* kritisch zu den Geschehnissen in der Pfalz. Ohne die Taten der Separatisten verharmlosen zu wollen, begegnet er der Methodik, mit der gegen sie vorgegangen wurde, mit unverhohlener Verachtung. So beschreibt er die Haupthilfsstelle als „Mörderzentrale" und den die Attentäter als „Mordkollone".[1953] In der Menschheit werden die Täter ebenfalls als gedungene Mörder bezeichnet.[1954] *Eberlein* fühlte sich durch diesen Artikel so sehr provoziert, dass er Beleidigungsklage gegen *Jacob* anstrengte.[1955] Dieses Gerichtsverfahren wollte der Journalist dann nutzen, um die Zusammenhänge zwischen *Eberlein* und dem Attentat aufzuklären. Letzten Endes wurde der Prozess nach der Auflösung der Pfalzzentrale allerdings nicht mehr eröffnet. Nichtdestotrotz hoffte sich die Menschheit, dass der Fememord-Ausschuss des Reichstages seine Tätigkeit auch auf das Attentat ausweitet, was allerdings nie geschehen ist.[1956] Die Separatisten selbst bezeichneten das Attentat selbst als Meuchelmord, der aufgrund der gewählten Methodik als heuchlerisch erscheine.[1957]

1950 Pfälzische Presse v. 11.1.1924; ähnlich Die Menschheit v. 19.11.1926.

1951 Die Menschheit v. 19.11.1926.

1952 Die Menschheit v. 27.8.1926.

1953 *Jacob,* Die Weltbühne v. 21.7.1925.

1954 Die Menschheit v. 19.11.1926.

1955 Brief *Jacobs* an den Polizei-Inspektor *Kraft* v. 15.12.1925, BayHStA, MA 107717.

1956 Die Menschheit v. 16.4.1926.

1957 Autonome Pfalz. Nachrichtenblatt der Pressestelle der Regierung der Autonomen Pfalz in Speyer v. 3.2.1924, LA Speyer, R 12/165; auch in Frankreich wurde das Attentat als Meuchelmord wahrgenommen. S. hierzu Pfälzische Rundschau v. 11.1.1931, die den Elsässer Volksboten zitiert. S. zur Einordnung als Meuchelmord auch Brief der Autonomen Pfalz an den bayerischen Ministerpräsidenten v.

Im Jahr 1930 war *Jung* der erste der Attentäter, welcher sich in der Presse zum Attentat äußerte.[1958] Er fühlt sich sogar dadurch benachteiligt, dass die Nationalisten, vom Staat auch nach innen verleugnet worden seien.[1959] Er hatte die Hoffnung, dass die Lage der Attentäter sich nach der Befreiung von der Besatzung verbessern würde und sich diese nicht mehr verstecken müssen.[1960] Als Politiker ohne Amt nutzte er seine Beteiligung am Attentat durch sein Herantreten an die Öffentlichkeit, um seinen Willen, Einfluss auf die deutsche Politik zu nehmen, Legitimität zu verleihen.[1961] Durch seine Aussagen rückte er die staatlichen Stellen in ein pazifistisches Licht, was im Inland in diesem Kontext als negativ bewertet wurde. *Eberlein*, welcher mittlerweile nicht mehr in staatlicher Funktion tätig war, sah sich aufgrund dessen herausgefordert, zu erklären, dass er der eigentliche Drahtzieher hinter den Anschlägen war.[1962] Der damalige Pfalzkommissar *Jolas* befürchtete aber, dass solche Äußerungen im europäischen Ausland nicht gerne gesehen würden. Er warf *Eberlein* die Verletzung von Amtsgeheimnissen vor.[1963]

Als im Jahre 1930 nach dem Abzug der französischen Besatzungsmacht weitere Details über das Attentat öffentlich wurden, führte dies zu Kontroversen. Dass die damaligen Mörder ungestraft davonkamen, wurde teilweise kritisiert. Teils wurde auch der Gegensatz zu *Jungs* Beruf des Rechtsanwalts und dessen ansonsten propagierten christlich-ethischen Werte angeprangert. Auch wenn Jung davon ausging, dass es keine juristische Legitimation für sein Handeln gab, so sah er die Not des Reiches zumindest als moralische Rechtfertigung an.[1964] Dass die Vorwürfe *Jung* nachhaltig belasteten, wird dadurch deutlich, dass sich einer seiner letzten Artikel im Jahr 1934 mit der Tat befasste und er in ihm nochmals versuchte, seine

---

16.1.1924; Veröffentlichung der Regierung der Autonomen Regierung der Pfalz v. 14.1.1924, BayHStA, MA 107649.

1958 *Gräber/Spindler*, Die Pfalzbefreier, S. 43.

1959 *Jung*, Pfälzische Presse v. 30.6.1930.

1960 *Jung*, Pfälzische Presse v. 30.6.1930.

1961 *Magub*, Edgar Julius Jung, Right-Wing Enemy of the Nazis. A Political Biography, S. 69.

1962 *Gräber/Spindler*, Die Pfalzbefreier, S. 43; *Eberlein*, Pfälzische Rundschau v. 6.12.1930.

1963 *Gräber/Spindler*, die Pfalzbefreier, S. 43; Brief *Jolas* an *Eberlein* v. 6.12.1930, BayHStA, MA 107668, Auftrag von *Jolas* an *Antz* v. 2.1.1931, ebd.; Bericht von *Antz* an das Staatsministerium des Äußeren v. 27.3.1931, LA Speyer, R 12/733.

1964 *Jung*, Pfälzische Presse v. 30.6.1930; hierzu auch *Magub*, Edgar Julius Jung, Right-Wing Enemy of the Nazis. A Political Biography, S. 70.

christliche Haltung mit dieser in Einklang zu bringen.[1965] Nach dem Attentat wollten auch ansonsten viele an dem durch dieses verursachten Ruhm teilhaben und nahmen dafür die Beteiligung an dem Attentat für sich in Anspruch.[1966]

Nach Aussage von *Jolas* hatten sowohl der Zweibrücker Staatsanwalt *Dr. Ludwig Grimm* als auch dessen Vorgänger *Jakob Michel* die Rechtsansicht vertreten, dass es sich bei dem Attentat um einen Akt der Notwehr gehandelt habe, weswegen sie eine strafrechtliche Verfolgung der Attentäter nicht in Erwägung gezogen hätten.[1967]

Jungs Biograph *Ziegler* maßt sich kein Urteil über die Geschehnisse an. Vielmehr lässt er ein solches der Zukunft vorbehalten und geht davon aus, dass eine abschließende Beurteilung erst möglich sei, wenn das durch die damaligen Ereignisse ausgelöste Trauma überwunden wurde.[1968] Das moralische Urteil über die Separatisten fällt auch nach so langer Zeit keinesfalls leicht. Ohne die Attentäter zu glorifizieren, muss berücksichtigt werden, dass die Separatisten durch ihr Handeln den berechtigten Zorn der Bevölkerung auf sich gezogen haben.[1969]

Dennoch wird das Attentat aus heutiger Sicht weitaus kritischer beurteilt. Mittlerweile wird davon gesprochen, dass Heinz „ermordet" worden sei.[1970] Wenn Gräber schreibt: „(E)in Akt der Selbstbefreiung eines heldenmutigen treudeutschen Volkes war das Attentat von Speyer keineswegs"[1971], so wendet er sich hauptsächlich gegen das oftmals propagierte Bild der Volkserhebung. Im vorliegenden Fall war es kein Putsch von unten, der die Separatisten absetzte, sondern ein von staatlichen Stellen beauftragtes, von

1965 *Mugub,* Edgar Julius Jung, Right-Wing Enemy of the Nazis. A Political Biography, S. 71.

1966 *Gräber/Spindler,* Die Pfalzbefreier, S. 86; *Grimm,* Frankreich am Rhein. Rheinlandbesetzung und Separatismus im Lichte der historischen französischen Rheinlandpolitik, S. 119; *Jolas,* Berufliche Erlebnisse eines Pfalz-Bayerischen Verwaltungsbeamten, Bd. 2, unveröffentlichtes Typoskript, LA Speyer, Bibliothek, Signatur C 1381, S. 256.

1967 *Jolas,* Berufliche Erlebnisse eines Pfalz-Bayerischen Verwaltungsbeamten, Bd. 2, unveröffentlichtes Typoskript, LA Speyer, Bibliothek, Signatur C 1381, S. 256.

1968 *Ziegler,* Edgar Julius Jung. Denkmal und Vermächtnis, S. 12.

1969 *Schlickel,* Aktiv Dabei, 3/2008, 40 (44).

1970 *Ziegler,* Zwischen Revolution und Diktatur, Die pfälzischen Bauernverbände (1918 bis 1933), in: Nestler/Schaupp (Hrsg.), Zwischen Revolution und Demokratie, Studien zur Geschichte der Pfalz vom späten 18. bis Mitte des 20. Jahrhunderts, S. 199 (212).

1971 *Gräber,* Die Pfalz 56 (2010), 10 (11).

paramilitärischen Verbänden durchgeführtes Unternehmen. Auch, wenn dies noch nicht per se gegen eine Rechtfertigung durch Staatsnothilfe spricht, so setzt der Autor den Begriff Staatsnotwehr an anderer Stelle in Anführungszeichen.[1972] Dies zeigt, dass eine Anwendung des Rechtsinstituts auf den vorliegenden Fall nach seinem Dafürhalten zumindest kritisch gesehen werden muss.

Auch nach dem Zweiten Weltkrieg wird das Handeln mancher Attentäter durchaus positiv bewertet,[1973] wobei diese Wertung bei anderen wiederum auf Befremden stößt.[1974] Auch heute kommen einige Autoren dennoch nicht umhin, den Abwehrbestrebungen eine gewisse Legitimität zuzusprechen, so beispielsweise *Kaps,* wenn er sagt: „(...) das ist legitim gewesen, daß man sich von der Seite her vom rechtsrheinischen Ufer sehr heftig und sehr schroff gegen diese Dinge gewehrt hat.“[1975]

Dass die juristische Einordnung keinesfalls einfach ist, zeigt auch die Bestrebung Anfang der 1930er Jahre, die Taten der Attentäter unter eine Amnestie fallen zu lassen. Diesem Ansinnen lag das Bewusstsein zu Grunde, dass es sich bei der Staatsnothilfe um ein Rechtsinstitut handelt, das neben einer sehr normativ geprägten juristischen Subsumtion, deren Ergebnis man nicht sicher voraussagen kann, auch noch die Unwägbarkeit eines politisch geprägten Instrumentariums in sich trägt. Insofern konnten sich die Attentäter zwar relativ sicher sein, dass sie von den amtierenden Machthabern nicht belangt werden würden. Bei künftigen Veränderungen an den entscheidenden Stellen konnte die Gefahr der Strafverfolgung indessen wieder aufkommen.[1976] Nachdem ein entsprechendes Gesetz auf Reichsebene im Reichsrat scheiterte, wurde ein Amnestiegesetz in bayerischen Landtag erlassen, das Straffreiheit für die Abwehr von hochverräte-

---

1972 *Gräber*, Die Rheinpfalz v. 8.01.1994.

1973 *Grass*, Edgar Julius Jung (1894–1934), in: Baumann (Hrsg.), Pfälzer Lebensbilder, Bd. 1, S. 320 (320 ff.), insbesondere S 327, wo das Attentat als „außerordentliche Leistung“ bezeichnet wird.

1974 *Bräunche,* Die Pfalz muß deutsch bleiben. Finanzierung und Organisation der Abwehr gegen Separatistische Bestrebungen in der Rheinpfalz 1918–1924, in: Pfälzische Hypothekenbank Aktiengesellschaft Ludwigshafen/Pfälzische Gesellschaft zur Förderung der Wissenschaft (Hrsg.) Festschrift zum 100jährigen Bestehen der Pfälzischen Hypothekenbank, Teil 2, S. 227 (241).

1975 *Kaps* und *Graß*, in: Diskussion in der Sendereihe „Nahaufnahme“ vom Kurpfalz-Radio des Süddeutschen Rundfunks am 7. April 1989, 10:04 bis 11 Uhr, Abschrift von Mitschnitt, S. 8.

1976 *Gräber/Spindler,* Die Pfalzbefreier, S. 77 f.

rischen Unternehmungen während der Besatzungszeit gewährte.[1977] Nach den Reichstagswahlen wurde auch ein entsprechendes, noch weiter gehendes Gesetz für das Reich erlassen, nachdem sich die Mehrheitsverhältnisse geändert hatten.[1978]

2. In der wissenschaftlichen Literatur

Auch in der juristischen Literatur hat das Attentat Beachtung gefunden. *Baron* beispielsweise führte das Attentat im Wittelsbacher Hof als Beispiel für Staatsnotwehr auf. Er sah in der Erschießung die Abwehr eines Angriffs auf die Gebietshoheit.[1979] Auch *Schroeder* nennt die Erschießung von *Franz Josef Heinz* exemplarisch als Akt der Staatsnothilfe.[1980] *Heiliger* hingegen nimmt bezüglich des Attentats keine konkrete Unterscheidung zwischen Staatsnotwehr und Staatsnotstand auf, sondern erklärt nur, dass die Erschießung unter die beiden Rechtsinstitute zu fassen sei.[1981] Diesen Handlungen fehle „nach natürlichem Rechtsgefühl die Rechtswidrigkeit derart offenbar, daß eine Strafverfolgung vor den deutschen Gerichten mit Recht nicht in Betracht gekommen ist".[1982] Daher finde das Attentat in der wissenschaftlichen Diskussion, insbesondere unter den Gegnern des Staatsnothilferechts kaum Erwähnung.[1983]

Auch *Moderow* sah in den Abwehrkämpfen des Selbstschutzes gegen die Separatisten einen Akt der Staatsnotwehr. So sei hier die Reichseinheit schwer gefährdet gewesen und es lag eine „Zeit höchster Gefahr" vor.[1984]

1977 Stenographische Berichte über die Sitzungen des Bayerischen Landtages vom 30. und 31.7.1930, abrufbar unter: https://geschichte.digitale-sammlungen.de/landtagl919/kapitel/bsb00008698_chapter_12 und https://geschichte.digitale-sammlungen.de/landtag1919/seite/bsb00008698_00431, zuletzt abgerufen am 1.11.2022.

1978 *Gräber/Spindler*, Die Pfalzbefreier, S. 78; Gesetz zur Änderung des Gesetzes über Straffreiheit v. 14. Juli 1928, RGBl. I 1930, S. 467: Art. 1: Es wird Straffreiheit für die im § 4 genannten, aus politischen Beweggründen begangenen Straftaten gewährt, wenn die Tat vor dem 1. September 1924 begangen ist, und wenn sie sich nicht gegen ein Mitglied oder früheres Mitglied der Reichsregierung gerichtet hat. Gemäß § 4 des Gesetzes über Straffreiheit v. 14. Juli 1928, RGBl. I 1928, S. 195, waren Straftaten gegen das Leben ursprünglich von der Amnestie ausgenommen.

1979 *Baron*, Notwehr, Staatsnotwehr und Staatsnotstand, S. 2.

1980 *Schroeder*, Notwehr zugunsten des Staates, S. 4, ebenso *Steiger*, Staatsnotrecht, S. 20.

1981 *Heiliger*, Der Staatsnotstand als Beispiel politischer Strafrechtswissenschaft, S. 10.

1982 *Heiliger*, Der Staatsnotstand als Beispiel politischer Strafrechtswissenschaft, S. 10.

1983 *Heiliger*, Der Staatsnotstand als Beispiel politischer Strafrechtswissenschaft, S. 10 f.

1984 *Moderow*, Notwehr und Notstand zugunsten des Staates, S. 7.

Lederle führt die Ereignisse in der Autonomen Pfalz im Kontext der Gegenwärtigkeit des Angriffs auf.[1985] Auch hier hatten die Aufständischen obsiegt und die Staatsgewalt übernommen. Sie hatten die Regierungsgewalt übernommen und arbeiteten mit den Behörden zusammen. Insofern könnte man den Angriff, der sein Ziel vermeintlich erreicht hat, als beendet ansehen.[1986] Im Vergleich zur Novemberrevolution, wo eine Gegenwärtigkeit des Angriffs verneint wurde, war hier die Ausgangssituation in der Bevölkerung jedoch anders. Während die Bevölkerung bei der Novemberrevolution kriegsmüde und abgekämpft war, weswegen viele gar keinen Widerstand leisten wollten, so seien die Pfälzer voller Hass gegen die separatistische Regierung gewesen. Es herrschte ein allgemeiner Konsens, dass die Regierung nicht endgültig an der Macht bleiben dürfe. Aufgrund dessen sei das Attentat eine berechtigte Abwehr und ein typisches Beispiel für die Staatsnotwehr.[1987] Die Staatsumwälzung sei hier noch nicht abgeschlossen, weil die Putschisten das Staatsvolk noch nicht unter ihre Gewalt gebracht hatten und die Widerstandskraft der Bevölkerung noch nicht gebrochen wurde.[1988]

Hamers erwähnt die Geschehnisse in Speyer in Bezug auf die Verletzung Unbeteiligter in Zusammenhang mit dem Staatsnotstand.[1989]

Auch *Groth* führt den Fall als Beispiel, bei dem Staatsnothilfe in Betracht kommt, auf. Dieser Handlung „fehlte nach damaliger Rechtsauffassung anscheinend so offensichtlich die Rechtswidrigkeit, dass es zu Strafverfolgungen vor deutschen Gerichten nicht gekommen ist." Aufgrund dessen hätten sie in der wissenschaftlichen Diskussion auch keine weitere Berücksichtigung gefunden.[1990]

Stock beschreibt das Geschehen folgendermaßen: „Im Jahre 1923/24 hatten die Separatisten in der Rheinpfalz die Regierungsgewalt an sich gerissen und die Behörden lahmgelegt, um eine sog[enannte] freie Pfalz unter französischer Vorherrschaft zu errichten. Da drangen einige beherzte Männer in Speyer in das Hauptquartier der sogen[annten] „Freien Pfalzre-

1985 *Lederle*, Staatsnotwehr, S. 17, der fälschlicherweise von der „Freien Pfalz" spricht, aus dem Kontext in Verbindung mit der Jahreszahl wird jedoch deutlich, dass er die Autonome Pfalz meint.

1986 *Lederle*, Staatsnotwehr, S. 17.

1987 *Lederle*, Staatsnotwehr, S. 17 f.

1988 *Lederle*, Staatsnotwehr, S. 18.

1989 *Hamers*, Der strafrechtliche Staatsnotstand, S. 11 f., der Speyer fälschlicherweise als der Rheinischen Republik zugehörig ansieht.

1990 *Groth*, Staatsnothilfe und übergesetzlicher Staatsnotstand, S. 10.

gierung" ein und erschossen den Häuptling *Heinz-Orbis*; nunmehr gelang es wenige Tage später, der Separatistenherrschaft den Garaus zu machen." Auffällig ist hier erst einmal, dass die Freie Pfalz hier mit der Autonomen Pfalz verwechselt wird. Als zweites fällt ins Auge, dass *Heinz-Orbis* als „Häuptling" betitelt wird. Dies suggeriert, dass es sich hier um eine Horde „Wilder" gehandelt habe. Auch der Begriff „den Garaus machen" spricht für eine Herabsetzung der Separatisten in ihrer Menschlichkeit. Gerade wegen dem hier zu Tage tretenden Interesse des Gesellschaftsschutzes sei ein in irgendeiner Form geartetes Nothilferecht in solchen Ausnahmefällen unerlässlich.[1991]

Weitaus zurückhaltender ist *Hösch* in seiner Dissertation aus dem Jahre 1950. Er erklärt lediglich, dass man das Vorgehen der rheinischen Selbsschutzverbände gegen die Separatisten unter dem Gesichtspunkt der Staatsnotwehr betrachten könnte.[1992]

II. Das Wiesmann-Hellinger-Denkmal – Glorifizierung der Attentäter

Bezüglich der beiden getöteten Männer, *Wiesmann* und *Hellinger*, kam es zu einer regelrechten Heldenverehrung. Sie wurden als Märtyrer für die Freiheit der Pfalz glorifiziert. *Hellinger* wurde auf dem Friedhof in Speyer beigesetzt und das Grab *Wiesmanns* befand sich ursprünglich in seinem Heimatort Schollbrunn im Spessart.[1993] Während *Hellinger* als gebürtiger Speyerer vorerst nur sehr ruhig beigesetzt werden konnte, weil die Separatisten immer noch an der Macht waren,[1994] war die Beerdigung *Wiesmanns* am 22. Januar 1924 feierlicher. Sein Sarg wurde unter Anwesenheit seines früheren Regiments mit militärischen Ehren zu Grabe getragen, was Franzosen und Separatisten als Indiz für eine staatliche Beteiligung am Attentat werteten.[1995]

1991 *Stock*, GS 101 (1932), 148 (168).
1992 *Hösch*, Staatsnotwehr, S. 34.
1993 *Jolas*, Die Pfalz unter Französischer Besatzung von 1918 bis 1930, S. 186.
1994 *Gräber/Spindler*, Die Pfalzbefreier, S. 86; *Leiling*, Speyer in den Jahren 1919–1939. Ein Tagebuch. Bd. 2: Aus der Besatzungszeit in Speyer von Ende 1918 bis Mitte 1930, S. 439.
1995 *Gräber/Spindler*, Die Pfalzbefreier, S. 86; *dies.*, Revolverrepublik am Rhein, S. 15. S. zur Einweihung des Wiesmann-Hellinger Denkmals auch Landauer Anzeiger und Neue Pfälzische Landeszeitung v. 11.1.1932.

Im Übrigen erhielt *Wiesmann* in seiner Heimatgemeinde im Jahr 1926 noch ein Denkmal,[1996] welches die Inschrift „für Deutschlands Ehre als Rächer des Verrats am Vaterland gefallen" trug. Bei der Enthüllung waren Vertreter der Staatsbehörden und vaterländischer Verbände zugegen gewesen. Musikalisch untermalt wurde sie durch die Landespolizeikappelle von Aschaffenburg. Der erste Redebeitrag stammte von Unterfrankens Regierungspräsidenten *von Henle,* welcher den Verstorbenen als Helden beschrieb. Auch der Amtsrichter aus Marktheidenfeld legte einen Kranz nieder und der Ortspfarrer weihte das Ehrenmal. Der Hauptredebeitrag stammt von *Jung*. Laut ihm war die Erschießung von *Heinz* der einzige Weg gewesen, um die Pfalz wieder den linksrheinischen Gebieten anzunähern. Die Beteiligung des bayerischen Staates an der Feierlichkeit war wohl durchdacht und mit der Landesregierung koordiniert. So trat *von Henle* lediglich als Vertreter der unterfränkischen Kreisregierung auf und verzichtete bei seinem Kranz auf eine Schleifenaufschrift; die bayerische Regierung wählte mithin einen Mittelweg. Während sie keinen Staatskommissar in die Pfalz schicken wollte, um der Enthüllung des Ehrenmals keine zu große Aufmerksamkeit zuteilwerden zu lassen, wollte sie auch keinen einfachen Bezirksamtsvorstand schicken, um keine Empörung in vaterländischen Kreisen zu provozieren.[1997] Die bayerische Regierung war aufgrund der Erfahrungen, die bei *Wiesmanns* Beerdigung gemacht wurden, darauf bedacht, kein Medienecho im westlichen Ausland und in weniger nationalistisch gesinnten Kreisen zu erregen.[1998]

Nach dem Abzug der Besatzungstruppen im Sommer 1930, bestand die Möglichkeit, auch in Speyer ein Denkmal für die gefallenen Attentäter zu errichten. Aufgrund dessen wurde eine diesbezügliche Arbeitsgemeinschaft unter der Leitung des Geschäftsführers des pfälzischen Industriellenverbandes, *Oskar Frisch,* gegründet, deren Hauptaufgabe es war, private Spenden für das Vorhaben einzusammeln und den Bau des Denkmals zu beauftragen. Nach der Errichtung sollte eine Übergabe an die Stadt erfolgen, die sich dann um die weitere Pflege zu kümmern hatte.[1999] Unter dem Denkmal befand sich ein Doppelgrab, in das *Wiesmanns* Leichnam im Juni 1931 überführt wurde. Anlässlich des achten Jahrestages der Ereignisse vom

1996 *Gräber/Spindler,* Die Pfalzbefreier, S. 86; *dies.,* Revolverrepublik am Rhein, S. 14 f.

1997 *Gräber/Spindler,* Revolverrepublik am Rhein, S. 15; Pfälzische Rundschau v. 11.1.1932; Pfälzische Landeszeitung v. 21.12.1931.

1998 *Gräber/Spindler,* Revolverrepublik am Rhein, S. 15.

1999 *Gräber/Spindler,* Die Pfalzbefreier, S. 86.

9. Januar wurde es im Jahre 1932 eingeweiht.[2000] Zur Einweihungsfeier waren sehr viele Menschen gekommen, die mitunter einen weiten Anreiseweg in Kauf nahmen.[2001]

Zum zehnjährigen Jubiläum der Ereignisse erfolgten diverse Medienberichte.[2002] Auch nach dem Zweiten Weltkrieg wurden die gefallenen Attentäter sogar außerhalb nationalsozialistischer Kreise weiterhin verehrt. Dies wird bei *Baumann* deutlich, welcher noch 1954 schreibt: „Eine Generation, wie die unsrige, die aus den Erlebnissen der jüngsten Vergangenheit heraus wieder ein besonderes Verständnis für Taten gewonnen hat, die der Tyrannenmacht eine Grenze setzen, darf die Männer des 9. Januar 1924 nicht vergessen."[2003]

III. Auswirkungen auf das weitere Leben der Attentäter

Für die weiteren Karrieren der Täter war das Attentat eher förderlich als hinderlich. Viele von ihn nahmen im politischen Bereich oder im Staatsdienst eine besondere Stellung ein. Insbesondere im Nationalsozialismus wurden die Attentäter überwiegend privilegiert. Neben der Glorifizierung, die ihnen aufgrund der Tat zuteilwurde, lag dies auch daran, dass viele von ihnen selbst dem rechtsradikalen Milieu angehörten.

Graf, der Mitglied der BVP-Reichstagsfraktion war, wurde zwar nach der Machtübernahme *Hitlers* erst einmal inhaftiert. Nach nur zwei Tagen wurde er aber aufgrund seiner „Verdienste" im Kampf gegen die Separatisten wieder freigelassen und als Hospitant in die NSDAP-Reichstagsfraktion aufgenommen.[2004] Nachdem er 1935 schlussendlich der NSDAP beitrat, wurde er 1936 Leiter der Außenstelle des Reichswirtschaftsmuseums in Nordbayern.[2005] 1938 stieg er dann zum Regierungsdirektor auf und wurde daneben Hauptmann der Reserve.[2006] Nach Kriegsende wurde er zuerst Leiter des Landwirtschaftsamtes in München und dann von *Ludwig Erhardt* nach Frankfurt in die Wirtschaftsverwaltung der Westzonen geholt. Bis zu seinem Tod im Jahre 1953 leitete er als Ministerialdirektor diverse

2000 *Gräber/Spindler*, Die Pfalzbefreier, S. 86.
2001 *Gräber/Spindler*, Die Pfalzbefreier, S. 86.
2002 Völkischer Beobachter v. 9.1.1934; Pfälzische Presse v. 9.1.1934.
2003 *Baumann*, Die Rheinpfalz (alle Regionalausgaben) v. 8.1.1954.
2004 *Morweiser*, Die Nase 5/2008, 18 (19).
2005 *Morweiser*, Nase 5/2008, 18 (19).
2006 *Morweiser*, Die Nase 5/2008, 18 (19).

Abteilungen in Bonn und verschaffte auch weiteren ehemaligen Attentätern stellen im Staatsdienst.[2007]

Antz war späterhin als Chef der Bayerischen Politischen Polizei, welche eine Vorläuferin der Gestapo war, tätig und hatte von 1930 bis 1945 das Amt des Polizeipräsidenten in Ludwigshafen inne. Nach dem Krieg wurde er in die Stufe V (Entlastete) eingestuft und gehörte fortan in Bayern den Demokraten an.[2008]

Das ehemalige DVP-Mitglied *Weinmann* wechselte 1932 zur NSDAP. Er wurde Mitglied des Ludwigshafener Stadtrates und machte dann 1933 als Leiter des städtischen Personalrates Karriere. Späterhin nahm er einen Posten als Kulturamtsleiter an. Im September 1939 veranlasste er selbst sein Ausscheiden aus dem Dienst, nachdem an verschiedenen Orten der Stadt diffamierende Zettel über ihn aufgetaucht waren, die ihn der Unterschlagung bezichtigten. Daraufhin wurde er wegen der Unterschlagung von 9.000 RM aus der Partei ausgeschlossen und zu zweieinhalb Jahren Gefängnis verurteilt. Sein Kampf gegen die Separatisten wurde vom Frankenthaler Amtsgericht strafmildernd berücksichtigt.[2009]

Nach der Schließung der Pfalzzentrale kehrte *Eberlein* nach Bayern zurück. Der damalige Justizminister, *Franz Gürtner*, der unter der Herrschaft der Nationalsozialisten Reichsjustizminister werden sollte, hatte keinerlei Interesse daran, diesen für seine Taten juristisch zur Rechenschaft zu ziehen.[2010] Auch *Eberlein* machte Karriere bei den Nationalsozialisten. Nachdem er bereits 1932 in den Stahlhelmbund eingetreten war, der späterhin in der SA aufging, wurde er zuerst Sturmband-, dann besoldeter Standartenführer und schließlich Oberstleutnant des Ersatzbataillons „Feldherrnhalle", welches ausschließlich aus ehemaligen SA-Mitgliedern bestand. Er starb am 23. Mai 1949 in Kriegsgefangenschaft.[2011]

Als *Hannes Miebach* zehn Jahre nach dem Attentat mit seinem Flugzeug über der Ostsee tödlich verunglückte, erhielt er ein offizielles Staatsbegräb-

2007 *Morweiser,* Nase 5/2008, 18 (19).

2008 *Morweiser,* Die Nase 5/2008, 18 (18); *Lilla,* Antz, Walter, in: ders.: Staatsminister, leitende Verwaltungsbeamte und (NS-)Funktionsträger in Bayern 1918 bis 1945, abrufbar unter: https://verwaltungshandbuch.bayerische-landesbibliothek-online.de/antz-walter, zuletzt abgerufen am 1.11.2022.

2009 *Morweiser,* Die Nase 5/2008, 18 (18).

2010 *Morweiser,* Die Nase 5/2008, 18 (19).

2011 *Morweiser,* Die Nase 5/2008, 18 (19).

nis.[2012] In Köln war seit 1939 sogar eine Straße nach ihm benannt. Die Umbenennung wurde jedoch nach Kriegsende wieder revidiert.[2013]

Manche der Attentäter traten auch noch nach dem Zweiten Weltkrieg politisch in Erscheinung. *Zwißler* und *Wüst,* die bei dem Attentat beide noch sehr jung gewesen waren, beteiligten sich beispielsweise 1956 an einer erfolglosen Initiative zur Wiederangliederung der Pfalz an Bayern.[2014]

Wenige Attentäter wurden auch von den Nationalsozialisten verfolgt. Diese Verfolgung ist indes auf ihre gegen *Hitler* gerichtete Gesinnung zurückzuführen. Das Attentat selbst hat in Zuge dessen wahrscheinlich keine Berücksichtigung gefunden. Während es in solchen Fällen strafmildernd berücksichtigt wurde, bei denen die Delikte nicht gegen den Hitlerstaat als solchen gerichtet waren, dürfte es für die Nationalsozialisten bei einer direkten Gegnerschaft gegen sie selbst kein milderes Licht auf die Verfolgten geworfen haben. Einer dieser Verfolgten war *Otto Leibrecht.* Nachdem er, der zwar Faschist, aber dennoch Hitlergegner war, nach dem Stauffenberg Attentat auf *Hitler* 1944 nach einer Wohnungsdurchsuchung durch die Gestapo in die Schweiz fliehen musste, kam er nach dem Krieg wieder zurück und führte seine Kanzlei weiter. Nebstdem saß er auch im Landesverband der Pfälzer in Bayern. Er verstarb 1973.[2015]

Am Ende der Weimarer Republik war *Jung* federführend an der konservativen Opposition in der Weimarer Regierung beteiligt gewesen.[2016] So verfasste er beispielsweise ab Herbst 1932 zahlreiche Reden für *Franz von Papen,* darunter auch die berühmte Marburger Rede, und versuchte so, auf den Sturz *Hitlers* hinzuarbeiten.[2017] Durch sein Werk „Die Herrschaft der Minderwertigen" wurde er nichtsdestoweniger zum ungewollten Wegbereiter der Nationalsozialisten.[2018] Am 30. Juni 1934 wurde *Jung* im Zuge des

2012 Pfälzer Zeitung v. 25.1.1934; Kölner Zeitung v. 26.1.1934. Dazu auch *Ackermann,* Nationale Totenfeiern in Deutschland. Von Wilhelm I. bis Franz Josef Strauss: eine Studie zur politischen Semiotik, S. 34.

2013 *Hieronimus,* Historische Quellen im DaF-Unterricht, S. 161.

2014 *Gräber,* Die Pfalz 56 (2010), 10 (11).

2015 *Morweiser,* Die Nase 5/2008, 18 (19); *Gräber,* Attentat im Staatsauftrag, Die Pfalz 56 (2010), 10 (11).

2016 *Gräber/Spindler,* Revolverrepublik am Rhein, S. 16 f.

2017 *Warmbrunn,* Französische Besatzung und Separatistenbewegung, in: Glück/Baus (Hrsg.), Recht. Gesetz. Freiheit. 200 Jahre Pfälzisches Oberlandesgericht Zweibrücken, S. 215 (217); *Gräber/Spindler,* Revolverrepublik am Rhein, S. 16 f.; *Wassermann,* NJW 2002, 1018 (1021); *Holste,* JA 2009, 359 (365); *Höhne,* Mordsache Röhm. Hitlers Durchbruch zur Alleinherrschaft. 1933–1934, S. 235.

2018 *Gräber/Spindler,* Die Zeit Nr. 14 v. 29.03.1991.

Röhm-Putsches exekutiert, nachdem er fünf Tage zuvor von der Gestapo verhaftet worden war. Durch Gesetz vom 3. Juli 1934 legitimiert Reichsjustizminister *Gürtner* die Erschießungen im Nachhinein.[2019] Es erscheint wie eine Ironie des Schicksals, dass der Attentäter selbst einem gewaltsamen politischen Tod zum Opfer fiel, der seinerseits durch ein Gesetz über Staatsnotwehr im Nachhinein straffrei gestellt wurde.[2020]

Loewis of Menar wurde auch trotz des Attentats für seine vorherigen Vergehen weiterhin verfolgt und flüchtete nach Afrika, wo er an einem Fieber starb.[2021]

C. Tatbestandsmerkmale

Wenn man annimmt, dass die Notwehr auch zugunsten des Staates geübt werden kann, stellt sich überdies die Frage, ob die gängigen Überlegungen zu den Tatbestandsmerkmalen des § 53 StGB auf die Staatsnotwehr übertragbar und ob die Voraussetzungen im konkreten Fall gegeben sind.

I. Abgrenzung zwischen Staatsnotwehr und Staatsnothilfe

Vorliegend müsste das Rechtinstitut der Staatsnothilfe überhaupt anwendbar sein. Grundsätzlich ist es nach dem Willen des Gesetzgebers ohne Belang, ob der Angriff gegen ein Rechtsgut des Verteidigers abgewendet wird oder ob sich dieser gegen eine dritte Person richtet. Lediglich die Termino-

2019 *Gräber/Spindler,* Revolverrepublik am Rhein, S. 17. Der vom 30.6.1934 bis zum 2.7.1934 stattfindende Röhm-Putsch war ein Massaker, bei dem SS- und Gestapo-Angehörige unter anderem Mitglieder der SA umbrachten; unter den Opfern waren SA-Stabschef *Ernst Röhm*, aber auch Angehörige bürgerlicher Kreise, wie beispielsweise General *v. Schleicher*. Auch aus dem Umfeld des Vizekanzlers *Papen* wurden Menschen ermordet. Zu ihnen gehörte *Jung*, s. hierzu *Gossweiler,* Die Röhm-Affäre, S. 7. S. zu den Geschehnissen weiterführend *Gritschneider,* „Der Führer hat Sie zum Tode verurteilt…". Hitlers „Röhm-Putsch"-Morde vor Gericht, S. 17 ff. und *Gallo,* Der schwarze Freitag der SA. Die Vernichtung des revolutionären Flügels der NSDAP durch Hitlers SS im Juni 1934, S. 104 ff. S. weiterführend S. 344 f.

2020 *Wassermann,* NJW 2002, 1018 (1021); *Holste,* JA 2009, 359 (365). S. hierzu S. 344 f.

2021 *Muthmann,* Der Tod von Speyer. Das Strafgericht an den separatistischen Verrätern, in: Salomon (Hrsg.), Das Buch von deutschen Freikorpskämpfer, S. 459 (464).

logie der ansonsten gleichartigen Berechtigungen divergiert.[2022] Bei der Staatsnothilfe und der Staatsnotwehr hingegen gab es in beiden Fällen jeweils einen regen Diskurs, ob ein solches Rechtsinstitut überhaupt zugelassen werden sollte. Dadurch, dass dem Staat gänzlich andere Handlungsmöglichkeiten zustehen als dem Privaten und auch unterschiedliche rechtspolitische Erwägungen für und wider die Zulassung dieser Rechtfertigungsgründe sprechen, ist die diesbezügliche Entscheidung differenziert zu treffen. Zudem wurden die Tatbestandsvoraussetzungen des § 53 StGB je nach Rechtsinstitut unterschiedlich ausgelegt und modifiziert. Insofern erscheint eine Unterscheidung zwischen Staatsnotwehr und -hilfe im Gegensatz zu einer solchen zwischen schlichter Notwehr respektive Nothilfe von großer praktischer Bedeutung.

Auch wenn die herkömmliche Abgrenzung zwischen Nothilfe und Notwehr ein Leichtes ist, weil die Rechtssphären bei natürlichen Personen einfach bestimmt werden können, so gestaltet sich die Abgrenzung zwischen Staatsnotwehr und -hilfe in manchen Fällen deutlich schwieriger. Generell fällt es bei juristischen Personen des privaten oder des öffentlichen Rechts schwer, von einer Verteidigung ihrer selbst zu sprechen.[2023] Schließlich ist der Staat „als übermenschliches Gebilde in erster Linie geistige Form, ebenso die in ihm ruhende Macht, die Staatsgewalt." Es handelt sich um ein Abstraktum ohne eigene Handlungsfähigkeit im herkömmlichen Sinne.[2024] Erschwerend hinzu kommt, dass zur damaligen Zeit aufgrund der uneinheitlichen Terminologie nicht konsequent zwischen beiden Begriffen unterschieden wurde, weshalb die Fallbeispiele in den zeitgenössischen Werken zur Abgrenzung nur bedingt herangezogen werden können.

Insoweit stellt sich die Frage, wer sich als Staat nach § 53 StGB verteidigen kann. Während die Drei-Elemente-Lehre *Jellineks* bei den geschützten Rechtsgütern eine adäquate Möglichkeit zur Klassifizierung gab, so erscheint sie ungeeignet, um festzulegen, wer zum Staat selbst gehört und wer diesem nur helfend zur Seite springt. Schließlich ist nach ihr auch das Staatsvolk ein konstituierendes Element des Staates. Dennoch kann man nicht sagen, dass derjenige Bürger, der den Staat verteidigt, einen Angriff von sich selbst abwendet.[2025] Würde man dem Einzelnen als Teil des Staats-

---

2022 *Grosshut*, WüVR 1932, 177 (184); *Lederle*, Staatsnotwehr, S. 11.

2023 *Lederle*, Staatsnotwehr, S. 26 f.; *Piper*, Das Reichsgebiet nach der Weimarer Reichsverfassung vom 11. August 1919, S. 9.

2024 *Kiwit*, Ein Beitrag zur Lehre vom Staatsorgan, S. 28.

2025 *Lederle*, Staatsnotwehr, S. 26. S. hierzu auch S. 288 ff.

volkes ein Staatsnotwehrrecht zugestehen, so würde der Staatsnothilfe jeglicher Raum genommen. Genau wie Angriffe auf den Einzelnen wie dargelegt keinen Angriff auf den Staat darstellen,[2026] handelt der Einzelne auch nicht als Staat, wenn er Angriffe auf ebendiesen abwehrt.

Der hiesige Fall liegt zwischen dem Handeln eines Privaten und des Staates; es haben Private im Staatsauftrag gehandelt. Obgleich unklar ist, inwieweit die obersten Stellen Bescheid wussten, ist erwiesen, dass die Organisation *Jungs* staatlich finanziert wurde. So wurden beispielsweise hundert neue Mauserpistolen von der Haupthilfsstelle angefordert und an die Organisation geliefert. Die Rechnung enthält einen Stempel des bayerischen Staatsministeriums des Äußeren.[2027] *Antz* erhielt vom Finanzministerium zudem Mittel in Höhe von mehreren tausend Mark, über deren Verwendung er keine Auskunft geben musste,[2028] was nahe legt, dass das Ministerium von den Plänen wusste und lediglich offiziell aus den Attentat herausgehalten werden sollte. Dafür, dass der Staat mit dem Verlauf des Attentats durchaus zufrieden war, spricht auch, dass die staatlich zur Verfügung gestellten Mittel nach dem Attentat von einem Betrag von 7.000 Goldmark, der jeweils am 31. Oktober 1923 und am 14. November 1923 ausgezahlt worden war, bei der Auszahlung am 19. Januar 1924 auf 30.000 Goldmark erhöht wurde.[2029] Nach dem Attentat wurden die Täter auch auf der anderen Rheinseite wieder von Beamten der bayerischen Staatsregierung empfangen.[2030] Zumindest der Bezirksamtmann *Antz* war im Bilde. Nach seiner Aussage wusste der Pfalzkommissar *Wappes* zwar nichts von der Tat, sah jedoch die Notwendigkeit der Tötung der Separatistenführer und würde diese auch billigen.[2031] Auch wenn es unter Umständen keine

2026 S. hierzu ausführlich S. 288 ff.

2027 S. hierzu die Rechnung, BayHStA MA 107692; hierzu auch *Magub*, Edgar Julius Jung, Right-Wing Enemy of the Nazis. A Political Biography, S. 64.

2028 *Bräunche*, Die Pfalz muß deutsch bleiben. Finanzierung und Organisation der Abwehr gegen Separatistische Bestrebungen in der Rheinpfalz 1918–1924, in: Pfälzische Hypothekenbank Aktiengesellschaft Ludwigshafen/Pfälzische Gesellschaft zur Förderung der Wissenschaft (Hrsg.), Festschrift zum 100jährigen Bestehen der Pfälzischen Hypothekenbank, Teil 2, S. 227 (242).

2029 Übersicht über die Reichsmittel zur Abwehr der Separatistenbanden, BayHStA, MA 107692.

2030 *Gräber*, Damals 9/93, 32 (32).

2031 *Bräunche*, Die Pfalz muß deutsch bleiben. Finanzierung und Organisation der Abwehr gegen Separatistische Bestrebungen in der Rheinpfalz 1918–1924, in: Pfälzische Hypothekenbank Aktiengesellschaft Ludwigshafen/Pfälzische Gesellschaft zur Förderung der Wissenschaft (Hrsg.), Festschrift zum 100jährigen Bestehen der

direkte Einflussnahme der Regierung gab, kann eine Beteiligung offizieller Stellen nicht geleugnet werden.[2032] *Antz* geht in einem Schreiben vom 10. Juli 1939 sogar noch weiter, wenn er schreibt, „daß die Tat aber doch letzten Endes durch einen strikten Befehl, durch die Überweisung der Mittel und der Waffen und durch ihre Überwachung durch Organe des Staates ausgelöst und erfolgreich durchgeführt wurde".[2033] Heute vermuten Historiker, dass auch Ministerpräsident *Knilling* über das Attentat Bescheid wusste.[2034] Offiziell sprachen bayerische Stellen von der „Erledigung von *Heinz-Orbis*".[2035] Als die Pfalzreferenten am darauffolgenden Tag den Ministern in München Bericht erstatten wollten, teilten diese mit, dass sie davon nichts hören wollten.[2036] Zusammenfassend lässt sich feststellen, dass das Attentat auf *Heinz* von der bayerischen Staatsregierung gebilligt und finanziert und von einem Beamten des Pfalzkommissariats geplant und geleitet wurde.[2037] Es geschah im Auftrag der bayerischen Regierung.[2038] „Der

---

Pfälzischen Hypothekenbank, Teil 2, S. 227 (242); Bericht von *Antz* an das Staatsministerium des Äußeren v. 27.3.1931, LA Speyer, R 12/733.

2032 *Bräunche,* Die Pfalz muß deutsch bleiben. Finanzierung und Organisation der Abwehr gegen Separatistische Bestrebungen in der Rheinpfalz 1918–1924, in: Pfälzische Hypothekenbank Aktiengesellschaft Ludwigshafen/Pfälzische Gesellschaft zur Förderung der Wissenschaft (Hrsg.), Festschrift zum 100jährigen Bestehen der Pfälzischen Hypothekenbank, Teil 2, S. 227 (242).

2033 Siehe hierzu auch *Bräunche,* Die Pfalz muß deutsch bleiben. Finanzierung und Organisation der Abwehr gegen Separatistische Bestrebungen in der Rheinpfalz 1918–1924, in: Pfälzische Hypothekenbank Aktiengesellschaft Ludwigshafen/Pfälzische Gesellschaft zur Förderung der Wissenschaft (Hrsg.), Festschrift zum 100jährigen Bestehen der Pfälzischen Hypothekenbank, Teil 2, S. 227 (242).

2034 *Gräber/Spindler,* Wer dabei mitmacht, muss damit rechnen, den Kopf zu verlieren. Kriminalität, Kriminalisierung und Strafverfolgung im Zusammenhang des linksrheinischen Separatismus nach dem 1. Weltkrieg, in: Rheinland-pfälzische und saarländische Archive (Hrsg.), Unrecht und Recht. Kriminalität und Gesellschaft im Wandel von 1500–2000, S. 412 (414 f.), hierfür sprechen insbesondere die hohen Gelder, die er der Abwehrorganisation zur Verfügung stellte, vgl. BayHStA, MA 107692.

2035 *Gräber,* Damals 9/93, 32 (32). Kursivhervorhebung durch die Verfasserin.

2036 *Gräber,* Damals 9/93, 32 (32).

2037 *Gräber,* Pfälzischer Separatismus, in: Historisches Lexikon Bayerns, abrufbar unter: https://www.historisches-lexikon-bayerns.de/Lexikon/Pf%C3%A4lzischer_Separatismus, zuletzt abgerufen am 1.11.2022; *ders.,* Die schöne Literatur und die hässliche Geschichte, Die Darstellung des pfälzischen Separatismus nach dem 1. Weltkrieg in der zeitgenössischen Belletristik, in: Nestler/Schaupp (Hrsg.), Zwischen Revolution und Demokratie, Studien zur Geschichte der Pfalz vom späten 18. bis Mitte des 20. Jahrhunderts, S. 173 (177).

2038 *Gräber,* Die Pfalz 56 (2010), 10 (10); *Schneider,* Stimme der Pfalz 52 (2001), 8 (9).

[...] Anschlag auf *Heinz* wurde [...] in bayerischen Amtsstuben ausgeheckt."[2039]

Ob im konkreten Fall ein Handeln des Staates oder ein Handeln von Privaten zugunsten des Staates vorliegt, ist vor diesem Hintergrund nicht einfach zu beurteilen. *Schmahel* wählt einen Zwischenweg, wenn er in einem solchen Fall von formeller Legitimation spricht.[2040] *Schubert* fasst den Begriff der Staatsnothilfe sehr weit, wenn er davon ausgeht, dass jeder Handelnde darunterfällt, der kein Organ des Staates ist.[2041] Ähnlich sieht es *Grosshut*, der ebenfalls danach differenziert, ob der Staat sich durch sich selbst oder durch seine Organe verteidigt, oder ob der einzelne Staatsbürger eingreift.[2042] Dreh- und Angelpunkt dieser Ausführungen ist es also, ob ein Staatsorgan gehandelt hat. Der Begriff des Staatsorgans entsprang ursprünglich der Organismus-Theorie, nach welcher der Staat einen Organismus darstellt, bei dem alle Organe notwendig miteinander verkettet sind und daher zusammenarbeiten müssen. Auch bei Gegnern dieser Theorie hat der Begriff an sich in der Literatur der 1920er Jahre allgemeine Anerkennung gefunden[2043] und fand auch in Art. 5 Abs. 1 WRV Erwähnung. Staatsorgane sind grob gesagt Institutionen, die in den Staatsapparat eingegliedert wurden und in ihrer Gesamtheit den Staatswillen verkörpern.[2044] Sie sind strikt von den Amtswaltern, die die Organfunktionen ausführen, zu trennen.[2045] *Hans Kelsen* beschäftigte sich näher mit dem Begriff des Staatsorgans. Basierend auf seiner reinen Rechtslehre, die von einer über allem stehenden Grundnorm ausgeht, welche von Anfang an da war und nicht von Menschen erschaffen wurde, beleuchtete er die Thematik.[2046] So beschreibt er die Merkmale des Staatsorganes folgendermaßen: „Das Staatsorgan ist im Verhältnis zu der höheren, seine Norm erzeugende Funktion, bestimmende Norm, stets Vollzieher, *legis executor*, und gegenüber der durch seine eigene Funktion zu setzenden Norm zugleich Erzeuger, *legis lator*."[2047] Die obere Grenze des Staatsorganes stellt bei ihm die

2039 *Gräber*, Damals 9/93, 32 (36).
2040 *Schmahel*, Staatsnotwehr und Staatsnotstand, S. 16 ff.
2041 *Schubert*, Staatsnothilfe, S. 2; so auch *Groth*, Staatsnothilfe und übergesetzlicher Staatsnotstand, S. 7.
2042 *Grosshut*, WüVR 1932, 177 (184).
2043 *Kiwit*, Ein Beitrag zur Lehre vom Staatsorgan, S. 28.
2044 *Kiwit*, Ein Beitrag zur Lehre vom Staatsorgan, S. 28 f.
2045 *Kiwit*, Ein Beitrag zur Lehre vom Staatsorgan, S. 29.
2046 S. hierzu zusammenfassend *Kiwit*, Ein Beitrag zur Lehre vom Staatsorgan, S. 31.
2047 *Kelsen*, Allgemeine Staatslehre, S. 262.

Grundnorm dar, die bereits außerhalb des abzugrenzenden Bereich liegt. Schließlich wird sie als gegeben vorausgesetzt und folglich scheidet eine Rechtsetzung aus. Die untere Grenze, die ebenfalls nicht mehr in den Bereich der Organtätigkeit fällt, ist die bloße Ausführung von Gesetzen, weil dabei ebenfalls keine Rechtsetzung gegeben ist.[2048] Unter der Setzung eines Staats- oder Rechtsaktes versteht man dabei einen „auf die Einheit der Rechtsordnung beziehbare[n], dem Staat zurechenbare[n] Tatbestand."[2049] Wenn *Kelsen* das Staatsorgan als Setzer eines Staatsaktes versteht und gleichzeitig den Staatsakt als Rechtsakt, der von einem Staatsorgan gesetzt wurde, unterliegt er einem Kreisschluss.[2050] Für den vorliegenden Fall hilft seine Definition dennoch weiter. Die Attentäter waren zwar vom Staat beauftragt, sie setzten aber kein Recht. Sie befinden sich außerhalb des von *Kelsen* umgrenzten Bereichs, genauer gesagt an dessen unterem Ende.

Finger hingegen definiert den Begriff des Staatsorgans als „Menschen, die aus der Gesamtheit herausgehoben und mit der Fähigkeit ausgestattet werden, Staatszwecke in Handlungen umzusetzen."[2051] *Kiwit* warf diesbezüglich die Fragen auf, welche speziellen Menschen herausgehoben wurden und welche Abgrenzungskriterien vorliegen müssen, um von realisierten Staatszwecken zu sprechen.[2052] Genau aus diesen Gründen ist diese Definition auch nicht geeignet, zur hiesigen Abgrenzung beizutragen. Es erscheint schon fraglich, in welcher Form die Attentäter von der Gesamtheit herausgehoben wird. Soll schon die reine Beauftragung genügen oder müssen die Auserwählten noch weitere Voraussetzungen erfüllen? Auch wie die Ausstattung mit Fähigkeiten vollzogen werden soll, also ob diese durch Rechtsakt zu erfolgen hat, ob auch ein privatrechtlicher Vertrag ausreichend ist, oder ob eine bloße Anregung gegebenenfalls auch genügen kann, bleibt unklar. Gerade die Frage, welche Qualität die Beauftragung hat, erscheint für den vorliegenden Fall entscheidend. Aufgrund der sehr weiten und unbestimmten Begriffe erscheint es durchaus möglich, auch die Attentäter hierunter zu subsumieren. Schließlich verfolgen sie den Zweck, die Pfalz von einer unrechtmäßigen separatistischen Herrschaft zu befreien. Der Begriff des Staatszwecks spricht dafür, dass lediglich das Ziel der Handlung vom Staat forciert werden muss. Dies muss nach dem Wortlaut der Definition nicht für die verwendeten Mittel gelten. Dass das Ziel des

2048 *Kiwit,* Ein Beitrag zur Lehre vom Staatsorgan, S. 31.
2049 *Kiwit,* Ein Beitrag zur Lehre vom Staatsorgan, S. 32.
2050 *Kiwit,* Ein Beitrag zur Lehre vom Staatsorgan, S. 34.
2051 *Finger,* Das Staatsrecht des deutschen Reiches, S. 6.
2052 *Kiwit,* Ein Beitrag zur Lehre vom Staatsorgan, S. 34.

Staates, in all seinen Ebenen die Befreiung der Pfalz von den Separatisten war, ist nicht zweifelhaft. Ob jegliche Stellen – auch solche auf Reichsebene – mit der Wahl der Mittel einverstanden waren, ist im Nachhinein nur schwer nachvollziehbar. Anhand der Reaktion von hohen Staatsmännern, wie beispielsweise *Stresemann*, zeigt sich, dass diese zumindest nicht schockiert von der Vorgehensweise waren. Dennoch ist der Begriff *Fingers* zu weit, um eine adäquate Abgrenzung zu treffen.

Jellinek definiert Staatsorgane „nicht [als] Persönlichkeiten, sondern [als] physische Individuen, welche innerhalb der ihnen zukommenden Kompetenz den Staat selbst darstellen".[2053] Diesen Begriff wiederum lehnt *Kiwit* als zu eng ab, da Staatsorgane, die ihre Kompetenzen überschreiten, nicht erfasst werden.[2054] Vielmehr geht er davon aus, dass auch solche Handlungen dem Organ zurechenbar sind, die über dessen Kompetenzrahmen hinausgehen.[2055] Auf die Frage von Staatsorganen, die ihre Kompetenzen überschreiten, kommt es im vorliegenden Fall nicht an. Wenn *Jellinek* davon ausgeht, dass die Staatsorgane innerhalb ihrer Kompetenzen handeln mussten und *Kiwit* auch eine Kompetenzüberschreitung zulässt, so setzen beide voraus, dass den Staatsorganen innerhalb einer Kompetenzordnung zumindest Kompetenzen zugewiesen sein müssen. Eine solche Reglementierung von Kompetenzen gab es bei den Attentätern nicht.

Das Ergebnis von *Kiwits* Untersuchung erschöpft sich in folgender Definition: „Staatsorgan ist eine abstrakte Institution, deren Funktionsträger auf Grund seiner rechtlichen oder politischen Machtstellung den Willen des Staates, die Staatsordnung durch Handlungen in seiner Weise zur Ausführung bringt, mit der Wirkung, daß die Allgemeinheit sie gegen sich gelten läßt oder gelten lassen muß."[2056] Auch nach dieser Definition handelten die Täter nicht als Staatsorgane. Eine rechtliche Machtstellung würde eine Normierung erfordern. Eine solche ist nicht gegeben. Eine politische Machstellung hingegen impliziert, dass die Handelnden öffentlich in Erscheinung treten. Die Macht der im Geheimen agierenden Attentäter, rührt jedoch lediglich aus der Ausübung von Gewalt her. Wenn der Handelnde seine gegebenen Kompetenzen nicht nur überschreitet, sondern zur Vornahme der Handlung gar nicht zuständig ist, ihm also die Legitimation fehlt, handelt er nicht als Staatsorgan. In diesen Fällen unterscheidet er sich

2053 *Jellinek,* System der subjektiven öffentlichen Rechte, S. 224.
2054 *Kiwit,* Ein Beitrag zur Lehre vom Staatsorgan, S. 34.
2055 *Kiwit,* Ein Beitrag zur Lehre vom Staatsorgan, S. 34 f.
2056 *Kiwit,* Ein Beitrag zur Lehre vom Staatsorgan, S. 40.

qualitativ nicht von einem Privatmann.[2057] Dies muss für das Handeln der Attentäter, die noch nicht mal Organe sind und offensichtlich auch nicht für die Liquidierung von Separatistenführern zuständig sind, erst recht gelten. Diese Aufgabe läge nämlich – wenn überhaupt – bei der Polizei bzw. der Reichswehr.

Staatsnotwehr läge demgegenüber vor, wenn ein verfassungsmäßig berufenes Organ des Staates handelt. Diese Organe werden bei der Staatsnotwehr nicht aus eigener Willensentschließung tätig, sondern auf höheren Befehl der Staatsgewalt.[2058] Insofern komme selbst der Polizei oder militärischen Truppen nur eine Werkzeugfunktion zu.[2059] Wenn sie aus eigener Entschließung tätig werden, so handeln sie in Staatsnothilfe und nicht in Staatsnotwehr.[2060] Etwas anderes kann für Privatmänner erst recht nicht gelten. Hier kam den Attentätern keine Werkzeugfunktion zu. Sie handelten zwar auf Anregung des Staates, planten aber das Attentat in seinen Einzelheiten selbst, während der Staat sich bedeckt hielt. Durch diese Freiheit in der Ausführung kam den Attentäter eine tragende Rolle zu, die über eine solche des Werkzeuges hinausgeht.

Auch aus einer vergleichenden Betrachtung anderer Rechtsinstitute, bei denen dem Staat das Handeln von Privater zugerechnet wird, ergibt sich nichts anderes. Beispielsweise erfolgt eine solche Zurechnung im Staatshaftungsrecht. Bei der Amtspflichtverletzung ist das Handeln für den Staat als Beamter weit zu verstehen. Diesem unterfallen nicht nur Beamten im statusrechtlichen Sinne, sondern alle mit öffentlicher Gewalt ausgestattete Personen. Insofern kann grundsätzlich auch derjenige Beamter im Sinne des Staatshaftungsrechts sein, der im Wege eines privatrechtlichen Dienstvertrages mit dem Staat kontrahiert hat.[2061] Es kommt darauf an, dass der Staat ihn mit der Ausübung öffentlicher Gewalt betraut hat.[2062] Grund für diese Ausweitung auch auf die davon umfassten Privaten ist es, das Entstehen von Haftungslücken zu vermeiden und zu verhindern, dass die

2057 *Binding,* Der strafrechtliche Staatsnotstand, S. 6.
2058 *Lederle,* Staatsnotwehr, S. 27.
2059 *Lederle,* Staatsnotwehr, S. 27.
2060 *Lederle,* Staatsnotwehr, S. 27.
2061 *Schulze,* Die Voraussetzungen der Haftung des Staates für Amtspflichtverletzungen bei Ausübung öffentlicher Gewalt, S. 6; *Glinski,* Der Begriff der hoheitlichen Tätigkeit im Sinne des Artikels 131 Weimarer Reichsverfassung, S. 59; *Grunau,* Die Amtspflichtverletzung in der neuen Rechtsprechung, S. 30.
2062 *Glinski,* Der Begriff der hoheitlichen Tätigkeit im Sinne des Artikels 131 Weimarer Reichsverfassung, S. 59.

Beamten aus Angst, sich haftbar zu machen, nur zögerlich handeln.[2063] Wichtig ist indes, dass überhaupt irgendeine vertragliche Beziehung zum Staat im Sinne eines Dienstverhältnisses besteht. Größtenteils wurde es noch nicht einmal für ausreichend erachtet, wenn die Privatperson nur zu einer einzelnen Handlung zugezogen wird. Diese muss zumindest für eine bestimmte Zeit hoheitliche Geschäfte übernehmen.[2064] Eines der wichtigsten Merkmale des Beamten ist sein Subordinationsverhältnis zu seinem Dienstherren, das sich unter anderem in der Verpflichtung zu besonderem Gehorsam äußert.[2065] Daher wird die Anstellung als primäres Abgrenzungsmerkmal gesehen.[2066] Auch wenn ein Auftrag durch den Staat erfolgte, wird nicht ganz ersichtlich, ob die Attentäter nicht auch ohne einen solchen gehandelt hätten. Immerhin hat *Jung* seine Organisation schon sehr viel früher aufgebaut. Die einzelnen Gruppierungen hatten auch zuvor schon Anschläge verübt. Ferner waren sie in ihrer Planung weitestgehend frei und erhielten von staatlicher Seite lediglich finanzielle Mittel. Eine vertragliche Beziehung bestand zwischen den Beteiligten nicht. Eine solche wäre wohl auch wegen Sittenwidrigkeit nichtig gewesen. Zudem wurden die Attentäter nicht auf Dauer für den Staat tätig. Insofern waren sie schon keine Beamten im haftungsrechtlichen Sinn. Obendrein können die diesbezüglichen Zurechnungskriterien nicht auf die Abgrenzung zwischen Staatsnotwehr und Staatsnothilfe übertragen werden. Sinn und Zweck des weiten Beamtenbegriffs im Staatshaftungsrecht ist es einerseits, die Angestellten des Staates ohne Beamtenstatus in ihrer Haftung nicht zu benachteiligen; andererseits sollen Haftungslücken auch zum Schutze des Geschädigten vermieden werden. Eine solche weite Auslegung des Staatsnotwehrbegriffs ist nicht erforderlich. Schließlich bedeutet die Rechtfertigung über Staatsnothilfe gegenüber einer solchen aus Staatsnotwehr keine Schlechterstel-

2063 *Glinski*, Der Begriff der hoheitlichen Tätigkeit im Sinne des Artikels 131 Weimarer Reichsverfassung, S. 61; RGZ 158, 83 (95).

2064 *Goebels*, Die Amtshaftung unter besonderer Berücksichtigung der Rechtsprechung des Reichsgerichts, S. 30; *Schelhorn*, Die zivilrechtliche Haftung der Beamten und des Staates, der Gemeinden und anderen Kommunalverbände für den von Beamten in rechtswidriger Ausübung anvertrauter öffentlicher Gewalt einem Dritten zugefügten Schaden nach deutschem Reichs- und bayerischem Landesrecht, S. 12.

2065 *Schelhorn*, Die zivilrechtliche Haftung der Beamten und des Staates, der Gemeinden und anderen Kommunalverbände für den von Beamten in rechtswidriger Ausübung anvertrauter öffentlicher Gewalt einem Dritten zugefügten Schaden nach deutschem Reichs- und bayerischem Landesrecht, S. 13.

2066 *Blumenstengel*, Haftung wegen Verletzung der einem Beamten gegenüber obliegenden Amtspflicht nach § 839 BGB, S. 27.

lung für den Handelnden. Im Gegenteil: Hier sind die Voraussetzungen nicht so streng wie bei einem Handeln des Staates selbst. Auch besteht die Gefahr von Haftungslücken nicht. Während im Staatshaftungsrecht die Gefahr der Nichteinbringlichkeit der Forderung besteht, geht es bei der strafrechtlichen Rechtfertigung darum, ob ein Täter eine Strafe verbüßen muss oder nicht. Eine Abwälzung der strafrechtlichen Verantwortlichkeit auf den Staat gibt es hier nicht.

Auch ansonsten wird im Strafrecht bei der Unterscheidung zwischen Privaten und staatlichen Stellen eher auf formale Kriterien abgestellt. Bei Amtsdelikten beispielsweise ist die Eigenschaft des Amtsträgers maßgeblich für die Deliktsverwirklichung. So kann Täter der passiven Bestechung bei der Beamtenbestechung lediglich ein Beamter und bei der Privatangestelltenbestechung nur der Angestellte oder Beauftragte eines Geschäftsbetriebes sein.[2067] Beide Delikte haben besondere Merkmale, die sich voneinander unterscheiden.[2068] Auch wenn der Begriff des Beamten beziehungsweise des öffentlichen Bediensteten immer deliktsspezifisch zu bestimmen ist, sodass die Definition des § 359 RStGB keine Allgemeingültigkeit entfalten kann,[2069] zeigt dies doch zumindest, dass das Strafgesetzbuch an manchen Stellen differenziert vorgeht und an den beamtenrechtlichen Status anknüpft.

Nach alledem bleibt es bei der Differenzierung zwischen Organen und Privaten. Da die Attentäter nicht als Organ des Staates gehandelt haben, können sie lediglich durch Staatsnothilfe gerechtfertigt sein. Dass der Staat selbst bei der Beauftragung in Staatsnotwehr gehandelt haben könnte, wird dennoch nicht in Abrede gestellt. Dies soll jedoch nicht Gegenstand der Arbeit sein.

II. Inhaber der Staatsnothilfebefugnis

Die Attentäter müssten auch Inhaber der Staatsnothilfebefugnis sein. Zu thematisieren ist dies nur für solche Attentäter, die nicht aus der Pfalz stammen, insbesondere für Menschen ausländischer Herkunft.

2067 *Schlüter*, Die Bestechung der Beamten und Privatangestellten, S. 24.

2068 S. hierzu ausführlich *Schlüter*, Die Bestechung der Beamten und Privatangestellten, S. 38 ff.

2069 *Stock*, Entwicklung und Wesen der Amtsverbrechen, S. 6 ff.

1. Menschen aus anderen Gebieten des Deutschen Reiches

Unschädlich für das Staatsnothilferecht ist es, wenn der Nothelfer zwar aus dem Deutschen Reich, aber aus einem anderen als dem bedrohten Gebiet stammt. „Die Staatsgewalt ist ungeteilt, jeder Staatsgenosse ist Bürger des ganzen Staates."[2070] Insofern ist es nicht von Relevanz, dass ein Teil der Attentäter beispielsweise aus München anreiste.

2. Ausländer

Fraglich ist, ob die Staatsnotwehrbefugnis auch Ausländern zukommt. Diese Frage stellt sich bei *Richard Loewis of Menar.* Dieser stammte nämlich aus dem zu Russland gehörenden Livland.[2071] Dem Wortlaut des Strafgesetzbuches lasse sich nicht entnehmen, dass Ausländer keine Staatsnothilfe üben können. Auch staatspolitische Gesichtspunkte sprächen nicht für eine andere Beurteilung.[2072] Darüber hinaus wäre eine Miterfassung von Ausländern konsequent.[2073] Zudem könne es durchaus im Interesse anderer Staaten sein, dass die Ordnung und der gesetzmäßige Zustand im Deutschen Reich aufrecht erhalten werde.[2074] Lediglich die Staatsnotwehr im weiteren Sinne, die sich darin begründet, dass der Einzelne durch den Angriff des Staates sogleich selbst angegriffen wird, komme für Ausländer nicht in Betracht.[2075] Es ist jedoch anzumerken, dass es sich in diesen Fällen gar nicht um Staatsnotwehr, sondern um einfache Notwehr handelt. Diese ist ein Rechtfertigungsgrund, der nicht auf einer Staatszugehörigkeit, sondern auf einem natürlichen, auch Ausländern zustehenden Recht des Menschen basiert.

Deutlich restriktiver ist die Ansicht *Weinbergs*, der die Staatsnothilfe durch einen Ausländer zwar für „denkbar" hält, aber letzten Endes ablehnt, da das Notwehrrecht nicht international ausgebaut sei.[2076] Hierin liegt ein

2070 *Lowack*, Die Rechtswidrigkeit und Handeln im Interesse der Allgemeinheit als Rechtfertigungsgrund, S. 60.

2071 *Gräber/Spindler*, Die Pfalzbefreier, S. 46.

2072 *Lederle*, Staatsnotwehr, S. 27.

2073 *v. Campe*, DJZ 1920, 486 (487).

2074 *Weinberg*, Staatsnotwehr, S. 27.

2075 *Lederle*, Staatsnotwehr, S. 27 f.; in diese Richtung auch *Weinberg*, Staatsnotwehr, S. 26; die Staatsnothilfe im Weiteren durch ein *argumentum a fortiori* ablehnend *Deubelbeiß*, Die Staatsnotwehr, S. 43.

2076 *Weinberg*, Staatsnotwehr, S. 28.

Fehlschluss, da das Strafgesetzbuch innerhalb des Deutschen Reiches gemäß § 3 RStGB für alle verübten Delikte auf deutschem Boden gilt, unabhängig davon ob ein In- oder Ausländer handelt.[2077] *Deubelbeiß* lehnt es ebenfalls ab, dass der Ausländer Staatsnothilfe üben könne. Ein entsprechendes Handeln müsse nicht geduldet werden und berechtige unter Umständen selbst zur Notwehr.[2078]

Die herrschende Meinung würde nach dem gesagten *Loewis of Menar* ebenfalls eine Staatsnothilfebefugnis zusprechen. Zu beachten ist auch, dass diese Problematik oftmals gar nicht erwähnt wurde, da eine Einbeziehung von Ausländern in den Adressatenkreis der Norm als unproblematisch erachtet wurde. Einzig *Deubelbeiß* und *Weinberg* würde eine solche ablehnen.

III. Notwehrlage

Um eine Handlung durch Staatsnothilfe zu rechtfertigen, müssten sich der Staat in einer Notlage befunden haben, wofür ein gegenwärtiger, rechtswidriger Angriff erforderlich ist.

1. Angriff

Bei der Definition des Angriffes ist auf die herkömmliche Definition im Rahmen des § 53 StGB zurückzugreifen. Insofern ist eine Bedrohung des Staates in seiner Existenz nach einer Mindermeinung nicht erforderlich.[2079] Grundsätzlich wird der Angriff zur damaligen Zeit als „jede Gefährdung eines bestehenden rechtlich geschützten Zustandes" definiert.[2080] Es handelt

2077 § 3 RStGB in der Fassung v. 1.1.1872 bis zum 21.5.1940: Die Strafgesetze des Deutschen Reiches finden Anwendung auf alle im Gebiete desselben begangenen strafbaren Handlungen, auch wenn der Thäter ein Ausländer ist.

2078 *Deubelbeiß*, Die Staatsnotwehr, S. 31.

2079 *Baron*, Notwehr, Staatsnotwehr und Staatsnotstand, S. 13.

2080 *Liszt/Schmidt*, Lehrbuch des Deutschen Strafrechts, S. 194; *Labin*, Staatsnotwehr und Staatsnotstand, S. 25; ähnlich *Frank*, Das Strafgesetzbuch für das Deutsche Reich nebst dem Einführungsgesetz, § 53, S. 148. Auf den Streit, ob ein positives Tun erforderlich ist oder auch ein Unterlassen ausreicht, kommt es hier nicht an, vgl. hierzu aber *Schleifenbaum*, Begriff und Bedeutung des gegenwärtigen rechtswidrigen Angriffs in § 227 BGB: Mit besonderer Berücksichtigung des Begriffs der Rechtswidrigkeit, S. 46; ähnlich *Wachenfeld*, Lehrbuch des deutschen Strafrechts, S. 116; *Jesse*, Die Tragweite der Notwehr, S. 5; *Ahsbahs*, Die Grundlinien des Notwehrrechts, S. 50 f.; *Knetsch*, Der Begriff der Notwehr nach der Peinlichen Gesich bei ihm um ein interessensgefährdendes Vorgehen eines Menschen.[2081] Dadurch, dass von „Gefährdung“ die Rede ist, wird betont, dass eine Rechtsgutsgefährdung zumindest möglich sein muss. Handlungen, die dazu völlig ungeeignet sind, können demgegenüber keinen Angriff begründen.[2082] Der Begriff des Angriffes sei bei der Staatsnothilfe nichtsdestoweniger extensiv zu verstehen, um die Möglichkeiten, im Rahmen der Staatsnothilfe tätig zu werden, nicht über Gebühr einzuschränken.[2083]

Im vorliegenden Fall lag lediglich ein Angriff auf das Staatsgebiet vor, da die Separatisten ein Ausscheiden der Pfalz aus dem Reichsverband anstrebten. Ein solches wäre spätestens mit der völkerrechtlichen Anerkennung der Autonomen Pfalz vollzogen worden.[2084] Es muss nach damaliger Ansicht auch nicht der gesamte Staat zerstört werden; das Ausscheiden eines Teiles genügt.[2085]

Ein Angriff auf das Staatsvolk war hingegen nicht gegeben. Zwar kam es durch Requisitionen, Zensur und Ausweisungen zu Angriffen auf den Einzelnen. Nach herrschender Meinung genügte dies jedoch nicht für die Annahme eines notwehrfähigen Angriffes. Vielmehr wäre eine Gefährdung des Staatsvolkes in seiner Existenz erforderlich.[2086] Es wurden im Vergleich zur Gesamtbevölkerungszahl kaum Menschen getötet, sodass das Staatsvolk an sich nicht gefährdet wurde. Etwas anderes ergab sich auch nicht aus den Ausweisungen. Das Staatsvolk wurde zwar territorial verschoben; die Anzahl der Staatsbürger blieb an sich gleich, nur ihr Wohnort innerhalb des Reiches beziehungsweise des Landes änderte sich. Man könnte höchstens daran denken, dass das Staatsvolk dadurch angegriffen wurde,

---

richtsordnung Karls V und nach dem Strafgesetzbuch für das Deutsche Reich, S. 13 f.; *Deubelbeiß*, Die Staatsnotwehr, S. 47, der einen Angriff durch Unterlassen bejaht, wenn eine entsprechende Pflicht zum Tätigwerden zugunsten des Staates besteht. Vgl. allgemein zum Angriff auch *Mayer*, Der allgemeine Teil des deutschen Strafrechts, S. 277.

2081 *Beling*, Grundzüge des Strafrechts, S. 36; vgl. zu dem damals kontroversen Thema, ob auch der Angriff von Tieren unter die Notwehr fällt, *Ahsbahs*, Die Grundlinien des Notwehrrechts, S. 16 ff., der sich letztlich dagegen ausspricht; vgl. auch *Münch*, Über Notwehr gegen schuldlos handelnde Menschen und gegen Tiere, S. 6 ff.

2082 *Labin*, Staatsnotwehr und Staatsnotstand, S. 27; *Großmann*, Das Prinzip der Selbstverteidigung im deutschen BGB, S. 25.

2083 *Deubelbeiß*, Die Staatsnotwehr, S. 42.

2084 S. auch *Kraegeloh*, Beiträge zur Lehre von der Notwehr im geltenden Strafrecht, S. 76.

2085 Hierzu auch *Lowack*, Die Rechtswidrigkeit du Handeln im Interesse der Allgemeinheit als Rechtfertigungsgrund, S. 60.

2086 S. hierzu S. 303 ff.

dass es aus dem Deutschen Reich ausgesondert werden solle. Wenn man sich jedoch die Beispiele ansieht, die für Angriffe auf das Staatsvolk von zeitgenössischen Stimmen gegeben wurden,[2087] so wird deutlich, dass von Angriffen auf das Staatsvolk nur solche Angriffe erfasst werden sollen, die die einzelnen Bürger in ihrer körperlichen Integrität betreffen.

Auch die Staatsgewalt wurde nicht in ihrer Existenz bedroht. Zwar können auch Angriffe auf hoheitlich handelnde Beamte ausreichen.[2088] Es muss jedoch auch das restriktive Merkmal der Existenzbedrohung des Staates hinzukommen. Dadurch, dass die Beamten in der Pfalz ihrer Arbeit nicht im gewohnten Umfang nachgehen konnten, lag noch kein ausreichender Angriff auf die Staatsgewalt vor. Zudem stellten die Beamten ihre Arbeit keinesfalls komplett ein, sondern arbeiteten teils auch von zu Hause weiter.[2089]

Auch die Regierungsgewalt hatten die Separatisten noch nicht vollumfänglich übernommen.[2090] Die Regierung zog nämlich um und führte ihre Geschäfte vom rechtsrheinischen Gebiet weiter aus. Wie die Ausführungen zur Regierungspraxis der Separatisten zeigen,[2091] hatten diese die Macht noch nicht gänzlich an sich gezogen. Wenngleich die Staatsgewalt geschwächt war, weil beispielsweise die Polizisten entwaffnet worden waren,[2092] so war diese noch nicht in ihrer Existenz bedroht. Gerade im ländlichen Raum, wo die Gemeinderäte weiterhin tagten, arrangierten sich die Machthaber mit den neuen Verhältnissen. Nach Abgabe der Loyalitätserklärungen blieben sie von den Separatisten weitestgehend unbehelligt.

Ein Angriff auf die Staatsgewalt könnte auch in einem Angriff auf die Verfassung liegen, weil Art. 2 und Art. 18 WRV missachtet wurden. Allerdings begründet ein Angriff auf die Verfassung per se noch kein Recht zur Staatsnothilfe und diese ist auch nicht der Staatsgewalt zuzuordnen.[2093] Darüber hinaus wird auch eine Existenzbedrohung des Staates in solchen Fällen zu verneinen sein.

Demzufolge lag ein Angriff auf den Staat durch die Verletzung in seiner territorialen Existenz vor.

2087 S. hierzu S. 308 ff.

2088 *Kraegeloh*, Beiträge zur Lehre von der Notwehr im geltenden Strafrecht, S. 77.

2089 S. hierzu S. 156 ff.

2090 S. zu den Problemen, die die separatistische Regierung bei ihrer Tätigkeit hatte, weiterführend S. 156 ff.

2091 S. hierzu insb. S. 156 ff.

2092 S. hierzu S. 440.

2093 S. hierzu S. 311 ff.

2. Rechtswidrigkeit

Der Angriff müsste rechtswidrig sein. Teilweise wird vertreten, dass ein gegenwärtiger Angriff auf die Gemeinschaft beziehungsweise den Staat dessen Rechtswidrigkeit indiziere. Dies wird damit begründet, dass der Mensch als *animal sociale* zu einem Leben in Gesellschaft neige. Eine solche kann nur bestehen, wenn der Einzelne versucht, das Gemeinwohl zu fördern. Die entstehende Treuepflicht sei ein Naturrechtssatz.[2094]

Auch abgesehen von den Stimmen, die eine Indizierung der Rechtswidrigkeit durch die Tatbestandsmäßigkeit annehmen, ist in dem Verhalten der Separatisten ein rechtswidriges Handeln zu sehen. Die einfachen Delikte, die von Separatisten begangen wurden, wie beispielsweise Diebstähle oder Freiheitsberaubungen, müssen außer Acht gelassen werden, da nur die Sezession an sich entscheidend ist. Schließlich war dies die einzige Handlung, die einen existenzgefährdenden Zustand für den Staat geschaffen hat und deshalb von dem Kreis der geschützten Rechtsgüter umfasst wird. Auch wurden die anderen rechtswidrigen Taten in ihrem Gros nicht von den Führungspersönlichkeiten der Autonomen Regierung begangen, sondern von einfachen Milizsoldaten, sodass kein diesbezüglicher Angriff von *Heinz* selbst ausging.

Eine wirkliche juristische Aufarbeitung der Separatistenzeit war erst nach der Rheinlandbefreiung ab 1930 möglich. Damals war die Debatte aufgrund der Weltwirtschaftskrise und der Machtübernahme durch die Nationalsozialisten emotional aufgeladen.[2095] Das nationalsozialistische Gedankengut beeinflusste auch die Rechtsprechung gegenüber den Separatisten,[2096] sodass man die diesbezüglichen rechtlichen Wertungen nicht heranziehen kann, um die Rechtswidrigkeit der separatistischen Handlungen zu beurteilen. Die in dieser Zeit stattfindenden Beleidigungsprozesse

2094 *Moderow*, Notwehr und Notstand zugunsten des Staates, S. 14; *Baron*, Notwehr, Staatsnotwehr und Staatsnotstand, S. 22. Vgl. zur Treuepflicht auch RG, RGSt 62, 65 (67).

2095 *Warmbrunn*, Französische Besatzung und Separatistenbewegung, in: Glück/Baus (Hrsg.), Recht. Gesetz. Freiheit. 200 Jahre Pfälzisches Oberlandesgericht Zweibrücken, S. 215 (220). S. zu dem damit ebenfalls entfesselten Vergeltungsaktionen auch *Kreutz*, Das Ende der französischen Besatzung der Pfalz und die „Befreiungsfeiern" im Sommer 1930, in: Nestler/Schaupp/Ziegler (Hrsg.), Vom Scheitern der Demokratie. Die Pfalz am Ende der Weimarer Republik, S. 43 (65).

2096 *Warmbrunn*, Französische Besatzung und Separatistenbewegung, in: Glück/Baus (Hrsg.), Recht. Gesetz. Freiheit. 200 Jahre Pfälzisches Oberlandesgericht Zweibrücken, S. 215 (220).

dienten auch nicht primär der Aburteilung von separatistischen Untaten, sondern der Verunglimpfung politischer Gegner. Wenn man den für solche Gerichtsprozesse betriebenen Aufwand mit den dadurch erzielten Erfolgen verglich, so waren diese für die Nationalsozialisten insgesamt eher ein Misserfolg. Dennoch war die Bezichtigung als Separatist ein wirksames Instrumentarium zur Bekämpfung Oppositioneller.[2097] Zu den Separatisten selbst hatten die Nationalsozialisten demgemäß ein funktional-instrumentelles Verhältnis, was sich dadurch zeigt, dass sie diese nicht mit der gleichen Härte und mit weniger System wie Oppositionelle oder Kommunisten verfolgten.[2098]

Deshalb kann bezüglich der Strafbarkeit der Separatisten nur auf die wenigen Beurteilungen aus der Weimarer Republik Bezug genommen werden. Auch wenn beispielsweise deutschnationale Kreise im Reichstag eine Aburteilung der Separatisten wegen Hochverrats forderten,[2099] kam es zu keiner systematischen Rechtsverfolgung. Der erste und einzige Separatistenprozess im engeren Sinn fand vom 15. bis zum 17. Mai 1924 vor dem Süddeutschen Senat des Staatsgerichtshofes zum Schutze der Republik, der im Oberlandesgericht Stuttgart angesiedelt war, statt. Bei diesem wurden neun Personen verurteilt, welche Freiheitsstrafen zwischen vier und sechs Jahren erhielten.[2100] Die Täter wurden jedoch aufgrund des Londoner Abkommens vom 30. August 1924 mit Frankreich, welches eine gegenseitige Amnestie erhielt, wieder freigelassen. Auch ansonsten wurde die strafrechtliche Verfolgung der Separatisten aufgrund dessen eingestellt.[2101]

2097 *Warmbrunn*, Französische Besatzung und Separatistenbewegung, in: Glück/Baus (Hrsg.), Recht. Gesetz. Freiheit. 200 Jahre Pfälzisches Oberlandesgericht Zweibrücken, S. 215 (220).

2098 *Warmbrunn*, Französische Besatzung und Separatistenbewegung, in: Glück/Baus (Hrsg.), Recht. Gesetz. Freiheit. 200 Jahre Pfälzisches Oberlandesgericht Zweibrücken, S. 215 (220).

2099 Deutsche Allgemeine Zeitung v. 21.2.1924.

2100 *Warmbrunn*, Französische Besatzung und Separatistenbewegung, in: Glück/Baus (Hrsg.), Recht. Gesetz. Freiheit. 200 Jahre Pfälzisches Oberlandesgericht Zweibrücken, S. 215 (219); *Gräber/Spindler*, Wer dabei mitmacht, muss damit rechnen, den Kopf zu verlieren, Kriminalität, Kriminalisierung und Strafverfolgung im Zusammenhang des linksrheinischen Separatismus nach dem 1. Weltkrieg, in: Rheinland-pfälzische und saarländische Archive (Hrsg.), Unrecht und Recht. Kriminalität und Gesellschaft im Wandel von 1500–2000. S. 412 (418).

2101 *Warmbrunn*, Französische Besatzung und Separatistenbewegung, in Glück/Baus (Hrsg.), Recht. Gesetz. Freiheit. 200 Jahre Pfälzisches Oberlandesgericht Zweibrücken, S. 215 (219). S. zum Londoner Abkommen auch *Fuchs*, Separatismus, in: Sacher (Hrsg.), Staatslexikon im Auftrag der Görres-Gesellschaft unter Mitwirkung

Gegen die Separatisten der Autonomen Pfalz wurde am 9. Januar 1924 direkt vor dem Attentat ein Haftbefehl erlassen. Im späteren Verlauf wurde allerdings von weiteren massenhaften gerichtlichen Untersuchungen abgesehen, um die Legende einer Bevölkerung, die geschlossen gegen den Separatismus war, zu erhalten, um kein Klima der Denunziation aufkommen zu lassen, beziehungsweise um Repressalien der Franzosen zu verhindern.[2102] Heute wird gemutmaßt, dass die Haftbefehle eventuell dazu dienten, das Attentat auf den Separatistenführer zu legitimieren.[2103]

Mangels dezidierter Auseinandersetzung mit den einzelnen Straftatbeständen muss auch in diesem Punkt die Wertung aus damaliger Sicht nachempfunden werden. Zumindest in Bezug auf die verwirklichten Straftatbestände herrschte Einigkeit.

a. Strafbarkeit nach dem RStGB

aa. Strafbarkeit wegen Hochverrats

Eine Strafbarkeit wegen Hochverrats gemäß § 81 Nr. 4 RStGB wurde einhellig bejaht. Nach dem Ende der Separatistenherrschaft wurden alle separatistischen Aktivitäten durch die pfälzische Gendarmerie erfasst und es gingen in Leipzig beim Oberreichsanwalt hunderte von Anzeigen wegen „Hochverrats am Deutschen Reich" ein, für die der Staatsgerichtshof zum

zahlreicher Fachleute, Bd. 4: Papiergeld bis Staatsschulden, S. 1494 (1496). Dennoch wurde die Amnestie dadurch umgangen, dass die Separatisten schikaniert und sozial isoliert wurden. Diesbezüglich sind vor allen Dingen die provozierten Beleidigungsprozesse zu nennen. S. hierzu *Warmbrunn*, Französische Besatzung und Separatistenbewegung, in: Glück/Baus (Hrsg.), Recht. Gesetz. Freiheit. 200 Jahre Pfälzisches Oberlandesgericht Zweibrücken, S. 215 (219).

2102 *Gräber/Spindler*, Wer dabei mitmacht, muss damit rechnen, den Kopf zu verlieren. Kriminalität, Kriminalisierung und Strafverfolgung im Zusammenhang des linksrheinischen Separatismus nach dem 1. Weltkrieg, in: Rheinland-pfälzische und saarländische Archive (Hrsg.) Unrecht und Recht. Kriminalität und Gesellschaft im Wandel von 1500–2000, S. 412 (417).

2103 *Gräber/Spindler*, Wer dabei mitmacht, muss damit rechnen, den Kopf zu verlieren. Kriminalität, Kriminalisierung und Strafverfolgung im Zusammenhang des linksrheinischen Separatismus nach dem 1. Weltkrieg, in: Rheinland-pfälzische und saarländische Archive (Hrsg.), Unrecht und Recht. Kriminalität und Gesellschaft im Wandel von 1500–2000, S. 412 (415). Diese Vermutung hatte auch schon *Gedye*, The Revolver Republic, S. 232 f.

Schutze der Republik zuständig war.[2104] Beim Hochverrat wird das Unternehmen sanktioniert, den Verlust der Eigenschaft eines Landes als Landes- oder Reichsgebiet zu bewirken. „Unter Losreißung vom Ganzen ist nach herrschender Lehre Trennung vom Ganzen zum Zweck der Errichtung einer neuen Staatsgewalt zu verstehen"[2105] Der Gebietshochverrat stellt im Grunde genommen lediglich einen Unterfall des Verfassungshochverrats dar, weil der Bestand des Reichsgebiets über Art. 2 WRV Bestandteil der Verfassung geworden ist.[2106] Er ist allerdings gegenüber dem Verfassungshochverrat *lex specialis*.[2107] Dass im Reichsstrafgesetzbuch bei § 81 Nr. 3 und 4 RStGB noch von „Bundesgebiet" und „Bundesstaaten" die Rede war, war unschädlich. Die Bestimmungen galten trotz des Wandels des allgemeinen Sprachgebrauches nach der Reichsgründung unverändert fort. Auch im restlichen Reichsstrafgesetzbuch wurden sie nicht abgeändert. Demnach muss man in diesen Fällen die Begriffe „Reichsgebiet" und „deutsches Land" hineinlesen.[2108]

Das Adjektiv „gewaltsam" bezieht sich nur auf das Einverleiben, nicht auf die Modalität des Losreißens. Vorliegend würde das Adjektiv nämlich einen Pleonasmus darstellen, da die Gewaltsamkeit dem Begriff des Losreißens immanent ist.[2109] Würde nun ohne jegliche Gewalt ein Gebiet vom Reich

---

2104 *Warmbrunn*, Französische Besatzung und Separatistenbewegung, in: Glück/Baus (Hrsg.), Recht. Gesetz. Freiheit. 200 Jahre Pfälzisches Oberlandesgericht Zweibrücken, S. 215 (219); *Gräber/Spindler*, Wer dabei mitmacht, muss damit rechnen, den Kopf zu verlieren. Kriminalität, Kriminalisierung und Strafverfolgung im Zusammenhang des linksrheinischen Separatismus nach dem 1. Weltkrieg, in: Rheinland-pfälzische und saarländische Archive (Hrsg.) Unrecht und Recht. Kriminalität und Gesellschaft im Wandel von 1500–2000, S. 412 (413 f.). Zu dieser rechtlichen Würdigung auch schon Brief des Präsidiums der Regierung der Pfalz an die Bezirksverwaltungsbehörden v. 13.11.1923, LA Speyer, R 12/576, in dem von einer Besetzung am 11. November ausgegangen wird.

2105 *Barwasser*, Der Hochverrat und seine tatbestandlichen Erscheinungsformen, mit besonderer Berücksichtigung des Unternehmens, im geltenden Recht und in den Entwürfen eines Deutschen Strafgesetzbuches, S. 54.

2106 *Gauger*, Der Hochverrat nach geltendem Recht und nach den neuen Strafgesetzentwürfen, S. 21.

2107 *Gauger*, Der Hochverrat nach geltendem Recht und nach den neuen Strafgesetzentwürfen, S. 22.

2108 *Ross*, Reichsverfassung und Strafrecht, 1. Teil: Die Einwirkung des Ersten Hauptteils der Weimarer Reichsverfassung auf das Reichsstrafrecht, S. 6 f.

2109 *Gauger*, Der Hochverrat nach geltendem Recht und nach den neuen Strafgesetzentwürfen, S. 21; so auch *Kahn*, Der Hochverrat. Geschichtliche Grundlagen, geltendes Recht und Entwürfe zu einem neuen R. St. G. B., S. 28.

abgetrennt, so wäre der Tatbestand nicht erfüllt.[2110] Schutzobjekt der Norm ist das ganze Gebiet des Reiches und der Länder sowie deren Teile unabhängig von ihrer Größe.[2111]

Hier wollten die Separatisten das Gebiet der Pfalz vom Reich trennen, um einen autonomen Staat zu gründen. Dieser sollte, wie sich an den Befugnissen zeigt, die die Separatisten für sich in Anspruch nahmen, vom Reich unabhängig sein.[2112] Die Trennung wurde auch mit gewaltsamen Mitteln durch den Einsatz des Rheinlandschutzes und des Pfälzischen Corps forciert. Die Separatisten waren auch schon in Aktion getreten, sodass das Tatbestandsmerkmal des Unternehmens unproblematisch vorlag. Dass es sich um Hochverrat nach § 81 I Nr. 4 RStGB gehandelt hat, ist auch nach heutiger Sicht kaum strittig. Die Strafandrohung war mit lebenslangem Zuchthaus oder Festungshaft im Falle von mildernden Umständen sehr hoch.[2113] Bei der Festungshaft bestand im Gegensatz zur Zuchthausstrafe kein Arbeitszwang. Im 20. Jahrhundert hatte die Festungshaft einen Bedeutungsverlust zu verbüßen. Nichtsdestoweniger wurde die Norm im Reichsstrafgesetzbuch nicht abgeschafft.[2114]

bb. Strafbarkeit wegen Landesverrats

Die Separatisten könnten sich auch wegen Landesverrats strafbar gemacht haben. So erließ die Staatsanwaltschaft Würzburg im Januar 1924 19 Haft-

---

2110 *Gauger,* Der Hochverrat nach geltendem Recht und nach den neuen Strafgesetzentwürfen, S. 21.

2111 *Kahn,* Der Hochverrat. Geschichtliche Grundlagen, geltendes Recht und Entwürfe zu einem neuen R. St. G. B., S. 25.

2112 S. hierzu bereits S. 154.

2113 Hierzu auch *Fenske, Graß,* in: Diskussion in der Sendereihe „Nahaufnahme" vom Kurpfalz-Radio des Süddeutschen Rundfunks am 7. April 1989, 10:04 bis 11 Uhr, Abschrift von Mitschnitt, S. 8; *Sieber,* Heimatkalender für das Pirmasenser und Zweibrücker Land 2006, 225 (226) sieht die Einordnung als Hochverrat jedoch als einseitige Betrachtung der Geschehnisse an.
Vgl. § 20 RStGB in der Fassung v. 1.1.1872 – 1.6.1933: Wo das Gesetz die Wahl zwischen Zuchthaus und Festungshaft gestattet, darf auf Zuchthaus nur dann erkannt werden, wenn festgestellt wird, daß die strafbar befundene Handlung aus einer ehrlosen Gesinnung entsprungen ist.

2114 *Fleischmann,* Festungshaft Adolf Hitlers in Landsberg, 1923/24, in: Historisches Lexikon Bayers, abrufbar unter: https://www.historisches-lexikon-bayerns.de/Lexikon/Festungshaft_Adolf_Hitlers_in_Landsberg,_1923/24#Festungshaft, zuletzt abgerufen am 1.11.2022.

befehle gegen Separatisten wegen Landesverrats zugunsten einer ausländischen Besatzungsmacht. Im Gegensatz zum Hochverrat stand auf dieses Verbrechen in Bayern aufgrund von zwei Ausnahmeverordnungen vom 11. Mai und vom 1. Oktober 1923 die Todesstrafe.[2115] Dass die Bildung eines neuen, linksrheinischen Staates von Bayern und dem Reich als Landesverrat angesehen wurde war damals allgemeine Meinung.[2116] Diese rechtliche Würdigung hatte die bayerische Regierung schon nach der Hoffmann-Aktion artikuliert.[2117]

Der Landesverrat beschreibt den Angriff auf die äußere Sicherheit und Machstellung des Staates im Verhältnis zu anderen Staaten. Herausragendes Abgrenzungskriterium zum Hochverrat ist die Verbindung des Täters zu einem fremden Staat. Diese Grenze zwischen Landes- und Hochverrat wird durch § 84 StGB aufgeweicht, der das Sich-Einlassen mit einer fremden Regierung beim Hochverrat sanktioniert.[2118] Der Landesverrat richtet sich gegen verschiedene Gesetzesübertretungen, die in negativer Hinsicht gemein haben, dass sie sich weder gegen die Verfassung noch gegen das Gebiet richten. Positiv stimmen diese Handlungsmodalitäten insofern überein, dass sie zum Vorteil eines anderen Landes erfolgen.[2119] Hoch- und Landesverrat bestehen insofern in einem Ausschließlichkeitsverhältnis zueinander, nach welchem als Landesverrat nur solche Delikte in Betracht

2115 *Warmbrunn*, Französische Besatzung und Separatistenbewegung, in: Glück/Baus (Hrsg.), Recht. Gesetz. Freiheit. 200 Jahre Pfälzisches Oberlandesgericht Zweibrücken, S. 215 (219); *Gräber/Spindler*, „Wer dabei mitmacht, muss damit rechnen, den Kopf zu verlieren“. Kriminalität, Kriminalisierung und Strafverfolgung im Zusammenhang des linksrheinischen Separatismus nach dem 1. Weltkrieg, in: Rheinland-pfälzische und saarländische Archive (Hrsg.), Unrecht und Recht. Kriminalität und Gesellschaft im Wandel von 1500–2000, S. 412 (414); vgl. auch Bayerische Staatszeitung v. 11.1.1924.

2116 *Oberhauser*, Der Kampf um die Rheinpfalz, S. 108; Erklärung *Bayersdörfers* in der Nachmittagssitzung nach *Jolas*, Die Pfalz unter französischer Besatzung, S. 116.

2117 *Oberhauser*, Der Kampf um die Rheinpfalz, S. 109; vgl. auch Pfälzische Presse v. 1. Juli 1930, wo die Separatisten noch Jahre später als „Volksverräter“ eingestuft wurden.

2118 *Brauch*, Der Landesverrat nach geltendem Recht und dem Amtlichen Entwurf eines Allgemeinen Deutschen Strafgesetzbuches von 1927, S. 1; *Göler v. Ravensburg*, Der Landesverrat und seine Entwicklung seit 1871, S. 14.

2119 *Göler v. Ravensburg*, Der Landesverrat und seine Entwicklung seit 1871, S. 16; ebenso *Devrient*, Die Analyse der Verbrechensobjekte aus den Strafdrohungen. Ein Beitrag zur Theorie über die Natur des Verbrechensobjekts, durchgeführt am Hochverrat und Landesverrat, S. 52, der zusammen mit der in früheren Zeiten herrschenden Meinung als besonderes Merkmal des Landesverrats noch einen besonderen Treubruch fordert.

kommen, die keinen Hochverrat darstellen.[2120] Wenn man der damals herrschenden Meinung folgt, so kann man nicht gleichzeitig Hoch- und Landesverrat annehmen. Für die Bejahung des Landesverrats spricht aus damaliger Sicht die enge Bindung der Separatisten zur französischen Besatzungsmacht. Diese Verbindung war existent und äußerte sich durch das französische Protektorat für die Separatisten und die Bereitstellung finanzieller Mittel.[2121] Dennoch waren die Separatisten entgegen der damaligen Meinung keineswegs Marionetten der Besatzungsmacht. Demgemäß wäre Landesverrat zu verneinen gewesen. In Betracht kommt allerdings § 84 Nr. 1 RStGB, wenn die Separatisten sich mit einer ausländischen Macht eingelassen haben. Erfasst werden Vorbereitungshandlungen zum Hochverrat.[2122] Dieser Tatbestand wäre nach zeitgenössischem Urteil zweifelsohne bejaht worden. Zu problematisieren wäre nur das Verhältnis dieser Vorbereitungshandlung zum vollendeten Hochverrat gewesen, wobei von einem Zurücktreten des § 84 RStGB hinter den § 81 RStGB auszugehen ist.

b. Entfallen des rechtwidrigen Angriffs durch einen Rechtfertigungsgrund

Als Rechtfertigungsgrund käme das Selbstbestimmungsrecht der Völker in Betracht. Dieses wird mit den Separatisten in der damaligen Zeit in den wenigsten Fällen in Verbindung gebracht. Lediglich Jahrzehnte später klingt es in dem Buchtitel „Kein Recht auf Autonomie“ von *Wilkens-Weyland* an.[2123] Das Selbstbestimmungsrecht der Völker wurde insbesondere von *Wilson* geprägt und bildete die Grundlage seines Friedensprogramms.[2124] Seine Ursprünge reichen noch viel weiter zurück und werden im Naturrecht verortet.[2125] Während das Selbstbestimmungsrecht teils mit dem Plebiszit gleichgesetzt wird, ist sein tatsächlicher Wirkungskreis weiter und

---

2120 *Nelsen*, Der Landesverrat, S. 18 f. S. zu der Schwere der Delikte auch *v. Heppe*, Der Hochverrat nach den neuen Strafgesetz-Entwürfen, S. 13.

2121 S. zur Rolle der französischen Besatzungsmacht auch S. 55 f.

2122 *Gauger*, Der Hochverrat nach geltendem Recht und nach den neuen Strafgesetzentwürfen, S. 44.

2123 *Wilkens-Weyland*, Kein Recht auf Autonomie. Der Separatismus im Rheinland, an der Ruhr, in der Pfalz und im Saargebiet von 1972 bis heute. Ansonsten ist das Werk jedoch recht tendenziös und für eine juristische Bewertung nicht geeignet.

2124 Z. B. Art. 8, 9, 12, 13 des 14-Punkte-Programms von US-Präsident *Woodrow Wilson* v. 8.1.1918; dazu auch *Ismail*, Das Selbstbestimmungsrecht der Völker, S. 7.

2125 *Brandt*, Selbstbestimmungsrecht der Völker und Nationalitätsprinzip, Rede gehalten bei der Akademischen Reichsgründungsfeier am 18. Januar 1930, S. 6.

umfasst „das Recht eines Volkes, eigene Bestimmung über seine Geschicke zu treffen.“[2126]

Es gibt demnach Überschneidungen mit dem Nationalitätsprinzip, das ebenfalls aus dem Prinzip der Volkssouveränität hergeleitet wurde.[2127] Das Nationalitätsprinzip beschreibt das Recht jeder Nation, einen selbständigen Nationalstaat zu gründen, obwohl sie noch in einen anderen Staat eingegliedert ist. Insofern ist das Nationalitätsprinzip enger als das Selbstbestimmungsrecht der Völker, da es nur ein einzelnes Recht des im Selbstbestimmungsrecht der Völker verankerten Konglomerats an Rechten darstellt. Dennoch ist eine Verschmelzung beider Begriffe nicht von der Hand zu weisen.[2128] Das Nationalitätsprinzip wurde in der Zeit vor dem Ersten Weltkrieg von der herrschenden Lehre abgelehnt.[2129] Es begegnet auch insofern Schwierigkeiten, als dass es an probaten Abgrenzungskriterien fehlte. Deshalb wurde der Begriff oftmals willkürlich definiert und nach den jeweiligen Eigeninteressen ausgelegt.[2130] Als primäres Kriterium zur Bestimmung einer Nationalität wurde die Sprache angesehen. Viele Menschen höherer Bildungsschichten sprechen jedoch mehrere Sprachen gleich gut. Sie müssen sich also für eine Sprache und die damit einhergehende Nationalität entscheiden. Das Abgrenzungskriterium im eigentlichen Sinne ist daher das Bekenntnis.[2131] Insgesamt stellt die Nation ein Sammelsurium verschiedenster geographischer, physischer und moralischer Elemente dar. Nationen sind historisch gewachsene Gebilde, die sich durch einen metaphysischen Bewusstseinskonsens mit unterschiedlich starker Ausprägung auszeichnen. Die Mitglieder der Nation treten nach außen bewusst einheitlich in Bezug auf ihre Art, Sprache, Religion und ihr Wesen auf, was sich sowohl im kulturellen als auch im politischen Bereich zeigt. Zudem tritt das Gefühl des gemeinsamen Ursprungs und der Individualität als

2126 *Brandt,* Selbstbestimmungsrecht der Völker und Nationalitätsprinzip, Rede gehalten bei der Akademischen Reichsgründungsfeier am 18. Januar 1930, S. 6.

2127 Weitergehend *Ismail,* Das Selbstbestimmungsrecht der Völker, S. 7, der davon ausgeht, dass das Selbstbestimmungsrecht der Völker und das Nationalitätsprinzip gleichbedeutend seien.

2128 *Brandt,* Selbstbestimmungsrecht der Völker und Nationalitätsprinzip. Rede gehalten bei der Akademischen Reichsgründungsfeier am 18. Januar 1930, S. 6. S. auch *Ismail,* Das Selbstbestimmungsrecht der Völker, S. 54.

2129 Statt vieler *Liszt,* Ein mitteleuropäischer Staatenverband als nächstes Ziel der deutschen auswärtigen Politik, S. 43 m. w. N.

2130 *Ismail,* Das Selbstbestimmungsrecht der Völker, S. 54.

2131 *Stenzel,* Das Minderheitenproblem im Staats- und Völkerrecht, S. 16 f.

geistiges Bindeglied hinzu.[2132] Dieses subjektive Merkmal ist das primäre Abgrenzungskriterium.[2133]

Eine enge Begriffsverwandtschaft besteht zwischen den Begriffen der Nation und der Nationalität. „Die Nationalität als Rechtsbegriff ist die Eigenschaft der Zugehörigkeit zu einer kulturell-fremden Gruppe innerhalb der Bevölkerung des Staates", die sich durch eine Gruppierungssehnsucht auszeichnet.[2134] Die Nationalität war entgegen einiger Stimmen kein Ausdruck für die in der Nation lebenden Minderheit gleich einem Diminutiv, sondern das geistige Band, dass jeder Nation innewohnt.[2135]

Eine flächendeckende Anerkennung des Nationalitätenprinzips scheiterte auch nach Ende des Krieges. Dass diese nicht gewollt war, wird durch die Existenz des Art. 113 WRV deutlich. In dieser Norm wird das Minderheitenrecht geregelt. Eine solche Minderheit ist eine in einem Staat wohnende Nationalität, die sich von der Mehrheit im Staat durch gewisse Merkmale unterscheidet, beispielsweise, wie sich aus Art. 113 WRV ergibt, die Sprache. Soweit fremdsprachige Volksteile im Reich lebten, wurde ihnen durch diese Norm gewisse Autonomien bezüglich der Selbstverwaltung, Unterricht und Rechtspflege zugestanden. Durch diese rechtliche Manifestation des Minderheitenrechts sollte solchen Gruppen die Pflege ihres Volkstums ermöglicht werden.[2136] Die großen und einflussreichen Staaten, die über solche Minoritäten herrschten, verweigerten die Anerkennung des Nationalitätenprinzips als bindendes Völkerrecht. Schließlich bedeutete ebendieses aus ihrer Perspektive eine Einmischung in ihre inneren Angelegenheiten. Über eine politische Forderung kam das Nationalitätenprinzip deshalb zum damaligen Zeitpunkt nicht hinaus.[2137]

Das Prinzip des Selbstbestimmungsrechts konnte ebenfalls noch keine allgemeine Anerkennung für sich beanspruchen und wurde in vielen Fällen zur Durchsetzung egoistischer Bestrebungen missbraucht.[2138] Zudem

---

2132 *Amos*, Die Souveränität des Staates und das Recht der nationalen Minderheiten, S. 88.

2133 *Wilcke*, Das Problem des Rechtsschutzes der nationalen Minderheiten unter besonderer Berücksichtigung der Rechtsverhältnisse im ehemaligen Oesterreich-Ungarn und der Tschecho-Slowakei, S. 1.

2134 *Amos*, Die Souveränität des Staates und das Recht der nationalen Minderheiten, S. 90.

2135 *Ismail*, Das Selbstbestimmungsrecht der Völker, S. 54 ff.

2136 *Gerber*, Das Minderheitenrecht im deutschen Recht. Ein Kommentar zu Artikel 113 der Reichs-Verfassung, S. 21.

2137 *Ismail*, Das Selbstbestimmungsrecht der Völker, S. 54.

2138 *Ismail*, Das Selbstbestimmungsrecht der Völker, S. 8.

entsprach es nicht den tatsächlichen Gegebenheiten. Faktisch gründete nämlich nicht derjenige einen Staat, der das Recht dazu hatte, sondern derjenige, der sich aufgrund seiner Macht hierzu in der Lage sah.[2139] Das Prinzip normierte nach damaliger Auffassung eher eine ethisch-politische Forderung als einen positiven Rechtssatz.[2140] In Anbetracht des im Völkerrecht damals vorherrschenden Positivismus fiel die Anerkennung als Rechtssatz schwer. Deshalb wurde das Selbstbestimmungsrecht der Völker eher als „naturrechtliches Truggebilde" betrachtet und fand in die völkerrechtliche Diskussion kaum Eingang.[2141] Auch aufgrund der Verworrenheit der Nationalitätenverteilung wurde das Selbstbestimmungsrecht der Völker in Europa vorwiegend abgelehnt.[2142] Diese Verflechtung der Nationalitäten wurde durch den Ersten Weltkrieg und die damit einhergehenden Gebietsveränderungen noch verstärkt.[2143] Hinzu kommt, dass der Begriff des Volkes mehrdeutig ist und im Vergleich zum Begriff der Nation öfters als weiter erachtet wird. Der Begriff des Volkes definiert sich durch Geschichte, Tradition, Sprache und Sitte. Die Verbindung der Menschen erfolgt also durch dieselbe Kultur, die als gemeinschaftsstiftendes Element erachtet wird. Insofern bleibt der Begriff unscharf, sodass auch einzelne Volksteile, wie beispielsweise die Franken oder die Rheinländer als Volk angesehen werden können.[2144] Der Übergang zwischen Nation und Volk ist fließend.[2145] Mangels entsprechender Anerkennung schied daher eine Rechtfertigung der Separatisten durch das Selbstbestimmungsrecht der Völker oder das Nationalitätenprinzip aus.

2139 Allerdings zum Nationalitätenprinzip *Stenzel*, Das Minderheitenproblem im Staats- und Völkerrecht, S. 4; *Stier-Somlo*, Grund- und Zukunftsfragen deutscher Politik, S. 313.

2140 *Amos*, Die Souveränität des Staates und das Recht der nationalen Minderheiten, S. 97.

2141 *Ismail*, Das Selbstbestimmungsrecht der Völker, S. 67.

2142 *Ismail*, Das Selbstbestimmungsrecht der Völker, S. 80. S. zu einer detaillierten Aufschlüsselung der Minderheiten in den einzelnen Ländern Europas und ihrem prozentualen Anteil an der Gesamtbevölkerung des jeweiligen Landes *Auerhan*, Die sprachlichen Minderheiten in Europa, S. 17 f.

2143 In diese Richtung auch *Plettner*, Das Problem des Schutzes nationaler Minderheiten, S. 1; *Cohn*, Nationale Minderheiten und kulturelle Autonomien mit besonderer Berücksichtigung des Estnischen Kultur-Autonomiegesetzes vom 5. Februar 1925, S. 13.

2144 *Brandt*, Selbstbestimmungsrecht der Völker und Nationalitätsprinzip, Rede gehalten bei der Akademischen Reichsgründungsfeier am 18. Januar 1930, S. 5.

2145 *Brandt*, Selbstbestimmungsrecht der Völker und Nationalitätsprinzip, Rede gehalten bei der Akademischen Reichsgründungsfeier am 18. Januar 1930, S. 5.

Hinzu kommt, dass die Separatisten lediglich einen schwer abgrenzbaren Teil der Bevölkerung darstellten. Beim Selbstbestimmungsrecht der Völker war jedoch eine Auseinandersetzbarkeit der einzelnen Nationalitäten nötig. In der Pfalz wohnten Separatisten und Separatismusgegner Tür an Tür. Auch wenn es gewisse Ballungsgebiete, wie beispielsweise die Ortschaft Herxheim, gab, so war ein abtrennbares Gebiet, in dem die Separatisten die Mehrheit darstellten, nicht zu verzeichnen. Hinzu kam, dass die Pfälzer selbst keine Nationalität darstellten. Sprachlich grenzten sie sich zwar durch ihren Dialekt ab. Solche Dialektprägungen gab es aber damals in fast allen Teilen Deutschlands, ohne dass infolgedessen eine besondere Nationalität begründet wurde. Die Separatisten waren wie dargelegt auch lediglich durch wirtschaftliche Ziele geleitet. Keineswegs kann der Separatismus in der Pfalz mit einer modernen Unabhängigkeitsbewegung gleichgesetzt werden. Während diese durch ethnische oder historisch-kulturelle Motive geleitet werden, ist gerade die Ideologielosigkeit ein prägendes Merkmal des Separatismus der damaligen Zeit.[2146] Die bestehende schwache Bindung, bei der es wie dargestellt an einem nationalen Wir-Gefühl fehlt, reicht für die Anwendbarkeit des Selbstbestimmungsrechts der Völker bzw. des Nationalitätenprinzips nicht aus.[2147]

Als weiterer Rechtfertigungsgrund käme der Staatsnotstand in Betracht. Auch wenn die wirtschaftliche Not nicht von der Hand zu weisen war, so dürfte eine Staatsnotstandslage, für die es ebenfalls einer Existenzbedrohung des Staates bedurft hätte,[2148] nicht vorgelegen haben, sodass es ausgeschlossen ist, dass die Separatisten ihrerseits durch Staatsnotstand gerechtfertigt gewesen waren.

c. Ergebnis

Mangels Rechtfertigung handelten die Separatisten also rechtswidrig. Darauf, ob die Täter einen Hoch- oder eines Landesverrat begingen, kommt es grundsätzlich nicht an, da in jedem Fall die Rechtswidrigkeit der Tat gegeben ist. Aufgrund des klaren Wortlauts des § 81 StGB erscheint es evident,

2146 *Gräber/Spindler,* 100 Tage autonome Pfalz (1923/1924). Einige Thesen zu Legenden und Wirklichkeit, in: Kreutz/Scherer (Hrsg.), Die Pfalz unter französischer Besetzung (1918/19–1930), S. 187 (199).

2147 S. bereits S. 55 ff.

2148 S. hierzu S. 303 ff.

einen Hochverrat anzunehmen. Dass die Staatsanwaltschaft Würzburg von Landesverrat sprach, ist darauf rückführbar, dass der Haftbefehl lediglich zwei Tage nach dem Attentat gestellt wurde, um den Handlungen eine gewisse Legitimität zu verleihen. Wenn nun die Separatisten nach ihrer Verhaftung ohnehin mit der Todesstrafe zu rechnen gehabt hätten,[2149] so würde dies zwar aufgrund der überholenden Kausalität für die Strafbarkeit der Attentäter ohne Belang sein. In der Bevölkerung würde die Tat jedoch in einem milderen Licht wahrgenommen werden. Die Attentäter wurden in die Rolle des Vollstreckers eines noch nicht einmal gefällten Strafurteils erhoben.

3. Gegenwärtigkeit

Der Angriff müsste auch gegenwärtig sein. Ob ein Angriff gegenwärtig ist, kann nur in groben Grenzen bestimmt werden. Hierbei handelt es sich nicht um ein rechtliches, sondern um ein tatsächliches Merkmal,[2150] welches sich nach der Gegenwärtigkeit der Gefahr richtet.[2151]

a. Zukünftiger Angriffe durch die Perpetuierung eines rechtswidrigen Zustandes

In ferner Zukunft bevorstehende Angriffe sind nicht gegenwärtig. Bei solchen darf die Abwehr grundsätzlich nur vorbereitet werden. Der Angegriffene braucht aber nicht zuzuwarten, bis sein Rechtsgut verletzt ist. Dies widerspräche dem Selbsterhaltungstrieb des Menschen und dem Interesse an einem effektiven Notwehrrecht.[2152] Insofern ist es für die Bejahung der Gegenwärtigkeit eines Angriffes ausreichend, dass die Rechtsverletzung unmittelbar bevorsteht und das Hinauszögern der Abwehrhandlung deren Erfolg gefährdet.[2153] Nach herrschender Meinung ist ein Angriff also dann gegenwärtig, wenn er bereits begonnen hat oder unmittelbar bevorsteht.[2154]

2149 Vgl. hierzu S. 403.

2150 *Baron*, Notwehr, Staatsnotwehr und Staatsnotstand, S. 18.

2151 *Berner*, Lehrbuch des deutschen Strafrechts, S. 108.

2152 *Baron*, Notwehr, Staatsnotwehr und Staatsnotstand, S. 18.

2153 *Baron*, Notwehr, Staatsnotwehr und Staatsnotstand, S. 18.

2154 *Labin*, Staatsnotwehr und Staatsnotstand, S. 30; *Frank*, Das Strafgesetzbuch für das Deutsche Reich nebst dem Einführungsgesetz, § 53 S. 149; *v. Liszt/Schmidt*, Lehrbuch des Deutschen Strafrechts, S. 186; *v. Oetker*, Notwehr und Notstand, in:

Der Begriff eines unmittelbar bevorstehenden Angriffs ist nach einer Ansicht bei der Staatsnothilfe weit auszulegen. Ausreichend sei bereits die Angriffsbereitschaft als solche, da das Gelingen der Abwehrhandlung hier besonders wichtig sei und nicht durch ein allzu zögerliches Vorgehen gefährdet werden dürfe.[2155]

Andere hingegen verfolgen eine restriktive Auslegung, nach der latent drohende Zustände nicht genügen sollen.[2156] Wenn der Angriff erst in ferner Zukunft erfolgen soll, hat der Staat noch eine Fülle an Möglichkeiten, um diesen abzuwenden, sodass ein Schutzbedürfnis noch nicht besteht.[2157] Dennoch kann ein in weiter Ferne liegender Angriff zu gewissen Schutzvorkehrungen berechtigen. Insofern liegt aber keine Notwehr, sondern lediglich eine Vorbereitung zur Verteidigungshandlung vor.[2158] Eine solche restriktive Auffassung verfolgt auch *Radbruch*, für den Vorbereitungen zum Landesverrat noch keinen gegenwärtigen Angriff begründen können.[2159] *Schück* hingegen sieht die Gegenwärtigkeit bei der Aufforderung zum Hochverrat regelmäßig als gegeben an, weil damit üblicherweise bereits eine Gefahr für den Staat einhergehe.[2160] Bei einem hochverräterischen Komplott gemäß § 83 StGB, einer hochverräterischen Konspiration gemäß § 84 StGB und der Vorbereitung zum Hochverrat gemäß § 86 StGB hänge die Frage der Gegenwärtigkeit von der konkreten Fallkonstellation ab.[2161] Sie wird in den meisten Fällen abzulehnen sein, da hierin selten ein Angriff

---

Birkmeyer/v. Calker/Frank/v. Hippel/Kahl/Lilienthal/Liszt/Wach (Hrsg.), Vergleichende Darstellungen des Deutschen und Ausländischen Strafrechts, Bd. 2, S. 254 (273); *Köhler*, Deutsches Strafrecht, Allgemeiner Teil, S. 349; *Finger*, Lehrbuch des deutschen Strafrechts, Bd. 1, S. 389; *Ridder*, Die Gegenwärtigkeit des Angriffs im Falle der Notwehr, S. 19 ff.; *Mezger*, Strafrecht. Ein Lehrbuch. Allgemeiner Teil, S. 235; *v. Hippel*, Deutsches Strafrecht, Bd. 2, S. 208; diesbezüglich restriktiver und den Beginn des Angriffes voraussetzend *Kurzweg*, GA 70 (1926), 72 (74).

2155 *Baron*, Notwehr, Staatsnotwehr und Staatsnotstand, S. 19. S. zu diesem umstrittenen Begriff auch *Kahn*, Der Hochverrat, S. 30 ff.

2156 *Finger*, Lehrbuch des deutschen Strafrechts, Bd. 1, 1932, S. 473, Anm. 2; die Gegenwärtigkeit bei Aufforderung zum Hochverrat ablehnend: *Binding*, Handbuch des Strafrechts, Bd. 1, S. 737; in der Vorbereitungshandlung zum Staatsumsturz keinen gegenwärtigen Angriff sehend *Stock*, GS 101 (1932), 148 (160).

2157 *Lederle*, Staatsnotwehr, S. 16.

2158 *Lederle*, Staatsnotwehr, S. 19.

2159 *Radbruch*, Die Justiz V (1929/1930), 333 (333).

2160 *Schück*, Notwehr Privater zugunsten des Staates, S. 38; ablehnend: *Binding*, Handbuch des Strafrechts, Bd. 1, S. 737, Anm. 22.

2161 *Schück*, Notwehr Privater zugunsten des Staates, S. 27 und auf S. 38 dazu, dass die Gegenwärtigkeit in diesen Fällen Regelmäßig zu verneinen ist.

gegen den Staat gesehen werden kann. Gleiches gelte für die Geheimbündelei gemäß § 128 StGB.[2162]

Ein solcher bevorstehender Angriff könnte vor dem Hintergrund angenommen werden, dass der rechtswidrige Zustand aufgrund der bevorstehenden Anerkennung der Autonomen Regierung durch die HIRK vertieft werden könnte.

Grimm betont die Dringlichkeit des Attentats durch seine so genannte Fristentheorie, durch welche er den Eindruck erweckt, die Täter hätten aufgrund einer besonderen Not- und Gefahrensituation handeln müssen.[2163] So schreibt er: „Gelang es bis zu der entscheidenden Sitzung des 12. Januar nicht[,] die Anerkennung der autonomen Pfalz durch die Mächte zu verhindern und in diesen zehn Tagen klar und eindeutig der Welt zu beweisen, daß die gesamte pfälzische Bevölkerung die aufgezwungene Regierung ablehnte und niemals sich von Deutschland trennen würde, dann war das Schicksal der Pfalz besiegelt, die alte rechtmäßige Regierung für immer abgesetzt und die Pfalz von Deutschland getrennt. Denn daß diese selbständige autonome Republik praktisch nur eine Provinz des französischen Staates sein würde, stand außer Zweifel."[2164] Auffällig ist, dass die Betonung der Dringlichkeit des Attentats unter Berufung auf die Frist erst im Laufe der 1930er Jahre aufkam. Deshalb gehen *Gräber* und *Spindler* davon aus, dass die Frist bei der Motivation der Attentäter weder eine Rolle gespielt noch die historische Wirklichkeit korrekt abgebildet habe. Zwar war in der Sitzung der HIRK vom 2. Januar 1924 über die Verordnungen abgestimmt worden, sodass die Zehntagesfrist binnen derer die Mitglieder der HIRK ein Veto einlegen konnten, am 12. Januar 1924 abgelaufen wäre. Der englische Vertreter hatte allerdings schon am 5. Januar 1924 seinen Protest eingelegt, woraufhin der Automatismus des Inkrafttretens aufgehoben wurde.[2165] Darüber hinaus hätte die Anerkennung der Autonomen Regierung auch keine Perpetuierung eines rechtswidrigen Zustands bedeutet. Vielmehr wäre die Autonome Regierung durch die Anerkennung zur legitimen Staatsgewalt geworden, wodurch der bestehende rechtswidrige Zustand beendet worden wäre.

Diese Frist hatte auf die juristische Bewertung des Falles keine gravierende Auswirkung. Für die Gegenwärtigkeit spielte sieeventuell keine Rolle,

---

2162 *Schück*, Notwehr Privater zugunsten des Staates, S. 38.
2163 *Gräber /Spindler*, Die Pfalzbefreier, S. 81.
2164 *Oberhauser*, Der Kampf um die Rheinpfalz, S. 138.
2165 *Gräber/Spindler*, Die Pfalzbefreier, S. 72 f.

da ein noch nicht beendeter, gegenwärtiger Angriff durch die Machtausübung der Separatisten vorliegen könnte, sodass es auf einen unmittelbar bevorstehenden Angriff durch eine Perpetuierung der Machtposition nicht ankommen würde.

b. Der beendete Angriff

Im konkreten Fall könnte der Angriff bereits beendet sein. Ein Angriff, der schon beendet ist, ist nicht mehr gegenwärtig.[2166] Nach Beendigung kann lediglich § 127 StPO noch anwendbar sein.[2167] Die Beendigung des Angriffs tritt mit dem Ende der Gefahr ein; der Angriff endet deshalb nicht zwangsweise mit dem Ende der strafbaren Handlung. Die Gefahr muss entweder endgültig beseitigt worden oder endgültig in eine Verletzung umgeschlagen sein, damit von einer Beendigung des Angriffs ausgegangen werden kann.[2168]

Problematisch ist die Frage, ob der Angriff schon beendet ist, bei Staatsumwälzungen. Ausgehend von der Drei-Elemente-Lehre Jellineks kann sich ein Umsturzversuch gegen das Staatsvolk, das Staatsgebiet oder die Staatsgewalt richten. Bei einer Staatsumwälzung ist es erforderlich, dass die Putschisten alle drei Elemente des Staates unter ihre Macht gebracht haben.[2169] Bei einer Revolution können aufgrund der vielfältigen Möglichkeiten, wie eine solche vonstattengehen kann, keine pauschalen Aussagen getroffen werden. Denkbar wäre es zum Beispiel, dass lediglich ein Angriff auf die Staatsgewalt glückt. So war die Lage beispielsweise beim Kapp-Lüttwitz-Putsch zu beurteilen. Damals war die Staatsgewalt zwar vollständig unter die Macht der Aufständischen gestellt, da die Regierung fliehen musste; das Staatsgebiet hatten diese jedoch noch nicht eingenommen.[2170] Bei der Novemberrevolution von 1918 hingegen war zu Beginn der Revolution die Gegenwärtigkeit gegeben, da der Aufstand an seinem Anfang stand und in ihm ein Landesverrat zu sehen war. Am 10. November hingegen hatte die

---

2166 *Baron*, Notwehr, Staatsnotwehr und Staatsnotstand, S. 18; zu Ersterem auch *Lucas/Ebermayer* Anleitung zur strafrechtlichen Praxis. Ein Beitrag zur Ausbildung unserer jungen Juristen und ein Ratgeber für Praktiker. Zweiter Teil. Das materielle Strafrecht, S. 165.

2167 *Baron*, Notwehr, Staatsnotwehr und Staatsnotstand, S. 19.

2168 *Korn*, Die Gegenwärtigkeit des Angriffs bei der Notwehr, S. 31.

2169 *Lederle*, Staatsnotwehr, S. 18 f.

2170 *Lederle*, Staatsnotwehr, S. 16.

Regierung schon abgedankt und die tatsächliche Macht war auf die Räte übergegangen. Zu diesem Zeitpunkt war die Gegenwärtigkeit nicht mehr gegeben. Insofern wäre jede Aktion gegen die Räte als rechtswidrig anzusehen gewesen. Wenn das ansonsten zu schützende Rechtsgut ohnehin vernichtet sei, könne zu seinem Schutz keine Notwehr mehr geübt werden.[2171]

Zusammenfassend kann also festgehalten werden, dass der Angriff noch nicht beendet sein darf. Dies kann einmal angenommen werden, wenn das Verhalten des Angreifers zu dem von ihm bezweckten Enderfolg geführt hat oder er mit seinem Vorhaben endgültig gescheitert ist.[2172] Auf die formelle Vollendung des Delikts kommt es also nicht an.[2173] Die Gegenwärtigkeit ist also immer auch vor dem Sinn und Zweck der Notwehr, nämlich der Rechts- und Gütererhaltung, zu sehen.[2174] Es kommt ausschlaggebend darauf an, ob das betroffene Rechtsgut noch geschützt werden kann. Dies ist beispielsweise dann der Fall, wenn eine neue Rechtsgutsverletzung zu erwarten ist oder die bestehende intensiviert wird.[2175] Der in eine Verletzung übergegangene Angriff bleibe so lange gegenwärtig wie die Gefahr einer unmittelbaren Fortsetzung oder Wiederholung bestehe.[2176]

Bei revolutionären Akten stellt sich oft die Frage, ob der Angriff überhaupt noch gegenwärtig ist, sobald die umstürzlerische Kraft an der Macht ist. Unter Revolution im hiesigen Sinne soll der Versuch einer gewaltsamen Änderung der rechtlichen Grundlagen des Staates verstanden werden.[2177] Darunter würde auch die Separation fallen. Andere legen den Begriff der Revolution restriktiver aus und verstehen darunter einen Vorgang im gesellschaftlichen Leben eines Menschen, der auf einer Massenerhebung innerhalb eines Menschenverbandes beruht, die ihr Ziel nicht lediglich mit geistigen Waffen, sondern auch mit Zwang durchsetzen möchte. Für diesen ist weder Blutvergießen noch Terror und Schreckensherrschaft von Nöten; eine drohende Haltung der Umstürzler ist ausreichend. Die Bewegung muss sich zudem durch eine gemeinsame Ideologie auszeichnen und über

2171 *Lederle*, Staatsnotwehr, S. 16 f.
2172 *Lederle*, Staatsnotwehr, S. 18.
2173 *Schück*, Notwehr Privater zugunsten des Staates, S. 39.
2174 *Lederle*, Staatsnotwehr, S. 17.
2175 *Moderow*, Notwehr und Notstand zugunsten des Staates, S. 12.
2176 *Weinberg*, Staatsnotwehr, S. 39.
2177 *Herrfahrdt*, Revolution und Rechtswissenschaft. Untersuchungen über die juristische Erfaßbarkeit von Revolutionsvorgängen und ihre Bedeutung für die allgemeine Rechtslehre, S. 2.

eine Organisation und auf Dauer geltende Prinzipien verfügen.[2178] Auch Abspaltungsbewegungen können dem Revolutionsbegriff unterfallen.[2179] An der geforderten höheren Ideologie fehlt es beim pfälzischen Separatismus. Ob man der weiten oder engen Auslegung des Revolutionsbegriffes folgt, kann allerdings dahinstehen, wenn auch beim Vorliegen einer Revolution kein rechtmäßiger Zustand entstanden wäre.

Die Begehungshandlung bei der Revolution per se stellt einen Rechtsbruch dar. Ein Recht zur Revolution besteht mithin nicht und die Rechtsordnung des betroffenen Verbandes steht revolutionären Handlungen feindlich gegenüber.[2180] Die Beurteilung erfolgt nach bisherigem Recht, sodass die Handlung den Charakter des Hochverrats auch durch das Glücken des Umsturzes nicht verliert. Lediglich eine Strafverfolgung findet in solchen Fällen nicht statt. Dies ist weniger juristisch bedingt, sondern ergibt sich vielmehr aus logischen Gesichtspunkten, sodass die Frage der Rechtmäßigkeit normalerweise nur noch von theoretischem Interesse ist.[2181] Da der Umsturz rechtswidrige Gewalt darstellt, ist er zumindest während seiner Durchführung ein Unrecht, was auch anhand der Hochverratsparagraphen ersichtlich wird.[2182] Die Rechtsordnung soll vor solchen umstürzlerischen Bewegungen geschützt werden.[2183] Ansonsten würde man jeder neuen Strömung wieder das Recht geben müssen, die Macht an sich zu

2178 *v. Beling*, Revolution und Recht, S. 9.

2179 *v. Beling*, Revolution und Recht, S. 10.

2180 *Stachels,* Das Problem von Macht und Recht in der Revolution, S. 36; *Schönfeld,* Die Revolution als Rechtsproblem. Ein Vortrag, S. 168, der aber dennoch ein ethisches Recht zur Revolution anerkennt und die Möglichkeit eines Notwehrrechts sieht, s. hierzu auch ebd. auf S. 179; *v. Beling*, Revolution und Recht, S. 12 f.; *Friters,* Revolutionsgewalt und Notstandsrecht; Rechtsstaatliches und Naturrechtliches, S. 94; *Dahn,* Die Vernunft im Recht. Grundlagen der Rechtsphilosophie, S. 216 f.; *Herrfahrdt,* Revolution und Rechtswissenschaft. Untersuchungen über die juristische Erfaßbarkeit von Revolutionsvorgängen und ihre Bedeutung für die allgemeine Rechtslehre, S. 50, der hiervon ein sittliches Recht zur Revolution unterscheidet, das unter Umständen bejaht werden kann; *Bierling,* Juristische Prinzipienlehre Bd. 2, S. 363; *Binder,* Philosophie des Rechts, S. 625 ff., der maßgeblich darauf abstellt, dass die Revolution eine Massenbewegung ist und die Masse als solche nicht Rechtssubjekt sein könne.

2181 *Herrfahrdt,* Revolution und Rechtswissenschaft. Untersuchungen über die juristische Erfaßbarkeit von Revolutionsvorgängen und ihre Bedeutung für die allgemeine Rechtslehre, S. 148; *v. Beling*, Revolution und Recht, S. 13.

2182 *Schönfeld,* Die Revolution als Rechtsproblem. Ein Vortrag, S. 167.

2183 *Graf zu Dohna*, Die Revolution als Rechtsbruch und Rechtsschöpfung, Rede zur Feier des Gedächtnisses an die Aufrichtung des Deutschen Reiches gehalten am 19. Januar 1923 in der Aula der Ruprechts-Carls-Universität, S. 9.

reißen, insbesondere auch den gegenrevolutionären Bewegungen, sodass eine Spirale der Gewalt entstünde.[2184] Es gebe nur einen einzigen Fall, in dem die Revolution keinen Rechtsbruch, sondern lediglich eine Rechtsneuschöpfung darstellt. Dieser liege vor, wenn „die bestehenden Gewalten an einem starren, längst leblos gewordenen Rechtszustand im Widerspruch mit der allgemeinen Volksüberzeugung festhalten, den veränderten Kulturanschauungen sich nicht anpassen, allen Wünschen und Drängen des Volkes gegenüber taub bleiben."[2185] Von einer solchen Situation ist in der Pfalz auch trotz der angespannten wirtschaftlichen Lage aufgrund des passiven Widerstands und seiner Folgen nicht auszugehen.

Der Zustand des Unrechts kann nur durch das Recht zu ebendiesem werden.[2186] Bis zu diesem Zeitpunkt bleibt der Revolutionär ein Verbrecher.[2187]

Irgendwann muss allerdings der Zeitpunkt kommen, an dem die neue Kraft zu einer rechtmäßigen geworden ist, sonst würde in fast allen europäischen Staaten ein gegenwärtiger Angriff vorliegen, da irgendwann einmal ein revolutionärer Umbruch erfolgt ist. Dies würde nicht nur dem allgemeinen Rechtsempfinden widersprechen, sondern auch eklatante; juristische Folgen nach sich ziehen. Dass es solche zu vermeiden gilt, bemerkte das Reichsgericht bereits nach der Novemberrevolution, wenn es konstatiert, dass die Anordnungen der Arbeiter- und Soldatenräte gültig und rechtverbindlich seien, „da die Regierung, welche sie erlassen hat, ihren Bestand zwar einer gewaltsamen Umwälzung verdankt, sich aber mit Erfolg in ihrer Machtstellung behauptet hat, ihre Regierungsgewalt daher staatsrechtlich anzuerkennen ist."[2188] Die Verteidigung der Macht durch die Usurpatoren sei selbstverständlich und kein Verbrechen mehr.[2189] Insofern wäre beispielsweise eine Analogie zur straflosen Nachtat im Strafrecht denkbar.[2190]

2184 *Graf zu Dohna*, Die Revolution als Rechtsbruch und Rechtsschöpfung, Rede zur Feier des Gedächtnisses an die Aufrichtung des Deutschen Reiches gehalten am 19. Januar 1923 in der Aula der Ruprechts-Carls-Universität, S. 9.

2185 *Sauer*, Grundlagen der Gesellschaft, S. 429, der seinen Ausführungen einen soziologischen Rechtsbegriff zu Grunde legt, vgl. hierzu ebd. S. 430.

2186 *Schönfeld*, Die Revolution als Rechtsproblem. Ein Vortrag, S. 168.

2187 *Schönfeld*, Die Revolution als Rechtsproblem. Ein Vortrag, S. 168.

2188 RGZ 99, 285 (287).

2189 *Stachels*, Das Problem von Macht und Recht in der Revolution, S. 36.

2190 *Stachels*, Das Problem von Macht und Recht in der Revolution, S. 36. S. zur unterschiedlichen rechtlichen Bewertung der strafbaren Revolutionshandlungen und den rechtmäßigen Handlungen danach auch *Herrfahrdt*, Revolution und Rechts-

Wenn man die nun stattfindende Tätigkeit als rechtswidrig ansehen würde, so wäre dies gleichbedeutend mit der Anwendung des Legitimitätsprinzips. Nach dieser reaktionären Theorie werden neue rechtliche Zustände und Normen abgelehnt, welche nicht basierend auf den alten Rechtsnormen zustande kamen.[2191] Dieses auf *Talleyrand* zurückgehende Prinzip wurde während des Wiener Kongresses vertreten, um die Thronverhältnisse zu perpetuieren.[2192] In den 1920er Jahren wurde diese Theorie, die einen formellen Konservatismus bedeuten würde, abgelehnt und vielmehr eine Orientierung an Gemeinwohlbelangen gefordert.[2193] Da fast alle Staaten einmal einen revolutionären Umschwung miterlebt hätten, auf denen die aktuelle Staatsgewalt in irgend einer Form beruhe, würde die Anwendung des Legitimitätsprinzips zu untragbaren Ergebnissen führen.[2194]

Aber auch nicht alleine durch die faktischen Machtverhältnisse wird Unrecht zu Recht. Die Ordnung einer Räuberbande stellt beispielsweise kein Recht dar, weil die ihnen zu Grunde liegende Rechtsüberzeugung fehlt.[2195] Ansonsten würde jede normativ-wertende Betrachtung von vorne herein ausschieden.[2196] Auf das alleinige Befolgen der Anweisungen der neuen Machthaber könne es ebenfalls nicht ankommen.[2197]

Konstituierendes Element ist nach der Anerkennungstheorie die Anerkennung der neuen Staatsgewalt durch die Untergebenen.[2198] Im französischen Recht wurde beispielsweise die Theorie vertreten, dass die nachträgliche ausdrückliche Genehmigung von Kammer, Nationalversammlung oder der Bürgergesamtheit einen rechtmäßigen Zustand herzustellen vermag. Großzügigere Vertreter lassen sogar eine stillschweigende Anerken-

---

wissenschaft. Untersuchungen über die juristische Erfaßbarkeit von Revolutionsvorgängen und ihre Bedeutung für die allgemeine Rechtslehre, S. 147.

2191 *Stachels,* Das Problem von Macht und Recht in der Revolution, S. 37.

2192 *Stachels,* Das Problem von Macht und Recht in der Revolution, S. 37.

2193 *Stachels,* Das Problem von Macht und Recht in der Revolution, S. 38.

2194 *Stachels,* Das Problem von Macht und Recht in der Revolution, S. 39. Dazu, dass die Macht noch kein Recht zu begründen vermag auch *Graf zu Dohna*, Die Revolution als Rechtsbruch und Rechtsschöpfung. Rede zur Feier des Gedächtnisses an die Aufrichtung des Deutschen Reiches gehalten am 19. Januar 1923 in der Aula der Ruprechts-Carls-Universität, S. 9.

2195 *Schönfeld,* Die Revolution als Rechtsproblem. Ein Vortrag, S. 181; *Stachels,* Das Problem von Macht und Recht in der Revolution, S. 39.

2196 *Stachels,* Das Problem von Macht und Recht in der Revolution, S. 39.

2197 *Stachels,* Das Problem von Macht und Recht in der Revolution, S. 42.

2198 *Stachels,* Das Problem von Macht und Recht in der Revolution, S. 42.

nung durch das Volk ausreichen.[2199] Die neue Staatsordnung nach der Novemberrevolution habe beispielsweise dadurch Geltung erlangt, dass sie von der Mehrheit der Nationalversammlung beschlossen und auch von der Opposition konkludent oder explizit als verpflichtend anerkannt wurde.[2200] Um die Festigung einer neuen Gewalt zu beurteilen, ist auch die Stellung der politischen Gegner und ihre Versuche, die neue Staatsgewalt zu stürzen, ein adäquates Kriterium.[2201]

Wesentlich für die Anerkennung der neuen Macht sei dabei als erster Schritt die Aufgabe des von der bisherigen Reichsgewalt geleisteten Widerstandes gegen die neue Regierung und die Frage, ob die Behörden sich dieser unterordneten. Die Rechtmäßigkeit der Begründung sei hingegen kein konstituierendes Merkmal für die Staatsgewalt.[2202] Als nächster Schritt müsse die revolutionäre Macht ihre Machtposition konsolidieren, indem sie einen Rechtszustand zu erschaffen versucht; beispielsweise erlässt sie Gesetze, Verordnungen und eine Verfassung, sie wird durch fremde Staaten anerkannt und schließt völkerrechtliche Verträge ab. Wenn sich nun einzelne gegen den neuen Staat auflehnen, so wird dieses Verhalten von dem Strafrichter als Hochverrat geahndet. Der Staatsbetrieb hat in allen drei Gewalten seine Tätigkeit wieder aufgenommen.[2203]

Auch wenn die Anweisungen der Separatistenregierungen notgedrungen befolgt werden mussten, so wird niemand die Autonomen Regierungen als rechtmäßige Gewalt anerkannt haben.[2204] Dies zeigen alleine schon der Misserfolg der Autonomen Regierung bei ihrer Regierungstätigkeit,[2205] die Haltung der Beamtenschaft[2206] sowie die Wahrnehmung der Separatisten durch die Bevölkerung.[2207]

2199 Vgl. weiterführend *Brockhaus*, das Legitimitätsprinzip, S. 233 ff.

2200 *Graf zu Dohna*, Die Revolution als Rechtsbruch und Rechtsschöpfung. Rede zur Feier des Gedächtnisses an die Aufrichtung des Deutschen Reiches gehalten am 19. Januar 1923 in der Aula der Ruprechts-Carls-Universität, S. 16.

2201 *Herrfahrdt*, Revolution und Rechtswissenschaft. Untersuchungen über die juristische Erfaßbarkeit von Revolutionsvorgängen und ihre Bedeutung für die allgemeine Rechtslehre, S. 74.

2202 RGZ 100, S. 25 (26 f).

2203 *Stachels*, Das Problem von Macht und Recht in der Revolution, S. 36.

2204 *Stachels*, Das Problem von Macht und Recht in der Revolution, S. 42.

2205 S. hierzu S. 153 ff.

2206 S. hierzu S. 156 ff.

2207 S. hierzu S. 162 ff.

Andere vertraten, dass der heilende Einfluss der Zeit zur Legitimation der neuen Gewalt führe.[2208] Damit aus dem reinen Machtzustand ein Rechtszustand werden könne, sei in zeitlicher Hinsicht „ein ruhiger und unangefochtener Besitz“ erforderlich.[2209] Vorher könne der Umwandlungsprozess nämlich überhaupt nicht beginnen.[2210] Der Übergang von Macht zu Recht erfolge an dem Punkt, an dem die Vorstellung vorherrscht, dass der Ist-Zustand dass Gewollte abbildet.[2211] Etwas Bestehendes nach einiger Zeit als Recht zu empfinden, entspreche der menschlichen Natur. Durch die fortdauernde Übung entstehe die Vorstellung der Normgemäßheit. Insofern komme dem Faktischen eine überragende normative Bedeutung zu.[2212] Die Anwendung der Verjährungstheorie wird aufgrund der zivilrechtlichen Prägung dieses Rechtsinstituts und dem Fehlen einer genau festgelegten Verjährungsfrist allerdings teilweise abgelehnt.[2213] Die Anwendung der Theorie kann dahinstehen, da ihre Voraussetzungen ohnehin nicht vorliegen. Einerseits dürfte das Zeitmoment nach zweimonatiger Herrschaft noch nicht erfüllt sein. Außerdem lag ein ruhiger und unangefochtener Besitz nicht vor.

Die Verzichtstheorie kommt dem Legitimitätsprinzip am nächsten. Die erblickt in dem Verzicht der alten Mächte den Rechtsgrund für die neue Staatsgewalt.[2214] Die alten Machthaber haben jedoch nicht auf die Staatsgewalt verzichtet.

c. Ergebnis

Summa summarum lässt sich daher festhalten, dass es sich nicht um einen zukünftigen Angriff handelt. Auf die bevorstehende Registrierung der Verordnung kommt es nicht an, da die reale Machtausübung der Separatisten den rechtswidrigen Angriff darstellt. Selbst wenn man das Vorliegen einer Revolutionshandlung bejaht, wurde der Angriff noch nicht dadurch beendet, dass die Macht der Separatisten in eine legale Machtausübung übergegangen wäre, da ihre Machtposition noch nicht hinreichend gefestigt war

---

2208 Hierzu *Stachels,* Das Problem von Macht und Recht in der Revolution, S. 41 m. w. N.
2209 *Stachels,* Das Problem von Macht und Recht in der Revolution, S. 40.
2210 *Stachels,* Das Problem von Macht und Recht in der Revolution, S. 40.
2211 *Jellinek,* Allgemeine Staatslehre, S. 340 ff.
2212 *Jellinek,* Allgemeine Staatslehre, S. 339 ff.
2213 *Stachels,* Das Problem von Macht und Recht in der Revolution, S. 41 f.
2214 Hierzu *Stachels,* Das Problem von Macht und Recht in der Revolution, S. 41.

und von der Bevölkerung, den ehemaligen Machthabern und dem Verwaltungsapparat nicht anerkannt wurde. Demgemäß lag ein gegenwärtiger Angriff vor.

IV. Notwehrhandlung

1. Erforderlichkeit

Die Verteidigungshandlung müsste auch erforderlich sein. Auch bei der Staatsnotwehr dürfen *Labin* zufolge die staatlichen Interessen selbst bei geringfügigen Angriffen bis aufs äußerste verteidigt werden, da eine Güterabwägung nicht stattfindet.[2215] Dabei vernachlässigt er jedoch, dass bei solchen geringfügigen Angriffen keine Existenzgefährdung des Staates gegeben sein wird und der Kreis der geschützten Rechtsgüter demnach gar nicht eröffnet wäre.

Es darf allerdings kein milderes, gleich geeignetes Mittel zur Verfügung stehen. Das Notwehrrecht ist als scharfes Schwert ausgestaltet, sodass unter Umständen auch das äußerste Mittel, die Tötung des Angreifers, als erforderlich angesehen werden kann. Auf eine Proportionalität zum Angriff kommt es nicht an.[2216] Vielmehr ist die Intensität des Angriffes für die Beurteilung entscheidend.[2217] *Finger* fordert, dass der Begriff der Erforderlichkeit im Staatsnotstandsrecht besonders restriktiv ausgelegt werden müsse, um etwaige Missbräuche zu vermeiden.[2218]

2215 *Labin*, Staatsnotwehr und Staatsnotstand, S. 35.

2216 *Vordemann*, Das zulässige Maß der Verteidigung bei der Notwehr und der neue Strafgesetzentwurf, S. 29; *Hold v. Ferneck*, Die Rechtswidrigkeit, eine Untersuchung zu den allgemeinen Lehren des Strafrechts, Bd. 2, S. 125; *Geib*, Lehrbuch des Deutschen Strafrechts, Bd. 2, S. 237; *Binding*, Grundriß des Deutschen Strafrechts. Allgemeiner Teil, S. 189. Vgl. zur diesbezüglichen Kontoverse auch *Demling*, Zur Lehre von Notwehr und Notstand unter Berücksichtigung des Deutschen und Österreichischen Vorentwurfs von 1909 (1912), des Schweizerischen Vorentwurfs von 1908 und des Russischen Strafgesetzbuches vom 22. März 1903, S. 22 ff.

2217 *Schück*, Notwehr Privater zugunsten des Staates, S. 46.

2218 *Finger*, Lehrbuch des deutschen Strafrechts, Bd. 1, 1932, S. 472, Anm. 2; ablehnend: *Baron*, Notwehr, Staatsnotwehr und Staatsnotstand, S. 29, der stattdessen fordert, dass strenge Anforderungen an den Verteidigungswillen gestellt werden.

a. Attentat als geeignetes Mittel?

Wenn man davon spricht, dass kein gleich geeignetes, milderes Mittel zur Verfügung stehen darf, so muss das gewählte Mittel überhaupt erstmal eine gewisse Eignung aufweisen, den Angriff abzuwehren. Zwar begründet ein missglückter Verteidigungsversuch, der dann letzten Endes nicht geeignet war, den Angriff abzuwenden, nicht dessen Rechtswidrigkeit. Dennoch können völlig ungeeignete, von vorneherein aussichtslose Verteidigungsversuche nicht unter § 53 StGB fallen. Dass durch die Erschießung des Anführers das Problem des Separatismus gebannt werden kann, erscheint aus rationaler Sicht zweifelhaft.[2219] Dies sahen schon kritische Stimmen der damaligen Zeit. *Altmeyer* beispielsweise war der Überzeugung, dass „kein Revolverschuss" die Pfalzfrage lösen werde.[2220] „Es wird nicht helfen, solange die Ursachen bestehen, der Sumpf und die sozialen Verhältnisse, die das Unheil gebären."[2221]

Schließlich blieben auch alle anderen Regierungsmitglieder unverletzt.[2222] In Anbetracht der Tatsache, dass das ursprüngliche Ziel war, die gesamte Regierung auszulöschen, kann das Attentat nur als Teilerfolg gewertet werden.[2223] Allerdings muss man bei der rechtlichen Bewertung eine ex-ante-Betrachtung vornehmen. Daher kann das Scheitern des Attentats und die damit einhergehende Abweichung vom Plan für die Geeignetheit des Attentates nicht von rechtlicher Bedeutung sein. Das Notwehrrecht soll auch gerade den Schwächeren schützen, sodass es nicht darauf ankommen kann, ob seine grundsätzlich geeignete Verteidigungshandlung aufgrund seiner eigenen Schwäche womöglich aussichtslos bleibt.

Es ist nichtsdestoweniger zu beachten, dass *Heinz-Orbis* eine herausragende Führungsrolle bei der Autonomen Pfalz einnahm. Dieser Führungspersönlichkeit wurde die Autonome Regierung durch das Attentat beraubt.[2224] Der charismatische Bauernführer konnte durch sein Rednertalent viele Pfälzer, insbesondere aus dem bäuerlichen Milieu, überzeugen. Viele von ihm folgten nicht der Idee des Separatismus, sondern *Heinz* als Person.

2219 *Gräber /Spindler*, Die Pfalzbefreier, S. 84.

2220 *Altmeier*, Die Weltbühne 1924, 96 (96).

2221 *Altmeier*, Die Weltbühne 1924, 96 (99) in Bezug auf die Geeignetheit des Attentats, dem Separatismus in der Pfalz Abhilfe zu verleihen.

2222 *Schlickel*, Aktiv Dabei 3/2008, 40 (43).

2223 *Gembries*, Der Handlungsspielraum der pfälzischen Behörden, in: Kreutz/Scherer (Hrsg.), Die Pfalz unter französischer Besetzung (1918/19–1930), S. 49 (72).

2224 *Breitenstein*, Die Rheinpfalz (Kaiserslautern) v. 18.2.1974.

Zudem war er einer der wenigen Separatisten, die auch vorher schon einmal eine Führungsrolle in der Öffentlichkeit wahrgenommen hatte. Sein voriger Posten als Führer der Freien Bauernschaft, sein Kreistagsmandat und sein Auftreten erweckten den Eindruck eines Staatsmannes, wodurch die Separatisten ein gewisses Maß an Legitimität und Autorität erhielten. Zumindest die Unterstützung der Freien Bauernschaft entfiel größtenteils nach der Erschießung des Separatistenführers.[2225]

Zudem war der Tod von *Heinz-Orbis* geeignet, Zwietracht in der Führungsriege der Separatisten zu sähen. So zerfielen die Trauernden „in rivalisierende Gruppen, die sich zu Diadochenkämpfen rüsteten".[2226] Außerdem sei unter den Separatisten eine große Verwirrung entstanden und keiner der Regierungsmitglieder habe eine solche Autorität wie *Heinz* erlangen können.[2227] Die Separatisten waren aufgrund der Tötung verwirrt, panisch und politisch geschwächt.[2228]

Nicht zuletzt war es schwer einen neuen Führer zu finden. Die Separatisten waren aufgrund des Attentats verängstigt und nur widerwillig übernahm *Bley* den exponierten Rang des Präsidenten. Auch in Bezug auf die separatistische Gefolgschaft kam es nach der Erschießung des Separatistenführers zu Problemen. Am 24. Januar kam es zu einer Meuterei im Speyerer Regierungsgebäude durch etwa sechzig Separatisten, woraufhin die Separatistenführer *Eder* und *Schmitz-Epper* gezwungen waren, in die französische Kaserne zu fliehen und die Besatzungsmacht um Unterstützung zu ersuchen. Daraufhin kamen ihnen der separatistische Stoßtrupp „Fliegende Ems" und marokkanische Soldaten zur Hilfe, wobei die Meuternden entwaffnet werden konnten.[2229] Dass die Separatisten große Angst vor weite-

2225 *Hamm*, Freie Bauernschaft, Heinz Orbis und Separatismus, S. 70; *Jacob*, Das Ende des Separatismus in Deutschland, Dargestellt am Abwehrkampf der deutschen Publizistik in der Pfalz und an der Saar 1919 bis 1935, S. 23; *Oberhauser*, Der Kampf um die Rheinpfalz, S. 146.

2226 *Gräber/Spindler*, Wer dabei mitmacht, muss damit rechnen, den Kopf zu verlieren. Kriminalität, Kriminalisierung und Strafverfolgung im Zusammenhang des linksrheinischen Separatismus nach dem 1. Weltkrieg, in: Rheinland-pfälzische und saarländische Archive (Hrsg.), Unrecht und Recht. Kriminalität und Gesellschaft im Wandel von 1500–2000, S. 412 (413).

2227 *Oberhauser*, Der Kampf um die Rheinpfalz, S. 146.

2228 *Gräber/Spindler*, Die Pfalzbefreier, S. 85.

2229 *Jolas*, Die Pfalz unter Französischer Besatzung von 1918 bis 1930, S. 194. Vgl. bezüglich der Geschehnisse auch *Grimm*, Frankreich am Rhein. Rheinlandbesetzung und Separatismus im Lichte der historischen französischen Rheinlandpolitik, S. 121 f.; Deutsche Allgemeine Zeitung v. 27.1.1924 (Morgenblatt).

ren Attentaten und Übergriffen hatten, zeigte sich auch in ihren Wachvorschriften. Diese sahen verschiedene Wachposten vor, die eine Rund-um-die-Uhr-Bewachung der separatistischen Führung gewähren sollte.[2230] Die Autonome Regierung hat in der Zeit nach der Erschießung des Separatistenführers auch Drohschreiben durch eine Organisation namens „die dunkle Brille“ bekommen. Diese sollte nach eigener Angabe 22 Mann umfassen. Die handschriftlich verfassten Briefe weisen dieselbe Handschrift und dasselbe Papier auf, sodass allerdings auch das Agieren eines Einzeltäters denkbar ist.[2231]

In der zeitgenössischen Literatur wird beteuert, dass durch die Erschießung eine Widerstandswelle ausgelöst worden sei.[2232] *Jacob* beispielsweise sah in der Erschießung des Separatistenführers ein Signal zur „Volkserhebung und damit für den endgültigen Zusammenbruch des Separatismus in der Pfalz“.[2233] Auch wenn dies zweifelsohne übertrieben ist, kam es tatsächlich zu einigen Protestkundgebungen, insbesondere durch Träger von gesellschaftlichen Verbänden.[2234] Ob hierfür alleine die Erschießung des Separatistenführers der Auslöser war, erscheint fraglich. Vielmehr ist zu vermuten, dass ein solches Verhalten eher auf den Besuch des englischen Generalkonsuls *Clive* zurückzuführen ist. Schließlich hatten die Pfälzer durch ihn die Möglichkeit, ihren Unmut über die bestehenden Zustände in die Welt zu tragen und die begründete Hoffnung, diejenige Siegermacht auf ihre Seite zu ziehen, die dem Separatismus in der Pfalz ohnehin schon abgeneigt gegenüber stand. Zumindest gab es nach der Erschießung von *Heinz* eine Reihe von Protesterklärungen.[2235] *Grimm* bejahte, dass die Er-

2230 Wachvorschrift des Gendarmerieoberkommandanten der Regierung der Autonomen Pfalz v. 7.2.1924, LA Speyer, R 12/183. S. auch Gendarmerie-Ober-Kommando der Regierung der Autonomen Pfalz v. 7.2.1924, LA Speyer, R 12/183, sowie den entsprechenden Durchgangsbefehl, ebd.

2231 Briefe der dunklen Brille an die Separatisten v. 12.1.1924, v. 22.1.1924 und v. 23.1.1924, LA Speyer, R 12/22. Dazu, dass die Regierung Drohbriefe erhalten habe auch Veröffentlichung der Regierung der Autonomen Pfalz v. 14.1.1924, BayHStA, MA 107649.

2232 S. beispielhaft *Jacob,* Das Ende des Separatismus in Deutschland, Dargestellt am Abwehrkampf der deutschen Publizistik in der Pfalz und an der Saar 1919 bis 1935, S. 68.

2233 *Jacob,* Das Ende des Separatismus in Deutschland, Dargestellt am Abwehrkampf der deutschen Publizistik in der Pfalz und an der Saar 1919 bis 1935, S. 19.

2234 S. hierzu bereits S. 216 f.

2235 Protestschreiben der pfälzischen katholischen Geistlichkeit vom 6.1.1924 gerichtet an die alliierten Oberkommissare in Koblenz, abgedruckt in Urkunden zum Separatistenputsch im Rheinland im Herbst 1923, S. 15; Öffentliche Protesterklärung

schießung des Separatistenführers positive Auswirkungen auf die weitere Entwicklung hatte. So haben Vertreter der pfälzischen Bevölkerung angeführt vom Speyerer Bischof Dr. *Sebastian* am 11. Januar 1924 Gehör vor *Lord Kilmarnock*[2236], dem englischen Oberkommissar, erhalten. Auch *Tirard* hat den Bischof empfangen.[2237] Nach englischer Intervention willigte *Poincaré* ein, die Anerkennung der Gesetze zu suspendieren.[2238] Zudem entsandte England den Generalkonsul *Clive* in die Pfalz, um sich dort selbst ein Bild über die Lage zu machen.[2239] Ob dies alleine auf das Attentat zurückzuführen ist, erscheint fraglich. Schon am Tag vor dem Attentat unternahm die englische Regierung wegen den Separatisten und ihrer Unterstützung durch die Franzosen diplomatische Schritte in Brüssel und Paris.[2240] Das Attentat dürfte England, das an der Erhaltung des Mächtegleichgewichts in Europa interessiert war, darin bestärkt haben, die Lage in der Pfalz aus eigener Wahrnehmung zu beurteilen.

Nach alldem bleibt unklar, wie sich ein Richter der damaligen Zeit in diesem Punkt entschieden hätte. Es gibt allerdings gewichtige Argumente, mit denen ein Richter die Geeignetheit des Attentats hätte bejahen können.

---

der katholischen Geistlichkeit der Pfalz zum 13.1.1924, abgedruckt ebd. S. 16; Protest der Pfälzischen Beamtenschaft vom 1. Februar 1924, abgedruckt ebd. S. 17; Protestbeschluss des Stadtrats Kaiserslautern v. 1.2.1924, abgedruckt ebd., S. 17.

2236 *Lord Victor Alexander Serald Hay Kilmarnock* (geb. 1876, gest. 1928) war seit 1921 britischer Oberkommissar der Interalliierten Rheinlandkommission, s. hierzu http://www.bundesarchiv.de/aktenreichskanzlei/1919-1933/1pa/adr/adrhl/kap1_4/para2_108.html, zuletzt abgerufen am 1.11.2022.

2237 *Grimm*, Frankreich am Rhein. Rheinlandbesetzung und Separatismus im Lichte der historischen französischen Rheinlandpolitik, S. 220.

2238 *Grimm*, Frankreich am Rhein. Rheinlandbesetzung und Separatismus im Lichte der historischen französischen Rheinlandpolitik, S. 220; dazu, dass das Attentat die Anerkennung der Separatisten durch die HIRK verhindert habe *Wünschel*, Donnersbergjahrbuch 2000, 197 (199).

2239 *Grimm*, Frankreich am Rhein. Rheinlandbesetzung und Separatismus im Lichte der historischen französischen Rheinlandpolitik, S. 220.

2240 *Hamm*, Freie Bauernschaft, Heinz Orbis und Separatismus, S. 72. Dazu, dass die Aufmerksamkeit des Auslandes schon vor dem Attentat auf die Pfalz gelenkt wurde *Hartmann*, Großkampftage, in: Verlag und Redaktion der „Pfälzischen Rundschau“ (Hrsg.), Dokumente aus dem Befreiungskampf, S. 68 (71).

b. Milderes Mittel

aa. Zuwarten als milderes Mittel

Unter Umständen hätte auch einfach abgewartet werden können, bis die Autonome Pfalz sich von selbst wieder auflöste. So war bei den separatistischen Bewegungen im Rheinland deutlich geworden, dass diese auf Dauer keinen Erfolg hatten. Auch in der Pfalz zeichnete sich das Ende der Bewegung bereits ab. Der eigentliche Grund, weshalb die Autonome Pfalz scheiterte, war, dass nach der Überwindung der Hyperinflation durch die Einführung der Rentenmark keine Notwendigkeit mehr bestand, eine eigene pfälzische Währung zu schaffen.[2241] Auch das Bedürfnis einer Annäherung an Frankreich sank dadurch, dass sich die Reparationsfrage entspannte. Die Dawes-Kommission sollte auf Antrag des deutschen Reiches, welcher am 24. Oktober 1923 eingereicht wurde, die Zahlungsfähigkeit des Reiches nach Artikel 234 des Versailler Vertrages prüfen und daraufhin sollte ein Reparationsabkommen ausgehandelt werden, sodass der Versackungspolitik der Boden entzogen worden war.[2242] Der befürchtete Zusammenbruch der Republik unter dem Druck von rechter oder linker Seite blieb ebenfalls

2241 *Gräber,* Separatismus und kollektive Mentalität. Eine Fallstudie am Beispiel des Pfälzischen Separatismus nach dem Ersten Weltkrieg, in: Blomert/Kuzmics/Treibel (Hrsg.), Transformation des Wir-Gefühls. Studien zum nationalen Habitus, S. 279 (288 f.).

2242 *Gräber,* Separatismus und kollektive Mentalität. Eine Fallstudie am Beispiel des Pfälzischen Separatismus nach dem Ersten Weltkrieg, in: Blomert/Kuzmics/Treibel (Hrsg.), Transformation des Wir-Gefühls. Studien zum nationalen Habitus, S. 279 (289); *ders.,* Die schöne Literatur und die hässliche Geschichte, Die Darstellung des pfälzischen Separatismus nach dem 1. Weltkrieg in der zeitgenössischen Belletristik, in: Nestler/Schaupp (Hrsg.), Zwischen Revolution und Demokratie, Studien zur Geschichte der Pfalz vom späten 18. bis Mitte des 20. Jahrhunderts, S. 173 (177); *ders.,* Attentat im Staatsauftrag, Die Pfalz 56 (2010), 10 (10); *ders./Spindler,* Revolverrepublik am Rhein, S. 290 f.; *dies.,* „Wer dabei mitmacht, muss damit rechnen, den Kopf zu verlieren". Kriminalität, Kriminalisierung und Strafverfolgung im Zusammenhang des linksrheinischen Separatismus nach dem 1. Weltkrieg, in: Rheinland-pfälzische und saarländische Archive (Hrsg.), Unrecht und Recht. Kriminalität und Gesellschaft im Wandel von 1500–2000, S. (412) 412; hierzu auch *Ziegler,* Zwischen Revolution und Diktatur, Die pfälzischen Bauernverbände (1918 bis 1933), in: Nestler/Schaupp (Hrsg.), Zwischen Revolution und Demokratie, Studien zur Geschichte der Pfalz vom späten 18. bis Mitte des 20. Jahrhunderts, S. 199 (212).

aus.[2243] Das Interesse Frankreichs an der Pfalz hatte Ende des Jahres 1923 schon stark abgenommen.[2244] Daneben verstärkten Großbritannien und Belgien den Druck auf die französische Besatzungsmacht, um die Unterstützung der Separatisten zu unterbinden.[2245] Nach moderner Sicht scheiterte die Autonome Regierung daher, weil die Entstehungsgründe des Separatismus entfallen waren[2246] und auch die diplomatischen Bemühungen Englands zeichneten sich zum Zeitpunkt des Attentats bereits ab.[2247] Hauptsächlich die Reise des Generalkonsuls *Clive*, der Einsatz des interalliierten Sonderausschusses sowie das Speyerer Abkommen setzten dem Separatismus tatsächlich ein Ende.[2248] Schon am 1. Dezember 1923 prognostizierte ein Oberregierungsrat den Untergang der Autonomen Pfalz. In erster Linie finanzielle Probleme sowie die administrative Untätigkeit hätten der Bewegung den Boden entzogen. Des Weiteren hätte die französische Unterstützung stark nachgelassen.[2249] Insofern „muten die von offiziellen bayerischen Stellen veranlaßten und mitorganisierten Gewaltaktionen gegen die pfälzischen Separatisten eher wie ein Nachtreten gegen die Verlierer an, denn als ein Tellscher Befreiungsakt".[2250] Der Sturm auf das Pirma-

---

2243 *Gräber/Spindler*, „Wer dabei mitmacht, muss damit rechnen, den Kopf zu verlieren, in: Rheinland-pfälzische und saarländische Archive (Hrsg.), Unrecht und Recht. Kriminalität und Gesellschaft im Wandel von 1500–2000, S. 412 (413).

2244 *Gembries*, Die Pfalz und Bayern in der Weimarer Zeit, in: Fenske (Hrsg.), Die Pfalz und Bayern 1816–1956, S. 189 (203).

2245 *Gembries*, Die Pfalz und Bayern in der Weimarer Zeit, in: Fenske (Hrsg.), Die Pfalz und Bayern 1816–1956, S. 189 (203).

2246 *Gräber*, Pfälzischer Separatismus, in: Historisches Lexikon Bayerns, abrufbar unter: https://www.historisches-lexikon-bayerns.de/Lexikon/Pf%C3%A4lzischer_Separatismus, zuletzt abgerufen am 1.11.2022.

2247 *Gembries*, Die Pfalz und Bayern in der Weimarer Zeit, in: Fenske (Hrsg.), Die Pfalz und Bayern 1816–1956, S. 189 (206); zweifelnd zur Erschießung von Heinz-Orbis als Grund für die Beendigung der Separatistenherrschaft ebenfalls *Bräunche*, Die Pfalz muß deutsch bleiben. Finanzierung und Organisation der Abwehr gegen Separatistische Bestrebungen in der Rheinpfalz 1918–1924, in: Pfälzische Hypothekenbank Aktiengesellschaft Ludwigshafen/Pfälzische Gesellschaft zur Förderung der Wissenschaft (Hrsg.), Festschrift zum 100jährigen Bestehen der Pfälzischen Hypothekenbank, Teil 2, S. 227 (244).

2248 *Gembries*, Die Pfalz und Bayern in der Weimarer Zeit, in: Fenske (Hrsg.), Die Pfalz und Bayern 1816–1956, S. 189 (206).

2249 Brief des Oberregierungsrates an die Haupthilfsstelle für die Pfalz v. 1.12.1923, LA Speyer, R 12/21.

2250 *Gräber*, Separatismus und kollektive Mentalität. Eine Fallstudie am Beispiel des Pfälzischen Separatismus nach dem Ersten Weltkrieg, in: Blomert/Kuzmics/Treibel (Hrsg.), Transformation des Wir-Gefühls. Studien zum nationalen Habitus, S. 279 (289); *ders.*, Pfälzischer Separatismus, in:Historisches Lexikon Bayerns, absenser Bezirksamt war beispielsweise für die weitere Entwicklung sogar eher hinderlich als förderlich. Die Reorganisation der Pfalz nach dem Abzug der Separatisten stand schon vorher fest und die gewaltsamen Ereignisse boten Frankreich lediglich einen Vorwand, um die Abwicklung hinauszuzögern.[2251] Aufgrund der Ereignisse wurde nämlich der Belagerungszustand über die Stadt ausgerufen.[2252] Auch das Attentat auf *Heinz-Orbis* erschien im Nachhinein eher unglücklich. Schließlich wurde durch dieses deutlich, dass der später propagierte Widerstandswille der Bevölkerung gar nicht so ausgeprägt war wie von führenden staatlichen Stellen vorgegeben. Schließlich wurde das Attentat zu einem Großteil nicht von Pfälzern durchgeführt.[2253] Zudem stieg die Brutalität seitens der Separatisten nach dem Attentat erst einmal an.[2254]

Von diesem Standpunkt aus hätte eigentlich nur abgewartet werden müssen, weil das Schicksal der Autonomen Pfalz ohnehin schon besiegelt war. Berücksichtigt werden muss jedoch, dass keine *ex post-*, sondern eine *ex ante*-Betrachtung vorgenommen wird. Dadurch, dass der Notwehr Übende oftmals unter besonderem Zeitdruck steht, sind keine allzu strengen Anforderungen an die Erforderlichkeit zu stellen.[2255] Es kommt vielmehr entscheidend darauf an, ob der Handelnde ernsthaft geprüft hat, ob kein milderes Mittel zur Verfügung steht.[2256] Insofern soll eine verständige Würdigung vorgenommen werden, ohne dass im Nachhinein ein milderes Mittel durch abwegige Gedankengänge hinzukonstruiert wird. Schließlich liegt die gesetzgeberische Wertung so, dass primär die Rechte und Rechtsgüter des Angegriffenen geschützt werden sollen und nur sekundär

rufbar unter: https://www.historisches-lexikon-bayerns.de/Lexikon/Pfälzischer_Separatismus, zuletzt abgerufen am 1.11.2022; *ders.*, Die schöne Literatur und die hässliche Geschichte, Die Darstellung des pfälzischen Separatismus nach dem 1. Weltkrieg in der zeitgenössischen Belletristik, in: Nestler/Schaupp (Hrsg.), Zwischen Revolution und Demokratie, Studien zur Geschichte der Pfalz vom späten 18. bis Mitte des 20. Jahrhunderts, S. 173 (177).

2251 *Gräber*, in: Diskussion in der Sendereihe „Nahaufnahme" vom Kurpfalz-Radio des Süddeutschen Rundfunks am 7. April 1989, 10:04 bis 11 Uhr, Abschrift von Mitschnitt, S. 15; *ders.*, Die Pfalz 56 (2010), 10 (11); *ders.*, Damals 9/93, 32 (36). S. zur Reaktion der französischen Besatzungsmacht Deutsche Allgemeine Zeitung v. 19.2.1924 (Abendausgabe).

2252 Deutsche Allgemeine Zeitung v. 14.2.1924 (beide Ausgaben).

2253 S. hierzu auch *Müller*, Die Pfalz am Rhein, Heft 3 August 1988, 38 (39).

2254 Generalanzeiger Ludwigshafen v. 10.1.1925.

2255 *Baron*, Notwehr, Staatsnotwehr und Staatsnotstand, S. 23.

2256 *Schück*, Notwehr Privater zugunsten des Staates, S. 46.

die Rechte des Angreifers zu berücksichtigen sind, der sich selbst nicht gesetzeskonform verhalten hat.[2257] Zwar waren in das Attentat auch staatliche Stellen involviert, die einen besseren Einblick in die Entwicklungen hatten als Private. Dennoch war das Ende der Autonomen Pfalz aus *ex ante*-Sicht keinesfalls sicher. Auch unter Berücksichtigung der Indizien, die für einen Untergang des Separatismus in der Pfalz sprachen, war keinesfalls gewiss, wie lange sich die Autonome Regierung noch an der Macht halten würden. Überdies wäre es unzumutbar, dem grundsätzlich zur Notwehr beziehungsweise Nothilfe berechtigten aufzubürden, zuzuwarten, bis der Angriff beendet ist. In dieser Situation braucht das Recht dem Unrecht nicht zu weichen. Insofern war das Attentat aus damaliger Sicht das effektivere Mittel.

bb. Verschleppung ins rechtsrheinische Gebiet als milderes Mittel

Auch ein Verschleppen der Führungspersönlichkeiten ins rechtsrheinische Gebiet und eine dortige Aburteilung wären als milderes Mittel denkbar. Fraglich ist, ob dieses Mittel auch gleich effektiv gewesen wäre.

Gemäß Art. 1 der Anweisung 20 war jede Überführung unabhängig vom Grund für die Verurteilung und unabhängig davon, ob die genannten Privilegien greifen, bis spätestens zehn Tage vor der Überführung beim Delegierten der HIRK anzeigepflichtig.[2258] Von deutscher Seite wurde kritisiert, dass die Strafrechtspflege durch diese Verordnung stark behindert würde. Viele Besatzungsbehörden bestünden nicht nur darauf, dass die zehntägige

---

2257 *Labin*, Staatsnotwehr und Staatsnotstand, S. 34. Dass die Gefahr einer nachträglichen Konstruktion aus *ex post*-Sicht besteht, die nicht der Situation zum Zeitpunkt des Angriffs gerecht wird, wurde unter anderem im Rahmen der Fememordprozesse kritisiert. S. hierzu *v. Oetker*, GS 97, 411 (418); in diese Richtung auch *ders.* GS 99 (1930), 156 (162); *Griebel*, Staatsnotwehr, Staatsnotstand und Femetötungen, S. 17 ff.

2258 Anweisung 20 vom 5. Juli 1923, Anweisung betreffend die Überführung von Angeklagten oder Verurteilten in das unbesetzte Gebiet, abgedruckt in: Reichsministerium für die besetzten Gebiete (Hrsg.), Dokumente zur Besetzung der Rheinlande, Heft 2, Eingriffe der Besatzungsbehörden in die Rechtspflege im besetzten Gebiet, S. 14.

Frist vor der Deportation abgewartet würde, sondern verlangten stattdessen eine ausdrückliche Genehmigung des Abtransportes.[2259]

Eine weitergehende Einschränkung erfolgte durch die Verordnung 120. Gemäß Art. 1 der Verordnung durften Personen, welche sich auf das Privileg der Verordnung 90 berufen können, nicht ohne Genehmigung der HIRK ins unbesetzte Gebiet überführt werden.[2260] In Verordnung 90 wurde Straffreiheit für Personen, die mit den Besatzungsmächten kollaborierten und daher eine Sanktion von deutscher Seite befürchten mussten, festgelegt.[2261]

Auch in anderen Fällen wurde der Versuch unternommen, Separatisten ins unbesetzte Gebiet zu verschleppen, um eine rechtliche Verfolgung zu ermöglichen. Am 14. Februar 1924 wurde beispielsweise *Erwin Helfrich*, der Sohn eines separatistischen Bürgermeisters, von Privatpersonen von Pirmasens nach Heidelberg verbracht, wo er wegen Landesverrats verhaftet wurde.[2262] General *de Metz* erklärte nach der Verhaftung *Helfrichs*, dass die Rückkehr von Ausgewiesenen in die Pfalz erst ermöglicht sei, sobald dieser freigelassen wurde.[2263] Der Fall ging bis zum Staatsgerichtshof zum Schutze der Republik nach Leipzig. Dort wurde die Verfolgung ausgesetzt und der Haftbefehl aufgehoben.[2264] Nicht zuletzt erging das milde Urteil auch auf Druck der französischen Besatzungsmacht. Darüber hinaus verlangte der Bürgermeister wegen der Entführung seines Sohnes und wegen einem verübten Attentat auf ihn selbst 20.000 Goldmark Schadenersatz, welche ihm *de Metz* auf Kosten des deutschen Reiches gewährte.[2265]

2259 Diese Kritik wurde beispielsweise wiedergeben in: Reichsministerium für die besetzten Gebiete (Hrsg.), Dokumente zur Besetzung der Rheinlande, Heft 2, Eingriffe der Besatzungsbehörden in die Rechtspflege im besetzten Gebiet, S. 54.

2260 Verordnung 120 vom 21.9.1922 betreffend die Überführung von Personen in das unbesetzte Gebiet, welche von den deutschen Behörden festgenommen sind und die Wohltat der Verordnungen 27, 70 und 90 in Anspruch nehmen; die Befugnisse der deutschen Justiz- und Polizeibehörden des unbesetzten Deutschlands im besetzten Gebiet, abgedruckt in: Reichsministerium für die besetzten Gebiete (Hrsg.), Dokumente zur Besetzung der Rheinlande, Heft 2, Eingriffe der Besatzungsbehörden in die Rechtspflege im besetzten Gebiet, S. 12.

2261 S. auch Fn. 2336.

2262 *Jolas,* Die Pfalz unter Französischer Besatzung von 1918 bis 1930, S. 200.

2263 *Jolas,* Die Pfalz unter Französischer Besatzung von 1918 bis 1930, S. 223.

2264 *Jolas,* Die Pfalz unter Französischer Besatzung von 1918 bis 1930, S. 237.

2265 Note betreffend gegen Herrn *Helfrich*, Bürgermeister von Münchweiler, begangene Attentate der HIRK Nr. 3996/J vom 24. April 1924 und Nr. 5027/J abgedruckt in: Reichsministerium für die besetzten Gebiete (Hrsg.), Dokumente zur Besetzung der Rheinlande, Heft 2, Eingriffe der Besatzungsbehörden in die Rechtspflege

Auch bei *Dorten* war die Verschleppung ins unbesetzte Gebiet nicht von Erfolg gekrönt.[2266] Als Repression suspendierte die HIRK den Regierungspräsidenten in Wiesbaden und den stellvertretenden Polizeipräsidenten von ihren Ämtern und behielt sich auch ein gerichtliches Verfahren gegen die Betroffenen vor. Unter diesem Druck ließen die Deutschen *Dorten* wieder frei. Einige Zeit später wurde die Suspendierung des Regierungspräsidenten revidiert.[2267]

In der Planungsphase wurde ebenfalls die Möglichkeit in Betracht gezogen, *Heinz* nur zu verhaften und ins unbesetzte Gebiet zu überführen.[2268] Dies wurde aber als zu riskant eingestuft, da die politischen Konsequenzen nicht absehbar seien. Vor allen Dingen wäre die verschleierte Verstrickung staatlicher Stellen in das Geschehen dann deutlich zu Tage getreten.[2269] Es erschien wahrscheinlich, dass *Heinz* ebenso wie *Dorten* unter französischem Druck wieder hätte ausgeliefert werden müssen. Zudem hätten die Separatisten durch Terror und Geiselnahmen ebenfalls seine Freilassung erpressen können.[2270] Ein solches Vorgehen sei auch schon in früheren Fällen vorgekommen.[2271]

Das Argument der befürchteten Repressionen erscheint wenig überzeugend. Schließlich war auch mit Terror und Geiselnahmen nach einem Attentat zu rechnen. Ob diese nun in erpresserischer oder repressiver Weise eingesetzt würden, dürfte kaum einen Unterschied machen. Allerdings waren die Folgen eines Attentats irreversibel, sodass keine Gefahr bestünde,

---

im besetzten Gebiet, S. 29 ff. Die Rückkehr der von den Separatisten Ausgewiesenen wird durch die Verfügung Nr. 1675 von General de Metz vom Einvernehmen der Rheinlandkommission abhängig gemacht. S. hierzu *Jolas,* Die Pfalz unter Französischer Besatzung von 1918 bis 1930, S. 207; *Aretin,* Süddeutsche Monatshefte, Januar 1925, 51.

2266 Note der Rheinlandkommission an den Reichskommissar vom 25. Juli 1920 Nr. 10940 A. T., abgedruckt in: Reichsministerium für die besetzten Gebiete (Hrsg.), Dokumente zur Besetzung der Rheinlande, Heft 2, Eingriffe der Besatzungsbehörden in die Rechtspflege im besetzten Gebiet, S. 26.

2267 Note der Rheinlandkommission vom 26. Juli 1920 Nr. 1288 HCITR an den Reichskommissar, abgedruckt in: Reichsministerium für die besetzen Gebiete (Hrsg.), Dokumente zur Besetzung der Rheinlande, Heft 2, Eingriffe der Besatzungsbehörden in die Rechtspflege im besetzten Gebiet, S. 26.

2268 *Gräber/Spindler,* die Pfalzbefreier, S. 42 f.; *Lintz,* Großkampftage. Aus der Separatistenzeit in der Pfalz, S. 97.

2269 *Gräber/Spindler,* Die Pfalzbefreier, S. 45; *Lintz,* Großkampftage. Aus der Separatistenzeit in der Pfalz, S. 97.

2270 *Oberhauser,* Der Kampf um die Rheinpfalz, S. 139.

2271 Brief der Regierung der Autonomen Pfalz v. 20.12.1923, BayHStA, MA 107649.

dass eine Rückgängigmachung auf französischen Druck hin erfolgen würde.

Im Nachhinein erscheint es schwer rekonstruierbar, ob die Verschleppung ins unbesetzte Gebiet ein gleich geeignetes Mittel wie die Erschießung dargestellt hätte. Schließlich war auch bei einer Erschießung mit Repressalien zu rechnen. Wäre es zu einer Aburteilung gekommen, so hätte dies sicherlich ein gutes Mittel gegen die Separatisten dargestellt. Der Separatismus wäre dann von staatlicher Stelle bekämpft worden, was den durch die Versackungslösung entstandenen Gefühlen entgegengewirkt hätte. Zudem hätte das Ende der Separatisten in geregelterer Weise ausgestaltet werden können, was der öffentlichen Sicherheit und Ordnung zuträglich gewesen wäre. Weiterhin haftete der Erschießung zumindest ein ethischer Mangel an. Eine Aburteilung durch staatliche Stellen hingegen hätte das Gewaltmonopol des Staates zum Ausdruck gebracht und der Autonomen Pfalz ein demokratisch legitimiertes Ende gesetzt. Ob eine solche Aburteilung tatsächlich möglich gewesen wäre, erscheint aufgrund des tatsächlich nachgewiesenen Eingreifens der französischen Besatzungsmacht zugunsten der Separatisten allerdings zweifelhaft. Es hätte zu diplomatischen Spannungen und weiteren Repressionen geführt, wenn sich das Deutsche Reich nicht an die Ordonnanzen der HIRK, denen Gesetzeskraft zukam, gehalten hätte. Beispielhaft sei hier die Verordnung 156 vom 22. März 1923 genannt. Durch sie wurden eigene, vor der Militärgerichtsbarkeit der Besatzungsmacht abzuurteilende Straftatbestände geschaffen. Strafbar waren nach Art. 1 Nr. 1 Verordnung 156 Gewalttaten oder tätliche Beleidigungen gegen all diejenigen, welche in unmittelbarer oder mittelbarer Weise im Dienst der HIRK oder deren Beamten oder Angestellten oder Angehörige der Besatzungsarmeen handelten oder potentiell oder tatsächlich in Beziehungen mit dieser gestanden hatten. Die Staatsangehörigkeit sei irrelevant.[2272]

Die Ordonnanz 156 enthielt überdies in Art. 4 auch eine Schadensersatzverpflichtung der Gemeinde für Schäden, die im genannten Zusammenhang bei Unruhen oder Straftaten durch Menschenmengen entstanden sind. Die Gemeinde selbst musste sich dann darum kümmern, beim Reich, dem Land oder dem Delinquenten Regress zu nehmen. Wenn das Unter-

---

2272 Verordnung 156 vom 22.3.1923 betreffend zum Schutze der Staatsangehörigen der Besatzungsmächte und der Personen, die in Diensten der Besatzungsbehörden oder zu ihnen in Beziehung stehen, abgedruckt in: Reichsministerium für die besetzten Gebiete (Hrsg.), Dokumente zur Besetzung der Rheinlande, Heft 2, Eingriffe der Besatzungsbehörden in die Rechtspflege im besetzten Gebiet, S. 15 f.

lassen der Behörde für den entstandenen Schaden zumindest mitursächlich gewesen ist, konnte die HIRK den Schadensersatz auch den Kreisen auferlegen.[2273] Eine ähnliche Regelung enthielt die Verordnung 186 vom 12. Juni 1923. Nach Art. 1 dieser Verordnung wurden Schadensersatzansprüche, welche durch Attentate und Straftaten, die in Zusammenhang mit inneren Unruhen standen, dem Reich, den Ländern und den Gemeinden auferlegt, in denen sich die Handlung ereignet hat. Art. 2 bestimmte, dass die Einstandspflicht der genannten Körperschaften auf dem Solidaritätsprinzip beruhe und es den Betroffenen freistehe, den Verursacher in Anspruch zu nehmen.[2274]

Solche Repressionen wurden von der Besatzungsmacht auch durchgesetzt. Nachdem *Hannes Miebach* am 17. März 1923 in *Smeets* Privatwohnung eingedrungen war und auf diesen sowie auf einen politischen Genossen Schüsse abgab, woraufhin letzterer getötet und *Smeets* selbst am Kopf verletzt wurde, gestand die HIRK der Witwe des Getöteten und dem Verletzten beispielsweise eine Entschädigung auf Kosten der Reichsregierung zu.[2275]

Auch als ein Schüler eine Sachbeschädigung in *Dortens* Gutenbergdruckerei verübte, weswegen er verhaftet und dem Amtsgerichtsrat vorgeführt wurde, griffen die Besatzungsmächte regulierend ein. Nachdem der Richter keinen Haftbefehl erhob, wurde er selbst von französischen Polizisten inhaftiert und vor das Kriegsgericht in Zweibrücken gestellt. Darüber hinaus kam es zu einer Ausweisung des zuständigen deutschen Polizeibeamten und die Stadt wurde verpflichtet, den entstandenen Schaden zu ersetzen.[2276]

2273 Verordnung 156 vom 22.3.1923 betreffend zum Schutze der Staatsangehörigen der Besatzungsmächte und der Personen, die in Diensten der Besatzungsbehörden oder ihnen in Beziehung stehen, abgedruckt in: Reichsministerium für die besetzten Gebiete (Hrsg.), Dokumente zur Besetzung der Rheinlande, Heft 2, Eingriffe der Besatzungsbehörden in die Rechtspflege im besetzten Gebiet, S. 17 f.

2274 Verordnung 186, Verordnung vom 12. Juni 1923 über den Ersatz von Schäden, welche durch innere Unruhen entstanden sind, abgedruckt in: Reichsministerium für die besetzten Gebiete (Hrsg.), Dokumente zur Besetzung der Rheinlande, Heft 2, Eingriffe der Besatzungsbehörden in die Rechtspflege im besetzten Gebiet, S. 19 f.

2275 So wiedergegeben in: Reichsministerium für die besetzten Gebiete (Hrsg.), Dokumente zur Besetzung der Rheinlande, Heft 2, Eingriffe der Besatzungsbehörden in die Rechtspflege im besetzten Gebiet, S. 60 f.

2276 So wiedergegeben in: Reichsministerium für die besetzten Gebiete (Hrsg.), Dokumente zur Besetzung der Rheinlande, Heft 2, Eingriffe der Besatzungsbehörden in die Rechtspflege im besetzten Gebiet, S. 61 ff.

Vor dem Hintergrund des Verbots sowie der im Raum stehenden Repressionen war eine Aburteilung im rechtsrheinischen Gebiet kein gleich geeignetes Mittel wie die Erschießung.

Zu denken wäre noch daran gewesen, den Separatistenführer im rechtsrheinischen Gebiet festzuhalten, ohne ihn vor Gericht zu bringen. Fraglich ist indes, ob dies ein ebenso effektives Mittel wie die Erschießung dargestellt hätte. Schlussendlich hätte *Heinz-Orbis* immer noch fliehen können.[2277] Zudem verfügte er mit seinem zu diesem Zeitpunkt stark geschrumpften Pfälzischen Corps zwar über eine sehr kleine militärische Einheit; dennoch wäre zu erwarten gewesen, dass seine Soldaten im rechtsrheinischen Gebiet nach ihm suchen würden. Hinzu kommt, dass auch in solchen Fällen Sanktionen durch die französische Besatzungsmacht zu erwarten gewesen wäre. Insofern wäre auch das reine Festhalten im unbesetzten Gebiet nicht gleich effektiv gewesen.

cc. Sonstige mildere Mittel

Auch sonstige mildere Mittel waren nicht ersichtlich. *Betsch* stellt die Erforderlichkeit der Tat heraus, indem er schreibt: „Die Gefahr war groß, die endgültige Lostrennung der Pfalz vom Deutschen Reich stand unmittelbar bevor. Weder Verhandlungen, noch Proteste konnten Rettung bringen, die Welt war durch erpreßte Loyalitätserklärungen der pfälzischen Gemeinden hinters Licht geführt, man sah in der neuen Republik den Willen des pfälzischen Volkes. [...] Einzig und allein die Tat konnte noch eine entscheidende Wendung bringen.“[2278] *Braun* konstatiert, dass die Täter zuvor als milderes Mittel versucht hätten, den Separatistenführer zu warnen, indem sie seine Scheune anzündeten.[2279] Diese Ausführung dürfte allerdings unter die künstlerische Freiheit des Autors fallen. Schließlich hatte ein Einzeltäter die Scheune angezündet, der soweit dies aus dem Quellenmaterial rekonstruierbar ist, in keiner Verbindung mit den Attentätern stand.[2280]

Darüber hinaus waren die pfälzischen Arbeiter auch aufgrund des politischen Rechtsrucks in Bayern nicht bereit, für die Zugehörigkeit zu Bayern

---

2277 Die diesbezügliche Argumentation wurde beispielsweise in Bezug auf die Fememorde vorgebracht. S. hierzu bereits S. 325 f.

2278 *Betsch*, Ballade am Strom, S. 509.

2279 *Braun*, Nibelungenland, S. 454.

2280 S. hierzu S. 188 f.

zu kämpfen.[2281] Zwar war *Antz* von dem Zustand von *Jungs* Abwehrorganisation nicht gerade erbaut. Nachdem die Arbeiterschaft aufgrund der Ereignisse um den Hitlerputsch nicht gewillt schien, den Separatisten durch Massenkundgebungen entgegenzutreten, erschien ein Attentat für ihn als einziger Ausweg.[2282] *Oberhauser* ist sich sicher, dass Proteste nicht zum Erfolg geführt hätten.[2283] Nur eine Tat, die ein Fanal setzen würde, habe die Registrierung aufhalten können.[2284] Auch ein Massenaufstand sei nicht möglich gewesen.[2285] Wenn *Oberhauser* beteuert, die mit Gewalt eingesetzte Regierung habe auch nur gewaltsam abgesetzt werden können,[2286] so erinnert dies stark an das Talionsprinzip.[2287] Ein Verhandeln oder Paktieren mit der Regierung sei ebenfalls nicht möglich gewesen.[2288] Die Erschießung sei als *acte contraire* zum von der Regierung verübten Terror das einzige Mittel gewesen.[2289]

Auch Sabotageakte stellten keine gleich effektiven Mittel dar. Die Terrorgruppen wurden zunehmend inaktiver und wenn sie Attentate verübten, stießen diese bei den Separatisten kaum auf eine Reaktion, da hauptsächlich die Bevölkerung getroffen wurde. Als einzigen Ausweg sah *Antz* daher den Einsatz eines Spezialkommandos, welches *Heinz-Orbis* töten solle.

2281 *Gräber,* Die Pfalz 56 (2010), 10 (10),

2282 *Bräunche,* Die Pfalz muß deutsch bleiben. Finanzierung und Organisation der Abwehr gegen Separatistische Bestrebungen in der Rheinpfalz 1918–1924, in: Pfälzische Hypothekenbank Aktiengesellschaft Ludwigshafen/Pfälzische Gesellschaft zur Förderung der Wissenschaft (Hrsg.), Festschrift zum 100jährigen Bestehen der Pfälzischen Hypothekenbank, Teil 2, S. 227 (242); Lagebericht aus Kaiserslautern v. 28.11.1923, BayHStA, MA 107716.

2283 *Oberhauser,* Der Kampf um die Rheinpfalz, S. 138, zu beachten ist jedoch, dass auch Oberhauser selbst sehr nationalistisch eingestellt war, was man daran erkennen kann, dass er über die Teilnehmer am Hitlerputsch schrieb: „[die …] jungen Leute[…], denen das eigene Vaterland wegen ihrer Liebe zu Deutschland den Prozeß machte“, S. 139.

2284 *Oberhauser,* Der Kampf um die Rheinpfalz, S. 138.

2285 *Oberhauser,* Der Kampf um die Rheinpfalz, S. 138.

2286 *Oberhauser,* Der Kampf um die Rheinpfalz, S. 138.

2287 Während es bei diesem um die Vergeltung von gleichem mit gleichem geht, so geht es bei der Rache in ihrer archaischen Form um die vollständige Vernichtung des Feindes, vgl. hierzu *Braun,* Einführung in die Rechtswissenschaft, S. 55.

2288 *Oberhauser,* Der Kampf um die Rheinpfalz, S. 138.

2289 *Eberlein,* Pfälzische Rundschau v. 6.12.1930.

Nach dessen Tod würde die separatistische Bewegung seiner Meinung nach im Sande verlaufen.[2290]

c. Staatsnotwehr als subsidiäres Recht

Fraglich ist, ob es sich bei der Staatsnotwehr um ein subsidiäres Recht handelt, der Nothelfer also zuvor staatliche Stellen um Hilfen ersuchen muss. Diese Problematik wurde im Bereich der Staatsnothilfe zur damaligen Zeit kontrovers diskutiert.

aa. Keine Subsidiarität

Die Gegner des Subsidiaritätserfordernisses argumentierten, dass dieses im Wortlaut des § 53 StGB keine Stütze finde.[2291] In der Zusammenschau mit § 54 StGB, wo ausdrücklich darauf abgestellt wird, dass die Gefahr nicht auf andere Art und Weise abgewendet werden kann, könne aus der Nichterwähnung der Subsidiarität in § 53 StGB geschlossen werden, dass der Gesetzgeber eine solche gerade nicht wollte.[2292]

Teils wurde eine Subsidiarität des Notwehrrechts mit der Begründung verneint, dass sich das Wort „erforderlich" im § 53 StGB nicht auf „Vertheidigung", sondern auf „diejenige" beziehe. Setzt man nun die Begriffsbestimmung des § 53 Abs. 2 RStGB an die Stelle des Wortes Notwehr, werde deutlich, dass eine Subsidiarität nicht vorausgesetzt werde.[2293] *Labin* hingegen lehnt diese Ansicht als zu formalistisch ab. Außerdem werden die Bezugs-

---

2290 *Schwarz,* Der Separatismus in der Pfalz nach dem 1. Weltkrieg, 292 f. S. zur zunehmenden Dringlichkeit einer gewaltsamen Aktion auch *Schuker,* Jahrbuch des Historischen Kollegs 3 (1997), 75 (98).

2291 *Moderow,* Notwehr und Notstand zugunsten des Staates, S. 18.

2292 *Moderow,* Notwehr und Notstand zugunsten des Staates, S. 18.

2293 *Frank,* Das Strafgesetzbuch für das Deutsche Reich nebst dem Einführungsgesetz, § 53, S. 152; *Jesse,* Die Tragweite der Notwehr, S. 36 ff.; die Subsidiarität ebenfalls verneinend: *Hold v. Ferneck,* Die Rechtswidrigkeit, eine Untersuchung zu den allgemeinen Lehren des Strafrechts, Bd. 2, S. 125; *Jabinski,* Zur dogmatischen Kritik der Notstands- und Notwehrhandlungen, S. 38.
§ 53 I iVm II RStGB: Eine strafbare Handlung ist nicht vorhanden, wenn die Handlung durch diejenige Vertheidigung, welche erforderlich ist, um einen gegenwärtigen, rechtswidrigen Angriff von sich oder einem anderen abzuwenden, geboten war.

punkte in der diesbezüglichen Argumentation nicht ganz klar. In diesem Kontext führt *Labin* die Ansicht *Kohlrauschs* an, der die Subsidiarität aus dem Wort „geboten" herleitet.[2294] Gegen die Ansicht *Kohlrauschs* spreche aber, dass sich die Erforderlichkeit und die Gebotenheit nicht auf das „Ob", sondern nur auf das „Wie" der Abwehr beziehen. Es gehe nur um die Art und das Maß der Abwehr, wenn schon feststeht, dass eine solche erfolgen darf.[2295] Gegen eine Subsidiarität wird auch der historische Kontext angeführt. In der *Constitutio Carolina Criminalis* seien solche Erwägungen noch nicht aufgestellt worden.[2296] Ob dies ein valides Argument darstellt, ist zweifelhaft. Schließlich erfährt das Strafrecht eine dynamisch-evolutionäre Entwicklung, infolge derer die Subsidiarität teilweise in den Gesetzen und Gesetzesentwürfen Eingang gefunden hat.[2297]

Stellt man sich auf den Standpunkt, dass das Notwehrrecht ein natürliches Recht ist, so spricht vieles dafür, eine Subsidiarität abzulehnen.[2298] Bei der Annahme eines originären Rechts müsste man sogar noch weitergehen und die Notwehr parallel zur staatlichen Hilfe zulassen.[2299] Gegen eine Subsidiarität des Notwehrrechts spreche weiterhin, dass das Einschreiten von Bürgern in gewissen Situationen von Nutzen sein kann. Weiterhin könnten die zerstreuten Kräfte unter staatlicher Leitung gebündelt werden, wodurch sie einen noch größere Wirkung zeitigen würden.[2300] Hier kann nochmal auf das oben dargestellte Beispiel Englands verwiesen werden, wo die Bürger in gewissen Fällen als Special Constables tätig wurden.[2301] Überdies spreche gegen eine Subsidiarität, dass der Verlauf von Putsch- und Umsturzversuchen nur schwer absehbar ist, sodass ein Privater, dem meist Hintergrundinformationen fehlen, gar nicht einzuschätzen vermag, ob staatliche Hilfe noch rechtzeitig herbeigeholt werden kann.[2302] Nicht zuletzt seien in einer echten Notlage Überlegungen darüber, ob staatliche

2294 *Kohlrausch*, Strafgesetzbuch für das Deutsche Reich mit Nebengesetzen, 29. Aufl., S. 74; *Labin*, Staatsnotwehr und Staatsnotstand, S. 36.
2295 *Schück*, Notwehr Privater zugunsten des Staates, S. 41.
2296 *Schück*, Notwehr Privater zugunsten des Staates, S. 43.
2297 Vgl. nur Strafgesetzbuch für die Herzoglich-Oldenburgischen Lande von 1814 Art. 130; § 76 des Entwurfes zum Straf-Gesetzbuch für das Großherzogtum Baden, 1836, Entwurf eines Strafgesetzbuchs für das Großherzogtum Hessen, Art. 47.
2298 Ähnlich *Schück*, Notwehr Privater zugunsten des Staates, S. 43.
2299 *Schück*, Notwehr Privater zugunsten des Staates, S. 44 f.
2300 *Schück*, Notwehr Privater zugunsten des Staates, S. 45.
2301 S. hierzu S. 247 f.
2302 *Schück*, Notwehr Privater zugunsten des Staates, S. 45.

Hilfe noch rechtzeitig herbeigeholt werden kann, nicht in rationaler Weise durchzuführen.[2303]

Zudem werde das Problem, dass Bürger trotz der Möglichkeit, staatliche Hilfe einzuholen, einschreiten, überschätzt. Schließlich liegt es kaum im Interesse der Bürger, selbst zur Tat zu schreiten, wenn sie diese unter Umständen gefährliche und strafbewehrte Handlung den Behörden überlassen können.[2304] Der Bürger handelt bei Nothilfeleistungen auch immer auf eigene Gefahr bezüglich der Strafrechtsverfolgung und der Gegenwehr des Angreifers.[2305] Auch wenn man in solchen Fällen eine Putativnothilfe anerkennt, so besteht doch zumindest die Gefahr, dass der Bürger sich wegen eines fahrlässig begangenen Deliktes strafbar macht.[2306] Menschen seien tendenziell risikoavers, weswegen ihnen eine natürliche Zurückhaltung zukomme.[2307]

Wenn der Staat außerstande ist, den Angriff abzuwehren, so stehen nur zwei Alternativen zur Verfügung. Einerseits kann diesem durch seine eigenen Bürger geholfen werden und andererseits könnte er die Hilfe anderer Staaten in Anspruch nehmen.[2308] Soweit es sich um Notlagen handelte, die aus innerstaatlichen Konflikten hervorgehen, könnten andere Staaten wegen des völkerrechtlichen Verbots der Intervention[2309] meist nicht helfen. In allen anderen Fällen war die Hilfe durch ausländische Mächte unsicher und hauptsächlich dann zu erwarten, wenn sie eigene Vorteile ziehen wollten oder der Konflikt nach außen zu dringen drohte und daher andere Staaten gefährden konnte. Ebendarum sei der Staat auf seine Bürger angewiesen.[2310]

2303 *Schück*, Notwehr Privater zugunsten des Staates, S. 44.
2304 *Schück*, Notwehr Privater zugunsten des Staates, S. 45.
2305 *Binding*, Der strafrechtliche Staatsnotstand, S. 39.
2306 *Baron*, Notwehr, Staatsnotwehr und Staatsnotstand, S. 22, der sich jedoch diesbezüglich auf S. 24 selbst widerspricht, indem er eine Subsidiarität in diesen Fällen ohne nähere Begründung annimmt.
2307 *Knoch*, Die Nothilfe zugunsten des Staates, S. 103.
2308 *Moderow*, Notwehr und Notstand zugunsten des Staates, S. 3.
2309 Das völkerrechtliche Interventionsverbot war als Gewohnheitsrecht grundsätzlich nicht normiert, fand seinen Ausdruck aber beispielsweise in Art. 10 der Genfer Völkerbundssatzung von 1919/1920.
2310 *Moderow*, Notwehr und Notstand zugunsten des Staates, S. 3 f.

bb. Subsidiarität gegenüber staatlichem Handeln

Andere stimmen bejahten eine Subsidiarität privaten Handelns im Rahmen der Staatsnothilfe. Es sei eine an Sinn und Zweck des Gesetzes orientierte Auslegung des Merkmals der Erforderlichkeit vorzunehmen.[2311] Bezüglich der Interessenlage entstünden daher Unterschiede zu den Fällen, in denen der Einzelne einem Individuum zur Hilfe kommen möchte.[2312] Entscheidend sei das Interesse des Staates.[2313] Es sei daher grundsätzlich vom Primat der Staatsmacht auszugehen, soweit es um die Verteidigung öffentlicher Interessen gehe.[2314] Soweit staatliche Hilfe verfügbar ist und der Angriff durch sie auch abgewendet werden kann, habe der Einzelne kein Notwehrrecht und müsse grundsätzlich zuerst staatliche Stellen informieren, es sei denn, es läge Gefahr im Verzug vor.[2315] Wenn der Staat in der Lage ist, sich selbst zu verteidigen, so sei die durch Private verübte Notwehr subsidiär zur staatlichen Verteidigung.[2316] In solchen Fällen sei es zweckdienlicher, die Hilfeleistung den dafür zuständigen Stellen zu überlassen.[2317] Dies liege auch im Interesse der Allgemeinheit und der Staatsbürger. Schließlich handelten staatliche Stellen mit einer viel größeren Objektivität und Expertise als einzelne Private, die unter Umständen mit der Situation überfordert seien.[2318] Der diensthabende Polizist habe zudem gar kein eigenes Interesse an dem Geschehen, weswegen er neutral an die Sache herangehe.[2319] Zusammenfassen lassen sich die Aussagen zur Subsidiarität mit den Worten *Kurt Bindings:* „Die Organe sind die berufenen Hüter des Staates. Nur wenn sie an der Ausübung ihrer Funktionen gehindert sind oder diese pflichtwidrig nicht ausüben, ist für die Tätigkeit

2311 *Labin*, Staatsnotwehr und Staatsnotstand, S. 36.
2312 *Labin*, Staatsnotwehr und Staatsnotstand, S. 36.
2313 *Labin*, Staatsnotwehr und Staatsnotstand, S. 36.
2314 *Labin*, Staatsnotwehr und Staatsnotstand, S. 37, *Sinzheimer*, Die Justiz V (1929/1930), 268 (268); *v. Oetker*, GS 99 (1930), 411 (414 f.).
2315 *Baron*, Notwehr, Staatsnotwehr und Staatsnotstand, S. 17 f.
2316 *Baron*, Notwehr, Staatsnotwehr und Staatsnotstand, S. 23.
2317 *Baron*, Notwehr, Staatsnotwehr und Staatsnotstand, S. 23, seine Ausführungen beziehen sich jedoch auf den autoritären NS-Staat und können insofern nur bedingt zur hiesigen Argumentation herangezogen werden.
2318 *Lederle*, Staatsnotwehr, S. 21 f.; ähnlich *Labin*, Staatsnotwehr und Staatsnotstand, S. 37; vgl. hierzu auch *Sommerfeld*, Ist Notwehr zur Verteidigung sämtlicher Rechtsgüter zulässig?, S. 56.
2319 So auch *Kraegeloh*, Beiträge zur Lehre von der Notwehr im geltenden Strafrecht, S. 70. Vgl. auch *Hummler*, Staatliches Gewaltmonopol und Notwehr, S. 2 Fn. 10.

des nicht formell berufenen Staatsbürgers Raum." Insofern sei die Staatsnothilfe auf den Bedarfsfall zu beschränken.[2320]

Im Übrigen könnte man die Subsidiarität unter dem Gesichtspunkt diskutieren, dass der Staat den Angriff wegen Gefahr im Verzug nicht rechtzeitig abzuwehren vermag. In diesem Fall stelle sich das Subsidiaritätsproblem gar nicht. Denn der handelnde Bürger ist tatsächlich der Einzelne, der den Angriff abwehren kann.[2321] Um das Problem der Subsidiarität aufzuwerfen bedarf es demnach einer doppelten Notlage. Einerseits muss ein gegenwärtiger, rechtswidriger Angriff vorliegen; andererseits muss sich die Staatsgewalt selbst in einer Notlage befinden.[2322] Einschränkungen werden zudem gemacht, wenn das Rufen staatlicher Hilfe aussichtslos erscheint. In diesen Fällen wäre diese Anforderung eine unnötige Förmelei; eine Erforderlichkeit sei dann von vornherein gegeben.[2323] Diese Erwägungen stehen in Einklang mit der Staatsvertragstheorie. Die Übertragung der Gewalt auf den Staat steht nach dieser unter der auflösenden Bedingung, dass dieser sie auch wahrnehmen kann. Anderenfalls falle die Gewalt wieder auf den nunmehr zur Notwehr berechtigten Einzelnen zurück.[2324]

Besonders problematisch ist die Konstellation, dass der Staat zwar von dem bevorstehenden Angriff weiß, seine Machtmittel zu dessen Abwehr jedoch bewusst nicht einsetzen möchte. Fraglich ist in diesem Fall, ob der Einzelne dann Notwehr zugunsten des Staates gegen dessen Willen anwenden kann. Wenn man von der Prämisse ausgeht, dass der Staat immer das tut, was für die Gemeinschaft am besten ist, dann wird es in einem solchen Fall Gründe geben, weshalb der Staat untätig bleibt. Es wird zu einer Abwägungsentscheidung gekommen sein, in der beispielsweise außenpolitische Aspekte überwogen haben.[2325] Teilweise wird eine Lösung des Problems über den Rechtsgedanken der Geschäftsführung ohne Auftrag, im Besonde-

---

2320 *Binding*, Der strafrechtliche Staatsnotstand, S. 42, allerdings bezüglich der Staatsnotstandshilfe; in diese Richtung auch *Sinzheimer*, Die Justiz V (1929/1930), 65 (66), *ders.*, Die Justiz V (1929/1930), 268 (268), in diese Richtung auch *v. Oetker*, GS 99 (1930), 411 (415).

2321 In diese Richtung auch *Baron*, Notwehr, Staatsnotwehr und Staatsnotstand, S. 24, der jedoch fälschlicherweise davon ausgeht, dass in diesen Fällen der Subsidiaritätsgrundsatz nicht gelte und dabei verkennt, dass gar kein Fall der echten Subsidiarität gegeben ist.

2322 *Baron*, Notwehr, Staatsnotwehr und Staatsnotstand, S. 23.

2323 Ähnlich *Labin*, Staatsnotwehr und Staatsnotstand, S. 37.

2324 *Berner*, Arch. d. Criminalrechts 1848, 547 (555 f.).

2325 *Baron*, Notwehr, Staatsnotwehr und Staatsnotstand, S. 24, jedoch in Bezug auf den NS-Staat.

ren über § 679 BGB, angedacht. Der entgegenstehende Wille des Staates sei insofern unbeachtlich, wie „die Handlung einer sittlichen Pflicht oder dem öffentlichen Interesse entspricht".[2326]

Einige Autoren behandeln diesen Fall wie den der Gefahr im Verzug,gestehen dem Bürger ein Staatsnothilferecht zu, ohne dass die Subsidiarität überhaupt zum Greifen kommt,[2327] und bejahen die Möglichkeit, die Nothilfe auch gegen den Willen des Staates vorzunehmen sogar uneingeschränkt. Schließlich läge in der Verteidigungshandlung auch hier die rechtmäßige Abwehr eines rechtswidrigen Angriffes. Wenn man einen solchen mit einem Angriff auf Individualinteressen vergleicht, so ist in dieser Konstellation auch ein Eingreifen gegen den Willen des Angegriffenen möglich, soweit die Rechtswidrigkeit des Angriffs nicht durch die Einwilligung des Angegriffenen entfällt. Dem Willen des Staates bezüglich der Staatsinteressen könne kein stärkeres Gewicht zukommen. Der Staat stehe unter dem Gesetz und sei an dieses gebunden, sodass rechts- und gesetzeswidrige Handlungen durch seine Einwilligung nicht rechtmäßig werden könnten.[2328] Andererseits ist das Nichteinschreiten der Behörden oft als *argumentum a fortiori* dafür anzusehen, dass ein Einschreiten des Privaten nicht erforderlich ist.[2329]

Es sind demgegenüber auch Fälle denkbar, in denen ein Organwalter des Staates aus persönlichen Gründen nicht einschreitet, obwohl ein Einschreiten dem Staatsinteresse entspräche. *Von Oetker* nennt das Beispiel eines Polizeibeamten, der mit den Aufständischen sympathisiert.[2330] Zwar richtet sich ein Eingreifen in diesem Fall scheinbar gegen die staatliche Ordnung. Andererseits ist eine staatliche Ordnung in einem Staat, in dem die Staatsgewalt zulässt, dass die Gesetze, die seinem Schutz dienen, übertreten werden, ohnehin einem Makel ausgesetzt, der durch das Handeln des Privaten dann nur noch aufgezeigt wird.[2331]

2326 *Hartung*, JR 1931, 61 (66).

2327 *Baron*, Notwehr, Staatsnotwehr und Staatsnotstand, S. 23.

2328 *Labin*, Staatsnotwehr und Staatsnotstand, S. 39 f.; so auch *Grimm*, Die Justiz V (1929/1930), 329 (332); in Bezug auf die Abwehr von Angriffen gegen den Willen des Staates ablehnend *Schroeder*, Notwehr zugunsten des Staates, S. 32, in Bezug auf den NS-Staat.

2329 *Labin*, Staatsnotwehr und Staatsnotstand, S. 40.

2330 *v. Oetker*, GS 99 (1930), 411 (414); *Olshausen*, Kommentar zum Strafgesetzbuch für das Deutsche Reich, Bd. 1, Anm. 10 zu § 53, lehnt eine Notwehr jedoch auch in diesem Fall ab.

2331 *Labin*, Staatsnotwehr und Staatsnotstand, S. 40.

cc. Möglichkeit des Einschreitens staatlicher Stellen

Eventuell kann der Meinungsstreit, ob die Staatsnothilfe gegenüber staatlichem Handeln subsidiär ist, dahinstehen, wenn ein Einschreiten staatlicher Stellen im konkreten Fall gar nicht möglich gewesen ist. So wird vertreten, die Polizei habe nicht einschreiten können, weil sie zum Großteil entweder entwaffnet, ausgewiesen oder gar durch die Franzosen eingesperrt gewesen sei.[2332] Bei ihrem Eintreffen hatten die Separatisten beispielsweise die Polizei in Kaiserslautern entwaffnet, sodass diese fortan ihren Dienst ohne Waffen verrichtete.[2333] Insgesamt haben sich die Polizisten bezüglich der Autonomen Regierung tatsächlich passiv gezeigt und sind nicht als Widersacher in Erscheinung getreten. Neben der eventuellen tatsächlichen Unmöglichkeit ihres Einschreitens dürften primär rechtliche Gründe, die von der Staatsanwaltschaft als Verfolgungshindernisse wahrgenommen wurden, ein solches Einschreiten vereitelt haben.

Ein Einschreiten könnte nämlich dann aus rechtlichen Gründen unmöglich gewesen sein, wenn dies durch Rechtssätze der HIRK verboten war.

Grundsätzlich war die Strafgerichtsbarkeit zwar auch weiterhin gemäß Art. 3 lit. c des Rheinlandabkommens vom 28. Juni 1919 Sache der deutschen Gerichte. Eine Ausnahme galt gemäß Buchstabe d erst einmal nur für Soldaten der Besatzungsmächte, welche der Militärgerichtsbarkeit unterstanden. Gleiches galt gemäß Buchstabe e für Deutsche, die Vergehen oder Verbrechen gegen Eigentum oder Mitglieder der Truppen begangen hatten.[2334]

2332 *Grass,* Edgar Julius Jung (1894–1934), in: Baumann (Hrsg.), Pfälzer Lebensbilder, Bd. 1, S. 320 (326). Vgl. zur diesbezüglichen zeitgenössischen Wahrnehmung auch die antifranzösische Karikatur „Schieber, Verbrecher und Denunzianten", Rheinischer Beobachter 1924, 180, die einen deutschen Polizisten zeigt, der versucht, Verbrecher dingfest zu machen, was ihm aber aufgrund des Eingreifens französischer Besatzungsbehörden misslingt; *Mohler,* Die Pfalz am Rhein 1932, 500 (500); Bericht „Poincares „harmlose Manifestanten", LA Speyer, R 12/20. S. zum Machtverlust der linksrheinischen Polizei auch *Hiery,* Die Pfalzfrage aus britischer Sicht, in: Kreutz/Scherer (Hrsg.), Die Pfalz unter französischer Besetzung (1918–1930), S. 169 (170). S. zur Entwaffnung der Polizei beim Einmarsch der Separatisten in der Retrospektive Deutsche Allgemeine Zeitung v. 10.2.1924 (Morgenblatt).

2333 Brief der Haupthilfsstelle für die Pfalz an den Herrn Staatskommissar für die Pfalz v. 18.12.1923, BayHStA, MA 107716.

2334 Abgedruckt in: Reichsministerium für die besetzten Gebiete (Hrsg.), Dokumente zur Besetzung der Rheinlande, Heft 2, Eingriffe der Besatzungsbehörden in die Rechtspflege im besetzten Gebiet, S. 1.

Es gab darüber hinaus jedoch auch noch weitere Reglementierungen bezüglich der Strafverfolgung, die in Ordonnanzen geregelt waren. Diese Verordnungen hatten gemäß Art. 3 lit. a des Rheinlandabkommens Gesetzeskraft. Die Regelungen bezogen sich einerseits auf die rechtliche Verfolgbarkeit verschiedener Delikte und andererseits eine strafrechtliche Privilegierung bestimmter Personenkreise.

In Verordnung 90 wurde Straffreiheit für Personen, die mit den Besatzungsmächten kollaborierten und daher eine Sanktion von Deutscher Seite befürchten mussten, gewährt. In Fällen, in denen ein entsprechender Verdacht bestand, wurde die HIRK ermächtigt, die Sache an sich zu ziehen. Irrelevant war, ob die Sanktion in strafrechtlicher, verwaltungsrechtlicher, zivilrechtlicher oder disziplinarrechtlicher Weise erfolgen sollte. Sobald die HIRK sich mit der Sache befasste, war das rechtshängige Verfahren bei der deutschen Gerichtsbarkeit grundsätzlich unterbrochen, es sei denn, die HIRK selbst statuierte eine Ausnahme von diesem Grundsatz.[2335] Die Verordnung wurde von der französischen Besatzungsmacht weit ausgelegt, sodass auch zu befürchten gewesen wäre, dass sie die Verfahren gegen Separatisten an sich gezogen hätte, wenn diese im linksrheinischen Gebiet erfolgt wären.

Auch ein Einschreiten aus dem rechtsrheinischen Gebiet war nicht möglich. Gemäß Art. 3 der Verordnung Nr. 120 der HIRK vom 21. September

2335 Präambel und Art. 1 der Verordnung 90 vom 16. Juni 1921 betreffend die Rechte der HIRK, den deutschen Behörden oder Gerichten bestimmte Sachen abzunehmen, welche die alliierten Besatzungsstreitkräfte angehen, abgedruckt in: Reichskommissar für die besetzten Gebiete (Hrsg.), Dokumente zur Besetzung der Rheinlande, Heft 2, Eingriffe der Besatzungsbehörden in die Rechtspflege im besetzten Gebiet, S. 7 f. Der Reichskommissar für die besetzten Gebiete, *von Brandt*, wandte hiergegen ein, dass durch diese Verordnung ein tiefgreifender Eingriff in Rechtspflege und Verwaltung erfolge. Hierin läge ein Verstoß gegen Art. 3c und Art. 5 des Rheinlandabkommens, welche eine freie Ausübung der deutschen Gerichtsbarkeit und die Autonomie der Verwaltung gewährleisten sollten. Zwar dürfe die Rheinlandkommission alles mit der Sicherheit, dem Unterhalt und den Bedürfnissen der Streitkräfte Zusammenhängende regeln. Der Reichskommissar für die besetzten Gebiete sah die hier diskutierte Regelung für diese Zwecke jedoch nicht als erforderlich an. Einen Anlass dafür, anzunehmen, dass Personen aus dem Grund bestraft würden, dass sie mit den Besatzungsmächten zusammenarbeiteten, gebe es nicht. Darüber hinaus sei zu befürchten, dass sich staatsfeindliche Gruppierungen diese Vorschrift zu Nutzen machen würden, vgl. Protest des Reichskommissars gegen die Ordonnanz 90, abgedruckt in: Reichsministerium für die besetzten Gebiete (Hrsg.), Dokumente zur Besetzung der Rheinlande, Heft 2, Eingriffe der Besatzungsbehörden in die Rechtspflege im besetzten Gebiet, S. 8 f.

1922 war es den Justiz- und Polizeibehörden der unbesetzten Gebiete verboten, in den besetzten Gebieten Verhaftungen vorzunehmen. Bei Zuwiderhandlungen trage die Behörde des besetzten Gebietes die Verantwortung. Außerdem erließ die HIRK auf Grundlage der Art. 3 und 5 des Rheinlandabkommens Art. 1 der Verordnung 116, welcher die Bestimmung des § 15 StPO, nach welcher die Gerichtsbarkeit von einem Gericht des besetzten Gebietes ins unbesetzte Gebiet übertragen werden durfte, dahingehend modifizierte, dass der HIRK ein Recht zugestanden wurde, eine solche Übertragung zu verhindern, wenn dadurch eine von ihr erlassene Ordonnanz konterkariert würde.[2336] Es war nicht damit zu rechnen, dass die HIRK einer Aburteilung der Separatisten im rechtsrheinischen Gebiet zustimmen würde.

Insofern hätte das Einschreiten der rechtsrheinischen Polizei beziehungsweise der Justiz des unbesetzten Gebiets zu Repressionen im besetzten Gebiet geführt, da es nur unter Verstoß gegen die genannten Ordonnanzen überhaupt möglich gewesen wäre. Diese engmaschigen Regelungen ließen den deutschen Behörden keinen Spielraum zur gerichtlichen Verfolgung der Täter. Obendrein hätte ein Zuwiderhandeln gegen die Verordnung nach aller Wahrscheinlichkeit eine Krise mit unabsehbaren Folgen zwischen den Siegermächten und dem Deutschen Reich nach sich gezogen.

dd. Fazit

Es kann zwar angezweifelt werden, ob die Erschießung des Separatistenführers ein geeignetes Mittel war, um die separatistische Herrschaft zu beenden. Es gibt jedoch diverse Argumente, die dafürsprechen, sodass ein Richter diesen Punkt auch hätte bejahen können. Weder das Zuwarten noch die Verschleppung ins rechtsrheinische Gebiet zur Aburteilung oder zum Festhalten des Separatistenführers hätten gleich geeignete Mittel dargestellt. Ein staatliches Eingreifen dürfte nach alldem nicht möglich gewesen sein, sodass sich die Frage, ob das Staatsnothilferecht ein gegenüber staatlichem Handeln subsidiäres Recht ist, gar nicht stellt.

2336 Verordnung 116 vom 26.5.1922 betreffend die Anwendbarkeit des § 15 StPO in den besetzten Gebieten, abgedruckt in: Reichsministerium für die besetzten Gebiete (Hrsg.), Dokumente zur Besetzung der Rheinlande, Heft 2, Eingriffe der Besatzungsbehörden in die Rechtspflege im besetzten Gebiet, S. 7; s. auch das diesbezügliche Einschreiten der HIRK zugunsten des angeblichen Separatisten *Kaffine*, ebd., S. 33.

2. Verteidigungswille

Problematisch ist, ob die Attentäter mit Verteidigungswille handeln mussten oder ob bereits die objektiv gegebene Notwehrlage genügte, um ihr Handeln zu rechtfertigen.[2337]

Nach einer Ansicht ist das Vorliegen des Verteidigungswillens Voraussetzung für die Rechtfertigung.[2338] Der Handelnde muss also gewusst haben, dass ein Angriff vorlag und auch in der Absicht gehandelt haben, diesen abzuwenden. Schließlich sei der Grund für die Straffreiheit der Notwehrhandlung der natürliche Selbsterhaltungstrieb des Menschen beziehungsweise bei der Nothilfe sein Mitgefühl. Dieser könne gar nicht entfacht werden, wenn der Handelnde nichts von dem Angriff weiß.[2339] Alleine schon das Wort „Verteidigung" impliziert ein subjektives Element.[2340] Das Gesinnungsunrecht des ohne Kenntnis der Notwehrlage Handelnden sei dem eines herkömmlichen Verbrechers ebenbürtig.[2341] Neben der Kenntnis der Situation sei auch zu fordern, dass der Handelnde nicht nur vom Angriff weiß, sondern auch handelt, um diesen abzuwehren.[2342] Hass und Rache hingegen stellen keine ausreichenden Motive dar.[2343]

Eine Mindermeinung hingegen lehnte das Erfordernis eines Verteidigungswillens mit der Begründung ab, dass ansonsten die Gefahr bestünde, die Grenzen zwischen Rechtswidrigkeit und Schuld zu verwischen; die

---

2337 *Baron*, Notwehr, Staatsnotwehr und Staatsnotstand, S. 23.

2338 RG, RGSt 60, S. 261 (262); RGSt 56, 258 (268); *Liszt/Schmidt*, Lehrbuch des Deutschen Strafrechts 25. Aufl., S. 187; *v. Lobe* in: Ebermayer/ders./Rosenberg (Hrsg.), Leipziger Kommentar zum Reichsstrafgesetzbuch, § 53 III b; *Frank*, Das Strafgesetzbuch für das Deutsche Reich nebst dem Einführungsgesetz, § 53, S. 151; *Graf zu Dohna/Grünhut*, Kritische Bemerkungen zu Edmund Mezger, Strafrecht, ZStW 52 (1932), 96 (101); *Sieverts*, Beiträge zur Lehre von den subjektiven Unrechtselementen im Strafrecht, S. 209; a. A. *Köhler*, Deutsches Strafrecht, Allgemeiner Teil, S. 357 f.; *Hippel*, Deutsches Strafrecht, Bd. 2, S. 210; *Mezger*, Die subjektiven Unrechtselemente, GS 89 (1924), 207 (309); *Gerland*, Deutsches Reichsstrafrecht, 1. Aufl., S. 149; *Allfeld*, Lehrbuch des deutschen Strafrechts, S. 128 f., der eine andere Zwecksetzung als die Abwehr des Angriffs für unschädlich hält; *Olshausen* Kommentar zum Strafgesetzbuch für das Deutsche Reich, Bd. 1, Anm. 13 zu § 53.

2339 *Baron*, Notwehr, Staatsnotwehr und Staatsnotstand, S. 23 f.

2340 *Baron*, Notwehr, Staatsnotwehr und Staatsnotstand, S. 24; *Sieverts*, Beiträge zur Lehre von den subjektiven Unrechtselementen im Strafrecht, S. 209.

2341 *Schück*, Notwehr Privater zugunsten des Staates, S. 48 f.

2342 *Baron*, Notwehr, Staatsnotwehr und Staatsnotstand, S. 30.

2343 *Baron*, Notwehr, Staatsnotwehr und Staatsnotstand, S. 30.

Rechtswidrigkeit sei demgemäß alleine nach objektiven Kriterien zu beurteilen.[2344]

Auch bei der Staatsnothilfe wird nichts anderes vertreten und schon nach der damaligen herrschenden Meinung war daher ein Verteidigungswille erforderlich.[2345] Der Zweck der Handlung musste darin liegen, dem Staat in der bestehenden Gefahrenlage zu helfen, wobei Motivbündel als unschädlich angesehen wurden.[2346] Die Betrachtung des Verteidigungswillens sei erforderlich, um Schutzbehauptungen auszuschließen. Zwar sei dieser als innere Tatsache im Nachhinein schwer beweis- und feststellbar; er könne aber aus den äußeren Umständen, beispielsweise der Wahl des Verteidigungsmittels, geschlossen werden.[2347] Das Vorliegen einer Schutzbehauptung wurde beispielsweise beim Kapp-Putsch in Bezug auf die Putschisten angenommen. Im zugrunde liegenden Fall gaben die Täter vor, zum Schutze der Verfassung gehandelt zu haben. Das Reichsgericht lehnte diese Begründung hingegen ab und erklärte, die Täter hätten vielmehr gehandelt, um zunächst eine Militärdiktatur zu errichten, um später dann in einem zweiten Schritt die Reichsverfassung zu ihren Gunsten zu ändern.[2348]

Im vorliegenden Fall tauchen zwei Problemkreise auf. Einerseits muss der Wille zur Verteidigung von der Feme abgegrenzt werden. Während Notwehr dazu dient, eine unmittelbar drohende Gefahr von sich selbst oder im Falle der Nothilfe von einem anderen abzuwenden, dient die Feme dazu, ein selbstgefälltes Urteil zu vollstrecken und stellt somit eine Mischung aus Vergeltung und Strafe dar. Das Fememotiv muss nicht zwingend durch rational begründet sein.[2349] *Eberlein* betonte gegenüber dem deutschen Schutzbund, welcher Organ der Grenz- und Auslanddeutschen war, dass in der pfälzischen Bevölkerung zur Zeit der Separatistenherrschaft unerträgliche Not geherrscht habe. Die Separatisten hätten die Pfälzer terrorisiert, sodass die Attentäter in Notwehr gehandelt hätten.

2344 *Allfeld*, Lehrbuch des deutschen Strafrechts, S. 128 f.; *v. Beling*, Die Lehre vom Verbrechen, S. 141; *Sauer*, Grundlagen des Strafrechts nebst Umriß einer Rechts- und Sozialphilosophie, S. 345; *Hegler*, Die Merkmale des Verbrechens, ZStW 36 (1915), 19 (36 f.); *Mezger*, GS 89 (1924), 207 (308 f.).

2345 *Baron*, Notwehr, Staatsnotwehr und Staatsnotstand, S. 30.

2346 *Baron*, Notwehr, Staatsnotwehr und Staatsnotstand, S. 30 f.

2347 *Baron*, Notwehr, Staatsnotwehr und Staatsnotstand, S. 30; ähnlich *Schück*, Notwehr Privater zugunsten des Staates, S. 49.

2348 RG, RGSt 56, 259 (268).

2349 *Gräber/Spindler*, Die Pfalzbefreier, S. 81.

Durch die Erschießung des Anführers hätten die Täter ein „Exempel" statuieren wollen. Der Hass richte sich im Speziellen gegen *Heinz*, weil er der einzige Pfälzer in der autonomen Regierung gewesen sei, weswegen ihm ein besonders schwerwiegender Verrat zur Last gelegt werden könne.[2350] Hierbei findet eine Verknüpfung des Fememotivs mit der Notwehr statt. Einerseits wird auf die Not der Bevölkerung rekurriert und andererseits wird gerade *Heinz* getötet, der in den Augen *Eberleins* aufgrund seiner Herkunft eine besondere schwerwiegende Schuld trug. Der von *Eberlein* aufgeführte Notwehrgedanke ist nicht als Notwehr in juristischer Hinsicht zu verstehen. Dadurch, dass davon die Rede ist, dass ein Exempel statuiert werden solle und *Heinz-Orbis* aufgrund seiner Herkunft als besonders verhasst galt, erlangt das Fememotiv bei ihm ein besonderes Gewicht.[2351] Auch *Muthmann* betont den Hass, den er gegenüber den Separatisten empfand.[2352] Über *Heinz-Orbis* war zu dessen Lebzeiten ein Flugblatt im Umlauf, das wie eine Todesanzeige gestaltet war. Es wies einen schwarzen Rahmen auf, in dem sich ein christliches Kreuz und ein Totenschädel befanden, unter dem der Name des Separatistenführers stand. Darunter befand sich der Text „So geht es allen Landesverrätern".[2353] Zur gleichen Zeit waren auch weitere so genannte Femezettel im Umlauf. Ähnlich wie beim Handzettel über *Heinz* war auch bei diesen der Totenkopf ein oft verwendetes Symbol. Wahrscheinlich entstanden diese Zettel während des passiven Widerstandes und richteten sich primär gegen diejenigen, die mit der französischen Besatzungsmacht kollaborierten. Als Konsequenz für den Verrat wurden die Ausgrenzung aus der Gesellschaft, der Verlust jeglicher

---

2350 *Gräber/Spindler*, Die Pfalzbefreier, S. 81; Brief *Eberleins* an den Deutschen Schutzbund v. 25.1.1924, BayHStA, MA 108337.

2351 *Gräber /Spindler*, Die Pfalzbefreier, S. 81; Brief der Presseabteilung der Haupthilfsstelle für die Pfalz an den Deutschen Schutzbund v. 25.1.1924, BayHStA, Haupthilfsstelle Pfalz 80. Auch im Völkischen Beobachter, Bayernausgabe v. 13.3.1928 äußerte sich der nationalsozialistische Abgeordnete *Dr. Frick* dahingehend, dass es sich bei der Tat um einen Fememord gehandelt habe. Dies spiegelt die Einschätzung in völkischen Kreisen in realistischer Weise wider.

2352 *Muthmann*, Der Tod von Speyer. Das Strafgericht an den separatistischen Verrätern, in: Salomon (Hrsg.), Das Buch von deutschen Freikorpskämpfer, S. 459 (460).

2353 LA Speyer H 91/1145. S. zu der Einschätzung *Heinz'* als „Vaterlandsverräter" auch Brief der Presseabteilung der Haupthilfsstelle für die Pfalz an den Deutschen Schutzbund v. 25.1.1924, BayHStA, Haupthilfsstelle Pfalz 80 und Bericht *Maurers* zum Moskauer Studentenprozess v. 5.8.1925, BayHStA, MA 107717. Dazu, dass es sich bei den Separatisten um Landesverräter und Verbrecher gehandelt habe auch Text „Der Pfälzer Not und Treue, von einem Pfälzer", BayHStA, MA 107649.

Rechte und die Feme angedroht.[2354] Teilweise wird auch ein Unterschied zu den Fememorden in der Hinsicht betont, dass in der Pfalz jedwede rechtmäßige Staatsgewalt außer Kraft gesetzt gewesen sei und die Lage daher einer anderen Beurteilung unterliege.[2355] Eine solche Differenzierung betrifft jedoch nicht das Motiv der Feme an sich, sondern vielmehr die Tatumstände.

Eberlein äußerte sich in einem offenen Brief in der Bayerischen Staatszeitung gegenüber *de Metz* und erklärte, die Strafe sei für *Heinz* „verdient" gewesen.[2356] Die Taten in Pirmasens wurden als „Volksgericht" bezeichnet.[2357] Der Propagandist *Eberleins*, *Max Treutler*, bezeichnete die Erschießung als „Todesurteil". Dies passt zu dem Bild eines Volksgerichts, welches über den Separatistenführer richtete. In vielen Artikeln, im Speziellen in der späteren Berichterstattung ab dem Jahr 1929, wurde das Fememotiv wieder aufgegriffen.[2358] Als Volksgericht bezeichnete man aber auch eine von 1918 bis 1924 im rechtsrheinischen Bayern bestehende Sondergerichtsbarkeit, die bestimmte schwere Straftaten in einem beschleunigten Verfahren unter verschärfter Bestrafung aburteilte. Eine Berufung oder Revision war nicht möglich und die Urteile waren sofort vollstreckbar.[2359] Diese Irreversibilität trat auch beim Attentat zum Vorschein. Daher ist es ebenfalls möglich, dass nicht nur die Vollstreckung eines Urteils durch Zivilpersonen durch diesen Begriff erfasst werden sollte, sondern darin ein Äquivalent für den rechtsrheinischen Umgang mit politischen Verbrechern gesehen wurde.

Wenn man sich diese Äußerungen ansieht, so stehen eindeutig Straf- und Rachegedanken gegenüber der Gefahrenabwehr im Vordergrund. In der Metapher des Gerichtes, das ein Urteil fällt, zeigt sich der Sanktionswille deutlich. Auch wenn Strafen general- oder spezialpräventive Zwecke erfüllen können, geht es im vorliegenden Fall eher um Vergeltung, wenn

---

2354 *Gräber/Spindler*, Die Pfalzbefreier, S. 80.

2355 Münchener Neueste Nachrichten v. 14.3.1928.

2356 Abgedruckt u. a. in der Bayerischen Staatszeitung v. 20.2.1924; *Gräber /Spindler*, Die Pfalzbefreier, S. 80.

2357 *Grimm*, Frankreich am Rhein. Rheinlandbesetzung und Separatismus im Lichte der historischen französischen Rheinlandpolitik, S. 120; *Jacob*, Das Ende des Separatismus in Deutschland. Dargestellt am Abwehrkampf der deutschen Publizistik in der Pfalz und an der Saar 1919 bis 1935, S. 27; Deutsche Allgemeine Zeitung v. 14.2.1924 (Abendblatt).

2358 *Gräber /Spindler*, Die Pfalzbefreier, S. 81.

2359 *Bauer*, Volksgerichte, 1919–1924, in: Historisches Lexikon Bayerns, abrufbar unter: https://www.historisches-lexikon-bayerns.de/Lexikon/Volksgerichte,_1918-1924, zuletzt abgerufen am 1.11.2022.

davon die Rede ist, dass die Strafe „verdient“ sei. Bei der Vollstreckung eines Todesurteils steht ebenfalls der Vergeltungsgedanke im Vordergrund. Schließlich können durch diese nur noch generalpräventive Zwecke und keine Ziele der Spezialprävention mehr erreicht werden. Nach neuerer Ansicht ist das Fememotiv bei der Erschießung daher von besonderer Wichtigkeit.[2360]

Hinzu kommt, dass die Täter aus Kreisen stammten, bei denen die Sanktionierung von so erachteten Verrätern durch Feme ein gängiges Mittel war. Wie sich aus ihren Biographien entnehmen lässt, waren die Attentäter auch schon zuvor an Femetaten beteiligt gewesen, wie beispielsweise *Miebach* am *Smeets* Attentat, und standen im engen Kontakt zur Schwarzen Reichswehr, die auch an den Taten, die in den Femeprozessen abgeurteilt wurden, eine maßgebliche Rolle spielte. Dass zuvor von rechten Verbänden ein Femezettel über den Separatistenführer in Umlauf gebracht wurde, verstärkt dieses Bild.

Daneben wiesen die Attentäter auch weitere Motive auf. Das Motiv der Abenteuerlust tritt bei *Muthmann* besonders stark zu Tage, der die Bedenkzeit dazu, ob er bei dem Attentat mitwirken wollte mit dem Kommentar "Was gab es da zu überlegen, wo Tätigkeit und Gefahren winkten?“ ausschlug.[2361]

Hinzu trat noch ein weiteres Motiv der Attentäter, das *Gräber* und *Spindler* als Zurschaustellung von militärischem Heldenmut einordnen. Die Täter begriffen ihre Aktion als Kriegshandlung, deren besondere Leistung dadurch zutage trat, dass sie sich in feindlichem Gebiet bewegten.[2362] Dass es wirklich um die Zurschaustellung von Heldenmut ging, kann in Anbetracht des Mitteilungsbedürfnisses einiger Attentäter nach der Tat zweifelsohne bejaht werden. Bei vielen dürfte aber nicht nur die Selbstdarstellung handlungsleitend gewesen sein, sondern auch die Kampfeslust an sich. Bei vielen der Attentäter handelte es sich um Menschen, die nach Kriegsende jede Möglichkeit zum Kampf wahrgenommen hatten, die sich ihnen bot. Die von *Gräber* und *Spindler* als Ausdruck von Abenteuerlust eingeordnete Aussage unterstützt eine solche Deutungsweise ebenfalls.

2360 *Hoegner,* Der politische Radikalismus in Deutschland 1919–1933, 1966, S. 32 f. Auch der Artikel in der Deutschen Allgemeinen Zeitung v. 10.1.1924 (Abendblatt) ist mit dem Wort „Vergeltung“ überschrieben.

2361 *Muthmann,* Der Tod von Speyer. Das Strafgericht an den separatistischen Verrätern, in: Salomon (Hrsg.), Das Buch von deutschen Freikorpskämpfer, S. 459 (460); *Gräber/Spindler,* Die Pfalzbefreier, S. 46.

2362 *Gräber/Spindler,* Die Pfalzbefreier, S. 82.

Eine Woche nach dem Attentat verfasste *Eberlein* einen Bericht nach München. In diesem bezeichnete er Feme und Fanal als Beweggründe der Attentäter für die Tat, ohne sich selbst als Mitwisser oder Mittäter erkennen zu geben. Aus der Schilderung wird nichtsdestotrotz deutlich, dass er das Attentat sehr positiv wahrnahm und als persönlichen Sieg einordnete. *Gräber* und *Spindler* vergleichen *Eberlein* daher mit einem Feldherrn, der im Schlachtfeld obsiegte.[2363] Dieses Kriegsmotiv stellt *Zwißler* in einer späteren Abhandlung als entscheidender Faktor dar. In diesem Zusammenhang tritt er der Femetheorie entschieden entgegen. Die Straffreiheit begründet er letzten Endes damit, dass auch Feldsoldaten nicht für ihre Taten strafrechtlich belangt werden könnten. Die Pfalz habe sich weiterhin im Krieg mit Frankreich befunden, nur die Wahl der Mittel sei eine andere gewesen.[2364] Der bayerische Justizminister *Gürtner* teilte die Auffassung *Zwißlers* insofern, als dass er den Zustand in der Pfalz ebenfalls als Kriegszustand ansah, der mit einem rechtsfreien Raum vergleichbar gewesen sei. Auch wenn die Tat den äußeren Anschein eines Mordes erwecke, so handele es sich unter Würdigung der Begleitumstände um eine kriegerische Handlung zum Zwecke der Bekämpfung von Landesfeinden, die primär nach Militärrecht und lediglich sekundär unter Notwehrgesichtspunkten zu betrachten sei.[2365]Auch diejenigen Attentäter, die sich zur Tat äußerten, stellten das Kriegsmotiv in den Vordergrund. Sie glorifizierten ihre paramilitärisch geplante Tat in einem Anflug nostalgischer Frontromantik.[2366] *Graf* erklärte ebenfalls, dass es sich bei der Tat eigentlich um eine militärische Unternehmung gehandelt habe.[2367] Sein Mitstreiter *Paul Reinhardt* bekundete, dass sie sich als Soldaten verstanden hätten, die aus einer gefühlten Einstandspflicht für ihr Vaterland handeln wollten.[2368] *Antz* führt die erfolgreiche Durchführung des Attentats unter anderem auch auf die Kriegserfahrung der Beteiligten zurück.[2369]

2363 *Gräber/Spindler,* Die Pfalzbefreier, S. 82.

2364 *Zwißler,* Bayrische Staatsbeamtenzeitung 1932, 425 (428).

2365 Allgemeine Zeitung Chemnitz v. 16.1.1924.

2366 *Gräber/Spindler,* Die Pfalzbefreier. Volkes Zorn und Staatsgewalt im bewaffneten Kampf gegen den pfälzischen Separatismus 1923/24, 82. S. auch *Graf,* Wie Heinz-Orbis erschossen wurde, in: Verlag und Redaktion der Pfälzischen Rundschau (Hrsg.), Dokumente aus dem Befreiungskampf, S. 75 (75).

2367 *Graf,* Wie Heinz-Orbis erschossen wurde, in: Verlag und Redaktion der Pfälzischen Rundschau (Hrsg.), Dokumente aus dem Befreiungskampf, S. 75 (75).

2368 *Kaps,* Die Rheinpfalz (Donnersberger Rundschau) v. 8.3.1984.

2369 Bericht von *Antz* an das Staatsministerium des Äußeren v. 27.3.1931, LA Speyer, R 12/733. S. zu dem Konflikt zwischen Eberlein und den Franzosen Fn. 934.

Wie man dem offenen Brief *Eberleins* an *de Metz* entnehmen kann, spielte für ihn auch das Motiv, persönliche Genugtuung zu erlangen, eine große Rolle. Die Separatisten waren für ihn nur Schachfiguren der Franzosen, gegen die er einen persönlichen Groll hegte, weil sie ihm seine Ehre als Soldat abgesprochen hatten[2370]. Die Personen, welche illegalen Kampfverbänden aus München angehörten, *Muthmann, Miebach* und *Menar*, waren in Anbetracht ihrer Mittellosigkeit wohl auch finanziell motiviert.[2371]

Eher in die Richtung der Abwendung einer Gefahrenlage geht die Fanaltheorie, nach der die Erschießung des Separatistenführers als „Flammzeichen" diente, welche die Situation der Pfälzer im ganzen Reich an die Öffentlichkeit brachte.[2372] Oftmals wurde die Fanaltheorie auch in der Weise verstanden, als dass ein Flammzeichen gegenüber der ausländischen Öffentlichkeit gesetzt werden sollte.[2373] Diese Theorie wurde ursprünglich im Zusammenhang mit den Sabotageattentaten gegen die französische Besatzungsmacht im Rahmen des passiven Widerstands entwickelt.[2374] Auch zwei der Täter, *Jung* und *Zwißler*, betonten das Fanalmotiv. Durch die Erschießung sollte das deutsche Volk ermahnt werden, sich keine Erniedrigungen mehr durch Frankreich gefallen zu lassen. Durch sie sei die Bevölkerung aufgerüttelt und die Pfalz befreit worden.[2375] Genau wie *Eberlein* sah auch *Jung* das Attentat eher als Signal an das Ausland. Durch die Tat sollte das „Weltgewissen" angesprochen werden. Hierbei rationalisierte *Jung* seine Aussagen dadurch, dass er behauptete, dass die englische Besatzungsmacht ein entsprechendes Tätigwerden gefordert hätte.[2376] In einer

2370 S. hierzu Fn. 934.

2371 *Gräber/Spindler,* Die Pfalzbefreier, S. 84.

2372 *Gräber/Spindler,* Die Pfalzbefreier, S. 82; Pfälzischer Kurier v. 16.12.1931; Bericht der Haupthilfsstelle für die Pfalz v. 19.1.1924, Betreff: Stand der Separatistenbewegung in der Pfalz am 19.1.1924, BayHStA MA 107648, in diese Richtung auch *Grimm,* Frankreich am Rhein. Rheinlandbesetzung und Separatismus im Lichte der historischen französischen Rheinlandpolitik, S. 119. In diese Richtung auch *Jacob,* Das Ende des Separatismus in Deutschland, Dargestellt am Abwehrkampf der deutschen Publizistik in der Pfalz und an der Saar 1919 bis 1935, S. 19, der von „Signal" spricht. Dazu, dass ein weltweites Echo auf die Tat erfolgte *Burger,* Pirmasenser Zeitung v. 12.2.1994. S. zur Fanaltheorie sinngemäß auch Generalanzeiger Ludwigshafen v. 10.1.1925.

2373 Brief der Presseabteilung der Haupthilfsstelle für die Pfalz an den Deutschen Schutzbund v. 25.1.1924, BayHStA, Haupthilfsstelle Pfalz 80.

2374 *Gräber/Spindler,* Die Pfalzbefreier, S. 82.

2375 *Gräber/Spindler,* Die Pfalzbefreier, S. 82; *Zwißler,* Bayerische Staatsbeamtenzeitung" 1933, 425 (428).

2376 *Gräber/Spindler,* Die Pfalzbefreier, S. 82; *Jung,* Pfälzische Presse v. 30.6.1930.

weiteren Ausprägung der Fanaltheorie vertreten *Gräber* und *Spindler* die These, dass die Signalwirkung an die wankende pfälzische Bevölkerung gerichtet gewesen sei. Der Tat solle eine abschreckende Wirkung zukommen, welche die pfälzische Bevölkerung davon abhalte, sich mit den Separatisten einzulassen.[2377]

Aber auch die Gefahrenabwehr beziehungsweise die Beendigung des rechtswidrigen Angriffes stellte ein Motiv der Täter dar. Schließlich wollten sie durch ihre Tat die Separatistenherrschaft beenden. So betonte *Jung*, dass sie „zum Schutze des Weimarer Staates" gehandelt hätten, obwohl in seiner Darstellung zum Ausdruck kommt, dass er mit der „sozialistischen Staatsform" nicht einverstanden gewesen ist.[2378]

Es stellt sich indes die Frage, ob die Biographien der Täter gegen ein Handeln zugunsten des Staates sprechen. Die am Attentat beteiligte O. C. galt als Sammelbecken für antidemokratische und antirepublikanische Kräfte; ihre Angehörigen ermordeten auch Staatsmänner der Weimarer Republik und die Vereinigung zielte auf die Errichtung einer Militärdiktatur ab.[2379] Dieser Verband war beispielsweise verantwortlich für die Morde an *Eisner*, *Rathenau*, *Luxemburg* und *Liebknecht* sowie das missglückte Attentat auf *Erzberger*.[2380] Die Organisation war eine der Nachfolgeorganisationen der Brigade Ehrhardt.[2381] Auch wenn die Ziele dieses Geheimverbandes konturenlos blieben,[2382] sah sich dieser nicht nur als Wehr- sondern auch als Gesinnungsverband.[2383] Die Organisation lehnte die Weimarer Republik ab und verfolgte reaktionär-monarchistische Ziele.[2384] Sie bekämpfte die bestehende Staatsform[2385] und bei ihrer Anhängerschaft fassten auch zunehmend völkische und antisemitische Tendenzen Fuß.[2386] Der Wiking-

---

2377 *Gräber/Spindler*, Die Pfalzbefreier, S. 84.

2378 *Jung*, Pfälzische Presse v. 30.6.1930.

2379 *Hoegner*, Der politische Radikalismus in Deutschland 1919–1933, S. 33. S. weiterführend zur O. C. *Sabrow*, Organisation Consul (O. C.), 1920–1922, in: Historisches Lexikon Bayerns, abrufbar unter: https://www.historisches-lexikon-bayerns.de/Lexikon/Organisation_Consul_(O.C.),_1920-1922, zuletzt abgerufen am 1.11.2022; *Fenske*, Konservatismus und Rechtsradikalismus in Bayern nach 1918, S. 151 ff.

2380 *Krüger*, Die Brigade Ehrhardt, S. 89.

2381 *Krüger*, Die Brigade Ehrhardt, S. 72.

2382 *Krüger*, Die Brigade Ehrhardt, S. 79.

2383 *Krüger*, Die Brigade Ehrhardt, S. 84.

2384 *Krüger*, Die Brigade Ehrhardt, S. 84.

2385 *Krüger*, Die Brigade Ehrhardt, S. 96.

2386 *Krüger*, Die Brigade Ehrhardt, S. 85.

Bund war wiederum eine der Nachfolgeorganisationen der O. C., die am 2. Mai 1923 gegründet wurde.[2387] Auch er wurde mehrmals verboten. Die Brigade Ehrhard, die O. C. und der Wiking Bund waren keine trennscharf voneinander abgrenzbaren Gebilde. Vielmehr bestanden sie nebeneinander oder lösten sich ab. Gemein war ihnen der ideologische Kopf *Ehrhardt* und dessen Wille, mit der erlangten Macht entscheidenden Einfluss auf die staatliche Lage im deutschen Reich zu nehmen.[2388] Der typische Freikorpskämpfer, der sich solchen Verbänden anschloss, hatte mit der Kriegsniederlage noch nicht abgeschlossen. Nachdem er nach Kriegsende noch im Baltikum kämpfte, musste er im Jahr 1919 unwillig ins Deutsche Reich zurückkehren. Hier vermisste er die Frontgemeinschaft und fühlte sich in der aktuellen gesellschaftlichen Situation nicht mehr gebraucht. In Anbetracht der Aussicht, keiner militärischen Tätigkeit mehr nachgehen zu können, entstand bei ihm ein Gefühl der Verzweiflung. Dadurch, dass viele der ehemaligen Soldaten weder Schulabschluss noch Beruf hatten, war an eine geregelte Arbeit nicht zu denken.[2389] Sie kämpften primär um des Kampfes Willen. Dies wird an ihrem Kampf gegen die Kommunisten deutlich. Während es viele Äußerung der Freikorpskämpfer gegen Bürger, Politiker, Intellektuelle, Geschäftemacher und Juden gab, so wurde die Abneigung gegen die Kommunisten, einer der Hauptgruppen, gegen die die Freikorps kämpften, höchstens verhalten artikuliert.[2390] Schließlich verfolgten beide Gruppierungen das gemeinsame Ziel, die Resultate der Novemberrevolution gewaltsam zu revidieren.[2391]

Der Bund Oberland, aus dem ebenfalls Teilnehmer des Attentats rekrutiert wurden, ging aus dem gleichnamigen Freikorps[2392] hervor, wurde am 31. Oktober 1921 gegründet und im Amtsgericht München ins Vereinsregis-

2387 *Hübner*, Bund Wiking, 1923–1928, abrufbar unter: https://www.historisches-lexikon-bayerns.de/Lexikon/Bund_Wiking,_1923-1928, zuletzt abgerufen am 1.11.2022.

2388 *Krüger*, Die Brigade Ehrhardt, S 98 f.

2389 *Fröhlich*, Soldat ohne Befehl. Ernst von Salomon und der Soldatische Nationalismus, S. 237 f.

2390 *Venner*, Söldner ohne Sold. Die deutschen Freikorps 1918–1923, S. 193. S. weiterführend zu den Freikorps *Thoß*, Freikorps, in: Historisches Lexikon Bayerns, abrufbar unter: https://www.historisches-lexikon-bayerns.de/Lexikon/Freikorps#Die_.22Baltikumer.22, zuletzt abgerufen am 1.11.2022.

2391 *Venner*, Söldner ohne Sold. Die deutschen Freikorps 1918–1923, S. 194.

2392 S. zu diesem *Thoß*, Freikorps Oberland, 1919–1921, in: Historisches Lexikon Bayerns, abrufbar unter: https://www.historisches-lexikon-bayerns.de/Lexikon/Freikorps_Oberland,_1919-1921, zuletzt abgerufen am 1.11.2022.

ter eingetragen.[2393] Er wies sowohl sozialistische als auch nationalistische Tendenzen auf.[2394] Das Freikorps, aus dem der Bund hervorging, wurde entgegen dem Normalfall nicht von Offizieren der alten Armee, sondern von deutschvölkischen Zivilisten gegründet.[2395] Seine Ziele lagen im Bruch des Versailler Vertrages, der Erhaltung der Reichseinheit und der Abschaffung des Klassenkampfes.[2396] Unter dem Deckmantel eines Vereins zur staatlichen und sittlichen Erneuerung fungierte der Bund vorerst als reiner Wehrverband.[2397] Ihm lag eine völkische Ideologie zu Grunde.[2398] Besonders die jüngeren Angehörigen des Kampfverbandes waren antibourgeois, antiliberal und antidemokratisch eingestellt. Ihnen war die Staats- und Gesellschaftsordnung der Weimarer Republik verhasst.[2399] Während andere völkische Bünde eine Rückkehr zu den Zuständen von 1914 forcierten und eine großbayerische Lösung, eine Sezession und eine Donaukonföderation ansprachen, strebte der Bund Oberland eine großdeutsche Lösung an.[2400]

Insgesamt wollten die Täter einerseits also Rache nehmen und die Separatisten bestrafen. Andererseits wollten sie allerdings auch die Separatistenherrschaft in der Pfalz beenden und Ruhe und Ordnung schaffen. Im Einzelnen ist die Motivationslage kaum noch rekonstruierbar, weil es hierzu nur vereinzelte Äußerungen gibt, die Jahre nach dem Attentat getätigt wurden. Hierbei wollten sich die Täter selbst in einem günstigen Licht darstellen, sodass einzelne Motivationslagen womöglich nicht öffentlich genannt wurden. Hinzu kommt, dass die Entscheidungsfindung nicht immer nach rationalen Gesichtspunkten stattfindet und selbst vom Agierenden nicht immer vollständig durchdrungen wird. Da Motivbündel auch schon nach damals herrschender Meinung unschädlich waren, so hätte ein damaliges Gericht wohl den Verteidigungswillen der Täter bejaht.

2393 *Kuron,* Freikorps und Bund Oberland, S. 131; *Hübner,* Bund Oberland, 1921–1923/1925–1930, in: Historisches Lexikon Bayerns, abrufbar unter https://www.historisches-lexikon-bayerns.de/Lexikon/Bund_Oberland,_1921-1923/1925-1930, zuletzt abgerufen am 1.11.2022.

2394 *Kuron,* Freikorps und Bund Oberland, S. 132.

2395 *Fenske,* Konservatismus und Rechtsradikalismus in Bayern nach 1918, S. 53.

2396 *Kuron,* Freikorps und Bund Oberland, S. 134.

2397 *Kuron,* Freikorps und Bund Oberland, S. 135.

2398 *Kuron,* Freikorps und Bund Oberland, S. 135.

2399 *Kuron,* Freikorps und Bund Oberland, S. 136.

2400 *Kuron,* Freikorps und Bund Oberland, S. 138.

V. Ergebnis

Die rechtliche Beurteilung der Geschehnisse fällt nach so langer Zeit nicht leicht. Es widerspricht dem Rechtsgefühl eines Juristen, dessen Grundverständnis auf der freiheitlich-demokratischen Grundordnung beruht und der in einer Zeit lebt, in der die Todesstrafe schon lange der Vergangenheit angehört,[2401] die Erschießung eines Putschisten als durch Staatsnothilfe gerechtfertigt anzuerkennen. Dieses Rechtsinstitut passt nicht zu der heutigen Staatsvorstellung. Dennoch wären die Taten, wenn man damalige Wertungen zu Grunde legt, unter Umständen bezüglich der Tötung des *Heinz* durch Staatsnothilfe gerechtfertigt gewesen.[2402] Ob ein Richter in der damaligen Zeit tatsächlich in dieser Weise entschieden hätte, kann man aus heutiger Sicht nicht mit Sicherheit sagen. Schließlich zeigen die Ausführungen im ersten Teil der Arbeit deutlich, dass das Rechtsinstitut keineswegs allgemein anerkannt war. Es gab tatsächlich viele namhafte Vertreter, die diesem Rechtfertigungsgrund kritisch oder ablehnend gegenüberstanden. Wenn man sich diejenigen Juristen ansieht, die sich gegen die Anerkennung der Staatsnothilfe einsetzten, so sind dies solche, mit denen wir uns auch noch in der heutigen Zeit identifizieren können. Gerade *Sinzheimer* und *Radbruch* sind auch der heutigen Rechtswissenschaft ein Begriff und ihr Werk lebt zumindest partiell in der heutigen Rechtsanwendung fort. Dass solche Vorreiter der Juristerei das Rechtsinstitut abgelehnt haben, kann als Indikator dafür angesehen werden, dass dieses auch in unser heutiges Rechtsverständnis, das auf den Ideen solcher Männer basiert, nicht passt. Die Verurteilung der Täter beziehungsweise ihr Freispruch wäre maßgeblich von der politischen Gesinnung des zuständigen Richters abhängig gewesen. Schließlich war die Anerkennung des Rechtsinstituts der Dreh- und Angelpunkt der Entscheidung, an dem in maßgeblicher Weise über die Strafbarkeit entschieden wurde. Durch dieses Einfalltor der politischen Gesinnung konnte der Richter, soweit der Angeklagte nicht seine politischen Überzeugungen teilte, die Staatsnothilfe ablehnen. Bei einem politischen Gleichgesinnten, konnte er durch die Anerkennung des Rechtsfertigungsgrundes hingegen Straffreiheit bewirken. In Anbetracht

2401 Abgeschafft durch Art. 102 GG.

2402 Nicht jedoch zwangsweise bezüglich der getöteten Unbeteiligten. Während diese heute nicht unter den Begriff der Notwehr fallen, so war damals umstritten, ob die Tötung Unbeteiligter durch Notwehr oder Notstand gerechtfertigt werden könne. S. zum diesbezüglichen Meinungsstand *v. Calker*, ZStW 12 (1893), 443 (447 ff.).

der Tatsache, dass sich die Separatisten auch gegen die Justiz wandten und auch Richter auswiesen oder verhaften ließen[2403] ist anzunehmen, dass die Richterschaft der damaligen Zeit einen Groll gegen die Sonderbündler hegte und das Ende der separatistischen Herrschaft herbeisehnte. Insofern war zu erwarten, dass sie den Attentätern wohlgesonnen gewesen wäre und zu ihren Gunsten entschieden hätte.

Die restlichen Tatbestandsmerkmale waren denkbar weit, sodass in den meisten Fällen mit einer entsprechenden Begründung die Rechtfertigung bejaht werden konnte. Der Kreis der geschützten Rechtsgüter war kaum zu beschränken. Dadurch, dass diese nicht einer natürlichen Person anhafteten und jede der drei Staatsgewalten betreffen konnten, war praktisch alles erst einmal vom Kreis der geschützten Rechtsgüter umfasst. Das einschränkende Korrektiv der Existenzgefährdung für den Staat stellt einen unbestimmten Rechtsbegriff dar. Hierdurch wurde dem Richter die Aufgabe überlassen, den Kreis der geschützten Rechtsgüter selbst zu ziehen. Es bestand nicht nur die Gefahr, dass der Richter das Rechtsinstitut missbrauchte, um seiner politischen Gesinnung zum Durchbruch zu verhelfen. Wann eine Existenzbedrohung des Staates vorlag, vermochte von einem ängstlichen Richter anders beurteilt werden als von einem stoischen. Insofern bestand die Gefahr sich widersprechender Entscheidungen. Auch bei der Erforderlichkeit blieb dem Richter ein sehr großer Argumentationsspielraum. Da diese aus *ex ante* Sicht zu erfolgen hatte, war der Weg zur Rechtfertigung aufgrund der besonderen Lage in der Weimarer Republik in den seltensten Fällen verschlossen. Auch das Tatbestandsmerkmal des Verteidigungswillen ließ große Spielräume; zumal der Richter das Erfordernis eines solchen ohne Weiteres ablehnen konnte.[2404] Der verständige Angeklagte konnte sich in diesem Punkt im Übrigen leicht selbst aus der Affäre ziehen. Insgesamt stand und fiel die Entscheidung des Richters also schon mit der Anerkennung des Rechtsinstituts.

Wenn er den Täter freisprechen wollte, so boten die Tatbestandsmerkmale des § 53 StGB keine Einschränkungen, die einem solchen Freispruch ernsthaft entgegengestanden hätten. Die Staatsnothilfe wurde somit zu einem Instrumentarium der politischen Justiz. Selbst wenn der Täter letzten Endes nicht durch Staatsnothilfe gerechtfertigt war, so blieb immer noch der Weg über die Irrtümer, beispielsweise § 59 RStGB, um zu einer

2403 S. hierzu S. 76.
2404 S. hierzu S. 443 f.

Straffreiheit zu kommen. Dieses Ergebnis macht deutlich, dass eine Staatsnothilfe heute zu Recht von der einhelligen Meinung abgelehnt wird.[2405] Der Kreis der geschützten Rechtsgüter ist trotz des einschränkenden Korrektivs, dass lediglich solche Angriffe erfasst werden sollen, die den Staat in ihrer Existenz bedrohen, denkbar weit und konturenlos. Mangels weiterer einschränkender Tatbestandsmerkmale wird eine viel zu weiter straffreier Raum geschaffen, der bedenklichen Personenkreisen die Möglichkeit gab, Selbstjustiz zu üben.

2405 S. hierzu S. 356 ff.

§ 5 Hat die Staatsnothilfe ihre Daseinsberechtigung verloren?

A. Lehren aus der Vergangenheit

Während ein solches Rechtinstitut in instabilen Zeiten, wie der Weimarer Republik diskutiert wurde, hat dieses in der heutigen Zeit seine Daseinsberechtigung vollständig verloren. Einerseits hat die Geschichte gezeigt, dass Staatsnothilfe größtenteils lediglich als Schutzbehauptung vorgeschoben wurde. Das Berufen auf diesen Rechtfertigungsgrund wurde in der Vergangenheit *de facto* zu einem Privileg der Rechtsradikalen, da linke Kreise vor Gericht hiermit ohnehin äußerst geringe Erfolgsaussichten gehabt hätten.

Nach der NS-Zeit, wo die „nationale Nothilfe" für ideologische Ziele missbraucht und als Deckmantel für die Anwendung roher Gewalt verwendet wurde, bei der Verbrecher zu Märtyrern und Helden erhoben wurden,[2406] sorgt die Diskussion der Staatsnothilfe in der modernen Zeit für Unbehagen. Schließlich wurde hierdurch eine Legalisierung von Gewalt bewirkt, die nur Chaos zur Folge haben konnte.[2407] Zu Recht hat die Staatsnothilfe aufgrund ihrer Vergangenheit einen „schlechten Ruf" bekommen. Sie diente oft zur Tarnung eines gewaltsamen Handelns.[2408] *Stock* ist zuzustimmen, wenn er schreibt: „Radikale, zu Gewalttätigkeiten neigende, im Übermaß tatenfrohe Personen aller politischen Richtungen hätten sich wohl oft auf Staatsnotwehr berufen und die Anerkennung unbegrenzter Nothilfeberechtigung Privater zugunsten des Staates würde den hemmungslosen Tatendrang dieser Männer in gefährlicher Weise angefacht, gesteigert, nicht aber, wie wünschenswert, gedämpft haben."[2409] Der Missbrauch dieses Rechtsinstituts hat zum Untergang der Weimarer Republik und zur Machtübernahme Hitlers beigetragen.[2410] „In der Verkleidung der „nationalen Nothilfe" suchte geradezu die Gewalt das Forum der Strafjustiz. Dort konnte sie für ihre Ideologie-Ziele ungestört pathetisch werben. Sie gab sich als „Märtyrer" für die Nation, betrieb dort ausgiebig

2406 *Grosshut*, Staatsnot, Recht und Gewalt, S. 76.
2407 *Grosshut*, Staatsnot, Recht und Gewalt, S. 150 f.
2408 *Knoch*, Die Nothilfe zugunsten des Staates, S. 95.
2409 *Stock*, GS 101 (1932), 148 (162); so auch *Knoch*, Die Nothilfe zugunsten des Staates, S. 96.
2410 *Knoch*, Die Nothilfe zugunsten des Staates, S. 97.

politische Propaganda. Sie inszenierte Notlagen, um im Prozeß ihr Tun als „heilige Tat“ für die „höchsten Güter der Nation“ auszugeben.“[2411]

B. Aktuelle Sicherheitslage

Überdies besteht heute auch gar kein Bedürfnis mehr für einen solchen Rechtfertigungsgrund. Während die Staatsmacht nach dem Ersten Weltkrieg aufgrund der Entmilitarisierung geschwächt war, ist die Staatsgewalt heute stabil. Im Bereich des Polizei- und Ordnungsrecht stehen weitreichende Befugnisse zur Verfügung. Unter anderem durch den Einsatz von informations- und kommunikationstechnischen Systemen und die grenzüberschreitende Zusammenarbeit, vor allen Dingen im unionalen Rahmen, erkennen die Behörden Gefährdungen meist früh.[2412] Nach dem Zweiten Weltkrieg ist kaum ein Ereignis denkbar, dass den Staat in seiner Existenz gefährdet hat. Terrorangriffe, gleich ob diese von linker Seite wie der RAF, von rechtsradikalen Terrorzellen wie der NSU oder von Islamisten wie bei dem Anschlag auf den Berliner Weihnachtsmarkt verübt wurden, stellen zwar gravierende, aber punktuelle Bedrohungen dar, die die Staatsmacht nicht in ihrer Existenz gefährden. Es ist jedoch nicht von der Hand zu weisen, dass die terroristischen Anschläge innerhalb Europas ein historisches Ausmaß erreicht haben[2413] und weltweit eine der größten Gefahren für die Sicherheit darstellen.[2414]

Teilweise wird angenommen, dass der Druck auf die Nationalstaaten aufgrund von Globalisierung, Klimawandel und Migration größer ist denn je.[2415] Separatistische Bestrebungen gab es in Deutschland zwar seit Jahrzehnten nicht mehr in nennenswerter Form;die Katalonien-Krise zeigt jedoch, dass die unitarisierende Wirkung der Europäischen Union nicht grenzenlos ist. Die Finanzkrise von 2011 hat den Sezessionsbewegungen

---

2411 *Grosshut*, Staatsnot, Recht und Gewalt, S. 76.

2412 S. zu den technischen Möglichkeiten der Terrorismusabwehr ausführlich *Goertz*, Terrorismusabwehr. Zur aktuellen Bedrohung durch den islamistischen Terrorismus in Deutschland und Europa, 2. Aufl., S. 91 ff.

2413 S. hierzu sowie zu einer exemplarischen Auflistung der wichtigsten Anschläge der letzten Jahre *Goertz*, Terrorismusabwehr. Zur aktuellen Bedrohung durch den islamistischen Terrorismus in Deutschland und Europa, 2. Aufl., S. 15 f.

2414 *Goertz/Streithparth*, The New Terrorism. Actors, Strategies and Tactics, S. 1.

2415 *Ladurner*, Die Zeit Online v. 3.1.2018, abrufbar unter https://www.zeit.de/politik/ausland/2018-01/separatismus-autonomie-katalonien-nationalstaat-krise-potential, zuletzt abgerufen am 1.11.2022.

einen neuen Nährboden geschaffen.[2416] In Irland wird durch die „neue IRA“ deutlich, dass der Separatismus auch heute noch einen gewaltsamen Verlauf nehmen kann.[2417]

Dennoch ist die heutige Lage mit der damaligen Zeit nicht vergleichbar. Der Nationalstaat als schutzwürdiges Objekt um jeden Preis gibt es nicht mehr. Die europäischen Staaten sind in ein supranationales Gebilde *sui generis* eingegliedert, dessen Recht das nationale Recht in vielen Bereichen überlagert. Auch wenn populistische Bewegungen momentan wieder auf dem Vormarsch sind, so kann dies nicht über den Bedeutungsverlust des nationalstaatlichen Gebildes hinwegtäuschen.

Auch in der Strafverfolgung spielen Delikte gegen den Staat keine so große Rolle mehr wie in früheren Zeiten. Es werden längst nicht mehr so viele Menschen wegen Hochverrats oder anderen staatsgefährdenden Delikten verurteilt wie in der Weimarer Republik. Im Jahr 2017 wurden in Rheinland-Pfalz beispielsweise 31.965 Delikte verfolgt. Hiervon waren 65 Delikte aus der Gruppe Friedens- und Hochverrat, Staatsgefährdung und Gefährdung der äußeren Sicherheit.[2418] Auf Bundesebene gab es 1.708 Verurteilte in dieser Gruppe bei einer Gesamtzahl von 875.194 Straftaten. Hiervon wurden allerdings 910 Personen wegen Verbreitung von Propagandamitteln verfassungswidriger Organisationen und 782 Personen wegen der Verwendung von Kennzeichen verfassungswidriger Organisationen verfolgt. Das Gros der Delikte war damit überhaupt nicht geeignet, den Staat auch nur ansatzweise in seiner Existenz zu gefährden. Lediglich sieben Personen wurden wegen Vorbereitung einer schweren staatsgefährdenden Gewalttat verfolgt.[2419]

Demgegenüber ging es in der Weimarer Republik um ganz andere Größenordnungen. Während im Kaiserreich, beispielsweise im Jahr 1882, lediglich 36 Personen wegen Hochverrats angeklagt wurden, so stieg die

2416 *Ladurner*, Die Zeit online v. 1.11.2017, abrufbar unter: https://www.zeit.de/2017/45/separatismus-katalonien-europaeische-union, zuletzt abgerufen am 1.11.2022.

2417 S. zur neuen IRA auch Fn. 20.

2418 Statistische Berichte des Landesamts für Statistik Rheinland- Pfalz, 2018, abrufbar unter: https://www.statistik.rlp.de/fileadmin/dokumente/berichte/B/6013/B6013_201700_1j_L.pdf, zuletzt abgerufen am 1.11.2022.

2419 Statistisches Bundesamt, Strafverfolgung – Fachserie 10 Reihe 3, 2017, abrufbar unter file:///C:/Users/sabri/Downloads/strafverfolgung-2100300177004.pdf, zuletzt abgerufen am 1.11.2022, S. 16, 440.

Zahl 1923 auf 637 und 1933 gab es dann sogar 2.031 Anklagen.[2420] Im Nationalsozialismus wurde der Hochverrat dann zu einem Instrument zum Vorgehen gegen jedwede politische Opposition missbraucht und auf ihn eine gewaltige Menge an Anklagen gestützt wurden.[2421] Auch in Anbetracht solcher Gefährdungen ist das Rechtsinstitut der Staatsnothilfe aus heutiger Sicht obsolet. Schließlich ist das Grundgesetz auf Krisen, Notstände und Terrorismus vorbereitet und es bestehen Handlungsspielräume, um solchen Gefahren in verfassungsgemäßer Weise zu begegnen. Verglichen mit den Krisen in den Jahren 1922–1924, 1929–1933 sowie 1975–1977 liegt in der heutigen Zeit weder ein Ausnahmezustand noch eine Notlage vor. Ein Staats- und Verwaltungsversagen ist nicht zu befürchten.[2422] In der heutigen Zeit geht es nicht nur um die Sicherheit allein. Vielmehr ist ein schonungsvoller Ausgleich zwischen Freiheit und Sicherheit herbeizuführen und verfassungsrechtliche Vorgaben sind hierbei einzuhalten.[2423]

C. Sicherheitsbedürfnis in der Bevölkerung

Die Sicherheit ist für den Bürger nichtsdestoweniger ein elementarer Faktor der Gesellschaftsordnung. Auch das subjektive Empfinden von Sicherheit prägen unseren Alltag sowie das gesellschaftliche Zusammenleben. Dadurch, dass sich der Bürger immer wieder mit der Thematik konfrontiert sieht, ist die Sicherheitsproblematik in der persönlichen Wahrnehmung des Bürgers von zentraler Wichtigkeit.[2424] Momentan gibt es vieles, was auf die Bürger bedrohlich wirkt. Neben der aufgrund der Ereignisse beim Berliner Weihnachtsmarkt und der Terroranschläge in Frankreich und Brüssel om-

---

2420 *Franzmann*, histat-Datenkompilation online: Die Entwicklung der Kriminalität im Deutschen Reich zwischen 1882 und 1936. Abgeurteilt nach Deliktarten, Häufigkeit einzelner Straftaten, verhängte Strafen, abrufbar unter: https://histat.gesis.org/histat/de/table/details/F65B7DB59EDC95097C532CD80E12A927, zuletzt abgerufen am 1.11.2022.

2421 Siehe hierzu und zu der Verschärfung des Hochverratsparagraphen im Vergleich zur Weimarer Republik *Zarusky*, Vierteljahreshefte für Zeitgeschichte, Jahrgang 42 (1994), Heft 4, 671 (673 ff.).

2422 *Kersten*, JuS 2016, 193 (203).

2423 *Frank/Schneider-Glockzin*, NStZ 2017, 1 (1); s. zu dem Spannungsverhältnis zwischen Sicherheit und Freiheit weiteführend *Krings*, ZRP 2015, 167 ff.

2424 *Brings-Wiesen*, 40 Jahre „Deutscher Herbst“: Neue Überlegungen zu Sicherheit und Recht – Ein Prolog, in: ders./Ferrau (Hrsg.), 40 Jahre „Deutscher Herbst“. Neue Überlegungen zu Sicherheit und Recht, S. 9 (10).

nipräsenten Angst vor weiteren terroristischen Angriffen hat sich auch der Konflikt aufgrund der Flüchtlingspolitik in den letzten Jahren zugespitzt bis er in rechtsradikalen Ausschreitungen und brennenden Flüchtlingsheimen gipfelte.[2425] Dass die Bürger sich in der heutigen Zeit unsicher fühlen, zeigt sich an dem signifikanten Anstieg der Nachfrage an Schusswaffen sowie Selbstverteidigungskursen und an der Bildung von Bürgerwehren.[2426]

Neben der latenten Terrorgefahr belasten auch innenpolitische Konflikte das Sicherheitsdenken in der Bevölkerung. Rechtsradikale Bewegungen sind seit der Flüchtlingskrise vermehrt in Erscheinung getreten, haben Flüchtlinge angegriffen und in den sozialen Medien grassieren Hatespeech-Botschaften und Fake News, die neben der offen zur Schau getragenen Ausländerfeindlichkeit auch den Eindruck erwecken, dass Deutschland kurz vor einem Zusammenbruch steht. Auch die Ereignisse auf der Kölner Domplatte in der Silvesternacht 2015/2016 verunsicherten die Bürger.[2427] In Konsequenz gibt es diverse Initiativen zur Verbesserung des inneren Sicherheitsrechts.[2428] In Zuge dessen wurden auch viele Polizeigesetze verschärft und unter anderem neue Standardmaßnahmen eingeführt,[2429] aber auch die Schwelle zum Eingriff wurde beispielsweise in Bayern gesenkt, indem der Begriff der drohenden Gefahr eingeführt wurde.[2430] Auch wenn dies Maßnahmen sind, um das Sicherheitsgefühl in der Bevölkerung zu stärken, so erwecken sie bei manchem auch den Eindruck, dass eine solche Verschärfung notwendig sei, um der aktuellen Lage Herr zu werden. Man sollte einem solchen Eindruck entschieden entgegenwirken. Sobald ein solcher Krisendiskurs nämlich einmal eröffnet wird, so wird die Geltung des Rechts selbst dann negativ beeinflusst, wenn durch die Maßnahmen die Geltung des Rechts wiederhergestellt werden soll.[2431] Dass das Sicher-

2425 *Kersten,* JuS 2016, 193 (193).

2426 *Kersten,* JuS 2016, 193 (193); *Kuntz,* FAZ, 18.1.2016 S. 7; s. zur Beeinträchtigung des allgemeinen Sicherheitsgefühls in Europa auch *Frank/Schneider-Glockzin,* NStZ 2017, 1 (1).

2427 *Kersten,* JuS 2016, 193 (193).

2428 *Kersten,* JuS 2016, 193 (193).

2429 Zu nennen seien beispielhaft die Vorratsdatenspeicherung, die Erhebung und Verwertung von Fluggastdaten sowie die Schleierfahndung. Hierzu auch *Aden/Fährmann,* ZRP 2019, 175 (176).

2430 Allen voran die Einführung der drohenden Gefahr in Art. 11 III BayPAG. Dazu kritisch *Aden/Fährmann,* ZRP 2019, 175 (175 f.).

2431 *Kersten,* JuS 2016, 193 (194); hierzu im Speziellen über die Diskussion, ob die Bundesregierung in der Flüchtlingskrise das Recht gebrochen habe und der Ausnutzung solcher Argumente durch rechtsextreme Kräfte, die das System angreifen

heitsbedürfnis antiproportional zur Gefährdungslage gestiegen ist, veranschaulicht ein Projekt des Magazins Zeit online, welches anlässlich des 70. Geburtstages des Bundestages alle Reden seit 1949 grafisch dahingehend analysierbar gemacht hat, dass es in einem Diagramm die Häufigkeit der Verwendung bestimmter Schlagwörter darstellt.[2432] Gibt man hier Begriffe wie „Sicherheit“ oder „Schutz“ ein, so lässt sich bis heute ein mehr oder minder kontinuierlicher Anstieg verzeichnen. Auch bei den Begriffen „Angst“ und „Ängste“ ist seit den 1980er Jahren ein jäher Anstieg erkennbar. Wählt man stattdessen den Begriff „Gefahr“ so erhält man einen fallenden Graphen. Bei anderen in diesen Zusammenhang fallenden Begriffen wie „Terror“, „Krise“, „Staatsnotstand“ oder „Ausnahmezustand“ lassen sich einzelne Spitzen im Graph ausmachen, die jedoch überwiegend weiter zurückliegen und in den meisten Fällen mit einem bestimmten Anlass verbunden waren. Der Begriff Staatsnotstand kam beispielsweise vermehr in der Zeit nach der Wiedervereinigung auf, während von einer Krise im Zusammenhang mit der europäischen Finanzkrise um das Jahr 2007 und danach die Rede war. Von einem Ausnahmezustand wurde primär in der Zeit um den Mauerbau gesprochen. Die Terrordebatte erreichte ihren Höhepunkt zwar 2015 als die Flüchtlingswelle Deutschland erreichte. Allerdings ist sie bis zum heutigen Zeitpunkt abgeebbt und liegt in ihrem Wert mittlerweile deutlich unter demjenigen nach den Anschlägen auf das World Trade-Center.

D. Deutsche Reaktion auf Art. 121 von Erdogans Dekret Nr. 696

Dass die Staatsnothilfe für Deutschland keine Alternative mehr sein kann, zeigt auch die empörte Reaktion verschiedenster Journalisten auf die Staatsnothilfegesetzgebung in der Türkei. So erließ *Erdogan* am 24. Dezem-

wollen *Müller*, FAZ v. 8.2.2016, 1. Kritisch zur Überstrapazierung des Krisenbegriffs in Zeiten der modernen Politik auch *v. Laak*, Soveränität in Zeiten der Krise. Theoretische Dimensionen des Ausnahmezustands im 21. Jahrhundert, S. 1 ff. Ebenfalls kritisch dazu, dass der Begriff der Krise heute eher zur Zustandbeschreibung wird; *Kronenberg/Horneber*, Die repräsentative Demokratie in der Akzeptanzkrise? Ein Problemaufriss, in: dies. (Hrsg.), Die repräsentative Demokratie in Anfechtung und Bewährung. Das „Wir“ organisieren, S. 1 (1).

2432 https://www.zeit.de/politik/deutschland/2019-09/bundestag-jubilaeum-70-jahre-parlament-reden-woerter-sprache-wandel#s=schutz, zuletzt abgerufen am 1.11.2022.

ber 2017 das Dekret Nr. 696.[2433] Nach diesem sollen Zivilbürger straffrei sein, die bei der Putsch-Nacht des 15. Juli 2016 und danach auf der Seite des Militärs kämpften.[2434] Bei diesem Aufstand, bei dem Militärs versuchten, die Regierung zu stürzen, kamen fast dreihundert Menschen ums Leben, primär regimetreue Zivilisten.[2435] Das Dekret erinnert an das Hitler-Gesetz aus dem Jahr 1934[2436] und geht in seinem Regelungsgehalt sogar noch weiter. Während das Gesetz von 1934 lediglich auf die Taten vom 30. Juni, dem 1. und 2. Juli 1934 beschränkt war, wird der Putschversuch des 15.7.2017 nur beispielhaft aufgezählt. Auch wenn Justizminister *Abdülhamit Gül* und der AKP-Sprecher *Mahir Ünal* beteuern, dass sich das Dekret ausschließlich auf den 15. Juli 2017 beziehe, spricht der klare Wortlaut für eine darüberhinausgehende Wirkung.[2437] In der Türkei selbst wird das Gesetz von der Opposition und wichtigen gesellschaftlichen Organisationen stark kritisiert.[2438] Teilweise wird sogar konstatiert, dass noch nie ein Dekret *Erdogans* auf so viel Ablehnung gestoßen sei wie ebendieses.[2439] Die Opposition befürchtet einen Blankoscheck für Regierungsanhänger zur gewaltsamen Unterdrückung Oppositioneller.[2440] Es stelle einen Freibrief für politisch motivierte Gewalt und Selbstjustiz dar[2441] und könne zu bürgerkriegsähnliche Situationen führen.[2442] Es sei zu erwarten, dass sich diesbe-

---

2433 Art. 121 des Dekrets 696:
„Regardless of their official duties, or appointments, any individuals who took part in suppressing the attempted coup d'état on July 15, 2016, terror acts, and other acts which are considered to be a continuation of these, will be subjected to the first claus [on immunity]. Zitiert nach https://ahvalnews.com/decree-laws/new-decree-brings-impunity-paramilitary-groups-critics-say, zuletzt abgerufen am 1.11.2022 und https://stockholmcf.org/coe-reviews-recent-controversial-decrees-issued-by-turkish-government/, zuletzt abgerufen am 1.11.2022.

2434 *Dangeleit*, https://www.heise.de/tp/features/Staatlich-legitimierte-Selbstjustiz-in-der-Tuerkei-3928327.html, zuletzt abgerufen am 1.11.2022.

2435 *Schlötzer*, SZ vom 30.12.2017; *Polke-Majewski/Steffen/Endres/Biermann*, Zeit Online v. 16.7.2016.

2436 *Dangeleit*, https://www.heise.de/tp/features/Staatlich-legitimierte-Selbstjustiz-in-der-Tuerkei-3928327.html, zuletzt abgerufen am 1.11.2022.

2437 *Dangeleit*, https://www.heise.de/tp/features/Staatlich-legitimierte-Selbstjustiz-in-der-Tuerkei-3928327.html, zuletzt abgerufen am 1.11.2022; zur diesbezüglichen Aussage Güls auch *Hakan*, TAZ v. 27.12.2017.

2438 *Hakan*, TAZ v. 27.12.2017.

2439 *Kauffmann Bossart*, Neue Züricher Zeitung v. 27.12.2017.

2440 *Hakan*, TAZ v. 27.12.2017.

2441 *Schlötzer*, SZ v. 30.12.2017.

2442 *Hakan*, TAZ v. 27.12.2017.

züglich sogar Parteimilizen bilden würden.[2443] In einem Land, in dem politische Oppositionelle in vielen Fällen als Verschwörer und Terroristen diffamiert werden, wird hierdurch der politischen Selbstjustiz Tür und Tor geöffnet.[2444]

E. Nothilfe zugunsten von Tieren?

Auch heute erfährt das Nothilferecht eine Öffnung über den Menschen hinaus. Unlängst gab es nämlich Gerichtsentscheidungen, die eine Nothilfe zugunsten von Tieren zuließen. Der zu entscheidende Fall war vergleichsweise harmloser Natur. So ging es darum, ob Tierschützer, die eine Umzäunung überkletterten, um Missstände in der Tierhaltung zu filmen, bei ihren Taten durch Nothilfe gerechtfertigt sein können.[2445] Die Entscheidung, ob Tiere andere im Sinne des Notwehrparagraphen sein können,[2446] kann nichtsdestoweniger erhebliche Folgen zeitigen. Im Ergebnis sprechen die besseren Gründe dafür, eine Nothilfe zugunsten von Tieren abzulehnen. Zwar wird auch eine Nothilfe zugunsten eines Embryos zugelassen, sodass durchaus auch Nothilfe zugunsten von nichtmenschlichen Wesen möglich ist. Entscheidender Unterschied ist, dass aus einem Embryo späterhin ein Mensch erwächst. Auch die Grenzziehung fällt bei Tieren in Anbetracht der unbegrenzten Artenvielfalt schwer. Bei der Notwehr als schneidiges Schwert fehlt allerdings die Güterabwägung, um einer solchen Vielgestaltigkeit Rechnung zu tragen. Soll ich also eine Person erschießen dürfen, nur weil sie im Begriff ist, eine Mikrobe zu töten? Und was ist eigentlich mit den Tieren beim Schlachter? Einen adäquaten Ausweg für unzumutbare Fälle der Tierquälerei kann noch nicht einmal die Notwehr zum Schutz eigener Rechtsgüter sein, da hierzu das eigene Mitgefühl bei grausamer Tierquälerei nicht zählt.[2447] Schließlich bezweckt § 1 TierschG lediglich

2443 *Hakan,* TAZ v. 27.12.2017.

2444 *Kauffmann Bossart,* Neue Züricher Zeitung v. 27.12.2017.

2445 LG Magdeburg, Urtl. v. 11.10.2017 – 28 Ns 182 Js 32201/14 (74/17), 28 Ns 74/17, juris.

2446 LG Magdeburg, Urtl. v. 11.10.2017 – 28 Ns 182 Js 32201/14 (74/17), 28 Ns 74/17.

2447 Vgl. auch *Fahl,* JA 2019, 161 (163). Auch die Lösung über das Mitgefühl stellt sich jedoch als schwierig dar. Schließlich ist das Mitgefühl eine Emotion, die aufgrund ihrer Unschärfe kaum als rechtlich geschütztes Interesse gewertet werden kann. Auch an anderer Stelle werden in der Strafrechtsordnung allerdings Gefühle geschützt, beispielsweise über § 186 StGB das Pietätsgefühl. Das Mitgefühl muss sich dann in irgendeiner Art manifestieren, um dieses zu einem geschützten Rechtsgut zu erheben. Dennoch ist diese Konstruktion insbesondere im Hinblick auf den obden Schutz von Leben und Wohlbefinden des Tieres und nicht den Schutz menschlicher Gefühle.[2448] Selbst wenn man berücksichtigt, dass der Tierschutz als allgemeines Staatsziel eine verfassungsrechtliche Verankerung in Art. 20 a GG gefunden hat und durch § 17 TierschG auch eine strafrechtliche Komponente aufweist, so bleibt der Tierschutz ein nicht nothilfefähiges Allgemeinrechtsgut.[2449] Schon der Wortlaut des Art. 20 a GG betont, dass der Staat den Tierschutz im Rahmen der verfassungsmäßigen Ordnung schützt. Hierbei wird die Bindung an Recht und Gesetz und die Aufgabenwahrnehmung durch die vollziehende Gewalt und die Jurisprudenz hervorgehoben.[2450] Tiere sind keine andere im Sinne des § 32 StGB, da sie gemäß § 90 a BGB einer Sache gleichgestellt sind.[2451]

Im Gegensatz zum Staat weist das Tier allerdings nichtsdestotrotz große Gemeinsamkeiten mit dem Menschen auf. In seiner Leidens- und Empfindungsfähigkeit steht es diesem nämlich gleich.[2452] In der heutigen Terminologie wird unter dem anderen in § 32 StGB nichtsdestoweniger eine natürliche Person verstanden. Hierüber kann auch die Staatszielbestimmung des Art. 20 a GG und die Anerkennung des Tieres als Lebewesen und Mitgeschöpf nicht hinwegtäuschen.[2453] Der Weg über § 34 StGB bleibt hingegen unberührt.[2454]

Im Zuge seines Urteils in Bezug auf die Nothilfe zugunsten von Tieren hat das LG Heilbronn nochmals ausdrücklich klargestellt, dass die Nothilfe zugunsten des Staates nicht möglich sei.[2455] Die Aufgabe zur Abwendung von Missständen bei der Tierhaltung liege ganz klar bei den Veterinärämtern.[2456]

---

jektiven Bewertungscharakter des Angriffs und der Unbestimmtheit des Begriffs kritisch zu hinterfragen. Vgl. *Ritz*, JuS 2018, 333 (334 f), der die Notwehr aufgrund von Mitleid daher zu Recht ablehnt.

2448 *Scheurl/Glock*, NStZ 2018, 448 (449).

2449 *Scheuerl/Glock*, NStZ 2018, 448 (449).

2450 *Scheurl/Glock*, NStZ 2018, 448 (449).

2451 *Scheurl/Glock*, NStZ 2018, 448 (449).

2452 Vgl. auch *Ritz*, JuS 2018, 333 (335).

2453 *Strauß*, JuS 2018, 1203 (1208).

2454 *Hecker*, JuS 2018, 83 (84).

2455 LG Heilbronn, Urt. v. 23.5.2017 – 7 Ns 41 Js 15494/15, Rn. 116, juris.

2456 LG Heilbronn, Urt. v. 23.5.2017 – 7 Ns 41 Js 15494/15, Rn. 119, juris.

F. Fazit

Ein Recht zur Staatsnothilfe wird daher nach heutiger herrschender Meinung zu Recht abgelehnt.[2457] Heute ist die Problematik, auch wenn sie teilweise noch kurz in Kommentaren und Lehrbüchern erwähnt wird, weitestgehend in Vergessenheit geraten – wohl auch, weil mittlerweile in einem politisch stabilen Staatswesen keine Notwendigkeit mehr besteht, sich mit der Frage der Staatsnotwehr vertieft auseinanderzusetzen. So führt *Rasehorn* aus: „Es bedarf keiner Hervorhebung, daß es heute unbegreiflich ist, wie damals die Staatsnotwehr überinterpretiert wurde."[2458] Schon im Jahr 1985 wurde das Problem als „längst obsolet" angesehen.[2459] Die Staatsnothilfe passt nicht mehr zur heutigen Zeit. Bei ihr handelt es sich lediglich um eine pseudorechtliche Konstruktion durch die der Rechtsstaat in der Vergangenheit nachhaltig erschüttert wurde. Die Anerkennung dieses Rechtsinstituts würde einem Sieg der Gewalt über das Recht gleichkommen.[2460] Ebendiese Anerkennung durch das Reichsgericht kann in der Retrospektive nur als verhängnisvoll[2461] gewertet werden. Schließlich war sie eine Form der Kapitulation der Justiz vor der rechten Gewalt, durch die auch der Weg in die Hitlerdiktatur geebnet wurde.[2462]

Die Argumentation bei der Staatsnothilfe ist größtenteils ergebnisorientiert. Es gilt für einen feststehenden Sachverhalt Straffreiheit zu erreichen oder den eigenen subjektiven Ideologien Genüge zu tun. Diese Ziele sollen dann in künstlicher Weise in eine juristische Konstruktion gegossen werden. Insofern ist zumindest die Staatsnotwehr mit den Grundsätzen einer demokratischen Republik nicht vereinbar. Die Grundrechte würden durch die Anerkennung eines solchen Rechtsinstituts in unvertretbarer Weise beschnitten.[2463]

2457 *Hotz,* JuS 2019, 8 (12).
2458 *Rasehorn,* Justizkritik in der Weimarer Republik, S. 192.
2459 *Rasehorn,* Justizkritik in der Weimarer Republik, S. 193.
2460 *Hirschberg,* Vorwort zu Grosshut, Staatsnot, Recht und Gewalt, S. 9.
2461 *Hirschberg,* Vorwort zu Grosshut, Staatsnot, Recht und Gewalt, S. 10.
2462 *Hirschberg,* Vorwort zu Grosshut, Staatsnot, Recht und Gewalt, S. 10 f.
2463 *Grosshut,* Staatsnot, Recht und Gewalt, S. 161.

§ 6 Thesen

1) Das Deutsche Reich befand sich wegen des Ruhreinfalls, kommunistischer Aufstände, der Hyperinflation und den unsicheren Grenzen zu Polen und Frankreich, den separatistischen Bestrebungen und dem Hitlerputsch im Jahr 1923 in einer allgemeinen Krise.
2) Bezüglich des Separatismus soll die Definition *Gräbers* zu Grunde gelegt werden, nach welcher „[der] Begriff des politischen Separatismus [...] üblicherweise für Loslösungsbestrebungen von Teilgebieten eines Staates verwendet [wird], deren Bevölkerung sich aufgrund eines ethnischen oder kulturellen Identitätsgefühls dem übergeordneten Staatsgebilde nicht zugehörig erachtet oder von diesem nicht respektiert sieht und deshalb eine Form der Autonomie oder die Zugehörigkeit zu einem anderen Staat anstrebt."
3) In Abgrenzung hierzu handelte es sich in der Pfalz nicht um eine tradierte Form des Separatismus, da nicht Mentalitäten, sondern wirtschaftliche Motive im Vordergrund standen.
4) Gemäß Art. 5 des Waffenstillstandsvertrages vom 11. November 1918 wurde die Pfalz französisch besetzt. Während die Verwaltung in deutscher Hand verblieb, hatte die Hohe Interalliierte Rheinlandkommission (HIRK) Kontroll- und Eingriffsbefugnisse und erließ Ordonnanzen mit Gesetzeskraft.
5) Der Pfalz stand im Vergleich zu den anderen besetzten Gebieten die längste Besatzungszeit von 15 Jahren bevor.
6) Frankreich selbst diskutierte seine Kriegsziele bezüglich der Pfalz nach dem Ersten Weltkrieg kontrovers. Die meisten Franzosen befürworteten einen rheinischen Pufferstaat, der mit Autonomien ausgestattet Teil des deutschen Reiches bleiben sollte, auf den Frankreich Einfluss nehmen konnte, um den französischen Sicherheitsinteressen Rechnung zu tragen.
7) Dieses Ziel vermochten die Franzosen in den Friedenskonferenzen nicht durchzusetzen, da England um das Mächtegleichgewicht in Europa fürchtete.
8) Infolge des passiven Widerstandes kam es zu zahlreichen Repressionen durch die französische Besatzungsmacht, die die Pfälzer besonders hart trafen.

9) Die Pfälzer befanden sich in einer Zwickmühle, da sie von deutscher Seite aus die nunmehr von den Franzosen betriebene Regiebahn nicht mehr nutzen durften. Demgegenüber schränkte die Besatzungsmacht den Personen- und Warenverkehr sowie den Post- und Telefonverkehr ein und stellte Zeitungen unter Zensur.
10) Renitente Beamten und Privatpersonen wurden aus der Pfalz ausgewiesen und verloren hierdurch oftmals ihre Existenzgrundlage.
11) Auch nach Abbruch des passiven Widerstandes perpetuierten sich die durch ihn verursachte Arbeitslosigkeit und das Elend in der Bevölkerung.
12) Die wirtschaftliche Zwangslage der Betriebe intensivierte sich dadurch, dass die günstigen Papiermark-Kredite, die das Reich während des passiven Widerstandes gewährt hatte, nicht mehr fortgezahlt wurden. Es kam zu erneuten Massenentlassungen und die Handelshemmnisse bestanden fort.
13) Die Bevölkerung war frustriert, weil die durch den passiven Widerstand verursachten Strapazen umsonst geblieben sind.
14) Auf Reichsebene stellten einige Politiker die sogenannte Versackungsüberlegung an, nach welcher die besetzten Gebiete sich selbst überlassen werden und die Zahlungen an sie eingestellt werden sollten, weil diese Regionen nichts Positives zum Staatshaushalt beizutragen vermochten.
15) Der passive Widerstand und das durch ihn verursachte Elend bildete den eigentlichen Nährboden für die separatistische Bewegung.
16) Während die Pfälzer mehrheitlich die Treue zum Reich hielten, war das Verhältnis zu Bayern von jeher schwierig.
17) Die Pfälzer betrachteten den im rechtrheinischen Bayern vollzogenen Rechtsruck und die Verfassungskonflikte zwischen Bayern und dem Reich mit wachsender Sorge. Diese Schwierigkeiten in der pfälzisch-bayerischen Beziehung traten bei antibayerischen Revolten wie dem Speyerer Bildersturm zu Tage.
18) Durch die Ausweisungsparaxis der Franzosen und das damit einhergehende Machtvakuum sowie durch protegierende Maßnahmen der Besatzungsmacht wurden günstige Gedeihensbedigungen für die separatistische Bewegung geschaffen.
19) Wenngleich der rheinische Separatismus auch eine religiöse Komponente aufwies, kam es zwischen beiden Bewegungen zu einer gegenseitigen Beeinflussung und Fühlungnahme. Der Rheinische Separa-

tismus nahm eine Vorreiterrolle ein und wirkte enthemmend auf die pfälzische Bewegung.

20) Der erste größere Ansatz zur Etablierung einer autonomen Pfalz war die Freie Pfalz-Bewegung von *Eberhard Haas* im Jahr 1919. Die Bewegung scheiterte, weil eine Annäherung an den Erbfeind Frankreich kurz nach Kriegsende nicht vorstellbar war und die Mehrheit der Bevölkerung die Bewegung nicht unterstützte.

21) Frankreich versuchte zeitgleich, eine Annäherung durch die Methode der friedlichen Durchdringung zu erzielen und ging hierbei davon aus, dass der Zusammenhalt im Deutschen Reich aufgrund der föderalistischen Struktur naturgemäß schwach sei. Durch die Verteilung französischer Zeitungen, Zeitschriften und Bücher sowie das Anbieten französischer Kulturveranstaltungen konnte jedoch keine Annäherung erwirkt werden.

22) Im Oktober 1923 kam es zur so genannten Hoffmann-Aktion, bei der der Sozialdemokrat *Johanns Hoffmann* versuchte, eine Autonome Pfalz im Rahmen des Reiches zu etablieren. Dieser Versuch scheiterte jedoch, da Frankreich darauf insistierte, den Zusatz im Rahmen des Reiches wegzulassen, was jedoch vonseiten der pfälzischen Sozialdemokratie nicht konsensfähig war.

23) Unter französischem Protektorat nahmen die Separatisten mithilfe der Unterstützung von rheinländischen Truppen im November die pfälzischen Städte ein.

24) In manchen Orten lieferten sich die Bürger gewaltsame Auseinandersetzungen mit den Separatisten, wobei es auch zu Toten und Verletzten kam. Letzten Endes nahmen die Separatisten jedoch – wenn auch teilweise erst nach der Proklamation der Autonomen Pfalz am 12. November 1923 – alle pfälzischen Städte ein.

25) Die separatistische Regierung war ein Zweckbündnis der Extreme und setzte sich heterogen von konservativen Kräften über das linkssozialistisch-pazifistische Spektrum bis hin zu linksradikal-revolutionären Kreisen zusammen.

26) Das homogenisierende Bindeglied war der Wunsch, der wirtschaftliche Not ein Ende zu setzen.

27) Der Präsident der Regierung, *Franz Josef Heinz*, kam aus bäuerlichen Verhältnissen und war zuvor Gesamtvorsitzender der Freien Bauernschaft gewesen.

28) Politisch zeichnete sich der geltungsbedürftige und ehrgeizige *Heinz*, der als DVP-Politiker im Speyerer Kreistag saß, durch einen ausge-

prägten Opportunismus aus. Der ursprünglich konservativ eingestellte, wandte sich der völkischen Bewegung zu und wechselte dann zum Separatismus, immer getrieben von dem Wunsch, eine führende Stellung einzunehmen.

29) Wenngleich sein politisches Agieren im Zusammenhang mit dem Separatismus in der zeitgenössischen Öffentlichkeit abgelehnt wurde, so wurde er dennoch als Respektsperson wahrgenommen, der auch positive Eigenschaften zugeschrieben wurden. Besonders herausgestellt wurde sein Rednertalent.

30) Das Pfälzische Corps, die Söldner der Separatisten, setzten sich aus ärmeren und oft erwerbslosen Männern jüngeren Alters zusammen, deren primäre Motivation der von den Separatisten gezahlte Sold gewesen ist.

31) Die separatistischen Sympathisanten waren ebenfalls heterogen zusammengesetzt, wobei eine Dominanz des Arbeiter- beziehungsweise des Bürgertums, je nach der städtischen Struktur, erkennbar war, wohingegen Frauen, Schüler, Beamte und Sozialdemokraten der Bewegung fernblieben.

32) Die These, dass es sich bei den Separatisten um landfremdes Gesindel gehandelt habe, kann nicht aufrechterhalten werden. Sie stellte lediglich einen Bewältigungsmechanismus dar und rührte daher, dass die pfälzische Bewegung anfänglich durch rheinische Truppen unterstützt wurde. Die überwältigende Mehrheit der Separatisten war aber aus der Pfalz.

33) Entgegen der zeitgenössischen Quellen setzte sich die Bewegung nicht aus Kriminellen zusammen. Zwar gab es auch vorbestrafte Separatisten; die Vorstrafen lagen jedoch im Bereich der Beschaffungskriminalität und gingen nicht über das nach Kriegsende durchschnittliche Maß hinaus.

34) Die Menschen schlossen sich aufgrund der wirtschaftlichen Not, Verzweiflung und der Wut über den ergebnislosen passiven Widerstand und aus dem Gefühl heraus, vom Reich und Bayern im Stich gelassen worden zu sein, den Separatisten an.

35) In Bezug auf ihre staatsrechtlichen Ziele blieb die Autonome Regierung unscharf. Sie erließen jedoch auch Gestze, die in die Gesetzgebungskompetenz des Reiches fielen, sodass davon auszugehen ist, dass keine reine Autonomie gewollt sein konnte.

36) Aufgrund der Tatsache, dass sich die deutschen Beamten weigerten, für die Autonome Regierung zu arbeiten und es der Regierung an

finanziellen Ressourcen fehlte, kam es zu keiner eigentlichen politischen Gestaltungstätigkeit; vielmehr war die Gesetzgebungspraxis darauf ausgerichtet, durch die Vergabe von Erlaubnisscheinen sowie der Errichtung von Standgerichten an finanzielle Ressourcen zu gelangen.

37) Die Wahrnehmung der Autonomen Pfalz in der Bevölkerung war überwiegend negativ. Einerseits wurde die Autonome Regierung nicht als politische Gewalt ernstgenommen; andererseits sorgten viele Maßnahmen, insbesondere die Requisitionen, die Pressezensur sowie die Ausweisungs- und Verhaftungspraxis für großen Unmut.

38) Um ihrem Handeln Legitimität zu verleihen, gingen die Separatisten in die Dörfer und erlangten unter Druck etwa 500 Loyalitätserklärungen, die sie der HIRK vorlegen wollten. Dass diese nicht freiwillig abgegeben wurden, zeigt sich insbesondere daran, dass sie gegen Ende der Separatistenherrschaft weitestgehend widerrufen wurden.

39) Die Kirchen artikulierten ihren Widerstand gegen die Separatisten schon sehr früh und hielten diesen bis zum Ende der Separatistenherrschaft aufrecht.

40) Die Bauern schätzten *Heinz* aufgrund seiner Verdienste als Gesamtvorsitzender der Freien Bauernschaft. Manche von ihnen folgten deshalb den Separatisten. Viele lehnten die Autonome Pfalz jedoch zunehmend ab, weil diese versuchte, die Lebensmittelpreise und -lieferungen zu kontrollieren und den Devisenhandel zu bekämpfen.

41) Auch wenn die Bevölkerung den Separatismus mehrheitlich ablehnte, verhielt sie sich passiv, was auch auf die Zermürbung nach Jahren des Krieges, des Elends und des passiven Widerstandes rückführbar ist.

42) Die bayerische Regierung und das Reich hatten nach dem 1. Weltkrieg verschiedene Institutionen geschaffen, die die Stellung der Pfalz stärken sollten. Hierzu gehörten das Amt des Staatskommissars für die Pfalz, das Reichskommissariat für die besetzten Gebiete und das Ministerium für die besetzten Gebiete.

43) 1919 wurde darüber hinaus die von *Eberlein* geleitete Pfalzzentrale, die späterhin Haupthilfsstelle für die Pfalz hieß, gegründet. Sie war keine offizielle Institution, stand aber mit der Regierung in enger Verbindung und fungierte als Propaganda-, Nachrichten- und Auskunftsdienst. Die Pfalzzentrale richtete sich zuerst gegen die Besatzungsmacht und späterhin dann auch gegen die Separatisten.

44) Die Lage in der Pfalz spitzte sich zu, als die Autonome Regierung ein Gesetz zur Registrierung bei der HIRK vorlegte. Im Falle einer

solchen Registrierung wäre es zu einer de-facto-Anerkennung der Autonomen Pfalz gekommen. Die Lage entspannte sich jedoch schnell, als England schon vier Tage vor dem Attentat ein Veto einlegte.

45) Die von manchen Attentätern im Nachhinein propagierte Fristenlegende, derzufolge dass Attentat noch vor Registrierung des Gesetzes zu erfolgen hatte, kann demnach nicht aufrechterhalten werden.

46) Die Attentäter stammten allesamt aus völkischen Kreisen und waren teils ehemalige Freikorps-Soldaten, insbesondere aus der Organisation Consul, dem Bund Oberland, der Organisation Treuhand und dem Wiking-Bund. Zentrale Figur und Organisator war *Edgar Julius Jung*.

47) Das Attentat wurde akribisch und in militärischer Weise geplant, wobei die Attentäter in verschiedene Trupps eingeteilt wurden. Insbesondere der Übergang zwischen besetztem und unbesetztem Gebiet sowie das Verbringen der Waffen ins besetzte Gebiet stellte die Attentäter vor eine organisatorische Herausforderung.

48) Nachdem die erste Rheinüberquerung scheiterte, konnten die Attentäter den Separatistenführer am Folgetag in seinem Stammlokal, dem Wittelsbacher Hof, erschießen. Hierbei wurden auch ein weiterer, aus Trier stammender Separatist und ein unbeteiligter Hotelgast erschossen. Vor der Gaststätte kam es zu einer Schießerei, bei der zwei der Attentäter und ein weiterer Separatist zu Tode kamen.

49) Finanziert und angeregt wurde das Attentat von staatlichen Stellen.

50) Die Autonome Regierung wurde danach primär von *Bley* als neuem Präsidenten fortgeführt.

51) Nach dem Attentat kam es zu Protestbekundungen durch die Kirchenverbände und anderen Interessensvertretern in der Pfalz.

52) Insbesondere durch die Berichterstattung des Times-Reporters *Gedye* wurden die Briten auf die Lage in der Pfalz aufmerksam, woraufhin Generalkonsul *Clive* eine Pfalzreise unternahm und feststellte, dass die Pfälzer mehrheitlich nicht hinter der Separatistischen Bewegung standen.

53) Am 12. Februar 1924 kam es in Pirmasens initiiert durch die Haupthilfsstelle für die Pfalz zu einer gewaltsamen Auseinandersetzung zwischen Separatisten und Bürgern, bei welcher das Bezirksamt in Brand gesteckt wurde und sechzehn Separatisten sowie sechs Bürger ums Leben kamen.

54) Nach der Fanaltheorie stellte das brennende Bezirksamt im metaphorischen Sinn ein Flammzeichen dar, das weit über die Grenzen des Reiches wahrgenommen wurde.

55) Auf Druck der britischen Besatzungsmacht wurden die ursprünglichen Zustände in der Pfalz mithilfe eines Sonderausschusses der HIRK wiederhergestellt. Am 17. Februar 1924 erfolgte das offizielle Ende der Autonomen Pfalz. Auf der Londoner Konferenz am 19. Oktober 1924 wurde eine Amnestie für die Separatisten ausschließlich gemeiner Verbrechen durchgesetzt.

56) Wenngleich der Begriff der Staatsnothilfe mehrdeutig ist, soll im hiesigen Kontext darunter die Notwehrhilfe des Bürgers zugunsten des Staates gegen Angriffe innerhalb des eigenen Staates verstanden werden. Im Gegensatz zur Staatsnotstandshilfe ist bei der Staatsnotwehrhilfe ein rechtswidriger Angriff durch eine Person erforderlich.

57) Zum ersten Mal erwähnte *Berner* 1848 ein Recht des Bürgers, den Staat verteidigend beizuspringen.

58) Der Diskurs über die Staatsnothilfe war auch immer Abhängig von der jeweiligen Staatsauffassung. Während im absolutistischen preußischen Polizeistaat undenkbar war, dass der einzelne zugunsten des Staates einschreitet, war dies in liberalistischen Staatsgebilden nicht per se abzulehnen.

59) Der wissenschaftliche Diskurs erfolgte erst nach dem Ersten Weltkrieg in größerem Rahmen. Wenngleich die Anfänge des Staatsnothilferechts somit mit einer Krisensituation zusammenfielen, so war diese Anlassbezogenheit bei den Arbeiten nach dem Zweiten Weltkrieg nicht mehr zu verzeichnen.

60) Während einige Vertreter schon in der Weimarer Republik die Staatsnothilfe als staatsrechtliche Konstruktion begriffen, so ging die Mehrheit von einer Fassung unter § 53 RStGB aus. Diese Norm wurde entweder direkt oder analog angewandt.

61) Umstritten war es, ob die Staatsnothilfe akzessorisch zur Staatsnotwehr ist und deshalb nur zum Tragen komme, wenn der Staat in ebendieser Situation Staatsnotwehr üben darf.

62) Für die Staatsnothilfe wurde angeführt, dass diese dem Rechtsgefühl, der wechselbezüglichen Staat-Bürger-Beziehung und dem mit der Volkssouveränität einhergehenden Teilhaberechte des Bürgers entspreche, außerdem sei der einzelne zumindest mittelbar betroffen, da er an einzelnen Errungenschaften des Staatswesens partizipiere. Auch bestehe ein praktisches Bedürfnis für das Rechtsinstitut, da durch

die Hilfe des Bürgers der Schutz für den Staat im entmilitarisieren Deutschland verstärkt werden könne.

63) Gegen die Staatsnothilfe wurde angeführt, dass mit dem Einschreiten unkundiger Privater Risiken verbunden waren und die Eskalationsgefahr erhöht sei, da der einzelne nicht objektiv handele, sein Handeln mangels Autorität nicht akzeptiert und der Staat originärer Aufgaben beraubt würde. Der Staat nehme vor diesem Hintergrund eine Schwächung seiner Machtposition bewusst hin, um Interessen des Bürgers zu schützen. Die Eingriffsbefugnis zugunsten kollektiver Rechtsgüter seien der deutschen Rechtsordnung grundsätzlich fremd. Insbesondere die Zulassung von Putativnothilfe in solchen Fällen könne gravierende Folgen zeitigen. Der Grund für die Staatsnothilfe sei die natürliche Empathie des Menschen und der Wunsch seinen Mitmenschen beizustehen. Das Moment des Nachempfindes fehle beim Staat als Angegriffenen. Von § 53 RStGB würden daher nur „koordinierte Rechtssubjekte" erfasst.

64) Der Erlass vom 22. März 1923 lässt keine Rückschlüsse auf die Staatsnothilfe zu, da der Verfasser des Gesetzgebungsentwurfes die Staatsnothilfe nicht im Blick hatte; vielmehr wollte er lediglich organisierte Selbstschutzverbände unterbinden. Dennoch kommt in dem Erlass zum Ausdruck, dass es originäre Aufgabe des Staates ist, die Staatsgewalt auszuüben. Dadurch, dass in dem Erlass auf Amtsanmaßung rekurriert wird, werden nicht alle staatsschützenden Verhaltensweisen des Bürgers pönalisiert.

65) Während die Staatsnothilfe von der herrschenden Meinung zugelassen wurde, lehnte die überwiegende Meinung ein allgemeines Deliktshinderungsrecht ab. Die Abgrenzung fällt schwer, da der Begriff Angriff gegen den Staat sehr unbestimmt ist und darunter prinzipiell jede Gesetzesübertretung fallen kann.

66) Wenn sich der Angriff zugleich gegen eine natürliche Person richtet, entfaltet die Frage, ob der Staat geschützt wird, keine praktische Relevanz, sondern ist nur rein akademischer Natur. Relevant wird der Streit nur, wenn neben dem Staat keine natürliche Person angegriffen wird.

67) Der Einzelne hat nach in der Weimarer Republik herrschenden Meinung kein subjektiv-öffentliches Recht auf Wahrung der verfassungsmäßigen Ordnung. Einzelne verfassungsrechtliche Normen können allerdings subjektiv-öffentliche Rechte des Einzelnen begründen.

68) Tritt der Staat als Fiskus auf, so ist er vom Bürger wertungsmäßig nicht zu unterscheiden. In solchen Fällen ist keine Staatsnothilfe, sondern die Privatnothilfe einschlägig.

69) Da § 53 RStGB ansonsten zu weit wäre, befürwortete die herrschende Meinung eine Einschränkung des Kreises der schützenswerten Rechtsgüter bei der Staatsnothilfe. Primäres Abgrenzungsmerkmal war die Staatsnot. Der Staat musste sich in einer existenzbegründenden Lage befinden, wenn ein Recht zur Staatsnothilfe bejaht werden sollte.

70) Im Nationalsozialismus wurde zuerst diskutiert, ob die Staatsnothilfe ihre Daseinsberechtigung aufgrund der neuen Staatssituation verloren habe; dies wurde jedoch letzten Endes verneint und im weiteren Verlauf, insbesondere nach Kriegsbeginn wurde sogar eine aus der Treuepflicht des Einzelnen zum Staat abgeleitete Staatsnothilfepflicht und eine völkische Duldungspflicht diskutiert.

71) Beflügelt durch die Rechtsprechung über den übergesetzlichen Notstand und der Ablehnung des formalistischen Rechtsverständnisses der Weimarer Republik versuchten viele Autoren, die Staatsnothilfe nicht mehr unter § 53 RStGB zu fassen und als übergesetzliches Recht anzusehen. Die Stimmen, die die Problematik im Staatsrecht verorten wollten, mehrten sich ebenfalls.

72) Getrieben von der Idee, dass das Staatsvolk nunmehr das zentrale Element bei der Staatsnothilfe darstellte, wandelte sich die Begrifflichkeit dahingehend, dass nunmehr von einer „volksgenössischen Nothilfe“ und Ähnlichem gesprochen wurde. Zudem erfuhr die Staatsnothilfe in Bezug auf die geschützten Rechtsgüter in diesem Bereich eine Ausweitung, sodass beispielsweise auch die sogenannte „Rassenschande“ erfasst wurde.

73) Da die Staatsnothilfe nunmehr auf eine übergesetzliche Stufe gestellt wurde, wurde sie oftmals mit der Staatsnotstandshilfe in einem einheitlichen Rechtsinstitut zusammengefasst.

74) *Hitlers* Gesetz über Maßnahmen der Staatsnotwehr vom 3. Juli 1934 passt nicht zu der hier behandelten Thematik der Gefahrenabwehr zugunsten des Staates, sondern diente vielmehr der nachträglichen Legitimation der Beseitigung politischer Gegner.

75) Zugleich kam es im Nationalsozialismus zu Diskussionen über den nationalen Zweck als Rechtfertigungs- beziehungsweise Entschuldigungsgrund.

76) Heute ist die Staatsnothilfe ein weitestgehend in Vergessenheit geratenes Rechtsinstitut. Während sie nach dem Zweiten Weltkrieg unter unverändertem Festhalten an die Rechtsprechung des Reichsgerichts in der Weimarer Republik in restriktiven Grenzen bejaht wurde, stieß sie zunehmend auf Kritik, bis sie heute von der allgemeinen Meinung abgelehnt wird.

77) Auch der Zusammenhang zwischen dem Widerstandsrecht gemäß Art. 20 IV GG und der Staatsnothilfe wurde diskutiert.

78) Die Staatsnothilfe ist im Bereich der politischen Justiz zu verorten. Die Straffreiheit des Delinquenten hing maßgeblich davon ab, ob der Richter die Staatsnothilfe als Rechtsinstitut anerkannte oder nicht. Die restlichen Tatbestandsmerkmale boten aufgrund ihrer Unbestimmtheit und Elastizität kein wahres Hindernis, die Staatsnothilfe zu bejahen.

79) Die Attentäter wurden niemals juristisch verfolgt, obwohl es ohne weiteres möglich gewesen wäre, sie zu ermitteln. Da staatliche Stellen in das Attentat verstrickt waren, hatten diese jedoch kein Interesse daran, den Sachverhalt aufzuklären, da ansonsten diplomatische Krisen zu befürchten gewesen wären.

80) In der zeitgenössischen Öffentlichkeit und bei den Attentätern selbst war überwiegend kein Unrechtsbewusstsein bezüglich der Taten zu verzeichnen. Vielmehr erfolgte eine Heroisierung. Diese konzentrierte sich primär auf die getöteten Attentäter und intensivierte sich in der Zeit des Nationalsozialismus.

81) Viele der Attentäter machten später Karriere in der Politik oder in Staatsämtern. Zumindest erfolgte eine Privilegierung aufgrund ihrer Täterschaft. Einzig *Edgar Julius Jung* wurde wegen seiner Hitler-Gegnerschaft beim Röhm-Putsch exekutiert.

82) Die Täter handelten in Staatsnothilfe und nicht in Staatsnotwehr, da sie nicht als Organ des Staates tätig wurden. Daran änderte auch die Beauftragung durch staatliche Stellen nichts.

83) Es lag ein Angriff auf das Staatsgebiet vor; sodass das Handeln der Separatisten als Hochverrat gemäß § 81 I Nr. 4 RStGB zu qualifizieren war.

84) Die Separatisten waren nicht ihrerseits gerechtfertigt, da das Selbstbestimmungsrecht der Völker und das Nationalitätenprinzip damals noch keine allgemeine Anerkennung gefunden hat und die Separatisten auch keine eigenständige Nationalität darstellten.

85) Die Gegenwärtigkeit des Angriffs lag nicht dadurch vor, dass die Gefahr der Perpetuierung eines rechtswidrigen Zustandes durch die bevorstehende Registrierung des Gesetzes bestand. Die von *Grimm* propagierte Fristenlegende kann nicht aufrechterhalten werde, da England zuvor schon ein Veto eingelegt hatte.
86) Der Angriff war noch nicht beendet, da der bei einer Revolution grundsätzlich rechtswidrige Zustand durch die Konsolidierung der Machtverhältnisse noch nicht zu einem rechtmäßigen Zustand übergegangen war.
87) Die Verteidigungshandlung hätte von einem Richter als erforderlich erachtet werden können.
88) Aus *ex-ante* Betrachtung hätte der Richter argumentieren können, dass die Separatisten ihrer Führungspersönlichkeit beraubt wurden und daher die Freie Bauernschaft sich abwenden und Verwirrung und Unsicherheit bei den Separatisten geschürt würde.
89) Die nachfolgenden Proteste wurden weniger durch die Erschießung des Separatistenführers, sondern vielmehr durch die Pfalzreise des Generalkonsuls *Clive* ausgelöst, der den Demonstranten Gehör schenkte.
90) Das bloße Zuwarten als milderes Mittel wäre, auch wenn sich der Zusammenbruch der Autonomen Pfalz schon abzeichnete, nicht gleich effektiv gewesen.
91) Insgesamt war das Attentat aus ex-post Sicht eher unglücklich, da es die Legende des widerständigen pfälzischen Volkes konterkarierte.
92) Auch die Verschleppung des Separatistenführers ins rechtsrheinische Gebiet und eine dortige Aburteilung kam als milderes Mittel nicht in Betracht. Dem standen Ordonnanzen der IIRK entgegen. Ähnliche Versuche bei anderen Separatisten hatten keinen Erfolg gezeitigt.
93) Da ein staatliches Einschreiten nicht möglich war, kommt der Streit, ob die Staatsnothilfe ein gegenüber staatlichem Handeln subsidiäres Recht darstellte, nicht zum Tragen.
94) Wenngleich viele der Täter die Republik ablehnten, um des Kampfes willen kämpften und auch Femeelemente eine Rolle spielten, so sind Motivbündel im Rahmen des Verteidigungswillens unschädlich. Dadurch, dass die Attentäter auch handelten, um die Pfälzer von der unrechtmäßigen Herrschaft zu befreien, konnte der Verteidigungswille bejaht werden.
95) Das Rechtsinstitut der Staatsnothilfe hat in der heutigen Zeit seine Daseinsberechtigung verloren.

96) Die Geschichte hat gezeigt, dass durch dieses für den Staat keinerlei Vorteile erzielt werden konnten.

97) Heute ist die Staatsmacht trotz rechtsradikalem und islamistischem Terror stabil, sodass das praktische Bedürfnis für die Zulassung eines solchen Rechtsinstituts fehlt.

98) Insbesondere nachdem das Rechtsinstitut im Nationalsozialismus für ideologische Ziele missbraucht wurde, sorgt die Diskussion des Rechtsinstituts in der modernen Zeit für Unbehagen.

99) Insgesamt ist die Ausweitung der Nothilfe über Angriffe auf Menschen hinaus kritisch zu sehen. Vor diesem Hintergrund ist auch die neuerdings diskutierte Nothilfe zugunsten von Tieren abzulehnen.

100) Dass die Staatsnothilfe für Deutschland keine Alternative mehr sein kann, zeigt auch die empörte Reaktion verschiedenster Journalisten auf die Staatsnothilfe-Gesetzgebung in der Türkei bezüglich des Art. 120 des Dekrets Nr. 696.

Literaturverzeichnis

Abramowski, Günter, Die Kabinette Marx I und II. 30. November 1923 bis 3. Juni 1924. 3. Juni 1924 bis 15. Januar 1925, Band 2, Juni 1924 bis Januar 1925, Boppard am Rhein 1973.

Ackermann, Volker, Nationale Totenfeiern in Deutschland. Von Wilhelm I. bis Franz Josef Strauss: eine Studie zur politischen Semiotik, Stuttgart 1990.

Adler, Frank, Nothilfe zugunsten der Umwelt?, Stuttgart 1998.

v. Alberti, Otto, Eigenmächtige Unrechtshemmung abgesehen von Notwehr und Nothilfe, Stuttgart 1904.

Ders., Das Notwehrrecht, Stuttgart 1901.

General Allen, Henry Truman, My Rhineland Journal, Boston 1923.

Ahrens, Martin, Geschäftsführung ohne Auftrag als Strafausschließungsgrund, Breslau 1909.

Ahsbahs, Leo, Auf der Grenze zwischen Notwehr und Notstand, GA 53 (1906), S. 427 ff.

Ders., Die Grundlinien des Notwehrrechts. Ein Beitrag zur Revision der Notwehrlehre, Kiel 1903.

Albrecht, Reinhard, Pirmasens – Vom Werden einer Industriestadt, in: Stadt Pirmasens (Hrsg.), 200 Jahre Stadt Pirmasens 1763–1963, Pirmasens 1963, S. 101 ff.

Allfeld, Philipp, Lehrbuch des deutschen Strafrechts, 8. Aufl., Leipzig, Erlangen 1922.

Altmeier, Jakob, Die Schuldigen von Speyer, Die Weltbühne 20 (1924), S. 96 ff.

Ambos, Kai, Nationalsozialistisches Strafrecht. Kontinuität und Radikalisierung, Baden-Baden 2019.

Amos, Hans-Egon, Die Souveränität des Staates und das Recht der nationalen Minderheiten, Bonn 1931.

Anschütz, Gerhard, Die Verfassung des Deutschen Reichs vom 22. August 1919, unveränderter fotomechanischer Nachdruck der 14. Aufl. v. 1933, Berlin 1968.

Ders., Zabern, DJZ 1913, S. 1457 ff.

v. Aretin, Erwein, Leidensjahre in der Pfalz, Süddeutsche Monatshefte, Januar 1925.

Artmann, Friedrich, Erinnerungen aus der Zeit der Separatistenherrschaft in der Pfalz, in: Verlag und Redaktion der „Pfälzischen Rundschau“ (Hrsg.), Dokumente aus dem Befreiungskampf, Ludwigshafen 1930, S. 83 ff.

Auerhan, Jan, Die sprachlichen Minderheiten in Europa, Berlin 1926.

v. Bar, Ludwig, Gesetz und Schuld im Strafrecht. Fragen des geltenden deutschen Strafrechts und seiner Reform, Band 3: Die Befreiung von Schuld und Strafe durch das Strafgesetz, Berlin 1909.

Bariety, Jacques, Les Relations Franco-Allemandes après la Première Guerre Mondiale. 10 Novembre 1918–10 Janvier 1925 de l'Exécution à la Negation, Paris 1977.

Baron, Paul, Notwehr, Staatsnotwehr und Staatsnotstand, Köln 1936.

Barwasser, Heinrich, Der Hochverrat und seine tatbestandlichen Erscheinungsformen, mit besonderer Berücksichtigung des Unternehmens, im geltenden Recht und in den Entwürfen eines Deutschen Strafgesetzbuches, Berlin 1914.

Bauer, Franz J., Volksgerichte, 1919–1924, in: Historisches Lexikon Bayerns, abrufbar unter: https://www.historisches-lexikon-bayerns.de/Lexikon/Volksgerichte,_1918-1924, zuletzt abgerufen am 1.11.2022.

Baumann, Kurt, Aus dem Buch der Erinnerungen, Hellinger – Wiesmann. 1924 horchte die Welt auf, Die Rheinpfalz (alle Regionalausgaben) v. 8.1.1954.

Ders., Die Pfalz und die Französische Revolution, in: Andermann, Kurt (Hrsg.), Von Geschichte und Menschen der Pfalz, Speyer 1984, S. 179 ff.

Ders., Die Pfalz und die Reichsgründung von 1871, in: Andermann, Kurt (Hrsg.), Von Geschichte und Menschen der Pfalz, Speyer 1984, S. 349 ff.

Ders., Ferdinand Wiesmann, Franz Hellinger, in: Raumer, Kurt/ders. (Hrsg.), Saarpfälzische Lebensbilder Band 1: Deutscher Westen, Deutsches Reich, Kaiserslautern 1938.

Baumann, Jürgen, Notwehr im Straßenverkehr?, NJW 1961, S. 1745 ff.

Baumgarten, Arthur, Notstand und Notwehr. Eine Studie im Hinblick auf das künftige Strafrecht, Tübingen 1911.

Beccharia, Cesare, Von Verbrechen und Strafen, 1764, übersetzt ins Deutsche durch Thomas Vormbaum, Berlin 2005.

v. Beling, Ernst, Die Lehre vom Verbrechen, Tübingen 1906.

Ders., Grundzüge des Strafrechts, 8. und 9. Aufl., Tübingen 1925.

Ders., Revolution und Recht, Augsburg 1923.

Benz, Rudolf, Das Strafgesetzbuch für den Kanton Zürich nebst dem Gesetz betreffend den Vollzug der Freiheitsstrafen, Zürich 1871.

Berner, Albert Friedrich, Die Notwehrtheorie, Archiv des Criminalrechts 1848, S. 547 ff.

Ders., Lehrbuch des Deutschen Strafrechts, 18. Aufl., Leipzig 1898.

Bertram, Ludwig, Erinnerungen an den Kampf gegen die Separatisten in der Pfalz, in: Redaktion und Verlag der „Pfälzischen Rundschau" (Hrsg.), Dokumente aus dem Befreiungskampf, Ludwigshafen 1930, S. 56 ff.

Besold, Andreas, Die Post der Pfalz im Ruhrkampf und während der Separatistenzeit. Kurze Erinnerungen an eine schwere Leidenszeit, Pfälzische Presse v. 30.6.1930.

Betsch, Roland, Ballade am Strom, Speyer 1986.

Bierling, Ernst Rudolf, Juristische Prinzipienlehre Band 2: Entstehen und Vergehen des Rechts, Freiburg im Breisgau und Leipzig 1898.

Binder, Julius, Philosophie des Rechts, Berlin 1925.

Binding, Karl, Die Normen und ihre Übertretung. Band 1: Normen und Strafgesetze, 2. Aufl., Leipzig 1890.

Ders., Grundriß des Deutschen Strafrechts, Allgemeiner Teil, Leipzig 1907.

Ders., Handbuch des Strafrechts, Band 1, Leipzig 1885.

Ders., Lehrbuch des Gemeinen Deutschen Strafrechts. Besonderer Teil 1, 2. Aufl., Leipzig 1902.

Binding, Kurt, Der Strafrechtliche Staatsnotstand, Erlangen 1931.

Bischof, Erwin, Rheinischer Separatismus 1918–1924. Hans Adam Dortens Rheinstaatbestrebungen, Bern 1969.

Bloch, Marc, Apologie der Geschichte oder der Beruf des Historikers, 3. Aufl., Stuttgart, 1992.

Blumenstengel, Carl, Haftung wegen Verletzung der einem Beamten einem Dritten gegenüber obliegende Amtspflicht nach § 839 BGB, Borna-Leipzig 1915.

Bohley, Ludwig, Schicksalstage der Rheinpfalz vor zehn Jahren. Kurze chronologische Darstellung der Ereignisse von September 1923 bis Februar 1024, Die Pfalz am Rhein 16 (1933), S. 598 ff. und 623 ff.

Böhm, Jürgen, Staatsnotstand und Bundesverfassungsgericht, Würzburg 1963.

Böhm, Wolf, Separatismus – Noch immer ein Reizwort. Heute vor 70 Jahren: Heinz Orbis wurde im Wittelsbacher Hof in Speyer erschossen, Speyerer Tagespost v. 8./9.1.1994.

Boldt, Gottfried, Staatsnotwehr und Staatsnotstand, ZStW 56 (1937), S. 183 ff.

Bollag, Karl, Die Grenzen der strafbaren Nötigung, Zürich 1900.

Böttger, Marcus, Der Hochverrat in der höchstrichterlichen Rechtsprechung der Weimarer Republik: Ein Fall politischer Instrumentalisierung von Strafgesetzen?, Bochum 1996.

Bracher, Karl Dietrich, Die deutsche Diktatur. Entstehung, Struktur, Folgen des Nationalsozialismus, 6. Aufl., Köln 1969.

Ders./ Sauer, Wolfgang/ Schulz, Gerhard, Die nationalsozialistische Machtergreifung. Studien zur Errichtung des totalitären Herrschaftssystems in Deutschland 1933/34, 2. Aufl., Köln 1962.

Brandt, Otto, Selbstbestimmungsrecht der Völker und Nationalitätsprinzip. Rede gehalten bei der Akademischen Reichsgründungsfeier am 18. Januar 1930, Erlangen 1930.

Brauch, Heinrich, Der Landesverrat nach geltendem Recht und dem Amtlichen Entwurf eines Allgemeinen Deutschen Strafgesetzbuches von 1927, Schramberg, Tübingen 1931.

Braun, Max, Nibelungenland. Roman der Deutschen Westmark in zwei Büchern, Ludwigshafen am Rhein 1933.

Braun, Johann, Einführung in die Rechtswissenschaft, 4. Aufl., Tübingen 2011.

Braun, Helmut, Inflation 1914–1923, in: Historisches Lexikon Bayerns, abrufbar unter: https://www.historisches-lexikon-bayerns.de/Lexikon/Inflation,_1914-1923#Hyperin flation_in_Bayern, zuletzt abgerufen am 1.11.2022.

Ders., Währungsreform 1923/24, in: Historisches Lexikon Bayerns, abrufbar unter: https://www.historisches-lexikon-bayerns.de/Lexikon/W%C3%A4hrungsreform,_19 23/24, zuletzt abgerufen am 1.11.2022.

Bräunche, Ernst Otto, Die Pfalz muß deutsch bleiben, Finanzierung und Organisation der Abwehr gegen separatistische Bestrebungen in der Rheinpfalz 1918–1924, in: Pfälzische Hypothekenbank Aktiengesellschaft Ludwigshafen/Pfälzische Gesellschaft zur Förderung der Wissenschaft (Hrsg.), Festschrift zum 100jährigen Bestehen der Pfälzischen Hypothekenbank 1886–1986, Teil 2, Speyer 1986, S. 227 ff.

Ders., Parteien und Reichstagswahlen in der Rheinpfalz von der Reichsgründung bis zum Ausbruch des Ersten Weltkrieges 1914. Eine regionale Partei- und wahlhistorische Untersuchung im Vorfeld der Demokratie, Speyer 1982.

Breitenstein, Dietrich, Vor 50 Jahren: Ein Brandfanal lodert über die Pfalz. Der Sturm auf das Bezirksamt in Pirmasens. Im Volksaufstand des 12. Februar 1924 ging das separatistische Abenteuer ruhmlos unter, Die Rheinpfalz (Kaiserslautern) v. 18.2.1974.

Ders., Vor 50 Jahren: Schüsse auf den Kopf der „Autonomen Pfalz". Erinnerung an Heinz-Orbis und die Schreckensherrschaft des Separatismus in der Pfalz, Die Rheinpfalz (Speyerer Rundschau) v. 9.1.1974.

v. d. Brelie, Staatsnothilfe und Widerstandsrecht, München 1978.

Brings-Wiesen, Tobias, 40 Jahre „Deutscher Herbst": Neue Überlegungen zu Sicherheit und Recht – Ein Prolog, in: ders./Ferrau, Frederik (Hrsg.), 40 Jahre „Deutscher Herbst". Neue Überlegungen zu Sicherheit und Recht, Baden-Baden 2019, S. 9 ff.

Brockhaus, Friedrich. Das Legitimitätsprinzip, Leipzig 1868.

Broglio, Rolf Paul, Der strafrechtliche Notstand im Lichte der Strafrechtsreform, Bonn 1928.

Brunn, Gerhard, Französische Kulturpolitik in den Rheinlanden nach 1918 und die Wiesbadener Kunstausstellung des Jahres 1921, in: Hüttenberger, Peter/Molitor, Hansgeorg (Hrsg.), Franzosen und Deutsche am Rhein 1789 – 1918 – 1945, S. 219 ff.

Burger, Fritz, Wir hörten Schüsse und das Geläut der Glocken. Vor 70 Jahren wurde in Pirmasens der Separatistenaufstand niedergeschlagen, Pirmasenser Zeitung v. 12.2.1994.

Burguet, Adolphe Z., Streifzüge durch die französische Kultur, Band 1, 1. Teil, Mainz 1920.

Burguière, André, Historische Anthropologie, in: Le Goff, Jacques/Chartier, Roger/Revel, Jacques (Hrsg.), Die Rückeroberung des historischen Denkens, Frankfurt am Main 1994, S. 62 ff.

Buschmann, Arno, Textbuch zur Strafrechtsgeschichte der Neuzeit. Die klassischen Gesetze, München 1998.

v. Calker, Fritz, Strafrecht, 3. Aufl., München 1927.

Ders., Vom Grenzgebiet zwischen Notwehr und Notstand, ZStW 12 (1893), S. 443 ff.

v. Campe, Rudolf, Rechtsgedanken über „Staatsnotwehr", DJZ 1920, S. 486 ff.

Casparius, Martin, Staatsnotwehr. Eine Strafrechtsstudie zu dem Generalstreik im März 1920, Jena 1921.

Cepl-Kaumfann, Gertrude, Zwischen „Ruhrbesetzung" und „Ruhrkampf". Schriftsteller im Spannungsfeld der Politik, in: Krumeich, Gerd/Schröder, Joachim (Hrsg.), Der Schatten des Weltkrieges. Die Ruhrbesetzung 1923, Essen 2004, S. 47 ff.

Cohn, Fritz, Nationale Minderheiten und kulturelle Autonomien mit besonderer Berücksichtigung des Estnischen Kultur-Autonomiegesetzes vom 5. Februar 1925, Berlin 1929.

Collofong, Ernst, Drei Meinungen zum Separatismus, Die Rheinpfalz (Rockenhausen) v. 12.12.1983.

Dahm, Volker, NSDAP, Drittes Reich und Zweiter Weltkrieg (1919/33–1945), in: Möller, Horst/ Wengst, Udo (Hrsg.), Einführung in die Zeitgeschichte, München 2003, S. 100 ff.

Dahn, Felix, Die Vernunft im Recht. Grundlagen der Rechtsphilosophie, Berlin 1879.

Dangeleit, Elke, Staatlich legitimierte Selbstjustiz in der Türkei?, abrufbar unter: https://www.heise.de/tp/features/Staatlich-legitimierte-Selbstjustiz-in-der-Tuerkei-3928327.html, zuletzt abgerufen am 1.11.2022.

Demling, Roman, Zur Lehre von Notwehr und Notstand unter Berücksichtigung des Deutschen und Österreichischen Vorentwurfs von 1909 (1912), des Schweizerischen Vorentwurfs von 1908 und des Russischen Strafgesetzbuches vom 22. März 1903, Breslau 1916.

De Poldi, Franz, Der Separatist. Roman aus dem entrechteten Deutschland, Leipzig 1927.

Deubelbeiß, Gottfried, Die Staatsnotwehr, Freiburg 1923.

Devrient, Max, Die Analyse der Verbrechensobjekte aus den Strafdrohungen. Ein Beitrag zur Theorie über die Natur des Verbrechensobjekts, durchgeführt am Hochverrat und Landesverrat, Jena 1913.

Diehl, Wolfgang, Drei Meinungen zum Separatismus, Die Rheinpfalz (Rockenhausen) v. 12.12.1983.

Dietrich, Heinrich, Der nationale Zweck im Strafrecht, DJZ 1933, S. 718 ff.

Doerr, Friedrich, Deutsches Strafrecht 1. Allgemeiner Teil, Stuttgart 1930.

Ders., Münchener Festgabe für Karl v. Birkmeyer zum 27. Juni 1917. Die Systematik des besonderen Teils des Strafrechts, GA 64 (1917), S. 29 ff.

Graf zu Dohna, Alexander, Die Revolution als Rechtsbruch und Rechtsneuschöpfung. Rede zur Feier des Gedächtnisses an die Aufrichtung des Deutschen Reiches gehalten am 19. Januar 1923 in der Aula der Ruprechts-Carls-Universität, Heidelberg 1923.

Ders./ Grünhut, Max, Kritische Bemerkungen zu Edmund Mezger, Strafrecht, ZStW 52 (1932), S. 96 ff.

Dorten, H. Adam, Die Rheinische Tragödie, 2. Aufl., Bad Kreuznach 1981.

Dreier, Horst, Grundrechtsrepublik Weimar, in: ders./Waldhoff, Christian (Hrsg.), Das Wagnis der Demokratie. Eine Anatomie der Weimarer Reichsverfassung, München 2018, S. 175 ff.

Dreyer, Michael/Braune, Andreas, Die Weimarer Republik und die Demokratie im 21. Jahrhundert, Stuttgart 2016.

Ebermayer, Ludwig/Lobe, Adolf/Rosenberg, Werner, Das Reichsstrafgesetzbuch, 3. Aufl., Berlin 1925.

Ritter v. Eberlein, August, Die Erschiessung des Heinz-Orbis. Ergänzungen und Berichtigungen, Pfälzische Rundschau v. 6.12.1930.

Ders., Schwarze am Rhein. Ein Weltproblem, Davos 1921.

Eckhardt, Carmen, Viktors Kopf. Vom Umgang mit einem NS-Unrechtsurteil, 2018, abrufbar unter: https://www.deutschlandfunkkultur.de/viktors-kopf-pdf.media.1ccc80928a344402b385021680662e7f.pdf, zuletzt abgerufen am 1.11.2022.

Eisenhardt, Ulrich, Deutsche Rechtsgeschichte, 7. Aufl., München 2019.

Elias, Norbert, Über den Prozess der Zivilisation. Soziogenetische und psychogene Untersuchungen, Band 1: Wandlungen des Verhaltens in den weltlichen Oberschichten des Abendlandes, Amsterdam 1997.

Eltzbacher, Paul, Das Anwendungsgebiet der Notwehr, DJZ 1905, S. 239 ff.

Endemann, Helmut, Zivilcourage und Strafrecht, Berlin 1925.

Engelhausen, Frank/Muschalek, Marie/Zimmermann, Wolfgang, Einleitung – Umstrittenes Grenzland: deutsch-französische Besatzungsbeziehungen im 20. Jahrhundert, in: dies. (Hrsg.), Deutsch-Französische Besatzungsbeziehungen im 20. Jahrhundert, Stuttgart 2018, S. 7 ff.

Engländer, Armin, Grund und Grenzen der Nothilfe, Tübingen 2008.

Erdsiek, Gerhard, Umwelt und Recht. Zur Naturrechtstagung der Internationalen Juristenkommission – Aktives und passives Widerstandsrecht, NJW 1962, S. 192 ff.

Fahl, Christian, Das Tier als Mensch wie du und ich, JA 2019, S. 161 ff.

Falck, Carl, Rede und Antwort. Zum Prozeß Eckermann, Republikanischer Richterbund der Landesjustizverwaltung, Justiz V (1929/1930), S. 188 ff.

Fehr, Hans, Deutsche Rechtsgeschichte, Berlin 1925.

Feineis, Wilhelm, Die Post in der Pfalz während der Besetzung, in: Redaktion und Verlag der „Pfälzischen Rundschau" (Hrsg.), Dokumente aus dem Befreiungskampf, Ludwigshafen 1930, S. 35 ff.

Fendler, Rudolf, Die Pfalz in der Weimarer Republik, in: Geiger, Michael/ Preuß, Günter/ Rothenberger, Karl-Heinz (Hrsg.), Pfälzische Landeskunde. Beiträge zu Geographie, Biologie, Volkskunde und Geschichte, Band 3, Landau 1981, S. 319 ff.

Fenske, Hans, Konservativismus und Rechtsradikalismus in Bayern nach 1918, Bad Homburg 1969.

Ders., Johannes Hoffmann (1867–1930), in: Baumann, Kurt (Hrsg.), Pfälzische Lebensbilder, Band 3, Speyer 1977, S. 267 ff.

v. Ferneck, Freiherr Alexander Hold, Die Rechtswidrigkeit. Eine Untersuchung zu den allgemeinen Lehren des Strafrechts. Band 2: Erste Abteilung: Notstand und Notwehr, Jena 1905.

Fleiner, Fritz, Institutionen des deutschen Verwaltungsrechts, Tübingen 1928.

Fleischmann, Peter, Festungshaft Adolf Hitlers in Landsberg, 1923/24, in: Historisches Lexikon Bayers, abrufbar unter: https://www.historisches-lexikon-bayerns.de/Lexikon/Festungshaft_Adolf_Hitlers_in_Landsberg,_1923/24#Festungshaft, zuletzt abgerufen am 1.11.2022.

Ritter v. Feuerbach, Anselm, Lehrbuch des Gemeinen in Deutschland gültigen peinlichen Rechts, Neudruck der 14. Aufl. v. 1847, Gießen 1973.

Finger, August, Das Staatsrecht des deutschen Reichs der Verfassung vom 11. August 1919. Mit einer Skizze seiner Entwicklung aus den Verfassungszuständen des alten Reichs, Stuttgart 1923.

Ders., Lehrbuch des deutschen Strafrechts, Band 1, Berlin 1904.

Ders., Lehrbuch des deutschen Strafrechts, Band 1, Berlin 1932.

Fischer, Conan, Soziale Verwerfungen im Ruhrkampf durch Hunger und Evakuierung, in: Krumeich, Gerd/Schröder, Joachim (Hrsg.), Der Schatten des Weltkrieges. Die Ruhrbesetzung 1923, Essen 2004, S. 149 ff.

Folz, Hans Ernst, Staatsnotstand und Notstandsrecht, Köln 1962.

Forschbach, Edmund, Edgar J. Jung. Ein konservativer Revolutionär. 30. Juni 1934, Pfullingen 1984.

Forster, Hans, Studienbuch Donnersbergkreis Teil 1, Kirchheimbolanden 1983.

Frank, Hans, Nationalsozialistische Leitsätze für ein neues deutsches Strafrecht. 1. Teil, 3. Aufl., Berlin 1935.

Ders., Nationalsozialistisches Handbuch für Recht und Gesetzgebung, München 1934.

Frank, Peter/Schneider-Glockzin, Holger, Terrorismus und Völkerstraftaten im bewaffneten Konflikt, NStZ 2017, S. 1 ff.

Frank, Reinhard, Das Strafgesetzbuch für das Deutsche Reich nebst dem Einführungsgesetz, 15. Aufl. Tübingen 1924.

Franzmann, Gabriele, histat-Datenkompilation online: Die Entwicklung der Kriminalität im Deutschen Reich zwischen 1882 und 1936. Abgeurteilt nach Deliktarten, Häufigkeit einzelner Straftaten, verhängte Strafen, abrufbar unter: https://histat.gesis.org/histat/de/table/details/F65B7DB59EDC95097C532CD80E12A927, zuletzt abgerufen am 1.11.2022.

Freiesleben, Karl Johannes, Einzelfragen über Landesverrat und Spionage, ZStW 45 (1925), S. 237 ff.

Friters, Alfred, Revolutionsgewalt und Notstandsrecht; Rechtsstaatliches und Naturrechtliches, Berlin 1919.

Fröhlich, Gregor, Soldat ohne Befehl. Ernst von Salomon und der Soldatische Nationalismus, Leiden, Boston, Singapur, Paderborn 2018.

Fuchs, Ernst, Professor Dr. Kohlrausch und das Magdeburger Eberturteil, Justiz I (1925/1926), S. 431 ff.

Fuchs, Hans, Separatismus, in: Sacher, Hermann (Hrsg.), Staatslexikon im Auftrag der Görres-Gesellschaft unter Mitwirkung zahlreicher Fachleute, Band 4: Papiergeld bis Staatsschulden, Freiburg im Breisgau 1931, S. 1494 ff.

Gallo, Max, Der schwarze Freitag der SA. Die Vernichtung des revolutionären Flügels der NSDAP durch Hitlers SS im Juni 1934, München, Wien 1972.

Gauger, Wilhelm, Der Hochverrat nach geltendem Recht und nach den neuen Strafgesetzentwürfen, Tübingen 1928.

Gebhard, Ludwig, Handkommentar zur Verfassung des Deutschen Reichs vom 11. August 1919, München, Berlin und Leipzig 1932.

Gedye, George E. R., The Revolver Republic. Frankreichs Werben um den Rhein, Köln 1931.

Gehring, Kai/Schweiger, Christian/Lenk, Karsten/Schrader, Klaus/Laaser, Claus-Friedrich/Maaß, Gero, Zur Diskussion gestellt. Am besten allein? Separatismus in Europa: Welche Kräfte treiben die Unabhängigkeitsbewegungen an?, München 2017.

Geib, Hermann, Lehrbuch des Deutschen Strafrechts, Bd. 2, Leipzig 1861.

Geiger, Wilhelm, Die Gesetzesauslegungsmethoden des Reichsgerichts, Breslau 1929.

Gembries, Helmut, Autonome Pfalz, 1923/24, in: Historisches Lexikon Bayerns, abrufbar unter: https://www.historisches-lexikon-bayerns.de/Lexikon/Autonome_Pfalz,_1923/24, zuletzt abgerufen am 1.11.2022.

Ders., Bayerische Zentralstelle für pfälzische Angelegenheiten, 1919–1924, in: Historisches Lexikon Bayerns, abrufbar unter: https://www.historisches-lexikon-bayerns.de/Lexikon/Bayerische_Zentralstelle_f%C3%BCr_pf%C3%A4lzische_Angelegenheiten,_1919-1924, zuletzt abgerufen am 1.11.2022.

Ders., Der Handlungsspielraum der pfälzischen Behörden, in: Kreutz, Wilhelm/Scherer, Karl (Hrsg.), Die Pfalz unter französischer Besetzung (1918/19–1930), Kaiserslautern 1999, S. 49 ff.

Ders., Die Pfalz und Bayern in der Weimarer Zeit, in: Fenske (Hrsg.), Die Pfalz und Bayern 1816 – 1956, Speyer 1998, S. 189 ff.

Ders., Französische Besetzung der Pfalz, 1918/19–1930, in: Historisches Lexikon Bayerns, abrufbar unter: https://www.historisches-lexikon-bayerns.de/Lexikon/Französische_Besetzung_der_Pfalz,_1918/19-1930, zuletzt abgerufen am 1.11.2022.

Ders., Pfälzisches Corps, in Historisches Lexikon Bayerns, abrufbar unter: https://www.historisches-lexikon-bayerns.de/Lexikon/Pf%C3%A4lzisches_Corps, zuletzt abgerufen am 1.11.2022.

Ders., Regiefranken, 1923/24, in: Historisches Lexikon Bayerns, abrufbar unter: https://www.historisches-lexikon-bayerns.de/Lexikon/Regiefranken,_1923/24#Geldf.C3.A4lschungen_der_bayerischen_Pfalzzentrale, zuletzt abgerufen am 1.11.2022.

Ders., Rheinlandkommission, in: Historisches Lexikon Bayerns, abrufbar unter: https://www.historisches-lexikon-bayerns.de/Lexikon/Rheinlandkommission, zuletzt abgerufen am 1.11.2022.

Ders., Verwaltung und Politik in der besetzten Pfalz zur Zeit der Weimarer Republik, Kaiserslautern 1992.

Freiherr von Gemmingen, Hans Dieter, Aussprache zu Boldt, Staatsnotwehr und Staatsnotstand, ZStW 56 (1937), S. 183 ff.

Gerber, Hans, Das Minderheitenrecht im Deutschen Recht. Ein Kommentar zu Artikel 113 der Reichs-Verfassung, Berlin 1929.

Gerland, Heinrich, Deutsches Reichsstrafrecht, Berlin, Leipzig 1922.

Ders., Deutsches Reichsstrafrecht, 2. Aufl., Berlin 1932.

Gessner, Dieter, Die Weimarer Republik, Darmstadt 2002.

Giacometti, Zaccaria, Das Verfassungsrechtsleben der schweizerischen Eidgenossenschaft in den Jahren 1914–1921, Jahrbuch für öffentliches Recht, Band 11 (1922), S. 340 ff.

Gienow, Ina, Leben und Werk von Fritz Stier-Somlo, Köln 1990.

Giese, Friedrich, Deutsches Staatsrecht. Allgemeines, Reichs- und Landes-Staatsrecht, Berlin 1930.

Glinski, Rudolf H. D., Der Begriff der hoheitlichen Tätigkeit im Sinne des Artikels 131 Weimarer Reichsverfassung, München 1948.

Goebels, Walter, Die Amtshaftung unter besonderer Berücksichtigung der Rechtsprechung des Reichsgerichts, Schramberg 1931.

Goertz, Stefan, Terrorismusabwehr. Zur aktuellen Bedrohung durch den islamistischen Terrorismus in Deutschland und Europa, 2. Aufl., Lübeck 2018.

Ders./Streithparth, Alexander E., The New Terrorism. Actors, Strategies and Tactics, Cham in der Schweiz 2019.

Goldschmidt, James, Das Verwaltungsstrafrecht. Eine Untersuchung der Grenzgebiete zwischen Strafrecht und Verwaltungsrecht auf rechtsgeschichtlicher und rechtsvergleichender Grundlage, Neudruck der Auflage von 1902, Aalen 1969.

Göler v. Ravensburg, Bernhard, Der Landesverrat und seine Entwicklung seit 1871, Tübingen 1935.

Gossweiler, Kurt, Die Röhm-Affäre, Köln 1983.

Gräber, Gerhard, Akt der „Staatsnotwehr“ kaltblütig vollstreckt. Vor 70 Jahren geschah in Speyer das Attentat auf den pfälzischen Separatistenführer Franz-Josef Heinz – Täter blieben unbehelligt, Die Rheinpfalz (alle Regionalausgaben) v. 8. Januar 1994.

Ders., Attentat im Staatsauftrag, Eine neue Studie zum Ende und Mythos des pfälzischen Separatismus 1923/24, Die Pfalz 56 (2010), S. 10 f.

Ders., Die schöne Literatur und die hässliche Geschichte, Die Darstellung des pfälzischen Separatismus nach dem 1. Weltkrieg in der zeitgenössischen Belletristik, in: Nestler/Schaupp (Hrsg.), Zwischen Revolution und Demokratie, Studien zur Geschichte der Pfalz vom späten 18. bis Mitte des 20. Jahrhunderts, Neustadt an der Weinstraße 2012, S. 173 ff.

Ders., Freie-Pfalz-Bewegung, 1918/1919, in: Historisches Lexikon Bayerns, abrufbar unter: https://www.historisches-lexikon-bayerns.de/Lexikon/Freie-Pfalz-Bewegung,_1918/19, zuletzt abgerufen am 1.11.2022.

Ders., Pfälzischer Separatismus, in Historisches Lexikon Bayerns, abrufbar unter: https://www.historisches-lexikon-bayerns.de/Lexikon/Pf%C3%A4lzischer_Separatismus, zuletzt abgerufen am 1.11.2022.

Ders., Rheinische Arbeiterpartei für Pfalz und Rheinhessen (RAP), 1924, in: Historisches Lexikon Bayerns, abrufbar unter: https://www.historisches-lexikon-bayerns.de/Lexikon/Rheinische_Arbeiterpartei_f%C3%BCr_Pfalz_und_Rheinhessen_(RAP),_1924, zuletzt abgerufen am 25.9.2019.

Ders., Rheinisch-Republikanische Volkspartei, in: Historisches Lexikon Bayerns, abrufbar unter: https://www.historisches-lexikon-bayerns.de/Lexikon/Rheinisch-republikanische_Volkspartei_(RRVP), zuletzt abgerufen am 1.11.2022.

Ders., Separatismus in Deutschland, Der Kampf um die „Autonome Pfalz“, Damals Heft 9 1993, S. 32 ff.

Ders., Separatismus und kollektive Mentalität. Eine Fallstudie am Beispiel des Pfälzischen Separatismus nach dem Ersten Weltkrieg, in: Blomert, Annette/Kuzmics, Helmut/Treibel, Reinhard (Hrsg.), Transformationen des Wir-Gefühls. Studien zum nationalen Habitus, Frankfurt am Main 1993, S. 279 ff.

Ders./Spindler, Matthias, 100 Tage „Autonome Pfalz“ (1923/24). Einige Thesen zu Legenden und Wirklichkeit, in: Kreutz, Wilhelm/Scherer, Karl (Hrsg.), Die Pfalz unter französischer Besetzung (1918/19–1930), Kaiserslautern 1999, S. 187 ff.

Dies., Die Pfalzbefreier. Volkes Zorn und Staatsgewalt im bewaffneten Kampf gegen den pfälzischen Separatismus 1923/24, Ludwigshafen am Rhein 2005.

Dies., Friedenrepublik Heinz & Kunz, Zeit Online 29.3.1991, abrufbar unter: https://www.zeit.de/1991/14/friedensrepublik-heinz-und-kunz, zuletzt abgerufen am 1.11.2022.

Dies., Revolverrepublik am Rhein, Landau/Pfalz 1992.

Dies., Wer dabei mitmacht, muss damit rechnen, den Kopf zu verlieren. Kriminalität, Kriminalisierung und Strafverfolgung im Zusammenhang des linksrheinischen Separatismus nach dem 1. Weltkrieg, in: Rheinland-pfälzische und saarländische Archive (Hrsg.), Unrecht und Recht. Kriminalität und Gesellschaft im Wandel von 1500–2000, Koblenz 2002.

Graf, Otto, Wie Heinz-Orbis erschossen wurde, anonym veröffentlichter Beitrag in: Verlag und Redaktion der Pfälzischen Rundschau (Hrsg.), Dokumente aus dem Befreiungskampf der Pfalz, S. 75 ff.

Graß, Karl Martin, Edgar J. Jung, in: Baumann, Kurt (Hrsg.), Pfälzer Lebensbilder, Band 1, Speyer 1964, S. 320 ff.

Ders., Edgar Jung, Papenkreis und Röhmkrise 1933/34, Heidelberg 1966.

Griebel, Alexander, Staatsnotwehr, Staatsnotstand und Femetötungen, Erlangen 1930.

Grimm, Friedrich, Frankreich am Rhein. Rheinlandbesetzung und Separatismus im Lichte der historischen französischen Rheinlandpolitik, Hamburg 1931.

Ders., Oberleutnant Schulz, Femeprozesse und Schwarze Reichswehr, München 1929.

Ders. Rechtsgutachten des Rechtsanwalts Professor Dr. Grimm Essen-Münster in der Strafsache des Oberleutnants a. D. Paul Schulz aus Berlin, München 1929.

Ders., Staatsnotstand, Staatsnotwehr und Fememord, Justiz V (1929/1930), S. 332 ff.

Ders., Vom Ruhrkrieg zur Rheinlandräumung – Erinnerungen eines deutschen Verteidigers vor französischen und belgischen Kriegsgerichten, Hamburg 1930.

Gritschneder, Otto, „Der Führer hat Sie zum Tode verurteilt…“. Hitlers „Röhm-Putsch“-Morde vor Gericht, München 1993.

Grogro, Julius, Der Separatismus in der Nordpfalz (1923–1924), in: Nordpfälzer Geschichtsverein 70 (1990), S. 21 ff.

Grosshut, Friedrich Sally, Staatsnot, Recht und Gewalt, Nürnberg 1962.

Ders., Staatsnot und Staatsnotrecht, Württembergische Zeitschrift für Verwaltung und Verwaltungsrechtspflege 1932, S. 177 ff.

Großmann, Hermann, Das Prinzip der Selbstverteidigung im deutschen BGB, Berlin 1903.

Groth, Reimer, Staatsnothilfe und übergesetzlicher Staatsnotstand, Berlin 1963.

Grunau, Martin, Die Amtspflichtverletzung in der neuen Rechtsprechung, Berlin 1933.

Grünewald, Lukas, Die Abwehr des ersten Separatistensturmes auf die Regierung in Speyer am 1. Juni 1919, Palatina, Heimatblatt der „Pfälzer Zeitung“ und des „Rheinischen Volksblattes“ v. 4. Juni 1931.

Grützner, Walter, Bücherbesprechungen, GA 97 (1933), S. 310 ff.

Guckelberger, Annette, Öffentliche Verwaltung im Zeitalter der Digitalisierung. Analysen und Strategien zur Verbesserung des E-Governments aus rechtlicher Sicht, Baden-Baden 2019.

Gumbel, Emil Julius, Die Justiz IV (1928/1929), S. 532 ff.

Hachenburg, Max, Juristische Rundschau, DJZ 1920, S. 503 ff.

Hack, Wilhelm, Deutsche Geschichte v. 1914–1934, Frankfurt 1936.

Hähnchen, Susanne, Rechtsgeschichte. Von der Römischen Antike bis zur Neuzeit, 5. Aufl., Heidelberg 2016.

Hakan, Ahmet, Selbstjustiz der Regierungsanhänger, TAZ v. 27.12.2017.

Hamacher, Bernd, Separatisten in Rheinbreitbach. November 1923, in: Federhen, Franz Josef//Fuchs, Jürgen/Hamacher, Bernd/Heß, Alfred/Rohfleisch, Marina/Vollmer, Rudolf (Hrsg.), Rheinbreitbacher Erinnerungen an das Jahr 1923. Vor 80 Jahren – Separatistenherrschaft, Kirche und Vereine, Rheinbreitbacher Heimathefte 2003, S. 11 ff.

Hamers, Hubert, Der Strafrechtliche Staatsnotstand, Köln 1934.

Hamm, Rudolf, Freie Bauernschaft Heinz-Orbis und Separatismus, Dreileisterhof 1930.

Hannover, Heinrich/ Hannover-Drück, Elisabeth, Politische Justiz: 1918–1933, Bornheim-Merten, 1987.

Häntzschel, Kurt, Anmerkung zu RG Urt. v. 24.05.1927 – III 355/26, JW 1927, S. 1991 ff.

Happ, Ferdinand, Persönliche Erinnerungen aus der Zeit des Abwehrkampfes der Eisenbahner in der Pfalz, Pfälzische Presse v. 30. Juni 1930.

Hartmann, Franz, Marquis d'Orbis. Eine Charakterstudie, Landauer Anzeiger vom 28.7.1930.

Hartung, Fritz, Notwehr und Notstand zugunsten des Staates, JR 1931, S. 61 ff.

Haupthilfsstelle für die Pfalz, Urkundenmaterial über die Unterstützung der Pfälzer Separatistenbewegung durch die französischen Militär- und Zivilbehörden, Heft 1, Heidelberg 1924.

Hatschek, Paul, Lehrbuch des deutschen und preußischen Verwaltungsrechts, 4. Aufl., Leipzig 1924.

Hecker, Bernd, Strafrecht AT: Nothilfe und Notstand. Eindringen in eine Tierzuchtanlage zum Zweck, Missstände zu dokumentieren, JuS 2018, S. 83 ff.

Hegler, August, Die Merkmale des Verbrechens, ZStW 36 (1915), S. 19 ff.

Heydenreuter, Reinhard, Sachwörterbuch zur Bayerischen Geschichte, in: ders./Strobel, Birgit (Hrsg.), Bayerische Landesgeschichte, München 2009, S. 225 ff.

Heimberger, Josef, Strafrecht, Berlin 1931.

Heinitz, Ernst, Das Problem der materiellen Rechtswidrigkeit, Hamburg 1926.

Heinsius, Dietrich, Moderne Entwicklung des Notwehrrechts, Hamburg 1965.

Heiliger, Fritz, Der Staatsnotstand als Beispiel politischer Strafrechtswissenschaft, Leipzig 1935.

Heim, Manfred, Ludwig Sebastian. Bischof von Speyer (1917–1943), in: Ammerich, Hans (Hrsg.), Lebensbilder der Bischöfe von Speyer seit der Wiedererrichtung des Bistums Speyer 1817/21. Festgabe zum Geburtstag seiner Exzellenz Dr. Anton Schlembach Bischof von Speyer, Speyer 1992, S. 257 ff.

Hennig, Diethard, Johannes Hoffmann. Sozialdemokrat und Bayerischer Ministerpräsident. Biographie, München, New York, London, Paris, 1990.

Ders., Johannes Hoffmann (1867–1930). Vom Volksschullehrer zum Ministerpräsidenten, in: Geis, Manfred/Nestler, Gerhard (Hrsg.), Die pfälzische Sozialdemokratie. Beiträge zu ihrer Geschichte von den Anfängen bis 1948/49, Edenkoben 1999, S. 351 ff.

v. Hentig, Hans, Die tatsächlichen Feststellungen des Urteils gegen Paul Schulz wegen Anstiftung zum Morde, Justiz IV (1928/1929), S. 166 ff.

v. Heppe, Hans, Der Hochverrat nach den neuen Strafgesetz-Entwürfen, Tübingen 1931.

Heringer, Edmund, „Grün-Weiße“ Separatisten aktiv! Wirtschaftliche und politische Hintergründe der Separatistenbewegung im „Hungerjahr“ 1946–1947, Heimatkalender für das Pirmasenser und Zweibrücker Land 1997, S. 157 ff.

Herold, Hans, Die Pfalz in Not. Persönliche Erlebnisse in den Jahren 1923/1924, Würzburg 1928.

Herrfahrdt, Heinrich, Revolution und Rechtswissenschaft. Untersuchungen über die juristische Erfaßbarkeit von Revolutionsvorgängen und ihre Bedeutung für die allgemeine Rechtslehre, Bamberg 1930.

Hieronimus, Marc, Historische Quellen im DaF-Unterricht, Göttingen 2012.

Hiery, Hermann, Die Pfalzfrage in britischer Sicht, in: Kreutz, Wilhelm/Scherer, Karl (Hrsg.), Die Pfalz unter französischer Besetzung (1918/19–1930), Kaiserslautern 1999, S. 169 ff.

Himmler, Karl Heinz, Ein Trauertag für Lambrecht. Vor 75 Jahren: Überfall der Separatisten auf die Stadt, Heimat-Jahrbuch des Landkreises Bad Dürkheim Band 16 (1998), S. 132 ff.

Ders., Lambrecht und der Separatismus: Versuch einer Nachbetrachtung nach 75 Jahren, in: Talpost v. 5.11.1998.

v. Hippel, Robert, Die allgemeinen Lehren vom Verbrechen in den Entwürfen, ZStW 42 (1921), S. 416 ff.

Ders., Deutsches Strafrecht, Band 2: Das Verbrechen. Allgemeine Lehren, Berlin 1930.

His, Rudolf, Das Strafrecht des deutschen Mittelalters, Teil 1: Die Verbrechen und ihre Folgen allgemein, Leipzig 1920.

Hitler, Adolf, Mein Kampf, Teil 1: Eine Abrechnung, München 1925.

Hoegner, Wilhelm, Der politische Radikalismus in Deutschland 1919–1933, München, Wien, 1966.

Hoffmann, Ernst, Das Volksgericht in Pirmasens, in: Verlag und Redaktion der „Pfälzischen Rundschau“ (Hrsg.), Dokumente aus dem Befreiungskampf, Ludwigshafen 1930, S. 80 ff.

Hoffmann, Peter, Widerstand. Staatsstreich. Attentat. Der Kampf der Opposition gegen Hitler, 3. Aufl., München 1979.

Hoffmann-Holland, Klaus, Strafrecht Allgemeiner Teil, Tübingen 2015.

Hofmann, Wolfgang, Adolf Hoffmann, Neue Deutsche Biographie 9 (1972), S. 402 f.

Hofmann, Ulrike Claudia, Politische Morde (Weimarer Republik), in: Historisches Lexikon Bayerns, abrufbar unter: https://www.historisches-lexikon-bayerns.de/Lexikon/Politische_Morde_(Weimarer_Republik)#Anschl.C3.A4ge_auf_Repr.C3.A4sentanten_der_Republik, zuletzt abgerufen am 1.11.2022.

Höhne, Heinz, Mordsache Röhm. Hitlers Durchbruch zur Alleinherrschaft. 1933–1934, Hamburg 1984.

Hoke, Rudolf, Österreichische und deutsche Rechtsgeschichte, Wien 1992.

Hölder, Eduard, Kommentar zum Allgemeinen Teil des Bürgerlichen Gesetzbuches, München 1900.

Holl, Karl, Ludwig Quidde, in: Neue deutsche Biographie, abrufbar unter: https://www.deutsche-biographie.de/sfz103989.html#ndbcontent, zuletzt abgerufen am 1.11.2022.

Holste, Heiko, Die Zerstörung des Rechtsstaats durch den Nationalsozialismus, JA 2009, S. 359 ff.

Horbach, Hans, Hahnhofen, in: Verlag und Redaktion der „Pfälzischen Rundschau" (Hrsg.), Dokumente aus dem Befreiungskampf der Pfalz, Ludwigshafen 1930, S. 49 ff.

Hösch, Willi, Staatsnotwehr, Erlangen 1950.

Hotz, Dominik, Die berechtigte Geschäftsführung ohne Auftrag als strafrechtlicher Rechtfertigungsgrund, JuS 2019, S. 8 ff.

Hübner, Christoph, Bund Oberland, 1921–1923/1925–1930, in: Historisches Lexikon Bayerns, abrufbar unter: https://www.historisches-lexikon-bayerns.de/Lexikon/Bund_Oberland,_1921-1923/1925-1930, zuletzt abgerufen am 1.11.2022.

Ders., Bund Wiking, 1923–1928, abrufbar unter: https://www.historisches-lexikon-bayerns.de/Lexikon/Bund_Wiking,_1923-1928, zuletzt abgerufen am 1.11.2022.

Hubrich, Eduard, Die demokratische Verfassung des Deutschen Reichs, Greifswald 1921.

Hummler, Alexander Josef, Staatliches Gewaltmonopol und Notwehr. Grenzverschiebungen in Rechtsprechung und Literatur, Tübingen 1998.

Hürten, Heinz, Kabinett Knilling, 1922–1924, in: Historisches Lexikon Bayerns, abrufbar unter https://www.historisches-lexikon-bayerns.de/Lexikon/Kabinett_Knilling,_1922-1924, zuletzt abgerufen am 1.11.2022.

Hüttenberger, Peter, Methoden und Ziele der französischen Besatzungspolitik nach dem Ersten Weltkrieg in der Pfalz, Blätter für deutsche Landesgeschichte 1972, S. 105 ff.

Ismail, Hassan, Das Selbstbestimmungsrecht der Völker, München 1927.

Jabinski, Nikola, Zur dogmatischen Kritik der Notstands- und Notwehrhandlungen, Leipzig 1914.

Jacob, Alfred-Helmut, Das Ende des Separatismus in Deutschland. Dargestellt am Abwehrkampf der deutschen Publizistik in der Pfalz und an der Saar 1919 bis 1935, Berlin 1940.

Jacob, Berthold, Rheinische Rebellen und Pfalzzentrale, Die Weltbühne 21. Jahrgang (1925) v. 21.7.1925.

Jaeger, Wilhelm, Das Anwendungsgebiet der Notwehr, Heidelberg 1906.

Jahn, Matthias, Die Terroristen und ihr Recht – Zum Umgang des BGH mit der zweiten Generation der "RAF", NJW 2008, S. 3197 ff.

Jahnke, Helmut, Edgar Julius Jung. Ein konservativer revolutionär zwischen Tradition und Moderne, Pfaffenweiler 1998.

Jähnke, Burkhard/Laufhütte, Heinrich W./Odersky, Walter, Leipziger Kommentar zum Strafgesetzbuch, 11. Aufl. 2003, zitiert nach Bearbeiter.

Jardin, Pierre, Tirard, de Metz und die Pfalz, in: Kreutz, Wilhelm/Scherer, Karl (Hrsg.), Die Pfalz unter französischer Besetzung (1918/19–1930), Kaiserslautern 1999, S. 145 ff.

Jellinek, Georg, Allgemeine Staatslehre, 3. Aufl. 7. Neudruck, Darmstadt 1960.

Ders., System der subjektiven öffentlichen Rechte, 2. Aufl., Tübingen 1919.

Jellinek, Walter, Verwaltungsrecht, 3. Aufl., Berlin 1931.

Ders., Zabern. Über das Verhaftungsrecht des Militärs, Tübingen 1914.

Jescheck, Hans-Heinrich/Weigend, Thomas, Lehrbuch des Strafrechts, Allgemeiner Teil, 5. Aufl., Berlin 1996.

Jesse, Franz, Die Tragweite der Notwehr, Leipzig-Borna 1928.

Joecks, Wolfgang/Miebach, Klaus/v. Heintschel-Henneg, Bernd, Münchner Kommentar zum Strafgesetzbuch, Band 1, 3. Aufl., München 2017 (zitiert nach Bearbeiter).

Joffre, Joseph, Mémoires du maréchal Joffre (1910–1917), Band 2, Paris 1932.

Jolas, Heinrich, Berufliche Erlebnisse eines Pfalz-Bayerischen Verwaltungsbeamten, Band 2, unveröffentlichtes Typoskript, LA Speyer, Bibliothek, Signatur C 1381.

Ders., Die Pfalz unter französischer Besatzung. Kalendarische Darstellung der Ereignisse von 1918 bis 1930, München 1930.

Jordanova, Ludmilla, History in Practice, 2. Aufl., London 2016.

Jung, Edgar Julius, Das Ende des Verräters Heinz. „Die Verleugneten", Pfälzische Presse v. 30.6.1930, anonym veröffentlicht.

Jung, Otto, Bayersdörfer, Michael, in: Historische Kommission bei der bayerischen Akademie der Wissenschaften (Hrsg.), Neue Deutsche Biographie Band 1, Aachen-Behaim 1953, S. 679 f.

Ders., Die Presse der F. B. in kritischer Zeit. Ergänzungen und Berichtigungen zur Borschüre von R. Hamm, Pfälzische Rundschau v. 24.2.1931.

Kahlweit, Cathrin, „Neue IRA" – radikal und ideologisch hochmotiviert, Süddeutsche v. 23.4.2019.

Kamper, Walter, Die Rheinlandkrise des Herbstes 1923, Frankfurt a. M. 1925.

Kahn, Fritz, Der Hochverrat. Geschichtliche Grundlagen, geltendes Recht und Entwürfe zu einem neuen StGB, Erlangen 1929.

Kamieth, Heinz, Der Neugliederungsgrundsatz des Artikels 18 der Reichsverfassung und die Frage des Rechtsbestandes der bundesstaatlichen Struktur des Deutschen Reichs, Würzburg 1932.

Kaps, Paul, Der letzte lebende Zeuge vom „Wittelsbacher Hof", Die Rheinpfalz (Donnersberger Rundschau) v. 8.3.1984.

Kauffmann Bossart, Marco, Ein vage formuliertes Dekret Erdogans lässt nicht nur die Opposition Alarm schlagen, Neue Züricher Zeitung v. 27.12.2017.

Kelsen, Hans, Allgemeine Staatslehre, unveränderter fotomechanischer Nachdruck der ersten Auflage von 1925, Wien 1993.

Keller, Rudolf Ottmar, Der Dauernotstand im Strafrecht, Breslau-Neukirch 1934.

Kermann, Joachim/Krüger, Hans-Jürgen, 1923/24 Separatismus im rheinisch-pfälzischen Raum. Eine Ausstellung der Landesarchivverwaltung Rheinland-Pfalz auf dem Hambacher Schloß, Koblenz 1989.

Kersten, Jens, Ausnahmezustand? JuS 2016, S. 193 ff.

v. Keudell, Robert, Fürst und Fürstin Bismarck. Erinnerungen aus den Jahren 1846 bis 1872, 3. Aufl., Berlin 1902.

Kiesling, Rolf/Schmid, Anton unter Mitwirkung von *Blessing, Werner K.*, Regierungs- und Verwaltungshandeln. Vom „Polizeistaat" zum Daseinsvorsorgestaat, München 1977.

Kindhäuser, Urs/Neumann, Ulfried/Paeffgen, Hans-Ullrich, Strafgesetzbuch, 5. Aufl., Baden-Baden 2017.

Kitzinger, Friedrich, Die Verhinderung strafbarer Handlungen durch die Polizeigewalt: Grundzüge der Rechtspolizei und Beiträge zur Konstruktion des Strafrechts, München 1913.

Kiwit, Richard, Ein Beitrag zur Lehre vom Staatsorgan, Berlin 1929.

Klee, Karl, Anmerkung zur Arbeit von Kurzweg. GA 70 (1926), S. 72 ff.

Ders., Rechtfertigungs- und Entschuldigungsgründe, in: Gürtner, Franz (Hrsg.), Das kommende deutsche Strafrecht, Allgemeiner Teil. Bericht über die Arbeit der amtlichen Strafrechtskommission, 1. Aufl. Berlin 1934, S. 56 ff.

Ders., Rechtfertigungs- und Entschuldigungsgründe, in: Gürtner, Franz (Hrsg.), Das kommende deutsche Strafrecht. Bericht über die Arbeit der amtlichen Strafrechtkommission, 2. Aufl., Berlin 1935, S. 73 ff.

Klein, Peter, Separatisten an Rhein und Ruhr, Berlin 1961.

Knecht, Lutz, Eine Handvoll Männer und ein Mann, Wien 1932.

Knetsch, Alfons, Der Begriff der Notwehr nach der Peinlichen Gerichtsordnung Karls V. und nach dem Strafgesetzbuch für das Deutsche Reich, Berlin 1906.

Knittel, Manfred, Zwischenkriegszeit und Weimarer Republik (1918–1933/39), in: Möller, Horst/Wengst, Udo (Hrsg.), Einführung in die Zeitgeschichte, München 2003, S. 52 ff.

Knoch, Lothar, Die Nothilfe zugunsten des Staates (Staatsnothilfe), Würzburg 1965.

Koblank, Peter, Was versteht man unter „Zivilcourage", abrufbar unter: http://www.mythoselser.de/zivilcourage-begriff.htm, zuletzt abgerufen am 1.11.2022.

Kohler, Josef, Leitfaden des Deutschen Strafrechts, Leipzig 1912.

Ders., Lehrbuch der Rechtsphilosophie, 2. Aufl., Berlin 1917.

Köhler, August, Der Notstand im künftigen Strafrecht, Erlangen 1926.

Ders., Deutsches Strafrecht, Allgemeiner Teil, Leipzig 1917.

Köhler, Henning, Autonomiebewegung oder Separatismus? Die Politik der Kölnischen Volkszeitung 1918/1919, Berlin 1974.

Ders., Französische Besatzungspolitik 1918–1923, in: Molitor, Hansgeorg/Hüttenberger, Peter (Hrsg.), Franzosen und Deutsche am Rhein 1789 – 1918 – 1945, Essen 1989, S. 113 ff.

Kohlrausch Eduard, Strafgesetzbuch für das Deutsche Reich mit Nebengesetzen, 29. Aufl., Berlin und Leipzig 1930.

Koellreutter, Otto, Staatsnotrecht und Staatsauffassung, DJZ 1932, S. 39 ff.

Koja, Friedrich, Der Staatsnotstand als Rechtsbegriff, Salzburg 1979.

Kolb, Eduard, Gustav Stresemann, in: Neue Deutsche Biographie, abrufbar unter: https://www.deutsche-biographie.de/sfz106705.html#ndbcontent, zuletzt abgerufen am 1.11.2022.

Koop, Volker, Besetzt. Französische Besatzungspolitik in Deutschland, Berlin-Brandenburg 2005.

Korn, Hubert, Die Gegenwärtigkeit des Angriffs bei der Notwehr, Köln 1933.

Kortüm, Hans-Henning, Menschen und Mentalitäten. Einführung in Vorstellungswelten des Mittelalters, Berlin 1996.

Köster, Claudius R., Die Dialektik des Regionalen im europäischen Integrationsprozeß – Baskischer Separatismus und Autonomiebewegung in Katalonien, in: Bellers, Jürgen/Günder, Horst (Hrsg.) Regionen und Regionalismus, Münster 1997, S. 109 ff.

Kraegeloh, Ernst, Beiträge zur Lehre von der Notwehr im geltenden Strafrecht, Bonn 1929.

Kreutz, Wilhelm, Das Ende der französischen Besatzung der Pfalz und die „Befreiungsfeiern" im Sommer 1930, in: Nestler, Gerhard/ Schaupp, Stefan/ Ziegler, Hannes (Hrsg.), Vom Scheitern der Demokratie. Die Pfalz am Ende der Weimarer Republik, Karlsruhe 2010, S. 43 ff.

Ders., Unter französischer Besatzung, in: Schwarzmüller, Theo/Garthe, Michael (Hrsg.), Die Pfalz im 20. Jahrhundert, Zweibrücken 1999, S. 57 ff.

Krings, Günter, Terrorismusbekämpfung im Spannungsfeld zwischen Sicherheit und Freiheit, ZRP 2015, 167 ff.

Kroeschell, Karl, Deutsche Rechtsgeschichte. Band 3: Seit 1650, 5. Aufl., Köln, Weimar, Wien, Böhlau 2008.

Kroll, Thomas, Sozialgeschichte, in: Cornelißen, Christoph (Hrsg.), Geschichtswissenschaften, Eine Einführung, 2. Aufl., Frankfurt am Main 2000, S. 149 ff.

Kronenberg, Volker/Horneber, Jakob, Die repräsentative Demokratie in der Akzeptanzkrise? Ein Problemaufriss, in: dies. (Hrsg.), Die repräsentative Demokratie in Anfechtung und Bewährung. Das „Wir" organisieren, Wiesbaden 2019, S. 1 ff.

Krönert, Ole, Die Stellung nationaler Befreiungsbewegungen im Völkerrecht, Münster 1983.

Krüger, Gabriele, Die Brigade Ehrhardt, Hamburg 1971.

Krumeich, Gerd, Die Dolchstoß-Legende, in: François, Etienne/Schulze, Hagen (Hrsg.), Deutsche Erinnerungsorte, Band 1, 4. Aufl., München 2002, S. 585 ff.

Ders./Schröder, Joachim, Vorwort, in: dies. (Hrsg.), Der Schatten des Weltkrieges. Die Ruhrbesetzung 1923, Essen 2004, S. 7 f.

Kuhn, Robert, Die Vertrauenskrise der Justiz (1926–1928). Der Kampf um die „Republikanisierung" der Rechtspflege in der Weimarer Republik, Köln 1983.

Kulemann, Wilhelm, Selbsthilfe, ZStW 11 (1891), S. 329 ff.

Kuntz, Marcel, Ein Gefühl von Security verkaufen, FAZ v. 18.1.2016, S. 7.

Kuron, Hans Jürgen, Freikorps und Bund Oberland, Erlangen 1960.

Kurzweg, Rudolf, Über ein Notwehrrecht zur Verteidigung der öffentlichen Ordnung, GA 70 (1926), S. 72 ff.

Kuss, Ulrich, Die materielle Problematik der politischen Reichsamnestien 1918/1933, Breslau-Neukirch 1934.

van Laak, Jona, Soveränität in Zeiten der Krise. Theoretische Dimensionen des Ausnahmezustands im 21. Jahrhundert, München 2018, S. 1 ff.

Labin, Hans-Herbert, Staatsnotwehr und Staatsnotstand, Altona 1933.

Ladurner, Ulrich, Das Zerstörungspotenzial ist grenzenlos, Die Zeit Online v. 3.1.2018, abrufbar unter: https://www.zeit.de/politik/ausland/2018-01/separatismus-autonomie-katalonien-nationalstaat-krise-potential, zuletzt abgerufen am 1.11.2022.

Ders., Spalterische Leidenschaften, Die Zeit online v. 1.11.2017, abrufbar unter: https://www.zeit.de/2017/45/separatismus-katalonien-europaeische-union, zuletzt abgerufen am 1.11.2022.

Lammerding, Josef, Die Staatsnothilfe als strafrechtlicher Rechtfertigungsgrund, Münster 1971.

Lampson, Siegfried, Beitrag zur Feststellung des Notwehrgebiets, insbesondere die Untersuchung der Natur der einzelnen Rechte, Jena 1906.

Langewiesche, Dieter, Föderalismus und Zentralismus im deutschen Kaiserreich: Staat, Wirtschaft, Gesellschaft, Kultur – eine Skizze, Berlin 2000.

Laufhütte, Heinrich/Saan, Rissing-van Ruth/Tiedemann, Klaus, Leipziger Kommentar zum Strafgesetzbuch, Bd. 2, 12. Aufl. 2006 (zitiert nach Bearbeiter).

Lucas, Hermann/ Ebermayer, Ludwig, Anleitung zur strafrechtlichen Praxis. Ein Beitrag zur Ausbildung unserer jungen Juristen und ein Ratgeber für Praktiker, Zweiter Teil: Das materielle Strafrecht, 4. Aufl., Berlin 1929.

Lederle, Werner, Staatsnotwehr, Würzburg 1928.

Le Goff, Jacques, Neue Geschichtswissenschaft, in: ders./Chartier, Roger/Revel, Jacques (Hrsg.), Die Rückeroberung des historischen Denkens, Hamburg 1994, S. 11 ff.

Lehna, Britta, Mit heftigem Widerstand. Die Separatistenunruhen in Kirchheimbolanden, Die Pfalz am Rhein, Heft 3 v. August 1991, S. 28 ff.

Leibel, Jochen, Separatismus in der Pfalz mit einem Schwerpunkt der Verfolgung der Separatisten zur Zeit des Nationalsozialismus, Schifferstadt 1988.

Leiling, Karl, Speyer in den Jahren 1919–1939. Ein Tagebuch. Band 2: Aus der Besatzungszeit in Speyer von Ende 1918 bis Mitte 1930, Speyer 1940.

Lembach, Kurt, Die Lambrechter Separatistenschlacht, Talpost v. 1.11.1983.

Leszinski, Timo, Separatismus in der Pfalz nach den beiden Weltkriegen – Ein Vergleich, Mainz 2004.

Lieberich, Wilhelm, Besatzung und Eisenbahn, in: Verlag und Redaktion der „Pfälzischen Rundschau“ (Hrsg.), Dokumente aus dem Befreiungskampf, Ludwigshafen 1930, S. 41 ff.

Lilla, Joachim, Antz, Walter, in: ders (Hrsg.).: Staatsminister, leitende Verwaltungsbeamte und (NS-) Funktionsträger in Bayern 1918 bis 1945, abrufbar unter: https://verwaltungshandbuch.bayerische-landesbibliothek-online.de/antz-walter, zuletzt abgerufen am 1.11.2022.

Ders., Sigmund Knoch, in: ders. (Hrsg.), Staatsminister, leitende Verwaltungsbeamte und (NS)-Funktionsträger in Bayern 1918 bis 1945, abrufbar unter: https://verwaltungshandbuch.bayerische-landesbibliothek-online.de/knoch-sigmund, zuletzt abgerufen am 1.11.2022.

Ders., Mathéus, Jakob, in: ders. (Hrsg.), Staatsminister, leitende Verwaltungsbeamte und (NS)-Funktionsträger in Bayern 1918 bis 1945, abrufbar unter: https://verwaltungshandbuch.bayerische-landesbibliothek-online.de/matheus-jakob, zuletzt abgerufen am 1.11.2022.

Ders., Winterstein, Theodor Ritter v., in: ders. (Hrsg.), Leitende Verwaltungsbeamte und (NS)-Funktionsträger in Bayern 1918 bis 1945, abrufbar unter: https://verwaltungshandbuch.bayerische-landesbibliothek-online.de/winterstein-theodor, zuletzt abgerufen am 1.11.2022.

Lindenau, Heinrich, Zabern, DJZ 1913, S. 1461 ff.

Lintz, Karlheinz, Grosskampftage aus der Separatistenzeit in der Pfalz, Edenkoben 1930.

v. Liszt, Franz, Ein mitteleuropäischer Staatenverband als nächstes Ziel der deutschen auswärtigen Politik, Leipzig 1914.

Ders./ Schmidt, Eberhardt, Lehrbuch des Deutschen Strafrechts 25. Aufl., Berlin 1927.

Lohse, Volker Heinrich, Streik und Staatsnotstand unter Berücksichtigung der Rechtslage in der Schweiz, 1969.

Lohrbächer, Bernd, Die Separatistenschlacht bei Hanhofen: Ursachen und Folgen eines blutigen Gefechts vor über 75 Jahren, Landkreis Ludwigshafen Heimat-Jahrbuch 17 (2001), S. 137 ff.

Lowack, Gerhard, Die Rechtswidrigkeit und Handeln im Interesse der Allgemeinheit als Rechtfertigungsgrund, Breslau 1931.

Ludyga, Hannes, Die Reichstagsverhandlungen zur Republikschutzgesetzgebung in der Weimarer Republik in den Jahren 1921/1922, Jahrbuch der Juristischen Zeitgeschichte 9 (2007/2008), S. 221 ff.

Ders., Krisenintervention durch Mietgesetze in der Weimarer Zeit, Jahrbuch der Juristischen Zeitgeschichte 12 (2011), S. 71 ff.

Luetgebrune, Walter, Wahrheit & Recht für Feme, Schwarze Reichswehr und Oberleutnant Schulz, München, 1928.

Luhmann, Niklas, Ausdifferenzierung des Rechts. Beiträge zur Rechtssoziologie und Rechtstheorie, Frankfurt am Main 1999.

Luther, Tammo, Volkstumspolitik des Deutschen Reiches 1933–1938. Die Auslandsdeutschen im Spannungsfeld zwischen Traditionalisten und Nationalsozialisten, 2004, S. 45.

Lutteroth, Johanna, Rechtsruck für die Republik, Spiegel v. 25.9.2013.

Mädrich, Hanni, Die Herrschaft der Separatisten endet in einem Blutbad. 76 Tage lang tyrannisieren Albert Schwaab und seine Kumpane mit Duldung der französischen Besatzer die Stadt, Die Rheinpfalz (Pirmasenser Rundschau) v. 22.5.1999.

Maerker, Heinz, Das Notrecht in vergleichender Darstellung zu den deutschen und ausländischen Strafgesetzentwürfen unter Berücksichtigung des soziologischen Gesichtspunkts, Köln 1925.

Magub, Roshan, Edgar Julius Jung, Right-Wing Enemy of the Nazis. A Political Biography, Rochester 2017.

Mang, Ludwig, Beamtenschaft und Besatzung, Pfälzische Presse v. 30.6.1930.

Mang, Ludwig, Krieg im Frieden. Erinnerungen aus der Besatzungszeit 1918–1930, Pfälzische Beamtenzeitung, S. 238 ff.

Ders./Zink, Theodor, Das Wirtschafsleben der Pfalz in Vergangenheit und Gegenwart, München 1913.

Mann, Bernhard, Biographisches Handbuch für das preussische Abgeordnetenhaus, Band 3, Bonn 1988.

Majer, Diemut, Überlegungen zum Begriff „Juristische Zeitgeschichte", in: Stolleis, Michael (Hrsg.), Juristische Zeitgeschichte - Ein neues Fach?, Baden-Baden 1993, S. 15 ff.

Mathéus, Jakob, Auf Wache in Heidelberg, in: Verlag und Redaktion der „Pfälzischen Rundschau" (Hrsg.), Dokumente aus dem Befreiungskampf, Ludwigshafen 1930, S. 58 ff.

Matthias, Georg, Der nationale Zweck im Strafrecht, GA 77 (1933), S. 335 ff.

Maurach, Reinhart/Zipf, Heinz, Strafrecht. Allgemeiner Teil. Teilband 1: Grundlehren des Strafrechts und Aufbau der Straftat. Ein Lehrbuch, Heidelberg 1992.

Mayer, Otto, Deutsches Verwaltungsrecht, Band 1, 2. Aufl., Leipzig 1914.

Ders., Deutsches Verwaltungsrecht, Band 1, unveränderter Nachdruck der 1924 erschienenen dritten Auflage, Leipzig 1961.

Mayer, Max Ernst, Der allgemeine Teil des deutschen Strafrechts. Lehrbuch, Heidelberg 1923.

McDougall, Walter A., France's Rhineland Diplomacy, 1914–1924, Princeton, New Jersey 1978.

Meyer, Hugo, Lehrbuch des Deutschen Strafrechts, 5. Aufl., Leipzig 1895.

Mezger, Edmund, Die subjektiven Unrechtselemente, GS 89 (1924), S. 207 ff.

Ders., Literaturübersicht ZStW 47 (1927), S. 471 ff.

Ders., Strafrecht. Ein Lehrbuch, Allgemeiner Teil, München 1931.

Moderow, Johannes, Notwehr und Notstand zugunsten des Staates, Bonn 1934.

Moersch, Karl, Erinnerungen an die Separatistenzeit in der Pfalz, ein Lehrstück aus der Weimarer Republik, in: Jäger, Wolfgang/ Mühleisen, Hans-Otto/ Veen, Hans-Joachim (Hrsg.), Republik und Dritte Welt. Festschrift für Dieter Oberndörfer zum 65. Geburtstag, S. 243 ff.

Ders., Irrungen und Wirrungen einer Zwischenkriegszeit: Manches war doch anders. Das Buch „Revolverrepublik am Rhein, von Gerhard Gräber und Matthias Spindler geschrieben, befaßt sich mit dem Separatismus in der Pfalz, Die Rheinpfalz (alle Regionalausgaben), v. 17.10.1992.

Mohler, Heinrich, Die Pfälzische Polizei in der Separatistenzeit, Die Pfalz am Rhein 1932, S. 500 ff.

Morisse, Heiko, Ausgrenzung und Verfolgung der Hamburger jüdischen Juristen im Nationalsozialismus, Band 2: Beamtete Juristen, Göttingen 2013.

Morsey, Rudolf, Rheinische Volksvereinigung, 1920–1923/24, in: Historisches Lexikon Bayerns, abrufbar unter: https://www.historisches-lexikon-bayerns.de/Lexikon/Rheinische_Volksvereinigung,_1920-1923/24, zuletzt abgerufen am 1.11.2022.

Morweiser, Hermann, Edgar Julius Jung: Ein Attentäter wird ermordet, Die Nase Nr. 5 v. 2008, S. 18 ff.

Müller, Martin, Die pfälzische Republik. Die Separatisten in der Pfalz in den Jahren 1918/19 und 1923/24, Die Pfalz am Rhein, Heft 3 August 1988, S. 38 ff.

Müller, Reinhard, Kultur des Rechts, FAZ v. 8.2.2016, S. 1.

Münch, Karl, Über Notwehr gegen schuldlos handelnde Menschen und Tiere, Marburg 1934.

Murmann, Uwe, Grundkurs Strafrecht, 5. Aufl., München 2017.

Muthmann, Günther, Der Tod von Speyer. Das Strafgericht an den separatistischen Verrätern, in: Salomon, Ernst (Hrsg.), Das Buch vom deutschen Freikorpskämpfer, Berlin 1938, S. 459 ff.

Nagler, Johannes, Der Überzeugungsverbrecher, GS 94 (1927), S. 48 ff.

Ders., Die Staatsverbrechen im nationalsozialistischen Staat. Vortrag vom 27. Januar 1934 in der Bezirksgruppe Weimar des BNSDJ, GS 104 (1934), S. 223 ff.

Nathan, Ernst, Über den Ausschluss der Rechtswidrigkeit im Strafrecht, Breslau 1923.

Nelsen, Hans, Der Landesverrat, Köln 1929.

Nestler, Gerhard, Zur Geschichte der pfälzischen SPD in der Weimarer Republik von 1918 bis 1929, in: Geis, Manfred/ders. (Hrsg.), Die pfälzische Sozialdemokratie. Beiträge zu ihrer Geschichte von den Anfängen bis 1948/49, Edenkoben 1999, S. 288 ff.

Neubecker, Friedrich Karl, Zur Lehre von der Notwehr, DJZ 1905, S. 146 ff.

Neumond, Ludwig, Der Schutz des sittlichen und religiösen Gefühls durch Notwehr, GS 56 (1899), S. 46 ff.

Neusel, Werner, Die Spruchtätigkeit der Strafsenate des Reichsgerichts in politischen Strafsachen in der Zeit der Weimarer Republik, Marburg 1971.

Nipperdey, Thomas, Über Relevanz. in: Dietrich Kurze (Hrsg.), Aus Theorie und Praxis der Geschichtswissenschaft. Festschrift für Hans Herzfeld, Berlin 1972, S. 1 ff.

Noack, Erwin, Das Fehlurteil von Kowno. Ein politischer Zweckprozess, JW 1935, S. 1074 ff.

Oberhauser, Robert, Der Kampf um die Rheinpfalz. Frankreich, Separatismus und Abwehrbewegung 1918–1924, Leipzig 1932.

Ders., Vor fünfzig Jahren. Der Kampf gegen den Separatismus, Heimatkalender für das Pirmasenser und Zweibrücker Land 1974, S. 136 ff.

Oborniker, Alfred, Zum Fall Eckermann, Justiz V (1929/1930), S. 301 ff.

v. Oetker, Friedrich August Heinrich, Hilfeleistung in Staatsnotwehr und Staatsnotstand, GS 99 (1930), S. 411 ff.

Ders., Notwehr und Notstand, in: Birkmeyer, Karl/v.Calker, Fritz/Frank, Reinhard/v. Hippel, Robert/Kahl, Wilhelm/v. Lilienthal, Karl/v. Liszt, Franz/Wach, Adolf (Hrsg.), Vergleichende Darstellungen des Deutschen und Ausländischen Strafrechts, Band 2, Berlin 1906, S. 254 ff.

Ders., Zum Urteil des Reichsgerichts 2. Strafsenat vom 8. Mai 1929 gegen R., Entsch. Bd. 63 S. 215 ff, GS 99 (1930), S. 156 ff.

Oldenbourg, Andreas, Wer ist das Volk? Eine republikanische Theorie der Sezession, Frankfurt a. M. New York 2016.

v. Olshausen, Justus, Kommentar zum Strafgesetzbuch für das Deutsche Reich, Band 1, 11. Aufl., Berlin 1927.

Osmond, Jonathan, A Second Agrarian Mobilization? Peasant Associations in South and West Germany, 1918–24, in: Moeller, Robert G. (Hrsg.), Peasants and Lords in modern Germany, London Sydney 1986, S. 168 ff.

Ders., Die „Freie Bauernschaft" und der Separatismus. Bauernpolitik, bürgerliche Parteien und französische Besatzung in der Pfalz, in: Kreutz, Wilhelm/Scherer, Karl (Hrsg.), Die Pfalz unter französischer Besetzung (1918/19–1930), Kaiserslautern 1999, S. 123 ff.

Ders., Freie Bauernschaft 1919–1929/33, in: Historisches Lexikon Bayerns, abrufbar unter: https://www.historisches-lexikon-bayerns.de/Lexikon/Freie_Bauernschaft,_1919-1929/33, zuletzt abgerufen am 1.11.2022.

Ders., Rural Protest in the Weimar Republic. The Free Peasantry in the Rhineland and Bavaria, Houndmills, Basingstoke, Hampshire 1993.

Ders., The Free Peasantry. Agrarian Protest in the Bavarian Palatinate 1893–1933, Leicester 1986.

Osterroth, Franz, Biographisches Lexikon des Sozialismus, Band 1: Verstorbene Persönlichkeiten, Hannover 1960.

Plaumann, Gerhard, in: Pauly, August Friedrich (Hrsg.), Paulys Realencyclopädie der classischen Altertumswissenschaft, Stuttgart 1912, Sp. 1145 f.

Piper, Ulrich, Das Reichsgebiet nach der Weimarer Reichsverfassung vom 11. August 1919, Marburg 1932.

Plettner, Hermann, Das Problem des Schutzes nationaler Minderheiten, Leipzig 1927.

Poetsch, Joseph, Die Reichsacht im Mittelalter und besonders in der neueren Zeit, Neudruck der Ausgabe Breslau 1911, Aalen 1971.

Polke-Majewski, Karsten/Steffen, Tilman/Endres, Alexandra/Biermann, Kais, Was wir über den Putschversuch in der Türkei wissen, Zeit Online v. 16.7.2016.

Probst, o. V., Wiederaufleben und Ende des Separatismus, in: Verlag und Redaktion der „Pfälzischen Rundschau" (Hrsg.), Dokumente aus dem Befreiungskampf, Ludwigshafen 1930, S. 155 ff.

Projahn, Johannes, Staatsnotrecht, Halle-Wittenberg 1929.

Kocka, Jürgen, Zurück zur Erzählung? Plädoyer für historische Argumentation, in: ders. (Hrsg.), Geschichte und Aufklärung. Aufsätze. Güttingen 1989, S. 8 ff.

Quistorps, Johann Christian, Grundsaetze des deutschen peinlichen Rechts, Band 1, Rostock Leipzig 1789.

Radbruch, Gustav, Erwiderung auf Grimm, Staatsnotstand, Staatsnotwehr und Fememorde, Justiz V (1929/1930), S. 333 ff.

Ders., Der Innere Weg. Aufriß meines Lebens, 1. Aufl., Stuttgart 1951.

Ders., Staatsnotstand, Staatsnotwehr und Fememord, Justiz V (1929/1930), S. 125 ff.

Ders., Strafrecht, Band 8, bearbeitet von Arthur Kaufmann, Heidelberg 1998.

Ders., Der Überzeugungsverbrecher, ZStW 44 (1924), S. 34 ff.

Rasehorn, Theo, Justizkritik in der Weimarer Republik: Das Beispiel der Zeitschrift "die Justiz", Frankfurt a. M. 1985.

Recouly, Raymond, Marschall Foch. Erinnerungen von der Marneschlacht bis zur Ruhr. Niedergeschrieben unter persönlicher Redaktion des Marschalls, Dresden 1929.

Reichsministerium für die Besetzten Gebiete, Urkunden zum Separatistenputsch im Rheinland im Herbst 1923, Berlin 1925.

Reichstags-Bureau, Handbuch der verfassungsgebenden deutschen Nationalversammlung, Weimar 1919.

Reichstags-Bureau, Reichstagshandbuch, VI. Wahlperiode, Berlin 1932.

Reismüller, Georg, Speyer unter dem grün-weiß-roten Terror, Das Bayerland 41 (1930), S. 371 f.

Reitz, Leopold, Besatzung und das kulturelle Leben in der Pfalz, Pfälzische Presse v. 30.6.1930.

Rengier, Rudolf, Strafrecht Allgemeiner Teil, 11. Aufl., München 2019.

Renzsch, Wolfgang, Europa und die Regionen, FAZ v. 11.06.2003.

Rewoldt, Karl Heinrich, Das Staatsnotrecht im deutschen Staatsrecht, Breslau 1933.

Rhenanus (Heinz Gorrenz), Die Drahtzieher. Ein Blick hinter die Kulissen des separatistischen Theaters am Rhein, Berlin-Charlottenburg 1924.

Riedel, Sabine, Föderalismus statt Separatismus. Politische Instrumente zur Lösung von Sezessionskonflikten in Europa, Berlin 2016.

Riesenberger, Dieter, Das Reich und die Pfalz, in: Kreutz, Wilhelm/Scherer, Karl (Hrsg.), Die Pfalz unter französischer Besetzung (1918/19–1930), Kaiserslautern 1999, S. 11 ff.

Ridder, Martin, Die Gegenwärtigkeit des Angriffs im Falle der Notwehr, Köln 1931.

Ritter, Johannes, Der Einzelne als Helfer bei der Verbrechenshinderung, GS 116 (1942), S. 121 ff.

Ders., Der Volksgenosse als Helfer in der Volksnot, GS 115 (1941), S. 239 ff.

Ders., Staatsverbrechen und Staatsverfassung. Die Abhängigkeit der Gestalturg der Staatsverbrechen von der Staatsform wird durch Vergleich des deutschen mit dem österreichischen, italienischen und russischen Strafrechte dargestellt, Jena 1934.

Roch, Carlotta/Kubny, Helen, Die „Neue IRA". Zwischen Terrorismus und organisierter Kriminalität, FAZ v. 23.4.2019.

Rohfleisch, Marina, Schlagzeilen 1923, in: Federhen, Franz Josef//Fuchs, Jürgen/Hamacher, Bernd/Heß, Alfred/dies./Vollmer, Rudolf (Hrsg.), Rheinbreitbacher Erinnerungen an das Jahr 1923. Vor 80 Jahren – Separatistenherrschaft, Kirche und Vereine, Rheinbreitbacher Heimathefte 2003, S 6 f.

Rönnau, Thomas, Grundwissen – Strafrecht: „Sozialethische" Einschränkungen der Notwehr, JuS 2012, S. 404 ff.

Rosenberg, Werner, Strafbare Heilungen, GS 62 (1903), S. 62 ff.

Rothenberger, Karl-Heinz, Die elsaß-lothringische Heimat- und Autonomiebewegung zwischen den beiden Weltkriegen, 2. Aufl., Bern 1976.

Rothenbücher, Karl, Ueber einen Fall der Präventivpolizei und die Theaterzensur, in: Giacometti, Zaccaria/Schindler, Dietrich (Hrsg.), Festgabe für Fritz Fleiner zum 60. Geburtstag, Tübingen 1927, S. 211 ff.

Roxin, Claus, Strafrecht Allgemeiner Teil, Band 1: Grundlagen. Der Aufbau der Verbrechenslehre, 4. Aufl., München 2006.

Rublack, Ulinka, Der Status des historischen Wissens, in: dies. (Hrsg.), Die neue Geschichte, Eine Einführung in 16 Kapiteln, Frankfurt am Main 2013, S. 95 ff.

Rückert, Joachim, Juristische Zeitgeschichte, in: Stolleis, Michael (Hrsg.), Juristische Zeitgeschichte – Ein neues Fach?, Baden-Baden 1993, S. 23 ff.

Ruge, Undine, Die Erfindung des „Europa der Regionen". Kritische Ideengeschichte eines konservativen Konzepts, Frankfurt a. M., New York 2003.

Rüping, Hinrich/Jerouschek, Günter, Grundriss der Strafrechtsgeschichte, 6. Aufl., München 2011.

Rusconi, Gian Enrico, Erneutes Nachdenken über die Nation, Zwischen regionalem Separatismus und europäischer Vision, Neue Hefte für Philosophie 34 (1993), S. 42 ff.

Rüsen, Jörn, Historik. Theorie der Geschichtswissenschaft, Köln, Weimar, Wien 2013.

Ders., Historische Orientierung. Über die Arbeit des Geschichtsbewusstseins, sich in der Zeit zurechtzufinden, Schwalbach 2008.

Ders., Rekonstruktion der Vergangenheit. Grundzüge einer Historik II: Die Prinzipien historischer Forschung, Göttingen, 1986.

Riesenberger, Dieter, Das Reich und die Pfalz, in: Kreutz, Wilhelm/Scherer, Karl (Hrsg.), Die Pfalz unter französischer Besetzung (1918/19–1930), Kaiserslautern 1999, S. 11 ff.

Ross, Georg, Reichsverfassung und Strafrecht, 1. Teil: Die Einwirkung des Ersten Hauptteils der Weimarer Reichsverfassung auf das Reichsstrafrecht, Kiel 1931.

Sabrow, Martin, Organisation Consul (O. C.), 1920–1922, in: Historisches Lexikon Bayerns, abrufbar unter: https://www.historisches-lexikon-bayerns.de/Lexikon/Organisation_Consul_(O.C.),_1920-1922, zuletzt abgerufen am 1.11.2022.

Sammet, Rainer, Dolchstoßlegende, in: Historisches Lexikon Bayerns, abrufbar unter: https://www.historisches-lexikon-bayerns.de/Lexikon/Dolchstoßlegende, zuletzt abgerufen am 1.11.2022.

Sattelberger, Dirk, Chronik einer „Freien Pfalz". Vor 70 Jahren riefen die Separatisten in Speyer die Republik aus, Die Rheinpfalz (Speyerer Rundschau) v. 31.11.1993.

Sauer, Bernhard, Schwarze Reichswehr und Fememorde. Eine Milieustudie zum Rechtsradikalismus in der Weimarer Republik, Berlin 2004.

Sauer, Wilhelm, Grundlagen des Strafrechts nebst Umriß einer Rechts- und Sozialphilosophie, Berlin 1921.

Ders., Grundlagen der Gesellschaft. Eine Rechts-, Staats- und Sozialphilosophie, Berlin-Grunewald 1924.

Schäfer, Helmut, Die freiheitlich-demokratische Grundordnung. Eine Einführung in das deutsche Verfassungsrecht, München 1982.

Schäfer, Oskar, Die Pirmasenser Separatistenzeit 1923/1924. Eine geschichtliche Abhandlung mit 500 Urkunden, Pirmasens 1936.

Schäferdiek, Willi, Pirmasens, vom Schicksal einer deutschen Stadt, Köln 1936.

Schwarzkopf, Dieter, Der Deutsch Französische Krieg 1870/71, Flensburg 2011.

Schwarzmüller, Theo, Pfälzische Chronik des 20. Jahrhunderts, in: ders./Garthe, Michael (Hrsg.), Die Pfalz im 20. Jahrhundert, Landau 1999, S. 205 ff.

Schaun, Herbert Egon Georg, Die Verletzung Unbeteiligter durch Nothandlungen nach Straf- und Civilrecht. Eine dogmatisch-kritische Betrachtung von Notwehr, Notstand, Selbsthilfe, Nothilfe und ihren Besonderheiten und Schutzmaßregeln, Köln 1923.

Schaupp, Stefan, Das Verhältnis der Sozialdemokraten zum Separatismus in der Pfalz von 1919–1923, Ludwigshafen a. R. 1994.

Ders., „Un allemand irréductible". Friedrich Profit und die pfälzische Sozialdemokratie im Kampf gegen den Separatismus im Jahr 1919, in: Nestler, /Schaupp (Hrsg.), Zwischen Revolution und Demokratie, Studien zur Geschichte der Pfalz vom späten 18. bis Mitte des 20. Jahrhunderts, Neustadt an der Weinstraße 2012, S. 119 ff.

Schelbert, Beat, Die rechtliche Bewältigung außerordentlicher Lagen im Bund, Rüegger 1986.

Schelhorn, Johann Rudolf, Die zivilrechtliche Haftung der Beamten und des Staates, der Gemeinden und anderen Kommunalverbände für den von Beamten in rechtswidriger Ausübung anvertrauter öffentlicher Gewalt einem Dritten zugefügten Schaden nach deutschem Reichs- und bayerischem Landesrecht, München 1906.

Scherer, Karl, Kaiserslautern – Bürger, Besatzer und Separatisten (1918–1924), in: Kreutz, Wilhelm/ders. (Hrsg.), Die Pfalz unter französischer Besetzung (1918/19–1930), Kaiserslautern 1999, S. 349 ff.

Scheuerl, Walter/Glock, Stefan, Hausfriedenbruch in Ställen wird nicht durch Tierschutzziele gerechtfertigt. Anmerkung zu OLG Naumburg, Urt. v. 22.2.2018 – 2 Rv 157/17 und LG Magdeburg, v. 11.10.2017 – 28 Ns 182 Js 32201/14 (74/17), NStZ 2018, S. 448 ff.

Schiel, Peter, Die Separatistenherrschaft in Pirmasens 1923/24, Pirmasens 1971.

Schiffer, Paul, Autonome Pfalz. Erinnerungen aus der Separatisten-Zeit, Pfälzische Wirtschafts-Zeitung 8 (1929), S. 69 ff.

Schlegel, Sébastien, L'occupation militäre française en Rhénanie et en Saar: Une guerre froide franco-allemande (1918–1935), in: Engelhausen, Frank/Muschalek, Marie/Zimmermann, Wolfgang, (Hrsg.), Deutsch-Französische Besatzungsbeziehungen im 20. Jahrhundert, Stuttgart 2018, S. 49 ff.

Schlegel, Wolfgang, Die Pfalz und die deutsche Einigung von 1870/71, in: Geiger, Michael/Preuß, Günter/Rothenberger, Karl-Heinz (Hrsg.), Pfälzische Landeskunde. Beiträge zur Geographie, Biologie, Volkskunde und Geschichte, Band 3, Landau 1981, S. 209 ff.

Schlemmer, Martin, Los von Berlin, die Rheinstaatbestrebungen nach dem Ersten Weltkrieg, Köln, Weimar, Wien 2007.

Schlickel, Ferdinand, Die tödlichen Schüsse im Wittelsbacher Hof in Speyer. Ende der „Autonomen Regierung der Pfalz, Aktiv Dabei, Heft 3 2008, S. 40 ff.

Schlötzer, Christiane, Erdoğan beschließt Straffreiheit für den Anti-Putsch-Mob, SZ v. 30.12.2017.

Schlüter, Xaver, Die Bestechung der Beamten und Privatangestellten, Berlin 1913.

Schlüters, Hans, Staatsnotrecht, Heidelberg 1938.

Schlosser, Hans, Neuere Europäische Rechtsgeschichte, 3. Aufl., München 2017.

Schorn, Hubert, Die Gesetzgebung des Nationalsozialismus als Mittel der Machtpolitik, Frankfurt a. M. 1963.

Schlegel, Wolfgang, Die Pfalz und die deutsche Einigung von 1870/71, in: Geiger, Michael/ Preuß, Günter/ Rothenberger, Karl-Heinz (Hrsg.), Pfälzische Landeskunde. Beiträge zu Geographie, Biologie, Volkskunde und Geschichte, Band 3, Landau 1981, S. 209 ff.

Schleifenbaum, Ernst, Begriff und Bedeutung des gegenwärtigen rechtswidrigen Angriffs in § 227 BGB: Mit besonderer Berücksichtigung des Begriffs der Rechtswidrigkeit, Heidelberg 1904.

Schmahel, Otto, Staatsnotwehr und Staatsnotstand. Rechtsgrundlagen für den Gebrauch von bewaffneten Zivilisten durch Polizei, Die neuen preußischen Waffengebrauchsbestimmungen vom 1. Oktober 1931, 2. Aufl., Lübeck Berlin 1932.

Schmidt, Richard, Grundriß des deutschen Strafrechts. Zugleich als Einführung in das Studium der beiden Entwürfe eines neuen deutschen Strafgesetzbuchs von 1919 und 1925, Leipzig 1925.

Schmidt, Rolf, Strafecht Allgemeiner Teil. Grundlagen der Strafbarkeit. Aufbau des Strafrechtlichen Gutachtens, 19. Aufl., Grasberg bei Bremen 2018.

Schmitt, Carl, Der Führer schützt das Recht, DJZ 1934, S. 945 ff.

Ders., Zweiter Beratungsgegenstand: Die Diktatur des Reichspräsidenten nach Art. 48 der Reichsverfassung, in: Verhandlungen der Vereinigung der deutschen Staatsrechtslehrer, Heft 1, S. 63 ff.

Schmitt, Franz, Die Separatisten in Wittlich, Jahrbuch für den Kreis Bernkastel-Wittlich 1994, S. 174 ff.

Schmitz, Alfred, Schutzobjekte der Notwehr, Köln 1929.

Schneider, Matthias, Besatzungszeit und Separatismus in der Pfalz im Rheinland 1918–1930, Jahrbuch des Historischen Vereins Pirmasens 2004, S. 97 ff.

Ders., Besatzungszeit und Separatismus. Zwischen 1918 und 1930 herrschten Not und politische Gewalt in der Pfalz, Stimme der Pfalz 52 (2001), S. 8 ff.

Schneider, Siegrid, Eintrag „Rudolf Pechel" in Deutsche Biographie, abrufbar unter: https://www.deutsche-biographie.de/sfz94330.html#ndbcontent, zuletzt abgerufen am 16.8.2019.

Dies., Separatisten in Altrip, in: Jugenheimer, Jürgen (Red.), Jubiläumsschrift 1625 Jahre Altrip, 369–1994, Altrip 1994, S. 82 ff.

Schönfeld, Walter, Die Revolution als Rechtsproblem. Ein Vortrag, Tübingen 1926.

Schönke, Adolf/Schröder, Horst/Eser, Albin, Strafgesetzbuch, 30. Aufl. 2010.

Schröder, Rainer, Juristische Zeitgeschichte: Zur Konzeption von Lehre und Forschung eines neu einzurichtenden Lehrstuhls, in: Stolleis, Michael (Hrsg.), Juristische Zeitgeschichte – Ein neues Fach?, Baden-Baden 1993, S. 43 ff.

Schröder, Richard, Lehrbuch der deutschen Rechtsgeschichte fortgeführt von Eberhard Freiherr von Künßberg, Teil 1, 6. Aufl., Leipzig 1919.

Schroeder, Hans, Notwehr zugunsten des Staates, Leipzig 1937.

Schubert, Joachim, Staatsnothilfe, Heidelberg 1933.

Schück, Werner, Notwehr Privater zugunsten des Staates, Ohlau in Schlesien 1930.

Schuker, Stephen A., Bayern und der rheinische Separatismus 1923–1924, Jahrbuch des Historischen Kollegs 3 (1997), S. 75 ff.

Schulze, Heinrich, Die Voraussetzungen der Haftung des Staates für Amtspflichtverletzungen bei Ausübung öffentlicher Gewalt, Würzburg 1934.

Schulze, Reiner, Juristische Zeitgeschichte, in: Stolleis, Michael (Hrsg.), Juristische Zeitgeschichte – Ein neues Fach?, Baden-Baden 1993, S. 53 ff.

Schumacher, Martin, Die Reichstagsabgeordneten der Weimarer Republik in der Zeit des Nationalsozialismus. Politische Verfolgung, Emigration und Ausbürgerung 1933–1945, Düsseldorf 1991.

Schwartz, Ernst, Das Strafgesetzbuch für das Deutsche Reich, Berlin 1914.

Schwarz, Nils, Der Separatismus in der Pfalz nach dem 1. Weltkrieg, Bamberg 2009.

Schwend, Karl, Bayern zwischen Monarchie und Diktatur. Beiträge zur Bayerischen Frage in der Zeit von 1918 bis 1933, München 1954.

Scriba, Arnulf, Die Arbeitslosenversicherung, abrufbar unter: https://www.dhm.de/lemo/kapitel/weimarer-republik/innenpolitik/arbeitslosenversicherung-1927.html, zuletzt abgerufen am 1.11.2022.

Seidl, Ralf, Der Streit um den Strafzweck zur Zeit der Weimarer Republik, Frankfurt a. M. 1974.

Sieber, Karl, Separatismus und Inflation – pfälzische Schicksalsjahre 1923/1924. Von der „Erbfeindschaft" zur „Völkerfreundschaft", Heimatkalender für das Pirmasenser und Zweibrücker Land 2006, S. 225 ff.

Siegers, Elsbeth, Staatsnotrecht. Geschichte, Inhalt und Begründung, 1969.

Sieverts, Rudolf, Beiträge zur Lehre von den subjektiven Unrechtselementen im Strafrecht, 1934.

Silbermann, Horst, Der Separatismus 1923/24 in der Nordpfalz, in: Forster, Hans (Hrsg.), Studienbuch Donnersbergkreis, Teil 1, Kirchheimbolanden 1983, S. 264 ff.

Sinzheimer, Hugo, Legalisierung des politischen Mordes, Justiz V (1929/1930), S. 65 ff.

Ders., Erwiderung, Justiz V (1929/1930), S. 268 ff.

Sommerfeld, Bruno, Ist Notwehr zur Verteidigung sämtlicher Rechtsgüter zulässig?, Kiel 1934.

Speckner, Herbert, Die Ordnungszelle Bayern. Studien zur Politik des bayerischen Bürgertums, insbesondere der Bayerischen Volkspartei von der Revolution bis zum Ende des Kabinetts Dr. von Kahr, Nürnberg 1955.

Spendel, Günter, Gustav Radbruch, in: Deutsche Biographie, abrufbar unter: https://www.deutsche-biographie.de/sfz97652.html, zuletzt abgerufen am 1.11.2022.

Ders., Friedrich August Heinrich Oetker, Deutsche Biographie, abrufbar unter: https://www.deutsche-biographie.de/sfz73150.html, zuletzt abgerufen am 1.11.2022.

Spiess, Kerstin, Das Adhäsionsverfahren in der Rechtswirklichkeit, Berlin Münster 2007.

Spindler, Matthias, Einer fiel aus dem Separatistennest. Schifferstadt und die Autonome Pfalz 1923/24, in: Stadt Schifferstadt (Hrsg.), Schifferstadt Geschichte und Geschichten, Schifferstadt 1998, S. 215 ff.

Ders., Ein diskreter Herr. Die erstaunliche Karriere des pfälzischen Separatistenführers Joseph Schmitz-Epper, Die Rheinpfalz (Bad Dürkheimer Zeitung), v. 24.8.1993.

Ders., Heinz-Orbis wird's schon machen. Zur Vorgeschichte der Separatistenherrschaft in der Pfalz, Die Rheinpfalz (Rockenhausen) v. 5.11.1983.

Springer, Max, Die Franzosenherrschaft in der Pfalz 1972–1814, Berlin, Leipzig 1926.

Ders., Loslösungsbestrebungen am Rhein (1918–1924). Auf Grund authentischer Dokumente, Berlin 1924.

Ders., Die geschichtliche Bedeutung des 1. Juli 193, Akademische Nachrichten der Handels-Hochschule Mannheim v. 4.7.1930, S. 34 ff.

Stachels, Josef, Das Problem von Macht und Recht in der Revolution, Köln 1930.

Starck, Dorothea, Franz Josef Heinz aus Orbis. Präsident der „Autonomen Pfalz", Donnersbergjahrbuch 1985, S. 196 ff.

Starck, Maria, Blutbad im Bezirksamt. In den Nachkriegswirren des Ersten Weltkrieges regiert in Pirmasens neben vier verschiedenen Regierungen vor allem das Chaos, Die Rheinpfalz (Pirmasenser Rundschau) v. 24.9.2013.

Stäuber, Peter, Neue IRA. Angriffe einer Splittergruppe, Zeit Online v. 23.4.2019.

Steiger, Heinz, Staatsnotrecht, Frankfurt a. M. 1933.

Steigner, Georg, Das Fanal von Pirmasens. Heute vor fünfzig Jahren erfüllte sich das Schicksal des pfälzischen Separatismus, Pfälzischer Merkur (Zweibrücker Zeitung) v. 12.2.1974.

Stenglein, Melchior, Sammlung der deutschen Strafgesetzbücher, Band 1, Teil V, Criminalgesetzbuch für das Herzogthum Braunschweig v. 10. Juli 1840, München 1858.

Stenzel, Conrad, Das Minderheitenproblem im Staats- und Völkerrecht, Jena 1926.

Stier-Somlo, Fritz, Deutsches Reichs- und Landesstaatsrecht, Band 1, Berlin 1924.

ders., Grund- und Zukunftsfragen deutscher Politik, Bonn 1927.

Stock, Ulrich, Entwicklung und Wesen der Amtsverbrechen, Leipzig 1932.

ders., Über Staatsnotwehr und Staatsnotstand, GS 101 (1932), S. 147 ff.

Stöhr, Maria, Wer hinter der „Neuen IRA" steckt, Spiegel Online v. 23.4.2019.

Stolleis, Michael, Juristische Zeitgeschichte. Einleitung, in: ders. (Hrsg.), Juristische Zeitgeschichte – ein neues Fach?, Baden-Baden 1993, S. 7 ff.

Stone, Lawrence, The revival of Narrative. Reflections on a New Old History, in: Past and Present 85 (1979), S. 3 ff.

Strauß, Samuel, Anfängerhausarbeit Strafrecht: Rechtfertigung – All animals are equal? JuS 2018, S. 1203 ff.

Strebel, Helmut, Das Staatsnotrecht in Italien, in: Ballreich, Hans/ Doehring, Karl/ Jaenicke, Günther/ Strebel, Helmut/ Weiss, Günther (Hrsg.), Das Staatsnotrecht in Belgien, Frankreich, Großbritannien, Italien, den Niederlanden, der Schweiz und den Vereinigten Staaten von Amerika, Köln 1955.

Thalmann, Eva, Die Pfalz in der Zeit der Französischen Revolution unter Napoleon, in: Geiger, Michael/ Preuß, Günter/ Rothenberger, Karl-Heinz (Hrsg.), Pfälzische Landeskunde. Beiträge zu Geographie, Biologie, Volkskunde und Geschichte, Band 3, Landau 1981, S. 153 ff.

Tharun, Elke, Einführungen zum Symposium am 17. November 1999 „Rhein-Main" im Europa der Regionen, in: Wolf, Klaus/dies. (Hrsg.), „Rhein-Main" im Europa der Regionen. Vorträge eines Symposiums in Frankfurt a. M. 2000, S. 7 ff.

Thoma, Gerhard/Anschütz, Richard, Handbuch des Deutschen Staatsrechts, Band 1, Tübingen 1930.

Thoß, Bruno, Brigade Ehrhardt 1919/1920, in: Historisches Lexikon Bayerns, abrufbar unter: https://www.historisches-lexikon-bayerns.de/Lexikon/Brigade_Ehrhardt,_1919/20, zuletzt abgerufen am 1.11.2022.

Ders., Freikorps, in: Historisches Lexikon Bayerns, abrufbar unter: https://www.historisches-lexikon-bayerns.de/Lexikon/Freikorps#Die_.22Baltikumer.22, zuletzt abgerufen am 1.11.2022.

Ders., Freikorps Epp, in: Historisches Lexikon Bayerns, abrufbar unter: https://www.historisches-lexikon-bayerns.de/Lexikon/Freikorps_Epp, zuletzt abgerufen am 1.11.2022.

Ders., Kapp-Lüttwitz-Putsch, 1920, in: Historisches Lexikon Bayerns, abrufbar unter: https://www.historisches-lexikon-bayerns.de/Lexikon/Kapp-L%C3%BCttwitz-Putsch,_1920, zuletzt abgerufen am 1.11.2022.

Ders., Freikorps Oberland, 1919–1921, in: Historisches Lexikon Bayerns, abrufbar unter: https://www.historisches-lexikon-bayerns.de/Lexikon/Freikorps_Oberland,_1919-1921, zuletzt abgerufen am 1.11.2022.

Treutler, Max, Wie Heinz-Orbis ermordet wurde, Der erste authentische Bericht, Heidelberger Tageblatt v. 30.6.1930.

Trump, Georg, Die Pfälzische Rundschau im Abwehrkampf, in: Verlag und Redaktion der Pfälzischen Rundschau (Hrsg.), Dokumente aus dem Befreiungskampf der Pfalz, Ludwigshafen am Rhein 1930, S. 99 ff.

Twenthöven, Jörg, Die Stellung der Legislative im Staatsnotstand. Eine Untersuchung über das Staatsnotrecht in der Demokratie unter besonderer Berücksichtigung des Rechtes der Schweizerischen Eidgenossenschaft und der Bundesrepublik Deutschland, Fribourg 1972.

Ullmann, Ernst, Die pfälzische Separatistenzeit im Spiegel des Kerzenheimer Schultagebuchs, Donnerbergjahrbuch 1979, S. 154 ff.

Ullrich, Volker, Mord in München, Die Zeit v. 19.2.2009.

Venner, Dominique, Söldner ohne Sold. Die deutschen Freikorps 1918–1923, Paris 1974.

Victor, Carl, Lexikon Pfälzer Persönlichkeiten, 3. Aufl., Edenkoben 2004.

Vollmer, Rudolf, Die wirtschaftliche Lage im Rheinland 1914–1923, in: Federhen, Franz Josef//Fuchs, Jürgen/Hamacher, Bernd/Heß, Alfred/Rohfleisch, Marina/Vollmer, Rudolf (Hrsg.), Rheinbreitbacher Erinnerungen an das Jahr 1923. Vor 80 Jahren – Separatistenherrschaft, Kirche und Vereine, Rheinbreitbacher Heimathefte 2003, S. 7 ff.

Vordemann, Johannes, Das zulässige Maß der Verteidigung bei der Notwehr und der neue Strafgesetzentwurf, Göttingen 1927.

Vormbaum, Thomas, Einführung in die moderne Strafrechtsgeschichte, 3. Aufl., Berlin Heidelberg 2016.

Vetter, Joachim, Die Bundesstaatlichkeit in der Rechtsprechung des Staatsgerichtshofs der Weimarer Republik, Baden-Baden 1979.

Wachenfeld, Friedrich, Lehrbuch des deutschen Strafrechts, München 1914.

Wagner, Patrick, Volksgemeinschaft ohne Verbrecher. Konzeptionen und Praxis der Kriminalpolizei in der Zeit der Weimarer Republik und des Nationalsozialismus, Hamburg 1996.

Wagner, Roland, Volkszorn gipfelt in Aufstand und flammendem Inferno. 12. Februar 1924. Eine Episode der Stadtgeschichte, geschrieben mit Feuer, Blut, Tränen und Trauer – Todesopfer und Verletzte im Kugelhagel, Die Rheinpfalz (Pirmasenser Rundschau) v. 11.2.2004.

Wambsganß, Eduard, Die pfälzische Landwirtschaft in ihren Grundlagen, Landau 1927.

Warmbrunn, Paul, Französische Besatzung und Separatistenbewegung in: Glück, Charlotte/Baus, Martin (Hrsg.), Recht. Gesetz. Freiheit. 200 Jahre Pfälzisches Oberlandesgericht Zweibrücken, Koblenz 2015, S. 215 ff.

Wassersmann, Rudolf, Juristen im Widerstand gegen das NS-Regime, NJW 2002, S. 1018 ff.

Weber, Klaus, Creifelds Rechtswörterbuch, 23. Aufl., München 2019.

Weidlich, Karl, Die Polizei als Grundlage und Organ der Strafrechtspflege in England, Schottland und Irland, Berlin 1908.

Weimar, Wilhelm, Die Grenzen der Notwehr, Köln 1929.

Wein, Franziska, Deutschlands Strom – Frankreichs Grenze. Geschichte und Propaganda am Rhein 1919–1930, Koblenz 1992.

Weinberg, Wilhelm, Staatsnotwehr, Frankfurt a. M. 1921.

Weinkauff, Herrmann, Über das Widerstandsrecht. Vortrag gehalten vor der Juristischen Studiengesellschaft in Karlsruhe am 24. Februar 1956, Karlsruhe 1956.

Weinmann, Karl, Wie Heinz Orbis erschossen wurde. Die Sühne für den separatistischen Verrat an der Pfalz, Pfälzische Rundschau v. 8./9.1.1934.

Weiß, Lothar, Eintrag „Karl Jarres“ im Portal rheinischer Geschichte, abrufbar unter: http://www.rheinische-geschichte.lvr.de/Persoenlichkeiten/karl-jarres-/DE-2086/lido/578e1c9cd65737.66513734, zuletzt abgerufen am 1.11.2022.

Weiß, Christian, Ludwigshafen während der Besetzung, in: Redaktion und Verlag der „Pfälzischen Rundschau“ (Hrsg.), Dokumente aus dem Befreiungskampf, Ludwigshafen 1930, S. 19 ff.

Werle, Gerhard, Justiz-Strafrecht und polizeiliche Verbrechensbekämpfung im Dritten Reich, Berlin 1989.

Ders., Zur Konzeption von Forschung und Lehre im Fach „Juristische Zeitgeschichte, in: Stolleis, Michael (Hrsg.), Juristische Zeitgeschichte – Ein neues Fach?, Baden-Baden 1993, S. 63 ff.

Wessels Johannes/ Beulke, Werner/Satzger, Helmut, Strafrecht Allgemeiner Teil. Die Straftat und ihr Aufbau, 48. Aufl., Heidelberg 2018.

Welzel, Hans, Das Deutsche Strafrecht. Eine systematische Darstellung, Berlin 1969.

White, Hayden V., Content of Form. Narrative Discourse and Historical Representation, Baltimore 1987.

Wigger, Iris, Schwarze Schmach, in: Historisches Lexikon Bayerns, abrufbar unter: https://www.historisches-lexikon-bayerns.de/Lexikon/Schwarze_Schmach, zuletzt abgerufen am 1.11.2022.

Wilcke, Fritz, Das Problem des Rechtsschutzes der nationalen Minderheiten unter besonderer Berücksichtigung der Rechtsverhältnisse im ehemaligen Oesterreich-Ungarn und der Tschecho-Slowakei, Bielefeld 1928.

Wilda, Wilhelm Eduard, Das Strafrecht der Germanen, Halle 1842.

Wilkens-Weyland, Harry R., Kein Recht auf Autonomie. Der Separatismus im Rheinland, an der Ruhr, in der Pfalz und im Saargebiet von 1972 bis heute, Wahlstedt 1973.

v. Winterstein, Theodor, Die pfälzische Abwehrfront im Jahr 1919, Pfälzische Presse v. 30.6.1930.

Ders., Der 18. Mai 1919. Ein Gedenktag der pfälzischen Geschichte, in: Verlag und Redaktion der „Pfälzischen Rundschau“ (Hrsg.), Dokumente aus dem Befreiungskampf der Pfalz, Ludwigshafen 1930, S. 5 ff.

Wolter, Helmut, Das Staatsnotrecht. Seine rechtliche Beurteilung in der Vergangenheit und seine Wandlung im völkischen Führerstaat, Düsseldorf 1937.

Wolzendorff, Kurt, Staatsnotrecht, eine verwaltungsrechtliche Studie im Anschluß an die preußische Rechtsübung, Archiv für öffentliches Recht 1911, S. 220 ff.

Woodward, E. L./ Butler, Rohan/ Ordre, Anne, Documents on British Foreign Policy 1919–1939, First Series Volume XXVI, Central Europe and the Balkans 1924. German Affairs 1924, London 1985.

Wünschel, Hans-Jürgen, Der pfälzische Separatismus, in: ders. (Hrsg.), Rheinland-Pfalz, Beiträge zur Geschichte eines neuen Landes, Landau 1997, S. 113 ff.

Ders., „Eine Erscheinung für das Podium“. Der Separatist Franz Josef Heinz aus Orbis, Donnersberg-Jahrbuch 2000, S. 197 ff.

Wysocki, Josef, Die pfälzische Wirtschaft von den Gründerjahren bis zum Ausbruch des Ersten Weltkrieges, in: Die Industrie- und Handelskammer für die Pfalz (Hrsg.), Beiträge zur pfälzischen Wirtschaftsgeschichte, 1968, Speyer, S. 211 ff.

Zarusky, Jürgen, „Widerstand als 'Hochverrat' 1933–1945". Eine Microfiche-Edition des Instituts für Zeitgeschichte, Vierteljahreshefte für Zeitgeschichte 42 (1994), S. 671 ff.

Zerfass, Günter, Vorwort, in: ders. (Hrsg.), Die Pfalz unter französischer Besatzung von 1918 bis 1930. Kalendarische Darstellung der Ereignisse vom Einmarsch im November 1918 bis zur Räumung am 1. Juli 1930, 3. Aufl. Koblenz 1996.

Ziegler, Hannes, Die Separatismuspolemik in der pfälzischen NS-Presse (1926–1932), in: Kreutz, Wilhelm/Scherer, Karl (Hrsg.), Die Pfalz unter französischer Besetzung (1918/19–1930), Kaiserslautern 1999, S. 201 ff.

Ders., Die Verfolgung ehemaliger Separatisten durch die Gestapo, in: Nestler, Gerhard/ Ziegler, Hannes (Hrsg.), Braune Jahre in der Pfalz. Neue Beiträge zur Geschichte einer deutschen Region in der NS-Zeit, Kaiserslautern 2016.

Ders., Zwischen Revolution und Diktatur. Die pfälzischen Bauernverbände (1918 bis 1933), in: Nestler, Gerhard/Schaupp, Stefan (Hrsg.), Zwischen Revolution und Demokratie. Studien zur Geschichte der Pfalz vom späten 18. bis Mitte des 20. Jahrhunderts, Neustadt an der Weinstraße 2012, S. 199 ff.

Ziegler, Leopold, Edgar Julius Jung. Denkmal und Vermächtnis, Salzburg 1955.

Zimmermann, Ludwig, Frankreichs Ruhrpolitik. Von Versailles bis zum Dawesplan, Göttingen Zürich Frankfurt 1971.

Zitelmann, Ernst, Ausschluss der Widerrechtlichkeit, AcP 99 (1906), S. 1 ff.

Zöpfel, Heinrich, Beiträge zur Revision von der Lehre von der Notwehr, Archiv des Criminalrechts 1843, S. 27 ff.

Zwißler, Josef, Brennendes Grenzland. Ein Gedenkblatt an die Zeit vor 10 Jahren, Bayerische Staatsbeamtenzeitung 1933, S. 425 ff.

FSC
www.fsc.org
MIX
Papier | Fördert
gute Waldnutzung
FSC® C083411

Kolibri 360 GmbH
Ferdinand-Jühlke-Straße 7
99095 Erfurt, Deutschland
produktsicherheit@kolibri360.de